Wagner/Rux · Die GmbH & Co. KG

HAUFE RECHT HANDBUCH

Heidemarie Wagner
Rechtsanwältin, Wirtschaftsprüferin und Steuerberaterin in Berlin

Dipl.-Kfm. Hans Joachim Rux
Wirtschaftsprüfer, Steuerberater und Fachberater für internationales Steuerrecht in Berlin

Die GmbH & Co. KG

Umfassende Erläuterungen,
Beispiele und Musterformulare für die Rechtspraxis

12., ergänzte und aktualisierte Auflage

Bibliografische Information Der Deutschen Bibliothek

Die Deutsche Bibliothek verzeichnet diese Publikation in der Deutschen Nationalbibliografie; detaillierte bibliografische Daten sind im Internet über <http://dnb.ddb.de > abrufbar.

„Die GmbH & Co. KG"
ISBN 978-3-648-03538-2
Bestell-Nr. 06103-0006
© 2013, Haufe-Lexware GmbH & Co. KG – Ein Unternehmen der Haufe Gruppe

ANSCHRIFT
Haufe-Lexware GmbH & Co. KG
Munzinger Straße 9, 79111 Freiburg
Telefon: 0761/898-0, Fax 0761/898-3990
E-Mail: info@haufe.de
Internet: http://www.haufe.de

Kommanditgesellschaft, Sitz Freiburg
Registergericht Freiburg, HRA 4408
Komplementäre: Haufe-Lexware Verwaltungs GmbH,
Sitz Freiburg, Registergericht Freiburg HRB 5557;
Martin Laqua

Geschäftsführung: Isabel Blank, Markus Dränert, Jörg Frey,
Birte Hackenjos, Randolf Jessl, Jens Köhler, Matthias Mühe,
Markus Reithwiesner, Joachim Rotzinger, Dr. Carsten Thies
Beiratsvorsitzende: Andrea Haufe
USt-IdNr. DE812398835

REDAKTION
Chefredaktion: Alexander Gabele, Ass. jur.
Redaktionsassistenz: Nadine Ufheil

Die Angaben entsprechen dem Wissensstand bei Redaktionsschluss am 1.2.2013. Alle Angaben/Daten nach bestem Wissen, jedoch ohne Gewähr für Vollständigkeit und Richtigkeit. Dieses Werk sowie alle darin enthaltenen einzelnen Beiträge und Abbildungen sind urheberrechtlich geschützt. Jede Verwertung, die nicht ausdrücklich vom Urheberrechtsschutz zugelassen ist, bedarf der vorherigen Zustimmung des Verlages. Das gilt insbesondere für Vervielfältigungen, Bearbeitungen, Übersetzungen, Mikroverfilmungen, Auswertungen durch Datenbanken und für die Einspeicherung und Verarbeitung in elektronische Systeme.

Druck: fgb freiburger graphische betriebe GmbH & Co. KG, Freiburg

Inhaltsverzeichnis

Abkürzungsverzeichnis		24
Vorwort zur 12. Auflage		33
Aus dem Vorwort zur 1. Auflage (1971)		33

I		GmbH & Co. KG als Gesellschaftsform	35
1		**Wesensmerkmale der GmbH & Co. KG**	35
	1.1	Struktur der GmbH & Co. KG	35
	1.2	Gesellschafterhaftung	35
	1.3	Komplementär-GmbH	36
2		**Entwicklung der GmbH & Co. KG**	36
3		**Rechtliche Einordnung der GmbH & Co. KG**	37
4		**GmbH oder GmbH & Co. KG**	38
	4.1	Rechtsformvergleich unter ertragsteuerlichen Gesichtspunkten	38
	4.2	Erbschaftsteuerliche Gesichtspunkte	42
	4.3	Gesellschaftsrechtliche Vorteile der GmbH & Co. KG	45
5		**Erscheinungsformen der GmbH & Co. KG**	46
	5.1	Personen- und beteiligungsgleiche GmbH & Co. KG	46
	5.2	Einmann-GmbH & Co. KG	47
	5.3	Einheits-GmbH & Co. KG	47
	5.4	Nicht personen- und beteiligungsgleiche GmbH & Co. KG	49
	5.5	Publikums-KG	49
	5.6	Doppelstöckige GmbH & Co. KG	50
	5.7	Schein-GmbH & Co. KG	51

II		**Gründung der GmbH & Co. KG – Handelsrechtlicher Teil –**	52
1		**Gesellschafter der GmbH & Co. KG**	52
2		**Gründung der GmbH & Co. KG**	53
	2.1	Verschiedene Entstehungsmöglichkeiten	53
	2.2	Gründung der Komplementär-GmbH	54
	2.2.1	Gründungsvoraussetzungen	54
	2.2.2	Vor-GmbH	56
	2.2.2.1	Rechtsnatur und Komplementärfähigkeit der Vor-GmbH	56

		2.2.2.2	Vertretung der Vor-GmbH	58
		2.2.2.3	Haftungsverhältnisse der Vor-GmbH	59

2.3	Gründung der KG		62
	2.3.1	Gesellschaftsvertrag der KG	62
	2.3.2	Entstehen der GmbH & Co. KG als Handelsgesellschaft gegenüber Dritten	64
		2.3.2.1 Handelsgewerbe	64
		2.3.2.2 Fehlendes Handelsgewerbe	65
	2.3.3	Haftung im Gründungsstadium	66
		2.3.3.1 Haftung im Gründungsstadium bei Vorliegen eines Handelsgewerbes	66
		2.3.3.2 Haftung im Gründungsstadium bei fehlendem Handelsgewerbe	68
	2.3.4	Anmeldung zum Handelsregister	70

3 Firma der GmbH & Co. KG 70
3.1 Rechtslage nach der Firmenrechtsreform 70
    3.1.1 Wahlfreiheit bezüglich Firma 70
    3.1.2 Hinweis auf Rechtsform 71
    3.1.3 Kennzeichnung der Haftungsbeschränkung 71
    3.1.4 Personenfirma 71
3.2 Abgeleitete Firma einer KG 72
3.3 Typische Probleme bei der Firmierung der GmbH & Co. KG 73
3.4 Firma einer GmbH 76
    3.4.1 Wahlfreiheit bezüglich der Firmierung 76
    3.4.2 GmbH-Zusatz 76

4 Angaben auf Geschäftsbriefen 77
5 Einlagen 77
5.1 Begriff der Einlage 77
5.2 Bewertung der Einlage 79
5.3 Einlageverpflichtung der Komplementär-GmbH 80
5.4 Einlageverpflichtung der Kommanditisten 81
    5.4.1 Haftsumme 81
        5.4.1.1 Allgemeines 81
        5.4.1.2 Einlage durch Aufrechnung und Abtretung 82
        5.4.1.3 Einlage durch Einbringung von Anteilen der Komplementär-GmbH 82
    5.4.2 Pflichteinlage 83

		5.4.3	Einlageverpflichtung bei der Komplementär-GmbH	84

III Gründung und Kapitalerhöhung der GmbH & Co. KG – Steuerrechtlicher Teil – 86

1 Gründungsbesteuerung 86
 1.1 Einkommen- und Körperschaftsteuer 86
  1.1.1 Vorgesellschaften, Gründungsgesellschaften 86
  1.1.2 Komplementär-GmbH 87
  1.1.3 Kommanditgesellschaft 88
  1.1.4 Schein-GmbH & Co. KG 88
 1.2 Umsatzsteuer 89
 1.3 Grunderwerbsteuer 89

2 Besteuerungsfragen bei Einbringungs- und Umwandlungsvorgängen 94
 2.1 Grundsätzliches 94
 2.2 Einbringungsvorgänge 96
  2.2.1 Eintritt einer GmbH in eine GmbH & Co. KG (Sacheinlage der Komplementär-GmbH) 96
  2.2.2 Eintritt des Kommanditisten, der zugleich Gesellschafter der Komplementär-GmbH ist, in die GmbH & Co. KG (Sacheinlage des Kommanditisten) 96
  2.2.3 Rückgängigmachung einer Betriebsaufspaltung durch Errichtung einer GmbH & Co. KG 98
  2.2.4 Einbringung bodenschatzführender Grundstücke 99
  2.2.5 Grunderwerbsteuer 99
 2.3 Umwandlungsvorgänge 100
  2.3.1 Umwandlung einer GmbH in eine GmbH & Co. KG 100
  2.3.2 Umwandlung einer GmbH & Co. KG auf die Komplementär-GmbH 100
  2.3.3 Umwandlung einer Personengesellschaft in eine GmbH & Co. KG 100
  2.3.4 Umwandlung eines Einzelunternehmens in eine GmbH & Co. KG 101
  2.3.5 Umwandlung einer UG (haftungsbeschränkt) in eine reguläre GmbH 101

3 Grundsätzliches zur Mitunternehmereigenschaft 102
4 Gewinnerzielungsabsicht 107

5	**Grundsätzliches zur Gewinnverteilung**	109
5.1	Gesetzliche Grundlagen	109
5.2	Maßgeblichkeit der handelsrechtlichen Gewinnverteilung für das Steuerrecht	109
5.3	Grundzüge der BFH-Rechtsprechung	112
5.4	Verlustausschluss der Komplementär-GmbH	114
5.5	Rückwirkende Neuverteilung des Gewinns	115
6	**Besteuerungsfragen bei Kapitalveränderungen**	117
6.1	Komplementär-GmbH	117
	6.1.1 Kapitalerhöhung	117
	6.1.2 Kapitalherabsetzung	117
6.2	Kommanditgesellschaft	117
	6.2.1 Erhöhung der Kommanditeinlage	117
	6.2.2 Herabsetzung der Kommanditeinlage	118

IV	**Laufender Geschäftsbetrieb der GmbH & Co. KG**	
	– Handelsrechtlicher Teil –	122
1	**Innenverhältnis**	122
1.1	Geschäftsführungsbefugnis innerhalb der GmbH & Co. KG	122
	1.1.1 Gesetzliche Regelung	122
	1.1.1.1 Zuständigkeit	122
	1.1.1.2 Umfang der Geschäftsführungsbefugnis	123
	1.1.2 Vertragliche Regelungen	124
	1.1.2.1 Erweiterung der Kommanditistenrechte	124
	1.1.2.2 Einschränkung der Kommanditistenrechte	125
	1.1.3 Geschäftsführung der Komplementär-GmbH	126
	1.1.3.1 Bestellung des Geschäftsführers	126
	1.1.3.2 Verhältnis des GmbH-Geschäftsführers zur KG	128
	1.1.3.3 Sozialversicherungspflicht des Geschäftsführers	128
	1.1.3.4 Haftung des Geschäftsführers	131
	1.1.4 Entziehung der Geschäftsführungsbefugnis	133
	1.1.4.1 Maßnahmen gegenüber der Komplementär-GmbH	133
	1.1.4.2 Abberufung des GmbH-Geschäftsführers	135

1.2	Wettbewerbsverbot		137
	1.2.1	Allgemeines	137
	1.2.2	Wettbewerbsverbot der Komplementär-GmbH	138
	1.2.3	Wettbewerbsverbot des GmbH-Geschäftsführers	139
	1.2.4	Wettbewerbsverbot der Kommanditisten	140
	1.2.5	Vertragliche Regelungen	141
1.3	Kontrolleinrichtungen		142
	1.3.1	Kontrollrechte	142
		1.3.1.1 Gesetzliche Regelungen	142
		1.3.1.2 Vertragliche Vereinbarungen	145
	1.3.2	Kontrollorgane	147
		1.3.2.1 Obligatorischer Betriebsrat	147
		1.3.2.2 Obligatorischer Aufsichtsrat	148
		1.3.2.3 Fakultativer Aufsichtsrat	149

2 Außenverhältnis — 155

2.1	Vertretungsbefugnis		155
	2.1.1	Gesetzliche Regelung	155
		2.1.1.1 Vertreter der GmbH & Co. KG	155
		2.1.1.2 Vertreter der GmbH	155
	2.1.2	Vertragliche Regelungen	156
		2.1.2.1 Rechtsgeschäftlich bestellte Vertreter	156
		2.1.2.2 Gesamtvertretung	157
		2.1.2.3 Grundsatz der Selbstorganschaft	158
	2.1.3	Beschränkung der Vertretungsmacht gemäß § 181 BGB	159
		2.1.3.1 Selbstkontrahierungsverbot	159
		2.1.3.2 Befreiung vom Selbstkontrahierungsverbot	160
		2.1.3.3 Genehmigung von Insichgeschäften	160
	2.1.4	Entziehung der Vertretungsmacht	162
		2.1.4.1 Entziehung der Vertretungsmacht der Komplementär-GmbH	162
		2.1.4.2 Widerruf der Prokura eines Kommanditisten	163
2.2	Haftung		164
	2.2.1	Haftung der GmbH & Co. KG	164
	2.2.2	Haftung der Komplementär-GmbH	164
	2.2.3	Haftung der Kommanditisten	164
		2.2.3.1 Allgemeines	164
		2.2.3.2 Überbewertung der Einlage	165

Inhalt

	2.2.3.3	Einlage durch Einbringung von Anteilen der Komplementär-GmbH	166
	2.2.3.4	Rückzahlung der Einlage	166
	2.2.3.5	Gewinnentnahme bei negativem Kapitalkonto	169
	2.2.3.6	Auszahlung von Scheingewinnen	171
	2.2.3.7	§§ 30 f. GmbHG	172
	2.2.3.8	§§ 30 f. GmbHG bei Überschuldung	174
	2.2.3.9	Existenzvernichtungshaftung und Haftung wegen Unterkapitalisierung	175
	2.2.3.10	Unbeschränkte Haftung aufgrund gesellschaftsinterner Vereinbarungen	177
2.2.4		Haftung des Geschäftsführers	177
3		**Rechnungslegung (Handels- und Steuerrecht)**	**180**
3.1		Buchführungs- und Rechnungslegungsvorschriften	180
	3.1.1	Handelsrecht	180
	3.1.2	Steuerrecht	182
	3.1.3	Keine Einheitsbilanz	183
	3.1.4	Gesellschafterkonten	184
	3.1.4.1	Kapitalkonten und Gesellschafterdarlehen	184
	3.1.4.2	Verrechnungskonten bei Auslagenersatz	191
3.2		Anwendung der für Kapitalgesellschaften geltenden Rechnungslegungsvorschriften	195
	3.2.1	Grundsätzliches	195
	3.2.2	Befreiung von der Pflicht zur Anwendung	195
	3.2.3	Größenabhängige Erleichterungen	196
	3.2.4	Zeitraum der Aufstellung des Jahresabschlusses	198
	3.2.5	Anhang, Lagebericht, Jahresabschlussprüfung, Offenlegungspflichten, Sanktionen	199
	3.2.6	Konzern-Abschlusspflicht	202
3.3		Besondere Bestimmungen zur Bilanz und Gewinn- und Verlustrechnung für eine GmbH & Co. KG	203
	3.3.1	Bilanz	203
	3.3.1.1	Anlagegitter	203
	3.3.1.2	Rechtsbeziehungen zwischen Gesellschaft und Gesellschaftern	204
	3.3.1.3	Eigenkapitalgliederung	204

Inhalt

	3.3.1.4	Sonstiges Vermögen (Privatvermögen) der Gesellschafter	211
	3.3.1.5	Anteile an der Komplementär-GmbH	211
	3.3.1.6	Bilanzierungshilfen	212
3.3.2		Gewinn- und Verlustrechnung	213
	3.3.2.1	Leistungsbeziehungen zwischen Gesellschaft und Gesellschaftern	213
	3.3.2.2	Steuern vom Einkommen und vom Ertrag	213
3.3.3		Anwendung der für Kapitalgesellschaften geltenden Bewertungsvorschriften	214
	3.3.3.1	Handelsrecht	214
	3.3.3.2	Steuerrecht	214
3.3.4		Angaben im Anhang	214
3.3.5		Gliederungsschema des Jahresabschlusses	215
3.3.6		Praxisbezogene Beispiele zum Anhang und Lagebericht der reinen Komplementär-GmbH	221
3.4		Steuerliche Sonderbilanzen, steuerliche Ergänzungsbilanzen	223
3.4.1		Umfang der steuerlichen Vermögensübersicht	223
3.4.2		Sonderbetriebsvermögen – Sonderbilanzen	223
3.4.3		Ergänzungsbilanzen	225
3.4.4		Sonderbetriebsvermögen der Komplementär-GmbH und der Kommanditisten	226
3.4.5		Kein Sonderbetriebsvermögen bei Vermietung durch gewerblich tätige Personengesellschaft und bei mitunternehmerischer Betriebsaufspaltung	229
3.4.6		Bilanzielle Behandlung eines Gesellschafterwechsels	230
3.5		GmbH & Co. KG im IAS/IFRS-Abschluss	230

V		**Laufender Geschäftsbetrieb der GmbH & Co. KG – Steuerrechtlicher Teil –**	**235**
1		**Steuerrechtliche Grundlagen der GmbH & Co. KG**	**235**
	1.1	Behandlung der Einkünfte aus der GmbH & Co. KG als gewerbliche Einkünfte	235
	1.1.1	Grundsätzliches	235
	1.1.2	BFH-Rechtsprechung	236

1.1.3			Gesetzliche Grundlagen	237
1.2			Abgrenzung zwischen gewerblich geprägter und gewerblich tätiger KG	243
1.3			Doppelstöckige GmbH & Co. KG	245
1.4			Immobilieninvestitionen ausländischer Investoren über eine „ausländische Kapitalgesellschaft & Co. KG"	247

2 Einkommen- und Körperschaftsteuer 249

- 2.1 Ebene der KG bzw. der Kommanditisten 249
  - 2.1.1 Ermittlung der Einkünfte 253
    - 2.1.1.1 Behandlung der Geschäftsführergehälter 253
    - 2.1.1.2 Anteile der Kommanditisten an der Komplementär-GmbH 267
    - 2.1.1.3 Beirats- und Aufsichtsratsvergütungen 274
    - 2.1.1.4 Vergütung für Komplementär-GmbH, Auslagenersatz 275
    - 2.1.1.5 Miet- und Pachtverträge zwischen Gesellschafter und GmbH & Co. KG bzw. Komplementär-GmbH 276
    - 2.1.1.6 Darlehensforderungen gegenüber einem Gesellschafter 277
    - 2.1.1.7 Aktivierung von Dividendenansprüchen aus GmbH-Anteilen 280
    - 2.1.1.8 Lebensversicherungsbeiträge zur Absicherung betrieblicher Schulden 281
    - 2.1.1.9 Übertragung einer § 6b EStG-Rücklage 282
  - 2.1.2 Gewinnverteilung 283
    - 2.1.2.1 Besondere Gewinnverteilungsgrundsätze 283
    - 2.1.2.2 Zulässigkeit negativer Kapitalkonten 289
    - 2.1.2.3 Änderung der im Gesellschaftsvertrag festgelegten Gewinnverteilung 306
    - 2.1.2.4 Verdeckte Gewinnausschüttungen 307
    - 2.1.2.5 Verdeckte Einlage 311
  - 2.1.3 Feststellung der Einkünfte 312
    - 2.1.3.1 Einheitliche und gesonderte Gewinnfeststellung 312
    - 2.1.3.2 Sonderbetriebseinnahmen 315
    - 2.1.3.3 Sonderbetriebsausgaben 316
    - 2.1.3.4 Verdeckte Gewinnausschüttungen 319

	2.1.3.5	Verspätungszuschlag gegen Geschäftsführer bei nicht rechtzeitiger Abgabe der Steuererklärung	319
	2.1.3.6	Klagebefugnis gegen finanzamtliche Bescheide	319
	2.1.4	Besteuerung der Einkünfte bei den Kommanditisten	320
	2.1.4.1	Angemessene Gewinnanteile	320
	2.1.4.2	Verdeckte Gewinnausschüttungen	321
	2.1.4.3	Verlustabzug, Verlustvortrag	322
	2.1.4.4	Entnahme von Wirtschaftsgütern aus dem Gesamthandsvermögen der GmbH & Co. KG	322
	2.1.4.5	Überentnahmen und eingeschränkter Schuldzinsenabzug (§ 4 Abs. 4a EStG)	323
	2.1.4.6	Ausländische Kommanditisten	324
	2.1.4.7	Gesellschafter einer Spielbank	325
	2.1.4.8	Ungetreue Mitunternehmer	325
2.2	Ebene der Komplementär-GmbH		326
	2.2.1	Grundsätzliches zur Besteuerung der Komplementär-GmbH und ihrer Gesellschafter	326
	2.2.2	Aktivierung des Gewinnanteils an der GmbH & Co. KG	328
	2.2.3	Besteuerung des Gewinnanteils aus der GmbH & Co. KG	329
	2.2.4	Verdeckte Gewinnausschüttungen	329
	2.2.5	Organschaftsfragen	329
2.3	Umstrukturierungsmaßnahmen		330
	2.3.1	Änderung der Beteiligungsverhältnisse	330
	2.3.2	Umwandlung einer GbR in eine GmbH & Co. KG	331
	2.3.3	Umstrukturierung mehrstöckiger GmbH & Co. KG	334
	2.3.4	Überführung von Wirtschaftsgütern in ein anderes Betriebsvermögen oder Übertragung von Wirtschaftsgütern zwischen Mitunternehmern	335
	2.3.5	GmbH & Co. KG als ein Gestaltungsmittel zur Vermeidung der Rechtsfolgen des § 8a KStG	337

3	**Gewerbesteuer**		339
3.1	Kommanditgesellschaft		339
	3.1.1	Geprägegrundsatz	339
	3.1.2	Beginn der Gewerbesteuerpflicht	340
	3.1.3	Einheitliche Feststellung des Gewinns	341
		3.1.3.1 Grundsätzliches	341
		3.1.3.2 Geschäftsführergehälter	343
		3.1.3.3 Verdeckte Gewinnausschüttungen	343
	3.1.4	Mehrere Gewerbebetriebe bei einer GmbH & Co. KG	344
3.2	Komplementär-GmbH		345
4	**Vermögensbesteuerung**		**345**
5	**Umsatzsteuer**		**347**
5.1	Kommanditgesellschaft		347
	5.1.1	Grundsätzliches	347
	5.1.2	Vergütung für die Geschäftsführung, Haftungsvergütung	347
	5.1.3	Berechtigung zum Vorsteuerabzug	352
	5.1.4	Aufsichtsrats-, Beiratstätigkeit	353
	5.1.5	Organschaftsfragen	354
5.2	Komplementär-GmbH		354
6	**Grunderwerbsteuer**		**354**
7	**Exkurs: Künstlersozialabgabe**		**355**
VI	**Gesellschafterwechsel – Handelsrechtlicher Teil**		**357**
1	**Gesellschafterwechsel bei der GmbH**		**357**
1.1	Gesetzliche Regelung		357
1.2	Vertragliche Regelungen		357
2	**Gesellschafterwechsel bei der GmbH & Co. KG**		**358**
2.1	Allgemeines		358
2.2	Eintritt in eine KG		358
2.3	Austritt aus einer KG		359
2.4	Abgrenzung des kombinierten Eintritts/Austritts zur Anteilsübertragung		360
2.5	Anteilsübertragung		360
2.6	Haftung der Alt- und Neugesellschafter		362
	2.6.1	Haftung bei Eintritt/Austritt	362
		2.6.1.1 Haftung des neuen Komplementärs	362
		2.6.1.2 Haftung des alten Komplementärs	363
		2.6.1.3 Haftung des neuen Kommanditisten	364

	2.6.1.4	Haftung des alten Kommanditisten	366
2.6.2		Haftung bei Anteilsübertragung	367
	2.6.2.1	Haftung bei Übertragung der Komplementärstellung	367
	2.6.2.2	Haftung bei Übertragung eines Kommanditanteils	367
2.6.3		Vergleich der Haftung bei Eintritt/Austritt und Anteilsübertragung	370
2.7		Haftung bei Kapitalherabsetzung	370

3 Koordinierung der Gesellschafterwechsel bei der GmbH und bei der GmbH & Co. KG 371

4 Einzelheiten zum Ausscheiden von Gesellschaftern 372

4.1 Kündigung eines Gesellschafters 372
    4.1.1 Kündigung eines Gesellschafters der GmbH & Co. KG 372
        4.1.1.1 Ordentliche Kündigung 372
        4.1.1.2 Außerordentliche Kündigung 373
        4.1.1.3 Rechtsfolgen einer Kündigung 374
    4.1.2 Kündigung eines GmbH-Gesellschafters 374
        4.1.2.1 Ordentliche Kündigung 374
        4.1.2.2 Außerordentliche Kündigung 375
        4.1.2.3 Rechtsfolgen der Kündigung 375
4.2 Ausschluss eines Gesellschafters 376
    4.2.1 Ausschluss eines Gesellschafters der GmbH & Co. KG 376
    4.2.2 Ausschluss eines GmbH-Gesellschafters 379
        4.2.2.1 Allgemeines 379
        4.2.2.2 Einziehung von Geschäftsanteilen 379
        4.2.2.3 Ausschlussklausel im Gesellschaftsvertrag 381
        4.2.2.4 Ausschlussklage 381
4.3 Koordinierung von Kündigung und Ausschluss in den Gesellschaftsverträgen der GmbH und der GmbH & Co. KG 383
4.4 Tod eines Gesellschafters 384
    4.4.1 Tod eines Kommanditisten 384
        4.4.1.1 Gesetzliche Rechtsnachfolge 384
        4.4.1.2 Vertragliche Gestaltungsmöglichkeiten 385
        4.4.1.3 Haftung bei erbrechtlicher Nachfolge 388

4.4.1.4	Haftung bei Eintritt aufgrund eines Aufnahmevertrages	391
4.4.1.5	Haftung des Vermächtnisnehmers	392
4.4.2	Tod eines GmbH-Gesellschafters	392
4.4.2.1	Gesetzliche Regelung	392
4.4.2.2	Vertragliche Gestaltungsmöglichkeiten	393
4.4.3	Koordinierung von Nachfolgeregelungen in den Gesellschaftsverträgen der GmbH & Co. KG und GmbH	394
4.5	Abfindung	394
4.5.1	Abfindung eines Gesellschafters der GmbH & Co. KG	394
4.5.1.1	Gesetzlicher Abfindungsanspruch	394
4.5.1.2	Schwebende Geschäfte	395
4.5.1.3	Abfindungsklauseln	396
4.5.2	Abfindung eines GmbH-Gesellschafters	401

VII Gesellschafterwechsel – Steuerrechtlicher Teil – 403

1 Ertragsteuern (Einkommen-, Gewerbesteuer) 403

1.1 Eintritt eines Gesellschafters 403
1.2 Ergänzungsbilanz bei Gesellschaftereintritt 405
   1.2.1 Entstehungsgründe 405
   1.2.2 Technik 406
   1.2.3 Entwicklung 407
1.3 Veräußerung von Kommandit- und GmbH-Anteilen 409
1.4 Umstrukturierungen im Vorfeld der Veräußerung eines Mitunternehmeranteils 414
1.5 Zurechnung von Verlusten bei Veräußerung von Gesellschaftsanteilen 418
1.6 Ausscheiden des Kommanditisten bei negativem Kapitalkonto 418
1.7 Ausscheiden eines Mitunternehmers gegen Sachwertabfindung 420
1.8 Unentgeltlicher Übergang des Kommanditanteils 421
1.9 Verlustabzug nach § 10a GewStG und im Rahmen des § 10d EStG durch übrige (erbende) Gesellschafter 422
1.10 Verlustverwertungsbeschränkung nach § 15a EStG bei Gesellschafterwechsel 424

2 Umsatzsteuer 424
3 Erbfolge in Gesellschaftsanteile 425

	3.1	Begünstigung von Betriebsvermögen und Anteilen an Kapitalgesellschaften	425
	3.2	Erbfolge von Todes wegen	427
4		**Grunderwerbsteuer**	**436**
VIII		**Beendigung der GmbH & Co. KG – Handelsrechtlicher Teil –**	**440**
1		**Auflösung der GmbH & Co. KG**	**440**
	1.1	Gesetzliche Regelung	440
	1.2	Gesellschaftsvertragliche Vereinbarungen	441
	1.3	Besonderheiten der GmbH & Co. KG	441
2		**Liquidation der GmbH & Co. KG**	**441**
3		**Zivilrechtliche Vollbeendigung der GmbH & Co. KG**	**443**
4		**Insolvenz der GmbH & Co. KG**	**444**
	4.1	Insolvenzgründe bei der GmbH & Co. KG	444
	4.2	Pflichten der Geschäftsführer bei Insolvenz der GmbH & Co. KG	446
		4.2.1 Allgemeines	446
		4.2.2 Faktischer Geschäftsführer einer GmbH & Co. KG	447
	4.3	Wechselwirkungen zwischen der Insolvenz der GmbH & Co. KG und der Insolvenz der Komplementär-GmbH	448
	4.4	Gesellschafterdarlehen in der Insolvenz	449
		4.4.1 Gesellschafterdarlehen gemäß § 39 InsO	449
		4.4.1.1 Neues Recht	449
		4.4.1.2 Nachrangigkeit von Gesellschafterdarlehen	450
		4.4.2 Anfechtbarkeit der Rückzahlung	452
		4.4.3 „Gesplittete" Pflichteinlage	452
IX		**Beendigung der GmbH & Co. KG – Steuerrechtlicher Teil –**	**454**
1		**Ertragsteuern (Einkommen-, Gewerbesteuer)**	**454**
	1.1	Veräußerungs(Aufgabe-)gewinn, Veräußerungs(Aufgabe-)verlust	454
	1.2	Zurechnung von Verlusten auf Kommanditisten	459
	1.3	Behandlung verrechenbarer Verluste	460
	1.4	Gewerbesteuerpflicht nach Einstellung der werbenden Tätigkeit	461

Inhalt

	1.5	Ertragsteuerliche Auswirkungen eines Insolvenzverfahrens auf den Kommanditisten	462
	1.6	Rangrücktritt	463
2		**Umsatzsteuer**	465
3		**Grunderwerbsteuer**	465
X		**Anhang I:** **Sonderfragen zur Publikums-KG**	467
1		**Handelsrechtlicher Teil**	467
	1.1	Beitritt zu einer Publikums-KG	467
	1.2	Auslegung und Inhaltskontrolle von Gesellschaftsverträgen einer Publikums-KG	467
		1.2.1 Auslegung	467
		1.2.2 Inhaltskontrolle	468
	1.3	Beschlüsse der Gesellschafter (Bestimmtheitsgrundsatz)	469
	1.4	Das Recht zur ordentlichen Kündigung	471
		1.4.1 Kündigungsgrund	471
		1.4.2 Kündigungserklärung	472
		1.4.3 Frist und Rechtsfolge der Kündigung	472
	1.5	Das Recht zur außerordentlichen Kündigung	472
		1.5.1 Kündigungsgründe	473
		1.5.1.1 Arglistige Täuschung	473
		1.5.1.2 Unerreichbarkeit des Gesellschaftszwecks	474
		1.5.2 Kündigungserklärung	475
		1.5.3 Rechtsfolge der außerordentlichen Kündigung	475
		1.5.3.1 Anspruch der Gesellschaft bei nicht geleisteter Einlage	475
		1.5.3.2 Einwand der Arglist	476
		1.5.4 Kündigung nach Auflösung der Gesellschaft	477
	1.6	Prospekthaftung	477
		1.6.1 Angaben im Prospekt	477
		1.6.2 Rechtliche Grundlage der Haftung	479
		1.6.3 Verantwortlicher Personenkreis	480
		1.6.4 Schaden	482
		1.6.5 Verjährung	483
2		**Steuerrechtlicher Teil**	484
	2.1	Gewinnerzielungsabsicht	484
	2.2	Inanspruchnahme erhöhter Absetzungen oder Sonderabschreibungen	486

	2.3	Gewinnverteilung in der Investitionsphase	487
	2.4	Investitionszulage	493
	2.5	Vermittlungsprovisionen für die Eigenkapitalbeschaffung	495
	2.6	Aufgeld (Agio) der Kommanditisten	496
	2.7	Treugeberkommanditist, Abschichtungsbilanz	498
	2.8	Umsatzsteuer	500
	2.9	Grunderwerbsteuer und Grundstücksgesellschaften	500

XI Anhang II:
Die GmbH & Co. KG in Umwandlungsfällen 503

1 Handelsrechtlicher Teil 503
  1.1 Umwandlung einer GmbH in eine GmbH & Co. KG 503
    1.1.1 Allgemeines 503
    1.1.2 Verschmelzung 503
      1.1.2.1 Verschmelzungsvertrag 504
      1.1.2.2 Verschmelzungsbericht 505
      1.1.2.3 Information der Gesellschafter und des Betriebsrats 505
      1.1.2.4 Gesellschafterversammlung 506
      1.1.2.5 Prüfung des Verschmelzungsvertrages 506
      1.1.2.6 Anmeldung und Eintragung 507
      1.1.2.7 Anfechtung 508
    1.1.3 Formwechselnde Umwandlung einer GmbH in eine GmbH & Co. KG 508
      1.1.3.1 Umwandlungsbeschluss 509
      1.1.3.2 Umwandlungsbericht 510
      1.1.3.3 Information der Gesellschafter und des Betriebsrats 511
      1.1.3.4 Anmeldung und Eintragung 511
      1.1.3.5 Anfechtung 512
    1.1.4 Schutz der Gesellschafter und Gläubiger bei Verschmelzung und formwechselnder Umwandlung 512
    1.1.5 Firmenfortführung 513
  1.2 Umwandlung einer GmbH & Co. KG in eine GmbH 513
    1.2.1 Umwandlung nach dem Umwandlungsgesetz 513
    1.2.2 Anwachsung 514

2 Steuerrechtlicher Teil 515
  2.1 Umwandlung einer GmbH in eine GmbH & Co. KG 515

	2.1.1	Motive	515
	2.1.2	Anzuwendende Vorschriften (Ertragsteuern)	515
	2.1.3	Beispielsfall	520
		2.1.3.1 Ausgangssituation	520
		2.1.3.2 Besteuerung bei der GmbH	521
		2.1.3.3 Besteuerung bei der GmbH & Co. KG	521
		2.1.3.4 Besteuerung bei den Gesellschaftern	521
	2.1.4	Spätere Veräußerung der KG-Anteile	522
	2.1.5	Umsatzsteuer	524
	2.1.6	Grunderwerbsteuer	525
	2.1.7	Erbschaftsteuer	525
	2.2	Umwandlung einer GmbH & Co. KG in eine GmbH	526
		2.2.1 Umwandlung (Formwechsel) nach dem Umwandlungsgesetz/Umwandlungssteuergesetz	526
		2.2.2 Anwachsung	528
		2.2.3 Einbringungsvariante	531
		2.2.4 Grunderwerbsteuer	534
		2.2.5 Investitionszulage	534
		2.2.6 Erbschaftsteuer	534
XII	**Anhang III: Muster**		535
1	Gesellschaftsvertrag einer personen- und beteiligungsgleichen Mehrpersonen-GmbH & Co. KG		535
2	Handelsregisteranmeldung nach Errichtung einer GmbH & Co. KG		549
3	Gesellschaftsvertrag einer Komplementär-GmbH (Mehrpersonen-GmbH)		551
4	Gesellschaftsvertrag einer Einmann-GmbH & Co. KG		559
5	Gesellschaftsvertrag einer Komplementär-GmbH (Einmann-GmbH)		563
6	Musterprotokoll gem. § 2 Abs. 1a GmbHG für die Gründung einer Einpersonengesellschaft		566
7	Musterprotokoll gem. § 2 Abs. 1a GmbHG für die Gründung einer Personengesellschaft mit bis zu drei Gesellschaftern		568
8	Veräußerung eines Kommanditanteils		570
9	Handelsregisteranmeldung der Veräußerung eines Kommanditanteils		574

10	Formwechselnde Umwandlung einer GmbH in eine GmbH & Co. KG	575
11	Anmeldung des Formwechsels einer GmbH in eine GmbH & Co. KG	578
12	Schreiben gemäß § 194 Abs. 2 UmwG an den Betriebsrat bei Formwechsel	580
13	Vertrag über das Ausscheiden eines Kommanditisten	581
14	Anmeldung des Ausscheidens eines Kommanditisten	584
15	Umwandlung einer GmbH & Co. KG in eine GmbH durch Anwachsung	585
16	Handelsregisteranmeldung der Anwachsung	588
17	Vertrag über Beitritt eines Kommanditisten	589
18	Handelsregisteranmeldung nach Beitritt eines Kommanditisten	593

Literaturverzeichnis 594

Stichwortregister 611

Abkürzungsverzeichnis

a. A.	anderer Ansicht
a. a. O.	am angeführten Ort
Abs.	Absatz
Abschn.	Abschnitt
a. F.	alte Fassung
AfA	Absetzung für Abnutzung
AfS	Absetzung für Substanzverringerung
AG	Die Aktiengesellschaft, Zeitschrift (Jahrgang, Seite)
AG/AGen	Aktiengesellschaft/en
AktG	Aktiengesetz
a. M.	anderer Meinung
AnfG	Anfechtungsgesetz
Anm.	Anmerkung
AnSVG	Gesetz zur Verbesserung des Anlegerschutzes
AP	Arbeitsrechtliche Praxis (seit 1954: Nachschlagewerk des Bundesarbeitsgerichts)
AO	Abgabenordnung
ArbGG	Arbeitsgerichtsgesetz
Art.	Artikel
Aufl.	Auflage
Az.	Aktenzeichen
BAG	Bundesarbeitsgericht
BayObLG	Bayerisches Oberstes Landesgericht
BB	Der Betriebs-Berater, Zeitschrift (Jahrgang, Seite)
BdF	Bundesminister der Finanzen
BerlinFG	Berlinförderungsgesetz
BetrAVG	Gesetz zur Verbesserung der betrieblichen Altersversorgung
BetrVG	Betriebsverfassungsgesetz
BewG	Bewertungsgesetz

Abkürzungen

BFH	Bundesfinanzhof
BFHE	Amtliche Sammlung der Entscheidungen und Gutachten des Bundesfinanzhofs (Band, Seite)
BFH/NV	Sammlung amtlich nicht veröffentlichter Entscheidungen des Bundesfinanzhofs (Jahrgang, Seite)
BGB	Bürgerliches Gesetzbuch
BGBl.	Bundesgesetzblatt
BGH	Bundesgerichtshof
BGHSt	Bundesgerichtshof, Entscheidungen in Strafsachen
BGHZ	Bundesgerichtshof, Entscheidungen in Zivilsachen
BilMoG	Bilanzrechtsmodernisierungsgesetz
BiRiLiG	Bilanzrichtlinien-Gesetz
BMF	Bundesministerium für Finanzen
BR-Dr.	Bundesratsdrucksache
BSG	Bundessozialgericht
BStBl.	Bundessteuerblatt
BT-Dr.	Bundestagsdrucksache
Buchst.	Buchstabe
BuW	Betrieb und Wirtschaft, Zeitschrift (Jahrgang, Seite)
BVerfG	Bundesverfassungsgericht
bzw.	beziehungsweise
DB	Der Betrieb, Zeitschrift (Jahrgang, Seite)
d.h.	das heißt
DJZ	Deutsche Juristenzeitung (Jahrgang, Seite)
DNotZ	Deutsche Notarzeitschrift (Jahrgang, Seite)
DrittelbG	Gesetz über die Drittelbeteiligung der Arbeitnehmer
DStR	Deutsches Steuerrecht, Zeitschrift (Jahrgang, Seite)
DStRE	DStR Entscheidungs-Dienst, Zeitschrift (Jahrgang, Seite)
DStZ (A, B)	Deutsche Steuer-Zeitung, Zeitschrift, Ausgabe A, B (Jahrgang, Seite)
DV/DVO	Durchführungsverordnung

Abkürzungen

DVR	Deutsche Verkehrsteuer-Rundschau, Zeitschrift (Jahrgang, Seite)
EFG	Entscheidungen der Finanzgerichte, Zeitschrift (Jahrgang, Seite)
EGHGB	Einführungsgesetz zum Handelsgesetzbuch
EK_{50}/EK_{56}	Eigenkapitalkategorien (bei der Körperschaftsteuer)
ErbStG	Erbschaftsteuergesetz
ErbStRG	Erbschaftsteuerreformgesetz (BGBl. I 2008, 3018)
EStDV	Einkommensteuer-Durchführungsverordnung
EStG	Einkommensteuergesetz
EStH	Einkommensteuer-Richtlinien, Amtliche Hinweise
EStR	Einkommensteuer-Richtlinien
ESt. Rdvfg.	Einkommensteuer-Rundverfügung
EWiR	Entscheidungen zum Wirtschaftsrecht
f./ff.	folgende/fortfolgende Seite/n
FA	Finanzamt
FamFG	Gesetz über das Verfahren in Familiensachen und in den Angelegenheiten der freiwilligen Gerichtsbarkeit vom 17. Dezember 2008 (BGBl. I S. 2586, 2587)
FG	Finanzgericht
FinMin	Finanzminister
FinSen	Senatsverwaltung für Finanzen
FN	Fachnachrichten Institut der Wirtschaftsprüfer in Deutschland e. V., Zeitschrift (Jahrgang, Seite)
FördGG	Fördergebietsgesetz
FR	Finanz-Rundschau, Zeitschrift (Jahrgang, Seite)
GAAP	Generally Accepted Accounting Principles
GewSt	Gewerbesteuer
GewStDV	Gewerbesteuer-Durchführungsverordnung
GewStG	Gewerbesteuergesetz
GewStR	Gewerbesteuer-Richtlinien

Abkürzungen

GG	Grundgesetz
GmbH/ GmbHen	Gesellschaft/en mit beschränkter Haftung
GmbHG	GmbH-Gesetz
GmbHR/ GmbH-Rdsch.	GmbH-Rundschau, Zeitschrift (Jahrgang, Seite)
GmbH-StB	Der GmbH-Steuerberater, Zeitschrift (Jahrgang, Seite)
GrESt	Grunderwerbsteuer
GrEStG	Grunderwerbsteuergesetz
Großkomm.	Großkommentar zum HGB, begründet von Staub, 3. Aufl. von Brüggemann/Canaris/Fischer/Helm/Koller/Ratz/Schilling/Ulmer/Würdinger/Rohricht, 5 Bände, Berlin 1967 ff.; 4. Aufl., hrsg. von Canaris/Schilling/Ulmer, Einzellieferungen, 1983 ff.
GrS	Großer Senat
HansOLG	Hanseatisches Oberlandesgericht
HBeglG	Haushaltsbegleitgesetz
HFR	Höchstrichterliche Finanzrechtsprechung, Zeitschrift (Jahrgang, Seite)
HGB	Handelsgesetzbuch
h.M.	herrschende Meinung
HRB	Handelsregister B
HRefG	Handelsrechtsreformgesetz
hrsg.	herausgegeben
IAS	internationale Rechnungslegungsstandards
i.d.F.	in der Fassung
IFRS	International Financial Reporting Standards
IHK	Industrie- und Handelskammer
Inf.	Die Information über Steuer und Wirtschaft, Zeitschrift (Jahrgang, Seite)
InsO	Insolvenzordnung
InvG	Investmentgesetz

Abkürzungen

InvZulG	Investitionszulagengesetz
i. S.	im Sinne
i. V. m.	in Verbindung mit
JR	Juristische Rundschau, Zeitschrift (Jahrgang, Seite)
JStG	Jahressteuergesetz
JW	Juristische Wochenschrift, Zeitschrift (Jahrgang, Seite)
KapCoRiLiG	Kapitalgesellschaften- und Co-Richtlinie-Gesetz
KG/KGen	Kommanditgesellschaft/en
KGaA	Kommanditgesellschaft/en auf Aktien
KGJ	Jahrbuch für Entscheidungen des Kammergerichts
KO	Konkursordnung
KÖSDI	Kölner Steuerdialog, Zeitschrift (Jahrgang, Seite)
KSchG	Kündigungsschutzgesetz
KSt	Körperschaftsteuer
KStDV	Körperschaftsteuer-Durchführungsverordnung
KStG	Körperschaftsteuergesetz
KStR	Körperschaftsteuer-Richtlinien
KVSt	Kapitalverkehrsteuer
KVStG	Kapitalverkehrsteuergesetz
LEXinform	DATEV-Datenbank „LEXinform Recht" Dokumenten-Nummer
LG	Landgericht
LM	Nachschlagewerk des Bundesgerichtshofs (Loseblattsammlung), hrsg. von Lindemaier/Möhring u. a.
LStDV	Lohnsteuer-Durchführungsverordnung
LStR	Lohnsteuer-Richtlinien
LSW	Lexikon des Steuer- und Wirtschaftsrechts (Loseblattsammlung), Haufe Gruppe Freiburg
Ltd.	Limited

MaBV	Makler- und Bauträgerverordnung
m.E.	meines Erachtens
Mio.	Million
MitbestG	Gesetz über die Mitbestimmung der Arbeitnehmer vom 4.5.1976
MittBayNot.	Mitteilungen des Bayerischen Notarvereins, der Notarkasse und der Landesnotarkammer Bayern
MoMiG	Gesetz zur Modernisierung des GmbH-Rechts und zur Bekämpfung von Missbräuchen
Münch-Komm.	Münchener Kommentar zum Bürgerlichen Gesetzbuch, hrsg. von Rebmann/Säcker, 12 Bände, München 2001 ff.
m.w.N.	mit weiteren Nachweisen
NachhBG	Nachhaftungsbegrenzungsgesetz
n.F.	neue Fassung
NJW	Neue Juristische Wochenschrift, Zeitschrift (Jahrgang, Seite)
NJW-RR	NJW-Rechtsprechungsreport
Nr.	Nummer
NRW	Nordrhein-Westfalen
NST	Neues Steuerrecht von A bis Z, Zeitschrift (Jahrgang, Seite)
NWB	Neue Wirtschaftsbriefe für Steuer- und Wirtschaftsrecht, Zeitschrift (Jahrgang, Seite)
NZA	Neue Zeitschrift für Arbeitsrecht (Jahrgang, Seite)
o.Ä.	oder Ähnliches
OFD/OFDen	Oberfinanzdirektion/en
OFH	Oberster Finanzgerichtshof
OHG/OHGen	Offene Handelsgesellschaft/en
OLG/ObLG	Oberlandesgericht
OLGE	Sammlung der Rechtsprechung der Oberlandesgerichte (Band und Seite)
OVG	Oberverwaltungsgericht

Abkürzungen

p.a.	per annum
PdR	Praxis des Rechnungswesens, Lose-Blatt-Zeitschrift (Jahrgang, Seite)
pVV	positive Vertragsverletzung
RA	Rechtsanwalt
RdF	Reichsminister der Finanzen
Rdvfg	Rundverfügung
RFH	Reichsfinanzhof
RFH-U	Urteil des Reichsfinanzhofs
RFM	Reichsfinanzministerium
RG	Reichsgericht
RGBl.	Reichsgesetzblatt
RGZ	Entscheidungen des Reichsgerichts in Zivilsachen
Rn.	Randnummer
RStBl.	Reichssteuerblatt
RWP-Bl	Rechts- und Wirtschaftspraxis, Blattei-Handbuch
Rz.	Randziffer
S.	Seite
SEStG	Gesetz über steuerliche Begleitmaßnahmen zur Einführung der Europäischen Gesellschaft und Änderung weiterer steuerrechtlicher Vorschriften vom 7.12.2006 (BGBl. I, 2782, berichtigt BGBl. I 2007, 68)
SeuffA	Seufferts Archiv für Entscheidungen der obersten Gerichte in den deutschen Staaten
SGB III	Sozialgesetzbuch Drittes Buch – Arbeitsförderung (Artikel 1 des Gesetzes vom 24.3.1997, BGBl. I S. 594)
sog.	sogenannte
SolZG	Solidaritätszuschlaggesetz
SozialR	Sozialrechtliche Entscheidungen
SpruchG	Spruchverfahrensgesetz
StAnpG	Steueranpassungsgesetz

Abkürzungen

StÄndG	Steueränderungsgesetz
StB	Steuerberater
Stbg	Die Steuerberatung, Zeitschrift (Jahrgang, Seite)
StbJb	Steuerberater-Jahrbuch
StBp	Steuerliche Betriebsprüfung, Zeitschrift (Jahrgang, Seite)
StEK	Steuererlasse in Karteiform (Steuererlass-Kartei)
StEntlG	Steuerentlastungsgesetz 1999/2000/2002 vom 24.3.1999, BGBl. I 1999, S. 402
StGB	Strafgesetzbuch
StiftG	Stiftungsgesetz
Stpfl.	Steuerpflichtige(r)
StSenkErgG	Steuersenkungsergänzungsgesetz vom 19.12.2000, BGBl. I 2000, S. 1812
StSenkG	Steuersenkungsgesetz vom 23.10.2000, BGBl. I 2000, S. 1433
StuW	Steuer und Wirtschaft, Zeitschrift (Jahrgang, Seite)
StW	Steuer-Warte, Zeitschrift (Jahrgang, Seite)
StWK	Steuer- und Wirtschafts-Kurzpost, Lose-Blatt- Zeitschrift (Jahrgang, Seite), Haufe Gruppe Freiburg
StZBlBln	Steuer- und Zollblatt, Berlin (Jahrgang, Seite)
TransPuG	Transparenz- und Publizitätsgesetz
u. a.	unter anderem; und andere
UG	Unternehmergesellschaft
UmwG	Umwandlungsgesetz
UmwStG	Umwandlungssteuergesetz
UntStFG	Unternehmenssteuerfortentwicklungsgesetz
USt	Umsatzsteuer
UStG	Umsatzsteuergesetz
UStR	Umsatzsteuer-Rundschau, Zeitschrift (Jahrgang, Seite)

Abkürzungen

v.a.	vor allem
VEK	verwendbares Eigenkapital
VerkProspG	Verkaufsprospektgesetz
VermAnlG	Gesetz zur Novellierung des Finanzanlagenvermittler und Vermögensanlagenrechts
Vfg.	Verfügung
VG	Verwaltungsgericht
vgl.	vergleiche
v.H.	vom Hundert
VO	Verordnung
VSt	Vermögensteuer
VStG	Vermögensteuergesetz
VStR	Vermögensteuer-Richtlinien
VZ	Veranlagungszeitraum
WM	Wertpapier-Mitteilungen, Zeitschrift (Jahrgang, Seite)
WP	Wirtschaftsprüfer
WPg	Die Wirtschaftsprüfung, Zeitschrift (Jahrgang, Seite)
z.B.	zum Beispiel
ZGR	Zeitschrift für Unternehmens- und Gesellschaftsrecht (Jahrgang, Seite)
z.Hd.	zu Händen
ZHR	Zeitschrift für das gesamte Handels- und Wirtschaftsrecht (Jahrgang, Seite)
ZIP	Zeitschrift für Wirtschaftsrecht und Insolvenzpraxis (Jahrgang, Seite)
ZPO	Zivilprozessordnung
zzgl.	zuzüglich

Vorwort zur 12. Auflage

Das Handbuch zur GmbH & Co. KG ist überarbeitet und ergänzt worden. Insbesondere sind Änderungen durch die neuere Rechtsprechung zum Gesellschaftsrecht berücksichtigt. Im Bereich des Steuerrechts sind Verfügungen und Erlasse der Finanzverwaltung aufgenommen. Der bewährte Aufbau des Buches wurde beibehalten. Dem Leser wird also weiterhin eine auf praktischen Erfahrungen beruhende Darstellung der GmbH & Co. KG in ihrem „Lebenszyklus" – von der Gründungsphase bis zur Auflösungsphase, handelsrechtlich und steuerrechtlich systematisch und konzentriert in der Form eines Nachschlagewerkes – geboten.

Die Autoren danken Herrn Rechtsanwalt Nils Neuwerth für die Unterstützung bei der Aktualisierung des gesellschaftsrechtlichen Teils.

Die Autoren hoffen, dass auch die 12. Auflage bei der Leserschaft zustimmend Aufnahme findet und sich dieses Buch weiterhin als praktischer Ratgeber bewährt.

Berlin, im Januar 2013　　　　　　　　　　　　　　　　　　　Die Autoren

Aus dem Vorwort zur 1. Auflage (1971)

Die GmbH & Co. KG als Gesellschaftsform ist das Ergebnis eines echten Entwicklungsprozesses in der Wirtschaftspraxis. Diese Rechtsform, deren Zulässigkeit sowohl handelsrechtlich als auch steuerrechtlich heute unbestritten ist, bietet die Möglichkeit, die Haftung des persönlich haftenden Gesellschafters auf das zwar gesamte, aber doch abgrenzbare Vermögen der GmbH zu beschränken, so daß die Gesellschafter in der Regel nur einem überschaubaren Risiko unterliegen, was gerade in der heutigen Zeit mit ihrem raschen Fortschritt im technischen und wirtschaftlichen Bereich sinnvoll ist. Eine solche Haftungsbeschränkung kann darüber hinaus z. B. in Erbfällen geradezu geboten sein, da sie auch bei Personengesellschaften die Möglichkeit für die Einführung eines straffen Managements erleichtert. Zudem kann die GmbH & Co. KG gegenüber der GmbH beachtliche Steuervorteile bei der laufenden Besteuerung bieten. Dies sind nur einige Gründe für die erhebliche Verbreitung der Unternehmensform „GmbH & Co. KG".

Die Bedeutung der GmbH & Co. KG als moderne Unternehmensform zeigt sich aber nicht nur in ihrer Verbreitung in der Praxis, sondern auch angesichts der mannigfachen Literaturbeiträge, der Verwaltungsanweisungen und Rechtsprechungsgrundsätze zu diesem Themenkreis. Die Veröffentlichungen, sowohl handels- als auch steuerrechtlicher Art, sind so zahlreich, daß selbst der Fachmann Schwierigkeiten hat, sie zu überschauen. Für den Unternehmer ist dieses „Dickicht" naturgemäß nahezu undurchdringbar.

Anliegen des vorliegenden Buches ist es, die Fülle der Literaturbeiträge, Verwaltungsanweisungen und Rechtsprechungsgrundsätze handels- und steuerrechtlich systematisch zu einem Kompendium der GmbH & Co. KG zusammenzufassen. Dem Fachmann soll dadurch die Möglichkeit gegeben werden, sich über den derzeitigen Stand von Literatur und Rechtsprechung in konzentrierter Form zu informieren sowie Anregungen für weitergehende eigene Spezialuntersuchungen zu erhalten. Aber auch dem Unternehmer wird durch eine auf praktischer Erfahrung beruhende Darstellung die Rechtsform der GmbH & Co. KG verständlich gemacht. Auf bestehende Meinungsverschiedenheiten wird dabei nicht nur hingewiesen, sondern es erfolgt hierzu auch regelmäßig eine eigene Stellungnahme seitens der Verfasser.

I GmbH & Co. KG als Gesellschaftsform

1 Wesensmerkmale der GmbH & Co. KG

1.1 Struktur der GmbH & Co. KG

Die GmbH & Co. KG ist eine Kommanditgesellschaft (KG) gemäß § 161 Abs. 1 HGB. Als KG hat sie zwei Arten von Gesellschaftern: die nur mit ihrer Einlage haftenden Kommanditisten und die persönlich mit ihrem gesamten Vermögen haftenden Komplementäre. Kennzeichen einer GmbH & Co. KG ist, dass hier eine GmbH Komplementärin ist. Man spricht von einer typischen oder echten GmbH & Co. KG, wenn diese GmbH die einzige Komplementärin der KG ist. Von einer unechten GmbH & Co. KG spricht man, wenn neben der GmbH noch eine natürliche Person persönlich haftender Gesellschafter ist.[1]

Eine GmbH & Co. KG erfordert immer zwei gesellschaftsrechtliche Organisationen: eine GmbH und eine KG. Ihre Verbundenheit ergibt sich aus der Beteiligung der GmbH als persönlich haftende Gesellschafterin an der KG. Darüber hinaus kann die KG sämtliche Anteile an der GmbH halten (sog. Einheits-GmbH & Co. KG).[2] Trotz ihrer Verbundenheit bleiben KG und GmbH rechtlich immer zwei zu trennende Gesellschaften, die jeweils eigenen Regeln unterliegen.[3]

1.2 Gesellschafterhaftung

Die Besonderheit der GmbH & Co. KG gegenüber einer herkömmlichen KG liegt darin, dass in einer GmbH & Co. KG grundsätzlich keine natürliche Person unbeschränkt haftet, da natürliche Personen nur als Kommanditisten oder GmbH-Gesellschafter an dem Unternehmen beteiligt sind. Die Haftungssituation der hinter einem Unternehmen in der Rechtsform einer GmbH & Co. KG stehenden Personen ähnelt also der von Gesellschaftern einer Kapitalgesellschaft. Ihre Haftung beschränkt sich grundsätzlich auf die von ihnen geleistete Einlage.

Die Komplementär-GmbH haftet dagegen für sämtliche Verbindlichkeiten der GmbH & Co. KG mit ihrem gesamten Vermögen.

---

1 Vgl. BGH, Urteil v. 18.6.1979, II ZR 194/77, WM 1979 S. 1057.
2 Siehe Rn. 21 ff.
3 Siehe z.B. Rn. 44 und Rn. 69.

1.3 Komplementär-GmbH

4 In der Regel wird die GmbH ausschließlich zur Wahrnehmung der Komplementärstellung innerhalb der KG gegründet und nur mit dem nach § 5 Abs. 1 GmbHG erforderlichen Mindeststammkapital von 25.000 EUR ausgestattet. Nach dem MoMiG gibt es seit 2008 mit der haftungsbeschränkten **Unternehmergesellschaft** gemäß § 5a GmbHG sogar die Möglichkeit einer Komplementärin, die dieses Mindeststammkapital unterschreitet. Die Tätigkeit der Komplementär-GmbH beschränkt sich auf die Führung der Geschäfte der KG, wobei sie die Komplementärstellung auch bei mehreren KGen einnehmen kann. Als persönlich haftende Gesellschafterin der KG ist sie allein zur organschaftlichen Vertretung der GmbH & Co. KG berechtigt und verpflichtet, §§ 125 Abs. 1, 161 Abs. 2, 170 HGB.[4] Sie nimmt diese Aufgaben durch ihre Geschäftsführer wahr, die infolgedessen die eigentlichen Leiter der GmbH & Co. KG sind.

Dieser Umstand begründet eine weitere Besonderheit der GmbH & Co. KG gegenüber einer herkömmlichen KG. Obwohl Personengesellschaft und damit dem Prinzip der Selbstorganschaft verpflichtet,[5] kann sie im Ergebnis wie eine Kapitalgesellschaft von außen stehenden Dritten geleitet werden.[6]

2 Entwicklung der GmbH & Co. KG

5 Die Fähigkeit einer GmbH bzw. einer haftungsbeschränkten Unternehmergesellschaft, Komplementärin einer GmbH & Co. KG zu sein, wird heute nicht mehr ernsthaft in Frage gestellt. Rechtsprechung und Gesetzgebung haben aus ihr eine Institution gemacht, die fester Bestandteil des deutschen Gesellschaftsrechts ist.

Die GmbH & Co. KG wurde erstmals von der Rechtsprechung durch eine Entscheidung des BayObLG vom 16.2.1912[7] anerkannt. Später hat auch das Reichsgericht in seinem grundlegenden Beschluss vom 4.7.1922[8] die zivilrechtliche Zulässigkeit bejaht. Der BGH folgte im Ergebnis dieser Recht-

---

[4] Siehe Rn. 270.
[5] Siehe Rn. 279.
[6] Vgl. auch Rn. 281.
[7] SeuffA 67 (1912), Nr. 263.
[8] RG, Beschluss v. 4.7.1922, RGZ 105 S. 101 ff.

sprechung.⁹ Die Anerkennung durch den Gesetzgeber erfolgte später durch einzelne Regelungen.¹⁰

In der mittelständischen Wirtschaftspraxis ist die GmbH & Co. KG ein beliebter Gesellschaftstypus. Der Grund dafür liegt in den zum Teil erheblichen Vorteilen der GmbH & Co. KG gegenüber der herkömmlichen KG und den Kapitalgesellschaften.¹¹ So sind zum Beispiel die meisten gesetzlichen Regelungen dispositiv und können im Gesellschaftsvertrag individuell angepasst werden, ohne dass hierfür eine notarielle Beurkundung oder Eintragung im Handelsregister erforderlich ist. Darüber hinaus besteht die Möglichkeit, Kommanditbeteiligungen formlos zu übertragen.

3 Rechtliche Einordnung der GmbH & Co. KG

Trotz der Nähe zur Kapitalgesellschaft ist die GmbH & Co. KG eine Personengesellschaft geblieben und im Wesentlichen dem Recht der KG unterworfen, §§ 161-177a HGB. Soweit diese Regelungen nichts anderes vorschreiben, sind gemäß § 161 Abs. 2 HGB die für die offene Handelsgesellschaft (OHG) geltenden Vorschriften (§§ 105-160 HGB) und gemäß § 105 Abs. 3 HGB die für die Gesellschaft bürgerlichen Rechts geltenden Vorschriften (§§ 705-740 BGB) anzuwenden. Darüber hinaus haben der Gesetzgeber und die Rechtsprechung für die den Kapitalgesellschaften stark angenäherte GmbH & Co. KG eigene Regelungen entwickelt.¹² Diese Regelungen zielen in erster Linie darauf ab, Risiken für die Gläubiger zu begrenzen, die aus der Kombination von Personengesellschaft und Kapitalgesellschaft in Form der GmbH & Co. KG herrühren. Insbesondere soll verhindert werden, dass die spezifischen Gläubigerschutzbestimmungen des Rechts der Kapitalgesellschaften durch die Rechtsform der GmbH & Co. KG unterlaufen werden.

---

9   Vgl. z. B. BGH, Urteil v. 8.12.1953, I ZR 199/52, BGHZ 11 S. 214; BGH, Beschluss v. 14.7.1966, II ZB 4/66, BGHZ 46 S. 7 (13).
10 Zum Beispiel §§ 130a f. HGB i. V. m. § 177a HGB (29.7.1976); §§ 19 Abs. 2, 125a, 172 Abs. 6, 172a HGB (4.7.1980); § 4 MitbestG (4.5.1976).
11 Binz/Sorg, Hat die GmbH & Co. KG bei den Familienunternehmen immer noch die Nase vorn? GmbHR 2011, S. 281 ff.. Nach Binz/Sorg gibt es in Deutschland „derzeit knapp 200.000 GmbH & Co. KG, davon seit 2008 mit zunehmender Tendenz auch mit einer Unternehmergesellschaft als Komplementärin".
12 Vgl. §§ 19 Abs. 2, 125a HGB i. V. m. §§ 177a, 130a f. HGB i. V. m. §§ 177a, 172a HGB; § 4 MitbestG.

8 Wenn auch die Rechte eines atypisch stillen Gesellschafters denen eines Kommanditisten ähneln und steuerrechtlich der atypisch stille Gesellschafter als Mitunternehmer anzusehen ist, so ist dennoch die GmbH & atypisch Still nicht der GmbH & Co. KG gleichzustellen. Denn eine atypisch stille Gesellschaft kennt kein gemeinsames Vermögen der Gesellschafter. Es gibt kein Gesellschaftervermögen, die Einlage der stillen Gesellschafter geht in das Vermögen der GmbH über (§ 230 Abs. 1 HGB). Der wirtschaftliche Geschäftsbetrieb wird nicht von der GmbH & atypisch Still, sondern von der GmbH unterhalten.

4 GmbH oder GmbH & Co. KG

4.1 Rechtsformvergleich unter ertragsteuerlichen Gesichtspunkten

9 Das **Unternehmensteuerreformgesetz** brachte ab 2008 eine besondere **Niedrigbesteuerung für thesaurierte Gewinne von Personengesellschaften** und Einzelunternehmen; es handelt sich um den sog. Thesaurierungssteuersatz von 28,25 %. Die Höhe dieses Satzes **orientiert sich an der „Normalbelastung" einer Kapitalgesellschaft,**[13] diese beträgt 29,83 % bei einem Gewerbesteuerhebesatz von 400 %. Die **Vergleichbarkeit der Steuersätze soll den Einfluss steuerlicher Motive für die Rechtsformwahl reduzieren.** Folgendes Beispiel verdeutlicht die Vorstellungen des Gesetzgebers.[14]

Der Gewinn vor Steuern einer Kapitalgesellschaft sowie einer Personengesellschaft im Wirtschaftsjahr (= Kalenderjahr) 2010 beträgt 100 %; der Gewinn wird thesauriert. Der Gewerbesteuerhebesatz beträgt 400 %. Es sind Gewerbesteuervorauszahlungen von 14 % geleistet worden.[15] Folgende Beispielrechnung:

---

13 Siehe BR-Dr. 220/07 S. 102.
14 Siehe Schultes-Schnitzlein/Keese, Steuersatzermäßigungen für Personengesellschaften – neue Aspekte für die Rechtsformwahl, NWB Fach 3, S. 14683 ff.
15 Die Gewerbesteuer ist ab 2008 als nicht abziehbare Betriebsausgabe zu behandeln.

GmbH oder GmbH & Co. KG

	Kapitalgesellschaft (in %)			Personengesellschaft (in %)		
Ergebnis vor Steuern	100			100		
Gewerbesteuer	400	14	14,00	400	14	14,00
tarifliche Einkommensteuer				36,20		36,20
Anrechnung Gewerbesteuer				–13,30		
Einkommensteuer						22,90
Körperschaftsteuer	15	15	15,00			
Solidaritätszuschlag	5,5	0,825	0,825	5,5	1,26	1,26
Gesamtsteuerbelastung	29,83			38,16		

Das vorgenannte Beispiel unterstellt, dass Einkommensteuer- und Gewerbesteuervorauszahlungen nicht aus privaten, sondern aus betrieblichen Mitteln beglichen werden und dass der persönliche Einkommensteuersatz 45 % beträgt. Für die Vorauszahlung wird eine Einkommensteuer von 31,70 % zugrunde gelegt (45,00 % abzgl. 13,30 % auf die ESt anrechenbare GewSt). Folgende Berechnung:

	Personengesellschaft (in %)	
Gewinn vor Steuern		100,00
Vorauszahlung Einkommensteuer (45 %)	31,70	
Vorauszahlung Solidaritätszuschlag (5,5 %)	1,74	
Vorauszahlung Gewerbesteuer	14,00	14,00
laufende Entnahmen	47,44	
thesaurierter Gewinn		52,56
tarifliche Einkommensteuer (28,25 %) 28,25 × 52,56	14,85	
tarifliche Einkommensteuer (45 %) 45 × 47,44	21,35	
Anrechnung Gewerbesteuer		-13,30

	Personengesellschaft (in %)	
Einkommensteuer		22,90
Solidaritätszuschlag (5,5 %)	1,26	1,26
Gewinn nach Steuern		61,84
Gesamtsteuerbelastung		38,16

Die Belastungsspreizung beträgt bei diesem Beispiel bei thesaurierten Gewinnen zwischen Personengesellschaften (38,16 %) und Kapitalgesellschaften (29,83 %) über 8 %.

Wird das Beispiel dahingehend weiter entwickelt, dass nach Vorauszahlung für Einkommensteuer, Gewerbesteuer und Solidaritätszuschlag von insgesamt 47,44 % der begünstigt besteuerte Gewinn im nächsten Wirtschaftsjahr ohne entsprechenden Gewinn entnommen wird, kommt es zur Nachversteuerung dieses Gewinns. Dieser entspricht dem begünstigt besteuerten Gewinn abzüglich der auf ihn entfallenden Einkommensteuer und dem damit verbundenen Solidaritätszuschlag (52,56 % ./. 14,85 % ./. 0,81 % = 36,90 %). Der Nachversteuerungssatz beträgt 25 % zuzüglich 5,5 % Solidaritätszuschlag = 26,375 %. Die Gesamtsteuerbelastung beträgt in diesem Fall nach Entnahme nominal 47,89 %.[16]

Damit liegt die Gesamtsteuerbelastung nur geringfügig über der Steuerbelastung bei sofortiger Entnahme bzw. ohne Antrag auf Thesaurierungsbegünstigung.

10 Schon **vorstehende Beispiele zeigen die Grenzen eines Rechtsformvergleiches**. Jede Darstellung und Qualifizierung der ertragsteuerlichen Belastungen und Unterschiede von Kapitalgesellschaft und Personengesellschaft beruht auf bestimmten Prämissen. Der Einzelfall kann tatsächlich nicht abgebildet werden. Anhand bestimmter Grundkonstellationen (z. B. der Gewinn wird langfristig thesauriert oder überwiegend ausgeschüttet) kön-

---

16 Siehe Schultes-Schnitzlein/Keese in NWB F. 3, S. 14690.

nen nur für die Entscheidung der Rechtsformwahl bedeutsame Tendenzen aufgezeigt werden.[17]

Generell dürfte jedoch die Aussage von *Harle/Kulemann*[18] gelten, „dass die (neuen) steuerlichen Regelungen keinesfalls dazu führen können, zwingend aus steuerlichen Aspekten über einen Rechtsformwechsel nachdenken zu müssen. Und auch von der Komplexität der Thesaurierungsregelungen sollte man sich nicht abschrecken lassen. Das ist eine Vorschrift, die lediglich einige wenige Konzerne in der Rechtsform der Personengesellschaft betrifft. Denn welches kleine und mittlere Unternehmen wird sich schon der Gefahr der Nachsteuerbelastung aussetzen wollen?" *Weber*[19] erinnert an **Aspekte des Rechtsformvergleichs, die durch die Unternehmensteuerreform weitgehend unberührt geblieben** sind: „So bestehen folgende **Vorteile der Personengesellschaft**: steuerfreie Durchreichung von ausländischen Betriebsstättengewinnen an oder Gewinnen von ausländischen Personengesellschaften; im Rahmen des § 15a EStG Verlustverrechnungsmöglichkeit; bei Zusammenveranlagung des Mitunternehmers mit seinem Ehegatten Verdoppelung des Sockelbetrags nach § 10d Abs. 3 EStG für den Verlustvortrag von 1 Mio. EUR auf 2 Mio. EUR; Verluste des Einzelunternehmers oder des Mitunternehmers bei Veräußerung oder Aufgabe in vollem Umfang berücksichtigungsfähig. Entsprechendes gilt für

---

17 Für Detailuntersuchungen wird daher auf folgende Literatur verwiesen: Weber, Rechtsformwahl – Auswirkungen der Unternehmensteuerreform 2008, NWB F. 18, S. 4509 ff.; Schultes-Schnitzlein/Keese, Steuersatzermäßigungen für Personengesellschaften – neue Aspekte für die Rechtsformwahl, NWB F. 3, S. 14683 ff.; Gragert/Wißborn, Die Thesaurierungsbegünstigung nach § 34a EStG, NWB F. 3, S. 14621 ff.; Binz, Unternehmensteuerreform 2008: «Rechtsformspezifische Steuerwirkungen im Überblick», DStR 2007, S. 1692; Harle/Kulemann, Besteuerung der Kapital- und Personengesellschaften nach der Unternehmensteuerreform 2008 – ein Belastungsvergleich, GmbHR 2007, S. 1138A sowie Ortmann-Basel/Zipfel, Unternehmensteuerreform 2008 Teil I (insbesondere Kapitalgesellschaften) in DB 2007, S. 1869 ff. und Teil II (insbesondere Personengesellschaften) in DB 2007, S. 2205 ff. und Rödder, Unternehmensteuerreformgesetz 2008, Beihefter in DStR 40/2007 v. 4.10.2007.

18 Harle/Kulemann, Besteuerung der Kapital- und Personengesellschaften nach der Unternehmensteuerreform 2008 – ein Belastungsvergleich, GmbHR 2007, S. 1138 (1144).

19 Weber, Rechtsformwahl, Auswirkungen der Unternehmensteuerreform 2008, NWB F. 18, S. 4509 ff. (4539).

Verluste aus Gesellschafterdarlehen; steuerliche Förderung kleinerer und mittlerer Unternehmen durch Investitionsabzugsbetrag und Möglichkeiten einer Sonderabschreibung; einfache Entnahme von Liquidität möglich, die dann im Rahmen des Privatvermögens mit der niedrigen Abgeltungsteuer angelegt werden kann; keine Steuerrisiken durch verdeckte Gewinnausschüttung; Abschreibung von Mehrwerten beim Anteilserwerb; Erleichterter grunderwerbsteuerlicher Transfer von Grundstücken von und auf die Gesellschaft. Die **Vorteile der Kapitalgesellschaft** lassen sich dagegen wie folgt zusammenfassen: Möglichkeit der Bildung von Pensionsrückstellungen für Gesellschafter-Geschäftsführer; Dividenden aus in- und ausländischen Kapitalgesellschaften sind zu 95 % steuerbefreit (im Ausschüttungsfall aber von den GmbH-Gesellschaftern nach allgemeinen Grundsätzen nachzuversteuern). Gewinne aus der Veräußerung von Gesellschaftsanteilen durch natürliche Personen sind (ab 2009) zu 40 % und durch Körperschaften zu 95 % (§ 8b KStG) steuerbefreit; körperschaftsteuerliche und gewerbesteuerliche Organschaft möglich; keine Beschränkung der Verlustverrechnung durch § 15a EStG; auch gewerbesteuerliche Verrechnung möglich; keine gewerbesteuerliche Hinzurechnungen innerhalb des Organkreises."

Auch *Binz/Sorg*[20] weisen bei der Frage, ob die laufende Besteuerung bei der GmbH oder bei der GmbH & Co. KG günstiger ist, darauf hin, dass es keine „Faustregel" gibt; entscheidend ist der Einzelfall unter langfristiger Betrachtung. Tendenziell wird die GmbH & Co. KG derzeit im Falle der Vollausschüttung der Gewinne um etwa 1,5 % Punkte niedriger besteuert. Im Thesaurierungsfall ist jedoch die „GmbH um mindestens 6 % Punkte günstiger."

4.2 Erbschaftsteuerliche Gesichtspunkte

11 Das ab 1.1.2009 geltende Erbschaftsteuerreformgesetz[21] stellt hinsichtlich der Bewertung Anteile an Personengesellschaften und Anteile an Kapitalgesellschaften gleich; die Bewertung hat zum gemeinen Wert zu erfolgen, ermittelt – wenn keine Marktwerte vorhanden sind – nach betriebswirtschaftlichen Unternehmenswertmethoden. Der bisherige Freibetrag von

---

20 a.a.o., GmbHR 2011, S. 283.
21 Einzelheiten siehe „Die Reform des Erbschaftsteuer- und Bewertungsrechts – Überblick und Gesetzestexte", in: DStR Beihefter zu Heft 51/52 für 2008, S. 93 ff.. Das Erbschaftsteuerreformgesetz – ErbStRG – wurde im BGBl I Nr. 66 v. 31.12.2008 S. 3018 veröffentlicht.

225.000 EUR und der 35 %ige Bewertungsabschlag entfallen. An ihre Stelle treten ein Verschonungs- oder ein Optionsmodell; diese Modelle entlasten diejenigen, die das Unternehmen tatsächlich fortführen. Begünstigt ist nicht das gesamte durch die Bewertung ermittelte Betriebsvermögen, sondern nur das sog. „begünstigte Vermögen" i. S. d. § 13b ErbStRG, negativ abgegrenzt das Vermögen, das nicht „Verwaltungsvermögen" ist. Zum „Verwaltungsvermögen" zählen gemäß § 13b Abs. 2 ErbStRG:

1. Dritten zur Nutzung überlassene Grundstücke mit Ausnahme einer Betriebsaufspaltung, Grundstücke innerhalb eines Konzerns i. S. des § 4h EStG, eine Betriebsverpachtung, wenn der Erbe bereits Pächter war, einer Schenkung, wenn der Beschenkte zunächst den Betrieb noch nicht selber führen kann und er diesen deshalb zunächst für einen Übergangszeit von max. zehn Jahren an einen Dritten verpachtet hat, von Wohnimmobilien, wenn deren Überlassung im Rahmen eines wirtschaftlichen Geschäftsbetriebs erfolgt, verpachtete land- und forstwirtschaftlich genutzte Grundstücke;
2. Anteile an Kapitalgesellschaften, wenn die Beteiligung 25 % oder weniger beträgt und sie nicht dem Hauptzweck eines Kredit- oder Finanzdienstleistungsinstituts zuzurechnen sind;
3. Beteiligungen an Personengesellschaften, wenn deren Verwaltungsvermögen mehr als 50 % beträgt;
4. Wertpapiere sowie vergleichbare Forderungen, soweit sie nicht dem Hauptzweck eines Kredit-, Versicherungs- oder Finanzdienstleistungsinstituts zuzurechnen sind;
5. Wirtschaftsgüter, die zum Besteuerungszeitpunkt noch keine zwei Jahre dem Betrieb dienten.

Vorstehendes Verwaltungsvermögen wird nun zum gemeinen Wert des Betriebes ins Verhältnis gesetzt. Ergibt sich für das Verwaltungsvermögen eine Quote von mehr als 50 v. H. liegt insgesamt kein „begünstigtes" Vermögen vor.

Folgende Möglichkeiten der „Verschonung von betrieblichem Vermögen" („Steuerbefreiung") bestehen:

Verschonungsmodell – Grundsatz 5-Jahresfrist

Das Verschonungsmodell ist der Regelfall (§ 13a Abs. 1 ErbStRG). 85 % des begünstigten Betriebsvermögens bleiben steuerfrei, wenn der Betrieb fünf Jahre fortgeführt wird. 15 % des Betriebsvermögens werden als nicht produktiv und damit als nicht begünstigt eingestuft. Die Steuer auf dieses Verwaltungsvermögen muss stets sofort gezahlt werden. Die Lohnsumme

GmbH & Co. KG als Gesellschaftsform

darf am Ende des gesamten Zeitraums nicht unter 400 % der Ausgangssumme gesunken sein und wird nicht indexiert. Das unschädliche Verwaltungsvermögen darf max. 50 % betragen. Pro Jahr kommt es zu einem Verschonungswegfall von 20 %.

> **Beispiel:**
> Die Lohnsumme erreicht in den 5 Jahren 320 % bei einem gemeinen Wert des Betriebes von 10 Mio. EUR. Dann bleiben zunächst 8,5 Mio. EUR steuerfrei und 1,5 Mio. EUR sind zu versteuern. Die Lohnsumme liegt damit 80 % unter der Mindestlohnsumme von 400 %, das entspricht einem Fünftel. Der Verschonungsabschlag verringert sich um 1/5 von 85 % auf 68 %. Wegen des Verstoßes gegen die Lohnsummenregelung bleiben dann nur noch 6,8 Mio. EUR steuerfrei und 3,2 Mio. EUR sind zu versteuern. Die zunächst gezahlte Steuer wird verrechnet.

Optionsmodell – auf Antrag 7-Jahresfrist

13 Gemäß § 13a Abs. 8 ErbStRG kann bis zur formellen Bestandskraft des Erbschaftsteuerbescheids das Verschonungsmodell durch das sog. Optionsmodell abgewählt werden. Nach diesem Modell bleiben 100 % des begünstigten Betriebsvermögens steuerfrei, wenn der Betrieb 7 Jahre fortgeführt wird. Die Lohnsumme darf am Ende des gesamten Zeitraums nicht unter 700 % der Ausgangssumme gesunken sein und wird nicht indexiert. Das unschädliche Verwaltungsvermögen darf max. 10 % betragen. Pro Jahr kommt es zu einem Verschonungswegfall von 14,28 %.

14 **Für beide Modelle** gilt: Es ist möglich, innerhalb der Frist Arbeitnehmer zu entlassen, wenn diese später wieder in vermehrtem Umfang eingestellt werden. Beim Abstellen auf die Lohnsumme wird auf die jährliche Dynamisierung der Ausgangslohnsumme verzichtet. Bei Betrieben mit bis zu 20 Mitarbeitern wird diese Messgröße nicht herangezogen. Unternehmenskauf, Betriebsaufgabe sowie die Veräußerung von wesentlichen Betriebsgrundlagen führen im entsprechenden Umfang zum Wegfall der Verschonung. Wird also die Siebenjahresfrist gewählt und verkauft der Erbe nach 4 Jahren den Betrieb, bleiben 4/7 des Wertes unangetastet und nur auf den Rest wird Steuer nacherhoben.

Zur Vermeidung der Doppelbelastung durch Einkommen- und Erbschaftsteuer ist eine Steuerermäßigung im Rahmen der Einkommensteuerveranlagung eingeführt worden.

§ 13a Abs. 2 ErbStRG sieht für Klein- und Kleinstfälle eine Freigrenze von 150.000 EUR vor. Die Freigrenze ermäßigt sich jedoch um 50 %, wenn der 15 %ige Anteil den Betrag von 150.000 EUR überschreitet und entfällt bei einer verbleibenden Bemessungsgrundlage von 450.000 EUR (sog. «gleitende Freigrenze»).

4.3 Gesellschaftsrechtliche Vorteile der GmbH & Co. KG

Gegenüber einer «normalen» KG hat die GmbH & Co. KG den **Vorteil**, dass keine an dem Unternehmen beteiligten natürlichen Personen in unbeschränkter Höhe persönlich haften, da sie GmbH-Gesellschafter und/oder Kommanditisten sind.[22] Dies ist ein Vorteil, der ansonsten nur bei Kapitalgesellschaften zu finden ist.

15

Ein **weiterer gewichtiger Vorteil** gegenüber herkömmlichen Personengesellschaften ist, dass Geschäftsführer der GmbH & Co. KG jede(r) beliebige Dritte sein kann.[23] Dem im Recht der Personengesellschaften geltenden Grundsatz der Selbstorganschaft – wonach die organschaftliche Vertretungsbefugnis[24] zwingend von den persönlich haftenden Gesellschaftern wahrzunehmen ist – wird dadurch Genüge getan, dass die GmbH unmittelbare Vertreterin der KG und geschäftsführungsbefugt ist. Da die GmbH jedoch nur durch ihre Geschäftsführer handeln kann, werden die Geschäfte der KG tatsächlich von den Geschäftsführern der GmbH geführt. Die Bestellung dieser Geschäftsführer steht im Belieben der GmbH-Gesellschafter. Daher können im Ergebnis auch außen stehende Dritte die GmbH & Co. KG leiten. Dies eröffnet die Möglichkeit, Fachleute mit der Geschäftsleitung zu betrauen, ohne ihnen auf der Gesellschafterebene Einfluss einräumen zu müssen.

16

Dieser Aspekt kann insbesondere bei Regelungen der Unternehmensnachfolge an Bedeutung gewinnen. Weisen die Erben eines persönlich haftenden Gesellschafters nicht die erforderlichen Managementqualitäten auf, kann es sinnvoll sein, dass im Fall des Todes des Komplementärs eine GmbH an seine Stelle tritt. Durch eine GmbH als Komplementärin kann die Geschäftsführung der KG durch einen befähigten Fremdgeschäftsführer wahrgenommen werden.

---

22 Vgl. Rn. 296.
23 Siehe Rn. 281.
24 Siehe Rn. 279.

17 Gegenüber der GmbH hat die GmbH & Co. KG **den Vorteil**, dass der Gesellschaftsvertrag und Änderungen des Gesellschaftsvertrages nicht der notariellen Beurkundung bedürfen. Außerdem sind die Gesellschafter der GmbH & Co. KG in der Gestaltung des Gesellschaftsvertrages freier und damit flexibler, da das Recht der Personengesellschaften den Gesellschaftern größere gestalterische Freiräume als das GmbH-Recht einräumt. Dies wird im Einzelnen im weiteren Text deutlich, wenn die gesetzlichen Bestimmungen der KG den entsprechenden Bestimmungen der GmbH gegenübergestellt werden und auf die notwendige Koordinierung des Gesellschaftsvertrages der GmbH & Co. KG mit dem Gesellschaftsvertrag der Komplementär-GmbH hingewiesen wird.[25]

18 Ein **weiterer Vorteil** der GmbH & Co. KG gegenüber der GmbH ist, dass sie keinen Aufsichtsrat gemäß Drittelbeteiligungsgesetz (DrittelbG) bilden muss, wozu die GmbH mit mehr als 500 Arbeitnehmern verpflichtet ist.[26] Die GmbH & Co. KG trifft erst bei einer Mitarbeiterzahl von mehr als 2 000 und kongruenten Mehrheitsverhältnissen in der GmbH und der KG die Pflicht zur Bildung eines Aufsichtsrats gemäß dem Mitbestimmungsgesetz (MitbestG).[27]

5 Erscheinungsformen der GmbH & Co. KG

5.1 Personen- und beteiligungsgleiche GmbH & Co. KG

19 Die personen- und beteiligungsgleiche GmbH & Co. KG ist der klassische Fall einer GmbH & Co. KG.[28] Sie scheint heute am häufigsten in der Praxis vertreten zu sein. Kennzeichnend für sie ist, dass die Gesellschafter der GmbH und die Kommanditisten der KG identisch sind und in beiden Gesellschaften dieselben Beteiligungsquoten haben. Dadurch verfügen sie in beiden Gesellschaften über den gleichen Gesellschaftereinfluss.

Bei der beteiligungsgleichen GmbH & Co. KG ist im Grunde eine einheitliche Gesellschaft gewollt und wird das Vorhandensein von zwei gesellschaftsrechtlichen Organisationen für die Bildung eines Unternehmens als notwendiges Übel angesehen. Hauptziel der Gesellschafter ist es daher, den

---

25 Vgl. z.B. Rn. 606.
26 Siehe Rn. 247.
27 Einzelheiten siehe Rn. 250 ff.
28 Zum Gesellschaftsvertrag siehe Muster 1.

Gleichlauf beider Beteiligungen zu sichern, was angesichts der unterschiedlichen rechtlichen Strukturen beider Gesellschaften sorgfältig gestaltete Gesellschaftsverträge erfordert. Die Gesellschaftsverträge der GmbH und der GmbH & Co. KG sollten in diesem Fall Regelungen enthalten, die die Gesellschafterstellungen in beiden Gesellschaften miteinander verzahnen, was insbesondere für den Fall eines Gesellschafterwechsels von Bedeutung ist.[29]

In der Praxis wird auch häufig die Willensbildung in beiden Gesellschaften gleichförmig geregelt. So werden Ladung, Versammlungsleitung, Beschlussfassung und Stimmrecht in gleicher Weise bestimmt. Wird zusätzlich noch die Beteiligung der GmbH an der KG stimmrechtslos ausgestaltet,[30] ist jede Gesellschafterversammlung der KG faktisch und rechtlich zugleich eine Gesellschafterversammlung der GmbH.

5.2   Einmann-GmbH & Co. KG

Ein Sonderfall der personengleichen GmbH & Co. KG ist die Einmann-GmbH & Co. KG, deren Zulässigkeit außer Frage steht.[31] Sie ist dadurch gekennzeichnet, dass der Alleingesellschafter der GmbH zugleich der einzige Kommanditist ist. Ist er auch Geschäftsführer der GmbH, ist § 35 Abs. 3 GmbHG zu beachten, wonach das Verbot des Selbstkontrahierens auch für den Gesellschafter-Geschäftsführer einer Einmann-GmbH gilt.[32]

5.3   Einheits-GmbH & Co. KG

Bei einer Einheits-GmbH & Co. KG sind GmbH und KG wechselseitig aneinander beteiligt: Während die GmbH als persönlich haftende Gesellschafterin an der KG beteiligt ist,[33] ist die KG ihrerseits Alleingesellschafterin der GmbH, d.h., die KG hält alle Anteile ihrer eigenen Komplementär-GmbH. Die Zulässigkeit dieser Rechtskonstruktion ist heute unbestritten.[34] Der Gesetzgeber hat die Einheits-GmbH & Co. KG mittelbar in § 172 Abs. 6 HGB anerkannt.[35]

---

29 Einzelheiten siehe Rn. 587 und Rn. 606.
30 Vgl. Schilling in Großkomm., § 161 Rn. 32.
31 Zum Gesellschaftsvertrag siehe Muster 4.
32 Einzelheiten siehe Rn. 283 ff.
33 Siehe Rn. 1.
34 Vgl. Esch, BB 1991, S. 1129 ff. und Werner, DStR 2006, S. 706 ff.
35 Siehe auch Rn. 301.

22 Durch die wechselseitige Beteiligung von GmbH & Co. KG und Komplementär-GmbH soll die Klammer zwischen KG und GmbH unlösbar, d. h. unabhängig vom Wechsel der Gesellschafter gemacht werden.[36] Zeitweilig galt die Einheits-GmbH & Co. KG als Patentlösung zur Behebung der sog. Verzahnungsprobleme der GmbH & Co. KG.[37] Ein weiterer Vorteil ist darüber hinaus, dass bei einer Veräußerung der Einheitsgesellschaft eine notarielle Beurkundung entbehrlich ist, da nur die Kommanditbeteiligung übertragen wird und die GmbH-Anteile unverändert in der Hand der KG verbleiben.

23 Da aber die Einheits-GmbH & Co. KG eine Reihe nicht unerheblicher Probleme mit sich bringt und einer ausgefeilten Vertragsgestaltung bedarf, ist sie für die Praxis nicht in jedem Fall attraktiv; im Schrifttum wird vor ihr sogar gewarnt.[38]

24 Ein Problem der Einheits-GmbH & Co. KG ist, dass bei ihr Stimm- und Vertretungsverhältnisse miteinander in Widerspruch geraten. Bedarf eine Maßnahme des GmbH-Geschäftsführers der Zustimmung der Gesellschafterversammlung der GmbH, steht sich der Geschäftsführer selbst gegenüber, wenn gesellschaftsvertragliche Regelungen fehlen. Da ihm die Geschäftsführung der KG als Geschäftsführer der GmbH obliegt[39] und zu diesem Aufgabenbereich auch die Ausübung von Beteiligungsrechten der KG zählt,[40] werden die Rechte der KG als Alleingesellschafterin der GmbH gegenüber dem Geschäftsführer wieder von dem Geschäftsführer der GmbH ausgeübt. Auf diese Weise könnte der Geschäftsführer der Komplementär-GmbH über seine eigene Abberufung entscheiden.[41] In der Praxis sind daher gesellschaftsvertragliche Regelungen erforderlich, durch die dem Geschäftsführer der GmbH die Geschäftsführungsbefugnis für die KG in der Gesellschafterversammlung der GmbH entzogen und den Kommanditisten übertragen wird.[42]

---

36 Vgl. Schilling in Großkomm., § 161 Rn. 30.
37 Vgl. Rn. 587.
38 Scholz/K. Schmidt, 9. Aufl., Anhang § 45 Rn. 61.
39 Vgl. Rn. 197.
40 Schlegelberger/Martens, § 161 Rn. 101; Scholz/K. Schmidt, Anhang § 45 Rn. 59.
41 Siehe auch Bülow, GmbHR 1982, 121; ähnliche Konstellation in BGH, Urteil v. 16.7.2007, II ZR 109/06, DB 2007, 1916 (1917).
42 Schlegelberger/Martens, § 161 Rn. 101; Schilling in Großkomm., § 161 Rn. 35; Scholz/K. Schmidt, Anhang § 45 Rn. 59 f.

Ein weiteres Problem der Einheits-GmbH & Co. KG ist der Gläubiger- 25
schutz. Das Stammkapital der GmbH und die Haftsumme der Kommanditisten müssen, wie bei jeder GmbH & Co. KG, nebeneinander bestehen und bilden zusammen das Haftkapital der Einheitsgesellschaft. Der Erwerb der Geschäftsanteile der GmbH durch die KG darf nur aus freiem, d. h. die Haftsumme der Kommanditisten übersteigendem Vermögen erfolgen. Umgekehrt können die Kommanditisten ihre Haftsumme nicht durch Einbringung von Geschäftsanteilen an der Komplementär-GmbH leisten, § 172 Abs. 6 HGB.[43]

5.4 Nicht personen- und beteiligungsgleiche GmbH & Co. KG

Bei der nicht personen- und beteiligungsgleichen GmbH & Co. KG sind die 26
Gesellschafter der GmbH und die Kommanditisten der KG entweder verschiedene Personen oder die GmbH und die KG haben unterschiedliche Beteiligungsverhältnisse. Diese Struktur einer GmbH & Co. KG wird gewählt, wenn nicht alle Gesellschafter gleichen Einfluss auf die Geschäftspolitik haben sollen; denn der Einfluss auf die Geschäftspolitik hängt von der Art (GmbH-Anteil, Kommanditanteil) und Höhe der Beteiligung ab. So können z. B. die Mitwirkungsrechte der Personen, die lediglich als Kommanditisten an der GmbH & Co. KG beteiligt sind, auf ein Minimum reduziert werden.[44]

5.5 Publikums-KG

Ein besonderer Fall einer nicht personen- und beteiligungsgleichen GmbH 27
& Co. KG ist die Publikums-KG (Massen-KG). Ihr Charakteristikum ist eine Vielzahl von Kommanditisten, deren Engagement an der Gesellschaft sich auf eine rein kapitalmäßige Beteiligung beschränkt (Anlagegesellschafter). Sie werden öffentlich durch Prospekte geworben und unterwerfen sich durch ihren Beitritt einem vorformulierten Gesellschaftsvertrag, auf dessen Gestaltung sie keinen Einfluss haben. Die Rechte der Kommanditisten sind sehr beschränkt und werden häufig nur über ein Vertretungsorgan (Beirat, Kommanditistenausschuss)[45] wahrgenommen. Teilweise sind die Anlagegesellschafter auch nur mittelbar über einen Treuhänder an der Publikums-KG beteiligt. Beherrscht wird die Publikums-KG von den

---

43 Siehe auch Rn. 301.
44 Einzelheiten siehe Rn. 204.
45 Vgl. Rn. 254 ff.

Gesellschaftern der Komplementär-GmbH, die die Initiatoren oder Gründungsgesellschafter sind. Die Publikums-KG hat sich vor allem aus steuerlichen Gründen in den 70er Jahren entwickelt.

Die Kommanditisten erhalten durch ihre Beteiligung an einer Publikums-KG Steuervorteile, indem sie Verluste aus dieser Beteiligung grundsätzlich in Höhe dieser Beteiligung mit anderen positiven Einkünften verrechnen können,[46] allerdings haben sich die steuerlichen Rahmenbedingungen für die Publikums-KG in der Vergangenheit zunehmend verschlechtert.

28 Von dem gesetzlichen Leitbild einer KG hat sich die Publikums-KG entfernt. Diesem Leitbild liegt ein personalistisch geprägter Verband zugrunde, dessen Mitglieder in persönlichen Beziehungen zueinander stehen, den Gesellschaftsvertrag selbst aushandeln, dabei ihre Interessen vertreten und auch später unabhängig von der Art ihrer Beteiligung an wichtigen unternehmerischen Entscheidungen mitwirken. Wegen der Vielzahl rein kapitalmäßig beteiligter Kommanditisten kommt die Publikums-KG den Kapitalgesellschaften recht nahe.

29 Gleichwohl bleibt die Publikums-KG eine Personenhandelsgesellschaft und unterliegt grundsätzlich den gesetzlichen Regelungen zur KG.[47] Aufgrund ihrer besonderen Struktur hat die Rechtsprechung aber zum Schutz der Kapitalanleger und im Interesse der Funktionsfähigkeit einer solchen Gesellschaft spezifische Rechtsgrundsätze entwickelt, die im Einzelnen im Anhang I erläutert werden.[48]

5.6 Doppelstöckige GmbH & Co. KG

30 Bei der doppelstöckigen oder mehrstufigen GmbH & Co. KG ist Komplementärin der GmbH & Co. KG eine weitere GmbH & Co. KG. Sie entsteht in der Regel dadurch, dass natürliche Personen zunächst eine GmbH gründen,[49] mit der sie zusammen eine GmbH & Co. KG errichten[50] (KG I). Diese KG I wird ihrerseits Komplementärin einer weiteren KG (KG II). Die natürlichen Personen sind auch hier wieder Kommanditisten.

---

46 Einzelheiten siehe Rn. 487 ff.
47 Siehe Rn. 7.
48 Siehe Rn. 730 ff.
49 Siehe Rn. 44 ff.
50 Siehe Rn. 69 ff.

An der Zulässigkeit dieser Rechtskonstruktion bestehen keine Zweifel mehr.[51] Durch den Gesetzgeber ist die doppelstöckige GmbH & Co. KG mittelbar durch § 15 Abs. 3 Nr. 2 EStG, § 4 Abs. 1 Satz 2 MitbestG und § 15a Abs. 2 InsO anerkannt. Umstritten ist lediglich, ob eine GmbH & Co. KG auch dann Komplementärin sein kann, wenn ihr Unternehmensgegenstand ausschließlich in der Geschäftsleitung einer anderen KG besteht. Es wird in Abrede gestellt, dass eine solche KG die für ihr wirksames Entstehen erforderliche Kaufmannseigenschaft gemäß § 161 Abs. 1 HGB i. V. m. §§ 1 f. HGB besitzt.[52] Berücksichtigt man, dass der BGH die Kaufmannseigenschaft eines persönlich haftenden Gesellschafters einer KG mit dessen Komplementär-Stellung begründet,[53] kann auch hier der Komplementär-KG die Kaufmannseigenschaft nicht abgesprochen werden.[54] Nach Neufassung des § 105 Abs. 2 HGB erlangt diese KG jedenfalls die Kaufmannseigenschaft durch Eintragung im Handelsregister.[55]

31

Die doppelstöckige GmbH & Co. KG kam früher vor allem als Instrument zur Umwandlung einer GmbH in eine GmbH & Co. KG in Betracht.[56] Durch die Reform des Umwandlungsrechts bedarf es aber hierfür dieser Rechtskonstruktion nicht mehr.[57]

32

5.7 Schein-GmbH & Co. KG

Von einer Schein-GmbH & Co. KG wird gesprochen, wenn das Bestehen einer KG z. B. durch unrichtige Eintragung im Handelsregister oder anders, z. B. durch Firmenführung, Unterhalten eines kaufmännischen Geschäftsbetriebs, vorgetäuscht wird. In der Praxis ist eine Scheingesellschaft selten.[58]

33

---

51 Vgl. Schlegelberger/Martens, § 161 Rn. 103 f.; Baumbach/Hopt, Anhang § 177a Rn. 9.
52 Schlegelberger/Martens, § 161 Rn. 103; Tillmann, DB 1986, S. 1319 (1322).
53 BGHZ 45, S. 282 (284).
54 Baumbach/Hopt, Anhang § 177a Rn. 9.
55 Baumbach/Hopt, Anhang § 177a Rn. 9.
56 Vgl. Schwedhelm, GmbHR 1993, S. 493 (494).
57 Gesetz zur Bereinigung des Umwandlungsrechts v. 28.10.1994, BGBl 1994 I S. 3210; siehe Rn. 790.
58 Siehe Baumbach/Hopt, Handelsgesetzbuch – Beck'scher Kurzkommentar, 32. Auflage, Anm. 9 zu § 5 HGB, München 2006.

II Gründung der GmbH & Co. KG
– Handelsrechtlicher Teil –

1 Gesellschafter der GmbH & Co. KG

34 Bei einer typischen GmbH & Co. KG[59] ist der einzige persönlich haftende Gesellschafter eine GmbH. Grundsätzlich können aber auch natürliche Personen, andere juristische Personen (z. B. eine AG oder Stiftung) oder auch Personenhandelsgesellschaften (OHG, KG) die Komplementärstellung innerhalb einer KG einnehmen.[60] Ebenso können diese Personen und Gesellschaften Kommanditisten werden. Da die KG aus mindestens zwei Gesellschaftern bestehen muss, ist jedoch ausgeschlossen, dass ein und dieselbe Person oder Gesellschaft gleichzeitig Komplementär und Kommanditist ist.[61]

35 In Abkehr von der früher h. M.[62] hat das Landgericht Berlin in einem Beschluss vom 8.4.2003[63] auch eine Gesellschaft bürgerlichen Rechts (GbR) als Komplementär einer KG für zulässig erachtet. Diese in der Literatur mittlerweile wohl herrschende Meinung wird durch das Oberlandesgericht Celle in einem Beschluss vom 27.3.2012 bestätigt.[64] Zuvor hatte der BGH bereits entschieden, dass die Rechtsfähigkeit der GbR auch zur Folge hat, dass sie Kommanditistin einer KG sein kann.[65] Dies ergibt sich nunmehr auch aus dem mit Wirkung vom 15.12.2001 eingefügten § 162 Abs. 1 Satz 2 HGB.

36 Schon eine Vor-GmbH kann Komplementärin einer GmbH & Co. KG sein.[66] Eine Vor-GmbH ist eine GmbH in Gründung, also in der Phase

---

59 Siehe Rn. 1.
60 Vgl. z. B. Rn. 30 ff. „Doppelstöckige GmbH & Co. KG".
61 Vgl. K. Schmidt in Münchener Kommentar zum HGB, § 105 Rn. 77.
62 BGH, Urteil v. 12.12.1966, II ZR 41/65, BGHZ 46 S. 291 (296); vgl. auch BGH, Beschluss v. 3.11.1980, II ZB 1/79, BGHZ 78 S. 311, wonach eine BGB-Gesellschaft GmbH-Gesellschafter sein kann. Ulmer in Großkomm., § 105 Rn. 94; Baumbach/Hopt, § 105 Rn. 29.
63 LG Berlin, Beschluss v. 8.4.2003, 102 T 6/03, GmbHR 2003 S. 719; Baumbach/Hopt, § 105 Rn. 28.
64 OLG Celle, Beschluss v. 27.3.2012, 9 W 37/12, DStR 2012 S. 918.
65 BGH, Beschluss v. 16.7.2001, II ZB 23/00, BGHZ 148, 291 = DB 2001 S. 1983.
66 BGH, Urteil v. 9.3.1981, II ZR 54/80, BGHZ 80 S. 129 (132 f.); Einzelheiten siehe Rn. 51.

zwischen dem wirksamen Abschluss des Gesellschaftsvertrages und der Entstehung der GmbH durch Eintragung in das Handelsregister.[67]

Auch Minderjährige können Kommanditisten einer GmbH & Co. KG werden. Für ihren Eintritt ist eine vormundschaftliche Genehmigung erforderlich, §§ 1643, 1822 Nr. 3 BGB.[68] 37

Wird ein Kommanditanteil treuhänderisch begründet oder an einen Treuhänder abgetreten, wird allein der Treuhänder Gesellschafter. Er ist dann Kommanditist mit allen Rechten und Pflichten.[69] Wirtschaftlich Beteiligter ist aber der Treugeber, da der Treuhänder – wenn auch im eigenen Namen – für Rechnung des Treugebers handelt. Eine treuhänderische Beteiligung spielt häufig bei Publikums-KGen[70] eine Rolle. Dort wird gern ein Treuhänder eingesetzt, um die Organisation der KG zu vereinfachen, insbesondere einen Wechsel der Treugeber zu erleichtern. 38

Eine Erbengemeinschaft kann nicht Kommanditistin einer GmbH & Co. KG sein.[71] Wird ein Kommanditist von mehreren Erben beerbt, wird jeder Miterbe für sich mit einem seiner Erbquote entsprechenden Anteil Kommanditist.[72] 39

2 Gründung der GmbH & Co. KG

2.1 Verschiedene Entstehungsmöglichkeiten

Die Gründung einer GmbH & Co. KG kann sich auf unterschiedliche Weise vollziehen. Es kann sich um eine vollständige Unternehmensneugründung handeln, bei der weder die GmbH noch die KG vorher vorhanden sind. Eine solche Neugründung bedarf des Abschlusses zweier Gesellschaftsverträge, eines GmbH-Gesellschaftsvertrages und eines KG-Vertrages. Die Gründung einer GmbH und einer KG werden unter Rn. 44 ff. bzw. Rn. 69 ff. erläutert. 40

---

67 Siehe Rn. 51.
68 BGH, Urteil v. 30.4.1955, II ZR 202/53, BGHZ 17 S. 160 (auch dann, wenn sie nur Kommanditisten werden).
69 BGH, Urteil v. 30.6.1980, II ZR 219/79, BGHZ 77 S. 392 (395).
70 Siehe Rn. 27.
71 Vgl. BGH, Urteil v. 22.11.1956, II ZR 222/55, BGHZ 22 S. 186 (192 ff.); Schlegelberger/Martens, § 161 Rn. 34; Westermann, Rn. 2071.
72 Siehe Rn. 607.

41 Bestehen die GmbH und die KG bereits unabhängig voneinander, kann die GmbH & Co. KG auch dadurch entstehen, dass die GmbH als neue Komplementärin in die KG eintritt und die bisherigen persönlich haftenden Gesellschafter ausscheiden.[73]

42 Alternativ ist gemäß §§ 190 ff. UmwG ein Formwechsel von der GmbH in die GmbH & Co. KG möglich. Die GmbH & Co. KG entsteht in diesem Fall durch einen Umwandlungsbeschluss der Gesellschafter der GmbH mit der Eintragung der Rechtsform der GmbH & Co. KG in das Handelsregister.[74] Weiterhin kann nach dem Umwandlungsgesetz eine GmbH auf eine neu gegründete GmbH & Co. KG verschmolzen werden, §§ 2 ff. UmwG.

43 Soll ein Einzelunternehmen in eine GmbH & Co. KG umgewandelt werden, schließen der bisherige Einzelunternehmer als zukünftiger Kommanditist und eine schon bestehende oder zu diesem Zwecke gegründete GmbH als Komplementärin einen Gesellschaftsvertrag zur Errichtung einer GmbH & Co. KG. Der bisherige Einzelunternehmer bringt dann sein Unternehmen in diese Gesellschaft ein.

2.2 Gründung der Komplementär-GmbH

2.2.1 Gründungsvoraussetzungen

44 Die GmbH wird durch einen in notarieller Form zu beurkundenden Gesellschaftsvertrag errichtet, § 2 Abs. 1 GmbHG.[75] Der durch das MoMiG eingeführte § 2a GmbHG sieht ein vereinfachtes Gründungsverfahren vor: Dabei ist das in der Anlage zum GmbHG vorgesehene Musterprotokoll zwingend zu verwenden.[76] Es dürfen keine vom Gesetz abweichenden Bestimmungen getroffen werden (§ 2 Abs. 1a Satz 3 GmbHG), außerdem darf die Gesellschaft höchstens drei Gesellschafter haben. Eine noch im Regierungsentwurf vorgesehene beurkundungsfreie Mustersatzung hat sich dagegen nicht durchsetzen können, sodass sich mit dem Musterprotokoll im Wesentlichen nur eine Kostensenkung herbeiführen lässt (vgl. den neuen § 41d KostO).

---

73 Siehe Rn. 562 ff.
74 Zu den Einzelheiten siehe Rn. 790 ff.
75 Zum Gesellschaftsvertrag siehe Muster 3 und Muster 5.
76 Abgedruckt als Muster 6.

Neu ist auch die vor ihrer Einführung bereits vielfältig kritisierte[77] Unternehmergesellschaft gemäß § 5a GmbHG. Bei dieser Form der GmbH ist ein Mindeststammkapital nicht vorgeschrieben, sie muss aber durch einen entsprechenden, den Rechtsverkehr warnenden Rechtsformzusatz („Unternehmergesellschaft (haftungsbeschränkt)" oder „UG (haftungsbeschränkt") kenntlich gemacht werden.

Gründer können eine oder mehrere Personen sein, § 1 GmbHG. Der Gesellschaftsvertrag muss gemäß § 3 GmbHG mindestens Firma und Sitz der Gesellschaft, Gegenstand des Unternehmens, Betrag des Stammkapitals und den Betrag der von jedem Gesellschafter auf das Stammkapital zu leistenden Einlage beinhalten.

Für den Unternehmensgegenstand der Komplementär-GmbH ist erforderlich, ihre Dienstleistungstätigkeit als Geschäftsführerin der GmbH & Co. KG anzugeben. Als Beispiel für eine mögliche Formulierung siehe Muster 3. 45

Zum Teil wird verlangt, dass über die Angabe der Geschäftsführungstätigkeit der Komplementär-GmbH hinaus der Geschäftszweig der KG kenntlich gemacht werden soll, da bei der typischen GmbH & Co. KG beide Gesellschaften so weitgehend ineinander verwoben seien, dass der Unternehmensgegenstand der KG auch derjenige der GmbH sei.[78] Diese Ansicht wird zu Recht überwiegend abgelehnt, da sie Eigen- und Fremdgeschäftsführung der Komplementär-GmbH unzulässig vermischt.[79] 46

Das Stammkapital der GmbH stimmt mit der Summe der Nennbeträge aller Geschäftsanteile überein, § 5 Abs. 3 Satz 2 GmbHG. Es muss gemäß § 5 Abs. 1 GmbHG mindestens 25.000 EUR betragen. Ein Gesellschafter kann bei Errichtung der Gesellschaft mehrere Geschäftsanteile übernehmen, § 5 Abs. 2 Satz 2 GmbHG. Die Höhe der Nennbeträge der einzelnen Geschäftsanteile der Gesellschafter kann dabei unterschiedlich bestimmt werden, § 5 Abs. 3 Satz 1 GmbHG. Als Einlagen kommen Bareinlagen oder (Ausnahme: Unternehmergesellschaft) Sacheinlagen in Betracht. 47

Sacheinlagen müssen nach Gegenstand und Betrag im Gesellschaftsvertrag festgesetzt werden, § 5 Abs. 4 Satz 1 GmbHG. Die Gesellschafter müssen in einem Sachgründungsbericht die für die Angemessenheit der Leistungen 48

---

77 Kritisch zum Gesamtkonzept Wilhelm, DB 2007, S. 1510 (1512).
78 Früher BayObLG, Beschluss v. 15.12.1975, BReg 2 Z 53/75, NJW 1976 S. 1694 (1695); ablehnend Scholz/Emmerich, § 3 Rn. 17.
79 Vgl. BayObLG, Beschluss v. 22.6.1995, 3Z BR 71/95, DB 1995 S. 1801.

wesentlichen Umstände darlegen. Handelt es sich bei der Sacheinlage um ein Unternehmen, müssen sie die Jahresergebnisse der beiden letzten Geschäftsjahre angeben.

49 Die GmbH ist (elektronisch – § 8 Abs. 5 GmbHG, § 12 Abs. 2 HGB) zur Eintragung in das Handelsregister anzumelden, § 7 Abs. 1 GmbHG. Die Anmeldung darf erst erfolgen, wenn auf Sacheinlagen vollständig (§ 7 Abs. 2 und 3 GmbHG) und auf die sonstigen Einlageverpflichtungen mindestens je ein Viertel des Nennbetrags des Geschäftsanteils geleistet wird (§ 7 Abs. 2 Satz 1 GmbHG). Insgesamt muss auf das Stammkapital mindestens so viel eingezahlt sein, dass der Betrag von 12.500 EUR erreicht ist (§ 7 Abs. 2 Satz 2 GmbHG). Geschäftsführer müssen bei der Anmeldung eine inländische Geschäftsanschrift angeben (§ 8 Abs. 4 Nr. 1 GmbHG) und ihre Vertretungsverhältnisse angeben (§ 8 Abs. 4 Nr. 2 GmbHG). Der Anmeldung müssen die in § 8 Abs. 1 GmbHG bezeichneten Dokumente beigefügt sein. Außerdem müssen die Geschäftsführer versichern, dass die gemäß § 7 Abs. 2 und Abs. 3 GmbHG vorgeschriebenen Leistungen bewirkt sind, sich geleistete Einlagegegenstände endgültig in der freien Verfügung der Geschäftsführer befinden und keine Umstände vorliegen, die gemäß § 6 Abs. 2 Satz 2 Nr. 2 und 3 sowie Satz 3 GmbHG der Geschäftsführerbestellung entgegenstehen.

50 Die GmbH entsteht mit der Eintragung in das Handelsregister, § 11 Abs. 1 GmbHG.

2.2.2 Vor-GmbH

2.2.2.1 Rechtsnatur und Komplementärfähigkeit der Vor-GmbH

51 In der Zeit zwischen wirksamem Abschluss des Gesellschaftsvertrages und der Entstehung der GmbH durch Eintragung in das Handelsregister spricht man von der Vor-GmbH, Vor-Gesellschaft oder GmbH in Gründung („i. G."). Vor dem förmlichen Abschluss des GmbH-Vertrages gemäß § 2 Abs. 1 GmbHG bezeichnet man die Gesellschaft als Vorgründungsgesellschaft.[80] Das Recht der werdenden GmbH ist nur fragmentarisch in § 11 GmbHG geregelt. Über die Rechtsnatur der Vor-GmbH herrscht insoweit Einigkeit, als sie als Vorstufe und notwendiges Durchgangsstadium auf dem Weg zur GmbH begriffen wird. Mit Erlangung der Rechtsfähigkeit durch Eintragung in das Handelsregister wandelt sich die Vor-GmbH ipso

---

80 Siehe auch Crezelius, DStR 1987, S. 743.

Gründung der GmbH & Co. KG

jure und mit allen ihren Aktiva und Passiva in die GmbH um und ist mit dieser identisch.[81] Die Vor-Gesellschaft ist daher ein Gebilde eigener Art, eine Organisationsform, die keiner anderen Vereinigungsform des bürgerlichen Rechts oder des Handelsrechts zugeordnet werden kann.[82] Sie unterliegt dem Recht der GmbH, soweit dies nicht die Eintragung der GmbH im Handelsregister voraussetzt.[83]

Die Vor-GmbH ist heute als Trägerin von Rechten und Pflichten anerkannt.[84] Das gilt für das gesamte materielle und formelle Recht. Sie kann also z. B. Eigentümerin von beweglichen und unbeweglichen Sachen, Schuldnerin und Gläubigerin sein. Auch werden ihr u. a. Grundbuchfähigkeit,[85] Parteifähigkeit[86] und Insolvenzfähigkeit[87] zugesprochen. 52

Von der Rechtsprechung ist anerkannt, dass auch schon eine Vor-GmbH Komplementärin einer GmbH & Co. KG sein kann.[88] Diese Entwicklung der Rechtsprechung war erst möglich, nachdem das sog. Vorbelastungsverbot aufgegeben wurde. Es besagte, dass nur solche Verbindlichkeiten von der Vor-GmbH auf die GmbH übergehen, die gesetzlich, satzungsmäßig oder sonst gründungsnotwendig sind.[89] Dadurch sollte erreicht werden, dass die GmbH im Zeitpunkt der Eintragung mit unversehrtem Stammkapital ohne Vorbelastung aus der Gründungsphase zur Entstehung kommt. 53

Nahm die Vor-GmbH andere Rechtsgeschäfte vor, wurde die GmbH daraus nur dann verpflichtet, wenn sie diese nach der Eintragung genehmigte. Ob die Gläubiger der Vor-GmbH Zugriff auf das Vermögen der eingetragenen GmbH nehmen konnten, stand also im Belieben der Geschäftsleitung der GmbH. Unter diesen Umständen – solange also die Vor-GmbH ihre 54

---

81 BGH, Urteil v. 9.3.1981, II ZR 54/80, BGHZ 80 S. 129 (137); Scholz/K. Schmidt, § 11 Rn. 25; Ulmer/Habersack/Winter/Ulmer, § 11 Rn. 89 ff.
82 Lutter/Hommelhoff, § 11 Rn. 3.
83 BGH, Urteil v. 2.5.1966, II ZR 219/63, BGHZ 45 S. 338 (347); BGH, Urteil v. 24.10.1968, II ZR 216/66, BGHZ 51 S. 30 (32); BGH, Urteil v. 9.3.1981, II ZR 54/80, BGHZ 80 S. 129 (132); Baumbach/Hopt, Anhang § 177a Rn. 15.
84 Ulmer, § 11 Rn. 59.
85 BGH, Urteil v. 2.5.1966, II ZR 219/63, BGHZ 45 S. 338 (348).
86 Scholz/K. Schmidt, § 11 Rn. 34; BGH, Urteil v. 28.11.1997, V ZR 178/96, NJW 1998 S. 1079.
87 Vgl. BayObLG, Beschluss v. 23.7.1965, BReg 2 Z 7/65, NJW 1965 S. 2254 (2257).
88 BGH, Urteil v. 9.3.1981, II ZR 54/80, BGHZ 80 S. 129 (132 f.); BGH, Beschluss v. 12.11.1984, II ZB 2/84, WM 1985 S. 165.
89 BGH, Urteil v. 15.12.1975, II ZR 95/73, BGHZ 65 S. 378 (383); BGH, Urteil v. 2.5.1966, II ZR 219/63, BGHZ 45 S. 338 (342 f.).

Haftung nicht voll an die eingetragene GmbH weitergab – war sie als persönlich haftende Gesellschafterin einer KG nicht tauglich.[90]

55 Im Übrigen erwies sich das Vorbelastungsverbot für die Zwecke der Kapitalsicherung als ungeeignet. Denn üblicherweise wurden die Rechtsgeschäfte der Vor-GmbH von den Geschäftsführern nach der Eintragung im Hinblick auf deren eigene Haftung gemäß § 11 Abs. 2 GmbHG (siehe Rn. 67) genehmigt.[91]

56 Dieses Vorbelastungsverbot ist mit dem Urteil des BGH vom 9.3.1981 aufgegeben worden. Nach dieser Rechtsprechung gehen jetzt alle Rechte und Pflichten der Vor-GmbH mit der Eintragung der GmbH in das Handelsregister auf diese im Wege der Gesamtrechtsnachfolge über.[92] An die Stelle des Vorbelastungsverbots ist die der Unversehrtheit des Stammkapitals der Gesellschaft dienende Differenz- oder Unterbilanzhaftung der Gründer gegenüber der GmbH getreten.[93]

57 Aus der Komplementärfähigkeit der Vor-GmbH folgt, dass auch ihre Eintragung als persönlich haftende Gesellschafterin im Handelsregister zulässig sein muss.[94] Die Vor-GmbH trägt die Firma der GmbH, die üblicherweise mit dem Zusatz „in Gründung" oder abgekürzt „i. G." versehen wird.[95]

2.2.2.2 Vertretung der Vor-GmbH

58 Im Gegensatz zu den Geschäftsführern einer eingetragenen GmbH haben die Geschäftsführer einer Vor-GmbH keine unbeschränkte Vertretungsmacht, vgl. §§ 35, 37 GmbHG.[96] Die Vertretungsmacht ist grundsätzlich durch den Gründungszweck auf gründungsnotwendige Geschäfte beschränkt. Bei Bargründungen beschränkt sie sich im Allgemeinen auf solche Rechtshandlungen, die unerlässlich sind, um die gesetzlichen Eintragungsvoraussetzungen und die Eintragung selbst herbeizuführen. Wird dagegen ein als Sacheinlage eingebrachtes Handelsgeschäft fortgeführt,

---

90 BGH, Urteil v. 9.3.1981, II ZR 54/80, BGHZ 80 S. 129 (134).
91 BGH, Urteil v. 9.3.1981, II ZR 54/80, BGHZ 80 S. 129 (137).
92 BGH, Urteil v. 9.3.1981, II ZR 54/80, BGHZ 80 S. 129; BGH, Urteil v. 26.10.1981, II ZR 31/86, GmbHR 1982 S. 183 (184).
93 Siehe Rn. 63 ff.
94 BGH, Beschluss v. 12.11.1984, II ZB 2/84, NJW 1985 S. 736 (737).
95 Lutter/Hommelhoff/Lutter/Bayer, § 11 Rn. 7.
96 BGH, Urteil v. 9.3.1981, II ZR 54/80, BGHZ 80 S. 129 (139).

deckt sich die Vertretungsbefugnis praktisch weitgehend mit der umfassenden Vertretungsmacht des Geschäftsführers einer eingetragenen GmbH.[97]

Die Gründer haben aber jederzeit die Möglichkeit, die Vertretungsmacht der Geschäftsführer zu erweitern. Diese Ermächtigung bedarf keiner bestimmten Form.[98] Sie kann auch konkludent erfolgen.[99] Die GmbH-Gründer können also die Geschäftsführer der Vorgesellschaft ermächtigen, namens der Vorgesellschaft die Komplementärrolle in einer KG und damit die Haftung nach § 161 Abs. 2 i.V.m. § 128 HGB zu übernehmen.[100] Wird diese Ermächtigung nicht ausdrücklich erteilt, führt die Vor-GmbH aber Geschäfte der KG im Einvernehmen der GmbH-Gründer, gilt sie als stillschweigend erteilt. 59

Mit der Ausweitung der Vertretungsmacht der Geschäftsführer der Vor-GmbH durch die Gründer ist auch eine Erweiterung der Gründerhaftung für verbrauchtes Kapital verbunden (sog. Differenz-, Unterbilanz- oder Vorbelastungshaftung, siehe Rn. 63). 60

2.2.2.3 Haftungsverhältnisse der Vor-GmbH

Haftung der Vor-GmbH

Die Vor-GmbH haftet als Komplementärin der KG für deren Verbindlichkeiten nach § 161 Abs. 2 i. V. m. § 128 HGB unbeschränkt persönlich mit ihrem Gesellschaftsvermögen einschließlich offener Einlageforderungen.[101] 61

Haftung der Gründer

Der BGH geht in seinem Urteil vom 27.1.1997[102] unter Aufgabe seiner früheren Rechtsprechung[103] nun von einer einheitlichen Gründerhaftung aus, die sich aus einer Verlustdeckungs- und einer Vorbelastungshaftung zusammensetzt. Die Gründer haften den Gläubigern der Vor-GmbH – unabhängig davon, ob die Vor-GmbH in das Handelsregister eingetragen 62

---

97 BGH, Beschluss v. 12.11.1984, II ZB 2/84, NJW 1985 S. 736 (737); Lutter/Hommelhoff/Lutter/Bayer, § 11 Rn. 11.
98 BGH, Urteil v. 9.3.1981, II ZR 54/80, BGHZ 80 S. 129 (139).
99 Ulmer/Habersack/Winter/Ulmer, § 11 Rn. 69; Baumbach/Hopt, Anhang § 177a Rn. 15.
100 BGH, a.a.O.
101 BGH, Urteil v. 9.3.1981, II ZR 54/80, BGHZ 80 S. 129 (144); Lutter/Hommelhoff/Lutter/Bayer, § 11 Rn. 12.
102 BGH, Urteil v. 27.1.1997, II ZR 123/94, BGHZ 134 S. 133 = GmbHR 1997 S. 405.
103 BGH, Urteil v. 15.12.1975, II ZR 95/73, BGHZ 65 S. 378 (382 ff.); BGH, Urteil v. 9.3.1981, II ZR 54/80, BGHZ 80 S. 129 (144).

oder vorher liquidiert wird – mittelbar und unbeschränkt in Form einer Innenhaftung. Da die Vor-GmbH als Komplementärin für Verbindlichkeiten der KG gemäß § 161 Abs. 2 i. V. m. § 128 HGB haftet, haften ihre Gründer auch für KG-Verbindlichkeiten in diesem Rahmen.

63 Bis zu dieser Rechtsprechungsänderung hafteten die Gründer für Verbindlichkeiten in der Vor-GmbH, die nicht in das Handelsregister eingetragen, sondern liquidiert wird, grundsätzlich nur bis zur Höhe ihrer Einlageverpflichtung.[104] Diese Haftung stand im Wertungswiderspruch zur Haftung der Gründer nach Eintragung der Vor-GmbH im Handelsregister; denn nach Eintragung trifft die Gründer die sog. Unterbilanzhaftung (Vorbelastungshaftung, Differenzhaftung) gegenüber der GmbH.[105] Diese Haftung ist an die Stelle des Vorbelastungsverbots (siehe Rn. 53 ff.) getreten und soll die Gefahr der Unterdeckung des Kapitals zum Zeitpunkt der Entstehung der GmbH ausgleichen.

64 Hat die Vor-GmbH also schon vor ihrer Eintragung von ihren Handlungsmöglichkeiten Gebrauch gemacht mit der Folge einer Unterdeckung ihres Kapitals (sog. Unterbilanz), entsteht zum Zeitpunkt der Eintragung ein Anspruch der GmbH gegenüber ihren Gründern auf Ausgleich dieser Differenz. Eine Unterdeckung liegt immer dann vor, wenn das GmbH-Vermögen wegen schon vorhandener Verbindlichkeiten nicht mehr das Stammkapital erreicht (Bilanzielles Eigenkapital $\geq$ 0).

65 Bei der Berechnung des Fehlbetrags bleiben Gründungskosten – z.B. Beratungs- und Beurkundungskosten – unberücksichtigt.[106] Der Fehlbetrag kann die Höhe des Stammkapitals übersteigen, wenn die Gesellschaft zum Zeitpunkt der Eintragung überschuldet ist (Bilanzielles Eigenkapital $<$ 0). Die Gesellschafterhaftung ist dann nicht auf die Höhe des Stammkapitals und die der einzelnen Stammeinlagen beschränkt, sondern geht auf den vollen Verlustausgleich.

Das vor der Rechtsprechungsänderung bestehende Ungleichgewicht zwischen einer beschränkten Haftung vor Eintragung und einer unbeschränkten Haftung nach Eintragung bot den Anreiz, die Eintragung im Fall von Verlusten nicht weiter zu verfolgen und die Vor-GmbH zu liquidieren. Dieser Wertungswiderspruch ist durch das oben genannte Urteil des BGH

---

104 BGH, Urteil v. 15.12.1975, II ZR 95/73, BGHZ 65 S. 387 (382 ff.); BGH, Urteil v. 9.3.1981, II ZR 54/80, BGHZ 80 S. 129 (144).
105 BGH, Urteil v. 9.3.1981, II ZR 54/80, BGHZ 80 S. 129 (140).
106 Vgl. BGH, Urteil v. 9.3.1981, II ZR 54/80, BGHZ 80 S. 129 (141).

vom 27.1.1997 aufgehoben worden. Die Gründer einer GmbH, die nicht in das Handelsregister eingetragen werden, haften nunmehr ebenfalls unbeschränkt für die Verluste der Vor-GmbH, die nicht mehr durch das Gesellschaftsvermögen gedeckt sind (Verlustdeckungshaftung).

Mehrere Gründer haften im Verhältnis der Nennbeträge ihrer Geschäftsanteile zueinander pro rata (quotarische Haftung), wobei § 24 GmbHG Anwendung findet. 66

Es handelt sich um eine Innenhaftung, da die Haftung der Gründer gegenüber der Gesellschaft besteht. Die Gläubiger der Vor-GmbH müssen aus einem gegen die Vor-GmbH erwirkten Titel den gegen die Gründer gerichteten Verlustdeckungsanspruch pfänden und sich zur Einziehung überweisen lassen und sodann den gepfändeten Anspruch gegenüber den Gründern gegebenenfalls im Klagewege geltend machen.[107]

War die Eintragung der GmbH allerdings von vornherein nicht durch die Gründer beabsichtigt oder wird die Geschäftstätigkeit nach dem Scheitern der Gründung nicht sofort beendet, spricht man von einer sog. unechten Vor-GmbH, für die die Haftungsregeln der §§ 128 ff. HGB analog herangezogen werden.[108]

Haftung der Geschäftsführer

Nach Abschluss des notariellen Gesellschaftsvertrages[109] und vor der Eintragung der GmbH in das Handelsregister haften die Geschäftsführer gegenüber Dritten persönlich und unmittelbar gemäß § 11 Abs. 2 GmbHG. Sinn des § 11 Abs. 2 GmbHG ist, den Gläubigern der Vor-GmbH einen Ausgleich dafür zu schaffen, dass der Haftungsfonds der Vor-GmbH noch nicht gerichtlich kontrolliert ist und die Kapitalsicherungsvorschriften nicht voll eingreifen.[110] Dieses Bedürfnis nach Sicherung der Gläubiger entfällt, wenn die GmbH in das Handelsregister eingetragen wird und dadurch Schuldner aus den von den Geschäftsführern getätigten Geschäften wird. 67

---

107 Lutter/Hommelhoff/Lutter/Bayer, § 11 Rn. 12.
108 BGH, Urteil v. 4.11.2002, II ZR 204/00, BGHZ 152 S. 290 (293). Die Parteifähigkeit einer solchen Gesellschaft bleibt jedoch erhalten, BGH, Urteil v. 31.3.2008, II ZR 308/06, DB 2008 S. 1149.
109 So jetzt BGH, Urteil v. 7.5.1984, II ZR 276/83, BGHZ 91 S. 148; anders noch BGH, Urteil v. 8.10.1979, II ZR 165/77, NJW 1980 S. 287.
110 BGH, Urteil v. 9.3.1981, II ZR 54/80, BGHZ 80 S. 129 (133).

Daher erlischt die Handelndenhaftung der Geschäftsführer gemäß § 11 Abs. 2 GmbHG in der Regel mit der Eintragung der GmbH.[111] Sie besteht nur ausnahmsweise dann fort, wenn und soweit die GmbH aus dem zugrunde liegenden Rechtsgeschäft nicht verpflichtet wird. Das ist der Fall, wenn die Geschäftsführer ohne Ermächtigung der Gründer Rechtsgeschäfte über den Gründungszweck hinaus tätigen, also als Vertreter ohne Vertretungsmacht handeln (siehe Rn. 58), und die GmbH auch nicht nachträglich diese Rechtsgeschäfte genehmigt.

68 Die Handelndenhaftung der Geschäftsführer der Vor-GmbH aus § 11 Abs. 2 GmbHG trifft sie auch dann, wenn sie für die KG als Vertreter der zur Vertretung der KG berechtigten Komplementär-GmbH ein Rechtsgeschäft abschließen.[112]

2.3 Gründung der KG

2.3.1 Gesellschaftsvertrag der KG[113]

69 Die Komplementär-GmbH und mindestens ein Kommanditist schließen einen Vertrag, der die Errichtung einer KG zum Inhalt hat. Dieser Vertrag ist formlos wirksam. Ein Formerfordernis kann sich ausnahmsweise aus Vorschriften außerhalb des Rechts der Personengesellschaften ergeben. So bedarf z.B. die Verpflichtung eines Gesellschafters, ein Grundstück in die Gesellschaft einzubringen, der notariellen Form, § 311b Abs. 1 BGB. Dieses Formerfordernis gilt u.a. auch für die Verpflichtung zur Einbringung eines Gesamtvermögens (§ 311b Abs. 3 BGB) oder zur Abtretung von GmbH-Gesellschaftsanteilen (§ 15 GmbHG) und für Schenkungsvereinbarungen (§ 518 BGB). Sind derartige formbedürftige Erklärungen im Gesellschaftsvertrag enthalten und stehen sie mit dem Gesellschaftsvertrag in einem inneren rechtlichen Zusammenhang, bedarf der gesamte Vertrag der besonderen Form.[114] Zählt also die Grundstückseinbringung zur Einlagepflicht des Gesellschafters, ist der ganze Gesellschaftsvertrag notariell zu beurkunden.

---

111 BGH, Urteil v. 9.3.1981, II ZR 54/80, BGHZ 80 S. 182 (183); BGH, Urteil v. 13.6.1977, II ZR 232/75, BGHZ 69 S. 95 (103).
112 BGH, Urteil v. 9.3.1981, II ZR 54/80, BGHZ 80 S. 129 (133); Ulmer/Habersack/Winter/Ulmer, § 11 Rn. 167; Scholz/K. Schmidt, § 11 Rn. 168; Baumbach/Hopt, Anhang § 177a Rn. 17.
113 Zum Gesellschaftsvertrag der KG siehe Muster 1 und Muster 4.
114 BGH, Urteil v. 10.4.1978, II ZR 61/77, BB 1978 S. 726 f.

Gründung der GmbH & Co. KG

Eine Formverletzung macht den ganzen Vertrag nichtig, sofern nicht nach § 139 BGB anzunehmen ist, dass er auch ohne die formbedürftige Verpflichtung – z.B. die Grundstückseinbringung – geschlossen worden wäre. Unter Umständen kann der Mangel der Form auch durch die Erfüllung der formlos übernommenen Verpflichtung geheilt werden.[115] 70

Notwendiger Vertragsinhalt ist, dass eine Gesellschaft vereinbart wird, deren Zweck auf den Betrieb eines Handelsgewerbes i. S. d. §§ 1-3 HGB unter gemeinschaftlicher Firma gerichtet ist, und dass einzelne Gesellschafter (in der Regel die GmbH) unbeschränkt, andere bis zu einer bestimmten Haftsumme haften. Statt auf den Betrieb eines Handelsgewerbes kann die gesellschaftliche Aktivität auch auf die Verwaltung eigenen Vermögens ausgerichtet sein. 71

Gemäß § 163 HGB richtet sich das Rechtsverhältnis der Gesellschafter untereinander vorrangig nach dem Gesellschaftsvertrag. Im Gesellschaftsvertrag sollten neben den Selbstverständlichkeiten, wie Firma, Sitz, Gegenstand des Unternehmens, auch die zu führenden Gesellschafterkonten[116], Gesellschafterversammlung (Ladung, Verfahrensregeln), Gesellschafterbeschlüsse (Stimmrechtsmaßstab), Ergebnisbeteiligung (einschließlich Entnahmen und etwaiger Rücklagenbildung), Informationsrechte der Kommanditisten, Übertragbarkeit der Anteile sowie Ausscheidensgründe und -folgen (insbesondere Auseinandersetzungsguthaben) geregelt werden. 72

Fehlen gesellschaftsvertragliche Regelungen, ist auf die gesetzlichen Bestimmungen in §§ 164-169, 177 HGB zurückzugreifen.[117] In zweiter Linie sind gemäß § 161 Abs. 2 HGB die für die OHGen geltenden Vorschriften anzuwenden. Schließlich gelten gemäß § 105 Abs. 3 HGB die §§ 705-740 BGB, wenn weder der Gesellschaftsvertrag noch das Recht der KG noch das der OHG eine Regelung trifft. 73

Ab welchem Zeitpunkt sich das Rechtsverhältnis der Gesellschafter einer in Gründung befindlichen GmbH & Co. KG untereinander nach den gesellschaftsvertraglichen Bestimmungen und dem gesetzlichen KG-Recht bestimmt, hängt vom Gesellschaftsvertrag ab. Wenn nichts Abweichendes vereinbart ist, fallen der Abschluss des Gesellschaftsvertrages und das 74

---

115 Vgl. §§ 311b Abs. 1 Satz 2, 518 Abs. 2 BGB, § 15 Abs. 4 GmbHG.
116 Vgl. Rn. 347 ff.
117 Schilling in Großkomm., § 163 Rn. 1.

Entstehen der KG im Innenverhältnis in der Regel zusammen.[118] Auch auf eine GmbH & Co. KG in Gründung, deren Gewerbebetrieb kein Handelsgewerbe i. S. d. § 1 Abs. 2 HGB ist und die somit vor ihrer Eintragung in das Handelsregister eine Gesellschaft bürgerlichen Rechts ist,[119] findet im Verhältnis der Gesellschafter untereinander KG-Recht Anwendung, wenn ein diesbezüglicher Wille der Gesellschafter erkennbar ist.

2.3.2 Entstehen der GmbH & Co. KG als Handelsgesellschaft gegenüber Dritten

2.3.2.1 Handelsgewerbe

75 Der Gesetzgeber hat den Begriff des Handelsgewerbes in § 1 Abs. 2 HGB definiert. Danach ist Handelsgewerbe jeder Gewerbebetrieb, es sei denn, dass das Unternehmen nach Art und Umfang einen in kaufmännischer Weise eingerichteten Geschäftsbetrieb nicht erfordert. Der Zeitpunkt, in welchem die Gesellschaft als eine GmbH & Co. KG im Verhältnis zu Dritten entsteht, hängt davon ab, ob ihr Unternehmen ein Handelsgewerbe i. S. d. § 1 Abs. 2 HGB zum Gegenstand hat. Betreibt die Gesellschaft ein Handelsgewerbe, entsteht sie im Verhältnis zu Dritten bereits mit Aufnahme ihres Geschäftsbetriebes, §§ 123 Abs. 2, 161 Abs. 2 HGB.

76 Eine Gesellschaft nimmt ihren Geschäftsbetrieb auf, wenn sie durch eine Handlung, die unter den Begriff des Geschäftsbetriebs fällt, nach außen als Gesellschaft in Erscheinung tritt. Dazu gehört, dass im Namen der Gesellschaft gehandelt wird. Regelmäßig ergibt sich dies aus dem Gebrauch der Firma. Es genügt aber auch, wenn in anderer Weise ersichtlich wird, dass für die Gesellschaft gehandelt werden soll.[120] Als Handlungen reichen schon Vorbereitungsgeschäfte wie das Mieten von Räumen, die Anstellung von Personal, die Eröffnung eines Bankkontos, Anzeigen in Zeitungen, die Versendung von Warenproben und Preislisten.[121]

77 Die Geschäftsaufnahme begründet aber Dritten gegenüber nur dann die Wirksamkeit der GmbH & Co. KG, wenn sie mit dem Einverständnis aller Gesellschafter erfolgt. Die Gesellschafter können dem Geschäftsbeginn

---

118 Weimar/Geitzhaus, DB 1987, S. 2026 ff. (2030); Habersack in Großkomm., § 123 Anm. 2; Schilling in Großkomm., § 163 Rn. 2.
119 Siehe Rn. 78.
120 Habersack in Großkomm., § 123 Anm. 16.
121 Habersack, a. a. O.; Baumbach/Hopt, § 123 Rn. 10 f.

auch stillschweigend durch bloße Duldung zustimmen.[122] Ist eine GmbH & Co. KG mit einem Handelsgewerbe aus diesen Gründen bereits mit Geschäftsbeginn entstanden, hat die spätere Eintragung in das Handelsregister lediglich deklaratorischen Charakter.

2.3.2.2 Fehlendes Handelsgewerbe

Stellt dagegen das Unternehmen einer GmbH & Co. KG kein Handelsgewerbe i. S. d. § 1 Abs. 2 HGB dar, wird die Gesellschaft erst mit Eintragung in das Handelsregister zur GmbH & Co. KG, §§ 123 Abs. 1, 161 Abs. 2 HGB. Die Eintragung wirkt in diesem Fall konstitutiv. Bis zur Eintragung liegt eine Gesellschaft bürgerlichen Rechts vor,[123] die von den künftigen Kommanditisten und der GmbH oder Vor-GmbH gebildet wird.

78

Der Grund für den unterschiedlichen Entstehungszeitpunkt der KG, je nachdem, ob sie ein Handelsgewerbe betreibt oder nicht, hängt damit zusammen, dass eine KG den Betrieb eines Handelsgewerbes voraussetzt (§ 161 Abs. 1 HGB). Zu den KGen, die gegenüber Dritten erst mit Eintragung im Handelsregister entstehen, zählen solche, die keinen nach Art und Umfang in kaufmännischer Weise eingerichteten Gewerbebetrieb erfordern oder die nur eigenes Vermögen verwalten (vgl. §§ 2 f., 105 Abs. 2 HGB). Für eine vermögensverwaltende Personengesellschaft ist nunmehr ebenfalls gemäß § 161 Abs. 2 i. V. m. § 105 Abs. 2 HGB die Rechtsform der KG durch Eintragung in das Handelsregister eröffnet.

79

Übernimmt die KG den Betrieb einer GmbH, der kein Handelsgewerbe i. S. d. § 1 Abs. 2 HGB darstellt, so gelangt die KG auch hier erst mit Eintragung in das Handelsregister zur Entstehung. Der Umstand, dass die GmbH bereits allein aufgrund ihrer Rechtsform eine Handelsgesellschaft ist (§ 13 Abs. 3 GmbHG) und damit ihre Geschäfte immer schon Handelsgeschäfte sind (§ 6 Abs. 1 HGB), ist für die Entstehung der KG ohne Bedeutung. Für sie bleibt auch hier maßgebend, ob ihre eigenen einschließlich der übernommenen Geschäfte Handelsgewerbe i. S. d. § 1 Abs. 2 HGB sind.[124]

80

---

122 Habersack in Großkomm., § 123 Anm. 20.
123 BGH, Urteil v. 13.7.1972, II ZR 111/70, BGHZ 59 S. 179 (181); BGH, Urteil v. 25.6.1973, II ZR 133/70, BGHZ 61 S. 59 (66); BGH, Urteil v. 13.6.1977, II ZR 232/75, BGHZ 69 S. 95 (97); Ulmer/Habersack/Winter/Ulmer, § 11 Rn. 161.
124 BGH, Urteil v. 13.7.1972, II ZR 111/70, BGHZ 59 S. 179 (183 f.); BayObLG, Beschluss v. 13.11.1984, BReg 3 Z 119/83, NJW 1985 S. 982.

2.3.3 Haftung im Gründungsstadium

2.3.3.1 Haftung im Gründungsstadium bei Vorliegen eines Handelsgewerbes

Haftung der Gesellschaft

81 Da eine GmbH & Co. KG, die ein Handelsgewerbe i. S. d. § 1 Abs. 2 HGB betreibt, bereits mit Geschäftsbeginn als KG entsteht (siehe Rn. 75), haftet sie ab diesem Zeitpunkt für alle im Namen der Gesellschaft begründeten Verbindlichkeiten mit ihrem Gesellschaftsvermögen gemäß §§ 124 Abs. 1, 161 Abs. 2 HGB.

Haftung der Komplementär-GmbH

82 Neben dieser Haftung besteht von diesem Zeitpunkt an die Haftung der Komplementär-GmbH gemäß §§ 128, 161 Abs. 2 HGB, unabhängig davon, ob Komplementärin eine eingetragene GmbH oder eine Vor-GmbH ist.[125]

Haftung der Kommanditisten

83 Die Haftung der Kommanditisten richtet sich nach § 171 Abs. 1 HGB. Ein Kommanditist einer GmbH & Co. KG mit Handelsgewerbe haftet von Geschäftsbeginn an – also mit Entstehung der KG im Verhältnis zu Dritten[126] – persönlich und unmittelbar bis zur Höhe seiner Einlage. Von dieser Haftung ist er befreit, wenn er die Einlage in das Gesellschaftsvermögen geleistet hat.[127]

84 Eine darüber hinausgehende unbeschränkte persönliche Haftung eines Kommanditisten gemäß § 176 Abs. 1 HGB kommt bei einer GmbH & Co. KG in der Regel nicht in Betracht. Zwar haftet nach § 176 Abs. 1 HGB ein Kommanditist für die bis zur Eintragung der Gesellschaft begründeten Verbindlichkeiten der Gesellschaft grundsätzlich gleich einem persönlich haftenden Gesellschafter – also persönlich und unbeschränkt.

85 § 176 Abs. 1 HGB setzt hierfür voraus, dass die KG ein Handelsgewerbe betreibt,[128] vor der Eintragung in das Handelsregister ihren Geschäftsbetrieb aufgenommen und der betreffende Kommanditist dem Geschäftsbeginn zugestimmt hat. Die Haftung gemäß § 176 HGB entfällt jedoch, wenn dem

---

125 Vgl. Rn. 61 und Rn. 295.
126 Siehe Rn. 75.
127 Zu den Einzelheiten siehe Rn. 296 ff.
128 Siehe Rn. 75.

Gläubiger die Beteiligung als Kommanditist bekannt war (§ 176 Abs. 1 Satz 1 HS 2 HGB).

Die ganz überwiegende Meinung im Schrifttum geht davon aus, dass ein Gläubiger immer Kenntnis von der Kommanditistenstellung habe, wenn die Gesellschaft die Firma einer GmbH & Co. KG verwendet.[129] Da in einer GmbH & Co. KG üblicherweise alle Gesellschafter außer der Komplementär-GmbH Kommanditisten sind, rechnet im Geschäftsverkehr niemand mehr damit, dass eine natürliche Person persönlich haftet, wenn eine Gesellschaft eine GmbH & Co. KG-Firma führt. Der BGH war zunächst der Ansicht, dass die Kenntnis von der Kommanditbeteiligung nicht allein aus der Verwendung einer GmbH & Co. KG-Firma hergeleitet werden könne.[130] Von diesem Standpunkt ist er abgerückt, als er in einem später ergangenen Urteil feststellte, dass mit Inkrafttreten des § 19 Abs. 5 HGB a. F. (am 1.1.1981), nunmehr § 19 Abs. 2 HGB, der die GmbH & Co. KG zur Führung eines entsprechenden Firmenzusatzes verpflichtet (siehe Rn. 99), im Rechtsverkehr niemand mehr damit rechnen könne, ein nicht eingetragener Gesellschafter einer GmbH & Co. KG sei kein Kommanditist.[131] 86

Auch wenn der BGH im oben zitierten Urteil über diese Stellungnahme hinaus keine Entscheidung zur Haftung von Kommanditisten einer nicht eingetragenen GmbH & Co. KG gemäß § 176 HGB getroffen hat, lässt er doch deutlich die Tendenz erkennen, er werde diese Haftung jedenfalls für solche Geschäfte verneinen, die nach Inkrafttreten des § 19 Abs. 5 HGB a. F. (nunmehr § 19 Abs. 2 HGB) abgeschlossen worden sind. 87

Der vom BGH gewählte Zeitpunkt erscheint willkürlich, denn schon vor der Kodifizierung der Regelung des § 19 Abs. 5 HGB a.F. gab es eine gefestigte Rechtsprechung dahin gehend, dass eine GmbH & Co. KG in ihrer Firma einen entsprechenden Zusatz führen muss.[132] Im Ergebnis ist es richtig, dass die Verwendung einer GmbH & Co. KG-Firma genügt, um 88

---

129 Schilling in Großkomm., § 176 Rn. 27; MünchKomm/K. Schmidt, § 176 Rn. 50; Ulmer/Habersack/Winter/Ulmer, § 11 Rn. 171; Baumbach/Hopt, Anhang § 177a Rn. 19.
130 BGH, Urteil v. 18.6.1979, II ZR 194/77, NJW 1980 S. 54.
131 BGH, Urteil v. 21.3.1983, II ZR 113/82, NJW 1983 S. 2258 (2260).
132 BGH, Urteil v. 18.3.1974, II ZR 167/72, BGHZ 62 S. 216 (226); BGH, Beschluss v. 18.9.1975, II ZB 9/74, BGHZ 65 S. 103 (105); BGH, Urteil v. 8.5.1978, II ZR 97/77, BGHZ 71 S. 354 (355 f.).

Kenntnis von der Kommanditistenstellung eines Gesellschafters zu erlangen und um damit eine Haftung gemäß § 176 HGB auszuschließen.[133]

2.3.3.2 Haftung im Gründungsstadium bei fehlendem Handelsgewerbe

Grundsätzliches

89 Bei einer Gesellschaft, die kein Handelsgewerbe i. S. des § 1 Abs. 2 HGB betreibt und noch nicht im Handelsregister eingetragen ist,[134] richtet sich die Haftung nach dem Recht der BGB-Gesellschaft.[135] Nach der herkömmlichen Auffassung, die eine eigene Rechtsfähigkeit der BGB-Gesellschaft ablehnt,[136] werden aus Rechtsgeschäften, die die geschäfts- und vertretungsbefugten Gesellschafter im Namen der Gesellschaft abschließen, alle Gesellschafter zur gesamten Hand verpflichtet. Hiernach haften also alle Gesellschafter als Gesamtschuldner persönlich und unbeschränkt in voller Höhe der Verbindlichkeit.[137]

Nach der nunmehr herrschenden Auffassung, die in der Gesellschaft ein besonderes Zuordnungsobjekt sieht,[138] wird bei Rechtsgeschäften durch die Gesellschafter, die diese im Namen und mit Vertretungsmacht für die Gesellschaft abschließen, zunächst nur die Gesellschaft direkt verpflichtet, d. h. es ergibt sich eine Haftung nur für das Gesellschaftsvermögen. Die Haftung der Gesellschafter mit ihrem Privatvermögen wird nach nunmehr überwiegender Ansicht durch die Annahme einer akzessorischen Gesellschafterhaftung für die Außengesellschaft erreicht.[139] Hierbei gelten die zur akzessorischen Haftung eines OHG-Gesellschafters gemäß §§ 128, 129 HGB entwickelten Grundsätze entsprechend.[140] Danach haftet jeder Gesellschafter im Ergebnis ebenso als Gesamtschuldner persönlich und unbeschränkt wie nach der oben genannten herkömmlichen Auffassung.

---

133 Zur Haftung gemäß § 176 Abs. 2 HGB siehe Rn. 538.
134 Siehe Rn. 78.
135 BGH, Urteil v. 13.6.1977, II ZR 232/75, BGHZ 69 S. 95 (101).
136 Vgl. Palandt/Sprau, § 705 Rn. 24.
137 Vgl. MünchKomm./Ulmer, § 714 Rn. 3.
138 Palandt/Sprau, § 705 Rn. 24, § 714 Rn. 11.
139 Palandt/Sprau, § 714 Rn. 11.
140 Palandt/Sprau, § 714 Rn. 12.

Haftung der Kommanditisten

Auch in einer Gesellschaft bürgerlichen Rechts konnte bisher die Haftung der Gesellschafter mit Wirkung nach außen auf eine bestimmte Vermögenseinlage beschränkt werden, wenn diese Beschränkung Dritten gegenüber erkennbar war.[141] Seit seinem Urteil vom 27.9.1999[142] ist der BGH von dieser Rechtsprechung abgerückt und verlangt für den Ausschluss bzw. die Beschränkung der Haftung der Gesellschafter für Verbindlichkeiten einer Gesellschaft bürgerlichen Rechts gegenüber Dritten eine individualvertragliche Vereinbarung. Hierdurch hat der BGH der im Gesetz nicht vorgesehenen Gesellschaftsform „Gesellschaft bürgerlichen Rechts mbH" den Boden entzogen. Es verbleibt daher grundsätzlich bei der unbeschränkten und persönlichen Haftung der Kommanditisten einer KG, die kein Handelsgewerbe betreibt und noch nicht im Handelsregister eingetragen ist.

Damit ist aus der früheren Haftungsprivilegierung von Kommanditisten einer Kann-KG nunmehr anscheinend mit § 176 Abs. 1 Satz 2 HGB eine Haftungsverschärfung geworden: Diesen Kommanditisten kommt nämlich offenbar die Haftungsbeschränkungsmöglichkeit des § 176 Abs. 1 Satz 1 HS 2 HGB nicht zu Gute. Sie haften vielmehr nach dem Akzessorietätsprinzip des GbR-Rechts, ohne dass die Kenntnis des Gläubigers von der (künftigen) Kommanditisteneigenschaft entgegenstünde. Überdies ist ihre Haftung nicht auf rechtsgeschäftliche Verbindlichkeiten beschränkt, wie das bei der abstrakten Vertrauensschutznorm gemäß § 176 Abs. 1 Satz 1 HGB nach h. M. der Fall ist.[143]

Wegen dieses Wandels der Normsituation vertritt das Schrifttum teilweise die Auffassung, dass § 176 Abs. 1 Satz 1 HGB auch auf die Kann-KG gemäß § 176 Abs. 1 Satz 2 HGB Anwendung findet.[144]

---

141 BGH, Urteil v. 6.4.1987, II ZR 101/86, DB 1987 S. 1246; Palandt/Thomas, § 714 Rn. 18; MünchKomm/Ulmer, § 714 Rn. 31 ff.
142 BGH, Urteil v. 27.9.1999, II ZR 371/98, NJW 1999 S. 3483 = BGHZ 142 S. 315; Blenske, NJW 2000, S. 3170; Wellkamp, FR 2000, S. 1123; Wagner, NJW 2001, S. 1110.
143 Zum gewandelten Verständnis des § 176 Abs. 1 Satz 2 HGB ausführlich Meyer, BB 2008, S. 628 ff.; Ebenroth/Boujong/Joost/Strohn, § 176 Rn. 4 und MünchKomm/K. Schmidt, § 176 Rn. 3.
144 Dauner-Lieb, FS Lutter, 835, 839, 845 f.; MünchKomm/K. Schmidt, § 176 Rn. 7; a. A. Baumbach/Hopt, § 176 Rn. 6; Clauss/Fleckner, WM 2003, S. 1793, 1794.

2.3.4 Anmeldung zum Handelsregister

92 Die GmbH & Co. KG muss zur Eintragung in das Handelsregister[145] angemeldet werden, § 12 Abs. 1 HGB. Die Anmeldung erfolgt elektronisch in öffentlich beglaubigter Form, § 12 Abs. 1 Satz 1 HGB. Alle Gesellschafter müssen bei der Handelsregisteranmeldung mitwirken, §§ 161 Abs. 2, 108 HGB. § 108 Abs. 2 HGB a. F., der den vertretungsberechtigten Gesellschaftern der Gesellschaft auferlegte, ihre Namensunterschrift unter Angabe der Firma zur Aufbewahrung beim Registergericht zu zeichnen (Zeichnungspflicht), wurde durch Art. 1 Nr. 15 des EHUG mit Wirkung vom 1.1.2007 ersatzlos aufgehoben.

Im Handelsverkehr können die Geschäftsführer der Komplementär-GmbH wahlweise mit der Firma der GmbH & Co. KG und derjenigen der GmbH zeichnen.[146]

Folgende Tatsachen sind beim Handelsregister gemäß §§ 106 Abs. 2, 162 Abs. 1 HGB anzumelden:
– die Firma der Gesellschaft, der Ort, an dem sie ihren Sitz hat und die inländische Geschäftsanschrift,
– Name, Vorname, Geburtsdatum und Wohnort der Gesellschafter (dies gilt auch für die Gesellschafter einer GbR, die Gesellschafterin ist, § 162 Abs. 1 Satz 2 HGB),
– die Bezeichnung der Kommanditisten und Angabe ihrer Hafteinlage
– die Vertretungsmacht der Gesellschafter.

3 Firma der GmbH & Co. KG

3.1 Rechtslage nach der Firmenrechtsreform

3.1.1 Wahlfreiheit bezüglich Firma

93 Das Firmenrecht für die GmbH & Co. KG wurde mit dem Handelsrechtsreformgesetz vom 22.6.1998[147] mit Wirkung vom 1.7.1998 grundlegend geändert. Während nach alter Rechtslage für eine KG nur eine Personenfirma zulässig war, haben die Gesellschafter einer KG nach neuem Recht die Wahlfreiheit, ihrer Gesellschaft eine Personenfirma, eine Sachfirma

---
145 Siehe Muster 2.
146 BGH, Urteil v. 18.3.1974, II ZR 167/72, BGHZ 62 S. 216 (229).
147 HRefG v. 22.6.1998, BGBl 1998 I S. 1474.

oder auch eine Phantasiefirma zu geben. Auch Mischformen aus den genannten Firmenformen sind zulässig.

Wenn eine Personenfirma gewählt wird, muss die Firma der KG die Firma ihres persönlich haftenden Gesellschafters, die der Komplementär-GmbH, enthalten.[148]

Die Grenzen der freien Firmenwahl ergeben sich wie bisher aus § 18 HGB. Danach muss die Firma zur Kennzeichnung der Gesellschaft geeignet sein und Unterscheidungskraft besitzen (§ 18 Abs. 1 HGB). Die Firma darf keine Angaben enthalten, die geeignet sind, über geschäftliche Verhältnisse, die für die angesprochenen Verkehrskreise wesentlich sind, irrezuführen (§ 18 Abs. 2 HGB).

94

3.1.2 Hinweis auf Rechtsform

Außerdem muss die Firma einer GmbH & Co. KG gemäß § 19 Abs. 1 Nr. 3 HGB einen Hinweis auf die Rechtsform der KG enthalten. Gemeint ist, dass die Firma einer GmbH & Co. KG in jedem Fall den Zusatz „Kommanditgesellschaft" oder „KG" aufweisen muss. Diese Regelung ist gegenüber dem bisherigen Recht neu. Infolgedessen sind die bisher teilweise verwendeten Zusätze, die lediglich andeuten, dass eine Gesellschaft vorliegt („& Co.", „& Comp.", „& Cie") nicht mehr zulässig.[149]

95

3.1.3 Kennzeichnung der Haftungsbeschränkung

Da in einer GmbH & Co. KG in der Regel keine natürliche Person haftet, muss die Firma einer solchen Gesellschaft – wie bereits nach altem Recht – zwingend eine Bezeichnung enthalten, die die Haftungsbeschränkung kennzeichnet (§ 19 Abs. 2 HGB). Die typische Bezeichnung einer GmbH & Co. KG lautet daher „... GmbH & Co. KG".

96

3.1.4 Personenfirma

Führt die KG eine Personenfirma, muss diese Firma den Namen ihrer Komplementärin als persönlich haftende Gesellschaft enthalten, in unveränderter Form und mit deren Rechtsformzusatz. Führt eine nach diesen Grundsätzen gebildete Firma aber zur Irreführung des Rechtsverkehrs

97

---

148 Baumbach/Hopt, § 19 Rn. 33.
149 Baumbach/Hopt, § 19 Rn. 32.

gemäß § 18 Abs. 2 HGB, so ist nach Ansicht des BGH[150] eine Weglassung der irreführenden Teile zulässig, wenn die „Restfirma" der Komplementärin deren Erkennbarkeit im Rechtsverkehr weiter gewährleistet und auch nach § 4 GmbHG die Firma gebildet werden dürfte.

Beispiel:

Firmiert die Komplementärin unter „Betten S. Geschäftsführungs-GmbH", so muss der Teil „Geschäftsführungs" in der Firma der KG zur Vermeidung der Irreführung des Rechtsverkehrs weggelassen werden.[151]

3.2 Abgeleitete Firma einer KG

98 Der Grundsatz der Firmenwahrheit, wie er im oben Gesagten zum Ausdruck kommt, wird in §§ 22, 24 HGB zugunsten des Grundsatzes der Firmenkontinuität durchbrochen. Der KG ist es unter bestimmten Voraussetzungen trotz Gesellschafterwechsels erlaubt, ihre bisherige Firma fortzuführen. Man spricht in diesem Fall von einer abgeleiteten Firma. §§ 22, 24 HGB bezwecken, dass durch Beibehaltung der bisherigen Firma der Ruf des Unternehmens als Vermögenswert erhalten bleibt. Gemäß § 22 HGB dürfen die Erwerber eines Unternehmens die Firma des erworbenen Unternehmens fortführen, wenn die bisherigen Geschäftsinhaber bzw. ihre Erben der Firmenfortführung zustimmen. Gemäß § 24 Abs. 1 HGB darf die Firma bei Ein- oder Austritt eines einzelnen Gesellschafters auch ohne dessen Einwilligung grundsätzlich fortgeführt werden. Lediglich bei Ausscheiden eines Gesellschafters, dessen Name in der Firma enthalten ist, ist dessen Zustimmung erforderlich, § 24 Abs. 2 HGB.

99 Auch der GmbH & Co. KG ist es grundsätzlich gestattet, eine abgeleitete Firma zu führen, wenn die Voraussetzungen gemäß § 22 HGB oder § 24 HGB vorliegen.[152] Die Anwendung der §§ 22, 24 HGB auf die GmbH & Co. KG wird aber durch § 19 Abs. 2 HGB insofern eingeschränkt, als auch die abgeleitete Firma der GmbH & Co. KG immer erkennen lassen muss, dass in der Gesellschaft keine natürliche Person unbeschränkt haftet. Es ist also

---

150 BGH, Beschluss v. 16.3.1981, II ZB 9/80, BGHZ 80 S. 353.
151 Baumbach/Hopt, § 19 Rn. 33.
152 Siehe Rn. 98.

die Hinzufügung des Zusatzes „GmbH & Co. KG" (oder ähnlich) erforderlich.

Beispiel:

Übernimmt eine GmbH & Co. KG ein Einzelkaufmannsunternehmen „Heinrich B." und will sie diese Firma fortführen, dann lautet die zulässige abgeleitete Firma „Heinrich B. GmbH & Co. KG".[153] Erwirbt eine GmbH & Co. KG ein Unternehmen in der Rechtsform einer KG und mit der Firma „K & Co. KG", dann ist die Firma „K & Co. KG GmbH & Co. KG" unzulässig, weil sie den Eindruck entstehen lässt, persönlich haftende Gesellschafterin sei nicht (oder jedenfalls nicht allein) eine GmbH, sondern auch die Personengesellschaft „K & Co. KG".[154]

3.3 Typische Probleme bei der Firmierung der GmbH & Co. KG

Bei der Schaffung einer GmbH & Co. KG-Firma können die das Firmenrecht beherrschenden Grundsätze, wie die der Firmenidentität, der Firmenwahrheit, der Firmenklarheit und der Unterscheidbarkeit, in Widerstreit geraten.

100

Wenn die Komplementär-GmbH eine Sachfirma führt oder auch nur einen Sachfirmenbestandteil in ihrer Firma hat, die bzw. der dem Unternehmensgegenstand des Unternehmens der GmbH entlehnt ist, dann enthält die KG-Firma durch die vollständige Übernahme der GmbH-Firma Bestandteile, die unter Umständen geeignet sind, den Geschäftsverkehr über ihren Unternehmensgegenstand zu täuschen, § 18 Abs. 2 HGB.

101

Beispiel:

Die GmbH betreibt einen Fahrradhandel und firmiert mit „Müller Fahrradladen GmbH". Sie wird Komplementärin einer KG, die Motorräder produziert. Bei völliger Übernahme der GmbH-Firma lautet die KG-Firma „Müller Fahrradladen GmbH & Co. KG". Hier liegt ein Verstoß gegen den Grundsatz der Firmenwahrheit vor.[155] Die Täuschungseignung kann grundsätzlich nicht durch Weglassen von Bestandteilen der

---

153 BGH, Beschluss v. 18.9.1975, II ZB 9/74, NJW 1976 S. 48.
154 BGH, Beschluss v. 13.10.1980, II ZB 4/80, BB 1980 S. 1770.
155 Vgl. BayObLG, Beschluss v. 3.10.1972, BReg 2 Z 50/72, NJW 1973 S. 371.

GmbH beseitigt werden (Grundsatz der Firmenidentität).[156] Eine Firmierung mit Müller GmbH & Co. KG ist folglich unzulässig.
Ebenfalls unzulässig ist es in diesem Fall, den Unternehmensgegenstand der KG zusätzlich in die Firma der KG aufzunehmen. Eine Motorrad-Fabrik „Müller Fahrradladen GmbH & Co. KG Motorradfabrik" trägt zur Verwirrung des Geschäftsverkehrs bei und verstößt somit gegen den Grundsatz der Firmenklarheit.[157]

102 Gemäß § 30 Abs. 1 HGB muss sich jede neue Firma von allen an demselben Ort oder in derselben Gemeinde bereits bestehenden und in das Handelsregister oder in das Genossenschaftsregister eingetragenen Firmen deutlich unterscheiden (Grundsatz der Unterscheidbarkeit). Nach der Rechtsprechung des BGH[158] gilt dies auch für die Firmen der GmbH & Co. KG und ihrer Komplementär-GmbH. Die Firma der KG muss sich also auch von derjenigen ihrer persönlich haftenden GmbH-Gesellschafterin deutlich unterscheiden. Um eine Unterscheidbarkeit zwischen GmbH und GmbH & Co. KG zu erreichen, können in die Firma der GmbH & Co. KG weitere Bestandteile aufgenommen werden, wie auf den Gegenstand des Unternehmens hinweisende Zusätze, Phantasieworte oder lokalisierende Bezeichnungen.[159]

Beispiel:

„Maier & Wolf GmbH" und „MAWO Maier & Wolf GmbH & Co. KG".[160]

103 Gesellschaftszusätze allein reichen nicht für eine Unterscheidbarkeit i. S. d. § 30 HGB.

---

156 Hüffer in Großkomm., § 19 Rn. 55.
157 Vgl. BayObLG, Beschluss v. 3.10.1972, BReg 2 Z 50/72, NJW 1973 S. 371.
158 BGH, Beschluss v. 14.7.1966, II ZB 4/66, BGHZ 46 S. 7 (10).
159 Vgl. Hüffer in Großkomm., § 19 Rn. 60.
160 Baumbach/Hopt, § 19 Rn. 36.

Firma der GmbH & Co. KG

> **Beispiel:**
> „X-Industriebedarfs GmbH" und „X-Industriebedarfs GmbH & Co. KG Handelsgesellschaft". Der hier bei der Firma der KG gewählte Zusatz „Handelsgesellschaft" genügt nicht zur deutlichen Unterscheidung von der Komplementär-GmbH.[161]

Angesichts der hier angesprochenen Probleme bei der Firmierung einer GmbH & Co. KG ist der bereits weiter oben angeführte Beschluss des BGH vom 16.3.1981[162] von großer Bedeutung. In dieser Entscheidung weist der BGH der Praxis einen Weg, bei Neugründung einer Komplementär-GmbH den Grundsätzen der Firmenidentität und der Unterscheidbarkeit Genüge zu tun, ohne dabei gegen den Grundsatz der Firmenwahrheit zu verstoßen. Nach dem BGH können Bestandteile, wie „Verwaltungs-", „Betriebs-" oder „Geschäftsführungs-" (GmbH) einer GmbH-Firma in der Firma der KG weggelassen werden, wenn es sich bei den übrigen übernommenen Bestandteilen um die wesentlichen und unterscheidungskräftigsten Teile der Firma handelt und diese gemäß § 4 GmbHG auch allein als Firma zulässig wären.[163] 104

> **Beispiel:**
> „S-Verwaltungs-GmbH": zulässige GmbH & Co. KG-Firma: „S-GmbH & Co. KG". Hier besteht keine Möglichkeit der Täuschung des Rechtsverkehrs durch die Firma der KG gemäß § 18 Abs. 2 HGB. Die Firma der KG unterscheidet sich von der Firma der GmbH i. S. d. § 30 HGB und genügt nach der Rechtsprechung unter oben genannten Voraussetzungen auch dem Grundsatz der Firmenidentität.

Soll eine bereits bestehende GmbH Komplementärin werden, ist gegebenenfalls unter Beachtung der genannten firmenrechtlichen Grundsätze eine Umfirmierung erforderlich. 105

---

161 BayObLG, Beschluss v. 28.9.1979, BReg 1 Z 58/79, BayObLGZ 1979 S. 316 = BB 1980 S. 68.
162 BGH, Beschluss v. 16.3.1981, II ZB 9/80, BGHZ 80 S. 353 = BB 1981 S. 1730; vgl. Rn. 100.
163 BGH, Beschluss v. 16.3.1981, II ZB 9/80, BGHZ 80 S. 353 (356) = BB 1981 S. 1730 (1731); BayObLG, Beschluss v. 27.7.1990, BReg 3 Z 86/90, GmbHR 1990 S. 464.

3.4 Firma einer GmbH

3.4.1 Wahlfreiheit bezüglich der Firmierung

106 Das HRefG vom 22.6.1998 änderte auch das bisher anzuwendende Firmenrecht der GmbH mit Wirkung vom 1.7.1998. Auch hier herrscht Wahlfreiheit in Bezug auf eine Sach-, Phantasie oder Mischfirma. Entscheidende Kriterien für eine Firmenwahl sind auch hier Kennzeichnungs- und Unterscheidbarkeitseignung der gewählten Firma und das Verbot der Irreführung des Rechtsverkehrs (§ 18 HGB).

3.4.2 GmbH-Zusatz

107 In jedem Fall muss die Firma einer GmbH notwendigerweise den Zusatz „mit beschränkter Haftung" enthalten, § 4 GmbHG. Die Abkürzung „GmbH" ist ein zulässiger Zusatz im oben genannten Sinne.[164] Wird der GmbH-Zusatz im Geschäftsverkehr weggelassen, entsteht eine Rechtsscheinhaftung, wenn durch das Zeichnen der Firma ohne den Formzusatz das berechtigte Vertrauen des Geschäftspartners auf die Haftung mindestens einer natürlichen Person hervorgerufen wird. Diese Haftung kann nicht nur den Geschäftsführer der GmbH treffen, sondern auch andere Vertreter des Unternehmens.[165]

Diese Grundsätze über die Haftung kraft Rechtsscheins[166] gelten auch für die Vor-Gesellschaft.[167] Auch der für die Vor-GmbH Handelnde muss zur Vermeidung eines falschen Rechtsscheins die Firma der zukünftigen GmbH einschließlich GmbH-Zusatz im Geschäftsverkehr verwenden. Darüber hinaus hat er einen das Gründungsstadium klarstellenden Zusatz – z. B. „i. G." – anzufügen.[168]

---

164 BGH, Beschluss v. 18.3.1974, II ZB 3/74, BGHZ 62 S. 230; OLG Frankfurt, Beschluss v. 21.1.1974, 20 W 880/73, BB 1974 S. 433.
165 BGH, Urteil v. 5.2.2007, II ZR 84/05, NJW 2007 S. 1529.
166 OLG Hamm, Beschluss v. 2.12.1993, 15 W 229/93, DB 1994 S. 467; Bokelmann, GmbHR 1994, S. 356 (357).
167 Siehe Rn. 51.
168 OLG Celle, Urteil v. 14.3.1990, 9 U 3/89, GmbHR 1990 S. 398.

4 Angaben auf Geschäftsbriefen

Gemäß § 177a HGB i. V. m. § 125a HGB sind KGen, bei denen kein persönlich haftender Gesellschafter eine natürliche Person ist, verpflichtet, auf Geschäftsbriefen folgende Angaben zu machen:
a) Rechtsform der GmbH & Co. KG (Kommanditgesellschaft)
b) Sitz der Gesellschaft
c) das Registergericht und die Nummer, unter der die GmbH & Co. KG in das Handelsregister eingetragen ist.
d) Die Firmen aller persönlich haftenden Gesellschafter sowie deren
   – Rechtsform,
   – Sitz,
   – zuständiges Handelsregister,
   – Handelsregisternummer,
   – alle Geschäftsführer mit Vor- und Familiennamen,
   – ggf. Vorsitzender eines Aufsichtsratsorgans mit Vor- und Zunamen.

108

5 Einlagen

5.1 Begriff der Einlage

Eine gesetzliche Definition des Begriffs „Einlage" gibt es nicht. Allgemein werden unter Einlagen nur solche Beiträge von Gesellschaftern verstanden, die die Haftungsmasse der Gesellschaft vergrößern, d. h. das Aktivvermögen der Gesellschaft durch vollstreckungsrechtlich erfassbare Güter vermehren.[169]

109

Zu unterscheiden sind Geldeinlagen und Sacheinlagen. Eine Sacheinlage liegt immer dann vor, wenn die Gesellschaft ein vermögenswertes Recht mit dinglicher Wirkung erlangt.

110

Beispiel:

Die GmbH & Co. KG erlangt Eigentum an dem vom Gesellschafter A eingebrachten Grundstück oder erwirbt eine Forderung des Gesellschafters B gegen den Gläubiger D durch Abtretung.

---

169 K. Schmidt, Gesellschaftsrecht, § 20 II 3.

111 Auch die Gebrauchsüberlassung einer Sache an die Gesellschaft ist eine Einlage, wenn zugunsten der Gesellschaft ein beschränkt dingliches Recht (Dienstbarkeit, Nießbrauch u. a.) bestellt wird.[170] Ob darüber hinaus auch bloß obligatorische Nutzungsrechte einlagefähig sind, ist umstritten.[171] Es wird allgemein insoweit bejaht, als es sich um übertragbare (§ 399 BGB) Ansprüche des Einlegers gegen einen Dritten handelt, etwa aus Miet- oder Pachtvertrag.[172] Richtet sich dagegen der Anspruch auf Gebrauchsüberlassung gegen den Einleger selbst, bringt er z.B. ein ihm gehörendes Grundstück zur Nutzung ein (sog. Einbringung quoad usum) ist es fraglich, ob eine taugliche Einlage vorliegt.[173] Der BGH bejaht die Einlagefähigkeit obligatorischer Nutzungsrechte jedenfalls dann, wenn ihre Nutzungsdauer in Form einer festen Laufzeit oder als bestimmte Mindestdauer feststeht.[174]

112 Bringt ein Gesellschafter ein Grundstück zur Nutzung ein und vereinbart er mit den übrigen Gesellschaftern die Zahlung einer Miete, kann eine (Geld-)Einlage durch Stehenlassen der Mieteinnahmen sukzessive erbracht werden. Das gilt ebenso, wenn ein Gesellschafter die Geschäftsführung entgeltlich erbringt und sein Geschäftsführergehalt in der Gesellschaft als Einlage stehen lässt.[175]

113 Eine Einlage liegt vor, wenn ein Gesellschafter ein Grundstück nicht nur zur Nutzung, sondern auch dem Werte nach in das Gesellschaftsvermögen einbringt (Einbringung quoad sortem). In diesem Fall bleibt zwar der einlegende Gesellschafter dinglicher Eigentümer. Im Innenverhältnis sind die Gesellschafter jedoch nicht nur an den Erträgen des Grundstücks beteiligt, sondern auch an seinen Wertsteigerungen. Gleichzeitig gehen die Grundstücksaufwendungen und die Wertminderungen zu Lasten aller Gesellschafter.[176] In der Bilanz steht der Gutschrift auf dem Kapitalkonto der aktivierte Anspruch der Gesellschaft gegen den Gesellschafter gegenüber,

---

170 Vgl. BGH, Urteil v. 2.5.1966, II ZR 219/63, BGHZ 45, 338 (344); Ulmer/Habersack/Winter/Ulmer, § 5 Rn. 53; Scholz/Winter/Westermann, § 5 Rn. 45.
171 Vgl. Meilicke, BB 1991, S. 579 ff.
172 Ulmer/Habersack/Winter/Ulmer, § 5 Rn. 53; Knobbe-Keuk, ZGR 1980, S. 214 ff. (223); K. Schmidt, Gesellschaftsrecht, § 20 II 3a cc.
173 Knobbe-Keuk, ZGR 1980, S. 214 ff. (217 f.); K. Schmidt, Gesellschaftsrecht, § 20 II 3a cc; Huber, 192; a.A. Hachenburg/Ulmer, § 5 Rn. 39 und Scholz/Winter, § 5 Rn. 46, die die Einlagefähigkeit bejahen, wenn der Gesellschaft der Besitz am Grundstück übertragen wird.
174 BGH, Urteil v. 14.6.2004, II ZR 121/02, DStR 1662 (1663).
175 K. Schmidt, Gesellschaftsrecht, § 20 II 3a bb; Huber, S. 197.
176 Huber, S. 196.

dass dieser das Grundstück zu ihrer Verfügung hält und im Auseinandersetzungsfall den Wert des Grundstücks ausgleicht.[177]

Einlagefähig sind auch gewerbliche Schutzrechte, wie Urheber- und Patentrechte, Geschmacks- und Gebrauchsmusterrechte.[178] Darüber hinaus sind auch sonstige gewerbliche Vermögenswerte einlagefähig. Im Gesellschaftsvertrag kann auch vereinbart werden, dass ein Gesellschafter seinen Beitrag durch Dienstleistungen oder Know-how erbringt (§ 706 Abs. 3 BGB i. V. m. §§ 161 Abs. 2, 105 Abs. 3 HGB). Streitig ist, ob Know-how und Dienstleistungen zur Erbringung der Hafteinlage i. S. d. § 171 HGB taugen.[179]   114

5.2 Bewertung der Einlage

Die Einlagen werden bewertet und auf sog. Kapitalkonten gebucht.[180] Der Gutschrift auf dem Kapitalkonto muss ein entsprechender Aktivposten gegenüberstehen.   115

Im Innenverhältnis sind die Gesellschafter weitgehend frei in der Bewertung der Einlagen. So kommt es z. B. vor, dass intern die Einlage eines neu aufgenommenen Gesellschafters unterbewertet wird, weil im Gesellschaftsvermögen nicht ausgewiesene Vermögenswerte, sog. stille Reserven, enthalten sind, an denen der neue Gesellschafter nicht im selben Umfang wie ein alter Gesellschafter mit der nominal gleichen Einlage beteiligt sein soll.   116

Für den Kommanditisten ist zu beachten, dass seine Haftungsbefreiung gemäß § 171 Abs. 1 HS 2 HGB nur dann eintritt, wenn seine Einlage zum Zeitpunkt der Einbringung objektiv den Wert hat, der der im Handelsregister eingetragenen Haftsumme entspricht. Bleibt der tatsächliche Wert seiner Einlage unter diesem Betrag, besteht seine persönliche unmittelbare Haftung gemäß § 171 Abs. 1 HS 1 HGB in Höhe dieser Differenz weiter.[181] Bringt ein Kommanditist z. B. eine Forderung gegen einen Dritten in die Gesellschaft ein, so hängt es von der ordnungsmäßigen wirtschaftlichen   117

---

177 Huber, a.a.O.
178 Ulmer/Habersack/Winter/Ulmer, § 5 Rn. 63; Lutter/Hommelhoff/Lutter/Bayer, § 5 Rn. 18.
179 Bayer, § 5 Rn. 18. 182 Ablehnend MünchKomm/K. Schmidt, §§ 171 f. Rn. 9; siehe auch Rn. 130.
180 Siehe Rn. 347 ff.
181 Siehe Rn. 300.

Bewertung der Forderung ab, ob sie mit dem vollen oder einem geringeren Betrag auf die Haftsumme anzurechnen ist.[182]

5.3 Einlageverpflichtung der Komplementär-GmbH

118 Ob und wenn ja, welche Einlage die GmbH-Komplementärin in das KG-Vermögen zu erbringen hat, bestimmt der Gesellschaftsvertrag.[183] Ihre Einlage kann aus ihrem gesamten Vermögen oder einem Teil ihres Vermögens bestehen.

119 Häufig wird im Gesellschaftsvertrag vereinbart, dass die GmbH keine Kapitaleinlage zu erbringen hat. Eventuell vorhandenes Anlagevermögen der GmbH wird an die GmbH & Co. KG verpachtet bzw. vorhandene Bankguthaben werden der GmbH & Co. KG als Darlehen gewährt.

120 Ist die Komplementär-GmbH zu einer Einlage verpflichtet, besteht oft innerhalb der GmbH & Co. KG ein Interesse daran, dass die GmbH-Gesellschafter ihre Einlagen durch direkte Zahlung an die KG erbringen. Auf diese Weise soll gleichzeitig die Einlage der GmbH an die KG erbracht werden. Dies ist aus Gründen des Gläubigerschutzes nur eingeschränkt möglich.[184] Grundsätzlich gilt, dass auch hinsichtlich der Kapitalaufbringung GmbH und GmbH & Co. KG nicht als Einheit behandelt werden können.[185] Die Kapitalausstattung der GmbH ist von ihrer Einlageverpflichtung gegenüber der KG zu unterscheiden. Gemäß § 5 Abs. 1 GmbHG muss die GmbH ein Mindeststammkapital von 25.000 EUR haben, von dem mindestens 12.500 EUR vor der Handelsregisteranmeldung eingezahlt sein müssen, § 7 Abs. 2 GmbHG. Auf jede Stammeinlage muss ein Viertel eingezahlt sein, §§ 7 Abs. 2, 8 Abs. 2 GmbHG (bei Sacheinlagen muss die volle Einlage erfolgen).[186] Dieser nach §§ 7 Abs. 2, 8 Abs. 2 GmbHG vor der Anmeldung der GmbH zu leistende Mindestbetrag der Geldeinlagen muss immer zur freien Verfügung der Geschäftsführer – also in das GmbH-Vermögen – eingezahlt werden.[187] Die Resteinlage kann ein GmbH-Gesell-

---

182 BGH, Urteil v. 25.6.1973, II ZR 133/70, BGHZ 61 S. 59 (71); BGH, Urteil v. 8.7.1985, II ZR 269/84, BGHZ 95 S. 188 (195).
183 Baumbach/Hopt, § 109 Rn. 6.
184 BGH, Urteil v. 25.11.1985, II ZR 48/85, GmbHR 1986 S. 115 f.
185 Nachdrücklich BGH, Urteil v. 10.12.2007, II ZR 180/06, BGHZ 174 S. 370. Für eine funktionelle Einheitsbetrachtung setzt sich dagegen K. Schmidt, ZIP 2008, S. 481 ff. ein.
186 Siehe Rn. 49.
187 BGH, Urteil v. 25.11.1985, II ZR 48/85,GmbHR 1986 S. 115 f.; BGH, Urteil v. 3.12.1990, II ZR 215/89, GmbHR 1991 S. 152.

schafter mit befreiender Wirkung gemäß § 362 Abs. 2 BGB an die KG leisten, wenn die GmbH damit einverstanden und die Einlageforderung der KG gegen die GmbH vollwertig, fällig und liquide ist.[188] Vollwertig ist die Einlageforderung der KG, wenn das verbleibende Vermögen der GmbH zur vollen Befriedigung sowohl der Eigengläubiger der GmbH als auch der Gläubiger der KG, soweit deren Ansprüche das Vermögen dieser Gesellschaft übersteigen, ausreicht.[189] Maßgebend ist dabei der Zeitpunkt, in dem die Leistung auf die Einlage an die KG mit Einwilligung der GmbH erbracht wird.[190]

Die bei der GmbH eingezahlte Einlage durfte bisher nicht umgehend etwa als Darlehen an die von den GmbH-Gesellschaftern beherrschte KG fließen, weil dies bisher unter dem Stichwort des verbotenen Hin- und Herzahlens als unwirksame Einlageleistung betrachtet wurde.[191] Nach dem MoMiG wird nunmehr eine solche Kapitalaufbringung unter den Voraussetzungen des § 19 Abs. 5 GmbHG zugelassen.

5.4 Einlageverpflichtung der Kommanditisten

5.4.1 Haftsumme

5.4.1.1 Allgemeines

Ein Wesensmerkmal der KG ist, dass die Haftung der Kommanditisten auf den Betrag ihrer Einlage beschränkt ist. Der Betrag dieser Einlage ist beim Handelsregister anzumelden. An diese im Handelsregister eingetragene Einlage knüpft die Haftung des Kommanditisten an (Haftsumme). Gemäß § 171 Abs. 1 HGB haftet der Kommanditist den Gesellschaftsgläubigern bis zur Höhe dieses Betrags persönlich mit seinem Vermögen. Hat der Kommanditist eine Einlage in Höhe der Haftsumme in das Vermögen der KG geleistet, ist diese unmittelbare persönliche Haftung des Kommanditisten ausgeschlossen. Da also die Leistung seiner Einlage für den Kommanditisten von haftungsrechtlicher Bedeutung ist, ist es gerade hier entscheidend, ob sie die für eine Qualifizierung als Einlage erforderlichen Voraus-

121

---

188 BGH, Urteil v. 25.11.1985, II ZR 48/85, GmbHR 1986 S. 115 f.; OLG Stuttgart, Urteil v. 12.6.1986, 7 U 22/86, GmbHR 1986 S. 349 (350); OLG Köln, Urteil v. 19.7.2001, 18 U 75/01, GmbHR 2002 S. 168 f.
189 BGH, Urteil v. 25.11.1985, II ZR 48/85, GmbHR 1986 S. 115 f.
190 BGH, a.a.O.
191 BGH, Urteil v. 10.12.2007, II ZR 180/06, BGHZ 174 S. 370.

setzungen erfüllt und zum Einbringungszeitpunkt vollwertig ist.[192] Denn nur dann tritt die haftungsbefreiende Wirkung gemäß § 171 Abs. 1 HS 2 HGB ein.[193]

5.4.1.2 Einlage durch Aufrechnung und Abtretung

122 Nach der Rechtsprechung kann ein Kommanditist, der gleichzeitig Gläubiger der Gesellschaft ist, seine Einlage mit haftungsbefreiender Wirkung auch dadurch erbringen, dass er eine Forderung, die er gegen die Gesellschaft hat, gegen die Einlageforderung der Gesellschaft aufrechnet.[194] Denn durch die Aufrechnung wird das Gesellschaftsvermögen vermehrt, da die Gesellschaft von einer Verbindlichkeit befreit wird.[195] Ist die Forderung, die der Kommanditist gegen die KG hat, im Hinblick auf die wirtschaftliche Lage der Gesellschaft nicht mehr vollwertig, wird der Kommanditist durch die Aufrechnung nur in Höhe des objektiven Werts seiner Forderung von seiner unmittelbaren Haftung gegenüber Gesellschaftsgläubigern frei.[196]

Hat sich der Kommanditist gegenüber der KG zu einer Bareinlage verpflichtet und tritt die KG ihre Einlageforderung gegenüber dem Kommanditisten an einen Gesellschaftsgläubiger an Erfüllung statt zur Begleichung einer Gesellschaftsschuld ab, gilt die Einlage durch den Kommanditisten als erbracht.[197] Maßgebend ist, dass der Gesellschaft ein Gegenwert zufließt, der objektiv der Einlageforderung entspricht.

5.4.1.3 Einlage durch Einbringung von Anteilen der Komplementär-GmbH

123 Erbringt ein Kommanditist, der gleichzeitig Gesellschafter der Komplementär-GmbH ist, seine Einlage dadurch, dass er GmbH-Anteile einbringt, gilt die Einlage den Gesellschaftsgläubigern gegenüber als nicht geleistet,

---

192 Siehe Rn. 300.
193 Siehe Rn. 208.
194 BGH, Urteil v. 3.3.1969, II ZR 222/67, BGHZ 51 S. 391; BGH, Urteil v. 8.7.1985, II ZR 269/84, BGHZ 95 S. 188.
195 BGH, Urteil v. 3.3.1969, II ZR 222/67, BGHZ 51 S. 391 (394); BGH, Urteil v. 8.7.1985, II ZR 269/84, BGHZ 95 S. 188 (197); OLG Hamm, Urteil v. 19.5.1999, 8 U 298/98, DStR 1999 S. 1916.
196 BGH, Urteil v. 8.7.1985, II ZR 269/84, BGHZ 95 S. 188 (197), zur Entwicklung vgl. MünchKomm/K.Schmidt, §§ 171 f. Rn. 59.
197 BFH, Beschluss v. 29.8.1996, VIII B 44/96, BFHE 182 S. 26 = DStRE 1997 S. 240 unter Hinweis auf BGHZ 63, S. 338 (341).

§ 172 Abs. 6 HGB. Die persönliche unmittelbare Haftung des Kommanditisten, § 171 Abs. 1 HS 1 HGB, bleibt in diesem Fall bestehen.[198] § 172 Abs. 6 HGB ist eine Sonderregelung für die typische GmbH & Co. KG, bei der keine natürliche Person persönlich haftender Gesellschafter ist; denn grundsätzlich kann ein Kommanditist seine Einlage mit der haftungsbefreienden Wirkung gemäß § 171 Abs. 1 HS 2 HGB dadurch erbringen, dass er der KG GmbH-Anteile überträgt. Sinn und Zweck des § 172 Abs. 6 HGB ist, dass den Gläubigern einer GmbH & Co. KG wie bei einer „normalen" KG zwei Haftungsmassen zur Verfügung stehen sollen, nämlich das Vermögen der GmbH und die beschränkte Haftung der Kommanditisten. Könnten die Geschäftsanteile an der GmbH als Kommanditeinlagen befreiend geleistet werden, würde das Vermögen der GmbH gleichzeitig als Haftungsmasse der Komplementärin und als Haftungsmasse der Kommanditisten dienen. Den Gläubigern stünde in diesem Fall nur eine Haftungsmasse zur Verfügung.[199]

5.4.2 Pflichteinlage

Von der oben dargestellten Hafteinlage oder Haftsumme ist die Pflichteinlage des Kommanditisten zu unterscheiden. Pflichteinlage ist die Einlage, zu der sich der Kommanditist den übrigen Gesellschaftern gegenüber verpflichtet hat. Diese Einlage ist von der GmbH & Co. KG in ihrer Bilanz auszuweisen.[200]

124

Pflichteinlage und Haftsumme können voneinander abweichen. Die Gesellschafter können einen Kommanditisten von seiner Einlagepflicht freistellen. Sie können ihn auch zu einer höheren Einlage verpflichten als die, die zum Handelsregister angemeldet wird. Übersteigt die Pflichteinlage die Haftsumme, kann der Differenzbetrag ohne Haftungsfolgen entnommen oder zu einer Haftsummenerhöhung verwendet werden.[201] In der Regel stimmen Pflichteinlage und Haftsumme überein. Wird im Gesellschaftsvertrag nur die Höhe der Pflichteinlage bestimmt, so gilt im Zweifel, dass die Haftsumme in gleicher Höhe bestehen soll.[202]

125

---

198 Siehe Rn. 301.
199 Baumbach/Hopt, § 172 Rn. 13.
200 Siehe Rn. 380.
201 BGH, Urteil v. 12.7.1982, II ZR 201/81, BGHZ 84 S. 383 (387); MünchKomm/K. Schmidt, §§ 171, 172 Rn. 77; zur „gesplitteten Pflichteinlage" siehe Rn. 663 ff.
202 BGH, Urteil v. 28.3.1977, II ZR 230/75, NJW 1977 S. 1820 (1821); K. Schmidt, Gesellschaftsrecht, § 54 I 2d; Schilling in Großkomm., § 171 Rn. 5.

5.4.3 Einlageverpflichtung bei der Komplementär-GmbH

126 Ist ein Kommanditist gleichzeitig Gesellschafter der Komplementär-GmbH,[203] kann er seine als Bareinlage zu erbringende Stammeinlage bei der Komplementär-GmbH auch dadurch erbringen, dass die KG aus einem Guthaben dieses Kommanditisten die entsprechenden Beträge an die GmbH überweist. Im Übrigen gelten die allgemeinen Kapitalaufbringungsregeln des GmbH-Rechts auch für die Komplementär-GmbH einer GmbH & Co. KG, ohne dass es unter dem Gesichtspunkt einer „wirtschaftlichen Einheit" der beiden Gesellschaften ein Sonderrecht für eine solche GmbH gäbe.[204]

Seit der Neufassung des GmbHG durch das MoMiG[205] zieht sich nunmehr der Gedanke einer bilanziellen Betrachtungsweise als roter Faden durch die Neuregelungen zum Haftkapitalsystem.[206] So steht die vor Einlage getroffene Vereinbarung einer Leistung an den Gesellschafter, die wirtschaftlich einer Einlagenrückgewähr entspricht (Fallgruppe des Hin- und Herzahlens), der Erfüllung der Einlagenschuld dann nicht entgegen, wenn sie durch einen vollwertigen Gegenleistungs- oder Rückgewähranspruch gedeckt ist, § 19 Abs. 5 GmbHG.[207] Von der Vollwertigkeit der Forderung ist auszugehen, wenn die Forderung zu 100 % aktiviert werden darf. Außerdem muss der Anspruch der Gesellschaft jederzeit fällig sein oder durch fristlose Kündigung der Gesellschaft fällig werden können. Bei einer solchen Verfahrensweise ist zu beachten, dass das Hin- und Herzahlen bei der Anmeldung gemäß § 8 GmbHG anzugeben ist (§ 19 Abs. 5 Satz 2 GmbHG).

Für die Fallgruppe der sog. verdeckten Sacheinlage gilt nunmehr gemäß § 19 Abs. 4 GmbHG, dass eine solche Einlageleistung den Gesellschafter von seiner Einlageverpflichtung nicht befreit. Im Gegensatz zur früheren Rechtsprechung[208] sind aber die Verträge über die Sacheinlage und die Rechtshandlungen zu ihrer Ausführung nicht unwirksam (§ 19 Abs. 4

---

203 Siehe Rn. 19 ff.
204 BGH, Urteil v. 10.12.2007, II ZR 180/06.
205 Vgl. dazu etwa Büchel, GmbHR 2007, S. 1065 ff.; Gesell, BB 2007, S. 2241 ff.
206 So ausdrücklich der RegE v. 23.5.2007, S. 78. Dem schließt sich der DAV in seiner Stellungnahme v. 5.9.2007, S. 12, an.
207 Zu den sonst eintretenden Folgen bleibt BGH, Urteil v. 2.12.2002, II ZR 101/02, BGHZ 153 S. 107 nach wie vor aktuell, ebenso BGH, Urteil v. 9.1.2006, II ZR 72/05, BGHZ 165 S. 352.
208 BGH, Urteil v. 7.7.2003, II ZR 235/01, BGHZ 155 S. 329.

Satz 2 GmbHG). Im Wege einer Anrechnungslösung wird der Wert des eingelegten Vermögensgegenstandes (zum Zeitpunkt der Handelsregisteranmeldung) auf die Einlageverpflichtung des Gesellschafters angerechnet. Damit entfällt bei einer verdeckten Sacheinlage das bisherige Risiko des Gesellschafters, im Falle einer Insolvenz nochmals in voller Höhe die Einlage zu leisten.

III Gründung und Kapitalerhöhung der GmbH & Co. KG – Steuerrechtlicher Teil –

1 Gründungsbesteuerung

1.1 Einkommen- und Körperschaftsteuer

1.1.1 Vorgesellschaften, Gründungsgesellschaften

127 Während der Zeit vor Abschluss des KG-Gesellschaftsvertrages bzw. vor Feststellung der GmbH-Satzung besteht die sog. **Vorgesellschaft oder Vorgründungsgesellschaft**. Sie ist wie eine OHG zu behandeln, so dass § 15 Abs. 1 Nr. 2 EStG anzuwenden ist, sofern sie nach Gründungsbeschluss ein Handelsgewerbe i. S. d. § 1 Abs. 2 HGB betreibt. Werden aus dieser gewerblichen Tätigkeit Gewinne oder Verluste erzielt, so sind diese gemäß § 15 EStG den (handelnden) Gesellschaftern zuzurechnen.

Liegt keine gewerbliche Betätigung vor, so ist die Vorgesellschaft oder Vorgründungsgesellschaft wie eine BGB-Gesellschaft zu behandeln mit den werdenden Kommanditisten und der GmbH oder Vor-GmbH als Gesellschaftern. Die (gewerblich geprägte) GmbH & Co. KG entsteht erst mit Eintragung der Gesellschaft im Handelsregister;[209] erst ab diesem Zeitpunkt liegen Einkünfte aus Gewerbebetrieb vor. Von großer Bedeutung ist dies u. a. bei der Einbringung von Grundstücken.

> **Beispiel:**
>
> Will A ein Grundstück auf die neu gegründete A-GmbH & Co. KG steuerneutral zu Buchwerten gemäß § 6 Abs. 5 Satz 3 EStG übertragen, so darf diese Übertragung nicht vor Eintragung der A-GmbH & Co. KG in das Handelsregister erfolgen; denn ansonsten wird das Grundstück an eine BGB-Gesellschaft übertragen, was – da eine andere Einkunftsart (Vermietung und Verpachtung) vorliegt – zur Gewinnrealisation führt.

128 Durch die Feststellung der GmbH-Satzung, die der notariellen Form bedarf (§ 2 GmbHG), entsteht eine sog. Vor-GmbH.[210]

---

209 Siehe Rn. 78.
210 Zu den zivilrechtlichen Grundlagen siehe Rn. 46 ff.

Für den Regelfall wird die KG die wirtschaftliche Tätigkeit übernehmen, während sich die Komplementär-GmbH auf Geschäftsführungs- und Vertretungsaufgaben beschränkt. Mit Abschluss des KG-Gesellschaftsvertrages kann eine BGB-Gesellschaft, eine OHG oder sofort eine KG entstehen; dies ist abhängig von der gesellschaftlichen Tätigkeit.[211]

Nach dem BFH-Urteil v. 5.12.1956[212] ist die Gründungsgesellschaft kein von der künftigen Gesellschaft zu trennendes selbständiges Gebilde, sondern nur eine rechtliche Erscheinungsform derselben Gesellschaft. 129

Zweifel können sich dann ergeben, wenn es nicht zur Eintragung kommt, die Gründungsgesellschaft (Vor-GmbH) also wieder aufgelöst wird. Nach dem Urteil des BFH v. 6.5.1952[213] ist ein etwaiger Gewinn, sofern es nicht zur Eintragung der Gesellschaft kommt, bei den Gesellschaftern zu erfassen. 130

1.1.2 Komplementär-GmbH

Körperschaftsteuerliche Konsequenzen entstehen durch die Gründung der GmbH nicht unmittelbar. Die den gesellschaftsvertraglichen Vereinbarungen entsprechenden Einlagen der Gesellschafter sind steuerneutral. Entsprechendes gilt auch, wenn ein Aufgeld (Agio) erhoben wird. Diese Vermögensmehrung stellt eine Einlage dar. 131

Vorstehende Grundsätze gelten auch bei einer ausländischen Kapitalgesellschaft & Co. KG; bei dieser Ausgestaltung der KG ist eine ausländische Kapitalgesellschaft – z.B. eine englische Private Limited Company – alleinige persönlich haftende Gesellschafterin.[214] Die ausländische Komplementär-Kapitalgesellschaft unterliegt dem deutschen Steuerrecht, da in praxi ihre Geschäftsführung ausschließlich oder fast ausschließlich in Deutschland tätig ist und sie ihren Verwaltungssitz am Geschäftsort der KG hat.[215]

Aufwendungen, die im Vorbereitungs- und Gründungsstadium der GmbH selbst entstehen, sind als Betriebsausgaben bei der Körperschaftsteuerver- 132

---

211 Zu den zivilrechtlichen Grundlagen siehe Rn. 74.
212 II 71/56 U, BStBl 1957 III S. 78 (zur GrESt).
213 I 8/52 U, BStBl 1952 III S. 172.
214 Siehe EuGH, Urteil v. 15.11.2002, C-208/00 („Überseering-Urteil"), GmbHR 2002 S. 1137 = DB 2002 S. 2424.
215 Siehe Binz/Mayer, GmbHR 2003, S. 249.

anlagung zu berücksichtigen. Die Kosten der Gründung, die der die Geschäfte der GmbH & Co. KG führenden GmbH entstehen, entstehen im Bereich der GmbH und können bei der einheitlichen Gewinnfeststellung der KG nicht berücksichtigt werden. Das folgt aus den Grundsätzen, die für die ertragsteuerliche Behandlung der GmbH & Co. KG gelten. Diese beruhen auf der Anerkennung der GmbH & Co. KG als Personengesellschaft und der GmbH als eigenständiger juristischer Person. Unbeschadet der Tatsache, dass die GmbH im Dienst der KG steht, müssen alle steuerlichen Folgerungen aus der gewählten zivilrechtlichen Gestaltung gezogen werden.[216]

Komplementär kann auch die **haftungsbeschränkte Unternehmergesellschaft ("UG haftungsbeschränkt")**[217] sein.[218] Die UG kann mit einem geringeren Stammkapital als 25.000 EUR (= Mindeststammkapital nach § 5 Abs. 1 GmbHG), also mit 1 EUR gegründet werden. Die dann fehlenden 24.999 EUR sollen nach dem Willen des Gesetzgebers dadurch – innerhalb einiger Jahre – erbracht werden, dass zwingend eine gesetzliche Rücklage in Höhe von 25 % des um einen Verlustvortrag aus dem Vorjahr geminderten Jahresüberschusses zu bilden ist; für diese Rücklage besteht eine Ausschüttungssperre.[219] Die Einzahlungen der Gesellschafter – z.B. 1 EUR – sind also steuerneutral, die Gewinnthesaurierung unterliegt der Ertragsbesteuerung (Körperschaftsteuer, Solidaritätszuschlag, Gewerbesteuer).

1.1.3 Kommanditgesellschaft

133 Bei der Gründung der KG ergeben sich unmittelbar keine ertragsteuerlichen Konsequenzen.

1.1.4 Schein-GmbH & Co. KG

134 Eine gewerblich geprägte Schein-KG wird steuerlich wie eine mitunternehmerische Personengesellschaft behandelt.[220]

---

216 Vgl. BFHE 93, 85.
217 Siehe hierzu Rn. 163.
218 Nach Bormann, Die Kapitalaufbringung nach dem Regierungsentwurf des MoMiG, GmbHR 2007, S. 897 (899) wird die UG „praktische Bedeutung, jenseits des Bereichs der Kleinunternehmer wohl nur als Komplementär-Gesellschaft einer KG erlangen".
219 § 5a Abs. 3 i. V. m. § 57c GmbHG, § 5a Abs. 5 GmbHG.
220 Siehe BFH, Urteil v. 16.61994, IV R 48/93, BStBl 1996 S. 82.

1.2 Umsatzsteuer

Bei der Gründung der GmbH & Co. KG treten umsatzsteuerbare Tatbestände in verschiedener Hinsicht auf. Unkompliziert ist der Fall der reinen Bargründung, sowohl der GmbH als auch der KG. Werden Gesellschaftsrechte, gleichgültig, ob an einer GmbH oder einer KG, gegen Barzahlung erworben, so handelt es sich um einen umsatzsteuerbaren Leistungsaustausch zwischen den Gesellschaften und den Gesellschaftern. Diese Umsätze sind als Umsätze von Anteilen an Gesellschaften nach § 4 Nr. 8 UStG umsatzsteuerfrei. 135

Wird eine GmbH & Co. KG teilweise durch Sacheinlage der Kommanditisten, zum anderen durch die Bareinlage der GmbH gegründet, so haben die Einleger, soweit sie selbst Unternehmer sind, der KG für die eingebrachten Gegenstände Umsatzsteuer in Rechnung zu stellen, soweit nicht die Befreiungsvorschrift des § 4 Nr. 8 UStG eingreift (z. B. bei Einlagen in Form von Wertpapieren oder Gesellschaftsanteilen). Ist die GmbH & Co. KG mit den geplanten Umsätzen steuerpflichtig, so kann sie den von dem Unternehmer in Rechnung gestellten Umsatzsteuerbetrag als Vorsteuer abziehen (§ 15 Abs. 1 UStG). 136

Die Bareinlage der Komplementär-GmbH löst gemäß § 4 Nr. 8 UStG keine Steuerpflicht aus. Für eine Einlage von Gegenständen muss die GmbH jedoch Umsatzsteuer in Rechnung stellen, die allerdings seitens der KG als Vorsteuer abzugsfähig wäre.[221] 137

1.3 Grunderwerbsteuer

Gründergesellschaft und nachfolgende KG sind auch für die GrESt als dasselbe Steuersubjekt zu behandeln, d. h. Komplementär-GmbH (auch: Vor-GmbH) und künftige Kommanditisten bilden zunächst eine Gesellschaft bürgerlichen Rechts, die regelmäßig identisch mit der späteren GmbH & Co. KG ist.[222] Wurde gleichzeitig mit der Gründung ein Grundstück aufgelassen, so unterliegen Wertverbesserungen, die durch die KG oder die dieser vorangegangenen Gesellschaft mit Mitteln dieser Gesellschaft vorgenommen wurden, nicht der Besteuerung. Denn für die Wert- 138

---

221 So auch GmbHR 1980, S. 23.
222 Ausführlich Boruttau, § 1 GrEStG Anm. 256 ff. Beachte: Soll das Grundstück in das Eigentum der Komplementär-GmbH übergehen, so ist eine grundstückseinbringende Gesellschaft bürgerlichen Rechts keine Vorgesellschaft der GmbH, d. h. GrESt fällt doppelt an; siehe FG Berlin, Urteil v. 25.9.1997, 1492/96, EFG 1998 S. 228.

bemessung ist das Grundstück in dem Zustand des Erwerbsvorgangs zugrunde zu legen, und die Identität von Vorgesellschaft und KG schließt die Berücksichtigung späterer Wertänderungen aus.[223] Denn bei der Einbringung von Grundstücken oder grundstücksgleichen Rechten in eine GmbH & Co. KG wird grundsätzlich Grunderwerbsteuer ausgelöst. Grunderwerbsteuerpflichtig ist das Vorliegen eines der in § 1 GrEStG aufgeführten Erwerbsvorgänge; hierzu zählen insbesondere Kaufvertrag, Auflassung und Eigentumsübergang. Für die Grunderwerbbesteuerung ist die GmbH & Co. KG selbständiges Steuersubjekt. Im Folgenden werden Probleme des Übergangs auf die GmbH & Co. KG (Gesamthand) – §§ 3 Nr. 6, 5 GrEStG – und von der GmbH & Co. KG (Gesamthand) auf einen Gesellschafter – § 6 Abs. 3 GrEStG – angesprochen.

139 Bringt ein Alleineigentümer sein Grundstück gegen Gewährung von Gesellschaftsrechten in eine GmbH & Co. KG ein, so wird Grunderwerbsteuer in Höhe des Anteils nicht erhoben, zu dem der Veräußerer am Vermögen der Gesamthand beteiligt ist, § 5 Abs. 2 GrEStG. Voraussetzung ist aber, dass der Überträger mindestens fünf Jahre lang Gesellschafter in der Gesamthand bleibt. Scheidet er vorher aus, ist die Übertragung grunderwerbsteuerpflichtig.

140 Der Erwerb eines Grundstücks durch eine ausschließlich aus dem Veräußerer und seinen Abkömmlingen oder aus diesen allein bestehenden Vereinigung, die eine Gesamthandsgemeinschaft ist, ist gemäß § 3 Nr. 6 GrEStG i. V. m. § 5 Abs. 2 GrEStG von der Besteuerung ausgenommen; Entsprechendes gilt nach § 3 Nr. 4 und Nr. 5 GrEStG für Ehegattenerwerbe. § 5 Abs. 2 GrEStG i. V. m. § 3 Nr. 6 GrEStG greift auch, wenn ein Alleineigentümer ein Grundstück auf eine GmbH & Co. KG überträgt, wenn die Anteile an der GmbH von ihm und seinen Abkömmlingen gehalten werden und auch Kommanditisten der KG nur er und seine Abkömmlinge sind.[224] Die Steuerpflicht tritt jedoch nachträglich ein, wenn ein Gesellschafter aufgenommen wird, der nicht zu den Abkömmlingen des Veräußerers gehört. Die Steuer ist dann von dem Gegenwert, der für das Einbringen des Grundstücks berechnet worden ist, bzw. – wenn dieser Wert nicht feststeht – vom Wert des Grundstücks zur Zeit des Einbringens und nicht des Eintritts des neuen Gesellschafters zu berechnen; denn der steuerpflichtige Tatbestand bleibt das Einbringen. Wird der Grunderwerb nach-

---

223 Siehe BFH, Urteil v. 5.12.1956, II 71/56 U, BStBl 1957 III S. 78.
224 Boruttau, § 5 GrEStG Anm. 43.

träglich steuerpflichtig, so greifen dennoch – anteilsmäßig – die vorgenannten Bestimmungen des § 5 Abs. 2 GrEStG und des § 3 Nr. 6 GrEStG.

§ 5 Abs. 2 GrEStG greift auch bei Ausscheiden eines Gesellschafters aus der Gesellschaft nach Einbringung des Grundstücks, soweit die Anteile auf Angehörige übergehen, die ohnehin Grundstücke vom einbringenden Gesellschafter kraft Gesetzes (z. B. § 3 Nr. 4 GrEStG und Nr. 6 GrEStG) steuerfrei erwerben könnten.[225] Ferner ist auch § 5 Abs. 2 GrEStG oder § 6 Abs. 3 GrEStG i. V. m. § 6 Abs. 1 GrEStG anzuwenden, wenn ein Grundstück von einer Gesamthand auf eine andere Gesamthand übergeht, an der die übertragende Gesamthand selbst beteiligt ist. Denn die Vergünstigung für Grundstücksübertragungen zwischen Gesamthandsgemeinschaften richtet sich ausschließlich nach § 6 Abs. 3 GrEStG. Diese Vorschrift betrifft nicht nur die Fälle, in denen die (unmittelbaren) Beteiligungsverhältnisse an beiden Gesamthandsgemeinschaften identisch sind, sondern auch die Fälle, in denen die eine Gesamthand an der anderen Gesamthand beteiligt ist.[226] Aufgrund der grunderwerbsteuerlichen Zurechnung ist die mittelbare Beteiligung am Grundstückswert über die Beteiligung einer anderen Gesamthand an der grundstücksbesitzenden Gesamthand für die Anwendung des § 6 Abs. 3 GrEStG ausreichend.[227] 141

Zur Abgrenzung der § 3 Nr. 6 GrEStG und § 6 Abs. 3 GrEStG voneinander ist festzustellen: 142

Eine Begünstigung der Grundstücksübertragung nach § 6 Abs. 3 GrEStG auf die Gesamthand ist nur dann gerechtfertigt, wenn sich die bisher bestehende (Mit-)Berechtigung am Grundstück nicht nur formal, sondern auch tatsächlich am Gesamthandseigentum fortsetzt. Nach der ständigen Rechtsprechung des BFH liegt die Voraussetzung für die Steuervergünstigung deshalb nicht vor, wenn und soweit im sachlichen und zeitlichen Zusammenhang mit der Grundstücksübertragung von einer Gesamthand (z. B. Erbengemeinschaft) auf eine andere Gesamthand (GmbH & Co. KG) die Gesamthänder entsprechend einer zu diesem Zeitpunkt bereits getroffenen Absprache ihre gesamthänderische Beteiligung völlig oder teilweise aufgeben oder sich ihre Beteiligung durch Hinzutritt weiterer Gesamthänder verringert. Die nach dieser Rechtsprechung die Steuervergünstigung rechtfertigende Fortsetzung der gesamthänderischen Berechtigung am

---

225 So FinSen Berlin, Erlass v. 19.1.999, III E 3 S 4514-2/98.
226 BFH, Urteil v. 24.9.1985, BStBl 1985 II S. 714.
227 So FinSen Berlin, Erlass v. 20.1.1999, III E 3 S 4514-1/97.

Grundstück geht auch dann verloren, wenn die erwerbende Personengesellschaft in eine Kapitalgesellschaft umgewandelt wird; das Fehlen eines Rechtsträgerwechsels bei der bloßen formwechselnden Umwandlung ist in diesem Zusammenhang ohne Belang.[228]

143 § 3 Nr. 6 GrEStG greift dem Wortlaut nach nicht durch, wenn der Erwerber des Grundstücks nicht ein unter § 3 Nr. 6 GrEStG fallender Verwandter, sondern ein eigener Rechtsträger ist, an dem der Verwandte beteiligt ist. Besteht also die GmbH & Co. KG aus dem Veräußerer (= Kommanditist) und seinen zu einer GmbH zusammengeschlossenen Abkömmlingen, so greift § 3 Nr. 6 GrEStG nicht, da die GmbH in keinem Verwandtschaftsverhältnis zum Veräußerer steht.[229]

Zu der bereits genannten Vorschrift des § 5 Abs. 2 GrEStG ist noch zu bemerken, dass hier nur die unmittelbare Beteiligung an der Gesamthand maßgebend ist.

Beispiel:

Sind A und B Gesellschafter einer GmbH, die persönlich haftende Gesellschafterin einer GmbH & Co. KG ist, an der A und B gleichzeitig als Kommanditisten beteiligt sind, und bringt A ein Grundstück in die GmbH & Co. KG ein, so wird die Steuer nur in Höhe des Anteils nicht erhoben, zu dem er als Kommanditist am Vermögen der GmbH & Co. KG beteiligt ist. Dass er außerdem über die GmbH auch mittelbar an der GmbH & Co. KG beteiligt ist, kann keine Berücksichtigung finden.[230]

Beim Übergang eines Grundstücks von einer Gesamthand (z. B. GbR) auf eine andere Gesamthand (GmbH & Co. KG) wird die Steuer gemäß § 6 Abs. 3 i. V. m. Abs. 1 GrEStG nicht erhoben, soweit die Berechtigung der Gesamthänder am gesamthänderisch verbundenen Vermögen der veräußernden und erwerbenden Gesamthandsgemeinschaft übereinstimmt. Vorstehende Grundsätze gelten aber insoweit nicht, als ein Gesamthänder – im Fall der Erbfolge sein Rechtsvorgänger – innerhalb von fünf Jahren vor dem Erwerbsvorgang seinen Anteil an der Gesamthand durch Rechtsgeschäft unter Lebenden erworben hat. Wird daher z. B. eine GmbH mit Grundbesitz in eine GbR umgewandelt und nachfolgend ein Grundstück auf

---

228 BFH, Urteil v. 18.12.2002, II R 13/01, BFH/NV 2003 S. 718.
229 Boruttau, § 3 GrEStG Anm. 431.
230 Boruttau, § 5 GrEStG Anm. 16 f. unter Berufung u. a. auf das BFH-Urteil v. 23.10.1974, BStBl 1975 II S. 152, sowie Beschluss v. 14.12.1988, BFH/NV 1990 S. 59, 61.

eine mit der GbR gesellschafteridentische GmbH & Co. KG übertragen, so ist die Grunderwerbsteuerbegünstigung des § 6 Abs. 3 gemäß Abs. 4 Satz 1 GrEStG ausgeschlossen, wenn die Gesellschafter der GbR ihre durch Umwandlung erlangten Anteile innerhalb von fünf Jahren vor dem Erwerbsvorgang erhalten haben. Auch der Umstand der Rechtsträgeridentität zwischen der (formwechselnd umgewandelten) GmbH und der GbR führt nicht dazu, dass bei den Gesellschaftern die Zeit ihrer Beteiligung an der GmbH fiktiv als Beteiligung an der GbR angerechnet wird.[231]

Die Fünf-Jahres-Frist des § 6 Abs. 4 Satz 1 GrEStG beginnt erst mit Eintragung der Umwandlung in das Handelsregister.

Änderungen im Gesellschafterbestand einer Grundbesitz haltenden GmbH & Co. KG unterliegen gemäß § 1 Abs. 2a GrEStG der Grunderwerbsteuer, wenn innerhalb eines Zeitraumes von 5 Jahren 95 % der Anteile am Gesellschaftsvermögen auf neue Gesellschafter übergehen. Ergänzungstatbestand zu diesen Erwerbsvorgängen ist § 1 Abs. 3 GrEStG.

144

Übernimmt bei einer GmbH & Co. KG ein Gesellschafter mittelbar oder unmittelbar sowohl die anderen Kommanditanteile als auch alle Anteile an der Komplementär-GmbH oder werden die Kommanditanteile und die Anteile an der Komplementär-GmbH auf eine andere Personengesellschaft übertragen, so führt dies zu einer **Anteilsvereinigung** i. S. d. § 1 Abs. 3 Nr. 1 und Nr. 2 GrEStG. Dabei wird bereits bei einer Anteilsübertragung von mindestens 95 % eine grunderwerbsteuerpflichtige Anteilsvereinigung angenommen. Dies gilt nicht nur bei unmittelbarer, sondern auch bei mittelbarer Beteiligung. Für die Grundstücksübertragung greift jedoch die Begünstigung des § 6 Abs. 2 oder Abs. 3 GrEStG, d. h., dass die Grunderwerbsteuer entsprechend der vor der Vereinigung maßgeblichen Beteiligung des Gesellschafters nicht erhoben wird.[232]

---

231 BFH, Urteil v. 4.4.2001, II R 57/98, BStBl 2001 II S. 587.
232 Boruttau, § 6 GrEStG Anm. 17 unter Berufung u. a. auf FG München, Urteil v. 20.10.1983, EFG 1984 S. 246.

2 Besteuerungsfragen bei Einbringungs- und Umwandlungsvorgängen

2.1 Grundsätzliches

145 Angesprochen ist die Überführung von Betrieben, Teilbetrieben, Mitunternehmeranteilen und Wirtschaftsgütern in ein anderes Betriebsvermögen des Steuerpflichtigen oder die Übertragung vorstehender Sachgesamtheiten und Einzelwirtschaftsgüter zwischen Mitunternehmern bzw. Mitunternehmerschaften. Speziell auf die Personengesellschaft (GmbH & Co. KG) bezogen sind in diesem Zusammenhang die Vorschriften der § 24 UmwStG, § 6 Abs. 3 und Abs. 5 EStG von Bedeutung.

146 § 24 UmwStG betrifft die Einbringung von Betriebsvermögen (Betrieb, Teilbetrieb, Mitunternehmeranteil) in eine GmbH & Co. KG gegen Gewährung von Gesellschaftsrechten. Hier darf die KG das eingebrachte Betriebsvermögen in ihrer Bilanz einschließlich der Ergänzungsbilanzen für ihre Gesellschafter mit dem Buchwert oder mit einem höheren Wert, höchstens dem gemeinen Wert, ansetzen. Dieser Wertansatz ist für den Einbringenden bindend; er gilt für ihn als Veräußerungspreis.

147 § 6 Abs. 3 und Abs. 5 EStG[233] ergänzen § 24 UmwStG; sie sollen vor allem mittelständischen Unternehmen Umstrukturierungsmaßnahmen (sog. interfamiliäre Unternehmensnachfolge) erleichtern.

§ 6 Abs. 3 EStG bezieht sich auf einen Betrieb, einen Teilbetrieb oder einen Mitunternehmeranteil – sog. Sachgesamtheiten oder betriebliche Einheiten.[234] Es muss sich um eine unentgeltliche Übertragung handeln.[235] Bei der Übertragung von Mitunternehmeranteilen auf natürliche Personen ist dabei ausdrücklich das Zurückbehalten von Wirtschaftsgütern des Sonderbetriebsvermögens zulässig; allerdings müssen diese weiterhin Betriebsvermögen derselben Mitunternehmerschaft sein. Zudem darf der Erwerber seinen unentgeltlich erworbenen Mitunternehmeranteil über mindestens fünf Jahre weder veräußern noch aufgeben.[236]

---

233 Rechtslage seit 1.1.2002.
234 Hoffmann, GmbHR 2002, S. 236.
235 Insofern gewollte Parallelität zu § 24 Abs. 1 UmwStG; allerdings liegt bei diesen gesellschaftsrechtlichen Einbringungsvorgängen nach h. M. ein entgeltliches Geschäft vor, siehe Hoffmann, GmbHR 2002, S. 236.
236 OFD München, Verfügung. v. 10.9.2002, S 2242 – 21 – St 12 – 32b, Steuer-Telex 46/02 S. 713/714.

Praktische Anwendungsfälle des § 6 Abs. 3 EStG sind u. a. die[237]
- Schenkung (auch im Wege der vorweggenommenen Erbfolge),
- unmittelbare Erbfolge,
- Realteilung und
- Übergabe eines Betriebs oder Mitunternehmeranteils durch den Erben an einen Vermächtnisnehmer.

§ 6 Abs. 5 EStG betrifft dagegen die Übertragung von Einzelwirtschaftsgütern aus einem Betriebsvermögen des Mitunternehmers oder dessen Sonderbetriebsvermögen in das Gesamthandsvermögen einer Mitunternehmerschaft und umgekehrt. Da der Gesetzeswortlaut nicht zwischen entgeltlicher und unentgeltlicher Übertragung von Einzelwirtschaftsgütern unterscheidet, hat das BMF mit Schreiben vom 7.6.2001[238] zur Auslegung von § 6 Abs. 5 Satz 3 EStG wie folgt Stellung genommen: 148

1. § 6 Abs. 5 Satz 3 EStG erfasst die Übertragung von Einzelwirtschaftsgütern aus einem Betriebsvermögen des Mitunternehmers in das Gesamthandsvermögen einer Mitunternehmerschaft und umgekehrt gegen Gewährung oder Minderung von Gesellschaftsrechten an derselben Mitunternehmerschaft als Spezialform des Tauschs zwischen dem Mitunternehmer und seiner Mitunternehmerschaft. Damit geht § 6 Abs. 5 Satz 3 EStG als lex specialis den allgemeinen Regeln über die Gewinnrealisierung bei Tauschvorgängen (§ 6 Abs. 6 Satz 1 EStG) vor. Die Übertragung ist zwingend zum Buchwert vorzunehmen.

2. § 6 Abs. 5 Satz 3 EStG umfasst auch die unentgeltliche Übertragung von Einzelwirtschaftsgütern aus dem Betriebsvermögen oder Sonderbetriebsvermögen des Mitunternehmens in das Gesamthandsvermögen der Mitunternehmerschaft und umgekehrt sowie die unentgeltliche Übertragung zwischen den Sonderbetriebsvermögen verschiedener Mitunternehmer derselben Mitunternehmerschaft.

3. § 6 Abs. 5 Satz 3 EStG erfasst dagegen nicht Veräußerungsvorgänge, die nach den allgemeinen Regelungen über Veräußerungsgeschäfte wie zwischen fremden Dritten abgewickelt werden. In diesen Fällen ist das Einzelwirtschaftsgut beim Erwerber gemäß § 6 Abs. 1 Nr. 1 und Nr. 2 EStG mit den Anschaffungskosten anzusetzen; der Veräußerer erzielt in derselben Höhe einen Veräußerungserlös.

4. Teilentgeltliche Übertragungen sind in eine voll entgeltliche und eine voll unentgeltliche Übertragung aufzuteilen. Der Umfang der Entgelt-

---

237 Hoffmann, GmbHR 2002, S. 236.
238 IV A 6 – S 2241 – 52/01, DB 2001 S. 1391.

lichkeit bestimmt sich nach dem Verhältnis des Kaufpreises zum Verkehrswert des übertragenen Wirtschaftsguts (vgl. H 140 Abs. 4 EStH [teilentgeltliche Übertragung] 2002).

5. Soweit Einzelwirtschaftsgüter gegen Übernahme von Verbindlichkeiten übertragen werden, steht dies einer erfolgsneutralen Übertragung entgegen. Die Übernahme von Verbindlichkeiten ist als gesondertes Entgelt anzusehen.

2.2 Einbringungsvorgänge

2.2.1 Eintritt einer GmbH in eine GmbH & Co. KG (Sacheinlage der Komplementär-GmbH)

149 Tritt eine GmbH, die einen eigenen Geschäftsbetrieb unterhält, unter Einbringung ihres Geschäftsbetriebs als Sacheinlage in eine KG ein, so kann auf die Gewinnrealisierung der in ihrem eingebrachten Vermögen enthaltenen stillen Reserven verzichtet werden (§ 24 UmwStG).

2.2.2 Eintritt des Kommanditisten, der zugleich Gesellschafter der Komplementär-GmbH ist, in die GmbH & Co. KG (Sacheinlage des Kommanditisten)

150 Ein Einzelunternehmer errichtet mit einer GmbH, deren alleiniger Gesellschafter er ist, eine GmbH & Co. KG. Die Komplementärin (GmbH) leistet eine Bareinlage in Höhe von 10 % des vereinbarten Gesellschaftsvermögens. Der Kommanditist bringt sein Einzelunternehmen ein, das buchmäßig 90 % des Gesellschaftsvermögens ausmacht. § 24 UmwStG begünstigt die Einbringung des Einzelunternehmens:

Die aufnehmende KG hat ein Wertansatzwahlrecht (Buchwerte, gemeine Werte oder Zwischenwerte). Der Wertansatz bei der übernehmenden KG gilt als Veräußerungspreis für das übergehende Vermögen (Bindungswirkung). Wird das übergehende Vermögen mit einem höheren Wert als dem Buchwert angesetzt, entsteht auf der Seite des Einbringenden ein Einbringungsgewinn. Bei dem Ansatz mit dem gemeinen Wert ist der Gewinn gegebenenfalls nach §§ 16, 34 EStG begünstigt.

151 Bei Anwendung des § 24 UmwStG ist Folgendes zu beachten:[239]

---

239 Siehe OFD Karlsruhe, Verfügung v. 8.10.2007, S 1978/20 – SA 11, DStR 2007 S. 2326.

Nach § 24 UmwStG begünstigt ist nur die Einbringung gegen Gewährung von Gesellschaftsrechten. Werden sonstige Entgelte gewährt, führt dies – anders als bei der Anwendung des § 20 UmwStG – insoweit zur Steuerschädlichkeit, d. h. zur zwingenden Aufdeckung von stillen Reserven. Als sonstiges Entgelt in diesem Sinne ist auch die Gutschrift auf einem Darlehenskonto anzusehen. Erhält der Einbringende neben dem Mitunternehmeranteil eine Zuzahlung, die nicht Betriebsvermögen der übernehmenden Personengesellschaft wird, sind die anteiligen stillen Reserven ebenfalls aufzudecken. Nach § 24 Abs. 4 UmwStG kann die Einbringung in eine Personengesellschaft mit einer Rückwirkung von acht Monaten erfolgen (Verweis auf § 20 Abs. 7 und 8 UmwStG). Dies gilt allerdings nur in Fällen der Gesamtrechtsnachfolge (= Umwandlungen nach dem UmwG) und nicht bei Einzelrechtsnachfolge (Einbringungen).[240] Die Einbringungs- und Gesellschaftsverträge sind zwingend dem Finanzamt vorzulegen.

Einkommensteuerlich besteht für die KG das Wahlrecht, die Buchwerte fortzuführen oder bis zu den gemeinen Werten – d. h. Teil- oder Vollauflösung der stillen Reserven – aufzustocken.

An den Wertansatz der KG ist der Einbringende gebunden. Veräußert die KG das unter dem gemeinen Wert eingebrachte Betriebsvermögen innerhalb eines Zeitraums von 7 Jahren nach dem Einbringungszeitpunkt, ist der Gewinn aus der Einbringung im Wirtschaftsjahr der Einbringung rückwirkend als Gewinn des Einbringenden zu versteuern (§ 24 Abs. 5 UmwStG). Dem in § 24 UmwStG angesprochenen Sachverhalt – Einbringung von Betrieben, Teilbetrieben oder Mitunternehmeranteilen gegen Gewährung von Mitunternehmeranteilen – liegt nach der Rechtsprechung des BFH ein tauschähnliches Rechtsgeschäft zugrunde; weiter ist im Anwendungsbereich des § 24 UmwStG auch insoweit von einer Gegenleistung (Einräumung einer Mitunternehmerstellung) auszugehen, als das eingebrachte Betriebsvermögen neben dem Festkapitalkonto auch variablen Kapitalunterkonten gutgeschrieben wird. Angesichts der strukturellen Gleichwertigkeit ist auch bei der **Einbringung von Einzelwirtschaftsgütern** gegen Gewährung von Mitunternehmeranteilen von einer einheitlichen Beurteilung des Einbringungsvorganges auszugehen. Gleichfalls im Einklang mit der bisherigen BFH-Rechtsprechung ist hierbei auch keine Unterscheidung danach gerechtfertigt, ob das eingebrachte Wirtschaftsgut vor der Übertragung zum Betriebsvermögen oder zum Privatvermögen des

---

240 Bei Einzelrechtsnachfolge kann allenfalls eine sog. technische Rückwirkung von sechs bis acht Wochen anerkannt werden.

Einbringenden gehörte. Diese Betrachtung schließt nicht nur den Einlagetatbestand (§ 4 Abs. 1 Satz 1 EStG), sondern auch die Kürzung der AfA-Bemessungsgrundlage nach § 7 Abs. 1 Satz 5 EStG (= Kürzung um die bereits im Privatvermögen vorgenommene AfA) aus; zu bewerten ist als Anschaffungskosten bis zur Grenze der Marktüblichkeit. In Zusammenfassung der Rechtsprechung hat dies der BFH im Urteil vom 24.1.2008[241] bestätigt: Die Einbringung von Wirtschaftsgütern (des Privatvermögens) in eine gewerbliche Personengesellschaft gegen Gewährung von Mitunternehmeranteilen ist keine Einlage i. S. d. § 7 Abs. 1 Satz 5 EStG; dies gilt auch, wenn der Wert des Wirtschaftsguts nicht dem Kapitalkonto I, sondern auch anderen Kapitalunterkonten gutgeschrieben wird.

2.2.3 Rückgängigmachung einer Betriebsaufspaltung durch Errichtung einer GmbH & Co. KG

152 Das Unternehmensteuerreformgesetz 2008 bringt u. a. gravierende Änderungen bei den gewerbesteuerlichen Hinzurechnungsvorschriften:[242] Die in § 8 Nr. 1 bis 3 und Nr. 7 GewStG aufgeführten Hinzurechnungstatbestände für Geld- und Sachkapitalüberlassungen werden zusammengefasst und vereinheitlicht. Die Hinzurechnung erfolgt jeweils zu 25. v. H. von einem für den jeweiligen Hinzurechnungstatbestand vom Gesetz pauschal festgelegten Finanzierungsanteil; so werden z.B. 100 % der Darlehenszinsen, 20 % der Leasingraten für bewegliche Wirtschaftsgüter und 50 % der Leasingraten für unbewegliche Wirtschaftsgüter mit jeweils 25 % hinzugerechnet (soweit der Freibetrag von 100.000 EUR ausgenutzt ist). Auch entfallen § 8 Nr. 2, 3 und 7 GewStG, die eine Hinzurechnung ausklammern, wenn die Entgelte beim Empfänger gewerbesteuerpflichtig waren (sog. Korrespondenzprinzip). Diese Änderungen können dazu führen, die Rechtsform der Betriebsaufspaltung zugunsten einer GmbH & Co. KG aufzugeben.

153 Die Aufspaltung eines Betriebs in Besitzpersonen- und Betriebskapitalgesellschaft kann dadurch rückgängig gemacht werden, dass die Betriebsvermögen beider Gesellschaften zum Gesamthandsvermögen einer GmbH & Co. KG vereinigt werden. Die Betriebskapitalgesellschaft tritt als Komplementärin in die Besitzpersonengesellschaft ein. Mit Gründung einer

---

241 IV R 37/06, GmbHR 2008, S. 548.
242 Einzelheiten siehe OFDen der Länder, gleichlautender Erlass v. 2.7.2012, DStR 2012 S. 1448 ff.

derartigen GmbH & Co. KG wird die Auflösung bestehender Gesellschaften vermieden.

2.2.4 Einbringung bodenschatzführender Grundstücke

Den Sonderfall der Einbringung eines bodenschatzführenden Grundstücks behandelt das BMF im Schreiben vom 24.6.1998:[243] Legt der alleinige Kommanditist und Gesellschafter einer Grundbesitz GmbH & Co. KG ein in seinem Eigentum stehendes bodenschatzführendes Grundstück entsprechend den Vorschriften des Handelsrechts in das Betriebsvermögen der Grundbesitz GmbH & Co. KG ein oder verkauft es an sie, so kann die Grundbesitz GmbH & Co. KG die Abschreibungen der Substanzverringerungen (AfS) nach § 7 Abs. 6 EStG[244] nicht in Anspruch nehmen. Zwar entsteht das Wirtschaftsgut „Bodenschatz"[245] im Zeitpunkt der Einlage, wenn diese mit dem Ziel erfolgt, den Bodenschatz alsbald verwerten zu lassen, sei es von der Gesellschaft selbst oder einem Abbau-Unternehmer. Zwar wird mit dieser Einlage der Bodenschatz auch zur nachhaltigen Nutzung in den Verkehr gebracht, er ist jedoch nach Auffassung des BdF wirtschaftlich nicht mehr der GmbH & Co. KG zuzurechnen: „Wirtschaftlich gesehen ist der Bodenschatz auch nach dem Verkauf des Grundstücks an die GmbH & Co. KG oder der Einlage in die Gesellschaft weiterhin dem Alleingesellschafter zuzurechnen, denn dieser bleibt aufgrund seiner Beteiligungs- und Stimmverhältnisse in der Lage, auf die weitere Verwendung des Grundstückes Einfluss zu nehmen."

154

2.2.5 Grunderwerbsteuer

Die Grunderwerbsteuer wird gemäß § 8 Abs. 2 Satz 1 Nr. 2 GrEStG ausnahmsweise bei Einbringungen sowie bei anderen Erwerbsvorgängen auf gesellschaftsrechtlicher Grundlage nach den Grundbesitzwerten bemessen. Eine Einbringung liegt nur vor, wenn ein Gesellschafter ein Grundstück zur Erfüllung seiner Sachbeitragspflichten auf die Personengesellschaft überträgt. Erwerbsvorgänge auf gesellschaftsvertraglicher Grundlage sind nur

155

---

243 BMF, Schreiben v. 24. 6.1998, IV B 2 – S 2134 – 36/98.
244 Bergbauunternehmen, Steinbrüche und andere Betriebe, die einen Verbrauch der Substanz mit sich bringen, können AfS in Anspruch nehmen (§ 7 Abs. 6 EStG i.V.m. § 7 Abs. 1 EStG). Dies setzt voraus, dass der Bodenschatz als Wirtschaftsgut entstanden und den Betrieben wirtschaftlich zuzurechnen ist.
245 Zum Entstehen des Wirtschaftsgutes „Bodenschatz" siehe BdF-Schreiben v. 7.10.1998.

solche Grundstücksübergänge zwischen einer Gesellschaft und ihren Gesellschaftern, durch die die Gesellschafterstellung des beteiligten Gesellschafters in rechtlicher Hinsicht berührt oder verändert wird.[246]

Für alle übrigen Grundstücksübergänge zwischen einem Gesellschafter und einer Gesellschaft bleibt es bei der Maßgeblichkeit des Werts der Gegenleistung als grunderwerbsteuerrechtliche Bemessungsgrundlage, sofern eine Gegenleistung nicht gänzlich fehlt oder zu ermitteln ist; und zwar auch dann, wenn die vereinbarte Gegenleistung weit unter dem Verkehrswert des Grundstücks liegt.

2.3 Umwandlungsvorgänge

2.3.1 Umwandlung einer GmbH in eine GmbH & Co. KG

156 Siehe hierzu Anhang II, Rn. 810 ff.

2.3.2 Umwandlung einer GmbH & Co. KG auf die Komplementär-GmbH

157 Siehe hierzu Anhang II, Rn. 833 ff.

2.3.3 Umwandlung einer Personengesellschaft in eine GmbH & Co. KG

158 Die Gesellschafter der bereits bestehenden Personengesellschaft gründen (gegebenenfalls unter Beteiligung Dritter) im Wege der Bargründung eine GmbH. Bei einer bestehenden GbR oder OHG tritt dann diese GmbH in die Gesellschaft als Komplementärin ein, während die bisherigen Gesellschafter in die Stellung von Kommanditisten wechseln. Bei einer bereits bestehenden KG tritt die GmbH als neuer Komplementär ein und übernimmt die Stelle des bisherigen persönlich haftenden Gesellschafters, der dann Kommanditist wird (oder ausscheidet). Man spricht in diesen Fällen von identitätswahrender Umwandlung.[247]

Da durch den Eintritt der GmbH als Gesellschafter die Personengesellschaft ihre Identität wahrt, liegt kein Übertragungsvorgang vor. Ertragsteuerlich werden keine Steuern ausgelöst; stille Reserven werden nicht aufgedeckt,

---

246 Siehe BFH, Beschluss v. 26.2.2003, II B 54/02, GmbHR 2003 S. 669.
247 Vgl. Ostermayer/Erhart, Die Umwandlung in die GmbH (& Co. KG), 2. Aufl. 2008, VSRW-Verlag Bonn, S. 135.

ein Gewinn i. S. d. § 16 EStG gelangt nicht zur Entstehung, das UmwStG kommt nicht zur Anwendung.

Vorstehendes gilt uneingeschränkt, wenn die GmbH keine Einlage zu 159 leisten hat, also vermögensmäßig nicht an der KG beteiligt ist. Hat die GmbH keine Einlage in die KG zu leisten, ergeben sich keine ertragsteuerlichen Probleme. Hat die GmbH eine Einlage zu leisten und liegt diese betragsmäßig unter ihrem notariellen Anteil an der KG, z. B. weil ein Ausgleich stiller Reserven bei der KG zu erfolgen hat und die KG die bisherigen Buchwerte unverändert fortführt, so ist dieser Mehrbetrag in einer Ergänzungsbilanz der GmbH zu erfassen.

Bei der Umsatzsteuer ist die Änderung der Rechtsform von einer OHG zur 160 GmbH & Co. KG nicht steuerbar. Eine Umsatzsteuer kann sich nur für den Fall ergeben, dass die GmbH eine Einlage (einzelne Wirtschaftsgüter) in die KG zu leisten hat, es sei denn, die Steuerbefreiungsvorschriften des § 4 UStG greifen hier durch.

2.3.4 Umwandlung eines Einzelunternehmens in eine GmbH & Co. KG

Die Umwandlung erfolgt in der Form, dass der Einzelunternehmer zunächst 161 eine GmbH oder UG (haftungsbeschränkt) bar gründet. Dann schließt er mit der GmbH oder UG haftungsbeschränkt einen KG-Vertrag und bringt sein Einzelunternehmen als Kommanditeinlage ein. Das UmwStG lässt der KG die Möglichkeit, das eingebrachte Betriebsvermögen zu Buchwerten, zu Zwischenwerten oder zu gemeinen Werten anzusetzen. Beim Ansatz über den bisherigen Buchwerten erzielt der Einzelunternehmer einen laufenden Gewinn, siehe hierzu Rn. 150.

Die Einbringung des Einzelunternehmens ist eine nicht steuerbare Ge- 162 schäftsveräußerung im Ganzen gem. § 1 Abs. 1a UStG.

2.3.5 Umwandlung einer UG (haftungsbeschränkt) in eine reguläre GmbH

Wie unter Rn. 132 ausgeführt, hat eine UG (haftungsbeschränkt) ihr Eigen- 163 kapital aufzustocken, bis das gesetzlich vorgeschriebene Mindestkapital von 25.000 EUR erreicht ist. Ist die für eine „reguläre GmbH" nötige Schwelle von 25.000 EUR erreicht, kann sich die UG (haftungsbeschränkt) zur „echten" GmbH umwandeln. Verpflichtend ist dieser Schritt nicht; das bedeutet: „die Gesellschafter haben es in der Hand, immer in der Variante der Unternehmergesellschaft zu verbleiben".[248]

3 Grundsätzliches zur Mitunternehmereigenschaft

164 Der Komplementär und der Kommanditist (bzw. die Kommanditisten) einer KG sind grundsätzlich Mitunternehmer des von der KG betriebenen gewerblichen Unternehmens. Ausnahmsweise ist jedoch diese Mitunternehmerschaft zu verneinen, wenn der (die) Gesellschafter – nach dem Gesellschaftsvertrag oder der vorgesehenen tatsächlichen Durchführung des Gesellschaftsvertrages – keine Unternehmerinitiative entfalten kann (können) oder kein nennenswertes Unternehmerrisiko trägt (tragen). Mitunternehmer ist also, wer als Gesellschafter einer Personengesellschaft oder als Teilhaber einer der Personengesellschaft wirtschaftlich vergleichbaren Gemeinschaft Mitunternehmerrisiko trägt und Mitunternehmerinitiative entfalten kann. Ob diese Voraussetzungen vorliegen, ist unter Berücksichtigung aller die rechtliche oder wirtschaftliche Stellung einer Person insgesamt bestimmenden Umstände (Gesamtbeitrag) zu würdigen. Die Merkmale Mitunternehmerrisiko und Mitunternehmerinitiative müssen beide vorliegen, sie können aber im Einzelfall mehr oder weniger ausgeprägt sein und sind daher bedingt kompensierbar. Mitunternehmer kann auch sein, wer geringes Mitunternehmerrisiko trägt, aber ausgeprägte Mitunternehmerinitiative entfalten kann.[249]

Mitunternehmerrisiko bedeutet gesellschaftsrechtliche Teilnahme am Erfolg oder Misserfolg eines Unternehmens. Dieses Risiko wird regelmäßig durch die Beteiligung am Gewinn und Verlust sowie an den stillen Reserven des Gesellschaftsvermögens einschließlich des Geschäftswerts vermittelt. Für die Frage, ob ein Gesellschafter einer Personengesellschaft Mitunternehmerrisiko trägt, kommt es nicht darauf an, ob die gewinnmäßige und die kapitalmäßige Beteiligung verhältnismäßig übereinstimmen.

Mitunternehmerinitiative bedeutet in erster Linie Teilnahme an unternehmerischen Entscheidungen, wie sie z. B. einem Gesellschafter in der Gesell-

---

248 Veil, Die Unternehmergesellschaft nach dem Regierungsentwurf des MoMiG – Regelungsmodell und Praxistauglichkeit, GmbHR 2007, S. 1080. Bei einer Stammkapitalerhöhung auf 25.000,00 EUR gelten die besonderen Vorschriften für die KG nicht mehr (§ 5a Abs. 5 GmbHG).
249 Siehe Begründung zum BFH, Urteil v. 20.11.1990, VIII R 10/87, DB 1991 S. 1052.

schafterversammlung oder als Geschäftsführer, Prokurist oder leitendem Angestellten obliegen. Für die Annahme von Mitunternehmerinitiative genügt es, wenn der Gesellschafter die Möglichkeit hat, seine Gesellschaftsrechte (Stimm-, Kontroll- und Widerspruchsrecht) auszuüben.

Beide Merkmale sind für das Gesellschaftsverhältnis konstitutiv und müssen kumulativ in mehr oder weniger ausgeprägter Form gegeben sein. Nach ständiger Rechtsprechung wird eine Mitunternehmerschaft allein durch ein Gesellschaftsverhältnis begründet, welches eine (allseitige) Beteiligung am Gewinn gewährt. Mitunternehmer kann nur sein, wer zivilrechtlich Gesellschafter einer Personengesellschaft ist oder – in Ausnahmefällen – eine diesem wirtschaftlich vergleichbare Stellung innehat.

Angesichts vorstehender Grundsätze, die der BFH im Urteil vom 20.11.1990 aufgestellt hat, ist es verständlich, dass der BFH aus der fehlenden Kapitaleinlageverpflichtung und der fehlenden Kapitalbeteiligung des Komplementärs einer KG keine Folgerungen für dessen Gesellschafter- bzw. Mitunternehmerstellung gezogen hat, weder wenn eine natürliche Person Komplementär war[250] noch wenn es sich um eine juristische Person als persönlich haftende Gesellschafterin handelte.[251] 165

Dass die Komplementär-GmbH vom Ergebnis der GmbH & Co. KG ausgeschlossen sein kann, ist unseres Erachtens angesichts des Grundsatzurteils des BFH vom 15.11.1967[252] lediglich für den Fall des Verlustausschlusses aufrechtzuerhalten, da eine Gewinnbeteiligung mindestens in Höhe der „Risikoprämie" immer gegeben sein muss.

Ist die Komplementär-GmbH von der Verlustbeteiligung ausgeschlossen, so ist sie handelsrechtlich gesehen immer noch Gesellschafterin der GmbH & Co. KG und steuerlich Mitunternehmerin.[253]

Für den Kommanditisten wird die Mitunternehmereigenschaft dann in Frage gestellt, wenn ihm nicht wenigstens annäherungsweise diejenigen Rechte zustehen, die einem Kommanditisten nach den teilweise dispositiven Vorschriften des HGB über die KG zukommen; Entsprechendes gilt, wenn die Stellung des Kommanditisten nach dem Gesellschaftsvertrag und der tatsächlichen Handhabung wesentlich hinter dem zurückbleibt, was 166

---

250 Siehe BFH, Urteil v. 4.11.1958, I 141/57 U, BStBl 1959 III S. 50.
251 Siehe BFH, Urteil v. 16.8.1962, I 308/60, HFR 1963 S. 15.
252 IV R 139/67, BStBl 1968 II S. 152.
253 Vgl. DB 1975, S. 23 f.

handelsrechtlich das Bild des Kommanditisten bestimmt. Das bedeutet, dass der Kommanditist, soll die Mitunternehmerschaft nicht in Frage gestellt sein, nennenswerten Anteil am Unternehmerrisiko haben muss. Daran fehlt es jedoch, wenn der Kommanditist nach dem Gesellschaftsvertrag oder der vorgesehenen tatsächlichen Durchführung des Gesellschaftsvertrages an den Gewinnchancen und Verlustrisiken des Unternehmens nicht teilnimmt, insbesondere an dem von der Gesellschaft erstrebten und nach den objektiven Gegebenheiten möglicherweise auch erzielbaren Gewinn nicht beteiligt ist. Ein Kommanditist, der nach dem Gesellschaftsvertrag nur eine übliche Verzinsung seiner Kommanditeinlage erhält und auch an den stillen Reserven des Anlagevermögens einschließlich des Geschäftswerts nicht beteiligt ist, ist deshalb auch dann nicht Mitunternehmer, wenn seine gesellschaftsrechtlichen Mitwirkungsrechte denjenigen eines Kommanditisten entsprechen. Ein solcher Kommanditist bezieht keine Einkünfte aus Gewerbebetrieb, sondern als Darlehensgeber oder stiller Gesellschafter Einkünfte aus Kapitalvermögen.[254] Eine Mitunternehmerschaft ist auch dann nicht gegeben, wenn die Beteiligung an der KG von vornherein auf eine relativ kurze Befristung angelegt war und für den Zeitraum der Beteiligung einschließlich des Zeitpunktes des Ausscheidens weder ein nennenswerter Gewinn objektiv zu erwarten war noch von den Vertragspartnern des Gesellschaftsvertrages tatsächlich erwartet wurde.

Aus der vorstehend aufgeführten grundlegenden Rechtsprechung des BFH folgt jedoch auch, dass ein Kommanditist auch ohne Beteiligung an den stillen Reserven Mitunternehmer sein kann, wenn bei ihm die Möglichkeit der Entfaltung von Unternehmerinitiative besonders stark ausgeprägt ist. So hat z. B. der BFH im Urteil vom 20.11.1990[255] die Auffassung vertreten, dass ein stiller Gesellschafter einer GmbH & Co. KG, der zugleich Gesellschafter und Geschäftsführer der Komplementär-GmbH ist und als solcher auch die Geschäfte der KG führt, auch dann Mitunternehmer der KG ist, wenn er nicht an den stillen Reserven der KG beteiligt ist. Voraussetzung der Mitunternehmerstellung ist stets, dass die Merkmale des Mitunternehmerrisikos und der Mitunternehmerinitiative beide vorliegen müssen; sie können aber im Einzelfall mehr oder weniger ausgeprägt sein. Ein Merkmal darf deshalb nicht vollständig entfallen. Ein Kommanditist, der weder am laufenden Gewinn noch am Gesamtgewinn der KG beteiligt ist, also kein Mitunternehmerrisiko trägt, ist auch dann nicht Mitunternehmer, wenn

---

254 BFH, Urteil v. 28.10.1999, VIII R 66-70/97, BB 2000 S. 286.
255 VII R 10/87, DB 1991, S. 1052; siehe auch BFH, Urteil v. 11.12.1990, VIII R 122/86, DB 1991 S. 1054.

seine gesellschaftsrechtlichen Mitwirkungsrechte denjenigen eines Kommanditisten entsprechen. Er ist nach Einkommensteuerrecht wie ein Darlehensgeber oder stiller Gesellschafter zu behandeln.[256]

Des Weiteren ergibt sich aus der BFH-Rechtsprechung,[257] dass die zwischen den Beteiligten bestehenden Rechtsbeziehungen bei der Beurteilung der Gesellschaftereigenschaft sowohl zivil- als auch steuerrechtlich nicht allein nach deren formaler Bezeichnung, sondern nach den von ihnen gewollten Rechtswirkungen und der sich danach ergebenden (zutreffenden) rechtlichen Einordnung zu würdigen sind. Dies ist nach dem Gesamtbild der Verhältnisse zu beurteilen. Die Beteiligten müssen den Rechtsbindungswillen besitzen, das Unternehmen auf der Grundlage einer partnerschaftlichen Gleichordnung für gemeinsame Rechnung zu führen. Dies kann zur Annahme eines sog. **verdeckten Gesellschaftsverhältnisses** führen. Die Annahme einer rein faktischen Mitunternehmerschaft, also ohne ein zugrunde liegendes, gegebenenfalls verdecktes Gesellschaftsverhältnis oder ein wirtschaftlich vergleichbares Gemeinschaftsverhältnis, scheidet aus.[258]

167

Für die Annahme der Mitunternehmerschaft genügt also ein verdecktes Gesellschaftsverhältnis; ob ein solches Gesellschaftsverhältnis vorliegt, ist unabhängig von der formalen Bezeichnung der zwischen den Beteiligten bestehenden Rechtsbeziehungen nach dem Gesamtbild der Verhältnisse zu beurteilen. Anhaltspunkte für ein verdecktes Gesellschaftsverhältnis können sich aus der Höhe der vereinbarten Gesamtbezüge ergeben, sofern sie für die Leistungen eines Dritten nicht aufzubringen wären und damit unangemessen sind; eine ungewöhnlich hohe Erfolgsbeteiligung spricht eher für ein Gesellschaftsverhältnis. Ungewöhnlich sind Tantieme-Regelungen, die zur Folge haben, dass stets der überwiegende Teil des Jahresergebnisses dem Geschäftsführer zufließt. Allerdings ist die Annahme eines verdeckten Gesellschaftsverhältnisses nur dann gerechtfertigt, wenn neben der Unangemessenheit der Bezüge in der Person des Geschäftsführers auch die beiden Merkmale der Mitunternehmerschaft (Mitunternehmerinitiative, Mitunternehmerrisiko) erfüllt sind. Zum Tatbestandmerkmal „Mitunternehmerrisiko" stellt der BFH im Urteil vom 28.10.1999[259] klar, dass „die

---

256 BFH, Urteil v. 28.10.1999, VIII R 66-70/97, DB 2000 S. 359.
257 BFH, Urteil v. 13.7.1993, VIII R 50/92, BStBl 1994 II S. 282.
258 Siehe auch BFH, Urteil v. 26.6.1990, VIII R 81/85, BFHE 161 S. 472 (476).
259 VIII R 66-70/97, BB 2000, S. 286; die Urteilsgrundsätze gelten auch für die atypisch stille Gesellschaft sowie für die atypisch stille Gesellschaft und GmbH & Co. KG.

Rechtsbeziehungen des beherrschenden Gesellschafters der geschäftsführenden Komplementär-GmbH einer GmbH & Co. KG im Hinblick auf die rechtliche Selbständigkeit der GmbH als juristische Person des Privatrechts grundsätzlich nicht im Wege des Durchgriffs durch diese Gesellschaft auf die Beurteilung Einfluss nehmen dürfen, ob der Gesellschafter der GmbH als verdeckter Mitunternehmer der GmbH & Co. KG anzusehen ist. Das gilt auch für die Rechtsbeziehungen eines beherrschenden Gesellschafters zu einer GmbH, die als Kommanditistin an einer GmbH & Co. KG beteiligt ist und auch dann, wenn der Gesellschafter der GmbH gleichzeitig Gesellschafter der Personengesellschaft ist." Bei einem alleinigen bzw. beherrschenden Gesellschafter-Geschäftsführer kann dagegen die „verdeckte Mitunternehmerschaft" gegeben sein, wenn er Mitunternehmerinitiative und Mitunternehmerrisiko erfüllt.

168 Mitunternehmerinitiative entfaltet ein Geschäftsführer, wenn er sämtliche unternehmerischen Entscheidungen allein treffen kann, seine Geschäftsführungsbefugnisse weder nach dem Gesellschaftsvertrag der KG noch nach dem Anstellungsvertrag eingeschränkt sind, er sich also nicht wie ein weisungsgebundener Geschäftsführer, sondern wie ein Alleininhaber eines Unternehmens verhalten kann. Für ein Mitunternehmerrisiko ist die Beteiligung am Verlust, den stillen Reserven und dem Geschäftswert der KG dann entbehrlich, wenn der Geschäftsführer durch seine ungewöhnlich hohe Tantieme an positiven Jahresergebnissen der KG in erheblichem Umfang teilhat. Nach Auffassung des BFH ist der alleinige Gesellschafter-Geschäftsführer einer Komplementär-GmbH aufgrund eines verdeckten Gesellschaftsverhältnisses dann Mitunternehmer der Familien-GmbH & Co. KG, wenn er für die Geschäftsführung unangemessene gewinnabhängige Bezüge erhält und sich – wie bisher als Einzelunternehmer – als Herr des Unternehmens verhält. Die Gesamt-Bezüge sind unangemessen, wenn der Geschäftsführer neben einem üblichen Festgehalt eine ungewöhnlich hohe Gewinnbeteiligung erhält, die stets den überwiegenden Teil des Gewinns abschöpft.[260]

---

260 BFH, Urteil v. 21.9.1995, IV R 65/94, BB 1996 S. 91. Im Urteil v. 28.10.1999, BB 2000 S. 288, weist der BFH darauf hin, dass die Urteilsgrundsätze vom 21.9.1995 zum Tatbestandsmerkmal „Mitunternehmerinitiative" und zum alleinigen bzw. beherrschenden Gesellschafter-Geschäftsführer ergangen sind und bei der Beurteilung des Tatbestandsmerkmales „Mitunternehmerrisiko" nicht entsprechend herangezogen werden können.

Eine verdeckte Mitunternehmerstellung setzt ein gemeinsames Handeln zu einem gemeinsamen Zweck einander gleichgeordneter Personen voraus. Mitunternehmerinitiative und -risiko dürfen lediglich auf einzelne Schuldverhältnisse als gegenseitige Austauschverhältnisse zurückzuführen sein. Die Bündelung von Risiken aus derartigen Austauschverhältnissen unter Vereinbarung angemessener und leistungsbezogener Entgelte begründet noch kein gesellschaftsrechtliches Risiko.

Vorstehende Voraussetzungen für die Annahme einer verdeckten Mitunternehmerschaft gelten in gleicher Weise für die Gewerbesteuer[261] und für die Einheitsbewertung des Betriebsvermögens.[262]

4 Gewinnerzielungsabsicht

Für eine (steuerliche) Mitunternehmerschaft i. S. d. § 15 Abs. 1 Nr. 2 EStG genügt es nicht nur, dass die Gesellschafter ein Mitunternehmerrisiko tragen und Mitunternehmerinitiative entfalten können. Die Annahme einer Mitunternehmerschaft, d. h. eines Gewerbebetriebes, setzt darüber hinaus eine Betätigung voraus, die mit Gewinnabsicht (Gewinnerzielungsabsicht) unternommen wird, ansonsten liegt eine steuerlich unbeachtliche „Liebhaberei" vor.

169

Nach der Rechtsprechung des BFH[263] ist Gewinnerzielungsabsicht das Streben nach Betriebsvermögensmehrung in Form eines Totalgewinns.

Bei einer Personengesellschaft, also auch einer GmbH & Co. KG, muss die Gewinnerzielungsabsicht auf eine Mehrung des Betriebsvermögens der Gesellschaft (einschließlich der Sonderbetriebsvermögen der Gesellschafter) gerichtet sein. Ein Tätigwerden der Gesellschaft lediglich in der Absicht, ihren Gesellschaftern eine Minderung der Steuern vom Einkommen dergestalt zu vermitteln, dass durch Zuweisung von Verlustanteilen andere, an sich tariflich zu versteuernde Einkünfte nicht versteuert werden, reicht nicht aus. Ob eine Absicht zu Gewinnzielung vorliegt, ist wie jede innere Tatsache anhand äußerer Merkmale zu beurteilen. Aus objektiven Umständen muss auf das Vorliegen oder Fehlen der Absicht geschlossen werden, wenn einzelne Umstände einen Anscheinsbeweis liefern können, der von der Gesellschaft entkräftet werden kann. Alle Umstände des

---

261 BFH, Urteil v. 17.7.1993, VIII R 51/92, BFH/NV 1994 S. 551.
262 BFH, Urteil v. 13.7.1993, VIII R 52/92, BFH/NV 1994 S. 610.
263 Siehe BFH, Beschluss v. 25.6.1984, GrS 4/82, BStBl 1984 II S. 751, 765 ff.

Einzelfalls sind zu berücksichtigen. Wenn dauernde Verluste auf das Fehlen einer Gewinnerzielungsabsicht hindeuten, kann dies allein nicht maßgebend sein. Bei längeren Verlustperioden muss aus weiteren Beweisanzeichen die Feststellung möglich sein, dass die Gesellschafter die Verlust bringende Tätigkeit nur aus im Bereich ihrer Lebensführung liegenden persönlichen Gründen oder Neigungen ausüben.

Bei jedem neu gegründeten Unternehmen spricht grundsätzlich der Beweis des ersten Anscheins dafür, dass es in der Absicht der Gewinnerzielung betrieben wird. Dieser Anscheinsbeweis ist entkräftet, wenn die ernsthafte Möglichkeit dargelegt wird, dass im konkreten Einzelfall nicht das Streben nach einem Totalgewinn, sondern persönliche Gründe für die Gründung und Fortführung des Unternehmens bestimmend sind. Ein persönlicher Grund in diesem Sinne ist das Streben nach Minderung der Einkommensteuerschuld.

Die persönlichen Gründe sind regelmäßig bei einer GmbH & Co. KG gegeben, deren Initiatoren selbst oder durch Dritte – meist durch Prospekte – interessierte Kapitalanleger mit dem Versprechen von Einkommensteuerminderung durch Verlustzuweisungen werben. In diesem Zusammenhang wird den Interessenten meist eine Ergebnisvorschau vorgelegt, nach der die Kapitaleinlage ganz oder teilweise durch Steuerersparnisse finanziert werden kann. Dadurch wird erkennbar, dass das Streben nach Totalgewinn von persönlichen Gründen, nämlich nach der Erzielung von Einkommensteuerersparnissen, verdrängt wird. Bei Verlustzuweisungsgesellschaften ist also zu vermuten,[264] dass sie zunächst keine Gewinnerzielungsabsicht haben, sondern lediglich die Möglichkeit einer späteren Gewinnerzielung in Kauf nehmen. Deshalb kann bei ihnen in der Regel eine Gewinnerzielungsabsicht erst von dem Zeitpunkt an angenommen werden, wenn sich die in Kauf genommene Möglichkeit der Erzielung eines Totalgewinns in einer solchen Weise konkretisiert hat, dass nach dem Urteil eines ordentlichen Kaufmanns mit großer Wahrscheinlichkeit ein solcher Totalgewinn erzielt werden kann.

Selbstverständlich kann diese Vermutung dadurch widerlegt werden, dass überzeugend dargelegt wird, es habe bereits bei der Gründung der Verlustzuweisungsgesellschaft nach dem Urteil eines ordentlichen Kaufmanns die große Wahrscheinlichkeit der Erzielung eines Totalgewinns bestanden.

---

264 BFH, Urteil v. 21.8.1990, VIII R 25/86, BStBl 1991 II S. 564.

5 Grundsätzliches zur Gewinnverteilung

5.1 Gesetzliche Grundlagen

Für die GmbH & Co. KG, die nach feststehender Rechtsprechung sowohl für die handelsrechtliche als auch für die steuerrechtliche Beurteilung als Personengesellschaft anzusehen ist, gelten die Bestimmungen der §§ 105 ff. HGB. Diese handelsrechtlichen Vorschriften sind dispositiver Natur; sie greifen nur bei fehlenden vertraglichen Abreden ein. Für die Gesellschaftsform der KG bestimmen §§ 168, 121 Abs. 1 HGB, dass nach einer Vorwegverzinsung von 4 % der Restgewinn „angemessen" zu verteilen ist. Da diese Bestimmungen nachgiebiges Recht darstellen, können sie nur als Anhaltspunkt für die Gewinnverteilung dienen. Es steht den Gesellschaftern einer Personengesellschaft nämlich frei, ihre Rechtsverhältnisse und besonders die Gewinnverteilung nach ihren Vorstellungen zu regeln.

170

5.2 Maßgeblichkeit der handelsrechtlichen Gewinnverteilung für das Steuerrecht

In wachsendem Maße ist der BFH im Interesse der Einheitlichkeit und Übersichtlichkeit der Rechtsordnung bestrebt, bürgerlich-rechtlich einwandfreien Regelungen auch im Steuerrecht Geltung zu verschaffen. Eine handelsrechtlich wirksam vereinbarte Gewinnverteilung wird grundsätzlich auch steuerlich anerkannt. Eine vom Vertrag abweichende steuerliche Gewinnverteilung bei einer GmbH & Co. KG ist – so führt der BFH in seinem Urteil vom 25.4.1968[265] aus – nur dann möglich, wenn die steuerlichen Bedenken zu einer wesentlich anderen Verteilung führen würden, d. h. wenn die Angemessenheit der Gewinnverteilung verneint wird. Angemessen, d. h. frei von außerbetrieblichen, nur aufgrund der Gesellschafteridentität erklärbaren Erwägungen, ist eine Gewinnverteilung, wenn sie dem Wesen einer Gesellschaft und dem Wesen des Gewinns gemäß ist. Bei der Prüfung der Angemessenheit einer Gewinnverteilung der GmbH & Co. KG sind als wesentliche Faktoren – wie weiter unten noch ausgeführt wird – der Arbeitseinsatz, der Kapitaleinsatz und das übernommene Haftungsrisiko zu berücksichtigen.[266]

171

Vorstehende Ausführungen hat der BFH in mehreren Urteilen bestätigt. Er hat stets die Auffassung vertreten, dass für die Ermittlung des Anteils eines

---

265 VI R 279/66, BStBl 1968 II S. 741.
266 BFH, Urteil v. 15.11.1967, VI R 139/67, BFHE 90 S. 399.

Gesellschafters am Gewinn oder Verlust einer Personenhandelsgesellschaft grundsätzlich der handelsrechtliche Gewinn- und Verteilungsschlüssel maßgebend sei, wie er sich aus den Bestimmungen des Gesellschaftsvertrages und den Vorschriften des HGB ergibt.[267]

172 Dieser **Grundsatz erfährt jedoch Einschränkungen**, wenn für die Gewinnverteilung nicht allein die Verhältnisse der Gesellschafter in der Gesellschaft und insbesondere ihre Beiträge zum Gesellschaftszweck maßgebend sind, sondern die Verteilung von anderen Beziehungen zwischen den Gesellschaftern beeinflusst ist, die ihre Grundlage nicht im Gesellschaftsverhältnis haben. Der Einfluss, den diese Beziehungen auf die Gewinnverteilung nehmen, muss korrigiert werden; insoweit handelt es sich nämlich um die Verwendung bereits erzielter Einkünfte, die die Zurechnung des erzielten Einkommens nicht beeinflussen kann. Zu derartigen Abweichungen kommt es insbesondere in Familienpersonengesellschaften, wenn mit der Gewinnverteilung gleichzeitig die Zuwendung von erzielten Einkünften an Angehörige verbunden ist. In diesem Fall sind die Gewinnanteile der Gesellschafter so zu bemessen, wie sie ohne Zuwendung vereinbart worden wären. Entsprechendes gilt aber auch, wenn zwischen den Gesellschaftern nicht verwandtschaftliche, sondern wirtschaftliche Beziehungen außerhalb des Gesellschaftsverhältnisses bestehen und diese auf die Gewinnverteilung Einfluss gewinnen. Die Rechtsprechung[268] hat betont, dass derartige wirtschaftliche Beziehungen zwischen den Gesellschaftern, die auf die Gewinnverteilung Einfluss nehmen können, auch dann bestehen, wenn eine Kapitalgesellschaft Mitglied einer Personengesellschaft ist und die übrigen Gesellschafter an der Kapitalgesellschaft beteiligt sind. Bei einer personengleichen GmbH & Co. KG muss demzufolge eine Änderung des Gewinn- und Verlustverteilungsschlüssels außer Betracht bleiben, wenn diese Änderung außerbetrieblich veranlasst ist, d. h. ihre Erklärung nicht in den Verhältnissen der Gesellschaft findet.

173 **Verzichtet die Komplementär-GmbH** im Interesse der übrigen Gesellschafter auf eine Gewinnbeteiligung, die ihr sonst eingeräumt worden wäre, kann dieser Verzicht auf einen Gewinnanteil der Kapitalgesellschaft nach § 15 Abs. 1 Satz 1 Nr. 2 EStG keinen Einfluss haben, weil er seine Ursache nicht in den Verhältnissen der Personengesellschaft findet. Der Vorgang hat darüber hinaus auch für die Besteuerung der Kapitalgesellschaft und ihrer Gesellschafter Bedeutung. Mit dem Verzicht auf den erreichbaren Gewinn-

---

267 Siehe hierzu BFH, Urteil v. 23.8.1990, IV R 71/89, DB 1991 S. 630.
268 Siehe zusammenfassend BFH, Urteil v. 23.8.1990, IV R 71/89, BStBl 1991 II S. 172.

anteil nimmt die Kapitalgesellschaft den Verzicht auf eine Vermögensmehrung in Kauf und wendet gleichzeitig ihren Gesellschaftern im Hinblick auf das Gesellschaftsverhältnis außerhalb der Gewinnverteilung einen Vermögensvorteil zu. Die Kapitalgesellschaft bewirkt dadurch eine verdeckte Gewinnausschüttung, die ihren körperschaftsteuerlichen Gewinn nicht beeinträchtigen kann (§ 8 Abs. 3 Satz 2 KStG). Die begünstigten Gesellschafter erlangen die überhöhte Gewinnbeteiligung demnach als Frucht ihrer Beteiligung an der Kapitalgesellschaft. Dies gilt auch, wenn die Kapitalgesellschaft Komplementär-GmbH in einer GmbH & Co. KG ist und die Kommanditisten gleichzeitig die Gesellschafter der GmbH sind. Da die Anteile an der GmbH Sonderbetriebsvermögen der Kommanditisten bilden, führt die überhöhte Gewinnbeteiligung zu Sonderbetriebseinnahmen der Kommanditisten, die in die einheitliche Gewinnfeststellung für die GmbH & Co. KG aufzunehmen sind.[269]

Verzichtet der GmbH-Gesellschafter, der zugleich Kommanditist der GmbH & Co. KG ist, auf seinen Gewinnanteil, so ist die geänderte Gewinnverteilung dadurch zu erklären, dass der Kommanditist (und GmbH-Gesellschafter) durch die Einräumung eines überhöhten Gewinnanteils gewährleisten will, dass die GmbH **von den Möglichkeiten des Verlustabzugs gemäß § 10d EStG Gebrauch machen kann**. Dieser Verzicht des Kommanditisten auf die ihm sonst zustehende Gewinnbeteiligung kann seinen Gewinnanteil i. S. d. § 15 Abs. 1 Satz 1 Nr. 2 EStG nicht beeinflussen, wie auch ein Verzicht der Komplementär-GmbH auf die ihr gebührende Gewinnbeteiligung keinen Einfluss auf ihren steuerlichen Gewinnanteil hätte. Hieraus ergeben sich **Folgerungen für die KSt-Pflicht der GmbH**. Wie der Verzicht der GmbH auf den ihr gebührenden Gewinnanteil eine Vermögensmehrung bei ihr verhindert, so führt andererseits die Zubilligung der überhöhten Gewinnbeteiligung in ihrer Bilanz zu einer Vermögensmehrung; denn der GmbH steht nunmehr ein höherer Anteil am Vermögenszuwachs und damit insgesamt am Vermögen der KG zu. Da diese Vermögensmehrung auf eine Zuwendung ihres Gesellschafters zurückgeht, die ihre Ursache im Gesellschaftsverhältnis hat, aber nicht im Rahmen einer gesellschaftsrechtlichen Einlage erfolgt, ist darin eine **verdeckte Einlage** i. S. d. Körperschaftsteuerrechts zu sehen. Sie kann den steuerrechtlichen Gewinn der Kapitalgesellschaft nicht mehren, sondern ist als Vermögensvorteil gemäß § 4 Abs. 1 Satz 5 EStG vom Ergebnis abzusetzen.

---

269 Ständige BFH-Rechtsprechung; siehe vorgenanntes BFH, Urteil v. 23.8.1990.

175 Die Frage der Angemessenheit der Gewinnverteilung ist bei der GmbH & Co. KG deswegen von besonderer Bedeutung, weil durch die weitgehende personelle Verflechtung zwischen der GmbH und den Kommanditisten der KG Interessengegensätze zwischen den Gesellschaftern verwischt oder durch besondere persönliche Beziehungen nicht mehr existent sind, d. h., die Gesellschafter werden möglicherweise Vereinbarungen treffen, die zwischen Fremden nicht verabredet worden wären. Die Komplementär-GmbH muss angemessen am Gewinn beteiligt werden. Es ist stets zu fragen, welcher Gewinnanteil einer aus fremden Gesellschaftern bestehenden GmbH zugebilligt worden wäre, die – das ist der Regelfall – zum Zwecke der Führung der Geschäfte der KG und der Übernahme der Stellung eines vollhaftenden Komplementärs gebildet worden wäre und die sich mit einer Kapitaleinlage an der KG beteiligt hätte. Die Rechtsprechung erkennt als angemessene Gewinnverteilung jede Regelung an, die einer nur auf die Geschäftsführung der KG beschränkten GmbH auf die Dauer Ersatz ihrer Auslagen und eine den Kapitaleinsatz und das etwa vorhandene Haftungsrisiko gebührend berücksichtigende Beteiligung am Gewinn einräumt. Daher gilt der vom BFH auch für die Vereinbarung unter Familienangehörigen aufgestellte Grundsatz, dass der vertraglichen Gestaltung durch die Beteiligten nur dann nicht gefolgt werden kann, wenn sich ernste Bedenken gegen die Angemessenheit der Gewinnverteilung ergeben, die zu einer wesentlich anderen Verteilung führen würde. Der GmbH muss ein Betrag gewährt werden, der über den Auslagenersatz (Kostenerstattung) hinausgeht. Die Kostenerstattung für die Geschäftsführung an die GmbH beeinflusst nicht den Gewinnanteil der GmbH.

5.3 Grundzüge der BFH-Rechtsprechung

176 Ein wichtiges Problem der Besteuerung der GmbH & Co. KG liegt also darin, wie eine angemessene Verteilung des Gewinns zwischen der Komplementär-GmbH und den Kommanditisten gestaltet sein muss. Der IV. Senat des BFH hat hierzu in der **Grundsatzentscheidung** vom 15.11.1967[270] sowie in vier weiteren Urteilen vom gleichen Tage[271] Stellung genommen. Die Auffassung des BFH geht aus den nachstehenden Grundsätzen des Urteils IV R 139/67 hervor:
- „Der einer GmbH als Komplementärin einer GmbH & Co. KG nach dem Gesellschaftsvertrag zustehende Gewinn kann nach den für die

---

270 IV R 139/67, BStBl 1968 II S. 152.
271 IV 115/65, IV R 244/66 und IV R 241/66, BStBl 1968 II S. 174 f., 307.

Beurteilung von Gewinnverteilungsabreden unter nahen Angehörigen und für die verdeckte Gewinnausschüttung geltenden Grundsätzen für die Besteuerung erhöht werden."
- „Die vertraglich vorgesehene Gewinnverteilung ist in der Regel anzuerkennen, wenn einer auf die Führung der Geschäfte der KG beschränkten GmbH auf die Dauer Ersatz ihrer Auslagen und eine den Kapitaleinsatz und das eventuell vorhandene Haftungsrisiko gebührend berücksichtigende Beteiligung am Gewinn in der Höhe eingeräumt ist, mit der sich eine aus gesellschafterfremden Personen bestehende GmbH zufriedengegeben hätte."
- „Ist der vertraglich vorgesehene Gewinnanteil der GmbH zu niedrig bemessen, so liegt eine verdeckte Gewinnausschüttung an die Kommanditisten vor, die zugleich Gesellschafter der GmbH sind oder solchen Gesellschaftern nahe stehen."
- „Die verdeckte Gewinnausschüttung ist schon im Verfahren der einheitlichen Gewinnfeststellung der KG festzustellen. Der vereinbarte Gewinnanteil der GmbH ist zu erhöhen; bei den Kommanditisten sind die vereinbarten Gewinnanteile anzusetzen."

Der VI. Senat des BFH ist in dem Urteil vom 25.4.1968[272] der Grundsatzentscheidung des IV. Senats, IV R 139/67, im Wesentlichen beigetreten. Er betont jedoch ausdrücklich, dass eine vom Vertrag abweichende steuerliche Gewinnverteilung nur in Betracht zu ziehen sei, wenn die gegen die Angemessenheit der Gewinnverteilung sprechenden steuerlichen Bedenken zu einer wesentlich anderen Beurteilung führen würden. 177

Als Ergebnis der Rechtsprechung lässt sich **zusammenfassend** sagen, dass bei der Prüfung, ob eine Gewinnverteilung bei einer GmbH & Co. KG als angemessen anzusehen ist, als wesentliche Faktoren der Arbeitseinsatz, der Kapitaleinsatz und das übernommene Haftungsrisiko der GmbH zu berücksichtigen sind. Dabei ist jede Regelung anzuerkennen, die einer nur auf die Geschäftsführung der KG beschränkten GmbH auf die Dauer Ersatz ihrer Auslagen und eine den Kapitaleinsatz und das etwa vorhandene Haftungsrisiko gebührend berücksichtigende Beteiligung am Gewinn einräumt. Maßstab ist dabei, ob sich eine GmbH, deren Gesellschafter nicht zugleich Kommanditisten der GmbH & Co. KG sind (also eine „fremde" GmbH), mit dem gleichen Gewinnanteil zufrieden gäbe. Der BFH hebt hervor, dass bei einer GmbH & Co. KG ebenso wie bei einer Familiengesellschaft der vertraglichen Gestaltung nur dann nicht gefolgt werden könne, wenn sich 178

---

272 VI R 279/66, BStBl 1968 II S. 741.

ernste Bedenken gegen die Angemessenheit der Gewinnverteilung ergäben, die zu einer wesentlich anderen Verteilung des Gewinns führten.

179 Eine Gewinnbegrenzung auf 15 % ihres Anteils, wie sie in der Entscheidung des Großen Senats des BFH vom 29.5.1972[273] bei Familiengesellschaften gefordert wird, gilt hier nicht.

180 Die Angemessenheit der Verteilung des Gewinns kann nicht nach Maßgabe einzelner Veranlagungszeiträume beurteilt werden, sondern es muss immer ein längerer Zeitraum zugrunde gelegt werden. Im Fall der GmbH & Co. KG muss daher die Frage gestellt werden, ob die GmbH auf lange Sicht den Anteil am Gewinn erhält, der ihr aufgrund ihrer Leistungen zusteht. Gerade wenn ein bestimmter Betrag, z. B. in Form einer Tätigkeitsvergütung, vorab gezahlt wird, und zwar auch in Verlustjahren, wird die Notwendigkeit der Prüfung eines längeren Zeitabschnittes ersichtlich. Bei einer neugegründeten GmbH & Co. KG ist regelmäßig nicht von vornherein überschaubar, wie sich die wirtschaftliche Entwicklung gestalten und welche Rendite die Komplementär-GmbH bei der angenommenen Gewinnverteilung erzielen wird. Es ergibt sich die Notwendigkeit von Anpassungsregelungen, die der Komplementär-GmbH auf die Dauer gesehen einerseits eine angemessene Mindestrendite sichern, andererseits aber auch verhindern, dass der Komplementär-GmbH eine zu hohe Gewinnbeteiligung zufließt.[274]

Zu den Besonderheiten bei einer Publikums-GmbH & Co. KG wird auf die Ausführungen unter Anhang I verwiesen.

5.4 Verlustausschluss der Komplementär-GmbH

181 Um eine Überschuldung der Komplementär-GmbH und damit den Eintritt der Insolvenz zu vermeiden, wird häufig die Beteiligung der GmbH am Verlust der KG auf die Höhe ihrer Einlagen bzw. ihres Stammkapitals beschränkt. Gegen einen derartigen Verlustausschluss bestehen jedenfalls ertragsteuerlich keine Bedenken, weil die Erhaltung der Komplementär-GmbH für die GmbH & Co. KG von fundamentaler Bedeutung ist.[275]

---

273 GrS 4/71, BStBl 1973 II S. 5.
274 Seithel, Steuerkongreß-Report 1969, S. 203.
275 Seithel, Steuerkongreß-Report 1969, S. 204; vgl. Müller-Welser, DB 1978, S. 958, der eine solche Beschränkung für überflüssig hält.

Nach dem Urteil des FG Baden-Württemberg vom 11.5.1971[276] kann es ertragsteuerlich aber nicht anerkannt werden, wenn Kommanditisten einer GmbH & Co. KG, die gleichzeitig Anteilseigner der GmbH sind, in Abweichung vom Gesellschaftsvertrag die Verlustquote der GmbH übernehmen. Erfolgt die Übernahme aufgrund einer rückwirkenden Änderung des Gesellschaftsvertrages, so kann auch diese (rückwirkende) Übernahme steuerlich keine Anerkennung finden, selbst wenn sie handelsrechtlich zulässig ist.[277] 182

5.5 Rückwirkende Neuverteilung des Gewinns

Zivilrechtlich können die Gesellschafter einer Personengesellschaft über die Aufteilung des Gesellschaftsgewinns noch anlässlich der Bilanzfeststellung befinden.[278] Sie können dabei auch vom bisherigen Gewinnverteilungsschlüssel abweichen. Hierin liegt eine Änderung des Gesellschaftsvertrages und der Mitgliedschaftsrechte der Gesellschafter, für die das Gewinnbezugsrecht besondere Bedeutung hat. Eine solche Vertragsänderung kann wie andere rechtserhebliche Vorgänge grundsätzlich nur für die Zukunft wirken. Die Gesellschafter sind jedoch nicht gehindert, einander so zu stellen, als hätten sie die Änderung bereits zu einem früheren Zeitpunkt vereinbart. Danach bemessen sich als dann die auf der Vereinbarung beruhenden und mit dieser entstandenen Rechte und Pflichten der Beteiligten. Nur in diesem Sinne kann die Änderung eines Gesellschaftsvertrages rückwirkende Kraft entfalten. Eine solche obligatorische Rückwirkung kann bei der Begründung eines Gesellschaftsverhältnisses gewollt sein; sie kann auch bei der Änderung des Gewinnverteilungsschlüssels vereinbart werden. 183

Steuerrechtlich kann eine solche Vereinbarung jedoch keine Neuverteilung des in der Vergangenheit für die Gesellschaft entstandenen Gewinns bewirken. Da grundsätzlich ein in der Gesellschaft entstandener Gewinn auf die Gesellschafter nach Maßgabe ihrer Gewinnbeteiligung aufzuteilen ist, wirkt eine Änderung in der Gewinnverteilung auch hier nur für die Zukunft. Ihre schuldrechtliche Rückbeziehung auf einen früheren Zeitpunkt erlangt erst mit dem Abschluss einer entsprechenden Vereinbarung steuerliche Bedeutung. Sie hat nicht zur Folge, dass der Gesellschaftsgewinn 184

---

276 Außensenate Freiburg, II (III) 140/69, EFG 1971, S. 540, rechtskräftig.
277 So der BFH im nicht veröffentlichten Urteil v. 13.10.1982, I R 153/79 (unter Aufhebung des Urteils des FG Berlin v. 3.7.1979, V 275/78, EFG 1979 S. 604).
278 Die nachfolgenden Ausführungen finden sich in der Begründung zum BFH, Urteil v. 12.6.1980, IV R 40/77, BStBl 1980 II S. 723.

bereits für die Vergangenheit nach dieser Vereinbarung aufzuteilen und den Gesellschaftern zuzurechnen ist. Fazit: Die Gewinnanteile der Gesellschafter einer Personengesellschaft können nach Ablauf des Wirtschaftsjahres nicht rückwirkend durch eine Neuverteilung des Gewinns geändert werden. Ein geänderter Gewinnverteilungsbeschluss, auch wenn er in Widerspruch zu früheren Gewinnverteilungsbeschlüssen stehen sollte, ist jedoch unschädlich, wenn durch den neu gefassten Beschluss nur Mehrgewinne verteilt werden, über deren Verwendung die Gesellschafter zuvor nie beschlossen hatten.[279]

Für die rückwirkende Geltung einer geänderten Gewinnverteilung lässt sich auch nicht anführen, dass der Gesellschaftsgewinn erst mit der Aufstellung der Bilanz festliege und seine Höhe von Werturteilen und Gestaltungsmöglichkeiten abhänge, die erst in diesem Zeitpunkt wirksam würden. Diese Überlegungen betreffen die Ermittlung des Gesellschaftsgewinns, nicht seine Verteilung unter den Gesellschaftern, auf die es im Streitfall ankommt. Zudem ist die Höhe des Gewinns in erster Linie von den Geschäftsvorgängen des abgelaufenen Wirtschaftsjahres abhängig, die nicht rückwirkend herbeigeführt, ungeschehen gemacht oder in ihrem Inhalt verändert werden können. Der Jahresgewinn der Gesellschaft ergibt sich aus der Geschäftsentwicklung des Wirtschaftsjahres. An dieser Entwicklung nehmen die Gesellschafter entsprechend dem Gewinnverteilungsschlüssel teil. Auch wenn ein Gesellschafter ausscheidet, bestimmt sich sein Gewinnanteil nach dem Gewinnverteilungsschlüssel und der Dauer seiner Gesellschaftszugehörigkeit.

Stimmt daher die an einer GmbH & Co. KG beteiligte Komplementär-GmbH einer rückwirkenden Neuverteilung des Gewinns zu, die ihre Gewinnbeteiligung zugunsten ihres gleichfalls an der Personengesellschaft als Kommanditisten beteiligten Gesellschafters einschränkt, so kann hierin eine verdeckte Gewinnausschüttung liegen. Da die Beteiligung an der GmbH zum Sonderbetriebsvermögen des Kommanditisten gehört, müssen die daraus erlangten Vorteile in der einheitlichen Gewinnfeststellung der KG berücksichtigt werden. Das kann jedoch erst geschehen, wenn der Gesellschafter den Vorteil erlangt hat. Das bedeutet, dass bei rückwirkender Neuverteilung des Gewinns der Kommanditist erst mit Abschluss der Vereinbarung einen als verdeckte Gewinnausschüttung zu berücksichtigenden Vorteil erlangt.

---

279 Siehe BFH, Urteil v. 11.4.1990, I R 38/89, BStBl 1990 II S. 998.

6 Besteuerungsfragen bei Kapitalveränderungen

6.1 Komplementär-GmbH

6.1.1 Kapitalerhöhung

Die Kapitalerhöhung wird in der Regel durch Zuführung neuer Mittel erfolgen. 185

Die Zuführung neuer Mittel bedeutet Kapitalerhöhung gegen Einlagen. Steuerliche Besonderheiten ergeben sich nicht. Das körperschaftsteuerpflichtige Einkommen wird durch die Einlage nicht berührt. Ein eventuelles Aufgeld (Agio) stellt sich ebenfalls als gesellschaftsrechtliche Einlage dar. Die mit der Ausgabe der neuen GmbH-Anteile verbundenen Aufwendungen sind in voller Höhe Betriebsausgaben. 186

6.1.2 Kapitalherabsetzung

Die Kapitalherabsetzung stellt sich als Verringerung des gesellschaftsrechtlichen Haftkapitals dar. Werden dabei die Einlagen an die Gesellschafter zurückgewährt, spricht man von effektiver Kapitalherabsetzung. Im Gegensatz hierzu steht die nominelle Kapitalherabsetzung, bei der den Gesellschaftern die Einlagen nicht zurückgewährt werden.[280] 187

Steuerlich ist gemäß § 17 Abs. 4 EStG die Kapitalherabsetzung der Veräußerung gleichgestellt. Steuerliche Auswirkungen ergeben sich nur dann, wenn über das Nennkapital und das Einlagekonto i. S. d § 27 Abs. 1 KStG hinaus Beträge, also thesaurierte Gewinne (sonstige Rücklagen) zurückgezahlt wurden; diese sind wie eine Gewinnausschüttung zu werten. 188

6.2 Kommanditgesellschaft

6.2.1 Erhöhung der Kommanditeinlage

Bei der Kapitalerhöhung einer GmbH & Co. KG erwirbt der Kommanditist in Höhe der von ihm zu leistenden Einlage neue Gesellschaftsrechte. 189

Im Hinblick auf § 15a EStG sind drei Zeitpunkte der Kapitalerhöhung zu unterscheiden: Erfolgt die Kapitalerhöhung „zeitkongruent", d. h. im Jahr der Verlustentstehung, so ist der Verlust des Wirtschaftsjahres in Höhe der 190

---

280 In praxi dient diese Maßnahme der Sanierung der GmbH (Beseitigung einer Unterbilanz).

Kapitalerhöhung ausgleichsfähig. Erfolgt die Kapitalerhöhung „nachträglich", d. h. die Verluste sind in früheren Jahren entstanden, so werden die verrechenbaren Verluste nicht in ausgleichsfähige Verluste umqualifiziert; es ist allerdings in Höhe der Kapitaleinlage ein Korrekturposten zu bilden, der der Verrechnung mit künftigen Verlusten dient. Entsprechendes gilt, wenn die Kapitalerhöhung „vorgezogen", d. h. in einem Wirtschaftsjahr mit negativem Kapitalkonto geleistet wird. Hier füllt die Erhöhung das negative Kapitalkonto auf und wird steuerrechtlich durch einen Korrekturposten zum Ausgleich mit künftigen Verlusten festgehalten.[281]

6.2.2 Herabsetzung der Kommanditeinlage

191 Nach § 15a Abs. 3 Satz 1 EStG gilt der Grundsatz, dass dann, wenn ein Kommanditist seine Einlage in die Gesellschaft durch eine Entnahme mindert und dadurch ein negatives Kapitalkonto entsteht bzw. sich erhöht, dem Kommanditisten der Betrag der Einlagenminderung als Gewinn zuzurechnen ist. § 15a Abs. 3 Satz 1 EStG soll Missbräuchen entgegentreten, indem diese Vorschrift verhindert, dass in Verlustjahren nur zum Zwecke des Verlustausgleiches kurzfristige Einlageerhöhungen vorgenommen werden, die im Folgejahr oder nach Vornahme des Verlustausgleiches rückgängig gemacht werden.[282]

192 Ein Beispiel in Anlehnung an *Knobbe-Keuk*[283] soll diesen Grundgedanken des § 15a Abs. 3 Satz 1 EStG verdeutlichen.[284]

---

281 Siehe BFH, Urteil v. 14.10.2003, VIII R 32/01, DStR 2004 S. 24 sowie die Anmerkung von „HG" zu diesem Urteil in DStR 2004, S. 28.
282 Vgl. Knobbe-Keuk, Bilanz- und Unternehmenssteuerrecht, 449, sowie Herrmann/Heuer/Raupach, EStG, E (grün) zu § 21 EStG, S. 12 f. und 15.
283 Vgl. Knobbe-Keuk, Bilanz- und Unternehmenssteuerrecht, S. 449.
284 Vgl. Herrmann/Heuer/Raupach, EStG, E (grün) zu § 21 EStG, S. 15.

Beispiel:

Hafteinlage (im Handelsregister eingetragen)	500
Kapitalkonto (tatsächlich geleistete Einlage)	1 000
Verlustanteil im Jahr I	1 000
Entnahme im Jahr II	500
Gewinn durch Einlagenminderung im Jahr II	500

Ohne § 15a Abs. 3 Satz 1 EStG hätte der Kommanditist im Jahr I einen ausgleichs- und abzugsfähigen Verlustanteil von 1 000. Hätte er die Entnahme nicht im Jahr II, sondern im Jahr I getätigt, so wären im Jahr I 500 ausgleichs- und abzugsfähig und 500 verrechenbar mit späteren Gewinnen aus der Beteiligung gewesen. Ohne § 15a Abs. 3 Satz 1 EStG wäre der Verlust steuerlich unterschiedlich zu behandeln, je nachdem, ob der Verlust zuerst eingetreten ist und es dann zur Entnahme kam oder umgekehrt; § 15a Abs. 3 Satz 1 EStG führt zur Gleichbehandlung vorstehender beider Möglichkeiten, so dass es ohne Anreiz ist, durch kurzfristige Eintragung hoher Haftsummen ein nicht gerechtfertigtes Verlustausgleichsvolumen zu schaffen.[285] Die Regelung des § 15a Abs. 3 Satz 1 EStG führt im Beispielsfall dazu, dass die Hälfte des Verlustes – 500 –, der dem Kommanditisten im Jahr I als ausgleichs- bzw. abzugsfähiger Verlustanteil zugerechnet worden ist, mit Wirkung des Jahres II, also des Zeitraums, in dem das negative Kapitalkonto durch die Entnahme entsteht, in einen nur verrechenbaren Verlustanteil umgewandelt wird.

Ein ergänzendes Beispiel von *Herrmann-Heuer*[286] zeigt, dass die Haftungsminderung nicht zur Zurechnung positiver Einkünfte führt, wenn aufgrund der Haftung tatsächlich Beträge geleistet wurden.

193

Beispiel:

Vereinbarte Einlage	1 000
Tatsächlich geleistete Einlage (im Jahr I)	500
Verlustanteile des Kommanditisten in den Jahren I-III	800

---

285 Vgl. Herrmann/Heuer/Raupach, EStG, E (grün) zu § 21 EStG, S. 15.
286 Vgl. Herrmann/Heuer/Raupach, EStG, E (grün) zu § 21 EStG, S. 15.

| Weitere Einzahlungen in Jahren I–III | 200 |

Verminderung der vereinbarten Einlage im Jahr IV um 400 auf 600
Aufgrund der Verringerung der vertraglichen Einlage im Jahr IV wären dem Kommanditisten positive Einkünfte in Höhe von 200 zuzurechnen, um die die in den Jahren I–III zugerechneten Verluste den Betrag der verminderten Einlage übersteigen. Durch die weitere Einzahlung des Kommanditisten von 200 verringern sich die zuzurechnenden positiven Einkünfte auf 100.

194 Wie sich die Einlage- oder Haftungsminderung in den Folgejahren auswirkt, ergibt sich aus § 15a Abs. 3 Satz 4 EStG: Die dem Kommanditisten aufgrund der Haftungs- oder Einlagenminderung „zuzurechnenden Beträge mindern die Gewinne, die dem Kommanditisten im Wirtschaftsjahr der Zurechnung oder in späteren Wirtschaftsjahren aus seiner Beteiligung an der KG zuzurechnen sind". Ein Beispiel von *Herrmann-Heuer*[287] verdeutlicht diese Gesetzesvorschrift.

Beispiel:

Geleistete Einlage des Kommanditisten	1 000
Verlustanteile der Jahre I–III	600
Auszahlung im Jahr IV (ohne dass eine zu berücksichtigende Haftung entsteht)	500
Zuzurechnender positiver Betrag im Jahr IV aufgrund der Rückzahlung	100
Gewinnanteil des Kommanditisten im Jahr V	200
./. Zuzurechnender positiver Betrag des Jahres IV	100
Steuerpflichtiger Gewinnanteil im Jahr V	100

195 Vorstehend dargestellte Zurechnung von Einkünften entfällt jedoch, wenn die Entnahme oder die Einlagenrückzahlung zu einem Wiederaufleben der Haftung führt, d. h. der Kapitalanteil des Kommanditisten durch die Entnahme oder Einlagenrückzahlung unter den Betrag der Hafteinlage gemindert wird. Durch diese Regelung wird sichergestellt, dass ein Kommandi-

---

[287] Vgl. Herrmann/Heuer/Raupach, EStG, E (grün) zu § 21 EStG, S. 15.

tist, dessen Haftung durch Entnahme bzw. Einlagenminderung wieder auflebt, genauso gestellt wird wie ein Kommanditist, dem aufgrund erweiterter Außenhaftung ein über die geleistete Einlage hinausgehender Verlust zugerechnet wird[288].

---

288 Vgl. Herrmann/Heuer/Raupach, EStG, E (grün) zu § 21 EStG, 13 unter Berufung auf Bordewin, FR 1982, S. 487.

IV Laufender Geschäftsbetrieb der GmbH & Co. KG
   – Handelsrechtlicher Teil –

1 Innenverhältnis

1.1 Geschäftsführungsbefugnis innerhalb der GmbH & Co. KG

1.1.1 Gesetzliche Regelung

1.1.1.1 Zuständigkeit

Komplementär-GmbH

196 Abweichend vom allgemeinen Sprachgebrauch werden im Recht der Personengesellschaften Geschäftsführung und Vertretung getrennt geregelt und voneinander unterschieden. Während „Vertretung" rechtsgeschäftliches Handeln gegenüber Dritten umfasst (z. B. eine Annahme eines Vertragsangebotes), betrifft „Geschäftsführung" Entscheidungskompetenzen im Innenverhältnis. Nach der gesetzlichen Regelung ist es durchaus möglich, dass ein Gesellschafter zwar geschäftsführungsbefugt, nicht aber vertretungsberechtigt ist (und umgekehrt). In der Praxis werden Geschäftsführungsbefugnis und Vertretungsmacht üblicherweise nicht voneinander getrennt. Im Recht der GmbH sind dagegen Geschäftsführungsbefugnis und Vertretungsmacht immer in der Person des Geschäftsführers vereint, §§ 6, 35 GmbHG.

197 In einer KG obliegt die Geschäftsführung immer den persönlich haftenden Gesellschaftern, §§ 114 Abs. 1, 161 Abs. 2, 164 HGB. In einer typischen GmbH & Co. KG, in der es neben der Komplementär-GmbH keine weiteren persönlich haftenden Gesellschafter gibt, ist also ausschließlich die GmbH zur Führung der Geschäfte berechtigt und verpflichtet. Sie übt ihre Befugnisse durch ihre Organe, das sind ihre Geschäftsführer, aus, §§ 6, 35 GmbHG.[289] Diese handeln, wenn sie Geschäfte der GmbH & Co. KG wahrnehmen, aufgrund einer zweifachen Geschäftsführungsbefugnis: Die GmbH ist befugt, die Geschäfte der KG zu führen. Die Geschäftsführer sind befugt, die Geschäfte der GmbH zu führen, zu denen auch die Geschäftsführung der KG zählt. Die Geschäftsführer der Komplementär-GmbH

---

289 Siehe Rn. 206.

werden daher auch als „mittelbare" Geschäftsführer der GmbH & Co. KG bezeichnet.[290]

Gibt es neben der Komplementär-GmbH noch weitere persönlich haftende Gesellschafter, sind auch diese zur Geschäftsführung berechtigt und verpflichtet. Nach §§ 115 Abs. 1, 161 Abs. 2 HGB ist jeder von ihnen allein zu handeln berechtigt. Nur wenn ein anderer Komplementär einer Maßnahme widerspricht, muss sie unterbleiben. Handelt es sich um eine Maßnahme von erheblicher Bedeutung, müssen die anderen Komplementäre vorher informiert und muss ihre Stellungnahme abgewartet werden.[291]

198

Kommanditisten

Die Kommanditisten sind von der Geschäftsführung ausgeschlossen, § 164 HGB. Sie haben kein Widerspruchsrecht gegenüber gewöhnlichen Geschäftsführungshandlungen. Für außergewöhnliche Geschäfte trifft § 164 HGB entgegen seinem missverständlichen Wortlaut keine Sonderregelung. Es bleibt bei der Regelung des § 116 Abs. 2 HGB, wonach die Vornahme von Handlungen, die über den gewöhnlichen Betrieb hinausgehen, eines Beschlusses sämtlicher Gesellschafter bedarf.[292]

199

1.1.1.2 Umfang der Geschäftsführungsbefugnis

Gemäß §§ 116 Abs. 1, 161 Abs. 2 HGB erstreckt sich die Befugnis zur Geschäftsführung auf alle Handlungen, die der gewöhnliche Betrieb des Handelsgewerbes der Gesellschaft mit sich bringt. Für Geschäfte, die darüber hinausgehen – sog. außergewöhnliche oder ungewöhnliche Geschäfte –, ist gemäß §§ 116 Abs. 2, 161 Abs. 2 HGB der Beschluss sämtlicher Gesellschafter erforderlich. Außergewöhnliche Geschäfte sind solche, die den bisher vorgegebenen Rahmen des Geschäftsbetriebs übersteigen oder außerhalb des Unternehmensgegenstandes liegen oder nach Umfang oder Risiko ungewöhnlich oder ihrer Art nach dem gewöhnlichen Geschäftsbetrieb fremd sind.[293] So ist der Verkauf eines Unternehmens einer KG, das ihr gesamtes Vermögen darstellt, nur mit Zustimmung der Gesellschafter wirksam.[294] Die Zustimmung der Gesellschafter zu einem außer-

200

---

290 Hesselmann/Tillmann/Mussaeus, § 5 Rn. 12.
291 BGH, Urteil v. 19.4.1971, II ZR 159/68, BB 1971 S. 759.
292 RG, Urteil v. 22.10.1938, RGZ 158 S. 302 (306 f.); K. Schmidt, Gesellschaftsrecht, § 47 V 1c; Baumbach/Hopt, § 164 Rn. 2; siehe auch Rn. 200.
293 Schilling in Großkomm., § 164 Rn. 3; Baumbach/Hopt, § 116 Rn. 2.
294 BGH, Urteil v. 9.1.1995, II ZR 24/94, GmbHR 1995 S. 306.

gewöhnlichen Geschäft steht nicht in ihrem freien Ermessen. Liegt das Geschäft erkennbar im Interesse der Gesellschaft, sind die Gesellschafter kraft ihrer Treuepflicht gehalten, ihre Zustimmung zu geben.[295]

1.1.2 Vertragliche Regelungen

1.1.2.1 Erweiterung der Kommanditistenrechte

201 Die gesetzlichen Regeln zur Geschäftsführungsbefugnis sind weitgehend dispositives Recht. In der Praxis werden sie daher häufig durch gesellschaftsvertragliche Vereinbarungen abgeändert bzw. konkretisiert.

202 Die Stellung der Kommanditisten, die nach der gesetzlichen Ausgestaltung[296] sehr viel schwächer ist als die der Komplementärin, kann durch entsprechende Vereinbarungen im Gesellschaftsvertrag aufgewertet werden. Dem einzelnen Kommanditisten kann ein Widerspruchsrecht analog § 115 Abs. 1 HGB eingeräumt werden. Bestimmte Geschäfte können von seiner Zustimmung abhängig gemacht werden. In der Regel enthält der Gesellschaftsvertrag einer GmbH & Co. KG einen Katalog von Geschäftsführungsmaßnahmen, die der (mehrheitlichen) Zustimmung aller Gesellschafter bedürfen. So werden beispielsweise der Erwerb, die Veräußerung oder Belastung von Grundstücken, die Aufnahme von langfristigen Krediten, die Einstellung von Mitarbeitern ab einem gewissen Gehaltsvolumen von der Zustimmung der Kommanditisten abhängig gemacht.

203 Ein Komplementär kann vertraglich im Innenverhältnis in seiner Geschäftsführungsbefugnis derart eingeschränkt werden, dass er nur aufgrund von Weisungen aller oder eines einzelnen Kommanditisten handeln darf.[297] Er kann sogar von der Geschäftsführung ausgeschlossen werden, und diese kann dann von einem oder mehreren Kommanditisten wahrgenommen werden.[298] Kommanditisten – die in diesem Fall meistens noch mit einer rechtsgeschäftlichen Vollmacht ausgestattet werden[299] – können auf diese Weise eine beherrschende Stellung innerhalb einer KG erlangen und zum eigentlichen Leiter des Unternehmens werden. In einer GmbH & Co. KG besteht jederzeit die Möglichkeit, einen Kommanditisten zum Geschäfts-

---

295 Schilling in Großkomm., § 164 Rn. 4; Baumbach/Hopt, § 116 Rn. 5.
296 Siehe Rn. 199.
297 Schilling in Großkomm., § 164 Rn. 12; Baumbach/Hopt, § 164 Rn. 7.
298 Vgl. BGH, Urteil v. 9.12.1968, II ZR 33/67, BGHZ 51 S. 198 (201); Schilling in Großkomm., § 164 Rn. 8.
299 Siehe Rn. 276.

führer der Komplementär-GmbH zu bestellen und ihn auf diese Weise zum Leiter des Unternehmens zu machen. Aus diesem Grund ist eine derartige vertragliche Umkehrung der Herrschaftsverhältnisse innerhalb der KG für die GmbH & Co. KG zivilrechtlich ohne praktische Bedeutung. Allerdings kann es steuerrechtlich relevant sein, mindestens einem Kommanditisten im Innenverhältnis Geschäftsführungsbefugnis zu erteilen, um die KG zu „entprägen".

1.1.2.2 Einschränkung der Kommanditistenrechte

Die Mitverwaltungsrechte der Kommanditisten können auch über die gesetzliche Regelung hinaus eingeschränkt werden. Eine solche zulässige Einschränkung liegt z. B. vor, wenn der Gesellschaftsvertrag bestimmt, dass die Komplementär-GmbH zur Vornahme ungewöhnlicher Geschäfte nicht der Zustimmung der Kommanditisten bedarf oder dass für einen Zustimmungsbeschluss gemäß §§ 116 Abs. 2, 161 Abs. 2 HGB die einfache Mehrheit genügt. 204

Eine Grenze für gesellschaftsvertragliche Mehrheitsklauseln ergibt sich aus dem Bestimmtheitsgebot. Dieser Grundsatz besagt, dass die Mehrheitsklausel den Gegenstand möglicher Mehrheitsbeschlüsse hinreichend bestimmt festlegen muss. Überwiegend wird der Bestimmtheitsgrundsatz dahingehend verstanden, dass die Gegenstände möglicher Mehrheitsentscheidung bereits im Gesellschaftsvertrag in Katalogform erkennbar sein müssen.[300] Der BGH hat den Bestimmtheitsgrundsatz jedoch mittlerweile stark relativiert.[301] In der sog. Otto-Entscheidung stellte der BGH klar, dass der Bestimmtheitsgrundsatz nicht so zu verstehen sei, dass eine Mehrheitsklausel stets die betroffenen Beschlussgegenstände minutiös auflisten müsse. Der Bestimmtheitsgrundsatz verlange lediglich eine Verankerung der Mehrheitsmacht im Gesellschaftsvertrag. So soll es genügen, wenn sich auch nur durch Auslegung des Gesellschaftsvertrages ergibt, dass der in Frage stehende Beschluss der Mehrheitsentscheidung unterworfen sein soll.[302] Die Grundlagen der Gesellschaft berührende oder in Rechtspositionen der Gesellschafter (d. h. in den Kernbereich) eingreifende Maßnahmen sind dagegen nur mit – zumindest antizipiert im Gesellschaftsvertrag 205

---

300 BGH, Urteil v. 15.11.1982, II ZR 62/82, BGHZ 85 S. 350 (356); Hennerkes/Binz, BB 1983 S. 713 ff. (714).
301 Vgl. BGH, Urteil v. 24.11.1975, II ZR 89/74, BGHZ 66 S. 82 (85).
302 BGH, Urteil v. 15.1.2007, II ZR 245/05, BGHZ 170 S. 283 = DB 2007 S. 564.

erteilter – Zustimmung eines jeden Gesellschafters zulässig. So ist etwa eine nachträgliche Lastenvermehrung (vgl. § 707 BGB Verpflichtung zu Nachschüssen) nach wie vor an eine eindeutige entsprechende Legitimationsgrundlage im Gesellschaftsvertrag geknüpft. Dagegen hat der BGH in Abkehr von seiner bisherigen Rechtsprechung[303] in der sog. Otto-Entscheidung festgestellt, dass die Bilanzfeststellung grundsätzlich kein kernbereichsrelevantes Grundlagengeschäft sei und daher eine pauschale Mehrheitsklausel ausreiche.[304]

Allerdings sind Mehrheitsentscheidungen, die in die Rechtsstellung eines überstimmten Gesellschafters eingreifen, auch bei ausreichend bestimmter Zulassung nicht unbegrenzt zulässig. Wenn nämlich auf einer ersten Stufe festgestellt ist, dass die Gesellschafter zwar formell zur Mehrheitsentscheidung legitimiert sind und die hierzu ermächtigende Klausel im Gesellschaftsvertrag also bestimmt genug ist, ist auf zweiter Stufe weiter zu prüfen, ob der Beschluss auch inhaltlich wirksam ist.[305] Schlechthin unverzichtbare Mitgliedschaftsrechte wie etwa das Kündigungsrecht aus wichtigem Grund können nicht entzogen werden.

Aber auch wenn es sich um einen Eingriff in verzichtbare Rechte der Gesellschafter handelt, kommt es darauf an, ob die Gesellschaftermehrheit die inhaltlichen Grenzen der ihr erteilten Ermächtigung beachtet und sie sich nicht etwa treupflichtwidrig über beachtenswerte Belange der Minderheit hinweggesetzt hat.[306]

1.1.3 Geschäftsführung der Komplementär-GmbH

1.1.3.1 Bestellung des Geschäftsführers

206 In einer GmbH sind Geschäftsführungsbefugnis und Vertretungsmacht immer in der Person des Geschäftsführers vereint, §§ 6, 35 GmbHG. Die Gesellschafter der GmbH sind in der Wahl ihrer Geschäftsführer frei. Sie können jeden beliebigen Dritten, einen GmbH-Gesellschafter oder auch einen Kommanditisten der KG zum Geschäftsführer bestimmen.[307] Sie müssen sich aber an die speziellen Bestellungsverbote des § 6 Abs. 2

---

303 BGH, Urteil v. 29.3.1996, II ZR 263/94, BGHZ 132 S. 263 = GmbHR 1996 S. 456.
304 BGH, Urteil v. 15.1.2007, II ZR 245/05, BGHZ 170 S. 283 = DB 2007 S. 564.
305 Ebenroth/Boujong/Joost/Strohn/Goette, § 119 Rn. 59.
306 BGH, a.a.O.
307 Schlegelberger/Martens, § 161 Rn. 109; Baumbach/Hopt, § 164 Rn. 7.

GmbHG halten; ein Verstoß führt zwingend zur Nichtigkeit der Bestellung.[308] Neu ist auch die Haftung der Gesellschafter der Komplementär-GmbH gemäß § 6 Abs. 5 GmbHG, wenn sie einer Person die Geschäftsführung übertragen, die nicht Geschäftsführer sein kann oder darf.

Die Bestellung der Geschäftsführer erfolgt entweder im GmbH-Gesellschaftsvertrag oder durch einen Mehrheitsbeschluss der GmbH-Gesellschafter, soweit der Gesellschaftsvertrag nichts anderes bestimmt, §§ 6 Abs. 3 Satz 2, 46 Nr. 5, 47 Abs. 1 GmbHG. Die Zustimmung der Kommanditisten der GmbH & Co. KG ist für die Bestellung des GmbH-Geschäftsführers nicht erforderlich.[309] Wohl kann aber der Gesellschaftsvertrag der GmbH & Co. KG den Kommanditisten Mitwirkungsrechte bei der Bestellung und Abberufung des GmbH-Geschäftsführers einräumen.[310] Die Pflicht, bei Bestellung und Abberufung von GmbH-Geschäftsführern die Interessen der Mitgesellschafter der KG zu berücksichtigen, wird aus der gesellschaftlichen Treuepflicht der Komplementär-GmbH gegenüber den Kommanditisten abgeleitet.[311] Diese gesellschaftliche Treuepflicht verbietet es, eine Person zum Geschäftsführer zu berufen, gegen die aus der Sicht der Kommanditisten ein wichtiger Grund vorliegt.

Neben dem organschaftlichen Bestellungsakt besteht häufig – wenn auch nicht notwendigerweise – zwischen dem Geschäftsführer und der GmbH ein **Anstellungsvertrag**. In dem Vertrag werden die Rechte und Pflichten des Geschäftsführers und auch seine Vergütung geregelt. Dieser Vertrag ist rechtlich als ein Dienstvertrag, welcher eine Geschäftsbesorgung zum Gegenstand hat, zu qualifizieren (§§ 675, 611 BGB).[312] Im Einzelfall kann das Dienstverhältnis des Geschäftsführers als Arbeitsverhältnis zu qualifizieren sein. Für die Abgrenzung ist die persönliche Abhängigkeit des Geschäftsführers das entscheidende Kriterium. Diese bestimmt sich vor allem nach Eingliederung in die Arbeitsorganisation und nach der Möglichkeit der Weisung durch die GmbH in Bezug auf Tätigkeitsinhalte, Ablauf, Zeit, Ort und Dauer.[313]

207

---

308 Gehrlein/Witt, Kapitel 5 Rn. 26.
309 Schlegelberger/Martens, § 161 Rn. 109.
310 Hopt, ZGR 1979, S. 1 (6).
311 Hopt, ZGR 1979, S. 1 (15); Schlegelberger/Martens, § 161 Rn. 109.
312 Lutter/Hommelhoff, Anhang § 6 Rn. 3.
313 BAG, Urteil v. 25.5.1999, 5 AZR 664/98, NZA 1999 S. 987.

1.1.3.2 Verhältnis des GmbH-Geschäftsführers zur KG

208 Durch die Bestellung zum Geschäftsführer und den Anstellungsvertrag mit der GmbH entstehen keine vertraglichen Beziehungen zur GmbH & Co. KG.[314] Wohl aber ist es möglich, dass der Geschäftsführer der GmbH einen Anstellungsvertrag mit der KG schließt.[315] Für die rechtliche Qualifizierung des Anstellungsverhältnisses des Geschäftsführers als Arbeitsverhältnis oder als Dienstverhältnis spielt es keine Rolle, ob der Geschäftsführer einen Anstellungsvertrag mit der GmbH oder KG hat. Maßgebend für die Einstufung des Geschäftsführers als Arbeitnehmer ist allein der Grad seiner persönlichen Abhängigkeit zur Gesellschaft.[316]

1.1.3.3 Sozialversicherungspflicht des Geschäftsführers

209 Der Geschäftsführer einer GmbH & Co. KG ist sozialversicherungspflichtig, wenn seine Tätigkeit die Anforderungen einer sozialversicherungspflichtigen Beschäftigung gemäß § 7 Abs. 1 SGB IV erfüllt. Danach sind eine Tätigkeit nach Weisungen und eine Eingliederung in die Arbeitsorganisation des Weisungsgebers Anhaltspunkte für eine sozialversicherungspflichtige Tätigkeit. Entscheidendes Kriterium für eine sozialversicherungspflichtige Beschäftigung des Geschäftsführers ist also der Umfang seiner persönlichen Abhängigkeit gegenüber der Gesellschaft bei Ausübung seiner Tätigkeit. Eine Versicherungspflicht entfällt dagegen, wenn der Geschäftsführer selbstständig unternehmerisch tätig ist. Entscheidend für die Zuordnung ist, in welchem Maße der Geschäftsführer gesellschaftsrechtlichen Einfluss in der GmbH & Co. KG ausübt. Vier Fallgruppen sind zu unterscheiden:

Keine Beteiligung des Gesellschafter-Geschäftsführers an der GmbH und KG

210 Ist der Geschäftsführer weder am Stammkapital der Komplementär-GmbH noch an der KG beteiligt, ist er im Regelfall dem Weisungsrecht der

---

314 BGH, Urteil v. 28.9.1955, VI ZR 28/53, WM 1956 S. 61 (63); Schlegelberger/Martens, § 161 Rn. 110; Wegen der Haftung gegenüber der KG vgl. Rn. 217.
315 BAG, Urteil v. 10.7.1980, 3 AZR 68/79, AP Nr. 1 zu § 5 ArbGG 1979; BAG, Beschluss v. 13.7.1995, 5 AZB 37/94, DB 1995 S. 2271; Baumbach/Hopt Anhang § 177a Rn. 27.
316 BAG, Beschluss v. 13.7.1995, 5 AZB 37/94, DB 1995 S. 2271.

Gesellschafterversammlung unterworfen und steht somit in einem abhängigen Beschäftigungsverhältnis.[317]

Beteiligung des Gesellschafter-Geschäftsführers nur an der GmbH

Ein am Stammkapital der GmbH beteiligter Gesellschafter-Geschäftsführer, der aufgrund eines Anstellungsvertrages mit der GmbH tätig wird, steht grundsätzlich ebenfalls in einem abhängigen Beschäftigungsverhältnis. Eine Sozialversicherungspflicht entfällt nur, wenn der Geschäftsführer Beschlüsse der Gesellschafterversammlung verhindern kann. Dies ist zumindest dann der Fall, wenn der Gesellschafter-Geschäftsführer mit über 50% am Kapital der Gesellschaft beteiligt ist.[318] Eine Versicherungspflicht entfällt aber auch, wenn der Geschäftsführer zwar weniger als 50 % der Stimmen auf sich vereint, aber aufgrund besonderer Vereinbarungen im Gesellschaftsvertrag die Beschlüsse der anderen Gesellschafter verhindern kann (sog. Sperrminorität).[319] Gleiches gilt nach der Rechtsprechung des BSG, wenn es ein Gesellschafter-Geschäftsführer zwar nicht kraft seiner Kapitalbeteiligung vermag, die GmbH zu beherrschen, aber hinsichtlich Zeit, Dauer, Umfang und Ort seiner Tätigkeit im Wesentlichen weisungsfrei ist und bei wirtschaftlicher Betrachtung seine Tätigkeit nicht für ein fremdes, sondern ein eigenes Unternehmen ausübt.[320]

211

Wird der nur am Stammkapital der GmbH beteiligte Gesellschafter für die KG tätig, kann er auch zu dieser in einem abhängigen Beschäftigungsverhältnis stehen. Die Versicherungspflicht entsteht dann aufgrund des Beschäftigungsverhältnisses zur GmbH & Co. KG, bei der der Gesellschafter-Geschäftsführer nicht am Kapital beteiligt ist.[321] Eine andere Betrachtungsweise kann sich aber ergeben, wenn die GmbH als geschäftsführende Komplementärin beherrschenden Einfluss auf die KG ausübt. In diesem Fall besitzt der Gesellschafter-Geschäftsführer über seinen Anteil an der GmbH gesellschaftsrechtlichen Einfluss auf die KG.[322]

---

317 Vgl. BSG, Urteil v. 22.8.1973, 12 RK 24/72, BB 1973 S. 1310; BSG, Urteil v. 23.9.1982, 10 RAr 10/81, ZIP 1983 S. 104; Brandmüller, Rn. 816.
318 Vgl. Figge, GmbHR 1986, S. 185 ff. (186) m.w.N.
319 BSG, Urteil v. 15.12.1971, 3 RK 67/68, GmbHR 1972 S. 104 ff.
320 BSG, Urteil v. 29.10.1986, 7 RAr 43/85, GmbHR 1987 S. 351; LSG Nordrhein-Westfalen, Urteil v. 12.6.1991, L 12 Ar 136/89, GmbHR 1992 S. 174.
321 Figge, GmbHR 1986, S. 185 ff. (187).
322 BSG, SozialR 2100, § 7 Nr. 7; BSG, SozialR 4100, § 168 Nr. 16; LSG Nordrhein-Westfalen, Urteil v. 12.6.1991, L 12 Ar 136/89, GmbHR 1992 S. 174 (175).

Beteiligung des Gesellschafter-Geschäftsführers nur an der KG

212 Handelt es sich um eine typische GmbH & Co. KG,[323] bei der alleinige Komplementärin eine GmbH ist, so kann ein Gesellschafter-Geschäftsführer nur als Kommanditist an der KG beteiligt sein und unterliegt dann im Regelfall der Sozialversicherungspflicht. Etwas anders gilt, wenn besondere Umstände vorliegen, wenn z. B. dem Kommanditisten ein maßgeblicher Einfluss auf die GmbH & Co. KG im Gesellschaftsvertrag eingeräumt wird. In diesem Fall liegt keine Versicherungspflicht vor.

Wenn es sich um eine sog. unechte GmbH & Co. KG handelt,[324] bei der neben einer GmbH als Komplementärin eine weitere natürliche Person als Gesellschafter persönlich haftet, kann der Gesellschafter-Geschäftsführer als Komplementär an der KG beteiligt sein. In diesem Fall unterliegt sein Beschäftigungsverhältnis in der Regel nicht der Sozialversicherungspflicht.[325]

Beteiligung des Gesellschafter-Geschäftsführers sowohl an der GmbH als auch an der KG

213 Ist ein Gesellschafter-Geschäftsführer sowohl an der GmbH als auch an der KG als Kommanditist beteiligt, liegt keine sozialversicherungspflichtige Beschäftigung vor, wenn der Geschäftsführer aus einer Beteiligung allein oder aus beiden gemeinsam einen beherrschenden Einfluss auf die GmbH & Co. KG ausüben kann.[326]

Jedenfalls unterliegen die bei der GmbH & Co. KG tätigen Kommanditisten der Sozialversicherungspflicht, wenn sie zu einem geringeren Anteil als 50 % an der Komplementär-GmbH beteiligt sind und keine Sperrminorität besitzen bzw. keinen tatsächlichen Einfluss auf die Gesellschaft haben, der wesentlich größer ist als der ihnen nach ihrem Anteil zustehende Einfluss,[327] so dass sie dadurch einen beherrschenden Einfluss auf die Gesellschaft hätten.

---

323 Vgl. Rn. 1.
324 Vgl. Rn. 1.
325 Vgl. Figge, GmbHR 1986, S. 185 ff. (187).
326 Figge, GmbHR 1986, S. 185 ff. (188).
327 Flore/Lewinski, GmbH-StB 2002, S. 142 (145).

Dabei kann im sozialversicherungsrechtlichen Sinne auch eine geringfügige Beschäftigung bei Vorliegen der hierfür notwendigen übrigen Voraussetzungen gegeben sein.[328]

Von einer geringfügigen Beschäftigung im sozialversicherungsrechtlichen Sinn ist jedoch eine solche im steuerrechtlichen Sinn zu unterscheiden. Nach der ständigen Rechtsprechung des BFH sind die Vergütungen an einen Geschäftsführer der GmbH, der gleichzeitig auch Kommanditist der KG ist, nicht als Einkünfte aus nichtselbständiger Arbeit, sondern als Einkünfte aus Gewerbebetrieb gemäß § 15 Abs. 1 Nr. 2 Satz 1 EStG zu behandeln. Daher können diese Einkünfte eines im sozialversicherungsrechtlichen Sinne geringfügig beschäftigten Gesellschafter-Geschäftsführers nicht gemäß § 40a Abs. 2 EStG als Arbeitslohn eines geringfügig Beschäftigten im steuerrechtlichen Sinne pauschal versteuert werden.[329]

Bestehen Zweifel über das Vorliegen der Sozialversicherungspflicht des Geschäftsführers, empfiehlt es sich, diese im Auskunftsverfahren nach § 7a SGB IV durch die Deutsche Rentenversicherung Bund klären zu lassen. An diese Entscheidung sind die Träger der gesetzlichen Sozialversicherungsträger im Fall späterer Streitigkeiten, über die Leistungsgewährung gebunden (vgl. § 336 SGB III). 214

1.1.3.4 Haftung des Geschäftsführers

Haftung des Geschäftsführers gegenüber der GmbH

Der Geschäftsführer haftet der GmbH bei Pflichtverletzungen nach § 43 GmbHG. Er hat seine Pflichten verletzt, wenn er nicht die Sorgfalt eines ordentlichen Geschäftsmannes gemäß § 43 Abs. 1 GmbHG angewendet hat. Verlangt wird die Sorgfalt, die ein ordentlicher Geschäftsmann in verantwortlich leitender Position bei selbständiger treuhänderischer Wahrnehmung fremder Vermögensinteressen zu beachten hat.[330] 215

Bei dem Sorgfaltsmaßstab des § 43 Abs. 1 GmbHG bleibt es auch dann, wenn der Geschäftsführer gleichzeitig Gesellschafter ist. § 708 BGB, wonach im Recht der Personengesellschaften ein Gesellschafter nur für 216

---

328 Centrale für GmbH, Centrale-Gutachtendienst, GmbHR 2003, 664; vgl. § 8 SGB IV.
329 Centrale für GmbH, a.a.O.
330 OLG Bremen, Urteil v. 28.2.1963, 2 U 81/62, GmbHR 1964 S. 8; Scholz/Schneider, § 43 Rn. 32.

diejenige Sorgfalt einzustehen hat, die er in eigenen Angelegenheiten anzuwenden pflegt, ist bei einer GmbH auch nicht entsprechend anwendbar.[331]

Beispiel:

Von der Rechtsprechung wurde eine Pflichtverletzung u. a. angenommen, wenn ein Geschäftsführer
- seine Buchführungspflichten vernachlässigt,[332]
- sich Geschäftschancen selbst zunutze macht, statt sie im Interesse der Gesellschaft zu verwerten,[333]
- Forderungen der Gesellschaft verjähren lässt.[334]

Für Zahlungen nach Zahlungsunfähigkeit oder Überschuldung haftet der Geschäftsführer der GmbH nach § 64 Satz 1 GmbHG; das Gleiche gilt nun auch für Zahlungen, die zur Zahlungsunfähigkeit der GmbH führen mussten, es sei denn, dies war für den Geschäftsführer nicht erkennbar (§ 64 Satz 3 GmbHG).

Haftung des Geschäftsführers gegenüber der KG

217 Die Haftung des Geschäftsführers gemäß § 43 GmbHG besteht grundsätzlich nur gegenüber der GmbH. Gesellschafter und Dritte können aus einer Verletzung des § 43 GmbHG keine Ansprüche herleiten. Eine Ausnahme gilt für die GmbH & Co. KG. Wenn die eigentliche und einzige Aufgabe der Komplementär-GmbH und damit ihres Geschäftsführers darin besteht, die Geschäfte der KG zu führen, ist nach der Rechtsprechung die KG in den Schutzbereich des Geschäftsführungsvertrages mit einzubeziehen.[335] Das hat zur Folge, dass der GmbH & Co. KG ein unmittelbarer Anspruch gegen den Geschäftsführer bei Vorliegen der Voraussetzungen des § 43 GmbHG zugebilligt wird.[336] Zur Geltendmachung dieses An-

---

331 BGH, Urteil v. 12.11.1979, II ZR 174/77, BGHZ 75 S. 321 (327); OLG Bremen, Urteil v. 28.2.1963, 2 U 81/62, GmbHR 1964 S. 8 f.
332 BGH, Urteil v. 9.5.1974, II ZR 50/72, BB 1974 S. 994.
333 BGH, Urteil v. 23.9.1985, II ZR 246/84, NJW 1986 S. 585.
334 Weitere Beispiele siehe K. Schmidt, Gesellschaftsrecht, § 36 II 4a.
335 BGH, Urteil v. 25.2.2002, II ZR 236/00, GmbHR 2002 S. 588 ff. = BB 2002 S. 1164 ff.; BGH, Urteil v. 12.11.1979, II ZR 174/77, BGHZ 75 S. 321 ff.
336 BGH, Urteil v. 24.3.1980, II ZR 213/77, BGHZ 76 S. 326 (337 f.); BGH, Urteil v. 28.6.1982, II ZR 121/81, NJW 1982 S. 2869; BGH, Urteil v. 10.2.1992, II ZR 23/91, DStR 1992 S. 549; BGH, Urteil v. 5.7.1993, II ZR 174/92, DStR 1993 S. 1637.

spruchs bedarf es keines Gesellschafterbeschlusses der KG, da es für die KG keine § 46 Nr. 8 GmbHG entsprechende Vorschrift gibt.[337]

Die Argumentation der Rechtsprechung zur Begründung der Haftung des Geschäftsführers gegenüber der KG ist in der Literatur sehr kritisiert worden.[338] Im Ergebnis wird einer Haftung des Geschäftsführers gegenüber der KG überwiegend zugestimmt; denn der Geschäftsführer handelt praktisch als Manager der KG, und bei dieser pflegen die Schäden aus schuldhaft schlechter Geschäftsführung einzutreten.[339] Neben einem Anspruch aus § 43 GmbHG kann die KG auch deliktische Ansprüche, wie z. B. aus § 823 Abs. 2 BGB i. V. m. § 266 StGB, gegen den Geschäftsführer ihrer Komplementär-GmbH haben.[340] Außerdem steht ihr wie der GmbH ein Anspruch wegen Zahlungen zu, die nach Eintritt der Insolvenz ausgeführt werden oder die die Zahlungsunfähigkeit der KG verursachen (§ 130a Abs. 2 i. V. m. Abs. 1 HGB).

1.1.4 Entziehung der Geschäftsführungsbefugnis

1.1.4.1 Maßnahmen gegenüber der Komplementär-GmbH

Der Komplementär-GmbH kann gemäß §§ 117, 161 Abs. 2 HGB auf Antrag der Kommanditisten die Geschäftsführungsbefugnis durch gerichtliche Entscheidung entzogen werden, wenn ein wichtiger Grund – insbesondere eine grobe Pflichtverletzung oder Unfähigkeit zur ordnungsmäßigen Geschäftsführung – vorliegt. Dabei wird ihr das fehlerhafte Tun und Unterlassen ihrer Geschäftsführer zugerechnet.[341]

In der Praxis erfolgt die Entziehung weniger häufig aufgrund einer gerichtlichen Entscheidung. Es ist vielmehr üblich, dass die Gesellschaftsverträge abweichend von der gesetzlichen Regelung bestimmen, dass die Geschäftsführungsbefugnis durch einen Mehrheitsbeschluss aller Gesellschafter entzogen werden kann. Die Gründe, die eine Entziehung rechtfertigen, werden meistens im Gesellschaftsvertrag konkretisiert. Es ist aber auch eine gesellschaftsvertragliche Vereinbarung zulässig, wonach die Geschäftsführungs-

---

337 BGH, Urteil v. 24.3.1980, II ZR 213/77, BGHZ 76 S. 326 = NJW 1980 S. 1524 (1527); OLG Hamm, Urteil v. 28.10.1992, 8 U 25/92, GmbHR 1993 S. 294.
338 Hüffer, ZGR 1981 S. 348 ff. (354 ff.); K. Schmidt, Gesellschaftsrecht, § 56 IV 3b.
339 Hüffer, ZGR 1981 S. 348 ff. (358); K. Schmidt, a.a.O.
340 BGH, Urteil v. 17.3.1987, VI ZR 282/85, GmbHR 1987 S. 304 (305).
341 BGH, Urteil v. 25.4.1983, II ZR 170/82, GmbHR 1983 S. 301 m.w.N.

befugnis ohne wichtigen Grund nach dem freien Ermessen der Gesellschaftermehrheit entzogen werden kann.[342]

221 In der Praxis fallen Entziehung der Geschäftsführungsbefugnis und Entziehung der Vertretungsbefugnis in der Regel zusammen.[343] Das Gesetz hat auch die Entziehungstatbestände gleich geregelt, §§ 161 Abs. 2, 117, 127 HGB. Ein Unterschied besteht lediglich dann, wenn die KG nur einen persönlich haftenden Gesellschafter hat. Dem kann nicht die Vertretungsbefugnis, wohl aber die Geschäftsführungsbefugnis entzogen werden.[344] Anders als die Vertretungsbefugnis (§ 170 HGB)[345] ist die Geschäftsführungsbefugnis nicht zwingend an die persönlich haftenden Gesellschafter gebunden. Sie kann durch Gesellschaftsvertrag unter Ausschluss des persönlich haftenden Gesellschafters einem oder mehreren Kommanditisten übertragen werden, §§ 161 Abs. 2, 114 Abs. 2, 163 HGB.[346] Ist die Komplementär-GmbH einzige persönlich haftende Gesellschafterin und wird ihr die Geschäftsführungsbefugnis entzogen, wird die GmbH & Co. KG also nicht geschäftsführungslos. Sofern der Gesellschaftsvertrag für diesen Fall keine Ersatzlösung vorsieht, fällt die Geschäftsführungsbefugnis ohne weiteres den Kommanditisten in ihrer Gesamtheit zu.[347]

222 Wenn die Kommanditisten auch Gesellschafter der Komplementär-GmbH sind, können sie auch den Geschäftsführer der GmbH abberufen (§§ 38, 46 Nr. 5 GmbHG), ohne dass sie der GmbH die Geschäftsführungsbefugnis entziehen müssen. Ist diese Maßnahme weniger einschneidend und für die Beteiligten eine zumutbare Lösung, sind die Kommanditisten sogar gehalten, diese Maßnahme nach dem Grundsatz des mildesten Mittels zu wählen.[348]

---

342 BGH, Urteil v. 23.10.1972, II ZR 31/70, BB 1973 S. 443 (444).
343 Siehe Rn. 290.
344 BGH, Urteil v. 9.12.1968, II ZR 33/67, BGHZ 51 S. 198 ff.
345 Vgl. MünchKomm/K.Schmidt, § 170 Rn. 12 f.
346 BGH, Urteil v. 9.12.1968, II ZR 33/67, BGHZ 51 S. 198 (201); siehe auch Rn. 286.
347 BGH, a.a.O.
348 BGH, Urteil v. 25.4.1983, II ZR 170/82, GmbHR 1983 S. 301 (303); BGH, Urteil v. 18.10.1976, II ZR 98/75, BGHZ 68 S. 81 (86).

1.1.4.2 Abberufung des GmbH-Geschäftsführers

Abberufung gemäß §§ 38, 46 Nr. 5 GmbHG
Wird der Komplementär-GmbH die Geschäftsführungsbefugnis entzogen, 223
bleibt die Stellung ihres Geschäftsführers als ihr Organ davon rechtlich
unberührt. Auswirkungen hat es insofern, als er nicht länger befugt ist, als
mittelbarer Geschäftsführer die Geschäfte der KG zu führen, da ihm hierzu
nun seine durch die GmbH vermittelte Kompetenz fehlt. Als Geschäftsführer der GmbH ist er jedoch befugt, alle der GmbH noch verbleibenden
Geschäfte zu führen. Soll ihm die Kompetenz zur Geschäftsführung entzogen werden, ist § 38 GmbHG einschlägig. Gemäß §§ 38 Abs. 1, 46 Nr. 5
GmbHG können die GmbH-Gesellschafter die Bestellung eines ihrer Geschäftsführer jederzeit widerrufen, ohne dass es der Nennung von Gründen
bedarf. Das gilt jedoch nur insoweit, als nicht in der GmbH-Satzung die
Abberufung von dem Vorliegen wichtiger Gründe abhängig gemacht wird,
§ 38 Abs. 2 GmbHG.

Rechte der Kommanditisten
Die Abberufung des GmbH-Geschäftsführers fällt also in die Kompetenz 224
der GmbH-Gesellschafter und schließt Dritte von einer Mitwirkung aus,
§ 46 Nr. 5 GmbHG. In einer GmbH & Co. KG kann diese Regelung
insoweit Probleme aufwerfen, als die Kommanditisten als Kapitalgeber
vom Fehlverhalten der Geschäftsführer häufig am stärksten betroffen sind.
Daher wird in der Literatur die Frage aufgeworfen, ob nicht zumindest in
einer Publikums-KG die Kommanditisten die Möglichkeit erhalten sollen,
die Abberufung des Geschäftsführers der Komplementär-GmbH zu betreiben.[349]

Zum Teil wird den Kommanditisten analog §§ 117, 127 HGB das Recht 225
zugesprochen, auf gerichtlichem Wege die Abberufung zu betreiben.[350] Der
Geschäftsführer bleibt danach zwar weiterhin Organ der GmbH, ist aber
zukünftig gehindert, für die KG tätig zu werden.

Beendigung des Anstellungsvertrages
Die Abberufung des Geschäftsführers durch die GmbH-Gesellschafter 226
beendet seine Organstellung, d. h., er ist nicht mehr zur Geschäftsführung
der GmbH befugt. Sein Anstellungsverhältnis zur GmbH bleibt davon

---
349 Hüffer, ZGR 1981, S. 348 ff. (359); Schilling in Großkomm., § 164 Rn. 18.
350 Hüffer, a.a.O.; a.A. Schlegelberger/Martens, § 164 Rn. 6.

zunächst grundsätzlich unberührt. Das ergibt sich aus dem Wortlaut des § 38 Abs. 1 GmbHG, wonach die Bestellung des Geschäftsführers jederzeit widerruflich ist, unbeschadet der Entschädigungsansprüche aus bestehenden Verträgen. Für die wirksame Beendigung des Anstellungsverhältnisses müssen die für die Beendigung eines Dienstverhältnisses erforderlichen Voraussetzungen vorliegen. Das Dienstverhältnis kann durch einen **Aufhebungsvertrag** oder ordentliche sowie außerordentliche **Kündigung** beendet werden. In der Praxis fallen der Widerruf der Geschäftsführerbestellung und die Kündigung des Anstellungsvertrages in der Regel zusammen, da eine Abhängigkeit des Dienstvertrages von der Funktion eines Geschäftsführers vereinbart wird.

Zuständig für die Beendigung des Anstellungsvertrages (Kündigung oder Aufhebung) ist gemäß §§ 46 Nr. 5, 47 Abs. 1, 48 GmbHG die Gesellschafterversammlung der GmbH, soweit die Satzung der GmbH keine anderweitige Zuständigkeit bestimmt.[351] Der BGH hält an seiner früheren Rechtsprechung, nach der dies in den Aufgabenbereich eines Mitgeschäftsführers fällt, soweit ein solcher vorhanden und alleinvertretungsberechtigt ist, nicht mehr fest.[352]

227 Der Geschäftsführer der Komplementär-GmbH ist grundsätzlich kein Arbeitnehmer i. S. d. arbeitsrechtlichen Schutzgesetze. Für Streitigkeiten zwischen der GmbH und dem Geschäftsführer sind daher die ordentlichen Gerichte zuständig. Dies gilt auch dann, wenn der Geschäftsführer bei der KG angestellt ist.[353]

Wird das Vertragsverhältnis ausnahmsweise als Arbeitsverhältnis qualifiziert, so fällt der Geschäftsführer als Arbeitnehmer in den Regelungsbereich der arbeitsrechtlichen Schutzgesetze.[354] Allerdings ist Kündigungsschutz i. S. d. Kündigungsschutzgesetzes gemäß § 14 Abs. 1 Nr. 1 KSchG und das der Organstellung zu Grunde liegende Arbeitsverhältnis vor den ordentlichen Gerichten zu überprüfen (§ 5 Abs. 1 Satz 3 ArbGG)[355] für den Geschäftsführer ausgeschlossen.

---

351 Sog. Annexkompetenz, vgl. Scholz/K. Schmidt, § 46 Rn. 70 und BGH, Urteil v. 8.1.2007, II ZR 267/05, GmbHR 2007 S. 606 f.
352 BGH, Urteil v. 25.3.1991, II ZR 169/90, BB 1991 S. 927.
353 OLG Hamm, Urteil v. 18.6.1990, 8 U 146/89, GmbHR 1991 S. 466.
354 Siehe Rn. 207.
355 BAG, Urteil v. 20.8.2003, 5 AZB 79/02, BAGE 107 S. 165. Zur Entscheidung Zimmer/Rupp, GmbHR 2006, S. 572 ff.

Besonderheiten können sich allerdings dann ergeben, wenn der Geschäftsführer keine Anteile an der GmbH hält und vor seiner Bestellung bereits bei der KG im Angestelltenverhältnis tätig war. In diesem Fall kam bisher die Rechtsprechung des BAG vom „ruhenden Arbeitsverhältnis" zur Anwendung. Diese Rechtsprechung fand auch bei der GmbH & Co. KG Anwendung.[356]

Wenn der Geschäftsführer der Komplementär-GmbH bis zur seiner Bestellung zum Geschäftsführer bereits als Angestellter der KG tätig war, führte dies dazu, dass sein früheres Arbeitsverhältnis zur KG während der Geschäftsführertätigkeit für die Komplementär-GmbH ruhte. Sobald der Dienstvertrag des Geschäftsführers bei der Komplementär-GmbH gekündigt wurde oder durch Zeitablauf endete, lebte der ursprüngliche Anstellungsvertrag mit der KG wieder auf und gewährte dem GmbH-Geschäftsführer Kündigungsschutz.[357] Nunmehr ist das BAG der Ansicht, dass im Zweifelsfall das ursprüngliche Arbeitsverhältnis bei Abschluss des Geschäftsführeranstellungsvertrages konkludent aufgehoben wurde und nur bei Vorliegen von besonderen Umständen von einem Weiterbestehen des Arbeitsverhältnisses ausgegangen werden kann.[358] Wird der Anstellungsvertrag anlässlich der Organbestellung zum Geschäftsführer der Komplementär-GmbH hingegen ausdrücklich durch Vereinbarung aufgehoben, entfällt der Kündigungsschutz auf jeden Fall.

1.2   Wettbewerbsverbot

1.2.1   Allgemeines

Sinn und Zweck eines Wettbewerbsverbots ist es, die Gesellschaft davor zu schützen, dass ein Gesellschafter die Kenntnisse des Unternehmens ausnutzt, um mit der Gesellschaft in Konkurrenz zu treten. Innerhalb einer KG trifft nach der gesetzlichen Regelung (§§ 112, 161 Abs. 2, 165 HGB) ein Wettbewerbsverbot nur die persönlich haftenden Gesellschafter. Ihnen ist es verboten, Geschäfte im Handelszweig der Gesellschaft zu tätigen oder sich an einer anderen gleichartigen Handelsgesellschaft als persönlich haftende Gesellschafter zu beteiligen. Ein Geschäft im Handelszweig der Gesellschaft liegt immer dann vor, wenn ein Komplementär aktiv an der

228

---

356 BAG, Beschluss v. 21.2.1994, 2 AZB 28/93, ZIP 1994 S. 1044.
357 Vgl. auch Reiserer, BB 1996, S. 2461.
358 BAG, Urteil v. 14.6.2006, 5 AZR 592/05, BB 2006 S. 2248 f.; BAG, Urteil v. 19.7.2007, 6 AZR 774/06, NZA 2007 S. 1095 f.; vgl. Scholz/Schneider/Sethe, § 35 Rn. 172.

Geschäftsführung eines Konkurrenzunternehmens mitwirkt,[359] wobei nach der Rechtsprechung schon ein tatsächlicher Einfluss auf die Geschäftsführung ausreichen kann.[360] Bei einem Verstoß gegen ein Wettbewerbsverbot hat die Gesellschaft einen Unterlassungsanspruch und das Recht auf Schadensersatz oder Herausgabe der erzielten Vergütung, §§ 112 f. HGB.

1.2.2 Wettbewerbsverbot der Komplementär-GmbH

229 Dieses gesetzliche Wettbewerbsverbot gilt auch für eine GmbH als Komplementärin.[361] Der Wortlaut des § 112 HGB i. V. m. § 161 Abs. 2 HGB rechtfertigt keine Differenzierung zwischen natürlicher und juristischer Person, sondern stellt alle persönlich haftenden Gesellschafter einer KG unter dieses Verbot. Wenn im Fall einer GmbH & Co. KG etwas anderes gelten sollte, obliegt es dem Gesetzgeber, entsprechende Regelungen zu treffen, vgl. z. B. §§ 19 Abs. 2, 125a, 129a, 172a, 177a HGB.

In der Praxis ist das gesetzliche Wettbewerbsverbot ohne Bedeutung, wenn die GmbH nur zum Zwecke der Gründung der GmbH & Co. KG geschaffen wurde und sich ihre Tätigkeit in der Geschäftsführung der KG erschöpft.

230 Hat die GmbH dagegen bereits vor Entstehung der GmbH & Co. KG einen eigenen Geschäftsbetrieb und ist dieser identisch mit dem der KG, ist der Tatbestand des § 112 HGB erfüllt. In diesem Fall bedarf die GmbH zur Fortführung ihres eigenen Geschäftsbetriebs der Einwilligung der Kommanditisten. § 112 Abs. 2 HGB, wonach die Einwilligung der Kommanditisten als erteilt gilt, wenn ihnen bei Entstehung der GmbH & Co. KG bekannt ist, dass ein Komplementär an einem Konkurrenzunternehmen beteiligt ist, greift hier nicht ein, da die Komplementär-GmbH selbst das Konkurrenzunternehmen ist und die Fiktion des § 112 Abs. 2 HGB nicht über den Wortlaut der Norm hinaus Anwendung findet.[362] Schweigen die Kommanditisten hinsichtlich des Konkurrenzgeschäftsbetriebs der GmbH, wird man darin jedoch ihre stillschweigende Zustimmung sehen, die von der GmbH im Streitfall zu beweisen ist.[363]

---

359 Baumbach/Hopt, § 112 Rn. 4.
360 OLG Nürnberg, Urteil v. 1.8.1980, 1 U 74/80, BB 1981 S. 452.
361 Schilling in Großkomm., § 165 Rn. 6; Schlegelberger/Martens, § 165 Rn. 34; Riegger, BB 1983, S. 90 f.; a.A. für den Fall der „kapitalistischen" GmbH & Co. KG: OLG Frankfurt, Urteil v. 15.4.1982, 6 U 104/81, BB 1982 S. 1384 f.
362 Baumbach/Hopt, § 112 Rn. 10.
363 Baumbach/Hopt, § 112 Rn. 11.

1.2.3 Wettbewerbsverbot des GmbH-Geschäftsführers

Für den GmbH-Geschäftsführer ist ein Wettbewerbsverbot zwar gesetzlich nicht geregelt. Nach ständiger Rechtsprechung folgt jedoch aus seiner Treuepflicht, dass er im Geschäftszweig seiner Gesellschaft für eigene Rechnung keine Geschäfte tätigen darf.[364] Daraus ergibt sich mittelbar auch ein Wettbewerbsverbot gegenüber der KG. Denn in einer typischen GmbH & Co. KG ist wesentliche Aufgabe der Komplementär-GmbH, die Geschäfte der KG zu führen, so dass der Geschäftszweig der KG mit dem der GmbH zusammenfällt. In diesem Fall entfaltet die Treuepflicht, die dem Geschäftsführer gegenüber der GmbH obliegt, auch Wirkungen gegenüber der KG und lässt so mittelbar ein Wettbewerbsverbot des GmbH-Geschäftsführers gegenüber der KG entstehen.[365]

231

Den aus seinem Amt und seinem Dienstverhältnis ausgeschiedenen Geschäftsführer trifft kein Wettbewerbsverbot mehr.[366] In der Praxis wird häufig im Anstellungsvertrag ein nachvertragliches Wettbewerbsverbot vereinbart. Ob auf dieses nachvertragliche Wettbewerbsverbot die §§ 74 ff. HGB Anwendung finden – wonach u. a. für die Dauer des Verbots eine Entschädigung zu zahlen ist –, wird innerhalb der Rechtsprechung und Literatur unterschiedlich gesehen.

232

Der BGH hat in einer Entscheidung vom 26.3.1984[367] die Feststellung getroffen, vertragliche Wettbewerbsklauseln zwischen einer GmbH und ihrem Geschäftsführer seien nicht nach den für Handlungsgehilfen geltenden Beschränkungen der §§ 74 ff. HGB zu beurteilen und zu behandeln.

Aus der in einem Geschäftsführeranstellungsvertrag getroffenen Vereinbarung eines (nachvertraglichen) Wettbewerbsverbots ohne Karenzentschädigung könne – unabhängig von der Wirksamkeit oder Unwirksamkeit der Vereinbarung – jedenfalls ein Anspruch auf Karenzentschädigung nicht

---

364 BGH, Urteil v. 9.11.1967, II ZR 64/67, BGHZ 49 S. 30 (31); BGH, Urteil v. 11.10.1976, II ZR 104/75, DB 1977 S. 158; BGH, Urteil v. 12.6.1989, II ZR 334/87, GmbHR 1989 S. 365; Röhricht, WPg 1992, S. 766 ff. (767); Roth/Altmeppen, § 43 Rn. 20; Scholz/Schneider, § 43 Rn. 153.
365 Riegger, BB 1983, S. 90 f.
366 BGH, Urteil v. 11.10.1976, II ZR 104/75, DB 1977 S. 158; OLG Hamm, Urteil v. 9.11.1988, 8 U 295/87, GmbHR 1989 S. 259; Scholz/Schneider, § 43 Rn. 173; Röhricht, WPg 1992, S. 766 ff. (778).
367 BGH, Urteil v. 26.3.1984, II ZR 229/83, BGHZ 91 S. 1 ff.; BGH, Urteil v. 26.3.1984, II ZR 229/83, GmbHR 1984 S. 234.

abgeleitet werden.[368] Der BGH prüft die Zulässigkeit eines nachvertraglichen Wettbewerbsverbots unter dem Gesichtspunkt der Sittenwidrigkeit i. S. d. § 138 BGB i. V. m. Art. 2 und Art. 12 GG.[369] Unter Heranziehung der in §§ 74 ff. HGB zum Ausdruck gekommenen Rechtsgrundsätze erkennt der BGH Wettbewerbsverbote als zulässig an, wenn sie dem Schutz eines berechtigten Interesses der Gesellschaft dienen und die Berufsausübung und wirtschaftliche Betätigung des Geschäftsführers nicht unbillig erschweren. Wettbewerbsbeschränkungen müssen auf das örtlich, zeitlich und gegenständlich notwendige Maß beschränkt bleiben und finden dort ihre Grenze, wo schutzwürdige Interessen der Gesellschaft nicht berührt werden.[370] Nach der jüngeren Rechtsprechung des BGH können ausnahmsweise §§ 74 ff. HGB analog auf nachvertragliche Wettbewerbsverbote für den Geschäftsführer Anwendung finden.[371]

Der Geschäftsführer kann jederzeit – also auch nachträglich – von einem Wettbewerbsverbot befreit werden.[372] Ist der Geschäftsführer gleichzeitig GmbH-Gesellschafter, liegt im Regelfall eine verdeckte Gewinnausschüttung vor, wenn die Gesellschaft auf eine angemessene Entschädigung für die Befreiung von dem Wettbewerbsverbot verzichtet.[373] Eine verdeckte Gewinnausschüttung wird vom BFH im Übrigen auch dann angenommen, wenn ein Gesellschafter-Geschäftsführer gegen ein Wettbewerbsverbot verstößt und die Gesellschaft auf Schadensersatzansprüche oder Herausgabeansprüche gegen ihn verzichtet.[374]

1.2.4 Wettbewerbsverbot der Kommanditisten

233 Für einen Kommanditisten gilt das gesetzliche Wettbewerbsverbot nicht, § 165 HGB. Dieser Regelung, die ausschließlich die Komplementäre mit einem Wettbewerbsverbot belegt, liegt die ratio legis zugrunde, dass nur die Komplementäre in ihrer Eigenschaft als Geschäftsführer und aufgrund ihrer

---

368 So BGH, Urteil v. 7.7.2008, II ZR 81/07, DB 2008 S. 2187.
369 BGH, Urteil v. 14.7.1997, II ZR 238/96, DStR 1997 S. 1413.
370 BGH, Urteil v. 29.10.1990, II ZR 241/89, GmbHR 1991 S. 15.
371 BGH, Urteil v. 17.2.1992, II ZR 140/91, NJW 1992 S. 1892; BGH, Urteil v. 4.3.2002, II ZR 77/00, BB 2002 S. 800 f.; Scholz/Schneider, § 43 Rn. 135b.
372 BGH, Urteil v. 16.2.1981, II ZR 168/79, GmbHR 1981 S. 189.
373 BFH, Urteil v. 11.2.1987, I R 177/83, BFHE 149 S. 176 = GmbHR 1987 S. 323; siehe auch Tillmann, GmbHR 1991, S. 26 ff.
374 BFH, Urteil v. 26.4.1989, I R 172/87, BFHE 157 S. 138 = GmbHR 1989 S. 529; siehe auch BMF, Schreiben v. 4.2.1992, DStR 1992 S. 253.

weitgehenden Informationsrechte gemäß § 118 HGB über Insiderwissen verfügen und nur sie daher die Gesellschaft durch eine Konkurrenztätigkeit nachhaltig schädigen können. Ein Kommanditist ist nach dem gesetzlichen Leitbild hingegen lediglich kapitalmäßig an der Gesellschaft beteiligt (vgl. § 166 HGB). Eine Gefahr, dass er die Gesellschaft durch Konkurrenztätigkeit schädigt, ist in der Regel unter diesen Umständen nicht gegeben. Rechtsprechung und Literatur sind sich jedoch darin einig, dass einen Kommanditisten ein Wettbewerbsverbot trifft, wenn er in Bezug auf Leitung und Einfluss in der Gesellschaft eine ähnliche Stellung wie ein Komplementär innehat.[375] Dabei wird nicht formal darauf abgestellt, ob dem Kommanditisten Geschäftsführungsbefugnis zusteht. Vielmehr ist sein Einfluss auf die Geschäftsleitung der Gesellschaft maßgebend. Nach der Rechtsprechung des BGH[376] unterliegt der Kommanditist, der mit hoher Mehrheit sowohl am Kommanditkapital als auch am Kapital der Komplementär-GmbH beteiligt ist und aufgrund dieser mehrheitlichen Beteiligungen die GmbH & Co. KG beherrscht, einem Wettbewerbsverbot. Wenn dieser herrschende Gesellschafter außerhalb der Gesellschaft unternehmerisch tätig werde, entstehe eine besondere Gefährdungslage für die Gesellschaft.[377] Bemerkenswert an dieser Entscheidung ist, dass aufgrund einer Mehrheitsbeteiligung von der Vermutung auszugehen ist, dass von den bestehenden Einflussmöglichkeiten tatsächlich Gebrauch gemacht wird, so dass ein Wettbewerbsverbot i. S. d. § 112 HGB gegeben ist. Es sei dann Sache des Betroffenen, die Vermutung zu erschüttern.[378]

1.2.5 Vertragliche Regelungen

Die gesetzlichen Regelungen und die von der Rechtsprechung hierzu entwickelten Grundsätze sind nicht zwingendes Recht. Im Gesellschaftsvertrag kann ein Wettbewerbsverbot je nach Interessenlage erweitert, eingeschränkt oder auch gänzlich abgedungen werden.[379]

234

---

375 BGH, Urteil v. 5.12.1983, II ZR 242/82, BGHZ 89 S. 162 (164) = NJW 1984 S. 1351 (1352); OLG Frankfurt, Urteil v. 7.9.1991, 11 U 21/91, GmbHR 1992 S. 668; Münch-Komm/Grunewald, § 165 Rn. 5 f.; Schilling in Großkomm., § 165 Rn. 2; Baumbach/Hopt, § 165 Rn. 3.
376 BGH, a.a.O.
377 BGH, a.a.O.
378 BGH, a.a.O.
379 Mattfeld in Münchener Handbuch, § 12 Rn. 51 f.

1.3 Kontrolleinrichtungen

1.3.1 Kontrollrechte

1.3.1.1 Gesetzliche Regelungen

Kontrollrechte der Kommanditisten gegenüber der KG

235 Abgesehen von der notwendigen Zustimmung der Kommanditisten zu Geschäftsführungsmaßnahmen, die über den gewöhnlichen Betrieb des Handelsgewerbes der Gesellschaft hinausgehen,[380] beschränken sich die gesetzlichen Kontrollrechte der Kommanditisten auf die in § 166 HGB geregelten Auskunfts- und Einsichtsrechte. Die Kommanditisten sind berechtigt, die abschriftliche Mitteilung des Jahresabschlusses zu verlangen und dessen Richtigkeit unter Einsicht der Papiere und Bücher zu prüfen, § 166 Abs. 1 HGB.

Über den Wortlaut des § 166 Abs. 1 HGB hinaus hat der BGH anerkannt, dass der Kommanditist auch die Prüfungsberichte des Abschlussprüfers, die nicht Teil des Jahresabschlusses sind, einsehen kann.[381] Informationsrechte hinsichtlich der laufenden Geschäfte hat der Kommanditist nicht.[382]

236 Wenn wichtige Gründe vorliegen, kann auf Antrag eines Kommanditisten jederzeit gerichtlich angeordnet werden, dass ihm der Jahresabschluss oder eine Zwischenbilanz nebst Unterlagen zur Einsicht vorgelegt werden, § 166 Abs. 3 HGB. Das Gericht kann die Vorlage der Bücher und Papiere auch für andere Zwecke als die Prüfung des Jahresabschlusses anordnen, § 166 Abs. 3 HGB.[383] Dieses außerordentliche Informationsrecht setzt immer einen wichtigen Grund voraus. Ein solcher liegt z. B. vor, wenn die Belange der Kommanditisten durch das vertragliche oder aus § 166 Abs. 1 HGB folgende Einsichtsrecht nicht hinreichend gewahrt sind und darüber hinaus die Gefahr einer Schädigung besteht.[384] Weitere Beispiele für einen wichtigen Grund sind das begründete Misstrauen gegen die ordnungsgemäße

---

380 Siehe Rn. 199.
381 BGH, Urteil v. 17.4.1989, II ZR 258/88, DB 1989 S. 1399.
382 BGH, Urteil v. 23.3.1992, II ZR 128/91, GmbHR 1992 S. 365 (366); kritisch dazu: Scholz/K. Schmidt, § 51a Rn. 56.
383 Schilling in Großkomm., § 166 Rn. 12.
384 So BGH, Urteil v. 16.1.1984, II ZR 36/83, NJW 1984 S. 2470 zu dem gleich lautenden § 338 Abs. 3 HGB, jetzt § 233 Abs. 3 HGB; BayObLG, Beschluss v. 4.7.1991, BReg 3 Z 151/90, DStR 1991 S. 1161 (1162).

Geschäfts- oder Buchführung,[385] der durch Tatsachen gerechtfertigte Verdacht der Untreue[386] oder erhebliche Änderungen früherer Jahresabschlüsse aufgrund einer Betriebsprüfung durch das Finanzamt.

Umstritten ist, gegen wen der Kommanditist seinen Anspruch aus § 166 Abs. 3 HGB geltend zu machen hat. Der BGH vertritt die Auffassung, dass die Informationsrechte als Verwaltungsrechte zwar im Grundsatz gegenüber der Gesellschaft geltend zu machen sind, gegebenenfalls aber auch gegen den jeweiligen geschäftsführenden Gesellschafter.[387]

Neben diesen gesetzlichen Informationsrechten gemäß § 166 HGB hat ein Kommanditist immer ein Recht auf die Informationen, die zur sachgemäßen Ausübung seiner Mitgliedschaftsrechte erforderlich sind.[388] Denn ohne entsprechende Informationen kann ein Kommanditist sein Stimmrecht nicht in Übereinstimmung mit den berechtigten Gesellschaftsinteressen ausüben.[389] Zu den Mitgliedschaftsrechten eines Kommanditisten gehört die Gestaltung des Gesellschaftsverhältnisses und seiner Grundlagen und die Mitwirkung bei außergewöhnlichen Geschäftsführungsmaßnahmen.[390] Die Feststellung des Jahresabschlusses der KG ist ein Grundlagengeschäft, das der Zustimmung aller Kommanditisten bedarf,[391] es sei denn, der Gesellschaftsvertrag enthält eine anderweitige Regelung. Im Rahmen dieses Beteiligungsrechts kann ein Kommanditist – unabhängig von seinem Informationsrecht gemäß § 166 Abs. 1 HGB – Auskunft und Einsicht in die Bücher der Gesellschaft verlangen.[392]

237

Dem ausgeschiedenen Kommanditisten stehen die Kontrollrechte nach § 166 HGB nicht mehr zu. Er hat jedoch auf der Grundlage der §§ 810, 242 BGB bei Vorliegen eines schutzwürdigen rechtlichen Interesses Anspruch darauf, die Bücher und Papiere aus der Zeit seiner Zugehörigkeit zur

---

385 KG, KGJ 30A, S. 120 (124).
386 Schlegelberger/Martens, § 166 Rn. 27.
387 BGH, Urteil v. 16.1.1984, II ZR 36/83, NJW 1984 S. 2470; dagegen BayObLG, Beschluss v. 7.11.1994, 3Z AR 64/94, BayObLGZ 1995 S. 350 = DB 1995 S. 36: nur gegen die Gesellschaft als Personenverband; ebenso MünchKomm/Grunewald, § 166 Rn. 36.
388 Schilling in Großkomm., § 166 Rn. 2.
389 Schlegelberger/Martens, § 166 Rn. 18.
390 Siehe Rn. 199.
391 Vgl. Rn. 205.
392 Schlegelberger/Martens, § 166 Rn. 44.

Gesellschaft einzusehen, insbesondere diejenigen, die für die Berechnung seines Abfindungsguthabens von Bedeutung sind.[393]

Kontrollrechte der GmbH-Gesellschafter gegenüber der GmbH

238 Das Auskunfts- und Einsichtsrecht der GmbH-Gesellschafter gegenüber der GmbH ist dagegen sehr viel weitreichender. Es beruht auf dem Gedanken, dass es zwischen der GmbH und ihren Gesellschaftern keine Geheimnisse gibt.[394] Es umfasst also alle Angelegenheiten der Gesellschaft, § 51a GmbHG. Zu den Angelegenheiten der Gesellschaft gehören alle die Unternehmensführung betreffenden und für die Gewinnermittlung und -verwendung wesentlichen Tatsachen und Daten.[395] Das sind nicht nur Angelegenheiten der unmittelbaren Geschäftsführung, sondern auch Planung, Forschung, Entwicklung im Unternehmen, seine Organisation, Kosten und Kalkulation, Personal- und Gehaltsstruktur inklusive der Gehälter und Tantiemen und Nebentätigkeiten der Geschäftsführer, betriebliche Altersversorgung und die gesamten steuerlichen Verhältnisse der GmbH, Verträge mit Dritten etc.[396] Das Einsichtsrecht der GmbH-Gesellschafter betrifft alle Unterlagen der GmbH, wie z. B. Bücher, Schriften, elektronische Datensammlungen. Die Ausübung dieser Auskunfts- und Einsichtsrechte ist an keinerlei Voraussetzungen geknüpft. Der GmbH-Gesellschafter braucht also nicht zu begründen, warum er eine bestimmte Auskunft begehrt, und es ist auch nicht notwendig, dass für dieses Verlangen ein besonderer Anlass vorliegt.[397]

Kontrollrechte innerhalb der GmbH & Co. KG

239 In der GmbH & Co. KG sind Angelegenheiten der KG immer auch Angelegenheiten der GmbH.[398] Somit verfügen die GmbH-Gesellschafter

---

393 BGH, Urteil v. 17.4.1989, II ZR 258/88, GmbHR 1989 S. 289 f.; OLG Hamm, Urteil v. 18.1.1993, 8 U 132/2, GmbHR 1994 S. 127.
394 Lutter/Hommelhoff, § 51a Rn. 7.
395 OLG Karlsruhe, Beschluss v. 8.2.1984, 15 W 42/83, GmbHR 1985 S. 59.
396 Lutter/Hommelhoff/Lutter/Hommelhoff, § 51a Rn. 8 mit weiteren Beispielen; OLG Köln, Beschluss v. 26.4.1985, 24 W 54/84, WM 1986 S. 37 (39).
397 KG, Beschluss v. 23.12.1987, 2 W 6008/87, GmbHR 1988 S. 221 (223); Roth/Altmeppen, § 51a Rn. 6 m.w.N.; a.A. K. Schmidt, Gesellschaftsrecht, § 35 I 4b aa.
398 BGH, Urteil v. 11.7.1988, II ZR 346/87, GmbHR 1988 S. 434 (436); KG, Beschluss v. 23.12.1987, 2 W 6008/87, GmbHR 1988 S. 221 (223); OLG Düsseldorf, Beschluss v. 2.3.1990, 17 W 40/89, GmbHR 1991 S. 18.

mittelbar über ein umfassendes Auskunftsrecht gegenüber der KG gemäß § 51a GmbHG.[399]

Wenn die Kommanditisten nicht gleichzeitig GmbH-Gesellschafter sind, bleibt es bei ihren beschränkten Einsichts- und Auskunftsrechten gegenüber der KG.[400] Gegenüber der GmbH haben die Kommanditisten grundsätzlich kein Informationsrecht, es sei denn, dass eine Angelegenheit im Zusammenhang mit der Komplementär-Eigenschaft der GmbH steht.[401] Das Auskunftsrecht der Kommanditisten besteht jedoch auch in diesem Fall nur in den oben beschriebenen engen Grenzen.[402] 240

Dieses Informationsgefälle zwischen GmbH-Gesellschaftern und Kommanditisten innerhalb der GmbH & Co. KG wird im Schrifttum heftig kritisiert, da es sachlich nicht gerechtfertigt scheint.[403] Teilweise wird eine analoge Anwendung des § 51a GmbHG auf alle Gesellschafter der GmbH & Co. KG befürwortet, damit auch den Kommanditisten, die nicht gleichzeitig Gesellschafter der Komplementär-GmbH sind, ein umfassendes Informationsrecht zusteht.[404] Die wohl h. M. lehnt diesen Weg als mit der jetzigen Rechtslage unvereinbar ab und appelliert statt dessen an den Gesetzgeber, entsprechende Regelungen zu schaffen.[405] 241

1.3.1.2 Vertragliche Vereinbarungen

Im Gesellschaftsvertrag der GmbH & Co. KG können die Kommanditisten den Gesellschaftern der GmbH insoweit gleichgestellt werden, als ihnen das Auskunfts- und Einsichtsrecht des § 51a GmbHG eingeräumt wird. Eine Verkürzung der Informationsrechte der GmbH-Gesellschafter ist umgekehrt nicht möglich, da für GmbH-Gesellschafter die gesetzliche Regelung zwingendes Recht ist, § 51a Abs. 3 GmbHG. Wohl können in die GmbH-Satzung Verfahrensregeln aufgenommen werden, wenn das Informationsrecht selbst unberührt bleibt.[406] 242

---

399 Siehe Rn. 238.
400 Siehe Rn. 235 ff.
401 Schilling in Großkomm., § 166 Rn. 14.
402 Siehe Rn. 235 f.
403 K. Schmidt, Gesellschaftsrecht, § 56 IV 1d; Schlegelberger/Martens, § 166 Rn. 50.
404 Roth/Altmeppen, GmbHG, § 51a Rn. 41.
405 Schlegelberger/Martens, § 166 Rn. 50; K. Schmidt, GmbHR 1984, S. 272 (280).
406 Scholz/K. Schmidt, § 51a Rn. 51.

Das Informationsrecht der Kommanditisten kann im Gesellschaftsvertrag erweitert, modifiziert, eingeschränkt, jedoch nicht völlig ausgeschlossen werden. Informationsrechte, die zur Geltendmachung unverzichtbarer Beteiligungsrechte erforderlich sind, können nicht abbedungen werden.[407] Unberührt von allen möglichen Einschränkungen bleibt auch das außerordentliche Informationsrecht des Kommanditisten gemäß § 166 Abs. 3 HGB.[408] Das gesetzliche Informationsrecht kommt auch vollständig wieder zum Tragen, wenn Grund zur Annahme unredlicher Geschäftsführung besteht.[409]

243 In der Praxis sind Einschränkungen des gesetzlichen Kontrollrechts insbesondere dort üblich, wo sich das Engagement der Kommanditisten für die Gesellschaft in ihrer Kapitaleinlage erschöpft und die Kommanditisten und GmbH-Gesellschafter nicht personenidentisch sind. Hier werden häufig Kontrollrechte Dritter – wie Wirtschaftsprüfern, einem Gesellschafterausschuss oder einem sonstigen sog. Beirat[410] – übertragen.

244 Der BGH hat die Frage aufgeworfen, ob sich die Ansicht, § 166 HGB sei nachgiebiges Recht, uneingeschränkt aufrechterhalten lässt, nachdem der Gesetzgeber dem Gesellschafter der GmbH in § 51a GmbHG ein durch den Gesellschaftsvertrag nicht abdingbares Informationsrecht zugebilligt hat.[411] Durch die Ausgestaltung des § 51a Abs. 3 GmbHG habe der Gesetzgeber zu erkennen gegeben, dass er das Informationsrecht des Gesellschafters als unverzichtbares Instrument des Minderheitenschutzes betrachtet.[412] Es spreche manches dafür, dass diese Bewertung des modernen Gesetzgebers nicht ohne Auswirkungen auf die überkommene Auffassung bleiben kann, das gesetzliche Informationsrecht des Kommanditisten nach § 166 HGB sei gesellschaftsvertraglich weitgehend abdingbar.[413] Wenn auch in diesem Urteil die aufgeworfene Frage im Ergebnis unbeantwortet bleibt, lässt der BGH doch deutlich die Tendenz erkennen, dass die Unstimmigkeit zwischen dem Informationsrecht des GmbH-Gesellschafters und des Kommanditisten wohl zu einer Ausweitung des Informationsrechts des Kom-

---

407 BGH, Urteil v. 10.10.1994, II ZR 18/94, GmbHR 1995 S. 55; Schilling in Großkomm., § 166 Rn. 15; Schlegelberger/Martens, § 166 Rn. 44.
408 Siehe Rn. 226.
409 Baumbach/Hopt, § 166 Rn. 18; Schlegelberger/Martens, § 166 Rn. 40.
410 Siehe Rn. 259 ff.
411 BGH, Urteil v. 11.7.1988, II ZR 346/87, GmbHR 1988 S. 434 (435).
412 BGH, a.a.O.
413 BGH, a.a.O.

manditisten führt. Allerdings ist das Auskunftsrecht des Kommanditisten nach Auffassung des BGH „funktionsgebunden".[414] Es ist begrenzt auf die Informationen, die er zur Ausübung seiner Mitwirkungsrechte benötigt, also etwa zur Abstimmung über außergewöhnliche Geschäfte nach § 166 HGB oder über Änderungen des Gesellschaftsvertrages. Das Informationsrecht des Kommanditisten erstreckt sich nicht auf Fragen der laufenden Geschäftsführung, wenn der Gesellschaftsvertrag keine entsprechende Regelung enthält. Einschränkungen der Informationsrechte des Kommanditisten dürfen auf der Grundlage dieser Rechtsprechung als unwirksam angesehen werden, soweit sie den Kernbereich des dem Kommanditisten nach dem gesetzlichen Leitbild zustehenden Informations- und Kontrollrechts berühren.[415]

1.3.2 Kontrollorgane

1.3.2.1 Obligatorischer Betriebsrat

245 Gemäß § 1 BetrVG sind in Betrieben, die in der Regel mindestens 5 ständige wahlberechtigte Arbeitnehmer beschäftigen, von denen drei wählbar sind, Betriebsräte zu wählen. Nicht zu den wahlberechtigten Arbeitnehmern zählen bei der GmbH deren Geschäftsführer, § 5 Abs. 2 Nr. 1 BetrVG, bei der KG alle Gesellschafter, soweit sie durch Gesetz oder Vertrag zur Geschäftsführung und Vertretung berufen sind, § 5 Abs. 2 Nr. 2 BetrVG. Leitende Angestellte, wie Prokuristen oder Generalbevollmächtigte, sind nur Arbeitnehmer der GmbH & Co. KG. Sie fallen aber nicht in den Regelungsbereich des Betriebsverfassungsgesetzes, § 5 Abs. 3 BetrVG.[416] In Betrieben, in denen in der Regel zehn leitende Angestellte tätig sind, ist gemäß § 1 Abs. 1 Sprecherausschussgesetz ein Sprecherausschuss der leitenden Angestellten wählbar.

246 Die Voraussetzungen für die Bildung eines Betriebsrats und Sprecherausschusses können sowohl bei der GmbH als auch bei der KG vorliegen. Da beide Gesellschaften rechtlich gesehen zwei selbständige Unternehmen sind, kann ein bei der GmbH gebildeter Betriebsrat nur für Aufgaben im Bereich der GmbH und ein bei der KG gebildeter Betriebsrat nur für Aufgaben im Bereich der KG zuständig sein. Aus diesem Grund kommt

---

414 BGH, Urteil v. 23.3.1992, II ZR 128/91, ZIP 1992 S. 758 (759 f.).
415 Binz/Freudenberg/Sorg, BB 1991, S. 785; für grundsätzliche Unabdingbarkeit auch der Rechte gemäß § 166 Abs. 1 HGB plädiert MünchKomm/Grunewald, § 166 Rn. 48.
416 Vgl. Fitting/Engels/Kaiser/Heither, § 5 Rn. 114 ff.

bei einer GmbH & Co. KG insoweit schon nicht die Bildung eines Gesamtbetriebsrats gemäß § 47 BetrVG in Betracht, da dieser ein einheitliches Unternehmen voraussetzt.[417] Im Einzelfall können jedoch die Voraussetzungen zur Bildung eines Konzernbetriebsrats vorliegen, § 54 BetrVG.[418]

1.3.2.2 Obligatorischer Aufsichtsrat

Aufsichtsrat gemäß DrittelbG

247 Bei einer GmbH mit mehr als 500 Arbeitnehmern ist ein Aufsichtsrat zu bilden, der zu einem Drittel aus Vertretern der Arbeitnehmer bestehen muss, §§ 1 Abs. 1 Nr. 3, 11 Abs. 1 DrittelbG. Seine Aufgabe besteht in der Kontrolle der Geschäftsführung, vgl. § 1 Abs. 1 Nr. 3 Satz 4 DrittelbG, § 111 Abs. 1 AktG.

248 Bei einer typischen Komplementär-GmbH, deren Geschäftstätigkeit sich in der Geschäftsführung der KG erschöpft und die daher in der Regel nur wenige Arbeitnehmer beschäftigt, ist die Pflicht zur Bildung eines Aufsichtsrats nach den Regeln des DrittelbG ohne praktische Bedeutung.

249 Für die GmbH & Co. KG als KG gibt es, unabhängig von der Zahl der von ihr beschäftigten Arbeitnehmer, keine Pflicht zur Bildung eines Aufsichtsrats gemäß dem DrittelbG, da dieses bei Personengesellschaften keine Anwendung findet, vgl. § 1 Abs. 1 DrittelbG.

Aufsichtsrat gemäß MitbestG

250 Für Unternehmen, die in der Rechtsform einer GmbH organisiert sind und mehr als 2.000 Arbeitnehmer beschäftigen, begründet das MitbestG die Pflicht, einen Aufsichtsrat zu bilden, der sich paritätisch aus Mitgliedern der Anteilseigner und solchen der Arbeitnehmer zusammensetzt, §§ 1, 6 f. MitbestG. Ferner ist die Geschäftsführung um ein weiteres Mitglied, den sog. Arbeitsdirektor, zu erweitern, der seine Aufgaben „im engsten Einvernehmen mit dem Gesamtorgan" ausüben soll, § 33 MitbestG. Personengesellschaften sind grundsätzlich nicht in den Geltungsbereich des MitbestG einbezogen, § 1 MitbestG. Bei der GmbH & Co. KG besteht insoweit eine Besonderheit, als der Komplementär-GmbH die Arbeitnehmer der KG gemäß § 4 Abs. 1 MitbestG hinzugerechnet werden und die Komplementär-GmbH dann zur Bildung eines paritätischen Aufsichtsrats verpflichtet ist,

---

417 Hess/Schlochauer/Worzalla/Glock, § 47 Rn. 12; Richardi, § 47 Rn. 13.
418 Hess/Schlochauer/Worzalla/Glock, a.a.O., § 54 Rn. 1 ff.

- wenn die Mehrheit der Kommanditisten, berechnet nach der Mehrheit der Anteile oder Stimmen, die Mehrheit der Geschäftsanteile oder der Stimmen bei der GmbH innehat,
- die GmbH keinen eigenen Geschäftsbetrieb oder einen eigenen Geschäftsbetrieb mit in der Regel nicht mehr als 500 Arbeitnehmern hat und
- GmbH und KG zusammen in der Regel mehr als 2.000 Arbeitnehmer beschäftigen, § 4 MitbestG.

In diesem Fall nehmen die Arbeitnehmer der KG an den Wahlen zum Aufsichtsrat der Komplementär-GmbH aktiv und passiv wie deren eigene Arbeitnehmer teil.[419] Die Kontroll- und Informationsrechte dieses Aufsichtsrats gemäß §§ 111 Abs. 1, 90, 111 Abs. 2 AktG i.V.m. § 25 Abs. 1 MitbestG bestehen jedoch lediglich gegenüber den Geschäftsführern der GmbH. Zu Vorgängen in der KG steht dem Aufsichtsrat nur insoweit ein Kontrollrecht zu, als die GmbH für die KG tätig ist. Der Aufsichtsrat kann nicht selbst Bücher der KG einsehen.[420]

Obwohl der Aufsichtsrat bei der GmbH angesiedelt ist, schlägt seine Kontrollfunktion voll auf die KG durch, solange die Geschäfte der KG von der GmbH geführt werden. Um diesen Einfluss des MitbestG auf die KG sicherzustellen, hat der Gesetzgeber in § 4 Abs. 2 MitbestG geregelt, dass die mitbestimmte Komplementär-GmbH nicht von der Führung der Geschäfte der KG ausgeschlossen werden darf, was ansonsten handelsrechtlich möglich ist, §§ 114 Abs. 2, 161 Abs. 2 HGB.

Die Diskussion um § 4 MitbestG hat in der Praxis nur eine geringe Bedeutung. Es sind lediglich acht Gesellschaften in der Rechtsform der GmbH & Co. KG bekannt, die unter das Mitbestimmungsgesetz fallen.[421]

1.3.2.3 Fakultativer Aufsichtsrat

Allgemeines

Anders als bei einer GmbH, der das BetrVG oder das MitbestG unter bestimmten Voraussetzungen Aufsichtsräte vorschreibt,[422] existiert für eine GmbH & Co. KG keine Verpflichtung, einen Aufsichtsrat einzurichten. Selbst bei einer Publikumsgesellschaft wird vom BGH ein obliga-

---

419 Einzelheiten siehe Grüter, BB 1978, S. 1145 ff.
420 Raiser, § 4 Rn. 20.
421 Raiser, § 4 Rn. 4.
422 Rn. 247 ff.

torischer Beirat zum Schutz der Anleger bislang nicht für erforderlich gehalten.[423] In der Praxis besteht allerdings häufig ein Bedürfnis, neben der Gesellschafterversammlung und der Geschäftsführung ein drittes Organ zu errichten, das Kontroll-, Koordinations-, Beratungs- oder auch Geschäftsführungsaufgaben wahrnehmen soll. Derartige Gremien werden in der Regel Aufsichtsrat, Beirat, Verwaltungsrat oder Kommanditistenausschuss genannt.

255 Die personelle Zusammensetzung eines Beirats hängt von seiner Funktion ab. Handelt es sich in erster Linie um eine Interessenvertretung bestimmter Gesellschafter, z. B. um einen Kommanditistenausschuss, wird der Beirat ausschließlich mit Kommanditisten besetzt sein. Nimmt der Beirat dagegen überwiegend Kontroll- oder Beratungsfunktionen gegenüber der Geschäftsleitung wahr, kommen auch entsprechend qualifizierte, gesellschaftsfremde Dritte, z. B. Wirtschaftsprüfer, Rechtsanwälte, Steuerberater, als Aufsichtsratsmitglieder in Betracht.

256 Bei einer GmbH & Co. KG kann ein Beirat bei der GmbH oder bei der KG angesiedelt werden. Möglich ist auch, dass sowohl die GmbH als auch die KG ein Aufsichtsgremium erhält. In der Praxis beschränkt man sich in der Regel auf die Konstituierung eines Beirates. Bei welcher Gesellschaft dieser Beirat angesiedelt wird, hängt dabei entscheidend von seiner Funktion ab.

257 Handelt der Beirat in erster Linie als eine Interessenvertretung der Kommanditisten, wird er bei der KG anzusiedeln sein, ist die Komplementär-GmbH gleichzeitig Komplementärin von mehreren KGen oder hat sie konzernabhängige Töchter, wird der Beirat bei der GmbH anzusiedeln sein. Soll der Beirat die Geschäftsführung wirksam überwachen, kann dieses sowohl von einem Beirat der GmbH als auch von einem Beirat der KG geleistet werden, denn auch der Beirat der KG kontrolliert mittelbar die Geschäftsführer der GmbH.

Beirat einer GmbH

258 Aus § 52 GmbHG ergibt sich die Zulässigkeit eines Beirats bei einer GmbH. Da es sich um ein fakultatives Organ der GmbH handelt, findet es seine Rechtsgrundlage in der GmbH-Satzung. Dort und en détail in einer Geschäftsordnung können seine Rechte und Pflichten festgelegt werden.

---

423 BGH, Urteil v. 14.4.1975, II ZR 147/73, BGHZ 64 S. 238.

Fehlt es an derartigen Regelungen, verweist § 52 GmbHG auf aktienrechtliche Vorschriften zum Aufsichtsrat.

Beirat einer KG

Die Zulässigkeit eines Beirats einer KG ergibt sich aus der vertraglichen 259
Gestaltungsfreiheit der Gesellschafter.[424] Bei einer KG ist die Verankerung des Beirats im Gesellschaftsvertrag nicht erforderlich, in der Praxis aber üblich. Der Beirat nimmt seine Aufgaben aufgrund eines Dienstvertrages mit der Gesellschaft wahr, der eine Geschäftsbesorgung zum Gegenstand hat, § 675 BGB.[425] Typische Aufgaben eines Beirats in einer GmbH & Co. KG sind Beratung, Kontrolle und Überwachung der geschäftsführenden Komplementär-GmbH.

Hat ein Beirat nach dem Gesellschaftsvertrag lediglich Beratungsaufgaben, 260
trifft ihn stets gleichzeitig die Pflicht, die Geschäftsführung zu kontrollieren,[426] da eine Beratung sich nur sinnvoll daran ausrichten kann, welche Maßnahmen im Rahmen ordnungsmäßiger Geschäftsführung geboten oder zu unterlassen sind.[427] Die Pflicht des Beirats, die Geschäftsführung zu überwachen, „besteht – neben der Prüfung des Jahresabschlusses – hauptsächlich darin, sich von der Geschäftsleitung regelmäßig Bericht erstatten zu lassen, die hierzu notwendigen Unterlagen einzusehen und, wenn sich dabei Bedenken ergeben, ihnen nachzugehen".[428]

Üblicherweise wird die Kontrolle des Beirats u. a. dadurch gesichert, dass 261
in den Gesellschaftsvertrag ein Katalog von Geschäftsführungsmaßnahmen aufgenommen wird, die alle der vorherigen Zustimmung des Beirats bedürfen. Der Beirat ist nicht berechtigt, jedes Geschäft zu verhindern, das mit einem Risiko verbunden ist, da mit Risiken behaftete Geschäfte im kaufmännischen Verkehr nicht ungewöhnlich sind. Handelt es sich jedoch um ungewöhnlich leichtfertige Geschäfte, hat der Beirat seine Zustimmung zu verweigern und darüber hinaus alle ihm zur Verfügung stehenden Mittel einzusetzen, um die geschäftsführenden Gesellschafter von derartigen Vorhaben abzubringen.[429]

---

424 Vgl. Haack, BB 1993, S. 1607.
425 BGH, Urteil v. 22.10.1984, II ZR 2/84, WM 1984 S. 1640 (1641); BGH, Urteil v. 22.10.1984, II ZR 2/84, NJW 1985 S. 1900.
426 BGH, Urteil v. 22.10.1979, II ZR 151/77, DB 1980 S. 71 (72).
427 BGH, Urteil v. 22.10.1979, II ZR 151/77, DB 1980 S. 71 (72).
428 BGH, Urteil v. 22.10.1979, II ZR 151/77, DB 1980 S. 71 (72).
429 BGH, Urteil v. 4.7.1977, II ZR 150/75, WM 1977 S. 1221 (1223).

262 Über die Kontrollaufgaben hinaus kann der Beirat auch unmittelbar mit Geschäftsführungsaufgaben betraut werden.[430] Wegen des im Recht der Personengesellschaften geltenden Grundsatzes der Selbstorganschaft[431] ist dies aber nur insoweit zulässig, als der Kernbereich der Geschäftsführungskompetenz der persönlich haftenden Gesellschafter unberührt bleibt.[432] Der geschäftspolitische Einfluss des Beirats darf nicht so groß sein, dass die Komplementäre über keinen eigenen Entscheidungsspielraum mehr verfügen und nur noch exekutive Aufgaben wahrnehmen.[433]

263 In einer GmbH & Co. KG, für die der Grundsatz der Selbstorganschaft kein Hindernis ist, gesellschaftsfremde Dritte (GmbH-Geschäftsführer) mit der Unternehmensleitung zu betrauen,[434] hat die Umgehung dieses Grundsatzes durch Kompetenzausweitung des mit gesellschaftsfremden Dritten besetzten Beirats keine praktische Bedeutung.

264 Wenn den Gesellschaftern der überwiegende Entscheidungseinfluss innerhalb des Beirats zusteht, können dem Beirat auch Gesellschafterrechte übertragen werden, soweit nicht in den Kernbereich der einzelnen Gesellschafterstellung eingegriffen wird.[435] Berührt die Beiratsentscheidung diesen Bereich, ist immer die Zustimmung des betroffenen Gesellschafters erforderlich. Über die inhaltliche Ausfüllung des Kernbereichs herrscht keine Klarheit.[436]

265 Die Kompetenzausstattung des Beirats mit Gesellschafterrechten darf auch nicht zu einer Entmachtung der Gesellschafterversammlung führen.[437] Eine Entmachtung liegt nicht vor, wenn die Gesellschafterversammlung in der

---

430 Schilling in Großkomm., § 163 Rn. 20.
431 Siehe Rn. 279.
432 BGH, Urteil v. 22.1.1962, II ZR 11/61, DB 1962 S. 298; Hölters, DB 1980, S. 2225 ff. (2227).
433 Schlegelberger/Martens, § 164 Rn. 25.
434 Siehe Rn. 197 und Rn. 281.
435 BGH, Urteil v. 19.11.1984, II ZR 102/84, WM 1985 S. 256 (257); Schilling in Großkomm., § 163 Rn. 21; Schlegelberger/Martens, § 161 Rn. 116.
436 Siehe Schilling in Großkomm., § 163 Rn. 6 f. und Schlegelberger/Martens, § 161 Rn. 71 mit Beispielen; vgl. auch Rn. 216.
437 BGH, a.a.O., zur Frage, unter welchen Voraussetzungen und in welchem Umfang der Beirat einer Publikums-KG zur Änderung des Gesellschaftsvertrages ermächtigt werden kann.

Lage ist, Entscheidungen und Beschlüsse des Beirats wieder außer Kraft zu setzen.[438]

Haftung der Beiratsmitglieder einer GmbH

Die Beiratsmitglieder einer GmbH haften aus § 280 Abs. 1 i. V. m. § 611 Abs. 1 BGB[439] und analog §§ 116, 93 AktG.[440] Ihre Haftung besteht gegenüber der GmbH. Ob die Beiratsmitglieder auch der KG haften, wenn diese einen durch die Pflichtverletzung des Beirats verschuldeten Schaden hat, ist höchstrichterlich nicht geklärt. Entsprechend der Rechtsprechung des BGH zur Haftung des Geschäftsführers der Komplementär-GmbH gegenüber der KG[441] ist auch hier von einem Vertrag zwischen GmbH und Beirat mit Schutzwirkung zugunsten der KG auszugehen.[442] 266

Haftung der Beiratsmitglieder einer Publikums-KG

Die Beiratsmitglieder einer Publikums-KG haften nach der Rechtsprechung ebenfalls analog §§ 116, 93 AktG.[443] Verschuldensmaßstab ist die im Verkehr erforderliche Sorgfalt. 267

Das gilt auch dann, wenn die Beiratsmitglieder Gesellschafter sind. § 708 BGB, wonach ein Gesellschafter bei der Erfüllung der ihm obliegenden Verpflichtungen nur für die Sorgfalt einzustehen hat, welche er in eigenen Angelegenheiten anzuwenden pflegt, findet hier keine Anwendung.[444]

Ersatzberechtigt bei einer Pflichtverletzung des Beirats der KG ist die KG selbst;[445] denn der Beirat steht grundsätzlich in einem unmittelbaren Rechtsverhältnis zur Gesellschaft.[446] Ausnahmsweise sind die Kommanditisten ersatzberechtigt, wenn der Gesellschafts- und der Geschäftsbesorgungsvertrag dahin gehend auszulegen sind, dass das Rechtsverhältnis 268

---

438 BGH, Urteil v. 19.11.1984, II ZR 102/84, WM 1985 S. 256 (257); Schlegelberger/Martens, § 161 Rn. 119.
439 Hesselmann/Mussaeus, § 5 Rn. 191.
440 Scholz/Schneider, § 52 Anm. 462 ff. für das Aufsichtsratsmitglied.
441 Siehe Rn. 217 f.
442 Hölters, DB 1980, S. 2225 ff. (2226); Schilling in Großkomm., § 163 Rn. 24.
443 BGH, Urteil v. 22.10.1979, II ZR 151/77, DB 1980 S. 71; BGH, Urteil v. 7.3.1983, II ZR 11/82, BGHZ 87 S. 84 = NJW 1983 S. 1675; OLG Frankfurt, Urteil v. 25.9.1979, 5 U 210/78, DB 1979 S. 2476.
444 BGH, Urteil v. 4.7.1977, II ZR 150/75, WM 1977 S. 1221 (1222); BGH, Urteil v. 12.11.1979, II ZR 174/77, BGHZ 75 S. 321 = DB 1980 S. 295 (296).
445 BGH, Urteil v. 22.10.1984, II ZR 2/84, WM 1984 S. 1640 (1641).
446 BGH, a.a.O.

zwischen Beirat und Gesellschaft eine Schutzwirkung zugunsten der Kommanditisten entfalten soll.[447] Ist der Beirat kein Organ der Gesellschaft, sondern ein typischer Kommanditistenausschuss,[448] können die Kommanditisten gemeinschaftlich Ersatzansprüche gegenüber den Ausschussmitgliedern geltend machen.[449]

Haftung der Beiratsmitglieder einer herkömmlichen GmbH & Co. KG

269 Ob auch die Beiratsmitglieder einer herkömmlichen GmbH & Co. KG entsprechend den aktienrechtlichen Normen haften, ist vom BGH noch nicht entschieden.[450] Der BGH hat sich grundsätzlich gegen eine „sklavische Übernahme der aktienrechtlichen Normen" ausgesprochen.[451] Der Umstand, dass es sich um eine Personenhandelsgesellschaft handelt, gebiete es, bei der Übernahme dieser Regeln und Grundsätze besondere Vorsicht obwalten zu lassen und in jedem Einzelfall zu prüfen, ob dem nicht die konkrete Ausgestaltung des zu beurteilenden Gesellschaftsverhältnisses entgegensteht.[452]

Nach einer im Schrifttum vertretenen Ansicht sollen allerdings die Mitglieder des Beirats einer GmbH & Co. KG jedenfalls dann analog § 52 GmbHG, §§ 116, 93 AktG haften, wenn der Beirat Organ der Gesellschaft ist und nach dem Gesellschaftsvertrag eine sachverständige Kontrolle über die Geschäftsführung ausüben soll.[453]

---

447 BGH, a.a.O.
448 Siehe Rn. 255.
449 BGH, Urteil v. 21.2.1983, II ZR 128/82, WM 1983 S. 555 (557).
450 Vgl. Rinze, NJW 1992, S. 2790.
451 BGH, Urteil v. 4.7.1977, II ZR 150/75, WM 1977 S. 1221 (1225).
452 BGH, a.a.O.; ähnlich Schlegelberger/Martens, § 161 Rn. 121.
453 Schlegelberger/Martens, § 161 Rn. 120; für eine Gesamtanalogie zu §§ 116, 93 AktG Binz/Sorg, § 10 Rn. 37.

2 Außenverhältnis

2.1 Vertretungsbefugnis

2.1.1 Gesetzliche Regelung

2.1.1.1 Vertreter der GmbH & Co. KG

Die Vertretung einer KG obliegt den persönlich haftenden Gesellschaftern, §§ 125 Abs. 1, 161 Abs. 2, 170 HGB. Die Vertretungsmacht der Komplementäre erstreckt sich auf alle gerichtlichen und außergerichtlichen Geschäfte und Rechtshandlungen einschließlich der Veräußerung und Belastung von Grundstücken sowie der Erteilung und des Widerrufs einer Prokura, §§ 126 Abs. 1, 161 Abs. 2 HGB. Eine Beschränkung dieses gesetzlich festgelegten Umfanges der Vertretungsmacht ist Dritten gegenüber unwirksam, §§ 126 Abs. 2, 161 Abs. 2 HGB. Im Verhältnis der Gesellschafter untereinander sind derartige Vereinbarungen zulässig.[454] 270

Bei einer typischen GmbH & Co. KG, d. h. bei einer KG, bei der der einzige persönlich haftende Gesellschafter eine GmbH ist, wird die KG durch die GmbH vertreten. Die GmbH nimmt ihre Vertretungsbefugnisse in erster Linie durch ihre Organe – das sind ihre Geschäftsführer, § 35 Abs. 1 GmbHG –, aber auch durch ihre rechtsgeschäftlich bestellten Vertreter wie Prokuristen, Handlungs- bzw. Generalbevollmächtigten wahr.[455] Die Kommanditisten sind nach der gesetzlichen Regelung von der Vertretung der KG ausgeschlossen, § 170 HGB. 271

2.1.1.2 Vertreter der GmbH

Die GmbH wird von ihren Geschäftsführern vertreten, § 35 Abs. 1 GmbHG. Sie handeln unmittelbar für die und im Namen der GmbH. Da sie gegenüber der GmbH berechtigt und verpflichtet sind, die Geschäfte der GmbH zu führen, zu denen auch die Geschäftsführung der GmbH & Co. KG gehört, handeln sie mittelbar für die KG. Sie sind gewissermaßen „Vertreter-Vertreter". 272

---

454 Siehe Rn. 203; ausgenommen von der Vertretungsmacht bleiben jedoch Grundlagengeschäfte vgl. MünchKomm/K. Schmidt, § 126 Rn. 10.
455 Siehe Rn. 206.

> **Beispiel:**
>
> Wenn die GmbH & Co. KG mit einem Dritten einen Mietvertrag schließt, dann geschieht das dadurch, dass der Geschäftsführer im Namen der GmbH handelnd die GmbH vertritt, die ihrerseits im Namen und für die KG den Vertrag schließt. Für das Zustandekommen eines Vertrages mit der GmbH & Co. KG ist es nicht erforderlich, dass der GmbH-Geschäftsführer bei der Zeichnung seine abgeleitete Vertretungsmacht deutlich macht.[456] Entscheidend ist vielmehr, dass es für den Geschäftspartner erkennbar ist, dass er im Namen der GmbH & Co. KG handelt.[457] Das kann auch dann der Fall sein, wenn der Geschäftsführer mit seinem eigenen, persönlichen Namen oder im Namen der GmbH zeichnet.

273 Die Vertretungsmacht eines GmbH-Geschäftsführers ist im Verhältnis zu Dritten unbeschränkt, § 37 Abs. 2 Satz 1 GmbHG. Gegenüber der Gesellschaft sind die Geschäftsführer verpflichtet, sich an die Beschränkungen ihrer Vertretungsmacht, die ihnen durch Gesellschaftsvertrag oder Gesellschafterbeschluss auferlegt sind, zu halten, § 37 Abs. 1 GmbHG. Gegenüber der GmbH & Co. KG hat diese Beschränkung dagegen wie gegenüber Dritten gemäß § 37 Abs. 2 Satz 1 GmbHG keine rechtliche Wirkung.[458]

274 Hat eine GmbH mehrere Geschäftsführer, sind diese im Zweifel Gesamtvertreter, § 35 Abs. 2 Satz 2 GmbHG. In der Praxis wird im Gesellschaftsvertrag häufig Einzelvertretungsbefugnis angeordnet.

2.1.2 Vertragliche Regelungen

2.1.2.1 Rechtsgeschäftlich bestellte Vertreter

275 Neben dieser organschaftlichen Vertretung der GmbH & Co. KG durch die Komplementär-GmbH ist die rechtsgeschäftliche Bestellung von weiteren Vertretern der GmbH & Co. KG, wie z.B. Prokuristen, Generalbevollmächtigten, Handlungsbevollmächtigten, möglich. Es ist auch zulässig, dem Geschäftsführer der Komplementär-GmbH Prokura unmittelbar für

---

456 BGH, Urteil v. 18.3.1974, II ZR 167/72, BGHZ 62 S. 216 (229).
457 BGH, a.a.O.; BGH, Urteil v. 17.12.1987, VII ZR 299/86, BB 1988 S. 428 (429).
458 Grenze ist freilich der Missbrauch der Vertretungsmacht, der dem Dritten erkennbar ist oder sein muss, vgl. Scholz/Schneider, § 35 Rn. 132.

die KG einzuräumen.[459] In diesem Fall kann also der GmbH-Geschäftsführer die GmbH & Co. KG als Organ der Komplementär-GmbH mittelbar oder als Prokurist der KG unmittelbar vertreten.

Der Ausschluss des Kommanditisten von der organschaftlichen Vertretung ist zwingendes Recht und somit nicht durch den Gesellschaftsvertrag abänderbar, § 170 HGB.[460] Die Übertragung rechtsgeschäftlicher Vertretungsmacht an einen Kommanditisten ist dagegen zulässig. Ein Kommanditist kann z. B. als Generalbevollmächtigter der GmbH & Co. KG Geschäftsführungsaufgaben wahrnehmen und die KG nach außen wirksam vertreten. Die Vertretungsmacht ist in diesem Fall auf den Umfang der rechtsgeschäftlichen Generalvollmacht beschränkt. Da dieser Generalbevollmächtigte der Gesamtheit der Gesellschafter und nicht nur den Gesellschaftern der Komplementär-GmbH verantwortlich ist, kann seine Funktion eine Stärkung des Einflusses der Kommanditisten auf die Geschäftsführung bedeuten.[461] Außerdem kann ein Kommanditist von den Gesellschaftern der GmbH zum Geschäftsführer oder Prokuristen der GmbH bestellt werden.[462] 276

2.1.2.2 Gesamtvertretung

Sind neben der Komplementär-GmbH noch weitere persönlich haftende Gesellschafter vorhanden, kann anstelle der gesetzlich vorgesehenen Einzelvertretungsbefugnis aller Komplementäre (§§ 125 Abs. 1, 161 Abs. 2, 170 HGB) im Gesellschaftsvertrag bestimmt werden, dass alle oder mehrere Komplementäre nur gemeinschaftlich zur Vertretung ermächtigt sein sollen (sog. Gesamtvertretung, § 125 Abs. 2 HGB). Soll die Komplementär-GmbH nur zusammen mit einem Prokuristen vertretungsberechtigt sein, liegt eine sog. unechte Gesamtvertretung vor, § 125 Abs. 3 HGB. 277

Bei einer Gesamtvertretung ist darauf zu achten, auf welche Gesellschaft sie sich bezieht. So ist die Vertretung durch einen gesamtvertretungsberechtigten Geschäftsführer der GmbH und einen gesamtvertretungsberechtigten Prokuristen der GmbH & Co. KG unwirksam. Denn ein gesamtvertretungsberechtigter Geschäftsführer der Komplementär-GmbH 278

---

459 OLG Hamm, Beschluss v. 8.2.1973, 15 W 344/72, BB 1973 S. 354.
460 BGH, Urteil v. 25.5.1964, II ZR 42/62, BGHZ 41 S. 367 (369); BGH, Urteil v. 9.12.1968, II ZR 33/67, BGHZ 51 S. 198 (200); Baumbach/Hopt, § 170 Rn. 1.
461 Siehe auch Geitzhaus, GmbHR 1989, S. 278 ff. (284 f.).
462 Siehe auch Rn. 206.

kann diese nur wirksam mit einer weiteren vertretungsberechtigten Person der GmbH vertreten.[463] Bei der Regelung der Vertretungsverhältnisse ist immer die rechtliche Selbständigkeit beider Gesellschaften zu berücksichtigen.[464] Die Geschäftsführer der GmbH sind im Verhältnis zur GmbH & Co. KG Dritte.[465] Ein Prokurist einer Personengesellschaft kann nicht an die Mitwirkung Dritter gebunden werden. In einer solchen Bindung läge eine unzulässige Beschränkung der Prokura.[466]

2.1.2.3 Grundsatz der Selbstorganschaft

279 Einzelne Komplementäre können durch den Gesellschaftsvertrag von der Vertretung ausgeschlossen werden, §§ 125 Abs. 1, 161 Abs. 2 HGB. Es ist unzulässig, sämtliche persönlich unbeschränkt haftende Gesellschafter von der Vertretung auszuschließen und die Vertretung Nicht-Gesellschaftern zu überlassen (Verbot der Fremdgeschäftsführung und -vertretung bei Personengesellschaften).[467] Dies folgt aus dem im Recht der Personengesellschaften geltenden Grundsatz der Selbstorganschaft. Er besagt, dass zum Wesen der Personengesellschaft deren Stellvertretung durch mindestens einen unbeschränkt haftenden Gesellschafter gehört, der für die Handlungen der Gesellschaft die volle Verantwortung trägt.[468] In diesem Sinne ist es auch nicht zulässig, den einzigen vertretungsberechtigten Gesellschafter durch die Notwendigkeit der Mitwirkung eines Prokuristen zu beschränken.[469]

280 Auch darf der einzige Komplementär in seiner Vertretungsbefugnis nicht insoweit vertraglich beschränkt werden, dass er die Gesellschaft nur zusammen mit einem Kommanditisten vertreten darf.[470]

---

463 OLG Hamburg, Beschluss v. 15.12.1960, 2 W 190/59, GmbHR 1961 S. 128 f. mit Anm. Hesselmann.
464 Siehe Rn. 2.
465 Siehe OLG Hamburg, a.a.O.; siehe auch Rn. 208.
466 OLG Hamburg, a.a.O.; BayObLG, Beschluss v. 3.8.1994, 3Z BR 174/94, BB 1994 S. 1879 = DStR 1994 S. 1471.
467 BGH, Urteil v. 25.5.1964, II ZR 42/62, BGHZ 41 S. 367 (369) m.w.N.; a.A. Westermann, Rn. 238 ff.; Helm/Wagner, DB 1979, S. 225 ff.
468 BGH, a.a.O.
469 BGH, Urteil v. 6.2.1958, II ZR 210/56, BGHZ 26 S. 330 (332); BGH, Urteil v. 23.2.1961, II ZR 165/59, WM 1961 S. 321 (322); Baumbach/Hopt, § 125 Rn. 20 f.
470 BGH, Urteil v. 25.5.1964, II ZR 42/62, BGHZ 41 S. 367 (369); Schlegelberger/Martens, § 170 Rn. 4.

Die Rechtsform der GmbH & Co. KG wird zum Teil auch deshalb gewählt, 281
weil sie eine Umgehung des Verbots der Fremdgeschäftsführung und
-vertretung ermöglicht. Denn materiell gesehen leitet der Fremdgeschäftsführer der GmbH die Personengesellschaft,[471] wenn auch formell zwischen
Personengesellschaft und gewähltem Fremdgeschäftsführer die GmbH als
Gesellschafterin und organschaftliche Vertreterin geschoben wurde.
Ebenso leicht ist es in einer GmbH & Co. KG möglich, den gesetzlichen
Ausschluss des Kommanditisten von der organschaftlichen Vertretung zu
umgehen, indem ein Kommanditist zum Geschäftsführer der Komplementär-GmbH bestellt wird.[472]

2.1.3 Beschränkung der Vertretungsmacht gemäß § 181 BGB

2.1.3.1 Selbstkontrahierungsverbot

Nach § 181 BGB kann ein Vertreter, soweit ihm nicht ein anderes gestattet 282
ist, im Namen des Vertretenen mit sich im eigenen Namen oder als
Vertreter eines Dritten ein Rechtsgeschäft (sog. Insichgeschäft) nicht vornehmen, es sei denn, dass das Rechtsgeschäft ausschließlich in der Erfüllung einer bereits bestehenden Verbindlichkeit besteht. Dieses Verbot des
Selbstkontrahierens hat auch bei der organschaftlichen Vertretung der
GmbH & Co. KG praktische Bedeutung. So kann die Komplementär-GmbH, wenn im Gesellschaftsvertrag der GmbH & Co. KG nichts anderes
vereinbart ist, keine Geschäfte zwischen der GmbH & Co. KG und sich
selbst abschließen. Entsprechendes gilt für Insichgeschäfte zwischen der
GmbH & Co. KG und dem Geschäftsführer der Komplementär-GmbH.
Ebenso kann der GmbH-Geschäftsführer, wenn der GmbH-Vertrag keine
anderweitige Regelung enthält, nicht Geschäfte zwischen sich und der
GmbH abschließen. Das Verbot solcher Insichgeschäfte soll der Verkehrssicherheit dienen und zum Schutz des Vertretenen Interessenkollisionen
abwenden.

Gemäß § 35 Abs. 3 GmbHG gilt das Verbot des Selbstkontrahierens auch 283
für den Gesellschafter-Geschäftsführer einer Einmann-GmbH.[473] Dies gilt
jedoch nicht, wenn er Geschäfte mit der GmbH & Co. KG abschließt, deren

---
471 Siehe Rn. 262 „Vertreter-Vertreter".
472 Siehe Rn. 196.
473 Anderer Ansicht vor Inkrafttreten des § 35 Abs. 4 GmbHG am 1.1.1981 BGH, Urteil v. 19.4.1971, II ZR 98/68, BGHZ 56 S. 97; BGH, Urteil v. 19.11.1979, II ZR 197/78, BGHZ 75 S. 358.

einziger Kommanditist er zugleich ist (Ein-Personen-GmbH & Co. KG).[474] Ein gegen das Selbstkontrahierungsverbot verstoßendes Geschäft ist nicht nichtig, sondern schwebend unwirksam, d. h., es kann nachträglich vom Vertretenen genehmigt werden.[475]

2.1.3.2 Befreiung vom Selbstkontrahierungsverbot

284 In den Gesellschaftsverträgen können Vertreter auch generell von dem Verbot des Selbstkontrahierens befreit werden. Das ist bei der GmbH und bei Personengesellschaften durchaus üblich. Bei der GmbH muss diese Befreiung in das Handelsregister eingetragen sein, § 10 Abs. 1 Satz 2 GmbHG.[476] Die Befreiung der Geschäftsführer der Komplementär-GmbH vom Selbstkontrahierungsverbot bei Verträgen zwischen der KG und der Komplementär-GmbH ist eine eintragungspflichtige Tatsache, die im Handelsregister mit der erforderlichen Klarheit zum Ausdruck zu bringen ist.[477] Durch die Publizität von Handelsregistereintragungen werden Gläubiger der Gesellschaft auf die Möglichkeit solcher Geschäfte und damit von Vermögensverlagerungen zwischen dem Gesellschafter und der Gesellschaft hingewiesen und können sich darauf einstellen.[478]

285 Zu beachten ist, dass die Befreiung vom Verbot des Selbstkontrahierens immer nur von dem jeweils Vertretenen erteilt werden kann. So kann nur die GmbH & Co. KG den Geschäftsführer der GmbH von dem Verbot, Geschäfte mit sich und der GmbH & Co. KG abzuschließen, befreien.[479] In der Praxis ist es üblich, schon im Gesellschaftsvertrag der GmbH & Co. KG sowohl die Komplementär-GmbH als auch deren Organe von den Beschränkungen des § 181 BGB zu befreien.

2.1.3.3 Genehmigung von Insichgeschäften

286 Fehlt eine generelle Befreiung von dem Selbstkontrahierungsverbot im Gesellschaftsvertrag, kann das schwebend unwirksame Insichgeschäft nachträglich durch Genehmigung wirksam werden. Zuständig für die Genehmigung eines Insichgeschäfts zwischen der Komplementär-GmbH und

---

474 So etwa auch Binz/Sorg, § 4 Rn. 12; Hesselmann/Mussaeus, § 5 Rn. 285.
475 Siehe Rn. 286 ff.
476 BGH, Beschluss v. 28.2.1983, II ZB 8/82, BGHZ 87 S. 59.
477 OLG Köln, Beschluss v. 22.2.1995, 2 Wx 5/95, GmbHR 1996 S. 218.
478 BGH, Beschluss v. 28.2.1983, II ZB 8/82, BGHZ 87 S. 59 (62).
479 BGH, Urteil v. 7.2.1972, II ZR 169/69, BGHZ 58 S. 115 (117).

einem GmbH-Geschäftsführer sind weitere vorhandene alleinvertretungsberechtigte Geschäftsführer. Gibt es diese nicht, haben die GmbH-Gesellschafter mit einfacher Mehrheit zu entscheiden.[480] Die Genehmigung kann formlos und sogar durch schlüssiges Verhalten erfolgen.[481]

Handelt es sich um eine Einmann-GmbH und ist der Alleingesellschafter gleichzeitig Geschäftsführer der GmbH, reicht ein einfacher Gesellschafterbeschluss zur Genehmigung des Insichgeschäfts nicht aus.[482] Hier kann eine Befreiung vom Selbstkontrahierungsverbot nur durch den Gesellschaftsvertrag erfolgen.[483] 287

Für den gesellschaftsvertraglichen Dispens kommen mehrere Möglichkeiten in Betracht. Der Einmann-Gesellschafter kann per Satzungsänderung eine Befreiung vom Selbstkontrahierungsverbot statuieren und nach deren Eintragung das schwebend unwirksame Geschäft genehmigen;[484] oder er räumt durch Satzungsänderung die bloße Ermächtigung ein, den Geschäftsführer durch einen Gesellschafterbeschluss vom Verbot des Insichgeschäfts zu befreien.[485] Dann muss vor der Genehmigungserklärung des Gesellschafter-Geschäftsführers der Ausführungsbeschluss gefasst und ordnungsgemäß protokolliert werden.[486] Der Einmann-Gesellschafter kann auch in der Satzung die Befreiung für ein ganz bestimmtes Geschäft regeln und erklärt damit sogleich konkludent dessen Genehmigung. 288

Die dem Gesellschafter-Geschäftsführer einer mehrgliedrigen GmbH durch die Satzung erteilte und in das Handelsregister eingetragene Befreiung vom Verbot des Insichgeschäfts bleibt auch dann wirksam, wenn sich die GmbH später in eine Einmann-GmbH verwandelt.[487]

---

480 BGH, Urteil v. 19.11.1979, II ZR 197/78, BGHZ 75 S. 358 (363); BGH, Urteil v. 7.2.1972, II ZR 169/69, BGHZ 58 S. 115 (120).
481 BGH, Urteil v. 17.5.1971, III ZR 53/68, WM 1971 S. 1082 (1084).
482 BGH, Beschluss v. 28.2.1983, II ZB 8/82, BGHZ 87 S. 59 (60); OLG Köln, Beschluss v. 2.10.1992, 2 Wx 33/92, GmbHR 1993 S. 37; Scholz/Schneider, § 35 Rn. 119; Lutter/Hommelhoff/Lutter/Hommelhoff, § 35 Rn. 21.
483 BGH, a.a.O.
484 BayObLG, Beschluss v. 10.4.1981, BReg 1 Z 26/81, BB 1981 S. 869 (870); Scholz/Schneider, § 35 Rn. 119.
485 Scholz/Schneider, § 35 Rn. 120.
486 BGH, Urteil v. 19.11.1979, II ZR 197/78, BGHZ 75 S. 358 (363) = GmbHR 1980 S. 166.
487 BGH, Beschluss v. 8.1.1991, II ZB 3/91, GmbHR 1991 S. 261; BFH, Urteil v. 13.3.1991, I R 1/90, BFHE 164 S. 255 = GmbHR 1991 S. 332; Rowedder/Schmidt-Leithoff, § 35 Rn. 31; a. A. BayObLG, Beschluss v. 22.5.1987, BReg 3 Z 163/86, WM 1987 S. 982.

289 Schließt der einzige Geschäftsführer der Komplementär-GmbH einen Vertrag mit sich und der GmbH & Co. KG, kann nur die KG dieses Rechtsgeschäft genehmigen.[488] Die Genehmigung im Namen der KG müsste eigentlich durch die Komplementär-GmbH als geschäftsführende Gesellschafterin der KG erfolgen, da die Genehmigung eine Maßnahme der Geschäftsführung ist. Aufgrund ihrer Vertretungsverhältnisse ist die GmbH dazu aber nicht in der Lage, da bei Vorhandensein nur eines GmbH-Geschäftsführers auch die Genehmigung wiederum ein verbotenes Insichgeschäft ist. Die Genehmigung der KG erfolgt daher hier durch Änderung oder Ergänzung des Gesellschaftsvertrages der KG. Es wird gesellschaftsvertraglich bestimmt, dass der Geschäftsführer bei einem bestimmten Geschäft mit der KG von den Schranken des § 181 BGB befreit ist.[489] Eine solche Vertragsänderung für den Einzelfall kommt formlos durch übereinstimmende Willenserklärungen aller Gesellschafter der KG zustande, soweit sich aus dem Gesellschaftsvertrag nichts anderes ergibt.[490]

2.1.4 Entziehung der Vertretungsmacht

2.1.4.1 Entziehung der Vertretungsmacht der Komplementär-GmbH

290 Nach der gesetzlichen Regelung in §§ 127, 161 Abs. 2 HGB kann der Komplementär-GmbH die Vertretungsmacht auf Antrag der übrigen Gesellschafter durch gerichtliche Entscheidung entzogen werden, wenn ein wichtiger Grund – insbesondere eine grobe Pflichtverletzung oder Unfähigkeit zur ordnungsmäßigen Vertretung der Gesellschaft – vorliegt. Im gleichen Verfahren und aus entsprechenden Gründen kann ihr die Geschäftsführungsbefugnis entzogen werden, §§ 117, 161 Abs. 2 HGB.[491] In der Praxis geschieht selten das eine ohne das andere. Die Entziehung erfolgt allerdings weniger häufig aufgrund einer gerichtlichen Entscheidung. Es ist vielmehr üblich, dass die Gesellschaftsverträge abweichend von der gesetzlichen Regelung bestimmen, dass Vertretungsmacht und Geschäftsführungsbefugnis nicht durch gerichtliche Entscheidung, sondern durch einen Mehrheitsbeschluss aller Gesellschafter entzogen werden können. Die Gründe, die eine Entziehung rechtfertigen, werden in der Regel im Gesell-

---

488 BGH, Urteil v. 7.2.1972, II ZR 169/69, BGHZ 58 S. 115.
489 BGH, Urteil v. 7.2.1972, II ZR 169/69, BGHZ 58 S. 115.
490 BGH, Urteil v. 7.2.1972, II ZR 169/69, BGHZ 58 S. 115.
491 Siehe Rn. 219.

schaftsvertrag konkretisiert. Es ist aber auch eine gesellschaftsvertragliche Vereinbarung zulässig, wonach die Vertretungsbefugnis durch Mehrheitsbeschluss aller Gesellschafter ohne den Nachweis eines wichtigen Grundes entzogen werden kann.[492]

Ausnahmsweise ist die Entziehung der Vertretungsmacht unzulässig, wenn es neben der Komplementär-GmbH keine weiteren persönlich haftenden Gesellschafter und damit auch keine weiteren organschaftlich vertretungsberechtigten Gesellschafter gibt.[493] Ließe man auch in diesem Fall eine Entziehung zu, wäre die KG ohne Vertretungsorgan und damit handlungsunfähig. Dies ist mit ihrem Wesen als eine im Rechtsverkehr mit Dritten selbständig auftretende Einheit nicht vereinbar.[494] Den Kommanditisten bleibt in einer solchen Situation nur die Möglichkeit, sich entweder mit der Entziehung der Geschäftsführungsbefugnis zu begnügen (siehe Rn. 221) oder aber die Auflösungsklage (§ 133 HGB) oder Ausschließungsklage (§ 140 HGB) zu erheben.[495]

291

Soweit die Kommanditisten auch Gesellschafter der GmbH sind, hat die Entziehung der Vertretungsmacht der Komplementär-GmbH für eine GmbH & Co. KG keine praktische Bedeutung. Besteht unter diesen Umständen Unzufriedenheit mit der Unternehmensleitung, werden die GmbH-Geschäftsführer – die eigentlichen Leiter des Unternehmens – abberufen.[496]

292

2.1.4.2 Widerruf der Prokura eines Kommanditisten

Ist einem Kommanditisten im Gesellschaftsvertrag Prokura erteilt worden, wird er hinsichtlich ihrer Entziehung besonders geschützt. Entsprechend §§ 117, 127 HGB darf ihm die Prokura nur aus einem wichtigen Grund entzogen werden. Außerdem ist für einen Widerruf einer gesellschaftsvertraglich eingeräumten Prokura ein Gesellschafterbeschluss erforderlich. § 116 Abs. 3 HGB gilt in diesem Fall als abbedungen.[497] § 52 HGB, wonach eine Prokura jederzeit widerruflich ist, ist auf die Prokura für einen Kommanditisten im Innenverhältnis nicht anwendbar.[498] Ein dennoch erfolgter

293

---

492 BGH, Urteil v. 23.10.1972, II ZR 31/70, BB 1973 S. 442 (444).
493 Vgl. BGH, Urteil v. 9.12.1968, II ZR 33/67, BGHZ 51 S. 198 (200); Baumbach/Hopt, § 127 Rn. 3; a.A. MünchKomm/K. Schmidt, § 127 Rn. 7.
494 BGH, Urteil v. 9.12.1968, II ZR 33/67, BGHZ 51 S. 198 (200).
495 Vgl. BGH, Urteil v. 9.12.1968, II ZR 33/67, BGHZ 51 S. 198 (200).
496 Siehe Rn. 223 ff.
497 OLG Karlsruhe, Urteil v. 27.11.1973, 8 U 25/73, BB 1973 S. 1551.
498 BGH, Urteil v. 27.6.1955, II ZR 232/54, BGHZ 17 S. 392 (394 ff.).

Widerruf der Prokura ist zwar aus Gründen des Verkehrsschutzes nach außen hin wirksam,[499] der Kommanditist hat aber einen gesellschaftsvertraglichen Anspruch auf Wiedereinräumung der rechtsgeschäftlichen Vertretungsmacht.[500]

2.2 Haftung

2.2.1 Haftung der GmbH & Co. KG

294 Die GmbH & Co. KG haftet ihren Gläubigern unbeschränkt mit ihrem gesamten Vermögen. Das rechtswidrig schuldhafte Verhalten ihrer Geschäfts- und vertretungsberechtigten Gesellschafterin – der Komplementär-GmbH – wird der GmbH & Co. KG analog § 31 BGB zugerechnet.[501]

2.2.2 Haftung der Komplementär-GmbH

295 Neben die Haftung mit dem Gesellschaftsvermögen der GmbH & Co. KG tritt die Haftung der Komplementär-GmbH. Die Komplementär-GmbH haftet den Gläubigern mit ihrem ganzen Vermögen unmittelbar und unbeschränkt, §§ 128, 161 Abs. 2 HGB. Diese Haftung kann mit Wirkung gegenüber Dritten nicht ausgeschlossen werden, § 128 Satz 2 HGB. Eine Vereinbarung zwischen den Gesellschaftern, dass die Kommanditisten die Komplementär-GmbH von Verbindlichkeiten der GmbH & Co. KG freizustellen haben, lässt die unbeschränkte Haftung der GmbH gegenüber Dritten unberührt.[502]

2.2.3 Haftung der Kommanditisten

2.2.3.1 Allgemeines

296 Ein Kommanditist haftet für Verbindlichkeiten der Gesellschaft grundsätzlich summenmäßig beschränkt, d. h. bis zur Höhe seiner im Handelsregister eingetragenen Haftsumme.[503]

---

499 BGH, Urteil v. 27.6.1955, II ZR 232/54, BGHZ 17 S. 392 (396).
500 Vgl. OLG Saarbrücken, Urteil v. 6.3.1968, 1 U 249/67, JZ 1968 S. 386.
501 Baumbach/Hopt, § 124 Rn. 25; K. Schmidt, Gesellschaftsrecht, § 56 V 2a.
502 Vgl. Rn. 330; zur Auslegung einer Haftungsfreistellungsvereinbarung im Innenverhältnis vgl. BGH, Urteil v. 28.11.1994, II ZR 240/93, WM 1995 S. 196 f.
503 Siehe Rn. 121.

Wagner

Solange der Kommanditist eine Einlage in dieser Höhe in das Gesellschaftsvermögen nicht erbracht hat, haftet er den Gesellschaftsgläubigern unmittelbar und persönlich mit seinem Privatvermögen bis zu eben dieser Höhe, § 171 Abs. 1 HGB. Diese Haftung besteht auch dann, wenn genügend Gesellschaftsvermögen zur Tilgung der Verbindlichkeiten vorhanden ist.[504]

297

Hat der Kommanditist seine Einlage in Höhe seiner Haftsumme erbracht, ist seine persönliche und unmittelbare Haftung ausgeschlossen, § 171 Abs. 1 HGB. Er haftet dann mittelbar durch seine Leistung in das Gesellschaftsvermögen. Die Gläubiger der GmbH & Co. KG können in diesem Fall nur auf das Gesellschaftsvermögen oder auf das Vermögen der Komplementär-GmbH Zugriff nehmen.

298

Der Kommanditist trägt die Beweislast dafür, dass er seine Einlage erbracht hat[505] und dass seine Einlage zum Zeitpunkt der Erbringung vollwertig war.[506]

299

Wenn ein Kommanditist, der seine Einlage noch nicht geleistet hat, von Gläubigern der KG in Anspruch genommen wird, kann er grundsätzlich alle, auch von der KG abgeleitete Einwendungen gegen die Forderung erheben. Dies soll nach Auffassung einer Entscheidung des OLG Düsseldorf[507] dann nicht gelten, wenn die Gläubiger bereits eine titulierte Forderung gegen die KG haben. In diesem Fall soll der Kommanditist die Einwendungen, die die materielle Berechtigung der titulierten Forderung betreffen, nur noch im Rahmen des § 767 Abs. 2 ZPO geltend machen können.

2.2.3.2 Überbewertung der Einlage

Die Haftungsbefreiung des Kommanditisten gemäß § 171 Abs. 1 HGB tritt nämlich nur insoweit ein, als der Gesellschaft auch tatsächlich Werte in Höhe der Haftsumme zugeflossen sind. Ist die Einlage eines Kommanditisten überbewertet worden – was im Innenverhältnis der Gesellschafter

300

---

504 BGH, Urteil v. 9.5.1963, II ZR 124/61, BGHZ 39 S. 319 (322) = NJW 1963 S. 1873 (1874).
505 OLG Köln, Beschluss v. 14.6.1971, 2 U 45/71, GmbHR 1971 S. 219; Baumbach/Hopt, § 171 Rn. 10.
506 BGH, Urteil v. 18.11.1976, II ZR 129/75, DB 1977 S. 394.
507 OLG Düsseldorf, Urteil v. 27.4.2001, 17 U 180/00, DStR 2002 S. 643; a. A. Haas/Müller, DStR 2002, S. 644.

durchaus zulässig ist[508] –, erreicht also der tatsächliche Wert der Einlage zum Zeitpunkt der Einbringung nicht die Höhe der Haftsumme, bleibt seine persönliche und unmittelbare Haftung in Höhe der Differenz zwischen wahrem Wert der Einlage und Haftsumme bestehen.[509] Ist umgekehrt die Einlage unterbewertet worden, kann sich der Kommanditist gegenüber Gesellschaftsgläubigern auf den tatsächlichen Wert der Einlage berufen.[510]

2.2.3.3 Einlage durch Einbringung von Anteilen der Komplementär-GmbH

301 Erbringt ein Kommanditist, der gleichzeitig Gesellschafter der Komplementär-GmbH ist, seine Einlage dadurch, dass er Anteile an der Komplementär-GmbH einbringt, gilt die Einlage Gesellschaftsgläubigern gegenüber als nicht geleistet, § 172 Abs. 6 HGB. Die persönliche unmittelbare Haftung des Kommanditisten gemäß § 171 Abs. 1 HS 1 HGB bleibt in diesem Fall bestehen. § 172 Abs. 6 HGB ist eine Sonderregelung für die typische GmbH & Co. KG, bei der keine natürliche Person persönlich haftender Gesellschafter ist. Denn grundsätzlich kann ein Kommanditist seine Einlage mit haftungsbefreiender Wirkung gemäß § 171 Abs. 1 HS 2 HGB dadurch erbringen, dass er der KG GmbH-Anteile überträgt. Sinn und Zweck des § 172 Abs. 6 HGB ist, dass dem Gläubiger einer GmbH & Co. KG wie bei einer „normalen" KG zwei Haftungsmassen zur Verfügung stehen sollen, nämlich das Vermögen der GmbH und die beschränkte Haftung der Kommanditisten. Könnten die Geschäftsanteile an der GmbH als Kommanditeinlagen befreiend geleistet werden, würde das Vermögen der GmbH gleichzeitig als Haftungsmasse der Komplementärin und als Haftungsmasse der Kommanditisten dienen. Den Gläubigern stünde in diesem Fall nur eine Haftungsmasse zur Verfügung.[511]

2.2.3.4 Rückzahlung der Einlage

Allgemeines

302 Soweit die Einlage eines Kommanditisten zurückbezahlt wird, gilt sie gemäß § 172 Abs. 4 Satz 1 HGB den Gläubigern gegenüber als nicht

---

508 Siehe Rn. 116.
509 BGH, Urteil v. 18.11.1976, II ZR 129/75, DB 1977 S. 394; Schilling in Großkomm., § 161 Rn. 20.
510 Baumbach/Hopt, § 171 Rn. 6; vgl. Rn. 309.
511 Baumbach/Hopt, § 172 Rn. 13.

geleistet mit der Folge, dass die persönliche unmittelbare Haftung des Kommanditisten wieder auflebt. Sie ist auch hier auf die im Handelsregister eingetragene Haftsumme beschränkt, selbst dann, wenn dem Kommanditisten aus dem Gesellschaftsvermögen ein höherer Betrag als seine Haftsumme ausgezahlt worden ist.[512]

Der Begriff der Rückzahlung in § 172 Abs. 4 HGB ist in einem umfassenden Sinn zu verstehen. Rückzahlungen sind alle Zuwendungen an einen Kommanditisten, durch die dem Gesellschaftsvermögen Vermögenswerte ohne entsprechende Gegenleistung entzogen werden. Daher können auch Zuwendungen an Dritte, durch die der Kommanditist von einer persönlichen Verbindlichkeit befreit wird, oder mittelbare Zuwendungen an den Kommanditisten ausreichen.[513] Entscheidend für die Feststellung einer Rückzahlung ist, ob die Leistung der KG an den Kommanditisten wirtschaftlich als Rückzahlung aufzufassen ist. Der Rechtsgrund der Leistung ist ohne Bedeutung. So kann auch die Gewährung eines Darlehens an einen Kommanditisten eine Rückzahlung der Einlagen sein, wenn diese Mittel dazu dienen, seine durch Entnahme geminderte Einlage aufrechtzuerhalten.[514]

303

Weitere Beispiele für verdeckte Rückzahlungen i. S. d. § 172 Abs. 4 HGB sind die Zahlung von Zinsen auf eine Kommanditeinlage, wenn die Gesellschaft keine Gewinne erzielt, oder die Abtretung einer Eigentümergrundschuld durch die Gesellschaft an einen Kreditgeber des Kommanditisten.[515] Die persönliche Haftung des Kommanditisten lebt nach § 172 Abs. 4 Satz 1 HGB auch dann wieder auf, wenn an ihn ein Agio zurückgezahlt wird, sofern dadurch der Stand seines Kapitalkontos unter den Betrag seiner Haftsumme sinkt oder schon zuvor diesen Wert nicht mehr erreicht hat.[516]

---

512 BGH, Urteil v. 29.3.1973, II ZR 25/70, BGHZ 60 S. 324.
513 BGH, Urteil v. 13.2.1967, II ZR 158/65, BGHZ 47 S. 149 (156) = NJW 1967 S. 1321; Baumbach/Hopt, § 172 Rn. 6.
514 OLG Hamburg, Urteil v. 15.11.1990, 15 U 11/88, DStR 1991 S. 1196 f.
515 BGH, Urteil v. 20.10.1975, II ZR 214/74, BB 1976 S. 383; vgl. Baumbach/Hopt, § 172 Rn. 6 mit weiteren Beispielen.
516 BGH, Urteil v. 5.5.2008, II ZR 105/07, ZIP 2008 S. 1175.

304 Der Regelfall des § 172 Abs. 4 Satz 1 HGB ist die Zahlung eines Auseinandersetzungsguthabens aus dem Gesellschaftsvermögen an einen ausgeschiedenen Kommanditisten.[517]

305 Eine Abfindung aus dem Gesellschaftsvermögen liegt auch dann vor, wenn der ausscheidende Kommanditist eine Zahlung in entsprechender Höhe von einem neu in die Gesellschaft eintretenden Kommanditisten erlangt und die Gesellschaft diese Zahlung auf die Einlageschuld des neuen Kommanditisten anrechnet.[518]

306 Wird das Auseinandersetzungsguthaben des ausscheidenden Kommanditisten in ein Darlehen umgewandelt, kommt es nicht zu einem Wiederaufleben der persönlichen Haftung gemäß § 172 Abs. 4 Satz 1 HGB.[519] Die Tilgung dieses Darlehens und die Zahlung von Zinsen, wenn die Gesellschaft keine Gewinne erzielt, ist dagegen wieder eine haftungsbegründende Rückgewähr der Einlage.

307 Die durch die Rückzahlung der Hafteinlage aufgelebte Haftung des Kommanditisten erlischt wieder, wenn der Kommanditist das Gesellschaftsvermögen in Höhe der an ihn zurückgewährten Einlage wiederauffüllt. Dabei ist es nicht von Bedeutung, dass die Zahlungen als Einzahlungen auf die Haftsumme oder als Rückzahlung der ausgeschütteten Beträge bezeichnet werden. Maßgeblich ist, dass der Haftungsfonds, soweit er durch den Abfluss der Einlage gemindert worden ist, ergänzt wird und dass dieser Zufluss nicht mit verlustunabhängigen Rückgewähr- bzw. Gegenleistungsansprüchen belastet ist.[520]

Tätigkeitsvergütung eines Kommanditisten

308 Eine Rückzahlung i. S. d. § 172 Abs. 4 Satz 1 HGB liegt auch dann vor, wenn ein Kommanditist, der zugleich Geschäftsführer der Komplementär-GmbH ist, eine überhöhte, sprich unangemessene Vergütung für seine Geschäftsführungstätigkeit aus den Mitteln der KG bezieht.[521] Aus den

---

517 Siehe Rn. 632 ff.; BGH, Urteil v. 9.5.1963, II ZR 124/61, BGHZ 39 S. 319 (331) = NJW 1963 S. 1873; Schilling in Großkomm., § 172 Rn. 14; MünchKomm/K. Schmidt, §§ 171, 172 Rn. 73.
518 Bälz, BB 1977, S. 1481 ff.; Schlegelberger/K. Schmidt, §§ 171, 172 Rn. 71.
519 BGH, Urteil v. 9.5.1963, II ZR 124/61, BGHZ 39 S. 319 = NJW 1963 S. 1873 (1876); Schilling in Großkomm., § 172 Rn. 14; a.A. MünchKomm/K. Schmidt, §§ 171, 172 Rn. 72.
520 OLG München, Urteil v. 27.7.1990, 23 U 2030/90, DStR 1990 S. 777.
521 BAG, Urteil v. 28.9.1982, 3 AZR 304/80, NJW 1983 S. 1869 (1870).

Mitteln der KG stammt das Geschäftsführergehalt auch dann, wenn die Zahlung durch die GmbH erfolgt und sich die GmbH diese Kosten von der KG erstatten lässt.

Rückzahlung aus dem Vermögen der Komplementär-GmbH

Werden einem Kommanditisten Leistungen aus dem Vermögen der Komplementär-GmbH zugeführt, lebt seine persönliche und unmittelbare Haftung gemäß § 172 Abs. 4 Satz 1 HGB wieder auf, wenn die GmbH – wie es regelmäßig der Fall ist – durch diese Zahlung gleichzeitig einen Erstattungsanspruch gegen die KG gemäß § 110 HGB hat. Denn durch diese Zahlung wird das KG-Vermögen zugunsten des Kommanditisten und zu Lasten der Gesellschaftsgläubiger ebenso geschmälert, wie es geschähe, wenn der Kommanditist unmittelbar aus dem Gesellschaftsvermögen der KG bezahlt werden würde.[522] 309

Kann die GmbH dagegen aus rechtlichen Gründen bei der KG keinen Rückgriff nehmen, entfällt ein Wiederaufleben der Haftung. Ein Wiederaufleben der Haftung entfällt auch dann, wenn die GmbH zwar einen Erstattungsanspruch gegen die KG hat, aber aus tatsächlichen Gründen keinen Rückgriff nehmen kann. Wenn kein KG-Vermögen mehr vorhanden und auch künftig nicht zu erwarten ist, kann der Erstattungsanspruch der Komplementär-GmbH zu keiner Schmälerung des KG-Vermögens und auch zu keiner Beeinträchtigung der KG-Gläubiger führen.[523] Zu beachten ist, dass Zahlungen aus dem Vermögen der GmbH an einen Kommanditisten zu einer Haftung des Kommanditisten gemäß § 31 Abs. 1 und Abs. 2 GmbHG führen können, wenn sie das Stammkapital der GmbH beeinträchtigen[524] oder eine bestehende Überschuldung vertiefen.[525] 310

2.2.3.5 Gewinnentnahme bei negativem Kapitalkonto

Die persönliche Haftung des Kommanditisten lebt auch dann wieder auf, wenn er Gewinnanteile entnimmt, während sein Kapitalanteil bereits durch Verluste unter den Betrag der geleisteten Haftsumme herabgesunken ist oder durch diese Entnahme darunter sinken würde, § 172 Abs. 4 Satz 2 HGB. 311

---

522 BGH, Urteil v. 14.1.1985, II ZR 103/84, BGHZ 93 S. 246 = NJW 1985 S. 1776.
523 BGH, a.a.O.
524 Siehe Rn. 320 ff.
525 Siehe Rn. 325.

> **Beispiel:**
>
> A ist Kommanditist, seine eingezahlte Hafteinlage beträgt 25.000 EUR. Durch Verluste weist sein Kapitalkonto einen Saldo von 15.000 EUR auf. Im neuen Wirtschaftsjahr entfällt auf A ein Gewinnanteil von 4.000 EUR. A entnimmt 4.000 EUR. Folge ist, dass seine persönliche Haftung in Höhe von 4.000 EUR wieder auflebt.

312 Ob Gewinnentnahmen auch dann zu einem Wiederaufleben der persönlichen Haftung gemäß § 172 Abs. 4 Satz 2 HGB führen, wenn das Kapitalkonto des Kommanditisten infolge bloßer Buchverluste negativ ist, ist in der Literatur umstritten.[526] Ein Teil der Autoren will die lediglich steuerlich bedingten Buchverluste eliminieren und insoweit auf die tatsächliche Vermögenslage abstellen. Der BGH hat dagegen mit Urteil vom 11.12.1989[527] entschieden, dass es für § 172 Abs. 4 HGB allein auf die fortgeführten Buchwerte in der Handelsbilanz ankomme. Das gelte auch für Verlustzuweisungsgesellschaften, die durch die Ausnutzung steuerlicher Sonderabschreibungen stille Reserven gebildet haben. *Binz*[528] empfiehlt angesichts dieser Rechtsprechung, das Haftungsrisiko gemäß § 172 Abs. 4 Satz 2 HGB dadurch zu begrenzen, dass die von den Kommanditisten aufzubringende Kapitalleistung in einen Einlageanteil und ein Darlehen oder eine stille Beteiligung aufgespalten wird. In diesem Fall können dann ohne Haftungsrisiko auf die Gesellschafterdarlehen Zinsen bzw. auf die stillen Beteiligungen Gewinne unabhängig davon ausgezahlt werden, ob die Kapitalanteile der Kommanditisten infolge steuerlich bedingter Buchverluste oder aus anderen Gründen negativ sind.

Durch diese Aufspaltung der Einlage kann jedoch nicht verhindert werden, dass in der Insolvenz oder in der Liquidation die Gesellschafterdarlehen oder die stillen Beteiligungen wie Eigenkapital behandelt werden und den Gesellschaftsgläubigern zur Verfügung stehen müssen.[529]

---

526 Binz, DStR 1991, S. 1253 ff.; Priester, BB 1976, S. 1004 ff.
527 BGH, Urteil v. 11.12.1989, II ZR 78/89, BGHZ 109 S. 334 ff. = GmbHR 1990 S. 209.
528 Binz, DStR 1991, S. 1253 ff. (1256).
529 Siehe Rn. 714.

2.2.3.6 Auszahlung von Scheingewinnen

Was ein Kommanditist gutgläubig aufgrund einer im guten Glauben errich- 313
teten Bilanz als Gewinn bezieht, führt nicht zu einem Wiederaufleben
seiner persönlichen unmittelbaren Haftung, § 172 Abs. 5 HGB. Ein Scheingewinn i. S. v. § 172 Abs. 5 HGB liegt vor, wenn entweder ein Gewinn
tatsächlich nicht erzielt worden ist, wenn dem Kommanditisten ein Anteil
von einem echten Gewinn gezahlt wird, der ihm nicht zusteht, oder wenn es
sich unerkannt um einen Gewinn handelt, dessen Auszahlung unter § 172
Abs. 4 Satz 2 HGB fällt.

Voraussetzung dafür, dass die Auszahlung von Scheingewinnen die Haf- 314
tung nicht aufleben lässt, ist, dass die Bilanz in gutem Glauben errichtet
worden ist und der Kommanditist den Gewinn in gutem Glauben bezogen
hat.

Unter welchen Voraussetzungen eine Bilanz in gutem Glauben i. S. d. 315
§ 172 Abs. 5 HGB errichtet ist und ein Kommanditist gutgläubig seinen
Gewinnanteil bezieht, ist umstritten. Der BGH hat hierzu bisher insoweit
Stellung bezogen, als er feststellte, dass eine Bilanz jedenfalls dann nicht
gutgläubig errichtet ist, wenn sie von den für die Aufstellung der Bilanz
zuständigen geschäftsführenden Gesellschaftern unter vorsätzlicher Verletzung allgemein anerkannter Bilanzgrundsätze aufgestellt worden ist.[530]
Abgesehen von diesem Fall der Bilanzmanipulation wird man Gutgläubigkeit i. S. d. § 172 Abs. 5 HGB immer schon dann verneinen müssen, wenn
bei der Aufstellung der Bilanz oder dem Gewinnbezug die jeweils im
Verkehr erforderliche Sorgfalt (§ 276 BGB) außer Acht gelassen wird.[531]

Ist bereits die Bilanz nicht gutgläubig errichtet worden, kommt es auf die 316
Gutgläubigkeit des Kommanditisten nicht mehr an. Der BGH hat eine
entsprechende Anwendung des § 62 Abs. 1 und Abs. 3 AktG dahin gehend
abgelehnt, dass die Kommanditistenhaftung nur dann wiederauflebt, wenn
die Kommanditisten wussten oder infolge grober Fahrlässigkeit nicht wussten, dass sie zum Bezug nicht berechtigt waren.[532]

Der Schutz des gutgläubigen Kommanditisten durch § 172 Abs. 5 HGB 317
reicht also nicht sehr weit. So lebte die Haftung eines Kommanditisten einer

---

530 BGH, Urteil v. 12.7.1982, II ZR 201/81, BGHZ 84 S. 383 (385).
531 Schilling in Großkomm., § 172 Rn. 18; a.A. Schlegelberger/K. Schmidt, §§ 171, 172 Rn. 89.
532 BGH, Urteil v. 12.7.1982, II ZR 201/81, BGHZ 84 S. 383 (386).

Publikums-KG, deren Bilanzen von dem Geschäftsführer der Komplementär-GmbH manipuliert worden waren, wieder auf, obwohl die Bilanzen Bestätigungsvermerke einer Wirtschaftsprüfungsgesellschaft trugen.[533]

318 Zu einem Wiederaufleben der unmittelbaren Kommanditistenhaftung wegen des Bezuges von Scheingewinnen führt nicht schon die Gutschrift auf dem Privatkonto des Kommanditisten, sondern erst die Auszahlung selbst.[534]

319 Nach dem Wortlaut des § 172 Abs. 5 HGB ist der Kommanditist, der gutgläubig Scheingewinne bezieht, auch nicht im Innenverhältnis verpflichtet, diese Scheingewinne an die Gesellschaft zurückzuzahlen.[535] Anderenfalls könnten die Gesellschaftsgläubiger trotz Vorliegens der Voraussetzungen des § 172 Abs. 5 HGB durch Forderungspfändung auf den gutgläubig bezogenen Gewinnanteil zurückgreifen.

2.2.3.7 §§ 30 f. GmbHG

320 Eine über den Betrag seiner Einlage hinausgehende Haftung des Kommanditisten kommt auch unter Berücksichtigung der §§ 30 f. GmbHG in Betracht. Nach § 30 Abs. 1 GmbHG darf das zur Erhaltung des Stammkapitals erforderliche Vermögen einer GmbH nicht ihren Gesellschaftern ausgezahlt werden. Zuwendungen, die diesem Verbot zuwiderlaufen, müssen der GmbH erstattet werden, und zwar auch von einem gutgläubigen Empfänger, soweit dies zur Befriedigung der Gesellschaftsgläubiger erforderlich ist, § 31 Abs. 1 und Abs. 2 GmbHG. Ein wegen Verstoß gegen § 30 Abs. 1 GmbHG entstandener Erstattungsanspruch entfällt nicht von Gesetzes wegen, wenn das Stammkapital zwischenzeitlich auf andere Weise wieder hergestellt ist.[536] Ist die Erstattung nicht von dem Empfänger zu erlangen, haften die übrigen GmbH-Gesellschafter nach dem Verhältnis ihrer Geschäftsanteile, § 31 Abs. 3 GmbHG, aber nur bis zur Höhe der Stammkapitalziffer.[537] Die Komplementär-GmbH hat also gegen einen Kommanditisten, der gleichzeitig GmbH-Gesellschafter ist, einen Erstattungsanspruch gemäß § 31 GmbHG, wenn ihm aus dem GmbH-Vermögen

---

533 BGH, Urteil v. 12.7.1982, II ZR 201/81, BGHZ 84 S. 383 (385).
534 Baumbach/Hopt, § 172 Rn. 11; MünchKomm/K. Schmidt, §§ 171, 172 Rn. 85; a.A. Schilling in Großkomm., § 172 Rn. 17.
535 Schilling in Großkomm., § 172 Rn. 16; MünchKomm/K. Schmidt, §§ 171, 172 Rn. 94; a.A. Baumbach/Hopt, § 172 Rn. 9.
536 BGH, Urteil v. 29.5.2000, II ZR 118/98, BGHZ 144 S. 336 = NJW 2000 S. 2577.
537 BGH, Urteil v. 25.2.2002, II ZR 196/00, BGHZ 150 S. 61 (65).

etwas geleistet und durch diese Leistung das Stammkapital der GmbH beeinträchtigt wird. Die Beeinträchtigung des Stammkapitals beurteilt sich nach den fortgeführten Buchwerten.[538]

Die §§ 30 f. GmbHG finden auch dann Anwendung, wenn dem Kommanditisten, der nicht gleichzeitig GmbH-Gesellschafter sein muss,[539] etwas aus dem Vermögen der KG zugewendet wird und dadurch – also mittelbar – das Vermögen der GmbH nicht mehr dem Stammkapitalnennwert entspricht.[540] Eine solche mittelbare Auswirkung kommt zunächst immer dann in Betracht, wenn die KG überschuldet ist und die GmbH keine über ihr Stammkapital hinausgehenden Vermögenswerte besitzt. Da die GmbH im Hinblick auf ihre volle Haftung gemäß §§ 128, 161 Abs. 2 HGB die ungedeckten Verbindlichkeiten der KG ebenfalls passivieren oder mindestens entsprechende Rückstellungen bilden muss,[541] führt dies dann zur Schmälerung ihres Stammkapitals.

321

Ist bei der KG lediglich das Einlagekapital ganz oder teilweise aufgezehrt, ist zu unterscheiden, ob die GmbH an diesem Kapital beteiligt ist oder nicht.[542] Hat die im Übrigen vermögenslose GmbH ihr Kapital als Einlage in die KG eingebracht, sinkt unter Umständen der Wert ihrer Beteiligung durch den Kapitalschwund in der KG unter den Stammkapitalnennwert.[543] Ist die GmbH nicht am Kapital der KG beteiligt, beeinträchtigt eine Auszahlung aus dem Vermögen der nicht überschuldeten KG das Stammkapital der GmbH im Allgemeinen noch nicht.[544]

322

In allen Fällen, in denen Ansprüche gemäß § 31 GmbHG durch Auszahlungen aus dem Vermögen der KG entstanden sind, stehen sie der GmbH & Co. KG zu.[545] Dadurch haben die übrigen Kommanditisten die Möglichkeit, den begünstigten Gesellschafter notfalls im Wege der Actio pro socio zu

323

---

538 BGH, Urteil v. 7.11.1988, II ZR 46/88, BGHZ 106 S. 7 (12) = GmbHR 1989 S. 152 (154).
539 BGH, Urteil v. 19.2.1990, II ZR 268/88, BGHZ 110 S. 342 = GmbHR 1990 S. 251 (255) f.
540 BGH, Urteil v. 29.3.1973, II ZR 25/70, BGHZ 60 S. 324 (328); BGH, Urteil v. 29.9.1977, II ZR 157/76, BGHZ 69 S. 274 (279); BGH, Urteil v. 24.3.1980, II ZR 213/77, BGHZ 76 S. 326 = NJW 1980 S. 1524 (1526).
541 BGH, Urteil v. 24.3.1980, II ZR 213/77, BGHZ 76 S. 326 = NJW 1980 S. 1524 (1526).
542 BGH, a.a.O.
543 BGH, Urteil v. 24.3.1980, II ZR 213/77, BGHZ 76 S. 326 = NJW 1980 S. 1524 (1526); BGH, Urteil v. 29.3.1973, II ZR 25/70, BGHZ 60 S. 324 (329).
544 BGH, Urteil v. 24.3.1980, II ZR 213/77, BGHZ 76 S. 326 = NJW 1980 S. 1524 (1529).
545 BGH, Urteil v. 29.3.1973, II ZR 25/70, BGHZ 60, 324 (330).

zwingen, das KG-Vermögen wieder aufzufüllen, auch wenn die Geschäftsführung der GmbH oder andere Mitgesellschafter das nicht wollen.[546]

324 In der Literatur ist umstritten, ob sich auch derjenige Kommanditist, der nicht zugleich Gesellschafter der GmbH ist, dieser Haftung aussetzt, wenn durch eine Leistung an ihn das Vermögen der GmbH mittelbar unter den Nennwert des Kapitals herabsinkt.[547]

Der BGH hat im Urteil vom 19.2.1990[548] entschieden, dass auch den Nur-Kommanditisten einer GmbH & Co. KG diese Haftung trifft und auch er für die Ausstattung der Gesellschaften mit haftendem Kapital verantwortlich ist.

2.2.3.8 §§ 30 f. GmbHG bei Überschuldung

325 Der Erstattungsanspruch gemäß § 31 GmbHG besteht auch dann, wenn die GmbH zum Zeitpunkt der Leistung bereits überschuldet ist.[549] Nach der früheren Rechtsprechung sollten die §§ 30 f. GmbHG in Überschuldungsfällen nur analog angewendet werden.[550] In einer Entscheidung vom 5.2.1990 hat der BGH aber festgestellt, dass die Bestimmungen auch bei der Herbeiführung oder Vertiefung einer Überschuldung unmittelbar anzuwenden sind.

Die unmittelbare Anwendung der §§ 30 f. GmbHG in solchen Fällen ist auch überzeugend: Zwar wird durch das Verbot des § 30 GmbHG nur die Erhaltung des noch vorhandenen Stammkapitals garantiert. Stammkapital und Aktivvermögen der GmbH stehen aber in einem rechnerischen Wertdeckungszusammenhang. Das Stammkapital ist als bilanzieller Rechnungsposten erst dann „erhalten" i. S. d. § 30 GmbHG, wenn das Aktivvermögen die vorhandenen Verbindlichkeiten deckt und darüber hinaus weiteres Aktivvermögen mindestens in Höhe des Betrags des Stammkapitals vorhanden ist. Daher entzieht jede Leistung, die eine Überschuldung herbeiführt oder vertieft, dem Stammkapital rechnerisch die Deckung, so dass §§ 30 f. GmbHG unmittelbar anwendbar sind.[551]

---

546 BGH, a.a.O.
547 Baumbach/Hopt, § 172a Rn. 33; Uhlenbruck, 656 f. m. w. N.
548 BGH, GmbHR 1990, S. 251 (255) f.
549 BGH, Urteil v. 29.3.1973, II ZR 25/70, BGHZ 60 S. 324 (331).
550 BGH, Urteil v. 29.3.1973, II ZR 25/70, a.a.O.
551 Vgl. Joost, EWiR 1990, S. 481 (482).

2.2.3.9 Existenzvernichtungshaftung und Haftung wegen Unterkapitalisierung

Nicht mehr nur im juristischen Schrifttum wird die Frage diskutiert, ob die beschränkte Haftung des Kommanditisten auch aufgrund eines Haftungsdurchgriffs wegen **Unterkapitalisierung** der GmbH & Co. KG entfallen kann.[552] Eine Gesellschaft ist unterkapitalisiert, wenn die Höhe ihres Eigenkapitals in keiner Weise dem wirtschaftlichen Risiko der Gesellschaft entspricht.[553] Zwischen dem Finanzbedarf der Gesellschaft, der sich aus Art und Umfang der beabsichtigten oder tatsächlichen Geschäftstätigkeit ergibt, und dem haftenden Eigenkapital dürfe kein Missverhältnis bestehen, da anderenfalls das wirtschaftliche Risiko allein auf die Gläubiger der Gesellschaft abgewälzt wird.[554] 326

Die Rechtsprechung des BGH steht einer solchen gesellschaftsrechtlichen Haftung ablehnend gegenüber.[555] Die Unterkapitalisierung begründe für sich allein genommen noch keinen Haftungsdurchgriff. Zwar gibt es auch Entscheidungen anderer Gerichte, in denen ein Durchgriff gegen einen Gesellschafter wegen Unterkapitalisierung grundsätzlich anerkannt wurde.[556] Sie enthalten jedoch keine verallgemeinerungsfähigen Grundsätze, die sich auf eine Durchgriffshaftung gegen Kommanditisten einer GmbH & Co. KG übertragen lassen. Immer waren besondere Umstände des Einzelfalls für die Haftung der Gesellschafter entscheidend bzw. wurde die Frage offen gelassen, ob die fehlende Kapitalausstattung allein ausreicht, um einen Haftungsdurchgriff gegen einen Gesellschafter zu begründen, da noch weitere Umstände vorlagen, die zusammen mit der Unterkapitalisierung den Missbrauchstatbestand erfüllten.[557] Eine mangelhafte Finanzausstattung der von Gesellschaftern betriebenen GmbH hat haftungsrechtlich somit seine Grenze lediglich im Deliktsrecht (§§ 823 ff. BGB), namentlich in dem Verbot vorsätzlicher sittenwidriger Schädigung der Gläubiger 327

---

552 Hachenburg/Ulmer, Anhang § 30 Rn. 98 ff. m. w. N.; Uhlenbruck, S. 682 f.; Münch-Komm/ K. Schmidt, § 172a Rn. 6; Baumbach/Hopt, § 172a Rn. 39 ff.
553 Lutter/Hommelhoff/Lutter/Hommelhoff, § 30 Rn. 6.
554 BSG, Urteil v. 7.12.1983, 7 RAr 20/82, NJW 1984 S. 2117 (2119); Hachenburg/Ulmer, Anhang § 30 Rn. 11, 13 ff., 59 ff.; K. Schmidt, Gesellschaftsrecht, § 9 IV 4a.
555 Deutlich BGH, Urteil v. 28.4.2008, II ZR 264/08 (GAMMA).
556 BSG, Urteil v. 7.12.1983, 7 RAr 20/82, BSGE 56 S. 76 = NJW 1984 S. 2117 (2119); OLG Karlsruhe, Urteil v. 13.5.1977, 15 U 132/75, WM 1978 S. 962 ff.
557 Vgl. BSG, Urteil v. 7.12.1983, 7 RAr 20/82, BSGE 56 S. 76 = NJW 1984 S. 2117 (2119); OLG Karlsruhe, Urteil v. 13.5.1977, 15 U 132/75, WM 1978 S. 962 ff.

i.S. d. § 826 BGB. § 826 BGB kommt immer dann in Betracht, wenn die Gesellschafter mit einem eindeutig unzureichenden Stammkapital und ohne Gesellschafterdarlehen besonders riskante Geschäfte auf Kosten der Gläubiger betreiben.[558]

Im Gegensatz hierzu hat der BHG mit seinem Trihotel-Urteil v. 16.7.2007[559] die sog. **Existenzvernichtungshaftung** auf eine neue dogmatische Grundlage gestellt. Anknüpfungspunkt für diese Haftung ist ein rechtsmissbräuchlicher Eingriff des Gesellschafters in das Gesellschaftsvermögen, der zur Insolvenz der Gesellschaft führt. Dieser Eingriff begründet einen Anspruch gemäß § 826 BGB der Gesellschaft gegen den Gesellschafter, wenn der Gesellschafter vorsätzlich handelt. Der Gesellschafter handelt vorsätzlich, wenn er die Insolvenz der Gesellschaft als Folge seines Angriffs voraussieht und diese billigend in Kauf nimmt (Eventualvorsatz). Rechtsfolge ist eine Schadensersatzhaftung des Gesellschafters gegenüber der Gesellschaft aus § 826 BGB. Es handelt sich hierbei expressis verbis um einen Innenhaftungsanspruch der Gesellschaft gegen den Gesellschafter, der mit Eröffnung des Insolvenzverfahrens vom Insolvenzverwalter geltend gemacht wird.

328 § 826 BGB kommt immer dann in Betracht, wenn die Gesellschafter mit einem eindeutig unzureichenden Stammkapital und ohne Gesellschafterdarlehen besonders riskante Geschäfte auf Kosten der Gläubiger betreiben.[560]

329 Zu beachten ist auch § 15a Abs. 3 InsO, der den Gesellschaftern einer GmbH im Falle ihrer Führungslosigkeit (weil der Geschäftsführerposten vakant ist), eine Insolvenzantragspflicht aufbürdet. Die Nichtbeachtung dieser Insolvenzantragspflicht führt ebenfalls zur Haftung den Gläubigern gegenüber.

---

558 Vgl. BGH, Urteil v. 30.11.1978, II ZR 204/76, NJW 1979 S. 2104; BGH, Urteil v. 12.11.1984, II ZR 250/83, WM 1985 S. 54 (55); OLG Karlsruhe, Urteil v. 13.5.1977, 15 U 132/75, WM 1978 S. 962 ff.

559 BGH, Urteil v. 16.7.2007, II ZR 3/04, BGHZ 173 S. 246 = NJW 2007 S. 2689, 2690 f., hierzu etwa Vetter, BB 2007, S. 1965 ff.

560 Vgl. BGH, Urteil v. 30.11.1978, II ZR 204/76, NJW 1979 S. 2104; BGH, Urteil v. 12.11.1984, II ZR 250/83, WM 1985 S. 54 (55); OLG Karlsruhe, Urteil v. 13.5.1977, 15 U 132/75, WM 1978 S. 962 ff.

2.2.3.10 Unbeschränkte Haftung aufgrund gesellschaftsinterner Vereinbarungen

Durch gesellschaftsinterne Vereinbarungen kann die beschränkte Haftung der Kommanditisten erweitert werden. Vereinbaren die Gesellschafter der GmbH & Co. KG im Innenverhältnis, dass die Kommanditisten neben der Komplementär-GmbH voll haftbar sein sollen, oder haben sich die Kommanditisten der Komplementärin gegenüber verpflichtet, diese von allen Gläubigeransprüchen freizustellen, bleibt die Komplementär-GmbH zwar im Außenverhältnis in der vollen Haftung, gleichzeitig hat sie aber einen Freistellungsanspruch gegen die Kommanditisten. Dieser Freistellungsanspruch erweitert die Haftung der Kommanditisten gegenüber Gläubigern der GmbH & Co. KG insofern, als er von diesen gepfändet werden kann und in der Insolvenz der GmbH vom Insolvenzverwalter gegen die Kommanditisten geltend gemacht werden kann.[561]

330

Enthält der Gesellschaftsvertrag dagegen lediglich eine Regelung dahingehend, dass die Komplementär-GmbH nicht am Verlust der GmbH & Co. KG beteiligt sein soll, entsteht allein dadurch noch kein Freistellungsanspruch der GmbH gegenüber den Kommanditisten. Durch **Verlustausschlussklauseln** wird die Haftung der Kommanditisten nicht berührt. Sie betreffen lediglich die jährliche interne Gewinn- und Verlustverteilung, deren gesetzliche Regelung dispositives Recht ist, §§ 163, 168 HGB. Die Gesellschafter der GmbH & Co. KG können also die Verlustbeteiligung der Komplementär-GmbH einengen, ohne dabei das Haftungsrisiko der Kommanditisten zu erweitern.[562] Die Erweiterung der Kommanditistenhaftung bedarf der oben dargestellten ausdrücklichen Abreden.[563] Sie kann auch nicht im Wege der extensiven Auslegung einer Verlustausschlussklausel hergeleitet werden.[564]

331

2.2.4 Haftung des Geschäftsführers

Der Geschäftsführer der Komplementär-GmbH haftet grundsätzlich nicht gegenüber Dritten im Außenverhältnis. Die aus § 43 Abs. 2 GmbHG folgende Schadensersatzpflicht des Geschäftsführers besteht nur gegenüber

332

---

561 OLG Karlsruhe, Urteil v. 25.11.1981, 6 U 14/81 Kart, BB 1982 S. 327 (328); Sudhoff, DB 1973, S. 2175 ff. (2176).
562 OLG Karlsruhe, a.a.O.; Sudhoff, a.a.O.
563 Siehe Rn. 330.
564 OLG Karlsruhe, Urteil v. 25.11.1981, 6 U 14/81 Kart, BB 1982 S. 327 (328).

der Gesellschaft.⁵⁶⁵ Eine persönliche Haftung gegenüber Dritten kommt aber in Fällen der unerlaubten Handlung in Betracht. Hier zeigt die Rechtsprechung eine Tendenz, das Haftungsrisiko des Geschäftsführers auszuweiten. Während früher die Haftung des Geschäftsführers vorwiegend aus § 826 BGB begründet wurde – also nur bei Vorsatz in Betracht kam –, gibt es inzwischen eine Reihe von Entscheidungen zur Haftung wegen Fahrlässigkeit aus § 823 Abs. 1 und Abs. 2 BGB.⁵⁶⁶

Zu einer Haftung gemäß § 823 Abs. 2 BGB kommt es, wenn der Geschäftsführer ein Schutzgesetz zugunsten des Gesellschaftsgläubigers verletzt. Zu diesen Schutzgesetzen zählen sowohl strafrechtliche Vorschriften wie § 263 StGB (Betrug) oder § 266 StGB (Untreue) als auch § 9a GmbHG (falsche Angaben im Zusammenhang mit Sachgründungsberichten, Handelsregistereintragungen betreffend Stammkapitalerhöhungen, Verwendung eingezahlter Beträge usw.) und § 15a Abs. 1 InsO (Insolvenzantragspflicht).

333 Beantragt der Geschäftsführer einer GmbH bzw. GmbH & Co. KG bei Überschuldung der Gesellschaft nicht unverzüglich, spätestens nach drei Wochen, die Eröffnung des Insolvenzverfahrens,⁵⁶⁷ weil er die Insolvenz übersehen hat, handelt er fahrlässig. Er haftet in diesem Fall den Gesellschaftsgläubigern aus § 823 Abs. 2 BGB i. V. m. § 15a Abs. 1 InsO. Hat der Geschäftsführer vorsätzlich gehandelt, haftet er außerdem aus § 826 BGB.⁵⁶⁸

Nach der Rechtsprechung des BGH zu der vor dem 1.1.1999 geltenden Konkursordnung lag der durch den Geschäftsführer verursachte Schaden allein darin, dass die Konkursverschleppung zu einer Verringerung des Gesellschaftsvermögens und damit zu einer Schmälerung der Konkursquote führte. Die Haftung des Geschäftsführers beschränkte sich also auf Quotenschaden. Wenn ein Konkursverfahren stattfand, wurde Schadensersatz durch den Geschäftsführer in der Weise geleistet, dass der Konkursverwalter die gesamte Differenz zur Konkursmasse einzog.

---

565 Baumbach/Hueck/Zöllner/Noack, § 43 Rn. 1.
566 So z.B. BGH, Urteil v. 5.12.1989, VI ZR 335/88, BGHZ 109 S. 297 = GmbHR 1990 S. 207; BGH, Urteil v. 6.7.1990, 2 StR 549/89, BGHSt 37 S. 106 = GmbHR 1990 S. 500 ff.; LG Lübeck, Urteil v. 19.8.1993, 10 O 137/93, WM 1994 S. 457; Medicus, GmbHR 1993, S. 533 ff.
567 Siehe Rn. 694 ff.
568 BGH, Urteil v. 15.7.2002, II ZR 225/00, DStR 2002 S. 1541.

Der BGH[569] hat später diesbezüglich eine Differenzierung vorgenommen und entschieden, dass die Begrenzung auf den Quotenschaden in Zukunft nur für Altgläubiger gelten soll, d. h. für Gläubiger, die schon bei Eintritt der Insolvenzreife einen Anspruch gegen die Gesellschaft hatten. Dagegen können Neugläubiger, die ihren Anspruch gegen die Gesellschaft erst nach der Insolvenzreife erworben haben, vollen Schadensersatz erlangen. Der Geschäftsführer hat ihnen das sog. negative Interesse zu ersetzen; d. h., er muss die Neugläubiger so stellen, wie sie stehen würden, wenn sie das Geschäft mit der Gesellschaft überhaupt nicht vorgenommen hätten. Der Neugläubiger kann seinen Schadensersatzanspruch gegen den Geschäftsführer persönlich geltend machen, der Insolvenzverwalter ist hierzu nicht berechtigt. Die Schadensersatzpflicht des Geschäftsführers ist dabei nicht um die auf die Neugläubiger entfallene Insolvenzquote zu kürzen, vielmehr kann der Geschäftsführer entsprechend § 255 BGB Abtretung der Insolvenzforderungen der Neugläubiger verlangen.[570]

Außerdem hat die Rechtsprechung in begrenzten Ausnahmefällen auch eine Haftung des Geschäftsführers nach den Grundsätzen des Verschuldens bei Vertragsschluss (culpa in contrahendo) anerkannt. Mit dem Inkrafttreten des Schuldrechtsmodernisierungsgesetzes am 1.1.2002[571] wurden diese Grundsätze gesetzlich in den §§ 241 Abs. 2, 311 Abs. 2 und Abs. 3 BGB verankert. Diese Haftung wird vor allem in zwei Fallgruppen aufgenommen: Zum einen, wenn der Geschäftsführer bei den Vertragsverhandlungen in besonderem Maße ein persönliches Vertrauen in Anspruch genommen hat. Dies ist dann der Fall, wenn der Geschäftsführer seine besondere Fachkunde, sein allgemein anerkanntes berufliches Ansehen[572] oder seine Kreditwürdigkeit bei den Vertragsverhandlungen eingebracht hat.[573] Zum anderen kommt eine Haftung aus culpa in contrahendo in Betracht, wenn der Geschäftsführer ein unmittelbares eigenes wirtschaftliches Interesse an dem Geschäft hat und eigenen Nutzen daraus zieht.[574] Ein Eigeninteresse

334

---

569 BGH, Beschluss v. 20.9.1993, II ZR 292/91, DB 1993 S. 2277; BGH, Urteil v. 6.6.1994, II ZR 292/91, BGHZ 126 S. 181 = GmbHR 1994 S. 539 (543 ff.); vgl. auch BAG, Urteil v. 10.2.1999, 5 AZR 677/97, GmbHR 1999 S. 655 (658).
570 BGH, Urteil v. 5.2.2007, II ZR 234/05, BGHZ 171 S. 46 ff.
571 Siehe auch unten Rn. 757 und 764.
572 BGH, Urteil v. 5.4.1971, VII ZR 163/69, BGHZ 56, 81, DB 1971 S. 1006.
573 BGH, Urteil v. 23.2.1983, VIII ZR 325/81, BGHZ 87 S. 27 (33).
574 Vgl. z.B. auch BGH, Urteil v. 1.7.1991, II ZR 180/90, GmbHR 1991 S. 409 f.; BGH, Urteil v. 13.6.2002, VII ZR 30/01, DStR 2002 S. 1275; Lutter/Hommelhoff/Hommelhoff/Kleindiek, § 43 Rn. 53.

des Geschäftsführers lässt sich allerdings noch nicht aus seiner Beteiligung an der Gesellschaft herleiten;[575] auch ein Provisionsinteresse[576] oder von dem Geschäftsführer zur Verfügung gestellte Sicherheiten[577] begründen allein noch kein Eigeninteresse. Insgesamt ist die Rechtsprechung in diesen Fällen – außer in Prospekthaftungsfällen bei Publikums-KGen[578] – außerordentlich zurückhaltend.

3 Rechnungslegung (Handels- und Steuerrecht)

3.1 Buchführungs- und Rechnungslegungsvorschriften

3.1.1 Handelsrecht

335 Sowohl für die Komplementär-GmbH als auch für die KG gilt die in § 238 Abs. 1 HGB niedergelegte Verpflichtung des Kaufmanns, Bücher zu führen und in diesen seine Handelsgeschäfte und die Lage seines Vermögens nach den Grundsätzen ordnungsmäßiger Buchführung ersichtlich zu machen. Darüber hinaus ist er verpflichtet, eine mit der Urschrift übereinstimmende Wiedergabe der abgesandten Handelsbriefe zurückzuhalten (§ 238 Abs. 2 HGB).

336 Bei der GmbH trifft die Buchführungspflicht den Geschäftsführer; dieser ist verpflichtet, für die ordnungsgemäße Buchführung der Gesellschaft zu sorgen (§ 41 Abs. 1 GmbHG). Bei der GmbH & Co. KG obliegt die Buchführungspflicht dem Komplementär,[579] also der GmbH.

337 Die Buchführungspflicht beginnt **handelsrechtlich** mit der Entstehung der Kaufmannseigenschaft. Das bedeutet, dass sowohl bei der GmbH als auch bei der KG vor Eintragung in das Handelsregister Bücher dann zu führen sind, wenn der Geschäftsbetrieb aufgenommen ist.

338 Die Geschäftsführer der Komplementär-GmbH müssen daher sowohl für die GmbH als auch für die KG Buch führen. Sie brauchen dieses nicht in

---

575 BGH, Urteil v. 21.10.1985, VIII ZR 210/84, ZIP 1986 S. 29; BGH, Urteil v. 5.10.1988, VIII ZR 325/87, GmbHR 1988 S. 480; BGH, Urteil v. 15.7.2002, II ZR 225/00, DStR 2002 S. 1541.
576 BGH, Urteil v. 3.10.1989, XI ZR 157/88, NJW 1990 S. 389 (390).
577 BGH, Beschluss v. 1.3.1993, II ZR 292/91, ZIP 1993 S. 763.
578 Siehe dazu Rn. 757.
579 Schlegelberger, § 38 Anm. 1.

jedem Fall selbst zu tun, sind jedoch zumindest verpflichtet, geeignete und zuverlässige Personen mit der Buchführung zu beauftragen und diese zu überwachen.[580] Neben der allgemeinen zivilrechtlichen Haftung wegen schuldhafter Verletzung dieser Pflicht macht sich der Geschäftsführer im Fall der Insolvenz oder der Zahlungseinstellung der Gesellschaften gegebenenfalls auch strafbar.[581]

Zudem verlangt § 242 Abs. 1 Satz 1 HGB von der Komplementär-GmbH und der KG die Aufstellung einer **Handelsbilanz**; hierbei sind die handelsrechtlichen Ansatzvorschriften (§§ 246–251 HGB) und die handelsrechtlichen Bewertungsvorschriften (§§ 252–256 HGB) sowie die nur für Kapitalgesellschaften und die GmbH & Co. KG geltenden Vorschriften der §§ 264 ff. HGB zu beachten. Die vorgenannten Ansatz- und Bewertungsvorschriften wurden durch das BilMoG geändert, um zum einen die Aussagekraft des Jahresabschlusses zu verbessern und zum anderen sich den internationalen Bilanzierungsregeln IAS/ IFRS anzunähern; u. a. folgende Änderungen:[582]

– Selbst geschaffene immaterielle Vermögensgegenstände des Anlagevermögens, z. B. Patente, können mit ihren auf die Entwicklungsphase entfallenden Herstellungskosten aktiviert werden.
– Bei der Rückstellungsbewertung sind künftige Preis- und Kostensteigerungen zu berücksichtigen; die Rückstellungen sind abzuzinsen (§ 253 Abs. 1 Satz 2, Abs. 2 HGB-E).
– Sofern sich Zuführungen zu den Pensionsrückstellungen ergeben, können diese in gleichmäßig bemessenen Jahresraten bis zum 31.12.2023 angesammelt werden (Art. 65 Abs. 1 EGHGB).
– Ein entgeltlich erworbener Firmenwert ist im Einzelabschluss zu aktivieren.
– Annäherung des handelsrechtlichen Herstellungskostenbegriffs an den Vollkostenbegriff nach IFRS. Die Herstellungskostenuntergrenze wird an die steuerliche Untergrenze angepasst (§ 255 Abs. 4 HGB-E).
– Geänderte Vorschriften zur Währungsumrechnung (Devisenkassamittelkurs).
– Abgrenzung latenter Steuern.

---

580 Baumbach/Hueck, § 41 Anm. 2 B; Baumbach/Hopt, § 38 Anm. 3 B.
581 Vgl. BayObLG, Urteil v. 18.3.1969, DB 1969 S. 918 f.
582 Gesetz zur Modernisierung des Bilanzrechts (BilMoG) v. 25.5.2009, BStBl I S. 650; Einzelheiten siehe Petersen/Zwirner, Bilanzrechtsmodernisierungsgesetz BilMoG – Gesetze. Materialien. Erläuterungen, C. H. Beck Verlag, München 2009 sowie Bertram/ Brinkmann/Kessler/Müller, Haufe HGB Bilanzkommentar, 2. Auflage, Freiburg 2010.

– Keine Zulassung der degressiven AfA.

3.1.2 Steuerrecht

340 Die steuerrechtliche Buchführungspflicht ergibt sich aus § 140 AO; nach dieser Vorschrift werden die GmbH und die GmbH & Co. KG verpflichtet, die Buchführungsvorschriften des HGB auch im Interesse der Besteuerung zu erfüllen.

341 Mit dem BilMoG wurde auch **§ 5 Abs. 1 EStG geändert**. Danach „ist bei Gewerbetreibenden, die aufgrund gesetzlicher Vorschriften verpflichtet sind, Bücher zu führen und regelmäßig Abschlüsse zu machen, oder die ohne eine solche Verpflichtung Bücher führen und regelmäßig Abschlüsse machen, für den Schluss des Wirtschaftsjahres das Betriebsvermögen anzusetzen, das nach den handelsrechtlichen Grundsätzen ordnungsgemäßer Buchführung auszuweisen ist, **es sei denn**, im Rahmen der Ausübung eines steuerrechtlichen Wahlrechts wird oder wurde ein anderer Ansatz gewählt". Das bedeutet, dass durch das BilMoG zwar nicht die allgemeinen Grundsätze zur Aktivierung, Passivierung und Bewertung der einzelnen Bilanzposten geändert werden, also maßgeblich bleiben, dass jedoch steuerliche Ansatz- und Bewertungsvorbehalte diese Maßgeblichkeit durchbrechen.[583] Folgende Grundsätze sind zu unterscheiden:
– Handels- und Steuerbilanz stimmen überein, d. h. in der Steuerbilanz kann der Ansatz und/ oder die Bewertung der Handelsbilanz übernommen werden (siehe § 5 Abs. 1 Satz 1 Halbsatz 1 EStG), die Maßgeblichkeit ist gewahrt.
– Handels- und Steuerbilanz fallen auseinander, z. B. Bewertung von Pensionsverpflichtungen, Ansatz degressiver AfA; d. h. der Ansatz/ die Bewertung in der Steuerbilanz weicht von der Handelsbilanz ab (siehe § 5 Abs. 1 Satz 1 Halbsatz 2 EStG), die Maßgeblichkeit ist eingeschränkt.
– Handels- und Steuerrecht fallen auseinander, da aufgrund zwingender steuerrechtlicher Vorschriften ein von der Handelsbilanz abweichender Bilanzansatz, z. B. Bildung einer Reinvestitionsrücklage nach § 6b EStG, keine Bildung einer Drohverlustrückstellung (§ 5 Abs. 4a EStG) angesetzt wird, es liegt eine Durchbrechung der Maßgeblichkeit vor.

---

583 Einzelheiten siehe BMF, Schreiben v. 12.3.2010, IV C 6 – S 2133/09/10 001, BStBl I S. 239.

Zudem besteht gemäß § 5b EStG ab 2014 für den Veranlagungszeitraum 342
2013 steuerlich die Verpflichtung, den Inhalt der Bilanz sowie der GuV-
Rechnung nach einheitlich vorgeschriebenem Datensatz – sog. **Taxonomie**
– durch Datenfernübertragung der Finanzverwaltung zu übermitteln (sog.
E-Bilanz).[584] Bei einer GmbH & Co. KG kann es neben der Gesamthandsbilanz mehrere verschiedene E-Bilanzen geben, man denke an die Sonder-
und Ergänzungsbilanzen für jeden Mitgesellschafter. Auch diese sind in
jeweils gesonderten Datensätzen nach dem amtlich vorgeschriebenen Datensatz durch Datenfernübertragung zu übermitteln.[585] Auch die anlässlich
einer Betriebsveräußerung, Betriebsaufgabe, Änderung der Gewinnermitt-
lungsart oder in Umwandlungsfällen aufzustellende Bilanz ist durch Datenfernübertragung zu vermitteln.[586]

3.1.3 Keine Einheitsbilanz

Soweit keine gesonderte Steuerbilanz aufgestellt wird, ist Grundlage für die 343
steuerliche Gewinnermittlung die Handelsbilanz unter Beachtung der vorgeschriebenen steuerlichen Anpassungen (§ 60 Abs. 2 Satz 1 EStDV).

In der Praxis wird bei Einzelkaufleuten und kleinen Personenhandelsgesell- 344
schaften sowie kleinen GmbHs zum Teil aus Vereinfachungsgründen, zum
Teil aus Gründen der Kostenersparnis das Bestreben bestehen, die Handelsbilanz von vornherein unter Berücksichtigung der steuerlichen Vorschriften
aufzustellen; die Handelsbilanz ist also zugleich Steuerbilanz (sog. Einheitsbilanz).[587] Aus dem Beschluss des BayObLG vom 5.11.1987[588] muss
der Schluss gezogen werden, dass mit Inkrafttreten des BiRiLiG für Einzel-
abschlüsse ab 1987 – zumindest für die GmbH – die Einheitsbilanz
unzulässig ist,[589] da die handelsrechtlichen Ansatz- und Bewertungsvorschriften oder die Grundsätze ordnungsgemäßer Buchführung zwingend

---

584 Für Einzelheiten siehe BMF, Schreiben v. 19.1.2010, IV R 6 – S 2133 -b/o, BStBl I S. 47
sowie BMF, Schreiben v. 28.9.2011, IV C 6 – S 2133-b/11/10009, BStBl I S. 855. Die auf
der Internetseite www.esteuer.de abrufbare Excel-Datei zur Kerntaxonomie beinhaltet
4.409 Zeilen sowie 59 Spalten. Darin befinden sich die Angaben der jeweiligen Posten
sowie zur Behandlung der jeweiligen Felder.
585 Tz. 22 des BMF, Schreiben v. 28.9.2011.
586 Tz. 1 des BMF, Schreiben v. 28.9.2011.
587 Vgl. Regierungsbegründung zum BiRiLiG, BT-Dr. 10/317, S. 68 unter V 4.
588 DB 1988, S. 171.
589 Leitsatz des Beschlusses: „Der Gesellschaftsvertrag (die Satzung) einer GmbH kann den
Geschäftsführer nicht verpflichten, die anläßlich des Jahresabschlusses 1987 und später
erforderliche Bilanz ausschließlich nach steuerlichen Vorschriften aufzustellen."

sind und handels- und steuerrechtliche Regelungen nicht in allen Punkten übereinstimmen. Das HGB gestattet es nicht, die Handelsbilanz allgemein durch die Steuerbilanz zu ersetzen.

345 Die wesentlichen Abweichungen zwischen Handelsbilanz und Steuerbilanz treten nach Abschaffung des Maßgeblichkeitsprinzips und der Umkehrmaßgeblichkeit bei Bewertungsfragen auf. Da bei vielen Unternehmen die Ausübung steuerlicher Wahlrechte i. S. einer Steuerbilanzpolitik im Vordergrund stehen, wird es zu einer Entkopplung von Handels- und Steuerbilanz kommen. Man denke an die steuerlichen Regeln der §§ 6 – 7g EStG, deren Dokumentation, vorgeschrieben durch § 5 Abs. 1 Satz 2 und 3 EStG, steuerlich in einer „Nebenrechnung" durchzuführen und fortzuschreiben ist; ein Beispiel sind unterschiedliche Abschreibungsverläufe bei Inanspruchnahme degressiver AfA (steuerlich) und linearer AfA (handelsrechtlich) für einen Vermögensgegenstand und daraus resultierender „latenter Steuern". Diese Anforderungen lassen sich nur durch eine gesonderte Steuerbilanz erfüllen, die zudem auch unter dem Gesichtspunkt der „Taxonomie" sinnvoll ist.

346 Die getrennte Erstellung von Handels- und Steuerbilanz ist notwendig. Zum einen führt die Globalisierung der Märkte und damit der Unternehmensaktivitäten zu einer handelsrechtlichen Bilanzierung nach internationalen Vorschriften (IAS und GAAP); zum anderen führt die deutsche Steuergesetzgebung zu einem Abschied von der Einheitsbilanz.

3.1.4 Gesellschafterkonten

3.1.4.1 Kapitalkonten und Gesellschafterdarlehen

347 Die gesellschaftsrechtlichen Rechte und Pflichten eines Gesellschafters ergeben sich aus seinem Gesellschaftsanteil, der jedoch nichts über seine vermögensmäßige Beteiligung an der Gesellschaft aussagt. Diese repräsentiert das Kapitalkonto. Es ist „eine Rechengröße, die kontenmäßig die Vermögensbeteiligung des Gesellschafters an der Gesellschaft darstellt".[590] **Gesetzlich** sind für die Komplementär-GmbH ein Kapitalkonto, für einen Kommanditisten zwei Kapitalkonten zu führen. Die Komplementär-GmbH hat nach den Vorstellungen des Gesetzgebers (§ 161 Abs. 2 HGB i. V. m. § 120 Abs. 2 HGB) ein variables Konto zu führen, auf dem Einlagen und

---

590 Werner, Gesellschafterkonten im Gesellschaftsvertrag der GmbH & Co. KG, NWB 18/2012, S. 1523.

Gewinnanteile sowie Entnahmen und Verlustanteile buchhalterisch erfasst werden. Beim Kommanditisten ist das Kapitalkonto in seiner Höhe auf die vertraglich bedingte Einlage begrenzt, d. h. auf diesem Konto werden Einlagen und Gewinne nur solange buchhalterisch erfasst wie es der Höhe der festgesetzten Kommanditeinlage entspricht. Bei Verlusten entsteht ein sog. negatives Kapitalkonto, dem die Einlagen solange gutzuschreiben sind, bis die Kommanditeinlage erreicht ist. Übersteigt der Betrag des Kapitalkontos die vertraglich vereinbarte Kommanditeinlage, müssen darüber hinausgehende Beträge, z. B. Gewinne auf einem gesonderten zweiten Konto erfasst werden.

Gesellschaftsvertraglich werden diese gesetzlichen Regelungen i. d. R. abbedungen, es werden letztendlich Kapitalkonten bestimmt, um den gesellschaftsrechtlichen Vereinbarungen, dass Gewinn und Verlust sowie das Stimmrecht sich nach den Kapitalbeteiligungen richten, gerecht zu werden. Für die Komplementär-GmbH und den Kommanditisten werden zumindest je zwei Konten geführt: ein Festkapitalkonto (entspricht der Hafteinlage bzw. Pflichteinlage) und ein variables Konto, auf dem Gewinne und Verluste, Einlagen und Entnahmen zu erfassen sind.

Gewinne und Verluste, Einlagen und Entnahmen sind im Jahresabschluss auf separaten Verrechnungskonten der Gesellschafter zu erfassen.

In der gesellschaftsvertraglichen Praxis sind oftmals folgende Kontenmodelle vorzufinden:[591]

Zweikontenmodell

Konto I	Festes Kapitalkonto (= Hafteinlage), von dem die Beteiligung am Jahresergebnis und am Liquidationserlös sowie die Stimmrechte abhängen.
Konto II	Konto, dem entnahmefähige und/oder nicht entnahmefähige Gewinnanteile, Zinsen und evtl. Tätigkeitsvergütungen „zugebucht" und von dem Verlustanteile und Entnahmen „abgebucht" werden.
Folge:	Beide Konten sind als Kapitalkonto i. S. d. § 15a EStG zu betrachten und damit in das Verlustausgleichsvolumen einzubeziehen.

---

591 Siehe OFD Hannover, Verfügung v. 7.2.2008, S 2241a-96-StO 222/221, Haufe Index: 2016002.

Dreikontenmodell

Konto I	Festes Kapitalkonto (= Hafteinlage), von dem die Beteiligung am Jahresergebnis und am Liquidationserlös sowie die Stimmrecht abhängen.
Konto II	Konto, dem nicht entnahmefähige Gewinnanteile „zugebucht" und von dem Verlustanteile „abgebucht" werden.
Konto III	Konto, dem entnahmefähige Gewinnanteile, Zinsen und evtl. Tätigkeitsvergütungen zugeschrieben und von dem Entnahmen abgebucht werden.
Folge:	Konto I und II sind als Einlage- bzw. Beteiligungskonten zu betrachten und damit in das Verlustausgleichsvolumen i. S. d. § 15a EStG einzubeziehen. Konto III ist als echtes Darlehenskonto zu betrachten, weil sein Guthaben vom Gesellschafter jederzeit entnommen oder es im Einzelfall wie ein Darlehen gekündigt werden kann. Dieses Konto ist mit umgekehrten Vorzeichen auch in der Sonderbilanz des Gesellschafters auszuweisen.

Vierkontenmodell

Konto I	Festes Kapitalkonto (= Hafteinlage), von dem die Beteiligung am Jahresergebnis und am Liquidationserlös sowie die Stimmrechte abhängen.
Konto II	Konto, dem nicht entnahmefähige Gewinnanteile „zugebucht" werden.
Konto III	Konto, dem entnahmefähige Gewinnanteile, Zinsen und evtl. Tätigkeitsvergütungen zugeschrieben und von dem Entnahmen abgebucht werden.
Konto IV	Verlustvortragskonto

Folge:	Regelmäßig bilden die Konten I, II und IV die Bemessungsgrundlage für das Verlustausgleichsvolumen nach § 15a Abs. 1 Satz 1 EStG. Ausnahmsweise ist das Kapitalkonto II ein Darlehenskonto, falls nach dem Gesellschaftsvertrag – das Kapitalkonto II kein gesamthänderisch gebundenes Rücklagenkonto bzw. Kapitalrücklage darstellt und – die Verrechnung des Guthabens auf dem Kapitalkonto II mit Verlusten selbst im Liquidationsfall bzw. beim Ausscheiden aus der Gesellschaft ausgeschlossen ist. Konto III ist als echtes Darlehenskonto zu betrachten, weil sein Guthaben vom Gesellschafter jederzeit abgerufen oder es im Einzelfall wie ein Darlehen gekündigt werden kann. Dieses Konto ist daher mit umgekehrten Vorzeichen auch in der Sonderbilanz des Gesellschafters auszuweisen.

Die Kapitalkonten I bis IV sind also nur Unterkonten des einheitlichen Kapitalkontos, also Teile desselben; das Auseinanderziehen soll der Übersichtlichkeit dienen. 349

Der Saldo zwischen diesen Konten und dem festen Kapitalkonto stellt das tatsächliche Kapital des Gesellschafters dar. Ist die Einlage voll eingezahlt, entspricht dieser Saldo gleichzeitig dem haftenden Kapital der Kommanditisten. **Davon zu unterscheiden** sind – zumindest was die Kommanditisten betrifft – **Darlehen der Gesellschafter**. Führt der Kommanditist über seine Einlagen hinaus der Gesellschaft weitere Mittel in Form von Darlehen zu, so hat er insoweit die Stellung eines Gläubigers. Das Darlehenskapital ist nicht verhaftet. Es kann nach den vertraglichen Abreden zurückgefordert werden. Im Fall der Insolvenz bleibt dem Kommanditisten wenigstens der Anspruch in Höhe der allgemeinen Quote.[592] Dagegen haftet die Komplementärin mit allem, was sie der Gesellschaft als Einlage oder als Darlehen zur Verfügung gestellt hat.

Für die Einordnung der Gesellschafterkonten in Kapital- oder Darlehenskonten kommt es entscheidend auf die dazu getroffenen rechtsgeschäftlichen Regelungen entweder im Gesellschaftsvertrag oder in Form eines einstimmigen Gesellschafterbeschlusses an. Für den Regelfall sind Einzahlungen und Auszahlungen, Zuschreibungen aus Gewinn und Abschreibungen aus Verlust gesellschaftsrechtlicher Natur und werden über das Kapitalkonto bzw. über dessen Unterkonten gebucht. Sollen diese Vorgänge nicht 350

---

592 Zur Problematik der Eigenkapital ersetzenden Darlehen vgl. Rn. 705 ff.

in den gesellschaftsrechtlichen Bereich gehören, so müssen zu ihrer buchhalterischen Erfassung auf Darlehenskonten gesonderte Vereinbarungen oder entsprechende Gesellschafterbeschlüsse vorliegen.[593] Entscheidendes Kriterium für die Annahme eines Darlehenskontos ist es, dass der Gesamtzusammenhang der Vereinbarungen und Abreden ergibt, dass die auf dem Konto gebuchten Beträge nicht mehr am Verlust teilnehmen,[594] das Konto also nur durch Auszahlungen oder, soweit zulässig, durch Entnahmen gemindert werden kann.[595] Hieraus folgt im Umkehrschluss, dass vor allem dann von einem Kapitalkonto auszugehen ist, wenn auf dem Konto Verlustanteile des Gesellschafters verbucht werden. Denn mit dem Begriff des Darlehens ist eine Verlustbeteiligung nicht vereinbar. Wird ein Konto gewinnunabhängig verzinst, so stellt dies ein Indiz dafür dar, dass das Konto Fremdkapital ausweist, wohingegen das Fehlen einer Verzinsung für das Vorliegen von Eigenkapital spricht. Hierin ist jedoch keine zwangsläufige Schlussfolgerung zu sehen, denn es handelt sich insoweit um ein betriebswirtschaftliches und nicht um ein aus rechtlicher Sicht begriffsnotwendiges Kriterium.[596]

Für die Qualifizierung als Kapitalkonto spricht außerdem, wenn auf dem Konto Entnahmen und Einlagen zu verbuchen sind. Von Bedeutung kann schließlich sein, ob für die Kapitalüberlassung Höchstbeträge festgelegt, Sicherheiten gestellt und Tilgungsvereinbarungen getroffen worden sind.[597] Die buchhalterische bzw. bilanzielle Behandlung ist kein Entscheidungsmerkmal für die Behandlung als Darlehens- oder als Kapitalkonto: „Aus dem Ausweis des Kontos auf der Aktivseite der Bilanz, in einem Jahr sogar unter der Rubrik ‚Umlaufvermögen', können keine Rückschlüsse auf den Charakter des Kontos gezogen werden, denn sowohl Darlehens- als auch Kapitalkonten können einen Sollsaldo aufweisen und als Aktivposten zu

---

593 Der BGH hat mit dem Urteil v. 23.2.1978, BB 1978 S. 630 entschieden, dass zwischen den Zuweisungen auf ein Gesellschafterkonto kraft Vereinbarung der Gesellschafter und aufgrund von Maßnahmen der Geschäftsführung zu unterscheiden ist.
594 Grundlegend ist § 169 HGB zu beachten, der bestimmt, dass dem Kommanditisten der ihm zustehende Gewinnanteil auszuzahlen ist.
595 Siehe Schopp, BB 1987, S. 581 (583 f.).
596 Aus der Begründung zum BFH, Urteil v. 15.5.2008, IV R 46/05, GmbHR 2008 S. 998. So wird ein gewinnunabhängig zu verzinsendes „Kapitalkonto II" dem Eigenkapital zugerechnet, wenn auf ihm – wie im Rahmen des sog. Zwei-Konten-Modells üblich – die Verluste der Gesellschaft verbucht werden.
597 BFH, Urteil v. 27.6.1996, IV R 80/95, BStBl 1997 II S. 36; BFH, Urteil v. 4.5.2000, IV R 16/99, BB 2000 S. 2027.

bilanzieren sein. Die Einordnung als Umlaufvermögen sagt über den Charakter des Kontos nichts aus."[598]

Fazit: Wenn ein Gesellschafterkonto ein echtes Forderungskonto (Darlehenskonto) und kein Beteiligungskonto sein soll, empfiehlt es sich, schon im Gesellschaftsvertrag entsprechende Vorkehrungen zu treffen. Wird beispielsweise im Gesellschaftsvertrag bestimmt, dass Gewinne, Einlagen und Entnahmen auf einem Konto gebucht werden, auf dem keine Verluste gebucht werden, spricht dies für den Forderungscharakter eines solchen Kontos. Sofern ein Gesellschafterkonto kein Beteiligungskonto ist, zählt es nicht zum Kapitalkonto i. S. d. § 15a Abs. 1 Satz 1 EStG.[599]

351 Es kann dem Interesse der Gesellschaft entsprechen, aus thesaurierten Gewinnen **Rücklagen** zu bilden. Auch können Einlagen, für die keine Gesellschaftsrechte gewährt werden sollen, auf Rücklagekonten gebucht werden. Diese Rücklagekonten können für jeden Gesellschafter oder für alle Gesellschafter gemeinsam gebildet werden;[600] bei einer GmbH & Co. KG müssen sie aber stets Bestimmungen im Gesellschaftsvertrag oder einen besonderen Gesellschafterbeschluss zur Grundlage haben (§ 264c Abs. 2 Satz 8 HGB). Auf jeden Fall ist die Rücklage Teil des Eigenkapitals.[601] Wird ein Rücklagekonto geführt, wird das im gesellschaftsrechtlichen Raum weit verbreitete 4-Konto-Modell zu einem 5-Konto-Modell.[602]

352 Die handelsrechtliche Behandlung der Gesellschafterkonten sollte vor allem bei Publikums-GmbH & Co. KGen zweckmäßigerweise in den Angaben zum Jahresabschluss kurz in der Weise hervorgehoben werden, dass klargestellt wird, ob ein Konto Darlehenscharakter hat oder ob es ein anderes Guthaben aufweist, z. B. aus stehen gebliebener Vergütung für eine Tätigkeit innerhalb der Gesellschaft. Dabei ist meines Erachtens eine Angabe erst vollständig, wenn auf die rechtsgeschäftliche Grundlage der Kontenausweise hingewiesen wird. Damit wird zugleich deutlich gemacht,

---

598 BFH, Urteil v. 4.5.2000, BB 2000 S. 2028.
599 Siehe Vertragsmuster 1, § 4; zum Umfang des Kapitalkontos i. S. d. § 15a Abs. 1 Satz 1 EStG siehe auch BMF, Schreiben v. 30.5.1997, IV B 2-S 2241a – 51/93 II, DB 1997 S. 1308.
600 Werner, a.a.O., S. 1526 sowie Wälzholz, Ausgewählte gesellschaftsrechtliche Aspekte von Gesellschaftskonten bei Personengesellschaften (Teil 1), DStR 2011, S. 1816 ff. und 1861 ff. (1817, 1861).
601 Siehe Werner, a.a.O., S. 1520 sowie Wälzholz a.a.O., S. 1817.
602 Wälzholz a.a.O., S. 1817.

wie rechtsgeschäftliche Abreden verstanden werden und damit Unklarheiten oder divergierenden Auffassungen vorgebeugt wird.[603]

353 Nach § 6 Abs. 1 Nr. 3 EStG i. d. F. des StEntlG 1999/2000/2002 sind für nach dem 31.12.1998 endende Wirtschaftsjahre **steuerlich** unverzinsliche Verbindlichkeiten mit einer Restlaufzeit von mindestens zwölf Monaten, soweit sie nicht auf einer Anzahlung oder Vorausleistung beruhen, mit einem Zinssatz von 5,5 % abzuzinsen. Diese Regelung[604] gilt auch für Verbindlichkeiten aus Gesellschafterdarlehen, sofern sie unverzinslich sind;[605] damit besteht ein **Abzinsungsgebot für Verbindlichkeiten aus unverzinslichen Gesellschafterdarlehen**. Bei den Gesellschafterdarlehen fehlt oft die Vereinbarung einer bestimmten Laufzeit. Für diesen Fall bemisst sich die Abzinsung in Anwendung des § 13 Abs. 2 BewG mit dem 9,3fachen des Jahreswerts (5,5 % des Darlehensbetrags). Damit wird eine Laufzeit von rund 13 Jahren unterstellt.[606]

Die E-Bilanz-Taxonomie für die Kapitalentwicklung der Mitunternehmer gilt vollumfänglich erst für Wirtschaftsjahre, die nach dem 31.12.2014 beginnen. Für jeden Gesellschafter gibt es Untergliederungen in Festkapital, variablen Kapital, Gesellschafter-Darlehen sowie Verlustausgleichskonto (Kommanditist). In der Übergangszeit, also für Wirtschaftsjahre, die vor dem 31.12.2014 beginnen, kann im Berichtsteil „Bilanz" als „Pflichtfeld" die Kapitalkontenentwicklung zusammengefasst und nach Gesellschaftergruppen dargestellt werden, d.h. in dem Berichtsteil „Kapitalkontenentwicklung für Personengesellschaften" müssen bei den Bilanzpositionen nur die Positionen „Kapitalanteile der persönlich haftenden Gesell-

---

603 Zur Abgrenzung des Beteiligungskontos in einem Forderungskonto (Darlehenskonto) siehe Rn. 381 und 492 ff.
604 Sie gilt auch für Altdarlehen nach der Übergangsregelung in § 52 Abs. 16 Satz 6 ff. EStG, allerdings mit der Möglichkeit, im Jahresabschluss 1999 9/10 des Abzinsungsbetrags in eine Rücklage einzustellen, die in den folgenden neun Jahren erfolgswirksam aufzulösen ist. Scheidet die Verbindlichkeit während des Auflösungszeitraums von zehn Jahren aus dem Betriebsvermögen aus, ist die Rücklage im betreffenden Wirtschaftsjahr in vollem Umfang gewinnerhöhend aufzulösen.
605 Siehe Hauber/Kiesel, BB 2000, S. 1511.
606 § 6 Abs. 1 Nr. 3 Satz 2 EStG nimmt niedrig verzinsliche Verbindlichkeiten, die verzinslich sind, von der Abzinsung aus; für Gesellschafterdarlehen sollte daher eine Verzinsung von 1 %-2 % vereinbart werden.

schafter" und „Kapitalanteile der Kommanditisten" – beides Summenmussfelder – angesprochen werden.[607]

3.1.4.2 Verrechnungskonten bei Auslagenersatz

Wird die GmbH & Co. KG schon im Gesellschaftsvertrag verpflichtet, die im Zusammenhang mit der Geschäftsführung entstehenden Kosten der GmbH zu übernehmen, so ergibt sich folgendes Verfahren: Die GmbH & Co. KG bezahlt die anfallenden Geschäftsführergehälter und sonstigen Kosten aus eigenen Mitteln. Die Gegenbuchung erfolgt über ein Verrechnungskonto, das spiegelbildlich die gleichen Vorgänge enthält, wie dasjenige bei der GmbH. Die Gegenbuchungen bei der GmbH erfolgen auf den jeweiligen Kostenkonten. Der Ausgleich der Verrechnungskonten kann monatlich oder jährlich oder in einem sonstigen Rhythmus vorgenommen werden. Die GmbH & Co. KG bucht den Saldo des Verrechnungskontos als Aufwand, der z. B. mit „Auslagenersatz an die Komplementärin" bezeichnet wird. Bei der GmbH erfolgt eine entgegengesetzte Buchung, so dass die Kostenerstattung als Ertrag vereinnahmt wird. 354

Im Ergebnis hat sich der gesamte Vorgang erfolgsmäßig nur bei der GmbH & Co. KG, nicht jedoch bei der GmbH ausgewirkt, bei der sich Aufwand und Ertrag in gleicher Höhe gegenüberstehen, sofern alle Aufwendungen der GmbH als erstattungsfähig, also als im Zusammenhang mit der Geschäftsführung entstanden, angesehen werden.[608] 355

---

607 Zwirner/Schmidt/König, Elektronische Steuer-Bilanz E-Bilanz, Verlag C. H. Beck 2012, S. 3
608 Es kann aber strittig sein, ob die Steuern der GmbH, der Zinsaufwand für ein eventuelles Girokonto etc. solche erstattungsfähigen Aufwendungen darstellen. Die Kostenerstellung ist umsatzsteuerpflichtig; im Beispiel außer Acht gelassen.

356 **Beispiel:**

Buchung für Verrechnungskonten
(1) Büromaterial 500 EUR
(2) Geschäftsführungsgehalt 6.000 EUR

Buchungen bei der KG

Verrechnungskonto		Bank		G + V Konto	
				6 500	
(1) 500		(1) 500			
(2) 6 000		(2) 6 000			
	6 500 (G+V)				

Buchungen bei der GmbH

Verrechnungskonto		Büromaterial		Geschäftsführergehalt	
	(1) 500	(1) 500		(2) 6 000	
	(2) 6 000	500 (G+V)		6 000 (G+V)	
6 000 (G+V)					

G+V Konto	
6 500	Verrechnungskonto 6 500

357 Das Beispiel unterstellt, dass alle Aufwendungen der GmbH unmittelbar durch die Beteiligung an der GmbH & Co. KG veranlasst sind und sich der eigene Geschäftsbetrieb der GmbH nur auf das Halten dieser Beteiligung beschränkt. Aufwand, der nicht unmittelbar durch die Beteiligung an der GmbH & Co. KG veranlasst ist, ist nur bei der KSt-Veranlagung der GmbH zu berücksichtigen. Die BFH-Rechtsprechung rechnet hierzu außerordentliche im Gründungsstadium der GmbH entstehende Aufwendungen, Auf-

wendungen der GmbH für die Erstellung ihrer Jahresabschlüsse und ihre Steuerberatung sowie IHK-Beiträge. Eigene Steuern der GmbH gehören dagegen nicht zum Auslagenersatz, sondern sind aus dem Gewinnanteil der GmbH zu decken.[609]

Eine Besonderheit ergibt sich für den Fall, dass der eine entsprechende Vergütung beziehende Geschäftsführer zugleich Kommanditist der KG ist. In diesem Fall geht das Steuerrecht nämlich davon aus, dass es sich bei den Bezügen aus der Geschäftsführertätigkeit um Vorabgewinn des Geschäftsführers in seiner Eigenschaft als Kommanditist handelt. Steuerlich kommt somit ein Abzug dieser Vergütungen als Betriebsausgaben nicht in Betracht, wobei es ohne Bedeutung ist, ob das Gehalt von der GmbH oder unmittelbar von der KG gezahlt wird.

Ein Anspruch des geschäftsführenden Gesellschafters, der Komplementär- 358 GmbH also, auf eine Vergütung für seine Geschäftsführertätigkeit bedarf auch zivilrechtlich einer besonderen Abrede zwischen den Gesellschaftern entweder im Gesellschaftsvertrag oder in einem besonderen Dienstleistungsvertrag. Liegen diese besonderen Vertragsbeziehungen zwischen der Gesellschaft und dem einzelnen Gesellschafter vor, so sind die Tätigkeitsvergütungen aber nur dann als Sondervergütungen i. S. d. § 15 Abs. 1 Satz 1 Nr. 2 HS 2 EStG zu qualifizieren, wenn sie „handelsrechtlich nach den Bestimmungen des Gesellschaftsvertrages als Unkosten zu behandeln, insbesondere im Gegensatz zu einem Gewinn-Voraus auch zu zahlen sind, wenn kein Gewinn erwirtschaftet wird".[610]

Etwas anderes gilt dann, wenn im Gesellschaftsvertrag nicht zweifelsfrei festgelegt ist, dass die Komplementär-Vergütung als Aufwand („Unkosten") der Gesellschaft behandelt werden soll. Für diesen Fall stellt die Komplementär-Vergütung einen Vorab-Gewinn dar.[611]

Für die Praxis ist es also wichtig, unmissverständlich zu vereinbaren, dass die Komplementär-Vergütung als Aufwand der KG behandelt und auch dann gezahlt werden soll, wenn ein Verlust erwirtschaftet werden soll.

Häufig wird bei der Komplementärin die Geschäftsführung für die KG die 359 einzige Tätigkeit darstellen. Die GmbH besitzt daher weder eigene Geldkonten, noch sind Debitoren- oder Kreditorenkonten vorhanden. Es stellt

---

609 Siehe BFH, Urteil v. 18.5.1995, IV R 46/94, DB 1995 S. 2400.
610 Siehe BFH, Urteil v. 13.10.1998, VIII R 4/98, DB 1999 S. 313.
611 BFH, Urteil v. 13.7.1993, VII R 50/92, BStBl 1994 II S. 282.

sich die Frage, ob das bei der KG geführte Verrechnungskonto bei der GmbH für sich allein ausreicht, um die Buchführung der GmbH als ordnungsgemäß anzusehen. Dies kann nur bejaht werden, wenn für die GmbH lediglich wenige Geschäftsvorfälle pro Wirtschaftsjahr anfallen und somit keine Schwierigkeiten bestehen, jeden der Geschäftsvorfälle auf dem Verrechnungskonto zu identifizieren und später auf zutreffende Sachkonten zu systematisieren.

360 Auf einen Fehler, der häufig seine Ursachen schon im unklaren Gesellschaftsvertrag der GmbH & Co. KG hat, jedoch in weiten Kreisen auch bei deutlicher Abfassung der einschlägigen Regelungen gemacht wird, soll an dieser Stelle hingewiesen werden. Die Kostenerstattung für die Geschäftsführung an die GmbH beeinflusst nicht den Gewinnanteil der GmbH. Im Gesellschaftsvertrag ist dies dergestalt darzustellen, dass z. B. der Passus über die Gewinnverteilung folgenden Satz enthält: „Der nach Erstattung der Auslagen für die Geschäftsführung an die GmbH verbleibende Gewinn (Verlust) wird wie folgt aufgeteilt …".

Ist gesellschaftsvertraglich zweifelsfrei festgelegt, dass die Komplementär-Vergütung als Aufwand der Gesellschaft zu behandeln ist, so ist dennoch zu prüfen, ob die Vergütung in voller Höhe als Aufwand abzuziehen ist. Dabei wird zu berücksichtigen sein, dass eine Komplementär-GmbH auch Aufwendungen hat und Tätigkeiten ausüben kann, die nicht unmittelbar durch die Beteiligung der KG veranlasst sind. Auch ist zu beachten, ob mit der Vergütung nur die Geschäftsführung abgegolten wird oder auch die Übernahme des Haftungsrisikos. Schließlich ist auf die tatsächliche Tätigkeit der GmbH abzustellen. Bezieht sich die Geschäftsführungstätigkeit der Komplementär-GmbH ausschließlich auf die Herstellung eines Gebäudes, so ist die Vergütung (anteilig) den Herstellungskosten i. S. d. § 255 Abs. 2 HGB zuzuordnen (siehe Begründung zum oben genannten Urteil v. 13.10.1998).

Buchhalterisch ist die Forderung der Komplementär-GmbH auf Erstattung der Geschäftsführungsauslagen in der Bilanz der GmbH (als Forderung gegen die KG) und korrespondierend als Verbindlichkeit der KG in deren Bilanz zu zeigen.

3.2 Anwendung der für Kapitalgesellschaften geltenden Rechnungslegungsvorschriften

3.2.1 Grundsätzliches

Durch das KapCoRiLiG v. 24.2.2000[612] wird die GmbH & Co. KG hinsichtlich des Jahresabschlusses einer Kapitalgesellschaft gleichgestellt. Grundlage hierfür ist § 264a HGB. Nach dieser Vorschrift haben OHGen und KGen, bei denen nicht wenigstens ein persönlich haftender Gesellschafter eine natürliche Person oder OHG, KG oder eine andere Personengesellschaft ist, die eine natürliche Person als persönlich haftenden Gesellschafter hat, grundsätzlich einen Jahresabschluss, einen Lagebericht aufzustellen, sich prüfen zu lassen sowie offen zu legen. Betroffen sind damit nicht nur diejenigen OHGen und KGen, bei denen ausschließlich Kapitalgesellschaften persönlich haftende Gesellschafter sind (z. B. GmbH & Co. KG), sondern auch solche Personenhandelsgesellschaften, bei denen z. B. Stiftungen und Genossenschaften Komplementäre sind, wenn daneben nicht auch natürliche Personen oder Personengesellschaften, bei denen eine natürliche Person persönlich haftender Gesellschafter ist, haften. Es werden also alle diejenigen Gesellschaften einbezogen, bei denen keine natürliche Person unbeschränkt haftet.

361

Sind die betreffenden Personenhandelsgesellschaften Mutterunternehmen eines Konzerns, gilt Entsprechendes für den Konzernabschluss und den Konzernlagebericht nach §§ 290 ff. HGB. Auch gelten sowohl die Ermächtigung des § 330 HGB als auch die Straf- und Bußgeldvorschriften sowie die Zwangsgeldbestimmungen für diese Personengesellschaften bzw. deren gesetzliche Vertreter.

Die für die Kapitalgesellschaften geltenden Vorschriften sind von einer GmbH & Co. KG erstmals für das nach dem 31.12.1999 beginnende Geschäftsjahr anzuwenden, haben also für die Jahresabschlüsse zum 31.12.2000 Bedeutung.

3.2.2 Befreiung von der Pflicht zur Anwendung

§ 264a HGB ist nur anwendbar, wenn der persönlich haftende Gesellschafter keine natürliche Person ist. Da sich aus den Gesetzesvorschriften keine Anforderungen an die Qualifikation und den Umfang des Vermögens

362

---

612 Veröffentlicht am 8.3.2000 im BGBl 2000 I, S. 154.

Laufender Geschäftsbereich – Handelsrechlicher Teil

des persönlich haftenden Gesellschafters ergeben, kann die Anwendbarkeit der Vorschriften des KapCoRiLiG zur Aufstellung, Prüfung und Veröffentlichung des Jahresabschlusses dadurch vermieden werden, dass eine natürliche Person, die mittellos und von der Geschäftsführung und Vertretung ausgeschlossen ist, als Komplementär in die GmbH & Co. KG eintritt.[613] So auch das LG Osnabrück mit Beschluss vom 1.7.2005:[614] Der Eintritt natürlicher Personen und deren Eintragung in das Handelsregister als persönlich uneingeschränkt haftende Gesellschafter hat den Wegfall der Offenlegungspflicht zur Folge.

Aus der Gesetzesbegründung ergibt sich, dass eine natürliche Person auch dann „in" einer OHG oder KG haftet, wenn z.B. in einer mehrstöckigen GmbH & Co. KG erst auf der dritten Ebene eine natürliche Person als persönlich haftender Gesellschafter beteiligt ist; § 264a HGB greift nicht.

Nach § 264b HGB sind Personengesellschaften i.S.d. § 264a HGB, also Personengesellschaften, bei denen keine natürliche Person unbeschränkt haftet, von der Beachtung der für Kapitalgesellschaften geltenden Rechnungslegungs-, Prüfungs- und Offenlegungsvorschriften befreit, wenn sie in den Konzernabschluss einer Komplementär-Gesellschaft oder eines anderen Mutterunternehmens einbezogen sind. Auch in diesem Fall bleibt es allerdings bei der Verpflichtung der Personenhandelsgesellschaft, einen Abschluss nach den für alle Kaufleute geltenden Vorschriften der §§ 238-263 HGB aufzustellen.

3.2.3 Größenabhängige Erleichterungen

363 Neben den aus § 267 HGB bereits bekannten kleinen, mittelgroßen und großen Kapitalgesellschaften (incl. GmbH & Co. KG) bringt das Kleinstkapitalgesellschaften-Bilanzrechtsänderungsgesetz (MicroBilG)[615] eine vierte Größenklasse in das HGB. Es gelten folgende Größenklassenkrite-

---

613 Siehe Hermann, WPg 2001, S. 271 ff. (271-273); grundlegend zur Befreiung von der Pflicht zur Anwendung der für Kapitalgesellschaften geltenden Rechnungslegungsvorschriften Dorozala/Söffing, DStR 2000, S. 1567 ff.
614 LG Osnabrück, Beschluss v. 1.7.2005, 15 T 6/05, BB 2005 S. 2461.
615 Das am 29.11.2012 vom Deutschen Bundestag verabschiedete Gesetz, das am 14.12.2012 den Bundesrat passierte – siehe BR-Dr. 738/12 und 738/12 (B) – kann bereits auf Geschäftsjahre, deren Abschlussstichtag nach dem 30.12.2012 liegt, angewendet werden. Siehe hierzu Küting/Eichenlaub, Verabschiedung des MicroBilG - Der „vereinfachte" Jahresabschluss für Kleinstkapitalgesellschaften, DStR 2012 S. 2615.

rien (Schwellenwerte), es müssen mindestens zwei der nachfolgenden Merkmale an zwei aufeinander folgenden Abschlussstichtagen zutreffen:

Größenklasse	Bilanzsumme Mio. EUR	Umsatzerlöse Mio. EUR	Arbeitnehmer Anzahl
Kleinstunternehmen GmbH, GmbH & Co. KG	≤ 350	≤ 700	≤ 10
Kleine GmbH & Co. KG	≤ 4.840	≤ 9.680	≤ 50
Mittelgroße GmbH & Co. KG	4.840 bis 19.250	9.680 bis 38.500	50–250
Große GmbH & Co. KG	≥ 19.250	≥ 38.500	≥ 250

Eine **kleine GmbH & Co. KG** ist gemäß § 274a HGB von der Anwendung folgender Vorschriften befreit:
- § 268 Abs. 2 HGB über die Aufstellung eines Anlagengitters,
- § 268 Abs. 4 Satz 2 HGB über die Pflicht zur Erläuterung bestimmter Forderungen im Anhang,
- § 268 Abs. 5 Satz 3 HGB über die Erläuterung bestimmter Verbindlichkeiten im Anhang,
- § 268 Abs. 6 HGB über den Rechnungsabgrenzungsposten nach § 250 Abs. 3,
- § 269 Satz 1 HGB insoweit, als die Aufwendungen für die Ingangsetzung und Erweiterung des Geschäftsbetriebs im Anhang erläutert werden müssen.

Ferner braucht eine kleine GmbH & Co. KG die in § 277 Abs. 4 Satz 2 und Satz 3 HGB verlangten Erläuterungen zu den Posten „Außerordentliche Erträge" und „Außerordentliche Aufwendungen" nicht zu machen. Eine kleine GmbH & Co. KG ist auch von der Prüfungspflicht befreit und kommt in den Genuss von Erleichterungen hinsichtlich der Offenlegung der Jahresabschlüsse.

Zudem darf eine kleine und mittelgroße GmbH & Co. KG bei der Gewinn- und Verlustrechnung nach dem Gesamtkostenverfahren die Positionen nach § 275 Abs. 2 Nr. 1-5 HGB oder beim Umsatzkostenverfahren nach § 275

Abs. 3 Nr. 1-3 und Nr. 6 HGB zu einem Posten unter der Bezeichnung „Rohergebnis" zusammenfassen.

Kleinstunternehmen haben verschieden Optionen zur Verringerung der Darstellungstiefe im Jahresabschluss, z. B. vereinfachte Gliederlingselemente in Bilanz und GuV-Rechnung. Die verkürzte Bilanz zeigt folgendes Aussehen:

Aktiva	Passiva
A. Anlagevermögen	A. Eigenkapital
B. Umlaufvermögen	B. Rückstellungen
C. Rechungsabgrenzungsposten	C. Verbindlichkeiten
D. *Aktive latente Steuern*	D. Rechnungsabgrenzungsposten
E. Aktiver Unterschiedsbetrag aus der Vermögensrechnung	E. *Passive latente Steuern*

Die GuV-Rechnung kann wie folgt dargestellt werden:
1. Umsatzerlöse
2. Sonstige Erträge,
3. Materialaufwand,
4. Personalaufwand
5. Abschreibungen
6. Sonstige Aufwendungen,
7. Steuern,
8. Jahresüberschuss/Jahresfehlbetrag.

3.2.4 Zeitraum der Aufstellung des Jahresabschlusses

365 Für eine Kleinst- und eine kleine GmbH & Co. KG endet die Aufstellungsfrist für den Jahresabschluss spätestens nach sechs Monaten nach Ablauf des Geschäftsjahres. Mittelgroße und große GmbHen müssen dagegen den Jahresabschluss innerhalb von drei Monaten nach Ablauf des Geschäftsjahres aufstellen. Es handelt sich um gesetzliche Fristen, die zwingend sind und nicht durch Gesellschaftsvertrag abbedungen werden können.[616]

---

616 Siehe Kusterer/Kirnberger/Fleischmann, DStR 2000, S. 606 ff. (607).

3.2.5 Anhang, Lagebericht, Jahresabschlussprüfung, Offenlegungspflichten, Sanktionen

Im **Anhang** der **Komplementär-GmbH** sind anzugeben: Name, Sitz und Rechtsform der Unternehmen, deren unbeschränkt haftender Gesellschafter die Kapitalgesellschaft ist (§ 285 Nr. 11a HGB). Unter den Voraussetzungen des § 286 Abs. 3 HGB können diese Angaben unterbleiben; auch eine Aufstellung des Anteilsbesitzes ist möglich (§ 287 HGB). 366

Im **Anhang** der **GmbH & Co. KG** sind Name und Sitz der Gesellschaften, die persönlich haftende Gesellschafter sind, sowie deren gezeichnetes Kapital anzugeben (§ 285 Nr. 15 HGB).

Kleinstunternehmen können auf die Erstellung eines Anhangs vollständig verzichten, wenn sie unter der Bilanz angeben (§ 264 Abs. 1 Satz 5 HGB)
- Haftungsverhältnisse nach § 251 HGB (unter Berücksichtigung von § 268 Abs. 7 HGB)
- Angaben zu Vorschüssen und Krediten an Mitglieder der Geschäftsführung oder Ausichtsorgane (§ 285 Nr. 9 Buchst. c HGB)

Bei besonderen Umständen sind zusätzliche Angaben gemäß § 264 Abs. 2 HGB unter der Bilanz zu machen, z. B. Angabepflichten zu Alt-Pensionszusagen nach Art. 28 EGHGB.

Eine mittelgroße und eine größere GmbH & Co. KG müssen zum Jahresabschluss einen **Lagebericht** aufstellen (§ 289 HGB i. V. m. § 264a HGB und § 264 Abs. 1 HGB). 367

§ 318 Abs. 1 Satz 1 HGB bestimmt, dass der **Abschlussprüfer** des Jahresabschlusses von den Gesellschaftern und der Abschlussprüfer des Konzernabschlusses von den Gesellschaftern des Mutterunternehmens gewählt werden. § 318 Abs. 1 Satz 2 HGB regelt, dass bei einer GmbH und bei einer GmbH & Co. KG durch den Gesellschaftsvertrag etwas anderes bestimmt werden kann. Abschlussprüfer sind Wirtschaftsprüfer und Wirtschaftsprüfungsgesellschaften, bei einer mittelgroßen GmbH & Co. KG kann es auch ein vereidigter Buchprüfer oder eine Buchprüfungsgesellschaft sein (§ 319 HGB). 368

369 Die **Offenlegungspflichten** nach § 325 HGB sind gemäß § 264a HGB auch auf die GmbH & Co. KG anzuwenden.[617] § 325 Abs. 1 und 2 HGB bestimmen: „(1) Die gesetzlichen Vertreter von Kapitalgesellschaften haben für diese den Jahresabschluss beim Betreiber des elektronischen Bundesanzeigers elektronisch einzureichen. Er ist unverzüglich nach seiner Vorlage an die Gesellschafter, jedoch spätestens vor Ablauf des zwölften Monats des dem Abschlussstichtag nachfolgenden Geschäftsjahres, mit dem Bestätigungsvermerk oder dem Vermerk über dessen Versagung einzureichen. Gleichzeitig sind der Lagebericht, der Bericht des Aufsichtsrats, die nach § 161 des Aktiengesetzes vorgeschriebene Erklärung und, soweit sich dies aus dem eingereichten Jahresabschluss nicht ergibt, der Vorschlag für die Verwendung des Ergebnisses und der Beschluss über seine Verwendung unter Angabe des Jahresüberschusses oder Jahresfehlbetrags elektronisch einzureichen. Angaben über die Ergebnisverwendung brauchen von Gesellschaftern mit beschränkter Haftung nicht gemacht zu werden, wenn sich anhand dieser Angaben die Gewinnanteile von natürlichen Personen feststellen lassen, die Gesellschafter sind. Werden zur Wahrung der Frist nach Satz 2 oder Absatz 4 Satz 1 der Jahresabschluss und der Lagebericht ohne die anderen Unterlagen eingereicht, sind der Bericht und der Vorschlag nach ihrem Vorliegen, die Beschlüsse nach der Beschlussfassung und der Vermerk nach der Erteilung unverzüglich einzureichen. Wird der Jahresabschluss bei nachträglicher Prüfung oder Feststellung geändert, ist auch die Änderung nach Satz 1 einzureichen. Die Rechnungslegungsunterlagen sind in einer Form einzureichen, die ihre Bekanntmachung nach Absatz 2 ermöglicht. (2) Die gesetzlichen Vertreter der Kapitalgesellschaft haben für diese die in Absatz 1 bezeichneten Unterlagen jeweils unverzüglich nach der Einreichung im elektronischen Bundesanzeiger bekannt machen zu lassen."

370 Allerdings **variieren der Umfang und die Struktur der beim Registergericht einzureichenden Dokumente** in Abhängigkeit von der jeweiligen Unternehmensgröße:

Kleinstunternehmen können wählen, ob sie die Offenlegungspflicht durch Veröffentlichung oder durch Hinterlegung der Bilanz erfüllen. Zur Sicherung eines einheitlichen Verfahrens wird die elektronische Einreichung der

---

[617] Die Erweiterung der Publizitätspflicht auf die GmbH & Co. KG verstößt nicht gegen höherrangiges europäisches Recht, EuGH (2. Kammer), Beschluss v. 23.9.2004, verb. RS C-435/02 und C 103/03, BB 2004, 2456 mit Urteilsanmerkung von Schulze-Osterloh in BB 2004, S. 2461.

Unterlagen beim Betreiber des Bundesanzeigers auch für die Hinterlegung vorgeschrieben. Im Fall der Hinterlegung können auch Dritte auf Antrag (kostenpflichtig) eine Kopie der Bilanz erhalten.
- **Kleine Gesellschaften** sind nach § 326 HGB lediglich verpflichtet, eine verkürzte Bilanz (§ 266 Abs. 1 Satz 3 HGB) und den Anhang ohne Erläuterungen zur Gewinn- und Verlustrechnung beim Registergericht einzureichen. Damit werden wesentliche Details, die einem fremden Dritten Einblick in das Unternehmen geben können, zurückgehalten (Details der Bilanzstruktur, fehlender Lagebericht sowie Gewinn- und Verlustrechnung).
- **Mittlere Gesellschaften** sind gemäß § 325 Abs. 1 HGB verpflichtet, den Jahresabschluss (Bilanz, Gewinn- und Verlustrechung, Anhang), den Bestätigungsvermerk des Wirtschaftsprüfers, den Lagebericht, gegebenenfalls den Bericht des Aufsichtsrats und die Beschlüsse über die Ergebnisverwendung beim Handelsregister einzureichen. Als größenabhängige Erleichterung ist es ihnen jedoch gemäß § 327 HGB gestattet, eine modifizierte verkürzte Bilanz einzureichen. Ferner kann im Anhang auf bestimmte Angaben verzichtet werden.
- **Große Gesellschaften** haben grundsätzlich die gleichen Unterlagen beim Registergericht einzureichen wie die mittleren Gesellschaften, allerdings mit dem Unterschied, dass ihnen keine größenabhängigen Erleichterungen gewährt werden.

Von Bedeutung ist in diesem Zusammenhang noch, dass kleine und mittlere Gesellschaften lediglich dazu verpflichtet sind, die genannten Unterlagen beim Registergericht einzureichen und anschließend im Bundesanzeiger zu veröffentlichen, wo die Unterlagen hinterlegt wurden (§ 325 Abs. 1 Satz 2 HGB). Demgegenüber sind große Gesellschaften verpflichtet, die Unterlagen im Bundesanzeiger zu veröffentlichen und anschließend diese zusammen mit der Bekanntmachung beim Registergericht zu hinterlegen (§ 325 Abs. 2 HGB).

Darüber hinaus **befreit § 264b HGB** eine offenlegungspflichtige GmbH & Co. KG von der Pflicht zur Aufstellung, Prüfung und Offenlegung eines Jahresabschlusses nach den für Kapitalgesellschaften geltenden Vorschriften, wenn das Unternehmen in den Konzernabschluss eines Mutterunternehmens (mit Sitz in der EU oder in EWR) oder eines anderen Unternehmens, das persönlich haftender Gesellschafter ist, einbezogen wird und dieser Konzernabschluss nach den einschlägigen Vorschriften aufgestellt, geprüft und offen gelegt und im Anhang von dem Mutterunternehmen auf die spezielle Befreiung nach § 264b HGB hingewiesen wird. Zusätzlich hat die GmbH & Co. KG im elektronischen Bundesanzeiger unter Angabe ihres Mutterunternehmens auf die Befreiung gemäß § 264b HGB hinzuweisen.

372 Bei **Verstößen gegen die Offenlegungspflichten** ist gemäß § 335 HGB vom Bundesamt für Justiz gegen die Mitglieder des vertretungsberechtigten Organs ein Ordnungsgeldverfahren durchzuführen. Das Ordnungsgeld beträgt mindestens 2.500 EUR. Das einzelne Ordnungsgeld darf jedoch einen Höchstbetrag von 25.000 EUR nicht überschreiten. Bezüglich der Ordnungsgelder kann jedermann einen entsprechenden Antrag stellen; es ist zu erwarten, dass Auskunfteien und Konkurrenzunternehmen diese „Jedermann-Antragsmöglichkeit" wahrnehmen werden. Wird ein derartiger Antrag gestellt, hat das Bundesamt unter Androhung des Ordnungsgeldes den gesetzlichen Vertretern der Gesellschaft aufzugeben, innerhalb einer Frist von maximal sechs Wochen der Publizitätspflicht nachzukommen oder die Unterlassung zu rechtfertigen. Erfolgen Veröffentlichung oder Rechtfertigung nicht innerhalb der Frist, wird das Ordnungsgeld festgesetzt. Nach erfolglosem Ablauf der Frist folgt eine erneute Androhung.

Durch die ausdrücklichen Regelungen in § 335b HGB sind die Straf- und Bußgeldvorschriften auch auf die GmbH & Co. KG anwendbar. Die Verfahrensregelung findet sich in § 140a FGG. Strafvorschriften regeln §§ 331-333 HGB; hier wird z. B. der Geschäftsführer der Komplementär-GmbH mit Freiheitsstrafe bis zu drei Jahren oder mit Geldstrafe bestraft, wenn er im Jahresabschluss die Verhältnisse unrichtig wiedergibt oder verschleiert. Die Bußgeldvorschriften i. S. d. § 334 HGB greifen bei Verstoß gegen Bilanzierungs- und Bewertungsvorschriften.

3.2.6 Konzern-Abschlusspflicht

373 Durch das KapCoRiLiG greifen die Konsolidierungspflichten der §§ 290 ff. HGB, wenn eine GmbH & Co. KG an der Konzernspitze steht. Allerdings ist die Konsolidierungspflicht von bestimmten Grenzen (Schwellenwerten) abhängig; dabei unterscheidet § 293 HGB eine addierte Berechnung und eine konsolidierte Berechnung der Größenmerkmale.

Das KapCoRiLiG führt zu einer Absenkung der Schwellenwerte mit der Folge, dass viele mittelständische Unternehmen in die Konzernrechnungslegungspflicht fallen, wenn sie zwei der drei Merkmale **Bilanzsumme, Umsatzerlöse** und **Arbeitnehmerzahl** an zwei aufeinander folgenden Abschlussstichtagen erfüllen.

Konzernrechnungslegungspflicht bei addierter Berechnung gemäß § 293 Abs. 1 Nr. 1 HGB

Rechtsgrundlage	Bilanzsumme Mio. EUR	Umsatzerlöse Mio. EUR	Arbeitnehmer Anzahl
§ 293 Abs. 1 HGB ab Geschäftsjahre 2008	> 23,1	> 46,2	> 250

Konzernrechnungslegungspflicht bei konsolidierter Berechnung gemäß § 293 Abs. 1 Nr. 2 HGB

Rechtsgrundlage	Bilanzsumme Mio. EUR	Umsatzerlöse Mio. EUR	Arbeitnehmer Anzahl
§ 293 Abs. 1 HGB ab Geschäftsjahre 2008	> 19,25	> 38,5	> 250

Die Konzernrechnungslegungspflicht beginnt, wenn die Schwellenwerte erneut, also zum zweiten Mal, überschritten werden.[618]

3.3 Besondere Bestimmungen zur Bilanz und Gewinn- und Verlustrechnung für eine GmbH & Co. KG

Die für Kapitalgesellschaften geltenden Rechnungslegungsvorschriften können wegen der gesellschaftsrechtlichen Strukturen von Personenhandelsgesellschaften in einigen Punkten nur in angepasster Form auf die GmbH & Co. KG übertragen werden. Die erforderlichen Maßnahmen zur Bilanz und Gewinn- und Verlustrechnung sind in § 264c HGB zusammengefasst worden. 374

3.3.1 Bilanz

3.3.1.1 Anlagengitter

Mittelgroße und große GmbH müssen gemäß § 268 Abs. 2 HGB in der Bilanz oder im Anhang einen Anlagenspiegel (sog. Anlagengitter) aufnehmen. 375

---

[618] Einzelheiten siehe Pawelzik/Theile, DStR 2000, S. 2145 ff.

3.3.1.2 Rechtsbeziehungen zwischen Gesellschaft und Gesellschaftern

376 § 264c Abs. 1 HGB schreibt vor: „Ausleihungen, Forderungen und Verbindlichkeiten gegenüber Gesellschaftern sind in der Regel als solche jeweils gesondert auszuweisen oder im Anhang anzugeben. Werden sie unter anderen Posten ausgewiesen, so muss die Eigenschaft vermerkt werden." Damit sind Ausleihungen an und Forderungen gegen Gesellschafter in der Bilanz gesondert auszuweisen oder im Anhang aufzuführen. Bei einem Ausweis unter einem anderen Posten ist ein „Davon-Vermerk" notwendig.[619]

Aus § 264c Abs. 3 HGB folgt, dass handelsrechtlich streng zwischen Gesellschaftsvermögen und Privatvermögen zu trennen ist. Vermögensgegenstände, die Gesellschafter der GmbH & Co. KG zur Nutzung überlassen haben – z. B. Grundstücke – dürfen zu keinem Ausweis in der Handelsbilanz führen. Steuerlich liegt sog. Sonderbetriebsvermögen vor, das steuerlich in eine Sonderbilanz Eingang findet.[620]

3.3.1.3 Eigenkapitalgliederung

377 § 264c Abs. 2 HGB passt die Eigenkapitalgliederung an für eine GmbH & Co. KG geltende Regelung an: Als Eigenkapital sind die folgenden Posten gesondert auszuweisen:
– Kapitalanteile,
– Rücklagen,
– Gewinnvortrag/Verlustvortrag,
– Jahresüberschuss/Jahresfehlbetrag.

Während die Kapitalanteile gesondert auszuweisen sind, sieht das HGB zu den übrigen Positionen „keinen getrennten Ausweis hinsichtlich der Gesellschafter insgesamt und auch nicht hinsichtlich der Gesellschafter-Typen" vor. Hier wird ausschließlich die Gesellschaft als Rechnungslegungssubjekt der Gliederungssystematik zugrunde gelegt.[621]

378 Die **Kapitalanteile der Gesellschafter** sind nach folgender Maßgabe auszuweisen: Kapitalanteile persönlich haftender Gesellschafter und (bei einer KG) der Kommanditisten sind gesondert auszuweisen, jedoch können

---
619 Siehe Kusterer/Kirnberger/Fleischmann, S. 608.
620 Siehe Kusterer/Kirnberger/Fleischmann, S. 609.
621 Hoffmann, DStR 2000, S. 837 ff. (839).

die Kapitalanteile aller persönlich haftenden Gesellschafter bzw. aller Kommanditisten jeweils zusammengefasst werden.

Spezielle Regelungen für den **Kapitalanteil eines persönlich haftenden Gesellschafters** enthält § 264c Abs. 2 Satz 2-5 HGB. Danach ist der auf den Kapitalanteil eines persönlich haftenden Gesellschafters für das Geschäftsjahr entfallende Verlust von dem Kapitalanteil abzuschreiben. Soweit der Verlust den Kapitalanteil übersteigt, ist er auf der Aktiv-Seite unter der Bezeichnung „Einzahlungsverpflichtungen persönlich haftender Gesellschafter" unter den **Forderungen** gesondert auszuweisen, soweit eine Zahlungsverpflichtung besteht. Besteht keine Zahlungsverpflichtung, so ist der Betrag als „Nicht durch Vermögenseinlagen gedeckter Verlustanteil persönlich haftender Gesellschafter" zu bezeichnen und gemäß § 268 Abs. 3 HGB auszuweisen. Der Gesetzgeber verzichtet darauf, ausdrücklich den Ausweis einer ausstehenden Einlage vorzusehen, zu der sich der persönlich haftende Gesellschafter verpflichtet hat. Größere praktische Bedeutung dürfte dieser Frage nicht zukommen, da eine Komplementär-Kapitalgesellschaft nur ausnahmsweise gesellschaftsvertraglich zur Leistung einer Einlage verpflichtet sein dürfte. Soweit dies der Fall ist, ist eine entsprechende Verpflichtung als ausstehende Einlage auszuweisen. 379

Der Ausweis für **Kapitalanteile von Kommanditisten** unter Berücksichtigung der besonderen Haftungsverhältnisse wird in § 264c Satz 6 und Satz 7 HGB geregelt. Die Einlagen von Kommanditisten sind insgesamt „gesondert gegenüber den Kapitalanteilen der persönlich haftenden Gesellschafter auszuweisen. Eine Forderung darf jedoch nur ausgewiesen werden, soweit eine Einzahlungsverpflichtung besteht; dasselbe gilt, wenn ein Kommanditist Gewinnanteile einnimmt, während sein Kapitalanteil durch Verlust unter den Betrag der geleisteten Einlage herabgemindert ist, oder soweit durch die Entnahme der Kapitalanteil unter den bezeichneten Betrag herabgemindert wird." 380

Für die Bilanzierung des Kapitals ist insoweit die gesellschaftsrechtlich vereinbarte Pflichteinlage der Kommanditisten maßgeblich, nicht jedoch die möglicherweise abweichende Hafteinlage (§ 172 Abs. 1 HGB). Nach Auffassung des Gesetzgebers erscheint es sachgerecht, dass im Anhang der Betrag derjenigen eingetragenen Hafteinlagen angegeben wird, aufgrund derer keine Leistung des Kommanditisten an die Gesellschaft erfolgt ist. Mit dieser Angabe wird deutlich gemacht, inwieweit neben dem in der Bilanz ausgewiesenen Eigenkapital noch eine Haftung der Kommanditisten besteht (siehe § 264c Abs. 2 Satz 9 HGB).

Grundsätzlich sind unter den Kapitalanteilen diejenigen Kapitalanteile auszuweisen, die auf gesellschaftsrechtlicher Ebene überlassen wurden und Eigenkapitalcharakter haben. Hierbei handelt es sich um solche Mittel, die dem Unternehmen dauerhaft zur Verfügung stehen, mit künftigen Verlusten des Unternehmens zu verrechnen sind und im Insolvenz- oder Liquidationsfall nicht bzw. erst nach Befriedigung aller Gesellschaftsgläubiger geltend gemacht werden können.

Nach § 264c Abs. 2 Satz 3 HGB (für Komplementäre) i. V. m. § 264c Abs. 2 Satz 6 HGB (für Kommanditisten) sind Verluste von den Kapitalkonten der einzelnen Gesellschafter abzuschreiben. Aus diesen Gesetzesbestimmungen folgt nach h. M.,[622] dass „eine Zusammenfassung positiver und negativer Konten sowohl der beiden Gesellschaftergruppen als auch innerhalb der beiden Gesellschaftergruppen nicht zulässig ist". Nach h. M.[623] können jedoch „innerhalb der beiden Gesellschaftergruppen die positiven oder negativen Kapitalkonten der Gesellschafter der gleichen Gruppen zusammengefasst werden".

381 Entsprechend der Möglichkeit des § 109 HGB, eine Untergliederung des Kapitalkontos vorzunehmen, findet sich in der Praxis regelmäßig bei Kommanditgesellschaften die gesellschaftsvertragliche Vereinbarung, ein Kapitalfestkonto (Kapitalkonto I) und variable Kapitalkonten (Kapitalkonten II bis IV) zu führen; man spricht in diesem Zusammenhang von einem Drei- oder Vierkontensystem mit folgender Ausgestaltung[624]:

Kapitalkonto I Gebucht werden hier die gesellschaftsvertraglich vereinbarten Einlagen, aus denen sich die Beteiligungen der Gesellschafter am Gesellschaftsvermögen ergeben, nach denen sich das Stimmrechtsverhältnis regelt und die nur durch gesellschaftsvertragliche Vereinbarungen abgeändert werden können.

Kapitalkonto II Dieses Konto nimmt – im Vierkontensystem – rückständige Einlagen und Entnahmen im „Soll" und sonstige Einlagen sowie nicht entnahmefähige Gewinnanteile (i. S. d. § 122 Abs. 1 und 2 HGB) im „Haben" auf. Im Dreikontensystem sind hier auch Verlustanteile zu buchen.

---

622 Siehe Herrmann, 275 i. V. m. Fn. 34.
623 Siehe Herrmann, WPg 2001, S. 275.
624 Hinweise Bundessteuerberaterkammer, zum Ausweis des Eigenkapitals bei Personengesellschaften im Handelsrecht, DStR 2006, S. 669-671; siehe auch Rn. 348 und 494 dieses Buches.

Kapitalkonto III Dieses Konto ist ein Privat- oder Verrechnungskonto; zu buchen sind hier entnahmefähige Gewinnanteile und Einlagen sowie Einzahlungen, die jederzeit wieder abgezogen werden können.

Kapitalkonto IV Die Verlustanteile eines Gesellschafters sind diesem Konto zu belasten; sie sind mit künftigen Gewinnen auszugleichen, die dann nicht mehr auf dem Kapitalkonto II zu buchen sind. Vorhandene Gewinne auf dem Kapitalkonto II können nicht mit Verlusten verrechnet werden. Im Dreikontensystem sind Kapitalkonto I und II dem Eigenkapital, Kapitalkonto III dem Fremdkapital zu zuordnen. Im Vierkontensystem gehören Kapitalkonten I und IV zum Eigenkapital, Kapitalkonten II und III zum Fremdkapital.[625]

Statt auf dem Kapitalkonto II (Gegenkonto Kapitalkonto I) können ausstehende Einlagen auf die gesellschaftsvertraglich vereinbarten Einlageverpflichtungen auch auf der Aktivseite der Bilanz in einem gesonderten Posten gezeigt werden, entweder als erste Position vor dem Anlagevermögen, oder, soweit bereits eingefordert, als Forderungen an Gesellschafter im Umlaufvermögen.[626] Dabei hat eine Trennung nach Gesellschaftergruppen zu erfolgen. Hierbei handelt es sich um die sog. Bruttomethode im Gegensatz zur sog. Nettomethode, nach der die noch nicht eingeforderten Anteile offen von den (vertraglich vereinbarten) Kapitalanteilen abgesetzt werden.

Dem Gesellschafter zustehende Gewinnanteile oder auf ihn entfallende Verlustanteile sind bei der OHG gemäß § 120 Abs. 2 HGB seinem Kapitalanteil zuzuschreiben bzw. von diesem abzuschreiben. Zu beachten ist jedoch § 122 Abs. 1 und 2 HGB, nach dem jeder Gesellschafter bis zu 4 % seines am Ende des letzten Jahres festgestellten positiven Kapitalanteils entnehmen kann. Dieser entnahmefähige Gewinnanteil ist nicht auf dem Kapitalkonto zu zeigen, sondern als Verbindlichkeit der OHG gegenüber dem Gesellschafter. Bei Verlusten ist zu beachten, dass diese vorweg mit bestehenden Rücklagen zu verrechnen sind. Diese vorstehend dargestellten

---

625 Nach Auffassung der Bundessteuerberaterkammer, a.a.O., DStR 2006, S. 271 kann das Kapitalkonto II nur dann dem Eigenkapital zugeordnet werden, wenn durch gesellschaftsvertragliche Vereinbarung sichergestellt ist, dass ein etwaiges Guthaben auf dem Kapitalkonto II bei Ausscheiden eines Gesellschafters mit seinem auf dem Verlustvortragskonto ausgewiesenem Verlustanteil verrechnet wird.

626 Denkbar ist auch ein „Davon Vermerk" in Höhe der bereits eingeforderten Einzahlungen beim Aktivposten „Ausstehende Einlagen" oder ein „Davon Vermerk – ausstehende angeforderte Einlagen" unter den „sonstigen Vermögensgegenständen".

HGB-Regelungen können selbstverständlich durch gesellschaftsvertragliche Vereinbarungen modifiziert werden. Sofern nicht feste und variable Kapitalkonten bei einer KG geführt werden, gelten die für die OHG dargestellten Grundsätze, wobei die Komplementär-Kapitalanteile gesondert von den Kommanditisten-Anteilen zu behandeln sind. Entsteht durch die Verlustabbuchung für Kommanditisten ein negatives Kapitalkonto, so lebt dessen Außenhaftung nur dann wieder auf, wenn die zum Abbau dieser Verluste zu verwendenden künftigen Gewinnanteile dann entnommen werden.

Bei einer Einteilung in feste und variable Kapitalkonten werden die Gewinnanteile dem Kapitalkonto II gutgebracht, es sei denn, die gesellschaftsvertraglich vereinbarte Pflichteinlage, festzuhalten auf dem Kapitalkonto I, ist noch nicht erbracht oder es sind auf dem Kapitalkonto IV Verluste aus Vorjahren erfasst, die mit den Gewinnanteilen zu verrechnen sind. Soweit der Kapitalanteil eines Gesellschafters durch Verluste aufgezehrt ist, hat ein gesonderter Ausweis auf der Aktivseite der Bilanz als letzte Position zu erfolgen.

Verluste des Komplementärs, die aktivisch auf einem Kontokorrentkonto erfasst werden, haben Forderungscharakter. Verluste der Kommanditisten, die aktivisch auf einem negativen Kapitalkonto erfasst werden,[627] stellen dagegen nur einen Ausgleichsposten und keine Aktivposten i. S. eines Vermögensgegenstandes dar. Das negative Kapitalkonto des Kommanditisten bedeutet keine Einzahlungsverpflichtung des Kommanditisten, sondern nur, dass diesem erst dann wieder Gewinne ausgezahlt werden können, wenn der Posten und die bedungene Einlage durch Gewinngutschriften getilgt und aufgefüllt sind. Bei Geschäftsauflösung vermindert der Ausgleichsposten den Anspruch auf Auszahlung des Kommanditanteils.

Das Kapitalkonto des Kommanditisten kann auch infolge von unzulässigen Entnahmen negativ geworden sein. Für diesen Fall ist eine Forderung der Gesellschaft gegen den Kommanditisten gegeben, die auf der Aktivseite der Bilanz als „sonstiger Vermögensgegenstand" zu erfassen und auszuweisen ist.

---

627 Ausweis als „Kapitalverlustkonto Kommanditist" als „Kapitalausgleichsposten Kommanditist" oder als „nicht durch Vermögenseinlage gedeckter Fehlbetrag" (siehe auch § 264c Abs. 2 Satz 5 HGB).

Rechnungslegung (Handels- und Steuerrecht)

Aus vorstehenden Ausführungen ergibt sich folgendes Bild einer Jahres- 382
bilanz:[628]

Aktiva			Jahresbilanz	Passiva		
	TEUR	TEUR			TEUR	TEUR
A. ausstehende Einlagen			A. Eigenkapital			
I. von Komplementären		20	I. Komplementärkapital			
– davon eingefordert	10		1. Festkapital			50
II. von Kommanditisten		10	2. übriges variables Kapital		25	
– davon eingefordert			– Entnahmen		–100	
	4		– Verluste		–90	–165
B. Anlagevermögen		125				–115
C. Umlaufvermögen			nicht durch Vermögenseinlage gedeckter Fehlbetrag			115
		50				0
D. Rechnungsabgrenzungsposten		10	II. Kommanditkapital			
E. nicht durch Vermögenseinlage gedeckter Fehlbetrag			1. Hafteinlagen			30
			2. übriges oder variables Kapital		30	
			– Entnahmen		–100	
			– Verluste		–90	–160
						130
I. persönlich haftender Gesellschafter			nicht durch Vermögenseinlage gedeckter Fehlbetrag			–130

---

[628] Darstellung der Bundessteuerberaterkammer in „Hinweise", a.a.O., DStR 2006, S. 673 (Beispiel 5).

1. durch Entnahmen entstandenes negatives Kapital	25					0
2. durch Verluste entstandenes negatives Kapital	90	115	III. Rücklagen			
			1. gesamth. geb. Rücklagen		20	
			– Verluste		– 20	0
II. beschränkt haftender Gesellschafter			B. Fremdkapital			
1. durch Entnahmen entstandenes negatives Kapital	40		I. Verb. geg. Kreditinstituten			400
2. durch Verluste entstandenes negatives Kapital	90	130	II. Verb. geg. Gesellschaftern			
			1. geg. Komplementären			30
			2. geg. Kommanditisten			30
		460				**460**

Bei dieser Darstellung kann der Bilanzleser durch Saldierung des Kapitalverlust- bzw. Kontokorrentkontos mit dem festen Kapitalkonto feststellen, ob die Kapitaleinlage des Kommanditisten aufgezehrt ist oder nicht bzw. ob eine Verpflichtung des Komplementärs oder des Kommanditisten (bei unzulässigen Entnahmen) zum Ausgleich (Nachschuss) besteht oder nicht.

383 Als **Rücklagen** sind gemäß § 264c Abs. 2 Satz 8 HGB nur solche Beträge auszuweisen, die aufgrund einer gesellschaftsrechtlichen Vereinbarung gebildet worden sind. Eine Unterscheidung in Kapital- und Gewinnrücklagen gibt es nicht. Rücklagen müssen nur in der Bilanz gesondert ausgewiesen werden. Die Rücklagen sind mit zukünftigen Verlusten zu verrechnen. Die Vorschrift des § 264c Abs. 1 HGB ist im Zusammenhang mit § 266 HGB zu sehen; die GmbH & Co. KG hat das Gliederungsschema der Bilanz zu beachten. Der in der Praxis vorkommende Ausweis der Gesell-

schafterdarlehen als gesonderter Posten zwischen Eigen- und Fremdkapital entspricht nicht diesen Grundsätzen.[629]

Zu der in § 264c Abs. 2 Satz 1 HGB vorgesehenen Gliederung ist zum Posten Jahresüberschuss/Jahresfehlbetrag auf Folgendes hinzuweisen: Soweit im Jahresabschluss nach den gesetzlichen Vorschriften (insbesondere §§ 264c Abs. 1 Satz 2, 120 HGB, gegebenenfalls i. V. m. §§ 161 Abs. 2, 167 HGB) oder nach dem Gesellschaftsvertrag Teile des Jahresüberschusses bzw. Jahresfehlbetrags den Gesellschafterkonten zu- oder abzuschreiben sind, ist die Bilanz nach § 268 Abs. 1 HGB unter Berücksichtigung der vollständigen oder teilweisen Verwendung des Jahresergebnisses aufzustellen. Nach dem Jahresüberschuss (Jahresfehlbetrag) wird dessen Verwendung dadurch gezeigt, dass die Gutschrift (Belastung) auf den Gesellschafterkonten abgesetzt (addiert) wird.[630] 384

3.3.1.4 Sonstiges Vermögen (Privatvermögen) der Gesellschafter

Nach § 264c Abs. 3 HGB darf das sonstige Vermögen der Gesellschafter (Privatvermögen) „nicht in der Bilanz und die auf das Privatvermögen entfallenden Aufwendungen und Erträge dürfen nicht in die Gewinn- und Verlustrechnung aufgenommen werden. In der Gewinn- und Verlustrechnung darf jedoch nach dem Posten ‚Jahresüberschuss/Jahresfehlbetrag' ein dem Steuersatz der Komplementär-Gesellschaft entsprechender Steueraufwand der Gesellschafter offen abgesetzt oder hinzugerechnet werden." 385

3.3.1.5 Anteile an der Komplementär-GmbH

Nach § 264c Abs. 4 HGB sind Anteile an Komplementär-Gesellschaften „in der Bilanz auf der Aktiv-Seite unter den Posten A. III. 1 oder A. III. 3 auszuweisen. § 272 Abs. 4 HGB ist mit der Maßgabe anzuwenden, dass für diese Anteile in Höhe des aktivierten Betrags nach dem Posten ‚Eigenkapital' ein Sonderposten unter der Bezeichnung ‚Ausgleichsposten für aktivierte eigene Anteile' zu bilden ist." 386

---

629 Siehe Hermann, WPg 2001, S. 275.
630 Es handelt sich um eine Bilanz nach Verwendung des Jahresergebnisses i. S. des § 268 Abs. 1 HGB. Die Gesellschafter können aber auch vereinbaren, der Gesellschafterversammlung die Beschlussfassung über das Jahresergebnis zu überlassen. Für diesen Fall liegt eine Bilanz vor Ergebnisverwendung vor, in der das Jahresergebnis umverteilt in der Bilanz ausgewiesen wird.

Der gesetzlichen Regelung liegt die Überlegung zugrunde, dass im Fall der typischen GmbH und Co. KG, bei der die GmbH außer dem KG-Anteil keine eigenen Vermögenswerte besitzt und die KG im Wege der Rückbeteiligung einen Anteil an der Komplementär-GmbH hält, der Anteil der KG an der Komplementär-GmbH bei wirtschaftlicher Betrachtung einen Teil des eigenen Geschäftswerts der KG enthält. Die Angabe einer solchen Beteiligung scheint ebenso zweckmäßig wie die Bildung eines passivischen Sonderpostens im Eigenkapital in entsprechender Höhe. Die Bedeutung dieses passivischen Sonderpostens, der eine mit dem Recht der Personenhandelsgesellschaften nur schwer vereinbare ausschüttungsgesperrte Rücklage ersetzt, ergibt sich dabei aus folgendem Beispiel: Im Fall einer wechselseitigen Beteiligung würde die Personenhandelsgesellschaft die Beteiligung an der GmbH mit den Anschaffungskosten z. B. in Höhe von einer Million EUR aktivieren. Verwendet die persönlich haftende GmbH die erhaltene eine Million EUR, um einer Einlagenverpflichtung in Höhe dieses Betrags bei der Personenhandelsgesellschaft nachzukommen, würde die Einzahlung bei der Personenhandelsgesellschaft aktiviert und ein entsprechender Kapitalanteil der Komplementär-GmbH auf der Passiv-Seite ausgewiesen werden. Diese Form der Bilanzierung hätte zur Folge, dass sich das Eigenkapital der Personengesellschaft um eine Million EUR erhöhen würde, ohne dass die Beteiligung von einer Million EUR an der Komplementär-GmbH abgeschrieben würde. Derartiges zu vermeiden, ist der Sinn und Zweck des § 272 Abs. 4 HGB. Da in entsprechender Anwendung des § 71d AktG Anteile einer Gesellschaft, die ein abhängiges oder ein im Mehrheitsbesitz der Gesellschaft stehendes Unternehmen erwirbt, als eigene Anteile gelten, muss § 272 Abs. 4 HGB zumindest durch Neutralisierung Rechnung getragen werden, damit eine „wundersame" Kapitalvermehrung vermieden wird.

3.3.1.6 Bilanzierungshilfen

387 Bilanzierungshilfen sind Regelungen, die es Unternehmen gestatten in der Handelsbilanz (Wahlrecht) aus einem bestimmten Anlass, z. B. Erweiterung des Geschäftsbetriebes, entstandene nicht bilanzierungsfähige Aufwendungen zu aktivieren und diese Aktiva in den Folgejahren ergebniswirksam aufzulösen. Bilanzierungshilfen sollen das Bilanzbild verbessern und einer bilanziellen Überschuldung entgegenwirken. Mit Inkrafttreten des BilMoG ist § 269 HGB, der den Ausweis von Bilanzierungshilfen zuließ, aufgehoben; vor Inkrafttreten des BilMoG gebildete Bilanzierungs-

hilfen können gemäß Art. 66, 67 EGHGB bis zu ihrer Auflösung weitergeführt werden.

3.3.2 Gewinn- und Verlustrechnung

3.3.2.1 Leistungsbeziehungen zwischen Gesellschaft und Gesellschaftern

Leistungsbeziehungen zwischen Gesellschaft und Gesellschaftern – z. B. Personalaufwand, Miete, Zinsen – können sich in den Gewinn- und Verlustpositionen des § 275 Abs. 2 Nr. 6, Nr. 8 und Nr. 13 (bzw. § 275 Abs. 3 Nr. 2, Nr. 7 und Nr. 12) HGB niederschlagen, wenn den entsprechenden Zahlungen schuldrechtliche Vereinbarungen zugrunde liegen. Aus der Gesetzesbegründung ergibt sich, dass es den Gesellschaftern überlassen bleibt, entsprechende vertragliche Vereinbarungen zu treffen oder derartige Sachverhalte auf gesellschaftsvertraglicher Ebene, also über die Ergebnisverteilung, zu regeln; letztere Variante findet keinen Niederschlag in der Gewinn- und Verlustrechnung. 388

3.3.2.2 Steuern vom Einkommen und vom Ertrag

Persönliche Steuern der Gesellschafter dürfen nicht als Steueraufwand der Gesellschaft erfasst werden. Als Steueraufwand der Gesellschaften dürfen vielmehr nur diejenigen Beträge ausgewiesen werden, die die GmbH & Co. KG als Steuerschuldner zu entrichten hat (z. B. Gewerbesteuer). Solche Steuern sind unter den Posten „Steuern vom Einkommen und vom Ertrag" sowie gegebenenfalls „Sonstige Steuern" auszuweisen. 389

Sofern die GmbH & Co. KG Zinserträge erzielt, ist die hierauf entfallende Zinsabschlagsteuer und der dazugehörige Solidaritätszuschlag handelsrechtlich unter den „Steuern vom Einkommen und vom Ertrag" auszuweisen. Steuerrechtlich sind diese Steuern dem Jahresüberschuss hinzuzurechnen (oder mindern den Jahresverlust) und im Rahmen der Feststellungserklärung den Gesellschaftern gutzubringen.

Im Interesse der Vergleichbarkeit des Abschlusses einer Personenhandelsgesellschaft mit einer Kapitalgesellschaft – bei der der auf den Gewinn entfallende Körperschaftsteueranteil bereits ertragsmindernd berücksichtigt wird – kann die Angabe der privaten Steuerbelastung der Gesellschafter von Nutzen sein. Da diese Berechnung bei einer Personengesellschaft aber zwangsläufig fiktiv sein muss, sieht der Gesetzgeber vor, entsprechende

Angaben erst im Wege einer Fortführung der Gewinn- und Verlustrechnung nach der Position „Jahresüberschuss/Jahresfehlbetrag" zu machen. Abgesetzt werden kann ein dem Steuersatz der Komplementär-GmbH entsprechender Steueraufwand der Gesellschafter. Gemeint ist „der Steueraufwand, der sich bei Anwendung des Steuersatzes der Komplementär-GmbH auf das steuerliche Ergebnis der Gesellschaft, verteilt auf die Gesellschafter, ergibt; dabei ist dem Ausschüttungssteuersatz (30 %) der Vorzug zu geben."[631]

3.3.3 Anwendung der für Kapitalgesellschaften geltenden Bewertungsvorschriften

3.3.3.1 Handelsrecht

390 Spezielle Bewertungsvorschriften für eine GmbH & Co. KG waren entbehrlich, da in dem für eine GmbH & Co. KG maßgebenden § 264a HGB auf §§ 264-330 HGB verwiesen wird, d. h. u. a.: Abschreibungen nach § 253 Abs. 4 HGB können nicht mehr, Abschreibungen nach § 253 Abs. 2 Satz 3 HGB nur noch in eingeschränktem Umfang vorgenommen werden.

3.3.3.2 Steuerrecht

391 Auch für das Steuerrecht gelten für eine GmbH & Co. KG keine besonderen Bewertungsvorschriften. Eine Ausnahme besteht für die sog. Thesaurierungsrücklage nach § 34a EStG. Durch die Unternehmenssteuerreform haben ab dem Veranlagungszeitraum 2008 Personenunternehmen die Möglichkeit, eine Thesaurierungsrücklage aus nicht entnommenen Gewinnen zu bilden, die mit 28,25 % zzgl. SolZ belastet wird. Die Ausschüttung/Entnahme wird mit 25 % zzgl. SolZ besteuert.

3.3.4 Angaben im Anhang

392 Nach § 285 Nr. 9a HGB i. V. m. § 264a Abs. 1 HGB sind bei einer GmbH & Co. KG im Anhang auch Angaben über die für die Tätigkeit im Geschäftsjahr gewährten Bezüge der Geschäftsführungsorgane zu machen. Damit sind die Bezüge der Geschäftsführer anzugeben, wobei es unerheblich ist, ob die GmbH die Vergütungen aufgebracht hat mit Ersatz durch die KG oder ob die Geschäftsführer direkt von der KG bezahlt worden sind.

---

631 Kusterer/Kirnberger/Fleischmann, DStR 2000, S. 611 f.

3.3.5 Gliederungsschema des Jahresabschlusses

Gemäß § 266 Abs. 2 HGB und § 275 HGB sind für die Bilanz und die Gewinn- und Verlustrechnung nachstehende Gliederungsvorschriften verbindlich.

Aktivseite

A. Anlagevermögen:
    I. Immaterielle Vermögensgegenstände:
        1. Selbst geschaffene gewerbliche Schutzrechte und ähnliche Rechte und Werte
        2. Entgeltlich erworbene Konzessionen, gewerbliche Schutzrechte und ähnliche Rechte und Werte sowie Lizenzen an solchen Rechten und Werten
        3. Geschäfts- oder Firmenwert
        4. Geleistete Anzahlungen
    II. Sachanlagen:
        1. Grundstücke, grundstücksgleiche Rechte und Bauten einschließlich der Bauten auf fremden Grundstücken
        2. Technische Anlagen und Maschinen
        3. Andere Anlagen, Betriebs- und Geschäftsausstattung
        4. Geleistete Anzahlungen und Anlagen im Bau
    III. Finanzanlagen:
        1. Anteile an verbundenen Unternehmen
        2. Ausleihungen an verbundene Unternehmen
        3. Beteiligungen
        4. Ausleihungen an Unternehmen, mit denen ein Beteiligungsverhältnis besteht
        5. Wertpapiere des Anlagevermögens
        6. Sonstige Ausleihungen

B. Umlaufvermögen:
    I. Vorräte:
        1. Roh-, Hilfs- und Betriebsstoffe
        2. Unfertige Erzeugnisse, unfertige Leistungen

3. Fertige Erzeugnisse und Waren
  4. Geleistete Anzahlungen
 II. Forderungen und sonstige Vermögensgegenstände:
  1. Forderungen aus Lieferungen und Leistungen
  2. Forderungen gegen verbundene Unternehmen
  3. Forderungen gegen Unternehmen, mit denen ein Beteiligungsverhältnis besteht
  4. Sonstige Vermögensgegenstände
 III. Wertpapiere:
  1. Anteile an verbundenen Unternehmen
  2. Eigene Anteile
  3. Sonstige Wertpapiere
 IV. Kassenbestand, Bundesbankguthaben, Guthaben bei Kreditinstituten und Schecks
C. Rechnungsabgrenzungsposten
D. Latente Steuern
E. Aktiver Unterschiedsbetrag aus der Vermögensberechnung

Passivseite

A. Eigenkapital:
 I. Gezeichnetes Kapital
 II. Kapitalrücklage
 III. Gewinnrücklagen:
  1. Gesetzliche Rücklage
  2. Rücklage für eigene Anteile an einem herrschenden oder mehrheitlich beteiligten Unternehmen
  3. Satzungsmäßige Rücklagen
  4. Andere Gewinnrücklagen
 IV. Gewinnvortrag/Verlustvortrag
 V. Jahresüberschuss/Jahresfehlbetrag
B. Rückstellungen:
  1. Rückstellungen für Pensionen und ähnliche Verpflichtungen
  2. Steuerrückstellungen

3. Sonstige Rückstellungen
C. Verbindlichkeiten:
 1. Anleihen, davon konvertibel
 2. Verbindlichkeiten gegenüber Kreditinstituten
 3. Erhaltene Anzahlungen auf Bestellungen
 4. Verbindlichkeiten aus Lieferungen und Leistungen
 5. Verbindlichkeiten aus der Annahme gezogener Wechsel und der Ausstellung eigener Wechsel
 6. Verbindlichkeiten gegenüber verbundenen Unternehmen
 7. Verbindlichkeiten gegenüber Unternehmen, mit denen ein Beteiligungsverhältnis besteht
 8. Sonstige Verbindlichkeiten:
    1. Davon aus Steuern
    2. Davon im Rahmen der sozialen Sicherheit
D. Rechnungsabgrenzungsposten
E. Passiv latente Steuer

Hinsichtlich des Bilanzschemas gilt jedoch für eine **kleine Kapitalgesellschaft** und eine kleine GmbH & Co. KG die Erleichterung, dass nur die mit Buchstaben und mit römischen Zahlen bezeichneten Positionen aufzuführen sind.

Für die Darstellung der **Gewinn- und Verlustrechnung** erlaubt § 275 HGB wahlweise das Gesamtkostenverfahren und das Umsatzkostenverfahren; die Gewinn- und Verlustgliederungen stellen sich wie folgt dar:

(1) Gesamtkostenverfahren
 1. Umsatzerlöse
 2. Erhöhung oder Verminderung des Bestandes an fertigen und unfertigen Erzeugnissen
 3. Andere aktivierte Eigenleistungen
 4 Sonstige betriebliche Erträge
 5. Materialaufwand:
    a) Aufwendungen für Roh-, Hilfs- und Betriebsstoffe und für bezogene Waren
    b) Aufwendungen für bezogene Leistungen

6. Personalaufwand:
   a) Löhne und Gehälter
   b) Soziale Abgaben und Aufwendungen für Altersversorgung und für Unterstützung, davon für Altersversorgung
7. Abschreibungen:
   a) Auf immaterielle Vermögensgegenstände des Anlagevermögens und Sachanlagen sowie auf aktivierte Aufwendungen für die Ingangsetzung und Erweiterung des Geschäftsbetriebes
   b) Auf Vermögensgegenstände des Umlaufvermögens, soweit diese die in der Kapitalgesellschaft üblichen Abschreibungen überschreiten
8. Sonstige betriebliche Aufwendungen
9. Erträge aus Beteiligungen, davon aus verbundenen Unternehmen
10. Erträge aus Wertpapieren, Ausleihungen und sonstigen Finanzanlagen, davon aus verbundenen Unternehmen
11. Sonstige Zinsen und ähnliche Erträge, davon aus verbundenen Unternehmen
12. Abschreibungen auf Finanzanlagen und auf Wertpapiere des Umlaufvermögens
13. Zinsen und ähnliche Aufwendungen, davon an verbundene Unternehmen
14. Ergebnis der gewöhnlichen Geschäftstätigkeit
15. Außerordentliche Erträge
16. Außerordentliche Aufwendungen
17. Außerordentliches Ergebnis
18. Steuern vom Einkommen und vom Ertrag
19. Sonstige Steuern
20. Jahresüberschuss/Jahresfehlbetrag

(2) Umsatzkostenverfahren
   1. Umsatzerlöse
   2. Herstellungskosten der zur Erzielung der Umsatzerlöse erbrachten Leistungen
   3. Bruttoergebnis vom Umsatz

4. Vertriebskosten
5. Allgemeine Verwaltungskosten
6. Sonstige betriebliche Erträge
7. Sonstige betriebliche Aufwendungen
8. Erträge aus Beteiligungen, davon aus verbundenen Unternehmen
9. Erträge aus Wertpapieren, Ausleihungen und sonstigen Finanzanlagen, davon aus verbundenen Unternehmen
10. Sonstige Zinsen und ähnliche Erträge, davon aus verbundenen Unternehmen
11. Abschreibungen auf Finanzanlagen und auf Wertpapiere des Umlaufvermögens
12. Zinsen und ähnliche Aufwendungen, davon an verbundene Unternehmen
13. Ergebnis der gewöhnlichen Geschäftstätigkeit
14. Außerordentliche Erträge
15. Außerordentliche Aufwendungen
16. Außerordentliches Ergebnis
17. Steuern vom Einkommen und Ertrag
18. Sonstige Steuern
19. Jahresüberschuss/Jahresfehlbetrag

Bezüglich der Gliederungstiefe bei der Gewinn- und Verlustrechnung ergeben sich für eine **kleine Kapitalgesellschaft** und eine kleine GmbH & Co. KG insoweit Erleichterungen, als beim Gesamtkostenverfahren die Positionen 1-5 und beim Umsatzkostenverfahren die Positionen 1-3 und 6 zu einer Position „Rohergebnis" zusammengefasst werden können. Wird von diesen Erleichterungen Gebrauch gemacht, können Dritte die Höhe der Umsatzerlöse nicht erkennen. 397

Der **Anhang** besteht aus zwei Teilen, zum einen aus **Erläuterungen zur Bilanz und zur Gewinn- und Verlustrechnung** (§ 284 HGB), zum anderen **aus sonstigen Angaben** (§ 285 HGB). Die Erläuterungen zur Bilanz und zur Gewinn- und Verlustrechnung betreffen u.a. die Angabe über die angewandten Bilanzierungs- und Bewertungsmethoden, die Darstellung und Begründung von Bilanzierungs- und Bewertungsmethodenabweichungen und deren Einfluss auf die Vermögens-, Finanz- und Ertragslage der Gesell- 398 schaft. Diese Erläuterungen sind zwingend auch für kleine Gesellschaften vorgeschrieben. Hinsichtlich der sonstigen Angabepflichten ergeben sich für kleine Gesellschaften Erleichterungen insofern, als nicht alle der in § 285 HGB aufgeführten **Pflichtangaben** zu machen sind. Die kleine GmbH und kleine GmbH & Co. KG sind zu folgenden Angaben verpflichtet:

399
- Angaben zum Jahresabschluss, sofern er ein den tatsächlichen Verhältnissen entsprechendes Bild der Vermögens-, Finanz- und Ertragslage der Kapitalgesellschaft nicht vermittelt (§ 264 Abs. 2 HGB);
- Abweichungen in der Form der Darstellung, insbesondere bei Abweichungen der Gliederung der aufeinander folgenden Bilanzen und Gewinn- und Verlustrechnungen (§ 265 Abs. 1 HGB);
- Angabe und Erläuterung über mit dem vorhergehenden Geschäftsjahr nicht vergleichbare Beträge der Bilanz sowie der Gewinn- und Verlustrechnung. Entsprechendes gilt für angepasste Vorjahresvergleichszahlen (§ 265 Abs. 2 HGB);
- Fällt ein Vermögensgegenstand oder eine Schuld unter mehrere Posten der Bilanz, so ist die Mitzugehörigkeit zu anderen Posten unter dem Posten, bei dem der Ausweis erfolgt ist, zu vermerken oder im Anhang anzugeben, wenn dies zur Aufstellung eines klaren und übersichtlichen Jahresabschlusses erforderlich ist (§ 265 Abs. 3 HGB);
- Angabe und Begründung der aufgrund mehrerer Geschäftszweige zu beachtenden verschiedenen Gliederungsvorschriften für den Jahresabschluss (§ 265 Abs. 4 HGB);
- gesonderter Ausweis bestimmter zusammengefasster Positionen der Bilanz und der Gewinn- und Verlustrechnung (§ 265 Abs. 7 Nr. 2 HGB);
- Angabe von Haftungsverhältnissen (§ 268 Abs. 7 HGB);
- Angabe über die Vorschriften, nach denen ein Sonderposten mit Rücklageanteil gebildet wurde (§ 273 HGB);
- Erläuterungen zur Steuerabgrenzung (§ 274 Abs. 2 HGB);
- Angabe außerplanmäßiger Abschreibungen (§ 277 Abs. 3 HGB);
- Angabe und Begründung der aus steuerrechtlichen Gründen unterlassenen Zuschreibungen (§ 280 Abs. 3 HGB);
- Angabe der Rechtsgrundlagen und des Betrags der allein nach steuerrechtlichen Vorschriften vorgenommenen Abschreibungen, getrennt nach Anlage- und Umlaufvermögen (§ 281 Abs. 1 und Abs. 2 HGB);
- Erläuterungen zu einzelnen Positionen der Bilanz und der Gewinn- und Verlustrechnung (§ 284 HGB);

- Angabe des Gesamtbetrags der Verbindlichkeiten mit einer Restlaufzeit von mehr als fünf Jahren und der Verbindlichkeiten, die durch Pfandrechte oder ähnliche Rechte gesichert sind (§ 285 Nr. 1 HGB);
- Angabe, in welchem Umfang die Steuern vom Einkommen und vom Ertrag das Ergebnis der gewöhnlichen Geschäftstätigkeit und das außerordentliche Ergebnis belasten (§ 285 Nr. 6 HGB);
- Angabe von an Mitglieder der Geschäftsführung, des Aufsichtsrats, des Beirats gewährten Vorschüssen und Krediten (§ 285 Nr. 9c HGB);
- Angabe aller Mitglieder der Geschäftsführung und des Aufsichtsrats (§ 285 Nr. 10 HGB);
- Angabe über Beteiligungen (§ 285 Nr. 11 HGB);
- Erläuterungen der „Sonstigen Rückstellungen", wenn sie einen nicht unerheblichen Umfang haben (§ 285 Nr. 12 HGB);
- Angabe, wenn „abgeschriebene Altbestände" bei Erstellung des Anlageverzeichnisses nicht mit „historischen Anschaffungs-Herstellungskosten" mit Buchwerten angesetzt werden (Art. 24 Abs. 6 Satz 3 EGHGB);
- Angabe des Betrags nichtpassivierter Rückstellungen für Pensionen und ähnliche Verpflichtungen, soweit sie aus Ansprüchen vor dem 1.1.1987 herrühren (Art. 28 Abs. 2 EGHGB).

Der **Lagebericht** verpflichtet Kapitalgesellschaften, zumindest den Geschäftsverlauf und die Lage der Gesellschaft so darzustellen, dass ein den tatsächlichen Verhältnissen entsprechendes Bild vermittelt wird. Der Lagebericht soll auch auf Vorgänge von besonderer Bedeutung eingehen, die nach dem Schluss des Geschäftsjahres eingetreten sind, auf die voraussichtliche Entwicklung der Kapitalgesellschaft sowie auf den Bereich Forschung und Entwicklung (§ 289 HGB). 400

Kleine Gesellschaften unterliegen nicht der Prüfungspflicht und müssen keinen Lagebericht aufstellen. 401

3.3.6 Praxisbezogene Beispiele zum Anhang und Lagebericht der reinen Komplementär-GmbH

In Anlehnung an *Hoffmann*[634] werden nachstehende praxisbezogene Beispiele gegeben. 402

---

634 BB 1986, S. 288-294.

Laufender Geschäftsbereich – Handelsrechlicher Teil

Beispiel:

Anhang

Unsere Geschäftstätigkeit im Jahre 2011 erschöpfte sich in der Komplementärstellung für die AN KG in Neustadt, an deren Kapital wir jedoch nicht beteiligt sind. Hierfür erhalten wir eine angemessene Vergütung von der AN KG.
Die Finanzlage – Darlehen an die AN KG – hat sich wie folgt entwickelt:

Stand am 1.1.2011	Zugänge	Abgänge	Stand am 31.12.2011
EUR	EUR	EUR	EUR
136.255	15.990	3.911	148.333

Die Bewertung der Forderung in der Bilanz erfolgte zum Nennwert. Die Bewertung der Rückstellung erfolgte in Höhe des Betrags, der nach vernünftiger kaufmännischer Beurteilung notwendig ist.

Neustadt, am 6. März 2012

(Gerd Waechtel)
Geschäftsführer

403 **Beispiel:**

Lagebericht

Da sich unser Geschäftszweck in der Komplementärstellung für die AN KG erschöpft, hängt unser „Geschäftsverlauf" ausschließlich von dem der AN KG ab. Ereignisse, die zu einer Inanspruchnahme durch Gläubiger der KG aus der persönlichen Haftung für die Schulden der KG geführt haben, sind uns bis zum heutigen Tag nicht bekannt geworden. Wir rechnen mit einer kontinuierlichen Entwicklung unserer Gesellschaft.

Neustadt, am 6. März 2012

(Gerd Waechtel)
Geschäftsführer

3.4 Steuerliche Sonderbilanzen, steuerliche Ergänzungsbilanzen

3.4.1 Umfang der steuerlichen Vermögensübersicht

Handelsrechtlich sind nur diejenigen Vermögensgegenstände bilanzierungsfähig, die bei wirtschaftlicher Betrachtung Gesellschaftsvermögen sind. Vermögensgegenstände, die einzelnen Gesellschaftern gehören, aber nicht Gesellschaftsvermögen sind, können handelsrechtlich auch dann nicht von der Personenhandelsgesellschaft bilanziert werden, wenn sie dem Geschäftsbetrieb der Gesellschaft dienen. 404

Steuerlich folgt aus dem spezifisch einkommensteuerrechtlichen Begriff des Betriebsvermögens,[635] dass Wirtschaftsgüter, die nicht zum Gesamthandsvermögen, sondern einzelnen Gesellschaftern gehören, in den Betriebsvermögensvergleich als Sonderbetriebsvermögen der Gesellschafter einbezogen werden, wenn sie für betriebliche Zwecke genutzt werden. Schließlich finden sich in verschiedenen Vorschriften des Steuerrechts Vorschriften über Ergänzungsbilanzen,[636] deren Zweck es ist, Wertabweichungen zwischen Handelsbilanz und Steuerbilanz (Vermögensübersicht) in Übereinstimmung zu bringen. Die steuerliche Vermögensübersicht umfasst also Gesamthands-, Sonder- und Ergänzungsbilanzen.

3.4.2 Sonderbetriebsvermögen – Sonderbilanzen

Zum notwendigen Betriebsvermögen, das der Ermittlung der Einkünfte der Gesellschafter von Personengesellschaften (Mitunternehmerschaften) gemäß § 15 Abs. 1 Nr. 2 EStG zugrunde zu legen ist, gehört außer dem in der Steuerbilanz erfassten Gesellschaftsvermögen das Sonderbetriebsvermögen der Gesellschafter (Mitunternehmer). Nach der Rechtsprechung des BFH[637] gehören zum Sonderbetriebsvermögen eines Mitunternehmers alle Wirtschaftsgüter, die dazu geeignet und bestimmt sind, dem Betrieb der 405

---

635 Vgl. Begründung zum BFH, Urteil v. 22.5.1975, IV R 193/71, BStBl 1975 II S. 804 (806).
636 Zum Beispiel § 24 UmwStG.
637 Zusammenfassend BFH, Urteil v. 23.1.2000, VIII R 12/99, DB 2001 S. 737.

Personengesellschaft (Sonderbetriebsvermögen I) oder der Beteiligung des Mitunternehmers (Sonderbetriebsvermögen II) zu dienen. Sonderbetriebsvermögen II ist anzunehmen, wenn die dem Mitunternehmer gehörenden Wirtschaftsgüter zur Begründung oder Stärkung seiner Beteiligung eingesetzt werden. Ein solches Wirtschaftsgut kann auch die Beteiligung an einer Kapitalgesellschaft sein.

406 Beim Sonderbetriebsvermögen I handelt es sich um Wirtschaftsgüter, die dem Betrieb der Gesellschaft unmittelbar dienen, und zwar dergestalt, dass sie objektiv erkennbar zum unmittelbaren Einsatz im Betrieb bestimmt sind. Dazu gehören insbesondere solche Wirtschaftsgüter, die ein Gesellschafter der Gesellschaft zur betrieblichen Nutzung überlassen hat.

407 Eine Zurechnung von Wirtschaftsgütern zum Sonderbetriebsvermögen II setzt voraus, dass die Wirtschaftsgüter unmittelbar zur Begründung oder Stärkung der Beteiligung des Gesellschafters an der Gesellschaft eingesetzt werden. Die Rechtsprechung des BFH zählt hierzu insbesondere die Anteile der Kommanditisten einer GmbH & Co. KG an der Komplementär-GmbH. Die GmbH-Anteile stärken die Stellung des Kommanditisten deshalb, weil der Kommanditist durch die Wahrnehmung seiner Rechte aus der Beteiligung an der Komplementär-GmbH die Möglichkeiten seiner Einflussnahme auf die KG erweitert.

408 Nach unserer Auffassung ist den Sonderbilanzen die Aufgabe zugedacht, das Sonderbetriebsvermögen der Gesellschafter aufzunehmen. Das sind Wirtschaftsgüter, die einem Mitunternehmer allein gehören, die aber für betriebliche Zwecke der Gesellschaft genutzt werden – z. B. aufgrund eines Miet- oder Überlassungsvertrages[638] – oder die der Beteiligung des Gesellschafters zu dienen bestimmt sind.[639] Richtungweisend für die Aufnahme in bzw. die Aufstellung von Sonderbilanzen sind Fragen der Bilanzierung und nicht der Bewertung. Sonderbilanzen haben ihre Grundlage in steuerlichen Vorschriften, die die Aktivierung bzw. Passivierung von Wirtschaftsgütern fordern, die handelsrechtlich nicht Gesellschaftsvermögen sind, steuerrechtlich aber in den Betriebsvermögensvergleich mit einbezogen werden müssen. Im Zusammenhang damit stehen – das sei hier schon erwähnt – Sonderbetriebseinnahmen und Sonderbetriebsausgaben der Gesellschafter.

---

638 Sog. Sonderbetriebsvermögen I, vgl. Rn. 410, z.B. Grundstücksverpachtung.
639 Sog. Sonderbetriebsvermögen II, z.B. Anteile an der Komplementär-GmbH. Zu den Voraussetzungen für Sonderbetriebsvermögen II siehe auch BFH, Urteil v. 1.10.1996, VIII R 44/95, FR 1997 S. 482.

3.4.3 Ergänzungsbilanzen

Nach § 5b EStG sind die Inhalte einer Bilanz sowie GuV-Rechnung ab dem Veranlagungszeitraum 2013, also in 2014, nach amtlich vorgeschriebenem Datensatz (sog. Taxonomie) durch Datenfernübertragung an die Finanzverwaltung zu übermitteln (sog. E-Bilanz). Hierzu zählen Gesamthands-, Sonder- und Ergänzungsbilanzen.[640] Für Sonder- und Ergänzungsbilanzen gelten aber Übergangsvorschriften: „Für Wirtschaftsjahre, die vor dem 1. Januar 2015 enden, wird es nicht beanstandet, wenn Sonder- und Ergänzungsbilanzen in dem Freitextfeld „Sonder- und Ergänzungsbilanzen" im Berichtsbestandteil „Steuerliche Modifikationen" übermittelt werden".[641] Das heißt: Sonder- und Ergänzungsbilanzen sind innerhalb der Übergangsphase vereinfacht abzugeben.

409

Beispiel:

An der RM GmbH & Co. KG sind vier Kommanditisten beteiligt. Aufgrund der historischen Entwicklung der Gesellschaft sowie der Beziehungen zwischen den Gesellschaftern und der Gesellschaft werden für jeden Kommanditisten eine Sonder- sowie Ergänzungsbilanz erstellt. Für Wirtschaftsjahre, die nach dem 31.12.2012 und vor dem 31.12.2014 beginnen, hat die RM GmbH & Co. KG eine E-Bilanz (Gesamthandsbilanz) zu erstellen. Sofern sie von der Übergangsregelung Gebrauch macht, dürfen die Sonder- und Ergänzungsbilanzen der Mitunternehmer im Datensatz der Gesamthand im Berichtsteil „steuerliche Modifikationen" entsprechend der beim Unternehmen bisher eingerichteten Berechnungen anstelle eines eigenen Datensatzes eingereicht werden. Für Wirtschaftsjahre, die nach dem 31.12.2014 beginnen, sind für RM GmbH & Co. KG 9 Datensätze – eine Gesamthandsbilanz, vier Ergänzungsbilanzen, vier Sonderbilanzen – zu erstellen und an die Finanzverwaltung zu übermitteln.

---

640 BMF, Schreiben v. 28.9.2011, IV C 6 – 2133 –b/11/10009, BStBl I S. 855 Tz 1, 22.
641 BMF, Schreiben v. 28.9.2011, a.a.O., Tz. 22.

3.4.4 Sonderbetriebsvermögen der Komplementär-GmbH und der Kommanditisten

410 Im Urteil vom 9.9.1993[642] hat der BFH ausgeführt, dass die Bestimmung eines Wirtschaftsguts, der Beteiligung des Gesellschafters an der Gesellschaft zu dienen, bewirke, dass das Wirtschaftsgut nicht für private, sondern für betriebliche Zwecke eingesetzt sei. Denn der Gesellschafter einer Personengesellschaft sei nach § 15 Abs. 1 Nr. 2 EStG Unternehmer (Mitunternehmer) des Betriebs der Gesellschaft. Die der Beteiligung dienenden Wirtschaftsgüter stünden somit in einem betrieblichen Nutzungszusammenhang, der sie in gleicher Weise zu betrieblichem Vermögen (Betriebsvermögen i. S. d. § 4 Abs. 1 EStG) mache wie Wirtschaftsgüter, die der Gesellschaft vom Gesellschafter unmittelbar zur Nutzung überlassen werden. Daher sind Wirtschaftsgüter, die einem Gesellschafter gehören, dem Sonderbetriebsvermögen zuzurechnen, und zwar entweder dem Sonderbetriebsvermögen I, wenn sie in einem gewissen Zusammenhang mit dem Betrieb der Personengesellschaft stehen, oder dem Sonderbetriebsvermögen II, wenn sie in gewisser Weise der Beteiligung des Gesellschafters an der Personengesellschaft förderlich sind.

411 Zu unterscheiden sind aktives und passives Sonderbetriebsvermögen; notwendiges passives Sonderbetriebsvermögen ist z. B. die Übernahme von Sicherheiten für Verbindlichkeiten Dritter. Entscheidend für die Zuordnung ist der Veranlassungszusammenhang. Für die sachliche Zurechnung ist ausschlaggebend, in welchem Interessenbereich ein Wirtschaftsgut eingesetzt wird. Die Beurteilung erfolgt allein danach, wodurch der Einsatz des Wirtschaftsguts letztlich veranlasst wird. Für die Zuordnung sind alle erkennbaren Umstände des Einzelfalls heranzuziehen. Bei passivem Sonderbetriebsvermögen kann z. B. ein wesentliches Indiz für den Veranlassungszusammenhang insbesondere die Überlassung zur Nutzung im Betrieb der Gesellschaft zu nicht fremdüblichen Bedingungen sein.

412 Zum **notwendigen Sonderbetriebsvermögen I** gehören alle Wirtschaftsgüter, die dem Betrieb der Gesellschaft unmittelbar in der Weise dienen, dass sie objektiv erkennbar zum unmittelbaren Einsatz im Betrieb der Personengesellschaft selbst bestimmt sind. Dazu gehören insbesondere solche Wirtschaftsgüter, die ein Gesellschafter der Personengesellschaft zur betrieblichen Nutzung überlässt und die von ihr für ihre eigengewerbliche Tätigkeit eingesetzt werden; einige Beispiele aus der Rechtsprechung:

---
[642] IV R 14/91; BStBl 1994 II S. 250.

Grundstücke, die als Eigentum einer GmbH & Co. KG im Grundbuch eingetragen sind, gehören unzweifelhaft zum Betriebsvermögen der KG. Dies gilt u. a. auch dann, wenn das Grundstück einem Gesellschafter zur privaten Nutzung überlassen wird.[643]

Grundstücke, die nicht der GmbH & Co. KG, sondern nur einem oder einigen Gesellschaftern gehören, aber dem Betrieb der KG ausschließlich und unmittelbar dienen, werden als (notwendiges) Sonderbetriebsvermögen des Gesellschafters/der Gesellschafter dem Betriebsvermögen der KG zugeordnet. Das BVerfG hat durch Beschluss v. 15.7.1969[644] die vorgenannte Verwaltungsauffassung bestätigt und dazu u. a. ausgeführt, dass ein Grundstück, das im Eigentum eines Gesellschafters stehe, aber dem Betrieb der Personengesellschaft diene, trotz des zwischen der Gesellschaft und dem Gesellschafter bestehenden Mietvertrages nicht zum Privatvermögen des Gesellschafters gehöre. Kauft der alleinige Kommanditist einer KG, der zugleich beherrschender Gesellschafter der Komplementär-GmbH ist, das der KG von einem Dritten mietweise überlassene Betriebsgrundstück, um es unmittelbar danach seiner einkommens- und vermögenslosen Ehefrau zu schenken, die sodann das Grundstück der KG als Betriebsgrundstück vermietet, ist das Grundstück kein Sonderbetriebsvermögen des Kommanditisten.[645]

Der BFH hat ferner entschieden, dass Sonderbetriebsvermögen vorliegt, wenn der Gesellschafter einer Personengesellschaft einem Dritten ein Gebäude vermietet, damit dieser es der Gesellschaft zur betrieblichen Nutzung überlässt. Ferner hat der BFH entschieden, dass notwendiges Sonderbetriebsvermögen auch vorliegt, wenn ein Gesellschafter ein von einem Dritten an die Personengesellschaft vermietetes Grundstück erwirbt, das der Mieter an die Personengesellschaft untervermietet, wenn dadurch der Gesellschaft die Nutzung des Grundstücks auch für die Zukunft ermöglicht wird. Nach Auffassung des BFH wird ein Grundstück auch dann Sonderbetriebsvermögen, wenn sein Eigentümer, der es einem Dritten zur Weitervermietung an die Personengesellschaft überlassen hat, später Gesellschafter und Mitunternehmer der Personengesellschaft wird. Dazu hat der BFH am 7.4.1994[646] entschieden: „Bestellt der Gesellschafter einer gewerblich tätigen Personengesellschaft einem Dritten an einem unbebau-

---

643 Vgl. BFH, Urteil v. 29.11.1960, I 117/60 S, BStBl 1961 III S. 183.
644 Vgl. HFR 1969, S. 450.
645 FG Bremen, Urteil v. 28.10.1993, I 86 036 KG, EFG 1994 S. 604, rechtskräftig.
646 IV R 11/92, GmbHR 1994 S. 816.

ten Grundstück ein Erbbaurecht und wird das Grundstück nach Bebauung vom Erbbauberechtigten vereinbarungsgemäß an die Personengesellschaft zur betrieblichen Nutzung vermietet, so gehört der Grund und Boden, auf dem das Gebäude errichtet wurde, zum notwendigen Sonderbetriebsvermögen des Gesellschafters. Bei der Einheitsbewertung des Betriebsvermögens gehört auch der Kapitalwert des Rechts auf den Erbbauzins zum Betriebsvermögen."

413 Zum notwendigen Sonderbetriebsvermögen des Gesellschafters und Mitunternehmers einer Personengesellschaft und damit zum notwendigen Betriebsvermögen (§ 4 Abs. 1 EStG) der Mitunternehmerschaft gehören nach ständiger Rechtsprechung des BFH nicht nur Wirtschaftsgüter, die der Gesellschafter unmittelbar der Gesellschaft zur Nutzung überlässt (sog. Sonderbetriebsvermögen I), sondern auch Wirtschaftsgüter, die der Beteiligung des Gesellschafters an der Personengesellschaft dienen (sog. **Sonderbetriebsvermögen II**); das Beispiel für Sondervermögen II sind die Anteile an der Komplementär-GmbH; so hat es der BFH in ständiger Rechtsprechung entschieden: „Ist ein Kommanditist einer GmbH & Co. KG zugleich an der Komplementär-GmbH beteiligt, so gehört die Beteiligung an der Komplementär-GmbH zu seinem Sonderbetriebsvermögen, wenn sich die Geschäftstätigkeit der GmbH auf die Geschäftsführung bei der KG beschränkt oder ein daneben bestehender eigener Geschäftsbetrieb der GmbH von ganz untergeordneter Bedeutung ist".[647] Einzelheiten hierzu in Rn. 457.

414 Nach dem BFH-Urteil v. 23.10.1990[648] obliegt die Buchführungspflicht für Sonderbetriebsvermögen nicht dem einzelnen Gesellschafter, sondern der Personenhandelsgesellschaft. Daher können z. B. Wertpapiere, die dem Gesellschafter einer KG gehören, in der Regel mangels hinreichender Dokumentation des Widmungswillens nicht dem gewillkürten Sonderbetriebsvermögen zugerechnet werden, wenn die Wertpapiere nicht in die Buchführung der KG aufgenommen worden sind.

---

647 Siehe Begründung zum BFH, Urteil v. 25.11.2009, I R 72/08, GmbHR.
648 VIII R 142/85, BB 1991 S. 34 und Urteilsanmerkung von Hoffmann hierzu in BB 1991, S. 513.

3.4.5 Kein Sonderbetriebsvermögen bei Vermietung durch gewerblich tätige Personengesellschaft und bei mitunternehmerischer Betriebsaufspaltung

Die vorstehend erwähnten Grundsätze zu den Sonderbetriebseinnahmen und zum Sonderbetriebsvermögen haben ihre Grundlage in § 15 Abs. 1 Satz 1 Nr. 2 HS 2 EStG. Nach dieser Vorschrift sind bezogene Entgelte für Leistungen (Tätigkeit, Darlehensgewährung, Nutzungsüberlastung) steuerrechtlich als Sonderbetriebseinnahmen der an der empfangenen Gesellschaft beteiligten Gesellschafter zu behandeln mit der Folge, dass auch die zur Nutzung überlassenen Wirtschaftsgüter Sonderbetriebsvermögen der Gesellschafter bei der die Nutzung empfangenen Gesellschaft werden. Die verpachteten Wirtschaftsgüter sind in die Ermittlung des Gesamtgewinns der pachtenden Gesellschaft und damit in die gesonderte und einheitliche Feststellung der Einkünfte für diese Gesellschaft einzubeziehen. Diese Grundsätze gelten nicht nur für Leistungen, die einer von mehreren Gesellschaftern einzeln und unabhängig von den anderen Gesellschaftern erbringt, sondern in gleicher Weise auch für Entgelte für Leistungen, die alle Gesellschafter der die Leistung empfangenden und die Vergütung gewährenden Personengesellschaft gemeinsam über eine Gesellschaft bürgerlichen Rechts erbringen. 415

Vorstehende Grundsätze gelten jedoch nicht bei einer **mitunternehmerischen Betriebsaufspaltung**. Nach dem BFH-Urteil v. 23.4.1996[649] kommt es zu einem Vorrang der Rechtsgrundsätze der Betriebsaufspaltung vor der Anwendung des § 15 Abs. 1 Satz 1 Nr. 2 HS 2 EStG. Mitunternehmerische Betriebsaufspaltung ist gegeben, wenn eine Betriebspersonengesellschaft von einer (anderen) Besitzpersonengesellschaft (Besitz-Gesellschaft bürgerlichen Rechts) wesentliche Betriebsgrundlagen pachtet und an der Besitzpersonengesellschaft sowie der Betriebspersonengesellschaft ganz oder mindestens überwiegend dieselben Personen beteiligt sind mit der Folge, dass eine personelle und sachliche Verflechtung gegeben ist. 416

Vorstehende Grundsätze gelten auch nicht für **Schwester-Personengesellschaften**; auch hier ist die Behandlung der vermieteten Wirtschaftsgüter als Sonderbetriebsvermögen der mietenden Gesellschaft ausgeschlossen. Der BFH hat mit Urteil v. 26.11.1996[650] diese Auffassung bestätigt: Die Qualifikation des Vermögens und der Einkünfte aus der Verpachtung des 417

---

649 BFH, Urteil v. 23.10.1990, VIII R 13/95, BStBl 1998 II S. 325.
650 BFH, Urteil v. 23.10.1990, VII R 42/94, BStBl 1998 II S. 323.

Vermögens einer gewerblich geprägten Personengesellschaft nach § 15 Abs. 3 Nr. 2 EStG (leistende Gesellschaft) hat bei ganz oder teilweise identischen Personengesellschaften (Schwester-Gesellschaften) Vorrang vor der Qualifikation des Vermögens als Sonderbetriebsvermögen und der Einkünfte als Sonderbetriebseinkünfte der Gesellschafter nach § 15 Abs. 1 Satz 1 Nr. 2 HS 2 EStG bei der leistungsempfangenden Gesellschaft.[651]

418 Die Finanzverwaltung hat sich vorstehender Rechtsauffassung des BFH, die eine Änderung der Rechtsprechung darstellt, durch ein Anwendungsschreiben v. 28.4.1998[652] angeschlossen. Der BFH betont dabei, dass die Rechtsgrundsätze des BFH-Urteils v. 23.4.1996 nur in den Fällen sog. Schwester-Gesellschaften anzuwenden sind, d. h., wenn sowohl an der vermietenden als auch an der mietenden Personengesellschaft ganz oder teilweise dieselben Personen als Gesellschafter beteiligt sind. Nicht betroffen von dieser Rechtsprechung sind die Fälle der sog. doppel- oder mehrstöckigen Personengesellschaft, also diejenigen Fälle, in denen eine Personengesellschaft selbst unmittelbar oder mittelbar an einer anderen Personengesellschaft als Mitunternehmer beteiligt ist. In diesen Fällen verbleibt es bei der Anwendung der gesetzlichen Regelung zur doppelstöckigen Personengesellschaft in § 15 Abs. 1 Nr. 2 Satz 2 EStG.

3.4.6 Bilanzielle Behandlung eines Gesellschafterwechsels

419 Auf die Ausführungen in Rn. 645 ff. wird hingewiesen.

3.5 GmbH & Co. KG im IAS/IFRS-Abschluss

420 In den IAS/IFRS-Standards[653] werden Eigenkapital und Fremdkapital als Finanzierungsinstrumente bezeichnet. Ein Eigenkapitalinstrument muss nachfolgende Bedingungen a. und b. erfüllen (IAS/IFRS 32.16):

Das Finanzinstrument beinhaltet keine vertragliche Verpflichtung,

---

651 Der BFH betont, dass diese allgemein für Schwester-Personengesellschaften geltenden Grundsätze auch anwendbar sind, wenn die leistende Gesellschaft eine atypisch stille Gesellschaft ist.
652 IV B 2 – S 2241 – 42/98, BStBl 1998 I S. 583.
653 Grundlagen: IFRS-Texte, Beck'sche Textausgaben, Verlag C.H. Beck, München, Loseblattsammlung in deutscher Sprache; IDW Textausgabe, International Financial Reporting Standards; IFRS, die amtlichen EU-Texte, Englisch-Deutsch, 2. Aufl. Düsseldorf 2005; WP-Handbuch 2006, Band I, 13. Aufl. IdW-Verlag Düsseldorf 2006, Abschnitt N Tz. 327 ff. bzw. S. 1425 ff.

(i) flüssige Mittel oder einen anderen finanziellen Vermögenswert an ein anderes Unternehmen abzugeben; oder

(ii) finanzielle Vermögenswerte oder finanzielle Verbindlichkeiten mit einem anderen Unternehmen zu potenziell nachteiligen Bedingungen für den Emittenten auszutauschen.

Kann das Finanzinstrument in den Eigenkapitalinstrumenten des Emittenten erfüllt werden, handelt es sich um:

(i) ein nicht derivatives Finanzinstrument, das keine vertragliche Verpflichtung seitens des Emittenten beinhaltet, eine variable Anzahl eigener Eigenkapitalinstrumente abzugeben; oder

(ii) ein Derivat, das vom Emittenten nur durch den Austausch eines festen Betrags an flüssigen Mitteln oder anderen finanziellen Vermögenswerten gegen eine feste Anzahl eigener Eigenkapitalinstrumente erfüllt wird. In diesem Sinne beinhalten die Eigenkapitalinstrumente eines Emittenten keine Instrumente, die selbst Verträge über den künftigen Empfang oder die künftige Abgabe von Eigenkapitalinstrumenten des Emittenten darstellen.

Ergänzend zur Abgrenzung Eigenkapital zu Fremdkapital besagt IAS/IFRS 32.16 (a.), dass ein Eigenkapitalinstrument nur dann gegeben ist, wenn keine vertragliche Verpflichtung des Emittenten bestehen darf zur Abgabe von flüssigen Mitteln oder anderen finanziellen Vermögenswerten. Das schließt nicht aus, dass der Inhaber eines Eigenkapitalinstruments nicht berechtigt sein kann, (anteilige) Dividende oder andere Gewinnausschüttungen aus dem Eigenkapital zu empfangen.

Die Klassifizierung als Eigenkapitalinstrument bestimmt sich gemäß IAS/IFRS 32.18 nicht allein nach seiner rechtlichen Gestaltung, sondern nach der wirtschaftlichen Substanz. Verfügt ein Unternehmen „nicht über ein uneingeschränktes Recht, sich bei der Erfüllung einer vertraglichen Verpflichtung der Abgabe von flüssigen Mitteln oder anderen finanziellen Vermögenswerten zu entziehen", liegt gemäß IAS/IFRS 32.19 eine finanzielle Verbindlichkeit vor. Eine finanzielle Verbindlichkeit liegt auch vor, wenn der Inhaber der Eigenkapitalinstrumente das Wahlrecht hat, das Finanzinstrument gegen flüssige Mittel oder andere finanzielle Vermögenswerte an den Emittenten zurückzugeben (sog. kündbares Finanzinstrument). IAS/IFRS 32.18 nennt Beispiele hierfür: Personengesellschaften, bestimmte Genossenschaften.[654]

Da nach deutschem Recht das Kündigungsrecht des Gesellschafters einer Personengesellschaft nicht abdingbar, den Gesellschaftern also ein jederzeit ausübbares Kündigungsrecht einzuräumen ist, hätten Kapitalanteile an Personenhandelsgesellschaften im IAS/IFRS-Abschluss keine Eigenkapitalfunktion;[655] sie wären vielmehr als finanzielle Verbindlichkeit zu qualifizieren (IAS/IFRS 18 b).

422 Das IASB (International Accounting Standards Board) hat sich der **Problematik des Ausweises von Eigenkapital von Personengesellschaften im IAS/IFRS-Abschluss** angenommen. Nach der am 14.2.2008 geänderten Fassung des IAS/IFRS 32 wird 32.11 um das sog. puttable (puttable = kündbar) ergänzt, das als Ausnahmevorschrift Finanzinstrumente, die mit einem Kündigungsrecht ausgestattet sind, als Eigenkapital qualifiziert, wenn folgende fünf Kriterien erfüllt sind:[656]

- „Beteiligungsquotaler Anspruch in der Liquidation: Das Finanzinstrument räumt dem Inhaber einen seinem (Eigen-) Kapital entsprechenden, beteiligungsproportionalen Anteil am Reinvermögen des Unternehmens im Fall der Liquidation ein. IAS 32 definiert das Reinvermögen des Unternehmens im Fall der Liquidation als das Vermögen, das nach Begleichen aller anderen Vermögensansprüche verbleibt. Die Regelungen stellen allein auf die net assets ab, wonach Situationen, in denen bei Liquidation kein Überschuss der assets über die liabilities verbleibt, nicht zu berücksichtigen sind. Ein beteiligungsquotaler Anspruch ergibt sich im Liquidationsfall auf Grundlage des auf die einzelnen Gesellschaftsanteile heruntergebrochenen Residualvermögens.
- Nachrangigste Klasse: Die Einordnung eines Finanzinstruments als Eigenkapitalinstrument setzt voraus, dass dieses der nachrangigsten Klasse der Finanzinstrumente zuzurechnen ist. Dazu darf es keinen bevorzugten Anspruch an den Vermögenswerten der Gesellschaft im Liquidationsfall haben. Diese Nachrangigkeit bei der Befriedigung der

---

654 Küting/Dürr, Genüsse in der Rechnungslegung nach HGB und IFRS sowie Komplikationen im Kontext von Basel II, DStR 2005, S. 938 (942): „eine lediglich vorübergehende Übernahme der Haftungsfunktion genügt nicht für die Einstufung als Eigenkapital".
655 IAS/IFRS 1.77: „Ein Unternehmen ohne gezeichnetes Kapital, wie etwa eine Personengesellschaft oder ein Treuhandfonds ...".
656 Petersen/Zwirner, IAS 32 (rev. 2008) – Endlich (mehr) Eigenkapital nach IFRS?, DStR 2008, S. 1060 (1064). Siehe auch IAS 32.16 A und 32.16 B.

Residualvermögensansprüche muss dem Finanzinstrument immanent sein und darf nicht erst eine Umwandlung des Instruments zu einem derart nachrangigen Instrument bedingen. Aufgrund dieses Kriteriums schließt das gleichzeitige Vorhandensein von unkündbaren Eigenkapitalinstrumenten zwangsläufig den Ausweis kündbarer Finanzinstrumente als Eigenkapital aus.

– Identische Ausstattungsmerkmale: Alle Finanzinstrumente, die der vorstehend definierten nachrangigsten Klasse zuzurechnen sind, müssen mit den gleichen eigenkapitalverbürgenden Merkmalen ausgestattet sein. Sie müssen alle kündbar sein und die Berechnungsmethodik zur Wertermittlung des Eigenkapitalinstruments respektive zur Bewertung des Rückgewährungs-/ Abfindungsanspruchs muss bei allen Instrumenten gleich sein. Eine einlagenproportionale Bemessung des jeweiligen Anspruchs trägt dieser Forderung Rechnung.

– Keine weitergehende Rechtsstellung: Ein Eigenkapitalinstrument nach IAS 32 (rev. 2008) darf über die vorgenannten Ansprüche hinaus keine weitergehende Rechtsstellung verkörpern. Aus dem Finanzinstrument darf demnach für das emittierende Unternehmen außer im Fall der Kündigung durch den Inhaber keine anderweitige Verpflichtung resultieren. Ausgenommen hiervon sind bestimmte angemessene Leistungen an einen Gesellschafter als Reflex auf von ihm erbrachte Leistungen gegenüber der Gesellschaft.

– Ergebnisabhängige Zahlungsströme: Das fünfte Kriterium besteht darin, dass die dem Finanzinstrument zurechenbaren Cashflows vom Ergebnis des emittierenden Unternehmens (profit or loss) respektive der bilanziellen Reinvermögensänderung (change in recognised net assets) oder der Änderung des Unternehmenswertes (change in the fair value of the recognised and unrecognised net assets) abhängen. Hierbei kann es nicht auf die tatsächliche Auszahlung an den Inhaber des Finanzinstruments ankommen: Entweder wird das Jahresergebnis unmittelbar an den Inhaber des Finanzinstruments ausgeschüttet oder es erhöht seinen anteiligen Residualanspruch am Reinvermögen des Unternehmens (z.B. bei Thesaurierung). In beiden Fällen wirkt sich die Unternehmensentwicklung auf den Rückzahlungsanspruch des Finanzinstruments aus."

Deutsche Personengesellschaften erfüllen die Kriterien i. d. R. und können damit ihr gesellschaftsrechtliches Eigenkapital auch nach IFRS als bilanzielles Eigenkapital ausweisen. „Nach dem *Near Final Draft* RIC 3.9 stellt die unterschiedliche Außenhaftung von Komplementären und Kommanditisten keine Verletzung der Bedingung in IAS 32.16A(a) dar, da die persönliche Haftung des Komplementärs gem. IAS 32.AG14F und IAS 32.AG14G von der Einlage abgespalten und als gesondertes Finanzinstrument betrachtet wird. Insoweit können auch bei einer KG bzw. GmbH & Co. KG die Einlagen der Kommanditisten bei Erfüllung der übrigen Voraussetzungen als Eigenkapital ausgewiesen werden. Auch eine ergebnisunabhängige Vergütung für den Komplementär ändert nach Ansicht des *Near Final Draft* RIC 3.19 hieran nichts, solange die Vergütung einem Fremdvergleich i.S. von IAS 32.AG14I standhält."[657]

---

[657] Clemens in Beck'sches IFRS-Handbuch, 3. Aufl. 2009, Rn. 96 zu § 12 Eigenkapital.

V Laufender Geschäftsbetrieb der GmbH & Co. KG
– Steuerrechtlicher Teil –

1 Steuerrechtliche Grundlagen der GmbH & Co. KG

1.1 Behandlung der Einkünfte aus der GmbH & Co. KG als gewerbliche Einkünfte

1.1.1 Grundsätzliches

Eine GmbH & Co. KG ist zivilrechtlich keine Kapitalgesellschaft und 423 damit keine juristische Person. Eine GmbH & Co. KG, bei der alleiniger persönlich haftender Gesellschafter eine GmbH ist, wird zivilrechtlich als KG und damit als Personenhandelsgesellschaft angesehen. Diese Grundsätze hat der Große Senat des BFH im Beschluss v. 25.6.1984[658] aufgestellt.

Zivilrechtlich und steuerlich zulässig ist auch eine GmbH & Co. KG, deren einziger Komplementär eine Einmann-GmbH ist und deren einziger Kommanditist der Gesellschafter der Komplementär-GmbH ist, die sog. Einmann-GmbH & Co. KG.[659]

Eine GmbH & Co. KG, deren persönlich haftender Gesellschafter eine (andere) GmbH & Co. KG ist, wird doppel- oder mehrstöckige GmbH & Co. KG genannt. Auch eine doppelstöckige GmbH & Co. KG gehört nicht zu den Kapitalgesellschaften i. S. d. § 1 Abs. 1 Nr. 1 KStG, weil auch sie zivilrechtlich eine KG und damit eine Personenhandelsgesellschaft ist.

Eine GmbH & Co. KG, die als solche im Handelsregister eingetragen ist, jedoch keine voll kaufmännische Betätigung ausübt (Schein-KG), ist gleichfalls keine Kapitalgesellschaft i. S. d. § 1 Abs. 1 Nr. 1 KStG. Zivilrechtlich ist sie eine Gesellschaft bürgerlichen Rechts und damit eine Personengesellschaft, auf die lediglich im Innenverhältnis und aufgrund der Rechtsscheinhaftung nach außen die für die KG maßgebenden Regeln des Handelsrechts anwendbar sind.

Werden zwecks Kapitalsammlung eine unbestimmte Vielzahl rein kapitalis- 424 tisch beteiligter Kommanditisten als Gesellschafter aufgrund eines fertig

---

658 GrS 4/82, BStBl 1984 II S. 751.
659 GrS 4/82, BStBl 1984 II S. 751.

vorformulierten Vertrages aufgenommen, so spricht man von einer Publikums- GmbH & Co. KG. Ihre beiden Erscheinungsformen sind die Massengesellschaft, an der die Kapitalanleger unmittelbar beteiligt sind und bei der meist im Statut eine Beirats-, seltener eine Repräsentativverfassung vorgesehen ist, und die mittelbare Anlagegesellschaft, bei der an die Stelle einer Vielzahl von Kommanditisten ein Treuhänder-Kommanditist tritt, der den Kommanditanteil vermittelt. Nach der Rechtsprechung des BGH hat sich zwar für die Publikums-KG in Anlehnung an bestimmte Grundsätze des Rechts der Kapitalgesellschaften ein insbesondere dem Anlegerschutz der Gesellschafter und der Funktionsfähigkeit der Gesellschaft dienendes Sonderrecht der Gesellschaft herausgebildet; gleichwohl ist dieses Rechtsgebilde eine Personengesellschaft. Da es die verfassungskonforme Auslegung des KStG gebietet, die Ordnungsstruktur des Zivilrechts durchgehend zu wahren, ist eine Publikums-GmbH & Co. KG weder als nichtrechtsfähiger Verein i. S. d. § 1 Abs. 1 Nr. 5 KStG noch als nichtrechtsfähige Personenvereinigung nach § 3 Abs. 1 KStG körperschaftsteuerpflichtig. Vielmehr gehört steuerrechtlich die Publikums-GmbH & Co. KG als Personenhandelsgesellschaft zu den nichtrechtsfähigen Personenvereinigungen, deren Einkommen unmittelbar bei den Mitgliedern zu versteuern ist. Das gilt für jede Tatbestandsverwirklichung des Erzielens von Einkünften im Rahmen der Einkommensarten des § 2 Abs. 1 EStG. Werden die Tatbestandsmerkmale einer Einkommensart von der Publikums- GmbH & Co. KG oder von ihren Gesellschaftern nicht erfüllt, besteht also keine Einkunftserzielungsabsicht, ist weder das Körperschaft- noch Einkommensteuergesetz anwendbar. Die vorstehenden Gründe einer Verneinung der Körperschaftsteuerpflicht gelten auch für eine Publikums-GmbH & Co. KG mit wenigen Kommanditisten, wenn diese ihrerseits Treuhänder für zahlreiche Treugeber sind.

1.1.2 BFH-Rechtsprechung

425 In dem Grundsatzurteil v. 17.3.1966,[660] dem sog. „Gepräge"-Urteil, traf der BFH die Feststellung, dass die Tätigkeit einer GmbH & Co. KG stets sogar bei reiner Vermögensverwaltung einen Gewerbebetrieb darstelle, wenn die geschäftsführende GmbH der alleinige Gesellschafter ist. Diese Ansicht hat der BFH im Urteil v. 3.8.1972[661] noch einmal bestätigt: „Eine GmbH & Co. KG, an der eine GmbH als einziger Komplementär beteiligt ist, unterhält

---

660 IV 233, 234/65, BStBl 1966 III S. 171.
661 IV R 235/67, BStBl 1972 II S. 799.

schon wegen dieser Beteiligung der GmbH einen Gewerbebetrieb." Nach Auffassung der Finanzverwaltung ist das „Gepräge"-Urteil auch dann anzuwenden, wenn die Komplementär-GmbH zwar am Gewinn, nicht aber am Verlust und am Vermögen der GmbH & Co. KG beteiligt ist. Denn auch in diesem Fall gebe die GmbH der KG wirtschaftlich das entscheidende „Gepräge".[662]

Nach dem Erlass des Niedersächsischen FinMin v. 14.2.1967[663] gibt die GmbH (= stets Gewerbebetrieb kraft Rechtsform) der GmbH & Co. KG selbst dann noch das „Gepräge", wenn die Geschäftsführung für die KG nicht von der GmbH, sondern von einem Angestellten der KG ausgeübt wird.

Nach diesen Rechtsgrundsätzen erzielen alle Gesellschafter einer GmbH & Co. KG stets Einkünfte aus Gewerbebetrieb (gewerbliche Einkünfte i. S. d. § 15 EStG), auch wenn sich die Tätigkeit der Gesellschaft nur auf eine reine Vermögensverwaltung beschränkt.

Diese jahrzehntelange Rechtsauffassung hat der Große Senat des BFH mit Beschluss v. 25.6.1984[664] aufgegeben. Er führte u. a. aus: „Bei einer GmbH & Co. KG, deren alleiniger persönlich haftender und geschäftsführender Gesellschafter eine GmbH ist, sind nicht allein wegen dieser Rechtsform alle Einkünfte i. S. d. § 2 Abs. 3 EStG mit Wirkung für alle Gesellschafter (Mitunternehmer) als Einkünfte aus Gewerbebetrieb zu qualifizieren (Aufgabe der Gepräge-Rechtsprechung)".

1.1.3 Gesetzliche Grundlagen

Durch den durch das **Steuerbereinigungsgesetz 1986** v. 19.12.1985[665] neu gefassten § 15 Abs. 3 Nr. 2 EStG wurde **die vom Großen Senat des BFH aufgegebene BFH-Geprägerechtsprechung wieder gesetzlich verankert**, und zwar (rückwirkend) auch für Veranlagungszeiträume vor 1986. Die Tätigkeit einer Gesellschaft gilt von dem Zeitpunkt an, in dem erstmals die Voraussetzungen des § 15 Abs. 3 EStG erfüllt waren, als Gewerbebetrieb. Zwischenzeitlich hat der BFH die Auffassung der Bundesregierung bestätigt, wonach es verfassungsrechtlich nicht zu beanstanden ist, dass

---

662 Finanzbehörde Hamburg, Erlass v. 20.8.1969, DStZ B 1969, S. 355; Hessisches FinMin, Erlass v. 13.10.1969, DStZ B 1969 S. 434.
663 DB 1967, S. 318.
664 GrS 4/82, BStBl 1984 II S. 751.
665 BGBl 1985 I S. 2436.

§ 15 Abs. 3 Nr. 2 EStG die sog. Geprägetheorie rückwirkend wieder eingeführt hat.[666]

428 § 15 Abs. 3 EStG lautet:

„Als Gewerbebetrieb gilt in vollem Umfang die mit Einkünfteerzielungsabsicht unternommene Tätigkeit
1. einer offenen Handelsgesellschaft, einer KG oder einer anderen Personengesellschaft, wenn die Gesellschaft auch eine Tätigkeit i. S. d. Satz 1 Nr. 1 ausübt oder gewerbliche Einkünfte i. S. d. Absatzes 1 Satz 1 Nr. 2 bezieht,
2. einer Personengesellschaft, die keine Tätigkeit i. S. d. Absatzes 1 Satz 1 Nr. 1 ausübt und bei der ausschließlich eine oder mehrere Kapitalgesellschaften persönlich haftende Gesellschafter sind und nur diese oder Personen, die nicht Gesellschafter sind, zur Geschäftsführung befugt sind (gewerblich geprägte Personengesellschaft). Ist eine gewerblich geprägte Personengesellschaft als persönlich haftender Gesellschafter an einer anderen Personengesellschaft beteiligt, so steht für die Beurteilung, ob die Tätigkeit dieser Personengesellschaft als Gewerbebetrieb gilt, die gewerblich geprägte Personengesellschaft einer Kapitalgesellschaft gleich."

Mit der Formulierung des § 15 Abs. 3 Nr. 2 EStG knüpft der Gesetzgeber an die bisherige, vom BFH aufgegebene sog. Geprägerechtsprechung an. Diese Rechtsprechung ging davon aus, dass eine vermögensverwaltende Personengesellschaft gewerblich geprägt wird, wenn an ihr eine Kapitalgesellschaft als persönlich haftende und als geschäftsführende Gesellschafterin beteiligt ist und damit die eigentliche Unternehmertätigkeit entfaltet. Beide Merkmale müssen – unter Ausschluss einer natürlichen Person als persönlich haftender Gesellschafterin oder als Mit-Geschäftsführerin – jeweils zusammen in der Person einer Kapitalgesellschaft gegeben sein. Sind beide Merkmale gegeben, liegt eine gewerblich geprägte Personengesellschaft vor. Die sich hieraus ergebenden Rechtsfolgen sind für das Bewertungsrecht und das Einkommensteuerrecht nach einheitlichen Gesichtspunkten zu bestimmen.[667]

Die Regelung des § 15 Abs. 3 Nr. 2 EStG trifft im Wesentlichen Grundstücksverwaltungsgesellschaften in der Rechtsform einer GmbH & Co. KG, bei denen ausschließlich eine GmbH-Komplementärin zur Geschäftsfüh-

---

666 Vgl. BFH, Urteil v. 10.7.1986, IV R 12/81, BStBl 1986 II S. 811.
667 Siehe BFH, Urteil v. 22.11.1994, VIII R 63/93, BB 1995 S. 1332.

rung berufen ist. Als Folge der gewerblich geprägten Tätigkeit ergibt sich, dass diese Grundstücksverwaltungsgesellschaften nicht Einkünfte aus Vermietung und Verpachtung, sondern gewerbliche Einkünfte, die auch der Gewerbesteuer unterliegen, erzielen. Auch wenn die gewerblich geprägte Personengesellschaft ihren Betrieb als Ganzes verpachtet, erzielt sie gewerbesteuerpflichtige Einkünfte.[668]

Die „gewerbliche Prägung" ist in § 15 Abs. 3 Nr. 2 EStG verankert. Satz 1 dieser Vorschrift bezieht sich auf den Grundfall der gewerblich geprägten Personengesellschaft; Satz 2 betrifft die doppel- und mehrstöckige GmbH & Co. KG. 429

Die vorstehend angesprochenen Tatbestandsvoraussetzungen des § 15 Abs. 3 Nr. 2 EStG sind:[669] 430
– Die Personengesellschaft muss persönlich haftende Gesellschafter haben; diese müssen ausschließlich Kapitalgesellschaften (AG, KGaA, GmbH oder auch Vor-GmbH) sein.[670]
– Die Geschäftsführung muss ausschließlich bei der (diesen) Kapitalgesellschaft(en) oder bei Nichtgesellschaftern liegen. Der Gesetzgeber stellt auf die Geschäftsführung, nicht auf die Vertretung ab. Durch Übertragung der (Mit)Geschäftsführung auf einen Kommanditisten, auch eine Kommanditgesellschaft, lässt sich die gewerbliche Prägung der GmbH & Co. KG also vermeiden.

Stille Gesellschaft und Unterbeteiligung fallen nicht unter § 15 Abs. 3 Nr. 2 EStG, da es an Gesamthandsvermögen mangelt. Ein atypisch Stiller hat gewerbliche Einkünfte, wenn er Geschäftsinhaber einer Kapitalgesellschaft ist oder eine atypisch stille Beteiligung an einer gewerblich geprägten Personengesellschaft vorliegt. 431

Vorstehende Ausführungen zeigen, dass schon **eine** (geschäftsführende) Kapitalgesellschaft als persönlich haftende Gesellschafterin einer Personengesellschaft das Gepräge als Gewerbebetrieb geben kann; diese Rechtsfolge muss daher erst recht dann gelten, wenn **alle** ihre Gesellschafter persönlich haftende Kapitalgesellschaften sind. Eine ausschließ- 432

---

668 Siehe BFH, Beschluss v. 25.10.1995, IV B 9/95, BFH/NV 1996 S. 213.
669 Vgl. Groh, DB 1987, S. 1006 ff.
670 Auch auf eine BGB-Gesellschaft, die im Rechtsverkehr als sog. „Schein-KG" auftritt, findet § 15 Abs. 3 Nr. 2 EStG Anwendung; siehe hierzu BFH, Urteil v. 11.12.1986, IV R 222/84, DB 1987 S. 1021.

lich aus Kapitalgesellschaften bestehende Gesellschaft bürgerlichen Rechts ist eine gewerblich geprägte Personengesellschaft i. S. v. § 15 Abs. 3 Nr. 2 EStG.[671]

433 Für die gewerblich geprägte Personengesellschaft reicht es nicht aus, dass der einzige persönlich haftende und zur Vertretung befugte Gesellschafter eine Kapitalgesellschaft ist; hinzukommen muss, dass die Kapitalgesellschaft allein die Befugnis zur Geschäftsführung hat.

Die Mitgeschäftsführungsbefugnisse eines Gesellschafters, der eine natürliche Person ist, schließt also die gewerbliche Prägung der Personengesellschaft aus, und zwar auch dann, wenn dieser Gesellschafter keine Vertretungsmacht besitzt. Dabei deckt sich der Begriff der „Geschäftsführungsbefugnis" i. S. d. § 15 Abs. 3 EStG mit dem entsprechenden Begriff des Gesellschaftsrechts und kann nicht mit dem Begriff der „Vertretungsmacht" gleichgesetzt werden. Dem folgt auch der BFH. In seinem Urteil v. 23.5.1986[672] geht er mit der überwiegenden Auffassung im Schrifttum davon aus, dass der Begriff der Geschäftsführung i. S. v. § 15 Abs. 3 Nr. 2 EStG gesellschaftsrechtlich gemäß §§ 114–117, 164 HGB und §§ 709–713 BGB zu verstehen ist.

Maßgeblich ist die gesetzliche oder gesellschaftsvertragliche organschaftliche Befugnis im Innenverhältnis der Gesellschafter zueinander zu einer auf Verwirklichung des Gesellschaftszwecks gerichteten Tätigkeit. Eine Tätigkeitsbefugnis, die sich nur aus einem Dienst- oder Arbeitsvertrag ergibt, ist danach keine Geschäftsführungsbefugnis i. S. d. § 15 Abs. 3 Nr. 2 EStG. Andererseits setzt § 15 Abs. 3 Nr. 2 EStG nicht voraus, dass die natürliche Person, deren Geschäftsführungsbefugnis die Prägewirkung der Kapitalgesellschaft ausschließen soll, alleinige Geschäftsführungsbefugnis hat. Die Prägewirkung wird also z. B. auch dann ausgeschlossen, wenn eine natürliche Person neben einer Kapitalgesellschaft geschäftsführungsbefugt ist. Es ist dann auch unerheblich, ob die Kapitalgesellschaft und die natürliche Person nur gemeinschaftlich oder je einzeln zur Geschäftsführung befugt sind. Gemäß § 164 Satz 1 HS 1 HGB sind die Kommanditisten von der Führung der Geschäfte der KG ausgeschlossen. Diese Vorschrift kann jedoch durch eine gesellschaftsvertragliche Regelung in der Weise abbedungen werden, dass der Kommanditist allein oder gemeinschaftlich mit einem oder mehreren persönlich haftenden Gesell-

---

671 BFH, Urteil v. 22.11.1994, VIII R 63/93, BB 1995 S. 1332.
672 IV R 87/93, GmbHR 1996 S. 947.

schaftern zur Führung der Geschäfte befugt ist und die KG in diesem Umfang auch vertritt. Dabei wie auch sonst bei mehreren geschäftsführungsbefugten Gesellschaftern sind auch Regelungen möglich, die im Wege der internen Kompetenzverteilung die Geschäftsführung in der Weise aufteilen, dass jeder Gesellschafter nur für bestimmte Arten von Geschäften geschäftsführungsbefugt ist. Soll der Kommanditist als bestellter Geschäftsführer die Gesellschaft auch nach außen vertreten dürfen, so hat er die Firma nebst seiner Namensunterschrift zur Aufbewahrung beim Registergericht zu zeichnen (§ 161 Abs. 2 HGB i. V. m. § 108 Abs. 2 HGB), und zwar auch, wenn mit der Bestellung des Kommanditisten zum Geschäftsführer die Änderung einer früheren Regelung zur Geschäftsführung verbunden ist. Wird einem Kommanditisten so auf gesellschaftsrechtlicher Grundlage die organschaftliche Befugnis zur Geschäftsführung übertragen, hat dies einkommensteuerrechtlich zur Folge, dass die Gesellschaft nicht i. S. d. § 15 Abs. 3 Nr. 2 EStG gewerblich geprägt ist, wenn dieser Kommanditist eine natürliche Person ist.

Vorstehende Ausführungen sind durch das FG Brandenburg[673] bestätigt worden: „Zur Vermeidung der ‚Gepräegetheorie' des § 15 Abs. 3 Nr. 2 EStG kann der Kommanditist, der Geschäftsführer der nach dem Gesellschaftsvertrag allein geschäftsführenden Komplementär-GmbH ist, von der Gesellschafterversammlung der GmbH & Co. KG außerhalb des Gesellschaftsvertrages neben der GmbH zum weiteren Geschäftsführer bestellt werden." Die nur mittelbare Geschäftsführungsbefugnis des Kommanditisten verhindert dagegen nicht die gewerbliche Prägung. Um Meinungsverschiedenheiten zu vermeiden, ist durch eine Regelung im Gesellschaftsvertrag selbst bzw. in einem vertragsändernden Gesellschafterbeschluss eine ausdrückliche Übertragung der Geschäftsführungsbefugnis auf den Kommanditisten festzulegen.

Gemäß § 15 Abs. 1 Satz 1 Nr. 2, HS 2 EStG gehören zu den Einkünften aus Gewerbebetrieb u. a. die Gewinnanteile der Gesellschafter (Mitunternehmer) einer gewerblich tätigen KG und die Vergütungen, die der Gesellschafter von der Gesellschaft für seine Tätigkeit im Dienst der Gesellschaft oder für die Hingabe von Darlehen oder für die Überlassung von Wirtschaftsgütern bezogen hat. Die Vorschrift ist auch anzuwenden, wenn der Mitunternehmer seine Leistung im Rahmen eines eigenen Gewerbebetriebs erbringt und die Vergütung deshalb bei ihm als Betriebseinnahme zu erfassen wäre. Voraussetzung ist lediglich, dass die Vergütung durch das

---

673 Urteil v. 12.12.2001, 1 K 455/98, LEXinform-Dokumentnr. 0573897, rechtskräftig.

Gesellschaftsverhältnis veranlasst ist und nicht nur zufällig mit diesem zusammentrifft. § 15 Abs. 1 Satz 1 Nr. 2, HS 2 EStG erfasst jedoch nicht nur Entgelte für Leistungen (Tätigkeit, Darlehensgewährung, Nutzungsüberlassung), die einer von mehreren Gesellschaftern einzeln und unabhängig von den anderen Gesellschaftern erbringt, sondern in gleicher Weise auch Entgelte für Leistungen, die alle Gesellschafter der die Leistung empfangenden und die Vergütung gewährenden Personengesellschaft (oder ein Teil dieser Gesellschaft) gemeinsam über eine Gesellschaft bürgerlichen Rechts erbringen. Das gilt jedoch ohne Einschränkung nur, wenn die leistende Personengesellschaft nicht gewerblich tätig ist. Ist die leistende Personengesellschaft eine Personenhandelsgesellschaft, dann sind die Vergütungen bei dieser als Betriebseinnahme zu erfassen. Diese Grundsätze sind auch anzuwenden, wenn die leistende Gesellschaft eine gewerblich geprägte Personengesellschaft ist, da die gewerblich geprägte Personengesellschaft wie eine originär tätige Personengesellschaft zu behandeln ist. Das Wesen der Fiktion in § 15 Abs. 3 Nr. 2 EStG besteht darin, beide Formen der Betätigung für die Anwendung des EStG gleichzustellen. Das hat nicht nur eine vorrangige Zurechnung der Einkünfte bei der gewerblich geprägten Personengesellschaft zur Folge, sondern auch eine vorrangige Zurechnung eines verpachteten Grundstücks zu ihrem Gesellschaftsvermögen. Die Qualifikation des Vermögens als Gesellschaftsvermögen und der Einkünfte aus der Verpachtung dieses Vermögens als Einkünfte der gewerblich geprägten Personengesellschaft nach § 15 Abs. 3 Nr. 2 EStG hat bei ganz oder teilweise gesellschafteridentischen Personengesellschaften Vorrang vor der Qualifikation des Vermögens als Sonderbetriebsvermögen und der Einkünfte aus der Verpachtung als Sonderbetriebseinkünfte der Gesellschafter bei der leistungsempfangenden Gesellschaft nach § 15 Abs. 1 Satz 1 Nr. 2, HS 2 EStG. Die Wirtschaftsgüter, die eine gewerblich tätige oder geprägte Personengesellschaft an eine ganz oder teilweise personenidentische Personengesellschaft (Schwester-Gesellschaft) vermietet, gehören zum Betriebsvermögen der vermietenden Personengesellschaft und nicht der nutzenden Personengesellschaft.[674]

Vorstehende BFH-Grundsätze gelten jedoch dann nicht, d. h., die vermieteten Wirtschaftsgüter gehören zum Betriebsvermögen der nutzenden Personengesellschaft, wenn die Überlassung der Wirtschaftsgüter durch die vermietende Personengesellschaft ausschließlich im Interesse eines, meh-

---

674 Siehe BFH, Urteil v. 16.6.1994, IV R 48/93, BB 1900 S. 229; BFH, Urteil v. 22.11.1994, VIII R 63/93, BB 1995 S. 1332.

rerer oder aller Gesellschafter liegt. Ein derartiges eigenwirtschaftliches Interesse der Gesellschafter der vermietenden Gesellschaft an der Vermietung ist zu vermuten, wenn
- zu Bedingungen vermietet wird, die unter fremden Dritten nicht üblich sind, oder
- eine eigene Leistungspflicht der Gesellschafter gegenüber der nutzenden Personengesellschaft besteht, zu deren Erfüllung sich die Gesellschafter der überlassenden Personengesellschaft bedienen. Das kann z. B. der Fall sein, wenn das überlassene Wirtschaftsgut für die nutzende Personengesellschaft eine wesentliche Betriebsgrundlage darstellt.[675]

1.2 Abgrenzung zwischen gewerblich geprägter und gewerblich tätiger KG

Es gelten folgende Grundsätze:
- Ist die KG, bei der eine GmbH als Komplementärin beteiligt ist, bereits ein gewerbliches Unternehmen kraft gewerblicher Betätigung (§ 15 Abs. 1 Nr. 1 EStG), so bedarf es keiner weiteren gewerblichen Prägung, damit die Gesellschafter – sofern sie die Voraussetzung der Mitunternehmergesellschaft erfüllen – Einkünfte aus Gewerbebetrieb erzielen.
- Andere Gesellschaften, die nur zu einem Teil gewerblich und daneben z. B. vermögensverwaltend tätig sind, können nicht unter § 15 Abs. 3 Nr. 2 EStG fallen, da deren Tätigkeit bereits nach § 15 Abs. 3 Nr. 1 EStG im vollen Umfang Gewerbebetrieb ist.
- Es ist weiterhin unerheblich, welche Tätigkeit die KG ausübt. Es braucht lediglich eine GmbH vorhanden zu sein, die alleinige Komplementärin und zugleich Geschäftsführerin der KG ist, um die steuerliche Behandlung als Gewerbebetrieb sicherzustellen. Eine gewerbliche Tätigkeit liegt demnach auch vor, wenn die KG lediglich eine schlicht vermögensverwaltende Tätigkeit ausübt, wie z. B. Bau und anschließende Vermietung eines Hotels, Wohnhauses oder Schiffes. Somit erzielen die Gesellschafter wegen der von ihnen gewählten Rechtsform im steuerlichen Sinn nicht Einkünfte aus Vermietung und Verpachtung (§ 21 EStG), sondern Einkünfte aus Gewerbebetrieb.

Die Rechtsprechung dehnt die gewerbliche Prägung auf diejenigen Personengesellschaften aus, bei denen einer der persönlich haftenden allein geschäftsführungsbefugten Gesellschafter zwar keine Kapitalgesellschaft,

---

675 Siehe BMF, Schreiben v. 18.1.1996, IV B 2 – S 2134 – 7/96, BB 1996 S. 425.

aber ebenfalls eine gewerblich geprägte Personengesellschaft ist. So hat der BFH im Urteil v. 8.6.2000[676] die Auffassung vertreten, dass eine selbst originär gewerblich tätige Personengesellschaft eine nur eigenes Vermögen verwaltende GbR, an der sie beteiligt ist, gewerblich prägen kann.

Auch nach der Neufassung des § 15 Abs. 3 EStG gelten weiterhin die Ausführungen des Großen Senats des BFH im Beschluss v. 25.6.1984,[677] nach denen eine Mitunternehmerschaft bei befristeter Gesellschafterstellung nicht möglich ist. Der Gesellschafter einer GmbH & Co. KG ist dann kein Unternehmer, wenn er weder Unternehmensinitiative (Ausübung von Gesellschafterrechten, wie Kontroll- und Widerspruchsrechte) trägt noch Mitunternehmerrisiko (Beteiligung am Gewinn und Verlust sowie an den stillen Reserven des Anlagevermögens einschließlich eines Geschäftswerts) entfalten kann und wegen seiner befristeten Gesellschafterstellung nicht an einer Betriebsvermögensmehrung der Gesellschaft teilnehmen kann.

436 Die gewerblich geprägte GmbH & Co. KG bietet zahlreiche betriebswirtschaftliche und steuerrechtliche Vorteile:[678]
- Finanzierungsinstrumente in Form bestimmter Absetzungen, die Betriebsvermögen/Gewerblichkeit voraussetzen, so z. B. Sonderabschreibungen nach § 7g Abs. 5 EStG, degressive Absetzungen (§ 7 Abs. 2 und Abs. 4 f. EStG).
- Finanzierungsinstrumente in Form von Zulagen, die an betriebliche Investitionen anknüpfen, nämlich Investitionszulagen nach dem InvZulG.
- Übergang von der pauschalierten Kürzung bei der Gewerbesteuer zur erweiterten gewerbesteuerlichen Kürzung durch Ausgliederung des Grundbesitzes insbesondere von Kapitalgesellschaften auf eine Tochterfirma in der Rechtsform einer GmbH & Co. KG unter Buchwertverknüpfung.
- Vermeidung der Aufdeckung stiller Reserven beim Übergang zur sog. branchenfremden Verpachtung durch vorherige Einbringung des Unternehmens in eine GmbH & Co. KG.[679]
- Vermeidung der Aufdeckung stiller Reserven beim Wegfall der personellen Voraussetzungen einer Betriebsaufspaltung durch rechtzeitige

---

676 IV R 37/99, BStBl 2001 II S. 162.
677 GrS 4/82, BStBl 1984 II S. 751.
678 Vgl. Christoffel/Dankmeyer, DB 1986, S. 347 ff.
679 Vgl. BFH, Urteil v. 19.1.1983, I R 84/79, BStBl 1983 II S. 412.

Vorschaltung einer GmbH & Co. KG, z.B. bevor die minderjährigen Gesellschafter das 18. Lebensjahr vollenden.[680]
- Bildung steuerfreier Rücklagen, Berücksichtigung von Veräußerungsverlusten, begünstigter Steuersatz für Aufgabe- und Veräußerungsgewinne.
- Übernahme der Organträgerfunktion i. S. d. KStG für eine Holding, auch ohne dass die Voraussetzungen der sog. Mehrmütterorganschaft vorliegen.

Bei einer nicht gewerblich tätigen KG ergibt sich das verfahrensmäßige Problem, dass die Gesellschafter einer vermögensverwaltenden GmbH & Co. KG unterschiedliche Arten von Einkünften aus der Beteiligung haben; es liegt eine sog. **Zebra-Gesellschaft** vor. Die Komplementär-GmbH hat stets Einkünfte aus Gewerbebetrieb. Die Kommanditisten haben dann Einkünfte aus Gewerbebetrieb – obwohl es sich bei der KG um eine vermögensverwaltende Gesellschaft handelt –, wenn sie entweder eine Kapitalgesellschaft oder eine gewerblich geprägte Personengesellschaft sind. Im Rahmen der einheitlichen und gesonderten Feststellung der Einkünfte ist die Frage zu entscheiden, bei welchem Gesellschafter es zur Umqualifizierung der Einkünfte kommt. Die Art der Einkünfte eines betrieblich beteiligten Gesellschafters bestimmt sich nämlich nicht nach der Tätigkeit der Gesellschaft, sondern nach der Art der betrieblichen Einkünfte des Gesellschafters.[681]

1.3 Doppelstöckige GmbH & Co. KG

§ 15 Abs. 3 Nr. 2 Satz 2 EStG stellt eine gewerblich geprägte Personengesellschaft, die als persönlich haftender Gesellschafter an einer anderen Personengesellschaft beteiligt ist, einer Kapitalgesellschaft gleich. Das bedeutet, dass die Gesellschaft, an der die „Kapitalgesellschaft" beteiligt ist, eine gewerblich geprägte ist; angesprochen ist die sog. doppelstöckige GmbH & Co. KG.[682] Aufgrund dieser Fiktion ist eine vermögensverwaltende OHG, KG oder BGB-Gesellschaft, die ihrerseits eine gewerblich geprägte OHG oder KG als persönlich haftenden und ausschließlich zur Geschäftsführung berufenen Gesellschafter hat, auch ihrerseits gewerblich

437

---

680 Vgl. BFH, Urteil v. 13.12.1981, VIII R 90/87, BStBl 1984 II S. 474.
681 BFH, Urteil v. 21.9.2000, IV R 77/99, BFH/NV 2001 S. 254.
682 Siehe Rn. 30 ff.

tätig (gewerblich geprägt). Hierzu ein Beispiel von *Christoffel/Dankmeyer*:[683]

Beispiel:

Beispiel

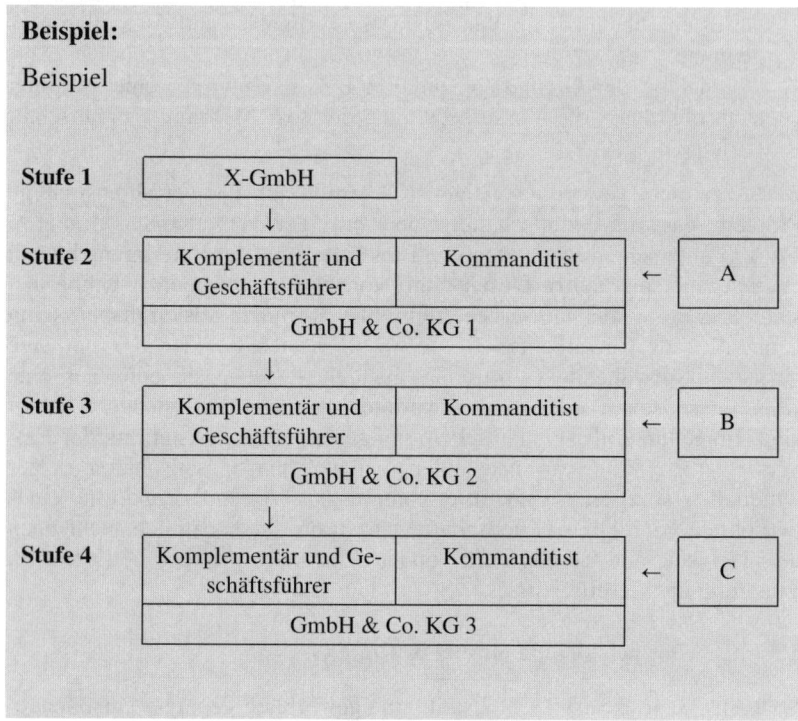

Zu Stufe 1:

Die GmbH ist Gewerbebetrieb kraft Rechtsform.

Zu Stufe 2:

Die GmbH & Co. KG 1 ist gewerblich geprägte Personengesellschaft und damit Gewerbebetrieb.

Zu Stufe 3:

Bei GmbH & Co. KG 2 gilt GmbH & Co. KG 1 für die Frage der Qualifikation der Einkünfte als Kapitalgesellschaft. Damit ist GmbH &

---

683 DB 1986, S. 348 ff.

Co. KG 2 eine gewerblich geprägte Personengesellschaft und auch Gewerbebetrieb.

Zu Stufe 4:

GmbH & Co. KG 2 ist gewerblich geprägte Personengesellschaft (Stufe 3), so dass an GmbH & Co. KG 3 eine gewerblich geprägte Personengesellschaft beteiligt ist. GmbH & Co. KG 2 gilt für Qualifikationszwecke bei KG 3 als Kapitalgesellschaft. GmbH & Co. KG 3 ist somit selbst gewerblich geprägte Personengesellschaft und damit Gewerbebetrieb.

Die oben dargestellte Fiktionskette funktioniert nur, wenn jeweils vermögensverwaltend tätige Gesellschaften übereinander gestockt werden. Sie wird unseres Erachtens unterbrochen, wenn eine Gesellschaft zwischengeschaltet wird, die kraft gewerblicher Betätigung Gewerbetrieb ist.

1.4 Immobilieninvestitionen ausländischer Investoren über eine „ausländische Kapitalgesellschaft & Co. KG"

Entwicklungen der letzten Jahre zeigen, dass ausländische Investoren auf den deutschen Immobilienmarkt drängen. Sie bedienen sich hierbei – seitdem der EuGH[684] dies zugelassen hat – ausländischer Gesellschaftsformen.[685] Folgende Konstellationen sind denkbar (wobei die Ltd. synonym für die Kapitalgesellschaft ausländischen Rechts steht).[686]

1. Eine Ltd. ist Kommanditistin einer im Inland belegenen, Grundstückerhaltenden inländischen GmbH & Co. KG; der Komplementär-GmbH obliegt die Geschäftsführungs- und Vertretungsbefugnis.
2. Eine ausländische Ltd. besitzt direkt im Inland belegenes Grundvermögen. Die Geschäftsführung wird im Ausland ausgeübt. Die Geschäftstätigkeit ist ausschließlich die Vermietung und Verwaltung dieses Grundbesitzes.
3. Komplementär und Kommanditist einer inländischen Grundbesitz haltenden KG sind eine Ltd.; die Komplementär-Ltd. übt die Geschäftsführungs- und Vertretungsbefugnis ausschließlich im Ausland aus.

---

684 Zum Beispiel EuGH v. 5.11.2002, C-208/00, Überseering, GmbHR 2002 S. 1137 und v. 30.9.2003, C-16701, Inspire Art, GmbHR 2003 S. 1260.
685 Weit verbreitet sind die englische Private Limited Company (Ltd.) sowie die belgische Besloten Vennotschap (BV).
686 Siehe Meining/Kruschke, Die Besteuerung der „ausländischen Kapitalgesellschaft & Co. KG" bei ausschließlich grundstücksverwaltender Tätigkeit im Inland, GmbHR 2008, S. 91.

In Bezug auf die **Besteuerung** gilt Folgendes.

zu 1.

Die Beteiligung der Ltd. stellt für diese eine inländische Betriebsstätte dar. Sie erzielt Einkünfte aus Gewerbebetrieb. Gemäß § 49 Abs. 1 Nr. 2a EStG besteht für die Ltd. beschränkte Steuerpflicht für diese Einkünfte. Die erweiterte Gewerbesteuerkürzung nach § 9 Nr. 1 Satz 2 GewStG kann für die KG in Betracht kommen.

zu 2.

Da die Ltd. im Inland ausschließlich vermögensverwaltend tätig ist, begründet sie mit ihrer Tätigkeit keine inländische Betriebsstätte. § 49 Abs. 1 Nr. 2a EStG greift nicht, da keine gewerbliche Tätigkeit ausgeübt wird. § 49 Abs. 1 Nr. 6 EStG kommt ebenfalls nicht zu Tragen (als Einkünfte aus Vermietung und Verpachtung), da für diese Vorschrift der Solidaritätsgrundsatz gilt. Die Ltd. erzielt kraft ihrer Rechtsform Einkünfte aus Gewerbebetrieb, sodass die Einkünfte aus Vermietung und Verpachtung nachrangig sind. Zu beachten ist jedoch bei dieser Sachverhaltskonstellation die sog. „isolierende Betrachtungsweise" des § 49 Abs. 2 EStG, nach der im Ausland gegebene Besteuerungsmerkmale außer Betracht bleiben, soweit bei ihrer Berücksichtigung inländische Einkünfte i. S. d. § 49 Abs. 1 EStG nicht angenommen werden können. Das bedeutet hier, dass das im Ausland vorliegende Besteuerungsmerkmal zur Gewerblichkeit (= Rechtsform) außer Betracht bleibt und es zur inländischen Besteuerung der Einkünfte der Ltd. als „Vermietung und Verpachtung" kommt. Eine Grundstücksveräußerung ist gemäß § 49 Abs. 1 Nr. 2f EStG zu besteuern.

zu 3.

Die Grundsätze der „Gepräge-Rechtsprechung" (§ 15 Abs. 3 Satz 2 EStG) finden Anwendung,[687] d. h. die Ltd. hat (inländische) Einkünfte aus Gewerbebetrieb, auch wenn sie nicht gewerblich tätig ist.

---

687 BMF, Schreiben v. 24.9.1999, IV D 3 – S 1301 Ung- 5/99, IStR 2000 S. 627.

2 Einkommen- und Körperschaftsteuer

2.1 Ebene der KG bzw. der Kommanditisten

Hinsichtlich der Einkommensbesteuerung ist zu berücksichtigen, dass die GmbH & Co. KG eine Personengesellschaft ist, deren einer (oder mehrere) Gesellschafter eine natürliche Person, deren anderer aber eine Kapitalgesellschaft ist. Die natürliche Person unterliegt der Einkommensteuer, die Kapitalgesellschaft der Körperschaftsteuer.

439

Hier ist von Bedeutung, dass nicht die Personengesellschaft als solche, sondern die Gesellschafter mit ihren Gewinnanteilen der Einkommensteuer bzw. der Körperschaftsteuer unterliegen. Die Gesellschafter der GmbH & Co. KG stehen deshalb für die ertragsteuerliche Behandlung grundsätzlich nicht den Gesellschaftern einer Kapitalgesellschaft, sondern den Mitunternehmern gleich. Das bedeutet, dass der Gewinn einheitlich festzustellen ist. Bei einer solchen Feststellung der Einkünfte der Gesellschafter aus einer Personengesellschaft müssen auch die betrieblichen Sondereinnahmen und Sonderausgaben jedes Gesellschafters, die im Abschluss der Personengesellschaft noch nicht erfasst sind, im Rahmen der einheitlichen Gewinnfeststellung berücksichtigt werden.

Die Gewinne aus der GmbH & Co. KG werden derzeit mit maximal 42 % besteuert. Zusätzlich zu diesem Spitzensteuersatz von 42 % kommt die sog. „Reichensteuer", d. h. von einem zu versteuernden Einkommen von 250.001 EUR (Ledige) bzw. 500.002 EUR (zusammenveranlagte Ehepaare) an wird der **Steuersatz** um 3 % **auf 45 % angehoben**. § 35 EStG bringt die **pauschalierte Anrechnung der Gewerbesteuer auf die tarifliche Einkommensteuer**.[688] Nach § 35 EStG wird die tarifliche Einkommensteuer eines Mitunternehmers, soweit sie anteilig auf die von ihm zu versteuernden gewerblichen Einkünfte entfällt, in Höhe des 3,8fachen des jeweils für den dem Veranlagungszeitraum entsprechenden Erhebungszeitraum festgesetzten Gewerbesteuer-Messbetrag ermäßigt. Die Gewerbesteuer ist als Betriebsausgabe nicht abzugsfähig. Diese Anrechnung führt bei einem Hebesatz von 380 % zu einer vollständigen Entlastung von der Gewerbesteuer. Allerdings wird die Anrechnung auf einen Höchstbetrag

440

---

688 Dies gilt auch für Einzelunternehmer, mittelbar beteiligte Mitunternehmer und persönlich haftende Gesellschafter einer KGaA; siehe Wesselbaum-Neugebauer, DStR 2001, S. 180 ff.

Laufender Geschäftsbetrieb – Steuerrechtlicher Teil

begrenzt, und zwar auf die tatsächlich zu zahlende Gewerbesteuer der KG für das betreffende Jahr:

Beispiel:

Der anteilige Gewerbeertrag des Kommanditisten A beträgt 100.000 EUR. Daraus ergibt sich ein Gewerbesteuermessbetrag von (Messzahl 3,5 %) 3.500 EUR. Bei einem Hebesatz der Gemeinde von 370 % muss der Unternehmer 12.950 EUR Gewerbesteuer zahlen. Eine unbegrenzte Anrechnung mit dem 3,8fachen des Gewerbesteuermessbetrags (13.300 EUR) könnte dazu führen, dass der Unternehmer mehr entlastet wird, als er tatsächlich gezahlt hat. Anrechenbar sind daher nur 12.950 EUR.

Der auf den Mitunternehmer entfallende Anteil am Gewerbesteuer-Messbetrag der Mitunternehmerschaft bestimmt sich nach dem gesetzlichen oder gesellschaftsvertraglich geregelten Gewinnverteilungsschlüssel; nicht berücksichtigt werden jedoch Vorabgewinnanteile. Ausgangspunkt für die Ermittlung des Gewerbesteuer-Messbetrags der Mitunternehmerschaft ist die Handelsbilanz. Steuerlich nicht absetzbare Betriebsausgaben werden hinzugerechnet, Ergebnisse von Sonder- und Ergänzungsbilanzen einbezogen. Daher entspricht die auf dem jeweiligen Gewinnanteil eines Mitunternehmens lastende Gewerbesteuer nicht seinem Anteil am Gesamtgewinn der Mitunternehmerschaft.

441 Durch die **Unternehmensteuerreform** kommt es **ab dem Veranlagungszeitraum 2008** zu einer **besonderen Niedrigbesteuerung für thesaurierte Gewinne von Personengesellschaften** (und Einzelunternehmen); es handelt sich um den sog. Thesaurierungssteuersatz von 28,25 %. Die Höhe dieses Satzes **orientiert sich an der „Normalbelastung" einer Kapitalgesellschaft**, diese beträgt bei einem Gewerbesteuerhebesatz von 400 % 29,83 %. Hierdurch soll der Einfluss steuerlicher Motive für die Rechtsformwahl reduziert werden.

Den **Thesaurierungssteuersatz** von 28,25 % (zuzüglich Solidaritätszuschlag und gegebenenfalls Kirchensteuer) kann ein Steuerpflichtiger **auf Antrag** beim Wohnsitzfinanzamt (mit Einreichung der Steuererklärung) für den nicht entnommenen Teil des Gewinns seiner Einkünfte aus Gewerbebetrieb je Betrieb oder **Mitunternehmeranteil** in Anspruch nehmen. Voraussetzung ist, dass der Gewinn durch Bestandsvergleich (Bilanzierung) gemäß § 4 Abs. 1 Satz 1 oder § 5 EStG und nicht im Rahmen einer Überschussermittlung nach § 4 Abs. 3 EStG ermittelt wird. Bei Mitunternehmeranteilen muss der Gesellschafter/Kommanditist zu mehr als 10 % am Gewinn beteiligt sein oder es muss ihm mehr als 10 000 Gewinnanteil zugerechnet werden. Die Steuermäßigung ist also eine betriebsund personenbezogene.

Die entscheidende Vorschrift ist § 34a ESt. Die folgenden Begriffe sind von Bedeutung (bezogen auf einen Gesellschafter/Kommanditisten): 442

Nicht entnommener Gewinnanteil: Gewinnanteil minus Entnahmen plus Einlagen, wenn Saldo Entnahmen/Einlagen kleiner als Gewinnanteil ist

Begünstigungsbetrag: Teil des nicht entnommenen Gewinnanteils, für den der Antrag auf Anwendung des Thesaurierungssteuersatzes gestellt werden kann

Nachversteuerungspflichtiger Begünstigungsbetrag abzgl. Betrag: Einkommensteuer nach § 34a Abs. 1 EStG (28,25 %) und abzgl. Solidaritätszuschlag hierauf

Nachversteuerungsbetrag: Gewinnanteil minus Entnahmen plus Einlagen, wenn Saldo Entnahmen/Einlagen größer als Gewinnanteil ist

Die Steuerermäßigung kann ein Gesellschafter grundsätzlich nur für den laufenden Gewinn, nicht aber für Gewinne aus dem Verkauf oder der Aufgabe eines Betriebes beanspruchen. Auch soweit der im zu versteuernden Einkommen enthaltene steuerpflichtige Gewinn aufgrund **außerbilanzieller Hinzurechnungen** (z. B. nicht abziehbarer Betriebsausgaben, wie ab 2008 die Gewerbesteuer) entstanden ist, kann die Steuerermäßigung nicht beansprucht werden.

Bei Inanspruchnahme der Thesaurierungsbegünstigung ermittelt **das Finanzamt den sog. nachversteuerungspflichtigen Betrag** (= Begünstigungsbetrag abzgl. Einkommensteuer von 28,25 % und Solidaritätszuschlag) und stellt diesen gesondert und einheitlich fest (der nachversteuerungspflichtige Betrag beträgt damit rund 70 % des Begünstigungsbetrages). Liegt der Saldo Entnahmen/Einlagen in den Folgejahren über dem Gewinn (Anteil), liegt eine Entnahme der zuvor thesaurierten Gewinne vor („Überentnahme"). In Höhe der „Überentnahme" entsteht ein Nachversteuerungsbetrag, der mit 25 % nachzuversteuern ist. Auf eine Nachversteuerung wird verzichtet, soweit diese durch Entnahmen zur Begleichung von Erbschaftsteuer für den Betrieb verursacht wurde. Ein **Ausgleich**

Laufender Geschäftsbetrieb – Steuerrechtlicher Teil

von ermäßigt besteuerten Gewinnen mit Verlusten oder Verlustvorträgen i. S. v. § 10d EStG ist gemäß § 34a Abs. 8 EStG **nicht zulässig**.

Beispiel:

Der (steuerpflichtige) Gewinnanteil des Kommanditisten A für das Wirtschaftsjahr 2008 beträgt 200.000 EUR. Darin enthalten ist anteilig die nichtabziehbare Gewerbesteuer in Höhe von 28.000 EUR. Im Jahr 2008 betragen die Entnahmen des Unternehmers 100.000 EUR. Einlagen erfolgen in Höhe von 20.000 EUR.

Der für die ermäßigte Besteuerung in Betracht kommende Gewinn berechnet sich wie folgt:

steuerpflichtiger Gewinn	200.000 EUR
./. Gewerbesteuer	28.000 EUR
./. positiver Saldo der Entnahmen und Einlagen	80.000 EUR
= begünstigungsfähiger Gewinn	**92.000 EUR**

Der Unternehmer kann den Gewinn auf Antrag bis zu 92.000 EUR mit 28,25 % zuzüglich Solidaritätszuschlag und gegebenenfalls Kirchensteuer versteuern. Den Antrag auf ermäßigte Besteuerung kann er auch auf einen Betrag unterhalb von 92.000 EUR begrenzen.

443 Für die Nachversteuerung gelten folgende Grundsätze: Zum Ende des Jahres, für das die ermäßigte Besteuerung beantragt ist, stellt das Finanzamt den nachversteuerungspflichtigen Betrag formell fest. Dieser Betrag ergibt sich aus dem begünstigt besteuerten Gewinn abzüglich der darauf entfallenden Steuerbelastung (28,25 % plus Solidaritätszuschlag).

Beispiel:

Das vorstehende Beispiel wird weitergeführt. In 2008 wird der Gesamtbetrag von 92.000 EUR ermäßigt besteuert. Zum Ende des Jahres 2008 wird als nachversteuerungspflichtiger Betrag für die kommenden Jahre festgehalten:

begünstigter Gewinn:	92.000,00 EUR
./. Einkommensteuer (28,25 %)	25.990,00 EUR

./. Solidaritätszuschlag (5,5 % von 25.990,00 EUR)	1.429,44 EUR
= nachversteuerungspflichtig	**64.580,56 EUR**

Im Jahr 2009 werden 100.000 EUR entnommen. Der maßgebliche Gewinn beträgt 60.000 EUR. Einlagen erfolgen nicht.

Der 2009 angefallene steuerpflichtige Gewinn unterliegt dem allgemeinen Einkommensteuersatz. Die Entnahmen sind höher als der Gewinn zuzüglich Einlagen. Daher kommt zusätzlich eine Nachversteuerung zum Tragen, weil in einem vorangegangenen Jahr eine ermäßigte Besteuerung beantragt worden ist. Die Entnahme übersteigt den Gewinn plus Einlagen um 40.000 EUR.

Die Nachsteuer beträgt also (25 % von 40.000 EUR) 10.000 EUR plus Solidaritätszuschlag (5,5 % von 5.000 EUR) 550 EUR. Der zum Ende des Jahres 2008 festgestellte nachversteuerungspflichtige Betrag von 64.580,56 EUR verringert sich um den Nachversteuerungsbetrag von 40.000 EUR.

Die verbleibenden 24.580,56 EUR werden auf die Jahre nach 2009 übertragen und dann gegebenenfalls nachversteuert, wenn die Entnahmen in einem dieser Jahre höher sind als die Summe aus dem Gewinn laut Bilanz und den Einlagen.

Kommt es in den Folgejahren wieder zu einer ermäßigten Besteuerung des nicht entnommenen Gewinns, erhöht sich der nachversteuerungspflichtige Betrag entsprechend.

2.1.1 Ermittlung der Einkünfte

2.1.1.1 Behandlung der Geschäftsführergehälter

Die einkommensteuerliche Behandlung der Geschäftsführergehälter richtet sich einmal danach, ob der Geschäftsführer seine Bezüge von der GmbH oder von der GmbH & Co. KG erhält, zum anderen, ob er Gesellschafter der GmbH & Co. KG ist. 444

Geschäftsführer ist zugleich Kommanditist
Erhält der Geschäftsführer der GmbH, der an der GmbH & Co. KG als Kommanditist beteiligt ist, wiederum seine **Vergütung von der GmbH & Co. KG**, so ist nach Auffassung des RFH und des BFH die Geschäfts- 445

führervergütung als eine Vorauszahlung auf seinen Gewinnanteil an der GmbH & Co. KG zu behandeln. Es handelt sich demnach bei dem Geschäftsführer um Einkünfte aus Gewerbebetrieb und nicht um solche aus nichtselbständiger Arbeit. Bei der GmbH & Co. KG liegen keine Betriebsausgaben vor.

Auch wenn der Geschäftsführer der GmbH, der an der GmbH & Co. KG als Kommanditist beteiligt ist, sein **Gehalt von der GmbH** bezieht und die GmbH & Co. KG der GmbH für die Geschäftsführung eine Vergütung zahlt, so stellt nach der Rechtsprechung[689] diese Vergütung steuerlich einen gewerblichen Vorausgewinn dar. Das Gehalt des GmbH-Geschäftsführers ist nach dieser Rechtsprechung nicht unter die Einkunftsart „Einkünfte aus nichtselbständiger Arbeit" zu subsumieren, sondern als Vorausgewinn des Geschäftsführers (Kommanditisten) aus der GmbH & Co. KG, also als Einkünfte aus Gewerbebetrieb, anzusehen. Dasselbe gilt, wenn der Geschäftsführer sowohl Kommanditist der GmbH & Co. KG als auch Gesellschafter der GmbH ist. Für die GmbH stellt sich die Gehaltszahlung als durchlaufender Posten dar.

446 Diese Rechtssituation hat zum einen Auswirkungen auf die Gewerbesteuer, da die Geschäftsführergehälter nicht als Betriebsausgabe abgezogen werden können,[690] zum anderen auch auf die Möglichkeit der Bildung von Pensionsrückstellungen. Die steuerliche Fiktion besagt, dass die Geschäftsführer wie geschäftsführende Gesellschafter der GmbH & Co. KG behandelt werden. Demnach könnten auch Pensionsrückstellungen für die Geschäftsführer bei der GmbH steuerlich nicht anzuerkennen sein, da Rückstellungen für geschäftsführende Gesellschafter einer Personengesellschaft nach dem Urteil des BFH vom 16.2.1967[691] unzulässig sind. Nach Auffassung des BFH stellt diese Zusage vielmehr eine Gewinnverteilungsabrede dar, die den gewerblichen Gewinn in seiner festgestellten Höhe nicht beeinflusst.

447 Die Nichtabzugsfähigkeit von Geschäftsführergehältern an Geschäftsführer-Kommanditisten einer GmbH & Co. KG kann auch dadurch nicht

---

689 Siehe BFH, Urteil v. 2.8.1960, I 221/59 S, BStBl 1960 III S. 408; Urteil v. 11.2.1965, HFR 1965, S. 69.
690 Hierin ist nach Ansicht des BFH, Urteil v. 14.12.1978, IV R 98/74, DB 1979 S. 921, kein Verfassungsverstoß zu erkennen. Die hiergegen gerichtete Verfassungsbeschwerde wurde nicht zur Entscheidung angenommen, weil keine hinreichende Aussicht auf Erfolg bestehe (BVerfG, Beschluss v. 13.6.1979, 1 BvR 411/79, DB 1980 S. 281).
691 BFH, Urteil v. 16.2.1967, IV R 62/66, BStBl 1967 III S. 222.

vermieden werden, dass die GmbH & Co. KG eine Tochtergesellschaft in der Rechtsform einer GmbH gründet, deren Aufgabe in der Übernahme von Management und Unternehmensführung besteht. Auch wenn die GmbH & Co. KG einen Managementvertrag mit der betreffenden GmbH schließt, die ihrerseits einen Anstellungsvertrag mit dem Kommanditisten der GmbH & Co. KG schließt, so dass dieser letztlich für die Management-GmbH tätig wird, so stellt sich diese Gestaltung der Gesellschaftsverhältnisse als Gestaltungsmissbrauch mit der Folge dar, dass durch die Gründung der Management-GmbH durch die GmbH & Co. KG die Abzugsfähigkeit der Geschäftsführervergütung nicht erreicht werden kann.[692]

Die Zurechnung der Bezüge des Geschäftsführers der GmbH, der zugleich Gesellschafter der GmbH & Co. KG ist, zu den gewerblichen Einkünften ist nur insoweit möglich, als die Tätigkeitsvergütung für die Geschäftsführung bei der GmbH & Co. KG gewährt wird.[693] Denn nur insoweit wird die Tätigkeit im Dienste der KG ausgeübt (§ 15 Abs. 1 Nr. 2 EStG). Unschädlich sind die in gewissem Umfang notwendigen eigenen Geschäfte der GmbH, die sich praktisch nur auf erforderliche Verwaltungsarbeiten beschränken. Der BFH vertritt die Auffassung, dass eine Aufteilung der Geschäftsführerbezüge nur in Betracht komme, wenn die GmbH eigene Geschäfte tätigt, die ins Gewicht fallen und von der Tätigkeit der KG abgrenzbar sind.[694] Eine Aufteilung des Geschäftsführergehalts in gewerbliche Einkünfte aus der GmbH & Co. KG einerseits und die Einkünfte aus nichtselbständiger Arbeit aus der GmbH andererseits kommt nur in den Fällen in Betracht, in denen die GmbH eine eigene, deutlich abgrenzbare und nicht unwesentliche gewerbliche Tätigkeit entfaltet, die mit der Tätigkeit der KG in keinem Zusammenhang steht. 448

Geschäftsführer ist nicht Kommanditist
Erhält der Geschäftsführer der GmbH, der an der GmbH & Co. KG nicht als Kommanditist beteiligt ist, von dieser unmittelbar eine Vergütung für die Geschäftsleitung, so bildet die **Vergütung bei der GmbH & Co. KG** eine 449

---

692 Stellungnahme der Centrale für GmbH, Centrale-Gutachtendienst, GmbHR 1996, S. 679.
693 BFH, Urteil v. 2.8.1960, I 221/59 S, BStBl 1960 III S. 408.
694 BFH, Urteil v. 21.3.1968, IV R 166/67, BStBl 1968 II S. 579.

Betriebsausgabe, bei dem Geschäftsführer Einkünfte aus nichtselbständiger Arbeit (§ 2 Abs. 1 Nr. 4 EStG i. V. m. § 19 EStG).[695] Buchmäßig geschieht bei der GmbH nichts; das gilt auch dann, wenn es sich um einen sog. Gesellschafter-Geschäftsführer handelt, der Geschäftsführer also Gesellschafter der GmbH ist. Erhält der Geschäftsführer die Vergütung von der GmbH & Co. KG jedoch nicht persönlich, sondern in seiner Eigenschaft als Organ der GmbH, so liegt steuerlich ein Vorweggewinn der GmbH vor. Für die GmbH ist die Gehaltszahlung Sonderbetriebsausgabe, die bei der einheitlichen Gewinnfeststellung der GmbH & Co. KG geltend zu machen ist.

Erhält der Geschäftsführer der GmbH, der an der GmbH & Co. KG nicht als Kommanditist beteiligt ist, sein **Gehalt von der GmbH**, gewährt die GmbH & Co. KG dafür der GmbH jedoch eine Vergütung, so stellt die der GmbH für die Geschäftsführung gewährte Vergütung steuerlich für die GmbH Einkünfte aus Gewerbebetrieb dar und ist bei der einheitlichen Gewinnfeststellung der GmbH & Co. KG auszuweisen. Das von der GmbH entrichtete Geschäftsführergehalt bildet bei dieser eine Betriebsausgabe, die bei der einheitlichen Gewinnfeststellung als persönlich zu tragende Betriebsausgabe zu berücksichtigen ist. Der Geschäftsführer bezieht Einkünfte aus nichtselbständiger Arbeit. Ist der Geschäftsführer zugleich Gesellschafter der GmbH, so bestehen keine Besonderheiten. Die Frage der Pensionsrückstellungen ist geklärt durch die BFH-Rechtsprechung, die die Rückstellungsbildung nur dann einschränkt, wenn der Gesellschafter-Geschäftsführer auf die GmbH einen beherrschenden Einfluss hat und sich „aus den Umständen des Einzelfalles gewichtige Bedenken gegen die Ernsthaftigkeit der Bestimmung des Pensionsalters ergeben".[696]

450 Einkünfte aus Gewerbebetrieb, also nicht aus nichtselbständiger Arbeit, können dagegen für den Geschäftsführer gegeben sein, wenn ein **verdecktes Gesellschaftsverhältnis** vorliegt. Die Unangemessenheit der Bezüge rechtfertigt z. B. die Annahme eines verdeckten Gesellschaftsverhältnisses, sofern die beiden Merkmale der Mitunternehmerschaft (Mitunternehmerinitiative und Mitunternehmerrisiko) ebenfalls erfüllt sind. Entscheidend

---

695 Im Hinblick auf arbeitsrechtliche Streitigkeiten ist zu beachten, dass der Geschäftsführer der Komplementär-GmbH einer KG kraft Gesetzes zur Vertretung dieser Person gesamtheitsberufen ist und daher nicht nach § 5 Abs. 1 Satz 3 ArbGG als Arbeitnehmer i. S. des Arbeitsgerichtsgesetzes gilt. Mit Beschluss v. 20.8.2003, 5 AZB 79/02, GmbHR 2003 S. 1208, hat das BAG seine entgegenstehende Rechtsprechung aufgegeben.
696 BFH, Urteil v. 28.4.1982, I R 51/76, BStBl 1982 II S. 612.

für die Merkmale der Mitunternehmerschaft ist u. a., ob der Geschäftsführer sich wie ein weisungsgebundener Geschäftsführer oder wie ein Alleininhaber des Unternehmens verhält; ferner ist die Entstehungsgeschichte der GmbH & Co. KG mit zu betrachten und der Umstand einzubeziehen, dass nach der Eigenart des Unternehmens der geschäftliche Erfolg nahezu ausschließlich durch die persönlichen Leistungen des Geschäftsführers bestimmt wird. Der BFH hat den Alleingesellschafter der Komplementär-GmbH als Mitunternehmer der GmbH & Co. KG angesehen und bei folgendem Sachverhalt ein verdecktes Gesellschaftsverhältnis angenommen: Der Geschäftsführer A veräußert sein bisheriges Einzelunternehmen an eine GmbH & Co. KG, an der die Komplementär-GmbH, deren alleiniger Gesellschafter und Geschäftsführer A ist, mit 94 % und die Ehefrau des A mit 4 % beteiligt sind; A erhält für seine Geschäftsführung eine unangemessene gewinnabhängige Vergütung. Nach Auffassung des BFH sind die Gesamt-Geschäftsführungsbezüge unangemessen, wenn der Geschäftsführer neben einem üblichen Festgehalt eine ungewöhnlich hohe Gewinnbeteiligung erhält, die stets den überwiegenden Teil des Gewinns abschöpft.[697]

Der BFH betont, dass ein verdecktes Gesellschaftsverhältnis nicht ohne weiteres unterstellt werden kann. Entscheidend ist vielmehr das Gesamtbild der Verhältnisse. Zudem müssen die Beteiligten den Rechtsbindungswillen besitzen, das Unternehmen auf der Grundlage einer partnerschaftlichen Gleichordnung für gemeinsame Rechnung zu führen. Der entsprechende Verpflichtungswille darf nicht lediglich fiktiv unterstellt werden. Insbesondere erlaubt ein rein tatsächliches Miteinander noch keinen Schluss auf einen Gesellschaftsvertrag. Ebenso wenig genügen für eine solche Annahme für sich betrachtet bereits tatsächliche Einflussmöglichkeiten. Der Begriff des Mitunternehmers enthält das Erfordernis des gemeinsamen Handelns zu einem gemeinsamen Zweck von einander gleichgeordneten Personen. Mitunternehmerinitiative und Mitunternehmerrisiko dürfen danach nicht lediglich auf einzelne Schuldverhältnisse als gegenseitige Austauschverträge zurückzuführen sein. Vielmehr müssen entsprechend der zivilrechtlichen Gestaltung die verschiedenen Vertragsbeziehungen und Funktionen auseinander gehalten und auch steuerlich je eigenständig gewürdigt werden. Die bloße Bindung von Risiken aus Leistungsaustauschverhältnissen bei Vereinbarung angemessener leistungsbezogener Entgelte führt noch nicht zu einem gesellschaftsrechtlichen Risiko. Daher darf ein mit der geschäftsführenden Komplementär-GmbH von einem an der KG

---

697 Siehe BFH, Urteil v. 21.9.1995, IV R 65/94, BB 1996 S. 91.

nicht gesellschaftsrechtlich Beteiligten abgeschlossenen Geschäftsführer-Vertrag im Hinblick auf die rechtliche Selbständigkeit der GmbH als juristische Person des Privatrechts nicht im Wege des Durchgriffs als ein zur KG bestehendes verdecktes Gesellschaftsverhältnis als notwendige Grundlage für eine Mitunternehmerstellung bei der KG ausgelegt werden. Vielmehr muss für die Annahme eines Gesellschaftsverhältnisses, sei es in der Rechtsform einer stillen Gesellschaft mit der KG, sei es als Innengesellschaft mit den Gesellschaftern einer KG, anhand der gesamten äußeren Umstände des Einzelfalls ein auf den Abschluss eines solchen Gesellschaftsvertrages gerichteter Rechtsbindungswille als Tatsache festgestellt werden. Ein entsprechender Verpflichtungswille darf nicht lediglich unterstellt werden.[698]

Von besonderer Bedeutung für das Vorliegen eines verdeckten Gesellschaftsverhältnisses ist – wie es der BFH im Urteil v. 21.9.1995[699] formuliert – neben der Angemessenheit und Üblichkeit der vereinbarten Leistungsentgelte das tatsächliche Verhalten der Beteiligten. Hat der Geschäftsführer sich nicht wie ein weisungsgebundener Arbeitnehmer verhalten, sondern die Befugnisse eines Gesellschafters in Anspruch genommen, spricht dies dafür, dass die in den Austauschverträgen vereinbarten Leistungen als Beiträge zur Erreichung eines gemeinsamen Gesellschaftszwecks erbracht werden sollen. Entsprechendes gilt, wenn die vertraglichen Vereinbarungen tatsächlich nicht durchgeführt werden. So kann es für eine gesellschaftsrechtliche Teilhabe am Unternehmen sprechen, wenn Darlehenszinsen oder Tätigkeitsvergütungen nicht geltend gemacht werden, falls ein fremder Dritter zu einem solchen Verzicht nicht bereit gewesen wäre.[700] Daher ist der alleinige Gesellschafter-Geschäftsführer der Komplementär-GmbH aufgrund eines verdeckten Gesellschaftsverhältnisses Mitunternehmer der aus Familienangehörigen bestehenden GmbH & Co. KG, wenn er gewinnabhängige Bezüge erhält, in erheblichem Umfang Entnahmen und Einlagen bei der KG tätigt und die mit der KG abgeschlossenen Austauschverträge ganz oder teilweise tatsächlich nicht durchgeführt werden.[701]

---

698 Siehe BFH, Urteil v. 1.8.1996, VIII R 12/94, DB 1997 S. 407.
699 IV R 65/94, BB 1996 S. 91.
700 Der BFH zitiert in der Urteilsbegründung Priester, in: Festschrift für Ludwig Schmidt, 1993, S. 350.
701 Siehe BFH, Urteil v. 16.12.1997, VIII R 32/90, DB 1998 S. 1442.

Geschäftsführer ist mittelbar beteiligt

Gemäß § 15 Abs. 1 Satz 1 Nr. 2 EStG steht „der mittelbar über eine oder mehrere Personengesellschaften beteiligte Gesellschafter dem unmittelbar beteiligten Gesellschafter gleich; er ist als Mitunternehmer des Betriebs der Gesellschaft anzusehen, an der er unmittelbar beteiligt ist, wenn er und die Personengesellschaften, die seine Beteiligung vermitteln, jeweils als Mitunternehmer der Betriebe der Personengesellschaften anzusehen sind, an denen sie unmittelbar beteiligt sind." Diese Gesetzesbestimmung hat zur Folge, dass Leistungen einer GmbH & Co. KG (Untergesellschaft) an den Kommanditisten einer Personengesellschaft (Obergesellschaft), die an der Untergesellschaft beteiligt ist, nicht mehr Betriebsausgaben, sondern Gewinn sind. Dies gilt auch für eine Zahlung, die ein mittelbar Beteiligter als Abfindung für den Verzicht auf eine Pensionszusage erhält. 451

Sozialversicherungsbeiträge

Beim Geschäftsführer der Komplementär-GmbH, soweit dieser auch Kommanditist ist, sind die von der GmbH oder der GmbH & Co. KG gezahlten Sozialversicherungsbeiträge ebenfalls als Vorausgewinn gemäß § 15 Abs. 1 Nr. 2 EStG zu behandeln; die Gesellschaft kann sie nicht als Betriebsausgaben behandeln. 452

Pensionsrückstellungen

Nach § 15 Abs. 1 Satz 1 Nr. 2 HS 2 EStG gehören Vergütungen, die der Gesellschafter einer Personengesellschaft für seine Tätigkeit im Dienst der Gesellschaft erhält, neben dem Gewinnanteil zu seinen Einkünften aus Gewerbebetrieb. Zu diesen Vergütungen ist auch eine Pensionsanwartschaft zu rechnen, die ein Gesellschafter gegenüber seiner Gesellschaft erworben hat. Das gilt auch nur dann, wenn die Pensionszusage dem Gesellschafter als Geschäftsführer der Komplementär-GmbH einer GmbH & Co. KG erteilt wurde und sich die Pensionsanwartschaft deshalb nicht gegen die Personengesellschaft, sondern gegen die GmbH richtet.[702] § 17 Abs. 1 Satz 2 BetrAVG steht dieser Beurteilung nicht entgegen.[703] 453

Vorstehende Grundsätze sind auch dann anzuwenden, wenn der Geschäftsführer der GmbH nicht als Kommanditist an der GmbH & Co. KG (Untergesellschaft), sondern als Kommanditist an einer anderen KG betei-

---

702 Ständige BFH-Rechtsprechung, siehe z. B. BFH, Urteil v. 16.12.1992, I R 105/91, BStBl 1993 II S. 792.
703 Siehe BFH, Urteil v. 2.12.1997, VIII R 15/96, DB 1998 S. 753.

ligt ist, die ihrerseits Gesellschafterin der GmbH & Co. KG ist (Obergesellschaft). Nach § 15 Abs. 1 Satz 1 Nr. 2 EStG steht der mittelbar über eine oder mehrere Personengesellschaften beteiligte Gesellschafter dem unmittelbar beteiligten Gesellschafter gleich; er ist als Mitunternehmer des Betriebs der Gesellschaft anzusehen, an der er mittelbar beteiligt ist, wenn er und die Personengesellschaften, die seine Beteiligung vermitteln, jeweils als Mitunternehmer der Betriebe der Personengesellschaften anzusehen sind, an denen sie unmittelbar beteiligt sind. Eine GmbH & Co. KG kann für Personenverpflichtungen gegenüber dem Gesellschafter einer an ihr beteiligten anderen GmbH & Co. KG keine Rückstellung bilden.[704]

Hat die Komplementär-GmbH zugunsten des GmbH-Geschäftsführers und Kommanditisten der KG eine Pensionsrückstellung gebildet und erstattet ihr die KG diesen Aufwand, so dürfen auch insoweit die Zuführungen zur Pensionsrückstellung den Gesamtgewinn der KG nicht mindern. Nach der Rechtsprechung des BFH ist die Pensionszusage durch Passivierung einer Verbindlichkeit in der Gesamthandsbilanz und Aktivierung einer Forderung in der Sonderbilanz des begünstigten Gesellschafters (zweistufige Gewinnermittlung) zu berücksichtigen.[705]

454 Im Urteil vom 2.12.1997[706] hat der BFH entschieden, eine Pensionszusage einer Personengesellschaft an einen Gesellschafter (und dessen Hinterbliebene) führe bei der Gesellschaft zu einer zu passivierenden Verpflichtung, der auf der Gesellschafterebene eine korrespondierende Forderung gegenüberstehe. Das Urteil lässt offen, ob diese Forderung in einer Sonderbilanz

---

704 Siehe BFH, Urteil v. 2.12.1997, VIII R 62/95, DB 1998 S. 757. Zu Unrecht gebildete Pensionsrückstellungen waren spätestens in der Schlussbilanz des Wirtschaftsjahres, das nach dem 31.12.1991 endet, in voller Höhe gewinnerhöhend aufzulösen. Eine Auflösung kann nur in dem Sonderfall unterbleiben, dass die GmbH & Co. KG durch Umwandlung einer GmbH entstanden ist und die Pensionsrückstellung auf einer Zusage beruht, die bereits die frühere Kapitalgesellschaft erteilt hatte; Neuzuführungen zur Rückstellung sind auch für diesen Fall nicht erlaubt. Die gebildete Pensionsrückstellung muss nur „eingefroren" werden.
705 BFH, Urteil v. 30.3.2006, IV R 25/04, BFM/NV 2006 1293 S. 1912 „Der Aufwand einer GmbH & Co. KG für die Erstattung der Pensionsrückstellung, die die Komplementär-GmbH zugunsten des GmbH-Geschäftsführers und Kommanditisten der KG gebildet hat, ist in der Sonderbilanz des begünstigten Kommanditisten durch einen entsprechend hohen Aktivposten auszugleichen. Ein unterlassener Ansatz dieses Aktivpostens und die entsprechende Erhöhung des laufenden Gewinns der KG sind nach den Grundsätzen des Bilanzenzusammenhangs in der Schlussbilanz des ersten Jahres, dessen Veranlagung noch geändert werden kann, nachzuholen".
706 VIII R 15/96, BStBl 2008 II S. 174.

nur bei dem durch die Zusage begünstigten Gesellschafter oder anteilig bei allen Gesellschaftern erfasst werden muss. Inzwischen hat der BFH in zwei weiteren Urteilen[707] entschieden, dass der zur Pensionsrückstellung korrespondierende Aktivposten ausschließlich in der Sonderbilanz des begünstigten Gesellschafters zu aktivieren ist. Außerdem hat der BFH festgelegt, dass diese Rechtsprechung auch auf bereits vorher bestehende Pensionszusagen anzuwenden ist. Dies bedeutet, dass in solchen Fällen im ersten Jahr, dessen Veranlagung verfahrensrechtlich noch geändert werden kann, in der Sonderbilanz des begünstigten Gesellschafters die bisher nicht aktivierte Zuführung zur Pensionsrückstellung gewinnerhöhend nachzuholen ist. Unter Berücksichtigung der Grundsätze dieser BFH-Urteile gilt zur **bilanzsteuerrechtlichen Behandlung von Pensionszusagen einer Personengesellschaft an einen Gesellschafter und dessen Hinterbliebene für Schlussbilanzen** von Wirtschaftsjahren, die nach dem 31.12.2007 enden, Folgendes:[708]

„**I. Pensionszusagen an einen Gesellschafter unmittelbar durch die Gesellschaft**
1. Gesellschaftsebene

Die Gesellschaft hat für die sich aus der Pensionszusage ergebende Verpflichtung in der Gesellschaftsbilanz nach Maßgabe des § 6a EStG eine Pensionsrückstellung zu bilden; zum Passivierungswahlrecht bei laufenden Pensionen und Anwartschaften auf Pensionen, die vor dem 1.1.1987 rechtsverbindlich zugesagt worden sind (Altzusagen), vgl. R 6a Abs. 1 Satz 3 EStR 2005.

Für die Zeit nach vertraglich vorgesehenem Eintritt des Versorgungsfalls sind unter Beachtung der Grundsätze in R 6a Abs. 22 EStR 2005 laufende Pensionsleistungen auf der Gesellschaftsebene als Betriebsausgaben abziehbar und ist die gebildete Pensionsrückstellung anteilig gewinnerhöhend aufzulösen. Entfällt die Verpflichtung und ist die Rückstellung deshalb in vollem Umfang aufzulösen (z.B. im Falle des Todes des Gesellschafters ohne Hinterbliebenenversorgung), entsteht auf Gesellschaftsebene ein außerordentlicher, allen Gesellschaftern zugute kommender Ertrag. Zur Auflösung der Pensionsrückstellungen allgemein vgl. R 6a Abs. 21 EStR 2005.

---

707 BFH, Urteil v. 14.2.2006, VIII R 40/03, BStBl II S. 182; BFH, Urteil v. 30.3.2006, IV R 25/04, BStBl 2008 II S. 171.
708 BMF, Schreiben v. 29.1.2008, IV B 2 – S 2176/07/0001, BStBl 2008 I S. 317-319.

Laufender Geschäftsbetrieb – Steuerrechtlicher Teil

2. Gesellschafterebene

a) Pensionsleistungen an noch beteiligte Gesellschafter

Die Pensionsleistungen sind nach § 15 Abs. 1 Satz 1 Nr. 2 EStG als Sonderbetriebseinnahmen beim begünstigten Gesellschafter zu erfassen. Aufgrund der korrespondierenden Bilanzierung ist die in der Sonderbilanz aktivierte Forderung (Rn. 5) entsprechend der gewinnerhöhenden Auflösung der Pensionsrückstellung in der Gesellschaftsbilanz (RdNr. 4) gewinnmindernd aufzulösen.

b) Pensionsleistungen an ehemalige Gesellschafter

Der ehemalige Gesellschafter ist mit den nachträglichen Einkünften in die gesonderte und einheitliche Feststellung für die Gesellschaft einzubeziehen; laufende Pensionsleistungen sind nach § 15 Abs. 1 Satz 2 EStG als Sonderbetriebseinnahmen dieses Gesellschafters zu erfassen.

Die aufgrund der Pensionszusage ausgewiesene Forderung bleibt nach § 15 Abs. 1 Satz 2 EStG nach dem Ausscheiden des Gesellschafters Sonderbetriebsvermögen dieses Gesellschafters. Die Forderung ist entsprechend der gewinnerhöhenden Auflösung der Pensionsrückstellung in der Gesamthandsbilanz gewinnmindernd aufzulösen.

c) Wegfall des Pensionsanspruches

Bei Wegfall des Pensionsanspruches (z. B. durch Tod des Gesellschafters ohne Hinterbliebenenversorgung) entsteht durch die Ausbuchung der Forderung ein außerordentlicher Aufwand, der zu Sonderbetriebsausgaben beim betreffenden Gesellschafter führt. Eine noch bestehende Rücklage nach RdNr. 5 ist gewinnerhöhend aufzulösen.

3. Zeitliche Anwendung

Die Regelungen in Rn. 3 bis 9 können auch bereits für Wirtschaftsjahre noch offener Veranlagungszeiträume der Vorjahre angewendet werden, wenn die Gesellschafter der Personengesellschaft dies einvernehmlich gegenüber dem für die Gesellschaft örtlich zuständigen FA schriftlich und unwiderruflich erklären und die bisher vorgelegten Bilanzen (Gesellschaftsbilanzen und Sonderbilanzen) entsprechend berichtigen.

II. Pensionszusage an einen Gesellschafter durch die Komplementär- GmbH einer GmbH & Co. KG

1. Gesellschaftsebene

Durch die von der Komplementär-GmbH gewährte Pensionszusage wird die Gesamthandsbilanz der GmbH & Co. KG nicht berührt.

2. Komplementärebene

Die Komplementär-GmbH hat für die sich aus der Zusage ergebende Verpflichtung in ihrer Steuerbilanz nach Maßgabe des § 6a EStG eine Pensionsrückstellung zu bilden; die übrigen in Rn. 3 und 4 aufgeführten Grundsätze gelten entsprechend. Der Rückstellungsaufwand stellt für die Komplementär-GmbH eine Sonderbetriebsausgabe im Rahmen der Gewinnermittlung für die Personengesellschaft dar (§ 15 Abs. 1 Satz 1 Nr. 2 EStG).

3. Kommanditistenebene

Für den aus der Zusage (noch beteiligten oder ehemaligen) begünstigten Gesellschafter sind die Grundsätze in Rn. 5 Satz 1 und in RdNrn. 6 bis 9 entsprechend anzuwenden. Die Billigkeitsregelung der Rn. 5 Satz 2 ff. ist hier nicht anzuwenden, weil diese Fallgestaltung bereits dem BFHUrteil vom 16.12.1992 (BStBl 1993 II S. 792) zugrunde lag.

III. Pensionszusage im Rahmen einer doppelstöckigen Personengesellschaft

Nach § 15 Abs. 1 Satz 1 Nr. 2 Satz 2 EStG steht der mittelbar über eine oder mehrere Personengesellschaften beteiligte Gesellschafter dem unmittelbar beteiligten Gesellschafter gleich. Für Pensionszusagen, die ein Gesellschafter von der Gesellschaft erhält, an der er mittelbar beteiligt ist, sind die Grundsätze der Rn. 3 bis 11 entsprechend anzuwenden. Erhält der Gesellschafter die Zusage von der Komplementär-GmbH der Gesellschaft, an der er mittelbar beteiligt ist, sind die Grundsätze der RdNrn. 12 bis 14 entsprechend anzuwenden.

Dem steht § 52 Abs. 18 Satz 2 EStG i. d. F. des StÄndG 1992 vom 25.2.1992 (BGBl 1992 I S. 297; BStBl. 1992 I S. 146) nicht entgegen. Diese Vorschrift betraf die Auflösung von Pensionsrückstellungen in der ersten Schlussbilanz nach Einfügung des § 15 Abs. 1 Satz 1 Nr. 2 Satz 2 EStG (doppelstöckige Personengesellschaft) in das Einkommensteuergesetz und galt damit nur für das erste Wirtschaftsjahr, das nach dem 31.12.1991 endete.

IV. Pensionszusage an Hinterbliebene eines Gesellschafters

Pensionszusagen an Hinterbliebene eines Gesellschafters (Witwen-/Witwerversorgung oder Waisenversorgung) sind vor Eintritt des Versorgungsfalls unselbstständiger Bestandteil der Pensionszusage an den Gesellschafter; die insoweit bestehenden Verpflichtungen sind im Rahmen der Bewertung des Pensionsanspruchs und der Pensionsverpflichtung zu berücksichtigen. Auf die Ausführungen unter RdNrn. 3 bis 16 wird verwiesen. Wird nach dem Tod des Gesellschafters der Hinterbliebene Gesellschafter, so führt er den Wert in seiner Sonderbilanz fort. Andere Hinterbliebene sind mit ihren nachträglichen Einkünften als Rechtsnachfolger des Gesellschafters nach § 15 Abs. 1 Satz 2 und § 24 Nr. 2 EStG in die gesonderte und einheitliche Gewinnfeststellung für die Gesellschaft einzubeziehen (BFH-Beschluss vom 25.1.1994, BStBl 1994 II S. 455); RdNr. 8 Satz 1 zweiter Halbsatz gilt entsprechend. Die Forderung des begünstigten Gesellschafters ist in dessen Sonderbilanz an den Wert anzupassen, der bei dem Hinterbliebenen anzusetzen ist. Der Hinterbliebene führt dann als Rechtsnachfolger die Sonderbilanz des Gesellschafters gemäß § 15 Abs. 1 Satz 2 EStG fort. War im Zeitpunkt der erstmaligen Anwendung der Grundsätze dieses Schreibens der Versorgungsfall für den Hinterbliebenen bereits eingetreten, ist hinsichtlich des Gewinns aus der erstmaligen Aktivierung des (restlichen) Pensionsanspruchs die Billigkeitsregelung in Rn. 5 entsprechend anzuwenden.

Mit Urteil vom 2.12.1997, VIII R 42/96 (BStBl 2008 II S. 177) hat der BFH entgegen der Auffassung im BMF-Schreiben vom 10.3.1992 (BStBl 1992 I S. 190) entschieden, dass eine bis einschließlich 31.12.1985 in den Steuerbilanzen einer Personengesellschaft gebildete Rückstellung wegen Versorgungsleistungen an eine Gesellschafter-Witwe in der Bilanz zum 31.12.1986 nicht gewinnerhöhend aufzulösen ist und eine Aktivierung des Versorgungsanspruchs in einer Sonderbilanz der Witwe zum 31.12.1986 nicht gefordert werden kann. Die Grundsätze dieses BFH-Urteils sind in allen noch offenen Fällen anzuwenden; an der entgegenstehenden Auffassung in den BMF-Schreiben vom 16.7.1986 (BStBl 1986 I S. 359) und vom 10.3.1992 (BStBl 1992 I S. 190) wird nicht mehr festgehalten.

V. Rückdeckungsversicherung

Hat die Personengesellschaft eine Pensionszusage an einen Gesellschafter und dessen Hinterbliebene durch den Abschluss eines Versicherungsvertrags rückgedeckt, gehört der der Personengesellschaft zustehende Versicherungsanspruch (Rückdeckungsanspruch) nicht zum Betriebsvermögen der Gesellschaft. Die Prämien für die Rückdeckungsversicherung stellen keine Betriebsausgaben dar. Sie sind Entnahmen, die allen Gesellschaftern nach Maßgabe ihrer Beteiligung zuzurechnen sind (BFH, Urteil v. 28.6.2001, BStBl 2002 II S. 724).

VI. Allgemeine Übergangsregelung betreffend die Behandlung von sog. Altzusagen

Die jeweilige Gesellschaft kann auf Antrag für Altzusagen (siehe RdNr. 5) auch für Wirtschaftsjahre, die nach dem 31.12.2007 enden, die Pensionszusage als steuerlich unbeachtliche Gewinnverteilungsabrede behandeln oder aber bei Passivierung der Pensionsverpflichtung in der Gesamthandsbilanz die anteilige Aktivierung der Ansprüche in den Sonderbilanzen aller Gesellschafter vornehmen, wenn die betreffende Gesellschaft bisher kontinuierlich in dieser Weise verfahren ist und die Gesellschafter der betreffenden Personengesellschaft dies übereinstimmend gegenüber dem für die Gesellschaft örtlich zuständigen FA schriftlich erklären. In diesem Fall kann für Altzusagen die bisherige Behandlung zeitlich unbeschränkt fortgeführt werden. Der Antrag kann nur im Einvernehmen aller Gesellschafter zurückgenommen werden; eine Rücknahme des Antrags wirkt nur für die Zukunft."

Ist der **Gesellschafter-Geschäftsführer nicht Kommanditist**, gelten die für Kapitalgesellschaften maßgebenden Grundsätze zu Pensionsrückstellungen. Ist nicht der Geschäftsführer, sondern dessen Ehegatte an der GmbH & Co. KG beteiligt, dann ist eine Pensionsrückstellung für den Geschäftsführer nach den Grundsätzen des § 6a EStG anzuerkennen. Eine Pensionsrückstellung ist ferner zulässig, wenn der Ehegatte Gesellschafter der Komplementär-GmbH und der Geschäftsführer an der KG nicht beteiligt ist. Gleiches gilt, wenn der Geschäftsführer und sein Ehegatte nur an der Komplementär-GmbH beteiligt sind und der Geschäftsführer nur Gesellschafter der GmbH ist und sein Ehegatte an der KG bzw. an dieser und an der GmbH beteiligt ist. Bezieht sich die Pensionszusage der Komplementär-GmbH auf ihren eigenen, von der Tätigkeit der KG deutlich abgrenzbaren gewerblichen Bereich, wird also eine Pensionszusage für eine Tätigkeit in eigener Angelegenheit in der GmbH erteilt, so wird diese auch anerkannt, wenn der Pensionsberechtigte sowohl Gesellschafter der GmbH als auch Kommanditist der KG ist.[709]

Die Pensionsrückstellung für einen GmbH-Geschäftsführer, der weder Gesellschafter der GmbH noch der KG ist, kann bei der GmbH & Co. KG gebildet werden, wenn die KG die Aufwendungen für die Geschäftsführung aufgrund vertraglicher Vereinbarungen zu tragen hat. § 6a EStG ist nicht nur im Rahmen eines Dienstverhältnisses anwendbar, sondern auch dann, wenn der Pensionsberechtigte zu dem Pensionsverpflichteten in einem anderen Rechtsverhältnis steht (§ 6a Abs. 5 EStG). Insoweit ist keine unmittelbare vertragliche Beziehung erforderlich. Vielmehr reicht es aus, dass bei einer GmbH & Co. KG der GmbH-Geschäftsführer aufgrund seiner Funktion mittelbar auch die Geschäfte der KG leitet. Für diese wird er, vermittelt durch die Komplementärstellung der GmbH, im Rahmen eines (gesetzlichen) Rechtsverhältnisses tätig. Der Geschäftsführer steht aufgrund seines Anstellungsverhältnisses zur GmbH gleichzeitig zur GmbH & Co. KG in einem Rechtsverhältnis i. S. d. § 6a Abs. 5 EStG.[710] Sagt daher eine Komplementär-GmbH einer GmbH & Co. KG ihrem gesellschaftsfremden Geschäftsführer eine Pension zu und kann sie nach dem Gesellschaftsvertrag von der KG Ersatz der Versorgungsleistungen verlangen, so ist die bei der GmbH zu bildende Pensionsrückstellung durch einen Aufwendungsersatzanspruch zu neutralisieren. Bei der KG ist eine Rückstellung für ungewisse Verbindlichkeiten zu bilden.[711]

Die Höhe der Pensionsrückstellung richtet sich steuerlich nach dem Teilwert (§ 6a Abs. 3 Satz 1 EStG), der durch ein versicherungsmathematisches Gutachten zu belegen ist. Ausgangspunkt ist hierbei der tatsächliche Dienstantritt des Geschäftsführers bei der GmbH. Hiervon sind jedoch die Zeiten zu unterscheiden, in denen der Geschäftsführer aufgrund eines Arbeitsverhältnisses in einem Betrieb tätig war, der auf die GmbH & Co. KG übergegangen ist. Wird z. B. ein Einzelunternehmen in eine GmbH & Co. KG eingebracht und wird ein Angestellter des Einzelunternehmers Geschäftsführer der Komplementär-GmbH, so ist bei der Ermittlung der Höhe der Pensionsrückstellung in der Bilanz der GmbH & Co. KG die gesamte Zeit des Anstellungsverhältnisses zu Grunde zu legen.[712]

---

709 Vgl. BFH, Urteil v. 21.3.1968, VI R 166/67, BStBl 1968 II S. 579.
710 FG Köln, Urteil v. 16.8.2000, 11 K 4199/96, DStRE 2000 S. 1178, nicht rechtskräftig; BFH-Revision V R 62/00.
711 BFH, Urteil v. 7.2.2002, IV R 62/00, BFH/NV 2002 S. 976.
712 Siehe BFH, a.a.O.

Pensionszusage an den Ehegatten des (beherrschenden) Gesellschafters

Nach § 6a Abs. 1 EStG darf für eine Pensionsverpflichtung eine Rückstellung gebildet werden, wenn der Pensionsberechtigte einen Rechtsanspruch auf einmalige oder laufende Pensionsleistungen hat, die Zusage keinen nach § 6a Abs. 1 Nr. 2 EStG schädlichen Vorbehalt enthält und die Pensionszusage schriftlich erteilt ist. Bei mitarbeitenden Ehegatten eines Mitunternehmers muss mit Rücksicht auf die persönlichen Beziehungen zwischen Ehegatten und Mitunternehmer bei der Prüfung der Versorgungszusage hinzutreten, dass diese ernsthaft gewollt und dem Grunde sowie der Höhe nach betrieblich veranlasst ist. Diese Voraussetzungen sind auch bei der Zusage einer Altersversorgung durch eine GmbH & Co. KG an den Ehegatten des (beherrschenden) Gesellschafters zu beachten. Für die betriebliche Veranlassung ist in erster Linie ein Fremdvergleich von Bedeutung. Betrieblich veranlasst ist eine Pensionszusage im Rahmen eines Ehegatten-Arbeitsverhältnisses nur dann, wenn und insoweit mit hoher Wahrscheinlichkeit eine vergleichbare Zusage auch einem familienfremden Arbeitnehmer im Betrieb erteilt worden wäre. Daher kann in der Steuerbilanz einer GmbH & Co. KG dann keine Rückstellung wegen einer Pensionszusage an den mitarbeitenden Ehegatten gebildet werden, wenn nach dem Arbeitsvertrag außer der Pension kein Arbeitslohn zu zahlen ist. Bei diesem Sachverhalt ist die Pensionszusage nicht betrieblich veranlasst mit der Folge, dass der Dienstleistung des Ehegatten keine steuerrechtlich anzuerkennende Gegenleistung gegenübersteht und deshalb das Arbeitsverhältnis auch dem Grunde nach nicht anerkannt werden kann.[713]

456

2.1.1.2 Anteile der Kommanditisten an der Komplementär-GmbH

Notwendiges Sonderbetriebsvermögen

Zwar gehören die Anteile eines Mitunternehmers an der Komplementär-GmbH nach der BFH-Rechtsprechung[714] zum Sonderbetriebsvermögen II, doch nicht immer zum „notwendigen" Sonderbetriebsvermögen II.[715] So

457

---

713 BFH, Urteil v. 25.7.1995, VIII R 38/93, BB 1995 S. 2366. Eine betriebliche Veranlassung kann – so der BFH – ausnahmsweise nur dann bejaht werden, wenn durch die Versorgungszusage besondere Arbeitsleistungen berücksichtigt werden sollen oder wenn die Altersversorgung anstelle einer Sozialversicherungsrente zugesagt wird.

714 Siehe Begründung zum BFH, Urteil v. 23.1.2000, VIII R 12/99, DB 2001 S. 737

715 „Nicht jedes Wirtschaftsgut, das für den Betrieb einer Mitunternehmerschaft von Vorteil ist, gehört zum notwendigen Sonderbetriebsvermögen II des Mitunternehmers.", so BFH, Urteil v. 17.11.2011, IV R 51/08, BFH/NV 2012 S. 723 im Anschluss an BFH, Urteil v. 3.3.1998, VIII R 66/96, BStBl 1999 II S. 357

reicht zur Begründung von „notwendigem" Sonderbetriebsvermögen nicht aus[716]
- eine wirtschaftliche Verflechtung zwischen Mitunternehmerschaft und Kapitalgesellschaft, wenn die Kapitalgesellschaft weitere, nicht unerhebliche Beteiligungen sowie einen eigenen Geschäftsbetrieb unterhält, der wesentlich größer ist als derjenige der Mitunternehmerschaft oder
- der Einfluss des Anteilseigners auf eine Kapitalgesellschaft, wenn es sich um eine Minderheitsbeteiligung handelt und der Anteilseigner und der Mitunternehmer weder in der Lage ist, seinen Willen in der Kapitalgesellschaft durchzusetzen, noch dazu, maßgeblichen Einfluss auf die laufende Geschäftsführung der Mitunternehmerschaft zu nehmen.

458 Bei Verfügungen über den Mitunternehmeranteil – sei es eine Veräußerung (§ 16 Abs. 1 Nr. 2 EStG), sei es eine unentgeltliche Übertragung (§ 6 Abs. 3 EStG) oder die Übertragung auf einen anderen Rechtsträger (§§ 20, 24 UmwStG – hängen bestimmte steuerliche Folgen (tarifliche Vergünstigung, steuerneutrale Buchwertübertragung) davon ab, dass „Gegenstand der Übertragung alle wesentlichen Grundlagen des Mitunternehmeranteils sind – somit auch die **Anteile an der Komplementär-GmbH**, sofern es sich hierbei um eine **wesentliche Betriebsgrundlage** handelt".[717] Der Begriff „wesentliche Betriebsgrundlage" ist dabei, zumindest bei Anwendung von § 20 UmwStG, im funktionalen Sinne zu verstehen. Ob die Beteiligung eines Kommanditisten an einer Komplementär-GmbH zu den funktional wesentlichen Grundlagen des Mitunternehmeranteils zählt, ist höchstrichterlich noch nicht entschieden worden. Dem BFH-Urteil vom 25.11.2009[718] ist jedoch zu entnehmen, dass die Beteiligung eines Kommanditisten an einer GmbH & Co. KG, der zugleich an der Komplementär-GmbH beteiligt ist, bei funktionaler Betrachtung nur dann eine wesentliche

---

716 Siehe BFH, Urteil vom 17.11.2011, IV R 51/08, BFH/NV 2012 S. 720
717 Schulze zur Wiesche, Zur wesentlichen Betriebsgrundlage eines Mitunternehmeranteils, DB 2010, S. 638 ff (640)
718 BFH, Urteil v. 25.11.2009, I R 72/08, DB 2010 S. 310. Abschließend hat der BFH im Streitfall die Frage nicht entschieden, da der strittige Sachverhalt ergab, dass die GmbH-Beteiligung keine „wesentliche Betriebsgrundlage" war.

Betriebsgrundlage seines Mitunternehmeranteils ist, wenn er im Rahmen der GmbH seinen geschäftlichen Willen durchsetzen kann.

Die Fachliteratur sowie die Finanzverwaltung stellen[719] für die wesentliche Beteiligung darauf ab, ob die Komplementär-GmbH am Vermögen und Gewinn beteiligt ist oder nicht sowie ob sie einen eigenen Geschäftsbetrieb von nicht untergeordneter Bedeutung unterhält. Hiervon ausgehend ergeben sich je nach der **Fallgestaltung** folgende Beurteilungen:[720]

(1) Die Komplementär-GmbH ist am Vermögen sowie Gewinn und Verlust der KG nicht beteiligt

Sofern die Komplementär-GmbH am Vermögen sowie am Gewinn und Verlust der KG nicht beteiligt ist, sind wiederum die folgenden Fälle zu unterscheiden:

a. Kommanditanteil < 50 % oder = 50 %

Die wirtschaftliche Bedeutung der Beteiligung an der Komplementär-GmbH für den nicht mehrheitlich an der GmbH & Co. KG beteiligten Kommanditisten ergibt sich aus der mit der Gesellschafterstellung bei der GmbH verbundenen Möglichkeit der Einflussnahme auf die Geschäftsführung der GmbH, die zur Geschäftsführung der GmbH & Co. KG berufen ist (vgl. §§ 164, 116 HGB). Diese Möglichkeit der Einflussnahme ist aber nur dann wirtschaftlich von Bedeutung und begründet nur dann eine funktionale Wesentlichkeit der Beteiligung, wenn der Kommanditist die Mehrheit der Stimmrechte an der Komplementär-GmbH besitzt und hierüber in der Lage ist, seinen geschäftlichen Betätigungswillen in der GmbH & Co. KG über die GmbH durchzusetzen.

Ist der Kommanditist aufgrund der Stimmrechtsverhältnisse in der GmbH nicht in der Lage, maßgebend auf die GmbH Einfluss zu nehmen, so hat er zwar eine stärkere Stellung als ein „Nur-Kommanditist", weil er als Gesellschafter der GmbH bei Entscheidungen mitwirken kann, die die Geschäftsführung der GmbH & Co. KG betreffen, doch ist diese Betei-

---

[719] Brandenberg, Anteile des Kommanditisten an einer Komplementär-GmbH als funktional wesentliche Betriebsgrundlage, DB 2003, 2563 und Schulze zur Wiesche, Anteile an einer Betriebs-GmbH und an der Komplementär-GmbH als wesentliche Betriebsgrundlage des Sonderbetriebsvermögens, GmbHR 2008, 238 und OFD Münster, Verfügung v. 6.11.2008, S 2242 – 21 – St 12-33, NWB DokID: XAAAC-96309.

[720] Siehe auch OFD Frankfurt, Verfügung v. 22.11.2000, S 2134A-14-St II 21, GmbHR 2001 S 163.

Laufender Geschäftsbetrieb – Steuerrechtlicher Teil 270

ligung wirtschaftlich von geringer Bedeutung, weil die mittelbaren Einflussnahmemöglichkeiten auf die GmbH & Co. KG nicht über die bereits bestehenden Stimm-, Kontroll- und Widerspruchsrechte des Kommanditisten (vgl. §§ 164, 166 HGB) hinausgehen.

Ist der Kommanditist beherrschender Gesellschafter der GmbH, ist die Beteiligung an der Komplementär-GmbH auch dann als funktional wesentliche Grundlage seiner Mitunternehmerstellung anzusehen, wenn er gleichzeitig auch Geschäftsführer der GmbH & Co. KG oder der GmbH ist. Entscheidend ist insoweit allein die gesellschaftsrechtliche Stellung des Kommanditisten in der GmbH.

b. Kommanditanteil > 50 %

Ist der Kommanditist bereits mehrheitlich an der GmbH & Co. KG beteiligt, so sind die neben den Stimm-, Kontroll- und Widerspruchsrechten des Kommanditisten (vgl. §§ 164, 166 HGB) bestehenden Einflussnahmemöglichkeiten über die Gesellschafterstellung bei der Komplementär- GmbH wirtschaftlich nur von untergeordneter Bedeutung. Sie werden nur unwesentlich gestärkt, weil er aufgrund der mehrheitlichen Beteiligung an der GmbH & Co. KG bereits dort seinen geschäftlichen Betätigungswillen durchsetzen kann. Die Beteiligung an der Komplementär-GmbH stellt in diesem Fall **keine funktional wesentliche Betriebsgrundlage** dar.

c. Kommanditanteil 100 %

Wie im Falle einer mehrheitlichen Beteiligung des Kommanditisten an der KG (vorstehende Fallgestaltung 2) dient die GmbH-Beteiligung auch hier nicht einer wirtschaftlich ins Gewicht fallenden Verstärkung des Einflusses auf die Geschäftsführung der KG. Ist neben dem Kommanditisten jedoch nur noch die Komplementär-GmbH Gesellschafterin der KG, handelt es sich also um eine Zweipersonengesellschaft, ist eine andere Beurteilung geboten. In diesem Fall stellt die Beteiligung an der Komplementär- GmbH deshalb eine funktional wesentliche Betriebsgrundlage für die Mitunternehmerstellung des Kommanditisten dar, weil die GmbH aus dessen Sicht benötigt wird, um überhaupt eine Personengesellschaft und damit eine Kommanditistenstellung mit der entsprechenden Haftungsbegrenzung zu begründen und zu erhalten. Dies gilt unabhängig davon, in welchem Umfang der Kommanditist an der GmbH beteiligt ist.

460 **(2) Die Komplementär-GmbH ist am Vermögen sowie Gewinn und Verlust der GmbH & Co. KG beteiligt**

Im Falle der Beteiligung der Komplementär-GmbH am Vermögen sowie Gewinn- und Verlust der GmbH & Co. KG ist die Beteiligung immer als funktional wesentliche Betriebsgrundlage zu qualifizieren. Der GmbH kommt zwar als selbständiges, der Körperschaftsteuer unterliegendes Steuersubjekt ertragsteuerlich Abschirmwirkung zu, so dass der Gewinnoder Verlustanteil nicht unmittelbar vom Kommanditisten zu versteuern ist, doch entspricht bei wirtschaftlicher Betrachtung die mittelbare Gesellschafterstellung über die GmbH einer wirtschaftlich nicht unbedeutenden Erweiterung der bestehenden Kommanditbeteiligung.

(3) Die Komplementär-GmbH unterhält einen eigenen Geschäftsbetrieb von nicht untergeordneter Bedeutung
a. Geschäftsbetrieb ohne Zusammenhang mit dem Betrieb der KG 461

Unterhält die GmbH – neben ihrer Geschäftsführertätigkeit für die GmbH & Co. KG – einen Geschäftsbetrieb von nicht ganz untergeordneter Bedeutung, ist davon auszugehen, dass beide Gesellschaften – und damit auch die Interessen der Gesellschafter – gleichrangig nebeneinander stehen. In diesem Fall gehören die Anteile der Kommanditisten an der Komplementär- GmbH schon deshalb nicht zu deren notwendigem Sonderbetriebsvermögen II und stellen keine funktional wesentliche Betriebsgrundlage dar.

b. Geschäftsbetrieb im Zusammenhang mit dem Betrieb der KG

Ist die GmbH aufgrund von Geschäftsbeziehungen – über ihre gesellschaftsrechtliche Beteiligung als Komplementärin und ihre Geschäftsführertätigkeit hinaus – auch wirtschaftlich mit der GmbH & Co. KG verflochten, gehören die Anteile zum notwendigen Sonderbetriebsvermögen II, wenn aus Sicht der GmbH & Co. KG die Geschäftsbeziehung zur GmbH von nicht geringer Bedeutung ist. Dies ist beispielsweise dann der Fall, wenn die GmbH über die Geschäftsführung für die GmbH & Co. KG hinaus auch den Alleinvertrieb für die Produkte der GmbH & Co. KG übernommen hat. Aufgrund dieser wirtschaftlichen Bedeutung der Beteiligung stellt diese auch immer eine funktional wesentliche Betriebsgrundlage dar.

(4) GmbH ist Komplementärin mehrerer KG
a. Bilanzierung des Anteils an der Komplementär-GmbH 462

Ist die GmbH Komplementärin mehrerer Kommanditgesellschaften und beschränkt sich ihre Tätigkeit auf die Geschäftsführung dieser GmbH & Co. KGen, sind die GmbH-Anteile dem notwendigen Sonderbetriebsver-

Laufender Geschäftsbetrieb – Steuerrechtlicher Teil

mögen II der Kommanditisten der zuerst gegründeten GmbH & Co. KG zuzurechnen.

Unterhält die GmbH als Komplementärin mehrerer GmbH & Co. KGen dagegen einen eigenen Geschäftsbetrieb von nicht ganz untergeordneter Bedeutung, gilt Folgendes:

Bestehen Geschäftsbeziehungen der GmbH nur zu einer GmbH & Co. KG und sind diese aus Sicht der GmbH & Co. KG von nicht geringer Bedeutung, so sind die GmbH-Anteile im Sonderbetriebsvermögen der Kommanditisten dieser GmbH & Co. KG zu bilanzieren.

Bestehen dagegen Geschäftsbeziehungen zu mehreren GmbH & Co. KGen, die für diese jeweils von nicht geringer Bedeutung sind, so sind diese GmbH-Anteile dem Sonderbetriebsvermögen der Kommanditisten der zuerst gegründeten GmbH & Co. KG zuzuordnen, mit der Geschäftsbeziehungen im obigen Sinne unterhalten werden.

Diese Grundsätze gelten entsprechend in Fällen der Beteiligung der Komplementär- GmbH am Vermögen sowie Gewinn und Verlust der GmbH & Co. KG.

b. Funktionale Wesentlichkeit der Komplementär-GmbH

Die Frage, ob es sich bei den Anteilen an der Komplementär-GmbH um eine funktional wesentliche Betriebsgrundlage für den Mitunternehmeranteil handelt, bei dem diese Beteiligung als notwendiges Sonderbetriebsvermögen II bilanziert wird, ist entsprechend den unter A. bis C. dargestellten Grundsätzen zu beantworten. Bei den Mitunternehmeranteilen, bei denen die Anteile an der Komplementär-GmbH nach den unter 1. genannten Grundsätzen nicht als Sonderbetriebsvermögen II bilanziert werden, scheidet die Qualifizierung als funktional wesentliche Betriebsgrundlage mangels Zugehörigkeit zum Betriebsvermögen dieser Mitunternehmerschaft von vornherein aus.

Aus der Zugehörigkeit der GmbH-Anteile zum Sonderbetriebsvermögen der Kommanditisten folgt, dass die Gewinnausschüttungen der GmbH an die Kommanditisten bei den Empfängern nicht private Einkünfte aus Kapitalvermögen sind, sondern betriebliche Einnahmen, die ebenso wie Sonderbetriebsausgaben bei der Ermittlung der gewerblichen Einkünfte von Mitunternehmern zu erfassen sind. Bei der einheitlichen Gewinnfeststellung erhöhen sie den Gesamtgewinn der GmbH & Co. KG und sind den Gewinnanteilen der Kommanditisten hinzuzurechnen. Zudem sind die aus der Veräußerung der GmbH-Anteile erzielten Gewinne Teil der Einkünfte aus Gewerbebetrieb als Mitunternehmer.

Da die GmbH-Anteile, die Kommanditisten der GmbH & Co. KG gehören, nicht zu ihrem Privatvermögen, sondern zu ihrem Betriebsvermögen zu rechnen sind, kann ein etwaiger Veräußerungsgewinn nicht steuerfrei bleiben. Für ihn kann auch nicht der begünstigte Steuersatz des § 34 EStG beansprucht werden. Nur wenn der Anteil an der Komplementär-GmbH und an der KG gleichzeitig veräußert wird, kommt die Begünstigung des § 34 EStG in Betracht. Aus Vorstehendem folgt: Sind die Anteile eines Kommanditisten einer GmbH & Co. KG an der Komplementär-GmbH zwar im Sonderbetriebsvermögen II, gehören aber nicht zu den wesentlichen Betriebsgrundlagen, da der Kommanditist keinen Einfluss auf die Geschäftsführung in der Komplementär-GmbH hat, ist

- eine Veräußerung der KG-Anteile ohne die GmbH-Anteile mit Tarifbegünstigung möglich; die Kpl.-Anteile gehen zum gemeinen Wert in das Privatvermögen. Insgesamt liegt eine begünstigte Betriebsaufgabe i. S. d. § 16 Abs. 1 Nr. 2 EStG vor.
- Mit Übertragung der KG-Anteile eine unentgeltliche Betriebsübertragung i. S. d. § 6 Abs. 3 Satz 1 EStG (Buchwertfortführung) gegeben; die Kpl.-Anteile gehen in das Privatvermögen (Teileinkünfteverfahren i. S. d. § 3 Nr. 40 EStG für den Entnahmegewinn).
- Bei Einbringung der KG-Anteile in eine GmbH oder in eine andere Personengesellschaft (Verschmelzung) ist die Beibehaltung der Kpl.-Anteile für die Buchwertfortführung unschädlich. Die Kpl.-Anteile gehen in das Privatvermögen (Teileinkünfteverfahren i. S. d. § 3 Nr. 40 EStG für den Entnahmegewinn).

Privatvermögen

Die Frage, wie GmbH-Anteile von Kommanditisten zu behandeln sind, wenn die Komplementär-GmbH nicht nur die Geschäfte der GmbH & Co. KG führt, sondern außerdem einen eigenen nennenswerten Geschäftsbetrieb hat, hat der BFH in dem zur Einheitsbewertung ergangenen Urteil v. 7.12.1984[721] dahin gehend entschieden, dass „Anteile eines Kommanditisten an einer Komplementär-GmbH bei ihm nur dann Betriebsvermögen sind und deshalb in den Einheitswert des gewerblichen Betriebsvermögens einzubeziehen sind, wenn sich die GmbH nur auf die Geschäftsführertätigkeit für die KG beschränkt oder wenn ein daneben bestehender eigener

463

---

721 BFH, Urteil v. 7.12.1984, III R 91/81, BStBl 1985 II S. 241.

Geschäftsbetrieb nur von untergeordneter Bedeutung ist" (Änderung der Rechtsprechung). Dieses Urteil hat auch für die Ertragsteuern Bedeutung. Entsprechendes ergibt sich aus den Verfahren II 454/83 und II 123/87 vor dem FG Berlin, die am 1.4.1987 nicht durch Urteil beendet wurden, sondern durch die Erklärung der Parteien, den Rechtsstreit in der Hauptsache für erledigt anzusehen.[722]

Hat die GmbH also einen eigenen Geschäftsbetrieb von nicht ganz untergeordneter Bedeutung, so gehören die dem Kommanditisten gehörenden Anteile an der Komplementär-GmbH zu deren „Privatvermögen"; mit der Folge, dass bei Veräußerung wesentlicher Beteiligungen einkommensteuerrechtlich das Teileinkünfteverfahren gilt und Gewerbesteuerfreiheit gegeben ist. Die Veräußerung nicht wesentlicher Beteiligungen bleibt einkommensteuerfrei, es sei denn, ein Spekulationsgeschäft liegt vor.

2.1.1.3 Beirats- und Aufsichtsratsvergütungen

464 Bei GmbH & Co. KGen mit einer Vielzahl von Kommanditisten wird häufig ein Beirat oder Aufsichtsrat gebildet.[723] Die steuerliche Behandlung der Vergütungen, die an die Mitglieder des Beirats (Aufsichtsrats) gezahlt werden, hängt davon ab, ob der Aufsichtsrat oder Beirat bei der GmbH & Co. KG oder bei der GmbH gebildet ist und ob die Aufsichtsrats- oder Beiratsmitglieder Gesellschafter sind oder nicht.

Die an die Mitglieder eines Beirats (Gesellschafterausschusses) der **GmbH & Co. KG** gezahlten Vergütungen sind für Gesellschafter der GmbH & Co. KG Einkünfte aus Gewerbebetrieb, für gesellschaftsfremde Personen, wozu auch Gesellschafter der GmbH rechnen, Einkünfte aus selbständiger Arbeit. Bei der GmbH & Co. KG selbst sind die Vergütungen insoweit Betriebsausgaben, als sie an Beiratsmitglieder gezahlt werden, die nicht Gesellschafter der GmbH & Co. KG sind. Das für Kapitalgesellschaften bestehende hälftige Abzugsverbot des § 10 Nr. 4 KStG für Vergütungen an Mitglieder des Aufsichtsrats und Beirats gilt für die GmbH & Co. KG nicht.

Ist **bei der GmbH** ein Aufsichtsrat oder ein Beirat gebildet, so ist Abzugsfähigkeit der Vergütungen zur Hälfte gemäß § 10 Nr. 4 KStG nur dann

---

722 Aus der Begründung zum BFH, Urteil v. 31.10.1989, VIII R 374/83, DB 1990 S. 1114, ergibt sich, dass die Grundsätze des III. Senats für die Einheitsbewertung des Betriebsvermögens auch für die Gewinnermittlung Bedeutung haben.
723 Einzelheiten siehe Rn. 254 und 258.

ausgeschlossen, wenn der Aufsichtsrat oder Beirat nur in eigenen Angelegenheiten der GmbH tätig wird.

2.1.1.4 Vergütung für Komplementär-GmbH, Auslagenersatz

Ein Anspruch des geschäftsführenden Gesellschafters, also der Komplementär-GmbH, auf eine Vergütung für seine Geschäftsführertätigkeit ergibt sich nicht aus dem Gesetz; ein solcher Vergütungsanspruch bedarf auch zivilrechtlich einer besonderen Abrede zwischen den Gesellschaftern, entweder im Gesellschaftsvertrag oder in einem besonderen Dienstleistungsvertrag. Liegen diese besonderen Vertragsbeziehungen zwischen der Gesellschaft und dem einzelnen Gesellschafter vor, so sind die Tätigkeitsvergütungen aber nur dann als Sondervergütungen i. S. d. § 15 Abs. 1 Satz 1 Nr. 2 HS 2 EStG zu qualifizieren, wenn sie „handelsrechtlich nach den Bestimmungen des Gesellschaftsvertrages als Kosten zu behandeln, insbesondere im Gegensatz zu einem Gewinnvoraus auch zu zahlen sind, wenn kein Gewinn erwirtschaftet wird".[724]

465

Etwas anderes gilt nur dann, wenn im Gesellschaftsvertrag nicht zweifelsfrei festgelegt ist, dass die Komplementär-Vergütung als Aufwand („Unkosten") der Gesellschaft behandelt werden soll. Für diesen Fall stellt die Komplementär-Vergütung einen Vorabgewinn dar.[725]

Ist gesellschaftsvertraglich zweifelsfrei festgelegt, dass die Komplementär-Vergütung als Aufwand der Gesellschaft zu behandeln ist, so ist dennoch zu prüfen, ob die Vergütung in voller Höhe als Aufwand abzuziehen ist. Dabei wird zu berücksichtigen sein, dass eine Komplementär-GmbH auch Aufwendungen hat und Tätigkeiten ausüben kann, die nicht unmittelbar durch die Beteiligung der KG veranlasst sind. Auch ist zu beachten, ob mit der Vergütung nur die Geschäftsführung abgegolten wird oder auch die Übernahme des Haftungsrisikos. Schließlich ist auf die tatsächliche Tätigkeit der GmbH abzustellen. Bezieht sich die Geschäftsführungstätigkeit der Komplementär-GmbH ausschließlich auf die Herstellung eines Gebäudes, so ist die Vergütung nicht als Aufwand zu behandeln, sondern den Herstellungskosten i. S. d. § 255 Abs. 2 HGB zuzuordnen.[726]

Zu den unmittelbar durch die Beteiligung an der GmbH & Co. KG veranlassten Auslagen und Kosten der Komplementär-GmbH gehören z. B.

---

724 Siehe BFH, Urteil v. 13.10.1998, VIII R 4/98, DB 1999 S. 313.
725 BFH, Urteil v. 13.7.1993, VII R 50/92, BStBl 1994 II S. 282.
726 Siehe Begründung zum oben genannten BFH, Urteil v. 13.10.1998.

Bürokosten und der Auslagenersatz durch die Geschäftsführung (stets unterstellt, die Komplementär-GmbH hat keine andere Funktion als die der Geschäftsführung). Eigene Steuern der GmbH gehören dagegen nicht zum Auslagenersatz, sondern sind aus dem Gewinnanteil der GmbH zu decken.[727]

Für die Praxis ist also wichtig, unmissverständlich zu vereinbaren, dass die Komplementär-Vergütung als Aufwand der KG behandelt und auch dann gezahlt werden soll, wenn ein Verlust erwirtschaftet wird.

2.1.1.5 Miet- und Pachtverträge zwischen Gesellschafter und GmbH & Co. KG bzw. Komplementär-GmbH

466 Überlässt ein Gesellschafter einer Personengesellschaft dieser aufgrund eines Miet- oder Pachtvertrages Wirtschaftsgüter zur Nutzung, so liegt einkommensteuerrechtlich (§ 15 Abs. 1 Nr. 2 EStG) und gewerbesteuerrechtlich (§ 7 GewStG) keine Vermietung oder Verpachtung durch den Gesellschafter, sondern eine gesellschaftliche Einbringung (Einlage) zur Nutzung (§§ 706, 732 BGB) in die Personengesellschaft vor. Die Einnahmen, die der Gesellschafter für die Einbringung der Wirtschaftsgüter erhält, sind bei ihm nach Abzug aller Kosten gewerbliche Einkünfte aus einer gesellschaftlichen Beteiligung; sie sind dementsprechend bei der Personengesellschaft als Teil ihres gewerblichen Gesamtgewinns einheitlich festzustellen und nicht als Miet- und Pachtausgaben abzugsfähig. Die überlassenen Wirtschaftsgüter gehören nicht zum Gesamthandsvermögen der Personengesellschaft und damit nicht zum Betriebsvermögen der Personengesellschaft im handelsrechtlichen Sinne, sondern sind steuerrechtliches Sonderbetriebsvermögen der Gesellschafter der Personengesellschaft, das ebenso wie das Gesellschaftsvermögen (Betriebsvermögen im handelsrechtlichen Sinne) in den ertragsteuerrechtlichen Betriebsvermögensvergleich, der der Ermittlung des steuerlichen Gewinns der Personengesellschaft und der Gewinnanteile ihrer Gesellschafter dient, einzubeziehen ist.[728]

---

727 Siehe Begründung zum BFH, Urteil v. 15.11.1967, IV R 139/67, BFHE 90 S. 399.
728 Vgl. Begründung zum BFH, Urteil v. 14.8.1975, IV R 30/71, BStBl 1975 II S. 88 (90). Für Spezialfragen – z. B. Grundstücksverpachtung durch GmbH-Gesellschafter an GmbH und Weiterverpachtung an KG sowie Grundstücksverpachtung durch KG-Gesellschafter an GmbH und Weiterverpachtung an KG – wird auf die Ausführungen von Richter, GmbHR 1973, S. 118 f., verwiesen.

Der Miet- oder Pachtvertrag findet keine Anerkennung, wenn dem Verpächter aufgrund wirtschaftlichen Eigentums an dem Kommanditanteil eine Mitunternehmerstellung einzuräumen ist. So hat der BFH mit Urteil vom 28.9.1995[729] entschieden, dass der Kommanditanteil an einer pachtenden Familien-GmbH & Co. KG dem bisherigen Alleinunternehmer und neuen Betriebsverpächter zuzurechnen ist, wenn er alleiniger Geschäftsführer und Großgläubiger der KG ist, die Mittel für die Kommanditeinlage geschenkt hat und den Betriebspachtvertrag jederzeit mit kurzer Frist kündigen kann.

Nach Auffassung des BFH im Urteil vom 17.8.1979[730] war in den Fällen, in denen an einer Personengesellschaft eine Kapitalgesellschaft als Gesellschafter beteiligt ist und die Kapitalgesellschaft der Personengesellschaft Wirtschaftsgüter aufgrund eines Miet- oder Pachtvertrages zur Nutzung überlässt, das der Personengesellschaft zur Nutzung überlassene Wirtschaftsgut dort als Sonderbetriebsvermögen der überlassenden GmbH zu bilanzieren. Durch das BFH-Urteil vom 23.4.1996[731] ist unseres Erachtens diese Rechtsprechung überholt. Die überlassende GmbH hat ihr Gesellschaftervermögen in einer eigenen Steuerbilanz zu aktivieren; es kann nicht Sonderbetriebsvermögen bei der Personengesellschaft sein.

467

2.1.1.6 Darlehensforderungen gegenüber einem Gesellschafter

Gewährt eine gewerblich tätige GmbH & Co. KG ein Darlehen, so gehört die Darlehensforderung zu ihrem Gesellschaftsvermögen. Die Darlehensforderung ist demzufolge entsprechend dem Vollständigkeitsgebot als Vermögensgegenstand in der Handelsbilanz der Gesellschaft auszuweisen. Wird die Darlehensforderung später uneinbringlich, ist sie gewinnmindernd abzuschreiben. Nach dem Grundsatz der Maßgeblichkeit der Handelsbilanz für die Steuerbilanz ist die in der Handelsbilanz ausgewiesene Darlehensforderung grundsätzlich auch als Wirtschaftsgut bei der steuerlichen Gewinnermittlung anzusetzen, und zwar auch dann, wenn der Zweck der Gesellschaft nicht in der Vergabe von Darlehen, sondern in der Durchführung anderer Geschäfte besteht. Wird die Darlehensforderung später uneinbringlich, so ist dem durch gewinnmindernden Ansatz der Forderung mit dem niedrigen Teilwert Rechnung zu tragen. Hiervon ist auch bei der

468

---

729 IV R 34/93, BFH/NV 1996 S. 314.
730 A. a. O.
731 BFH, Urteil v. 23.4.1996, VIII R 13/95, BStBl 1998 II S. 325; siehe auch Rn. 416.

Vergabe eines Darlehens an einen Gesellschafter einer GmbH & Co. KG auszugehen.[732]

Die Vergabe eines Darlehens an einen Gesellschafter einer GmbH & Co. KG wird durch die Vorschrift des § 15 Abs. 1 Satz 1 Nr. 2, HS 2 EStG nicht erfasst. Diese regelt nur den umgekehrten Fall der Vergabe eines Darlehens durch den Gesellschafter an die Gesellschaft und führt nur für diesen Fall dazu, dass das Darlehen ertragsteuerrechtlich als Eigenkapital im Rahmen der Mitunternehmerschaft zu werten ist. Gewährt die Gesellschaft dem Gesellschafter ein Darlehen, so bestimmen sich die steuerlichen Rechtsfolgen des Geschäfts nicht nach § 15 Abs. 1 Satz 1 Nr. 2, HS 2 EStG, sondern nach den Vorschriften über die Gewinnermittlung in den §§ 4-6 EStG. Die Anwendung der Gewinnermittlungsvorschriften, vornehmlich des § 4 EStG, ergibt, dass ein Darlehensgeschäft nur dann vorliegt, wenn der Vorgang durch den Betrieb der GmbH & Co. KG und nicht durch die gesellschaftliche Beteiligung des Gesellschafters veranlasst ist. Dabei kommt es – so betont der BFH[733] – wie auch sonst nicht auf die Bezeichnung an, die die Beteiligten dem Geschäft geben, sondern auf den rechtlichen und wirtschaftlichen Gehalt des Geschäfts. Eine gesellschaftliche statt einer betrieblichen Veranlassung ist im Allgemeinen anzunehmen, wenn nach Lage der Dinge ausgeschlossen werden kann, dass die Gesellschaft einem fremden Dritten Geld zu den Bedingungen, wie sie mit dem Gesellschafter vereinbart sind, zur Verfügung gestellt haben würde. Der spätere Verlust der Darlehensforderung darf dann das Betriebsergebnis nicht beeinflussen, da er nicht betrieblich veranlasst ist und damit keine Betriebsausgabe darstellt. Der BFH hat dies für den Fall ausgesprochen, dass die GmbH & Co. KG ein Darlehen an eine andere Personengesellschaft vergibt, an der einer ihrer Gesellschafter beteiligt ist; er hat dies aber auch für den Fall ausgesprochen, dass das Geld einem Gesellschafter unmittelbar zur Verfügung gestellt wird.

469 Indizien für die außerbetriebliche Veranlassung eines Darlehens sind die mangelnde Verzinsung und Sicherung. Gewährt daher eine GmbH & Co. KG einem Gesellschafter ein zinsloses und ungesichertes Darlehen, so bleibt die Darlehensforderung privatrechtlich Gesamthandsvermögen der Gesellschaft. Das Gesellschaftsvermögen und die sich in den Kapitalkonten manifestierenden Anteile der einzelnen Gesellschafter an ihm ändern sich somit nicht. Steuerlich indessen darf die Darlehensforderung nicht mehr als

---

732 Siehe Begründung zum BFH, Urteil v. 9.5.1996, IV R 64/93, GmbHR 1996 S. 792.
733 BFH, Urteil v. 9.5.1996, IV R 64/93, GmbHR 1996 S. 792.

Betriebsvermögen erfasst werden. Da sie jedoch weiterhin zum Gesamthandsvermögen gehört, stellt sie sich als Entnahme dar, die allen Gesellschaftern anteilig unter Minderung ihrer Kapitalkonten zuzurechnen ist. Wird die Darlehensforderung uneinbringlich, entfällt mithin nicht nur die steuerliche Berechtigung einer Teilwertabschreibung, sondern auch die Möglichkeit, dass beim Ausscheiden des Schuldners aus der Gesellschaft die verbleibenden Gesellschafter einen steuerlichen Verlust geltend machen können.

Vorstehende Ausführungen des BFH lassen den Schluss zu, dass allein eine marktübliche Verzinsung der Forderung nicht ausreichend ist, um diese als betrieblich veranlasst zu qualifizieren. Vielmehr müssen die Vereinbarungen zwischen der GmbH & Co. KG und dem/den Gesellschafter(n) auch den Kriterien gerecht werden, die bei Darlehensgewährungen zwischen Fremden üblich sind, als da sind die Bonität des Schuldners (des Gesellschafters) und die Besicherung der Forderung. 470

In den Gesellschaftsverträgen ist häufig vereinbart, dass Verrechnungs(kapital)konten, die einen Sollsaldo aufweisen und auf der Aktivseite der Geschäftsbilanz aufzuführen sind, von dem Gesellschafter zu verzinsen sind. Üblicherweise wird der Zinssatz an den Diskontsatz der Europäischen Zentralbank gekoppelt, um Streitigkeiten möglichst zu vermeiden. Die von dem Gesellschafter erbrachten Zinsleistungen erhöhen den handelsrechtlichen Gewinn der Gesellschaft. Steuerrechtlich sind vom Gesellschafter geleistete Zinsen allerdings nur dann Betriebseinnahmen und damit gewinnwirksam zu erfassen, wenn sie für eine echte Darlehensforderung der Gesellschaft gegen den Gesellschafter gewährt werden. Hat der Gesellschafter ein Verrechnungskonto zu verzinsen, das einen Sollsaldo aufweist und auf der Aktivseite der Gesellschaftsbilanz aufzuführen ist, kann dieses Konto entweder eine Darlehensforderung gegen den Gesellschafter dokumentieren oder aber als (negativer) Bestandteil des Kapitalkontos anzusehen sein. Wird ein Kapitalkonto verzinst, dient die Verzinsung allein einer zutreffenden Gewinnverteilung. Die vom Gesellschafter zu leistenden Zinsen sind dann keine Betriebseinnahmen und haben keine Auswirkung auf die Höhe des von der Gesellschaft erzielten Gewinns. Sie sind lediglich im Rahmen der Gewinnverteilung als Negativ-Gewinnvorab des Gesellschafters zu berücksichtigen.[734]

---

734 Vgl. BFH, Urteil v. 4.5.2000, BB 2000 S. 2028.

2.1.1.7 Aktivierung von Dividendenansprüchen aus GmbH-Anteilen

471 Ansprüche auf Gewinne (Dividenden) aus Beteiligungen an Kapitalgesellschaften sind im Allgemeinen erst dann zu aktivieren, wenn ein Gewinnverwendungsbeschluss der Kapitalgesellschaft vorliegt und hierdurch ein verfügbarer Rechtsanspruch auf einen Gewinnanteil in bestimmter Höhe endgültig begründet ist. Dies hat zur Folge, dass der Inhaber der Beteiligung den Gewinnanspruch regelmäßig zeitversetzt erst in der Bilanz des Geschäftsjahres (Wirtschaftsjahres) zu aktivieren hat, das dem Geschäftsjahr (Wirtschaftsjahr) der Kapitalgesellschaft nachfolgt.

Hiervon hat der BGH eine Ausnahme für den Fall gemacht, dass eine Konzern- oder Holding-Gesellschaft (AG) mit Mehrheit an einer anderen AG (Tochtergesellschaft) beteiligt ist: Die Obergesellschaft kann bei übereinstimmendem Geschäftsjahr den Gewinnausschüttungsanspruch zeitkongruent schon in dem Jahre ansetzen, für das ausgeschüttet wird; indessen muss der Jahresabschluss der Tochtergesellschaft noch vor Abschluss der Prüfung bei der Muttergesellschaft festgestellt werden und ein entsprechender Gewinnverwendungsbeschluss oder -vorschlag gemäß §§ 170 Abs. 2, 171 AktG vorliegen. Der BFH hat sich dieser Rechtsprechung für das Körperschaftsteuerrecht angeschlossen und sie auf Mehrheitsbeteiligungen außerhalb des Konzerns oder einer Holding und auf den Fall angewandt, dass die Tochtergesellschaft eine GmbH ist. Der BFH bestätigte diese Rechtsprechung.[735] Die Dividendenansprüche aus der Beteiligung an der Komplementär-GmbH sind daher „zeitkongruent" zu erfassen.

---

735 BFH, Urteil v. 8.3.1989, X R 9/86, BStBl 1989 II S. 714; BFH, Urteil v. 19.2.1991, VIII R 106/87, BStBl 1991 II S. 569.

Mit Beschluss v. 7.8.2000[736] **gibt** der Große Senat des BFH **diese Rechtsprechung auf**; hiernach kann eine Kapitalgesellschaft, die mehrheitlich an einer anderen Kapitalgesellschaft beteiligt ist, Dividendenansprüche aus einer am Bilanzstichtag noch nicht beschlossenen Gewinnverwendung der nachgeschalteten Gesellschaft grundsätzlich nicht aktivieren. Damit entfällt steuerlich grundsätzlich eine phasengleiche Aktivierung von Dividendenforderungen. Es ist allerdings denkbar, dass eine Dividendenforderung als wirtschaftlich verselbständigtes Wirtschaftsgut nicht erst mit der Fassung des Gewinnverwendungsbeschlusses, sondern schon zu einem früheren Zeitpunkt entsteht. Daher kann ein beherrschender Gesellschafter Dividendenansprüche gegenüber der von ihm beherrschten Gesellschaft jedenfalls dann schon vor Fassung des Gewinnverwendungsbeschlusses („phasengleich") aktivieren, wenn durch objektiv nachprüfbare Umstände belegt ist, dass er am maßgeblichen Bilanzstichtag unwiderruflich zur Ausschüttung eines bestimmten Betrags entschlossen war.[737]

472

2.1.1.8 Lebensversicherungsbeiträge zur Absicherung betrieblicher Schulden

Schließt ein Kommanditist eine Versicherung auf den Lebens- oder Todesfall ab, so sind weder die Versicherungsprämien Betriebsausgaben, noch führen die Versicherungsleistungen zu Betriebseinnahmen, und zwar selbst dann nicht, wenn die Versicherung zur Absicherung betrieblicher Schulden der KG dient und die KG bezugsberechtigt ist.[738]

473

---

736 GrS 2/99, BStBl 2000 II S. 632. Die Finanzverwaltung hat mit koordiniertem Ländererlass v. 1.11.2000, IV A 6 – S – 2134 – 9/00, in einer Übergangsregelung die Anwendung der bisherigen Grundsätze zur phasengleichen Aktivierung von Dividendenansprüchen für alle offenen Fälle zugelassen, bei denen Gewinnausschüttungen, die auf einem den gesellschaftsrechtlichen Vorschriften entsprechenden Gewinnverteilungsbeschluss für ein abgelaufenes Wirtschaftsjahr beruhen, noch den Regelungen des Anrechnungsverfahrens unterliegen. Das betrifft z.B. folgende Fälle: Gewinnverteilungsbeschluss im Kalenderwirtschaftsjahr 1997 für das Kalenderwirtschaftsjahr 1996, Gewinnverteilungsbeschluss im Kalenderwirtschaftsjahr 2001 für das Kalenderwirtschaftsjahr 2000, Gewinnverteilungsbeschluss im abweichenden Wirtschaftsjahr 1.2.2001-31.3.2002 für das abweichende Wirtschaftsjahr 1.4.2000-31.3.2001. Die Grundsätze der phasengleichen Aktivierung können jedoch z.B. in folgenden Fällen nicht mehr zugelassen werden: Gewinnverteilungsbeschluss im Kalenderwirtschaftsjahr 2002 für das Kalenderwirtschaftsjahr 2001, Gewinnverteilungsbeschluss im abweichenden Wirtschaftsjahr 1.10.2001-30.9.2002 für das Rumpfwirtschaftsjahr 1.1.2001-30.9.2001.
737 BFH, Urteil v. 20.12.2000, I R 50/95, DB 2001 S. 734.
738 Siehe BFH, Urteil v. 10.4.1990, VIII R 63/88, BB 1990 S. 2036.

2.1.1.9 Übertragung einer § 6b EStG-Rücklage

474 Es gilt die gesellschafterbezogene Betrachtungsweise,[739] d. h., Anspruchsberechtigter für die Bildung von Rücklagen nach § 6b EStG ist wieder der Steuerpflichtige. Demzufolge können bei der Personengesellschaft entstandene Veräußerungsgewinne – soweit sie auf den Steuerpflichtigen entfallen – auf Anschaffungskosten von Wirtschaftsgütern im Sonderbetriebsvermögen des Steuerpflichtigen bei der betreffenden Personengesellschaft oder im Einzelvermögen des Steuerpflichtigen übertragen werden.

§ 6b Abs. 10 EStG lässt bei natürlichen Personen und Personengesellschaften, soweit an ihnen keine Körperschaften, Personenvereinigungen oder Vermögensmassen beteiligt sind, die steuerneutrale Übertragung von aufgedeckten stillen Reserven bei der **Veräußerung von Anteilen an Kapitalgesellschaften** bis zu einem Betrag von 500.000 EUR zu, unter der Voraussetzung, dass die veräußerten Anteile vor dem Zeitpunkt der Veräußerung mindestens 6 Jahre ununterbrochen zum Anlagevermögen gehört haben. Diese Möglichkeit der Bildung einer **Reinvestitionsrücklage** hat in vollem Umfang auch eine GmbH & Co. KG unter der Voraussetzung, dass die Kommanditisten nur natürliche Personen sind und die Komplementär-GmbH am Vermögen der KG nicht beteiligt ist. Der Veräußerungsgewinn kann im Wirtschaftsjahr der Veräußerung oder in den folgenden zwei Wirtschaftsjahren auf die Anschaffungskosten von neu angeschafften Anteilen an Kapitalgesellschaften oder abnutzbaren Wirtschaftsgütern oder in den folgenden 4 Wirtschaftsjahren auf die Anschaffungskosten von neu angeschafften Gebäuden übertragen werden. Sind die Reinvestitionsobjekte Anteile an Kapitalgesellschaften, so kann der gesamte Veräußerungsgewinn einschließlich des nach § 3 Nr. 40

---

739 Gesetz zur Fortentwicklung des Unternehmenssteuerrechts (Unternehmenssteuerfortentwicklungsgesetz), BR-Dr. 638/01; bis 2001 gilt die gesellschaftsbezogene Betrachtungsweise, d. h. die stillen Reserven, die infolge der Veräußerung eines zum Sonderbetriebsvermögen eines Gesellschafters gehörenden Wirtschaftsgutes aufgedeckt wurden, konnten nicht auf Reinvestitionen im Gesamthandsvermögen einer Schwestergesellschaft übertragen werden. Das galt auch dann, wenn der veräußernde Gesellschafter als einziger am Vermögen der Schwestergesellschaft beteiligt war (siehe BFH, Urteil v. 9.2.2006, IV R 23/04). Die aus der für Veräußerungen nach dem 31.12.2001 durch die wieder geltende gesellschafterbezogene Betrachtungsweise resultierenden Übertragungsmöglichkeiten einer Rücklage sind in § 6b Abs. 6 und 7 EStR 2005 aufgezeigt. § 6b EStG findet in diesem Rahmen selbst dann Anwendung, wenn das veräußerte und angeschaffte Wirtschaftsgut identisch ist, wie z. B. bei Übertragungsvorgängen zwischen Schwesterpersonengesellschaften.

EStG i. V. m. § 3c Abs. 2 EStG steuerbefreiten Betrages eingestellt werden und auf die Anschaffungskosten der neuen Anteile übertragen werden. Sind abnutzbare bewegliche Wirtschaftsgüter und Gebäude die Reinvestitionsobjekte, so wird ebenfalls der volle Veräußerungsgewinn (einschließlich des steuerfreien Betrages) in die Rücklage eingestellt. Übertragen werden kann jedoch nur der steuerpflichtige Anteil auf die Anschaffungskosten der neu angeschafften Wirtschaftsgüter; der restliche Teil der Rücklage ist steuerfrei aufzulösen.

2.1.2 Gewinnverteilung

2.1.2.1 Besondere Gewinnverteilungsgrundsätze

Bei der Prüfung der Angemessenheit der Gewinnverteilung einer GmbH & Co. KG sind, wie bereits erwähnt, als wesentliche Faktoren der Arbeitseinsatz, der Kapitaleinsatz und das übernommene Haftungsrisiko zu berücksichtigen. Wie sich die Faktoren im Einzelnen auf den Gewinnanteil auswirken, hat der BFH in seinem Grundsatzurteil v. 15.11.1967[740] dargelegt; die Grundzüge dieser Rechtsprechung werden nachstehend wiedergegeben.[741]

475

Arbeitseinsatz: Geschäftsführung durch die GmbH

Diesem Faktor ist bei der für die GmbH & Co. KG typischen Gestaltung in der Regel kein entscheidendes Gewicht beizumessen. Zwar bedeutet die Übernahme der Geschäftsführung im Normalfall auch die Übernahme der mit einer Geschäftsführung verbundenen Risiken, etwa einer Inanspruchnahme für schuldhaft fehlerhaftes Verhalten, für die im wirtschaftlichen Verkehr eine Vergütung gefordert und gezahlt wird. Bei der Frage, was insofern unter Fremden vereinbart worden wäre, kann aber die für die GmbH & Co. KG typische Fallgestaltung nicht außer Acht gelassen werden. Die GmbH ist in der Mehrzahl der Fälle nur für den Zweck geschaffen worden, formal die Geschäfte einer bereits bestehenden KG zu führen. In Wirklichkeit obliegt die tatsächliche Durchführung der Geschäfte den Kommanditisten. Würde man einer neu geschaffenen GmbH,

476

---

740 VI R 139/67, BFHE 90 S. 399.
741 Die von der Rechtsprechung entwickelten Grundsätze zur Gewinnverteilung bei der GmbH & Co. KG finden auch bei einer atypisch stillen Gesellschaft Anwendung, allerdings nur insoweit, als sich nicht aus dem Wesen der stillen Gesellschaft etwas anderes ergibt; für Einzelheiten siehe FG Münster, Urteil v. 23.6.1980, VII 108/77 F, EFG 1980 S. 597, rechtskräftig.

deren Anteile Fremden gehören, diese Stellung auferlegen, ihr aber gleichzeitig das sachliche Substrat der geschäftsführenden Tätigkeit (Büros, Büromaterial, Arbeitskräfte usw.) zur Verfügung stellen, ihr die Kosten angestellter Geschäftsführer erstatten und durch Einräumung eines ihrem Kapitaleinsatz angemessen abgeltenden Gewinnanteils auf Dauer gesehen garantieren, dass sie nicht nur ihre eigenen Kosten, wie etwa die betrieblichen Steuern, abdecken kann, sondern darüber hinaus einen Gewinn erzielt, so würde auch diese fremde GmbH für die Übernahme einer formalen Geschäftsführerposition keine weitere, ins Gewicht fallende Vergütung verlangen und erhalten.

477 Ein Kommanditist kann auch in der Gesellschaft und für sie tätig sein, **ohne dass er die Rechtsstellung eines Geschäftsführers hat**. Gedacht ist hier z. B. an den Fall eines Kommanditisten-Architekten.[742] Dann verdient dieser Arbeitseinsatz in der Regel ein Entgelt bei der Festlegung der Gewinnverteilung. Steuerlich ist dieses Entgelt dem Gesellschafter selbst zuzurechnen. Ein solcher Gesellschafter bezieht keine den Gewinn dieser Gesellschaft als Betriebsausgabe mindernden Einkünfte aus nichtselbständiger Arbeit, auch wenn er formal von der zwischengeschalteten GmbH angestellt ist, sondern Unternehmerlohn in Form eines Anteils am Gewinn.[743] Es

---

742 Vgl. BFH, Urteil v. 23.5.1979, BStBl 1979 II S. 757-768. Die Vergütungen an den Kommanditisten-Architekten rechnen zu den Einkünften aus Gewerbebetrieb. Sie sind Sondervergütungen, die über eine Sonderbilanz in die Gewinnermittlung der Gesellschaft einzubeziehen sind. Zur Technik und Kompliziertheit dieses Verfahrens sowie zu der sich hieraus ergebenden Verschiebung der Gewerbesteuerbelastung vgl. Knobbe-Keuk, DStR 1980, S. 429. Zu beachten ist, dass der Gesellschafter-Architekt insoweit eine Eigenleistung erbringt, die den Anschaffungskosten des Gebäudes nicht zuzurechnen ist. Lieferungen eines Gesellschafters sind dagegen wie Lieferungen Dritter zu behandeln; vgl. auch BFH, Urteil v. 18.9.1969, IV 338/64, BStBl 1970 II S. 43. So hat der BFH im Urteil v. 10.5.1973, IV R 74/67, BStBl 1973 II S. 630, anerkannt, dass das Entgelt, das eine OHG einem ein eigenes Baugeschäft unterhaltenden Gesellschafter für im Rahmen dieses Baugeschäfts ihr gegenüber erbrachte Bauarbeiten gewährt hat, in vollem Umfang – also auch einschließlich des Unternehmergewinns des Gesellschafters – zu den Herstellungskosten des Gebäudes der OHG rechnet. Der BFH trägt in diesem Urteil dem Umstand Rechnung, dass hier neben dem gemeinsam betriebenen Unternehmen das Einzelunternehmen besteht und dass der mit den Bauarbeiten verbundene Gewinn allein auf dieses entfällt. Es bleibt zwar dabei, dass auch ein Mitunternehmer – ebensowenig wie ein Einzelunternehmer – seinen Gewinn nicht in Miete, Zins usw. aufteilen und damit in andere Einkunftsarten verlagern kann. Anders liegt es aber, wenn wie in dem hier entschiedenen Fall eine solche Verlagerung nicht in Betracht kommt, sondern der Gewinn dort erfasst werden soll, wo er tatsächlich entstanden ist.

743 Siehe hierzu BFH, Urteil v. 18.9.1969, BStBl 1970 II S. 43 f.

ist daher zu prüfen, ob der Gesellschafter einen Anteil am Gewinn erhält, bei dem seine Mitarbeit am Gewinn gebührend berücksichtigt ist. Das muss nicht in Form eines Vorabgewinns, sondern kann auch durch Erhöhung der Quote geschehen sein. Bei der steuerlichen Überprüfung, ob die Gewinnverteilung aus betriebsfremden Gründen manipuliert ist, wird in der Regel kein Anlass bestehen anzunehmen, dass die Arbeitsvergütung der Kommanditisten zu niedrig bemessen wurde, weil dadurch der nach der vertraglichen Gestaltung meist auch an die GmbH zu verteilende Restgewinn höher und die körperschaftsteuerliche Belastung größer würde. Ist die Arbeitsvergütung dagegen zu hoch, so würde der umgekehrte Erfolg eintreten. Wird eine Gewinnverteilung aus steuerlicher Sicht im Ganzen als unangemessen angesehen, weil sie der GmbH nicht den ihr betrieblich gerechtfertigten Gewinn zukommen lässt, so ist die Frage der Angemessenheit der Arbeitsvergütung für die Kommanditisten zugunsten und zu Lasten der GmbH in die Neuregelung einzubeziehen.

Erwähnt sei, dass Arbeitslohn bzw. Tätigkeitsvergütungen an **Arbeitnehmer-Kommanditisten** stets Einkünfte i. S. d. § 15 Abs. 1 Nr. 2 EStG sind, auch dann, wenn der Arbeitnehmer-Kommanditist in untergeordneter Stellung tätig ist und die Kommanditbeteiligung eine wesentliche Einflussnahme auf die Geschäftsführung der KG nicht erlaubt.

Das Sozialversicherungsrecht deutet vielfach den Arbeitnehmerbegriff anders als das Steuerrecht. So ist es durchaus denkbar, dass ein angestellter Kommanditist mit Minibeteiligung sozialversicherungsrechtlich als Arbeitnehmer anzusehen ist mit der Folge, dass auch Arbeitgeberanteile durch die KG an den Sozialversicherungsträger abzuführen sind. Steuerlich gehören diese Arbeitgeberanteile jedoch zu den Vergütungen i. S. d. § 15 Abs. 1 Nr. 2 EStG, die den Gewinn der KG nicht mindern dürfen. Es handelt sich um Bezüge, die dem Kommanditisten für eine Tätigkeit im Dienste der Gesellschaft zustehen. Die Bezüge sind auch nicht nach § 3 Nr. 62 EStG steuerfrei (Ausgaben des Arbeitgebers für die Zukunftssicherung des Arbeitnehmers, soweit der Arbeitgeber dazu nach sozialversicherungsrechtlichen Vorschriften verpflichtet ist); denn für die Anwendung dieser Befreiungsvorschrift ist eine Arbeitnehmerstellung i. S. d. § 19 EStG unabdingbare Voraussetzung.[744]

---

744 Siehe BFH, Urteil v. 8.4.1992, XI R 37/88, BStBl 1992 II S. 812.

Haftungsrisiko

Der vom BFH mehrmals[745] für eine haftende natürliche Person ausgesprochene Grundsatz, dass die **Übernahme des Haftungsrisikos** bei der Feststellung eines angemessenen Gewinnanteils eine gewichtige Rolle spielt, gilt grundsätzlich gleichermaßen für juristische Personen.

Wie hoch die Haftung einzuschätzen ist, ist eine Frage des Einzelfalls. Der BFH stellte hierzu fest, dass bei der Bewertung der unbeschränkten Haftung kein Vergleich mit einer natürlichen Person als Komplementär gezogen werden darf, sondern dass das Vergleichsobjekt eine juristische Person sein muss. Die zu berücksichtigende Belastung der GmbH besteht in der Regel nur darin, dass sie unter Umständen mit dem über ihre Einlage hinaus etwa vorhandenen Vermögen haftet. Wie hoch dieser abzugeltende Einsatz ist, hängt zunächst von der Höhe des Vermögens ab, dessen Ansammlung durch eine außerhalb der KG ausgeübte Tätigkeit gefördert werden kann. Ist das zusätzliche Vermögen unerheblich, so kann es außer Betracht bleiben. Umgekehrt kann man nicht sagen, dass eine Risikoprämie nur in Frage komme, wenn das Vermögen hoch ist. Auch der wirtschaftlichen Lage der KG ist Rechnung zu tragen. Zwar muss man bei der Bewertung des Haftungsrisikos von einem längeren Zeitraum ausgehen. Für die nicht unabänderliche Vertragsgestaltung kann es aber nicht unerheblich sein, ob die GmbH in ein Unternehmen eintritt, in dem ihre Haftung wahrscheinlich nicht aktuell werden wird.

480 Im Urteil v. 3.12.1977[746] hielt es der BFH für ausreichend, dass die GmbH neben dem Ersatz ihrer tatsächlichen Auslagen für die Geschäftsleitung aus dem Gewinn der KG vorweg einen Anteil in Höhe von 6 % ihres dem Stammkapital entsprechenden Vermögens als Haftungsvergütung erhielt. Wenn auch in diesem Urteil keine typisierende Aussage des BFH auf 6 % des Stammkapitals zu sehen ist, so kann dennoch das Fazit gezogen werden, dass eine Haftungsvergütung, wenn keine echte Gewinnbeteiligung der Komplementär-GmbH vorliegt, einem Fremdvergleich standhält, wenn 6 % des Stammkapitals angesetzt werden. Die Untergrenze wird bei 2 % liegen, da der BFH in einem weiteren, nicht veröffentlichten Urteil v. 3.2.1977 entschieden hat, dass eine Gewinnverteilungsabrede, die der Komplementär-GmbH nur eine Haftungsvergütung von 2 % ihres Stamm-

---

745 Vgl. BFH, Urteil v. 22.8.1951, IV 246/50 S, BStBl 1951 III S. 181; BFH, Urteil v. 25.7.1963, IV 421/62 U, BStBl 1964 III S. 3.
746 IV R 122/73, BStBl 1977 II S. 346.

kapitals gewährt, nicht ohne weiteres als angemessen angesehen werden könne.[747] Angemessen ist dagegen eine Gewinnverteilungsabrede, die der Geschäftsführungs-GmbH eine gewinnunabhängige Haftungsprämie von 2% des Stammkapitals der GmbH und zusätzlich eine gewinnunabhängige Haftungsprämie von 10 % des Gewinns der KG, höchstens jedoch 10 % des Stammkapitals der GmbH gewährt.[748]

Avalprovision 481

Eine Komplementär-GmbH haftet den Gläubigern der Personengesellschaft mit allem, was sie als Einlage oder als Darlehen der Gesellschaft zur Verfügung gestellt hat, sowie mit ihrem außerhalb der Gesellschaft etwa vorhandenen Vermögen in voller Höhe. Hierfür gebührt ihr im Allgemeinen nicht nur eine die Überlassung und das allgemeine Risiko einer solchen Überlassung abgeltende Verzinsung ihrer Darlehen, sondern darüber hinaus eine besondere Risikoprämie, und zwar nicht nur für das der Gesellschaft zur Verfügung gestellte Darlehen, sondern auch für das übrige Vermögen, für das indessen anders als für Darlehen ein angemessenes Entgelt nicht in der Form der Verzinsung ermittelt werden kann. Ist die Haftung im Innenverhältnis nicht ausgeschlossen, so wird sie grundsätzlich besonders zu berücksichtigen sein, wenn die GmbH neben der gewinnbeteiligten Kapitaleinlage über weiteres, im Verhältnis zur Kapitaleinlage ins Gewicht fallendes Vermögen verfügt. Wie hoch das Haftungsrisiko einzuschätzen ist, ist eine Frage des Einzelfalls. Eine den Kommanditisten fremde GmbH dürfte für die Übernahme der unbeschränkten Haftung für zusätzliches Vermögen im oben genannten Sinne zumindest einen Vorweggewinn nach Art einer Avalprovision fordern und auch erhalten. Der im Wirtschaftsleben übliche Vom-Hundert-Satz für Avalprovisionen schwankt nicht unerheblich. Je nach Art und Umfang des übernommenen Haftungsrisikos werden 0,5-5 % erhoben. Die im Allgemeinen Kreditgeschäft der Sparkassen und Banken übliche Avalprovision beträgt ca. 2 %. Im Urteil vom 3.2.1977 hat der BFH dem Ansatz der üblichen Avalprovision zugestimmt.[749]

Eine Prämie für die Übernahme der unbeschränkten Haftung scheidet aus, 482 wenn die **GmbH vertraglich im Innenverhältnis durch die Kommandi-**

---

747 Vgl. HFR 1977, S. 276.
748 Siehe FG des Saarlandes, Urteil v. 28.3.1999, I K 199/88, EFG 1990 S. 586, rechtskräftig; das gilt nur dann nicht, wenn bei Vertragsschluss erkennbar ist, dass die KG auf absehbare Zeit keine Gewinne erwirtschaften wird.
749 Siehe auch OFD Hannover, Verfügung v. 27.5.1969.

tisten von der Haftung freigestellt ist.[750] Man kann insoweit nicht einwenden, eine solche Haftungsbefreiung wäre einem Dritten nicht gewährt worden. Denn bei der Frage, wie die Gewinnverteilung unter Fremden geregelt worden wäre, muss im Übrigen die tatsächliche Gestaltung des Einzelfalls zugrunde gelegt werden. Hier ist also zu fragen, was einer fremden GmbH für die Übernahme des Haftungsrisikos gewährt worden wäre, wenn die Kommanditisten sie vertraglich von dieser Haftung freigestellt hätten. Die Antwort kann nur lauten: nichts. Es kann nicht eingewendet werden, die GmbH werde unter Umständen die Haftungsbefreiung nicht realisieren können, weil die Kommanditisten nichts hätten. Denn eine Haftungsbefreiung wird nur vereinbart, wenn die Vertragschließenden ihr einen Wert beimessen.

Zweifelhaft ist es, ob der Übernahme der Haftung dann kein Wert beizumessen ist, wenn zwar nicht kraft vertraglicher Vereinbarung, aber im wirtschaftlichen Ergebnis das Haftungsrisiko doch bei dem Kommanditisten liegt. Bei der typischen Fallgestaltung der GmbH & Co. KG ist die GmbH wirtschaftlich identisch mit dem Kommanditisten der KG. Diese Identität ist aber gerade außer Betracht zu lassen bei der Beantwortung der Frage, was hinsichtlich des Gewinns zwischen Fremden vereinbart worden wäre. Wären Anteilseigner der GmbH fremde Personen, so würden sie von der Haftung getroffen; sie würden dafür ein Entgelt verlangen und erhalten, das der Versteuerung bei der GmbH unterläge und nicht auf die Kommanditisten verlagert werden könnte.

Kapitaleinsatz

483 Der Beitrag der Gesellschafter zur Erreichung des Gesellschaftszwecks in der Form der Beisteuerung von Kapital wird in der Regel durch eine Vorwegverzinsung der festen Einlagen und weiterer der KG zur Verfügung gestellter Geldmittel abgegolten. Das ist indessen nicht immer der Fall. Der Kapitaleinsatz kann auch durch eine dem Verhältnis der Einsätze aller Gesellschafter entsprechenden Gewinnquote (allerdings in der Regel einer Quote des nach Abzug von Vorwegvergütungen der KG verbleibenden Restgewinns) abgegolten werden. Es ist auch möglich, dass die Höhe des Kapitaleinsatzes einen weniger sichtbaren Niederschlag in der auch durch andere Faktoren mitbestimmten Quote am Gesamtgewinn gefunden hat.

Wie hoch die Einbringung von Kapital zu bewerten ist, kann nicht allgemeingültig gesagt werden. Ein Betrieb, der dringend Kapital braucht,

---

750 Vgl. Rn. 295.

kann dafür einen höheren Preis zu zahlen bereit sein als ein Betrieb, der weniger dringend Kapital als vielmehr einen tüchtigen, mitarbeitenden Gesellschafter benötigt.

Zusammenfassung

Zusammenfassend ist zu sagen, dass bei der Prüfung der Angemessenheit der Gewinnverteilung einer GmbH & Co. KG jede Regelung anzuerkennen ist, die einer nur auf die Geschäftsführung der KG beschränkten GmbH auf die Dauer Ersatz ihrer Auslagen und eine den Kapitaleinsatz und das etwa vorhandene Haftungsrisiko gebührend berücksichtigende Beteiligung am Gewinn einräumt. Dabei gilt der vom BFH auch für die Vereinbarungen unter Familienangehörigen aufgestellte Grundsatz, dass der vertraglichen Gestaltung durch die Beteiligten nur dann nicht gefolgt werden kann, wenn sich ernste Bedenken gegen die Angemessenheit der Gewinnverteilung ergeben, die zu einer wesentlich anderen Verteilung führen würden. 484

2.1.2.2 Zulässigkeit negativer Kapitalkonten

Überblick über die BFH-Rechtsprechung

Innerhalb einer KG können sowohl durch Entnahmen der Gesellschafter als auch durch eintretende Verluste negative Kapitalkonten entstehen. Entsprechende Konten sind getrennt zu führen, da im Fall von Entnahmen die persönliche Haftung des Kommanditisten insoweit wieder auflebt und ein Forderungsanspruch der GmbH & Co. KG gegenüber dem Kommanditisten besteht. Negative Kapitalkonten infolge von Verlusten begründen keine persönliche Haftung des Kommanditisten. 485

Im Rahmen der Handelsbilanz ist es zulässig, einem Kommanditisten über die Summe seiner Hafteinlage hinaus Verluste zuzuweisen. Zwar hat der BFH mit Grundsatzurteil v. 13.3.1964[751] das negative Kapitalkonto eines Kommanditisten auch für das Steuerrecht anerkannt. Allerdings bewirkt die danach eingefügte gesetzliche Regelung des § 15a EStG, dass eine steuerliche Berücksichtigung dieser Verluste stark eingeschränkt ist.

Mit Beschluss vom 10.11.1980[752] hat der Große Senat des BFH in einer Grundsatzentscheidung zu der Frage, wie das negative Kapitalkonto eines 486

---

751 VI 343/61, BStBl 1964 III S. 359; siehe auch BFH, Urteil v. 14.5.1991, VIII R 31/88, DB 1991 S. 2164.
752 GrS 1/79, DB 1981 S. 557.

Kommanditisten einkommensteuerrechtlich zu behandeln sei, wie folgt Stellung genommen:
- Einem Kommanditisten ist ein Verlustanteil, der nach dem allgemeinen Gewinn- und Verlustverteilungsschlüssel der KG auf ihn entfällt, einkommensteuerrechtlich auch insoweit zuzurechnen, als er in einer den einkommensteuerrechtlichen Bilanzierungs- und Bewertungsvorschriften entsprechenden Bilanz der KG zu einem negativen Kapitalkonto des Kommanditisten führen würde. Auch einem Kommanditisten, der seinen Kommanditanteil am Ende eines Wirtschaftsjahres entgeltlich veräußert, ist sein vertraglicher Anteil an dem Verlust, den die KG vom Beginn des Wirtschaftsjahres bis zum Zeitpunkt der Veräußerung erlitten hat, grundsätzlich noch insoweit zuzurechnen, als dadurch ein negatives Kapitalkonto entsteht oder sich erhöht, sofern der Erwerber das negative Kapitalkonto übernimmt.[753] Dies gilt jedoch nicht, soweit bei Aufstellung der Bilanz nach den Verhältnissen am Bilanzstichtag feststeht, dass ein Ausgleich des negativen Kapitalkontos mit künftigen Gewinnanteilen nicht mehr in Betracht kommt. Bei dieser Sachlage können dem Kommanditisten Verlustanteile, die zur Entstehung oder Erhöhung eines negativen Kapitalkontos führen, nicht mehr zugerechnet werden.[754]
- Beim Wegfall eines durch einkommensteuerrechtliche Verlustzurechnung entstandenen negativen Kapitalkontos eines Kommanditisten ergibt sich in Höhe dieses negativen Kapitalkontos ein steuerpflichtiger Gewinn des Kommanditisten.
- Dieser Gewinn entsteht zu dem Zeitpunkt, in dem der Betrieb der KG veräußert oder aufgegeben wird (§ 16 EStG). Der Gewinn ist ein Veräußerungs- oder Aufgabegewinn (§§ 16, 34 EStG). Soweit jedoch schon früher feststeht, dass ein Ausgleich des negativen Kapitalkontos des Kommanditisten mit künftigen Gewinnanteilen des Kommanditisten nicht mehr in Betracht kommt, ist dieser Zeitpunkt maßgebend. Dieser Gewinn ist ein laufender Gewinn.

---

753 BFH, Urteil v. 26.5.1981, IV R 47/78, BStBl 1981 II S. 795.
754 Vgl. BFH, Urteil v. 26.2.1987, IV R 61/84, BFH/NV 1988 S. 24.

Grenzen der Verlustzuweisungen

Steht also bei der Aufstellung der Bilanz nach den Verhältnissen am Bilanzstichtag fest, dass ein Ausgleich des negativen Kapitalkontos mit künftigen Gewinnanteilen nicht mehr in Betracht kommt, so fällt das negative Kapitalkonto eines Kommanditisten weg.[755]

487

Ob eine spätere Gewinnverrechnung noch zu erwarten ist, bestimmt sich ausschließlich nach den Verhältnissen des jeweiligen Bilanzstichtages und unabhängig davon, ob und wann der Steuerpflichtige eine Bilanz aufgestellt hat. Die Einstellung des Insolvenzverfahrens mangels Masse ist nicht erforderlich. Die fehlende Verrechnungsmöglichkeit kann sich auch zu einem früheren Zeitpunkt und gegebenenfalls schon vor der Eröffnung des Insolvenzverfahrens abzeichnen.[756]

Die Anwendung des handelsrechtlichen Gewinn- und Verlustverteilungsschlüssels steht also unter dem Vorbehalt besonderer einkommensteuerrechtlicher Bestimmungen. Hierunter fallen nicht nur (1) die Nichtanerkennung rückbezüglicher Gewinnverteilungsabreden, (2) das Verbot der Abziehbarkeit privater Zuwendungen (§ 12 Nr. 2 EStG), so dass Gewinnabreden, die durch außerbetriebliche Erwägungen beeinflusst sein können, einer Angemessenheitsprüfung unterliegen, sowie (3) der Grundsatz, dass das Steuerrecht an den wirtschaftlichen Gehalt des Sachverhalts anknüpft und damit im Fall eines negativen Kapitalkontos dem Kommanditisten dann nicht zugerechnet werden können, wenn am Bilanzstichtag feststeht, dass ein Ausgleich mit zukünftigen Gewinnanteilen nicht mehr in Betracht kommt, sondern auch Wertverluste von Wirtschaftsgütern, die der Erzielung der Überschusseinkünfte dienen; sie können nicht über die Gewinn- und Verlustverteilung, sondern nur im Rahmen der allgemeinen Vorschriften über die AfA berücksichtigt werden. Wird daher z. B. ein Darlehen, das ein Nichtgesellschafter einer GmbH & Co. KG gewährt hat, in eine atypische stille Beteiligung umgewandelt, so können dem stillen Gesellschafter ertragsteuerliche Verluste nur in Höhe des gemeinen Werts der

---

755 Beim Wegfall des negativen Kapitalkontos eines Kommanditisten, das durch einkommensteuerrechtliche Verlustzurechnungen entstanden ist, ergibt sich für den Kommanditisten in Höhe des negativen Kapitalkontos ein Gewinn; in gleicher Höhe ist dem persönlich haftenden Gesellschafter ein Verlustanteil zuzurechnen; ständige BFH-Rechtsprechung; siehe Zusammenfassung im Urteil v. 12.10.1993, VIII R 86/90, DB 1994 S. 355.

756 Zusammenfassung der BFH-Rechtsprechung im BFH, Urteil v. 12.10.1993, VIII R 86/90, DB 1994 S. 355.

Darlehensforderung zum Zeitpunkt der Umwandlung zugewiesen werden, und zwar auch dann, wenn die Einlage des atypisch Stillen handelsrechtlich mit dem Nennbetrag des Darlehensrückzahlungsanspruchs bewertet wird; eine eingetretene Wertminderung ist ein nicht steuerbarer „die Vermögenssphäre des Stillen betreffender Verlust".[757]

Einschränkungen durch § 15a EStG

488 Nach § 15a Abs. 1 Satz 1 EStG darf der einem Kommanditisten zuzurechnende Anteil am Verlust der KG weder mit positiven Einkünften anderer Einkunftsquellen ausgeglichen noch nach § 10d EStG abgezogen werden (Verlustrücktrag oder -vortrag), soweit ein negatives Kapitalkonto des Kommanditisten entsteht oder sich erhöht. Ein hiernach nicht berücksichtigungsfähiger (verrechenbarer) Verlust mindert jedoch nach § 15a Abs. 2 EStG die Gewinne, die dem Kommanditisten in späteren Wirtschaftsjahren aus seiner Beteiligung an der KG zuzurechnen sind. Zwar enthält § 15a Abs. 1 Satz 1 EStG keine ausdrückliche Aussage dazu, auf **welchen Zeitpunkt die Tatbestandsmerkmale des Entstehens (oder der Erhöhung) eines negativen Kapitalkontos** des Kommanditisten durch die ihm zuzurechnenden Anteile am Verlust der KG zu prüfen sind. Aus dem Zusammenhang zu den weiteren Bestimmungen des § 15a EStG ergibt sich jedoch zum einen, dass die Vorschrift mit Rücksicht auf die Voraussetzung der Kommanditistenstellung an die Verhältnisse am Ende des Wirtschaftsjahres (Bilanzstichtag) der Verlustentstehung anknüpft (vgl. insbesondere § 15a Abs. 1 Satz 2 EStG betreffend die erweiterte Außenhaftung). Zum anderen ist den Regelungen zur Verlustverrechnung mit späteren Gewinnen (§ 15a Abs. 2 EStG) sowie zur Einlageminderung (§ 15a Abs. 3 EStG) und zur Feststellung der verrechenbaren Verluste (§ 15a Abs. 4 EStG) zweifelsfrei zu entnehmen, dass das Merkmal des dem Kommanditisten zuzurechnenden Anteils am Verlust der KG bezogen auf die Verhältnisse des gesamten Wirtschaftsjahres und demgemäß grundsätzlich auch die weitere Voraussetzung des Entstehens oder der Erhöhung eines negativen Kapitalkontos des Kommanditisten durch einen Vergleich des Kapitalkontos zum Ende des Wirtschaftsjahres der Verlustentstehung (Bilanzstichtag) mit demjenigen zum Ende des vorangegangenen Wirtschaftsjahres zu bestimmen ist. Nur diese Beurteilung nach dem sog. Stichtagsprinzip entspricht dem Willen des Gesetzgebers, die Verlustverrechnung nach Maßgabe der Haftungsverhältnisse am jeweiligen Bilanzstichtag zu begrenzen, sei es auf den Betrag der zu diesem Zeitpunkt geleisteten Einlage (§ 15a Abs. 1 Satz 1

---

757 BFH, Urteil v. 29.5.2001, VIII R 10/00, DB 2001 S. 2023.

EStG), sei es auf den Betrag der am Bilanzstichtag gegebenen Außenhaftung aufgrund einer entsprechenden Eintragung im Handelsregister (§ 15a Abs. 1 Satz 2 EStG i. V. m. § 171 Abs. 1 HGB).[758]

Haftet der Kommanditist am Bilanzstichtag den Gläubigern der Gesellschaft aufgrund des § 171 Abs. 1 HGB, können die Verluste des Kommanditisten bis zur Höhe des Betrags, um den die im Handelsregister eingetragene Einlage des Kommanditisten seine geleistete Einlage übersteigt, auch ausgeglichen oder abgezogen werden, soweit durch den Verlust ein negatives Kapitalkonto entsteht oder sich erhöht (sog. **erweiterter Verlustausgleich bzw. -abzug**; § 15a Abs. 1 Satz 2 EStG). Der erweiterte Verlustausgleich **in § 15a Abs. 1 Satz 2 EStG** knüpft also ausdrücklich an die Haftung des Kommanditisten nach § 171 Abs. 1 HGB an; hiernach ist seine Haftung ausgeschlossen, soweit er die Einlage geleistet hat. Aber nicht jedwede Vermögensmehrung seitens des Kommanditisten an die KG reicht für die Haftungsbefreiung nach § 171 Abs. 1 Halbsatz 2 HGB aus, vielmehr hat die Zuführung des Vermögenswerts aufgrund der Einlageverpflichtung im Gesellschaftsvertrag zu erfolgen.[759] Für den erweiterten Verlustausgleich ergibt sich nun die Frage, ob die in das Gesellschaftsvermögen gelangte Einlage eines Kommanditisten eo ipso mit der Haftsumme zu verrechnen ist oder ob der Kommanditist weiteres Eigenkapital zuführen kann, ohne dass die Forderung aus der Pflichteinlage erlischt; hierzu vertritt der BFH folgende Auffassung: „Leistet der Kommanditist zusätzlich zu der im Handelsregister eingetragenen Pflichteinlage eine weitere Sacheinlage, so kann er im Wege einer negativen Tilgungsbestimmung die Rechtsfolge herbeiführen, dass die Haftungsbefreiung nach § 171 Abs. 1 Halbs. 2 HGB nicht eintritt. Das führt dazu, dass die Einlage nicht mit der eingetragenen Pflichteinlage zu verrechnen ist, sondern im Umfang ihres Werts die Entstehung oder Erhöhung eines negativen Kapitalkontos verhindert und

489

---

758 Siehe Begründung zum BFH, Urteil v. 14.10.2003, VIII R 81/02, DStR 2004 S. 29.
759 Zusammenfassung der Literaturmeinungen in der Begründung zum BFH, Urteil v. 11.10.2007, IV R 38/05, GmbHR 2008 S. 217.

auf diese Weise nach § 15a Abs. 1 S. 1 EStG zur Ausgleichs- und Abzugsfähigkeit von Verlusten führt".[760]

490 „§ 15a Abs. 1 Satz 2 EStG ist nur anzuwenden, wenn derjenige, dem der Anteil zuzurechnen ist, im Handelsregister eingetragen ist, das Bestehen der Haftung nachgewiesen wird und eine Vermögensminderung aufgrund der Haftung nicht durch Vertrag ausgeschlossen oder nach Art und Weise des Geschäftsbetriebs unwahrscheinlich ist".[761] Dem entspricht § 15a Abs. 1 Satz 3 EStG, der die Anwendung des § 15a EStG Abs. 1 Satz 2 EStG (erweiterter Verlustausgleich) dann ausschließt, wenn die finanzielle Ausstattung der Gesellschaft und deren gegenwärtige sowie voraussichtlich zukünftige Liquidität im Verhältnis zum nach dem Gesellschaftsvertrag festgelegten Gesellschaftszweck und dessen Umfang so außergewöhnlich günstig sind, dass die finanzielle Inanspruchnahme des einzelnen zu beurteilenden Kommanditisten nicht zu erwarten ist. Dabei ist der Art und Weise des Geschäftsbetriebs im besonderen Maße Rechnung zu tragen. Das bedeutet, dass der finanziellen Ausstattung der Gesellschaft um so weniger Gewicht zukommt, je weniger der nach dem Gesellschaftsvertrag festgelegte Gegenstand des Unternehmens verlustträchtig erscheint und je weniger die für einen überschaubaren Zeitraum zu erwartende Geschäftsentwicklung auch nur kurzzeitige Liquiditätsengpässe der Gesellschaft als möglich erscheinen lässt. Bei der Gewichtung der genannten Komponenten ist ein vorsichtiger Maßstab in dem Sinne anzulegen, dass die für eine mögliche Vermögensminderung sprechenden Umstände im Zweifel eher über- denn unterzubewerten sind.[762]

491 Durch § 15a EStG wird die Möglichkeit, Verluste mit anderen positiven Einkünften zu verrechnen, bei Kommanditisten auf den am jeweiligen Bilanzstichtag des Jahres der Verlustentstehung gegebenen Haftungsumfang begrenzt, sei es also auf den Betrag der bis zum Bilanzstichtag

---

760 BFH, Urteil v. 11.10.2007, IV R 38/05, GmbHR 2008 S. 217; ergänzend führt der BFH in der Urteilsbegründung aus: „In der zivilrechtlichen Respr. und Literatur ist anerkannt, dass der Schuldner einer Leistung eine sog. negative Tilgungsbestimmung treffen kann. Erklärt er bei Bewirkung einer zur Erfüllung einer bestimmten Schuld geeigneten Leistung, sie solle nicht zur Erfüllung dieser Schuld dienen, so erlischt die Schuld nicht. Da sich die Frage, ob der Kommanditist seine Einlage geleistet hat, nach Handelsrecht richtet, hat eine in Bezug auf die Pflichteinlage getroffene negative Tilgungsbestimmung – vorbehaltlich eines Gestaltungsmissbrauchs i.S. des § 42 AO – auch steuerrechtlich Bedeutung.".
761 BFH, Urteil v. 26.8.1993, IV R 112/91, DB 1994 S. 255.
762 Siehe BFH, Urteil v. 14.5.1991, VIII R 111/86, BB 1991 S. 1901.

geleisteten Einlage, sei es auf den am Bilanzstichtag gegebenen Betrag der Außenhaftung aufgrund einer entsprechenden Eintragung in das Handelsregister. Der Gesetzgeber wollte nur grundsätzlich Haftungsumfang und Verlustausgleichsmöglichkeit in Übereinstimmung bringen. So hat er insbesondere bewusst darauf verzichtet, Haftungsrisiken, die sich nicht aus einer namentlichen Eintragung des Kommanditisten in das Handelsregister ergeben, sondern aus **Bürgschaften**, die noch nicht zu einer Inanspruchnahme des Gesellschafters geführt haben, ausgleichserhöhend zu berücksichtigen.[763] Ein erweiterter Verlustausgleich nach § 15a Abs. 1 Satz 2 EStG kommt also nicht in Betracht, wenn der Kommanditist für Schulden der KG eine Bürgschaft eingegangen ist.[764] **Eigenkapital ersetzende Gesellschafterdarlehen** von Kommanditisten führen nicht zur Erhöhung ihrer Kapitalkonten und damit des Verlustausgleichsvolumens nach § 15a EStG; sie sind vielmehr als Fremdkapital zu behandeln.[765]

Der Gesetzestext des § 15a EStG, dessen Verfassungsmäßigkeit nicht ernstlich zweifelhaft ist, verdeutlicht, dass es für die Höhe der Ausgleichsfähigkeit der den Kommanditisten zugewiesenen Verluste entscheidend auf den **Begriff des Kapitalkontos** ankommt. 492

Mit Urteil v. 14.5.1991[766] hat der BFH entschieden, dass bei der Ermittlung des Kapitalkontos i. S. d. § 15a EStG das – positive und negative – Sonderbetriebsvermögen des Kommanditisten außer Betracht zu lassen ist. Nach dem Urteil ist für die Anwendung des § 15a EStG das Kapitalkonto nach der Steuerbilanz der KG unter Berücksichtigung etwaiger Ergänzungsbilanzen maßgeblich.

Zu der Frage, **wie der Umfang des Kapitalkontos i. S. d. § 15a Abs. 1 Satz 1 EStG** unter Zugrundelegung dieser Rechtsprechung zu bestimmen

---

763 Siehe Begründung zum BFH, Urteil v. 14.12.1995, IV R 106/94, BStBl 1996 II S. 226.
764 Siehe BFH, Beschluss v. 13.11.1997, IV B 119/96, BStBl 1998 II S. 109. Der BFH hat die Nichtzulassungsbeschwerde verworfen, weil eine Erweiterung des Verlustausgleichs des Kommanditisten wegen Bürgschaft der KG-Schulden aufgrund des eindeutigen Gesetzeswortlauts zu verneinen ist.
765 FG Rheinland-Pfalz, Urteil v. 9.2.1998, 5 K 2523/97, GmbHR 1998 S. 801, nicht rechtskräftig.
766 BStBl 1992 II S. 167. Die bisherige Verwaltungsauffassung, wonach auch das Sonderbetriebsvermögen des Kommanditisten in die Ermittlung des Kapitalkontos i. S. d. § 15a EStG einzubeziehen war (vgl. Abschn. 138 Abs. 2 EStR 1990), ist überholt (vgl. BMF, Schreiben v. 20.2.1992, BStBl 1992 I S. 123 nebst der darin getroffenen Übergangsregelung). Zur Übergangsregelung siehe auch BMF, Schreiben v. 15.12.1993, DB 1994 S. 14.

ist, hat das **BMF im Schreiben v. 30.5.1997**[767] wie folgt Stellung genommen:

„Das Kapitalkonto i. S. d. § 15a Abs. 1 Satz 1 EStG setzt sich aus dem Kapitalkonto des Gesellschafters in der Steuerbilanz der Gesellschaft und dem Mehr- oder Minderkapital aus einer etwaigen positiven oder negativen Ergänzungsbilanz des Gesellschafters (BFH vom 30.3.1993, BStBl II 1993 S. 706) zusammen. Bei der Ermittlung des Kapitalkontos sind im Einzelnen folgende Positionen zu berücksichtigen:

1. Geleistete Einlagen; hierzu rechnen insbesondere erbrachte Haft- und Pflichteinlagen, aber auch z. B. verlorene Zuschüsse zum Ausgleich von Verlusten. Pflichteinlagen gehören auch dann zum Kapitalkonto i. S. d. § 15a Abs. 1 Satz 1 EStG, wenn sie unabhängig von der Gewinn- oder Verlustsituation verzinst werden.

2. In der Bilanz ausgewiesene Kapitalrücklagen. Wenn eine KG zur Abdeckung etwaiger Bilanzverluste ihr Eigenkapital vorübergehend durch Kapitalzuführung von außen im Wege der Bildung einer Kapitalrücklage erhöht, so verstärkt sich das steuerliche Eigenkapital eines jeden Kommanditisten nach Maßgabe seiner Beteiligung an der Kapitalrücklage.

3. In der Bilanz ausgewiesene Gewinnrücklagen. Haben die Gesellschafter einer KG durch Einbehaltung von Gewinnen Gewinnrücklagen in der vom Gesellschaftsvertrag hierfür vorgesehenen Weise gebildet, so verstärkt sich das steuerliche Eigenkapital eines jeden Kommanditisten nach Maßgabe seiner Beteiligung an der Gewinnrücklage.
Der Umstand, dass durch die Bildung von Kapital- (siehe 2.) und Gewinnrücklagen das steuerliche Eigenkapital der KG nur vorübergehend verstärkt und die Haftung im Außenverhältnis nicht nachhaltig verbessert wird, ist für die Zugehörigkeit ausgewiesener Kapital- und Gewinnrücklagen zum Kapitalkonto i. S. d. § 15a Abs. 1 Satz 1 EStG ohne Bedeutung.

4. Beteiligungskonto in Abgrenzung zu einem Forderungskonto (Darlehenskonto).
Nach § 167 Abs. 2 HGB wird der Gewinnanteil des Kommanditisten seinem Kapitalanteil nur so lange gutgeschrieben, wie dieser die Höhe der vereinbarten Pflichteinlage nicht erreicht. Nach § 169 HGB sind nicht abgerufene Gewinnanteile des Kommanditisten, soweit sie seine Einlage übersteigen, außerhalb seines Kapitalanteils gutzuschreiben. In

---

[767] IV B 2 – S 2241a – 51/93 II, BStBl 1997 I S. 627.

diesem Fall sind die auf einem weiteren Konto (Forderungskonto oder Darlehenskonto) ausgewiesenen Gewinnanteile dem Sonderbetriebsvermögen des Kommanditisten zuzuordnen, weil sie ein selbständiges Forderungsrecht des Kommanditisten gegenüber der Gesellschaft begründen.

§ 169 HGB kann jedoch durch Gesellschaftsvertrag abbedungen werden. Die Vertragspraxis hat daher ein System kombinierter Kapitalanteile mit geteilten Kapitalkonten entwickelt. Die Kapitalbeteiligung, das Stimmrecht und die Gewinn- bzw. Verlustbeteiligung richten sich regelmäßig nach dem Verhältnis der festen Kapitalanteile, wie sie auf dem sog. Kapitalkonto I ausgewiesen werden. Auf diesem Konto wird i. d. R. die ursprünglich vereinbarte Pflichteinlage gebucht. Daneben wird ein zweites variables Gesellschafterkonto geführt, das eine Bezeichnung wie Kapitalkonto II, Darlehenskonto, Kontokorrentkonto o. ä. zu tragen pflegt. Dieses Konto dient dazu, über das Kapitalkonto I hinausgehende Einlagen, Entnahmen oder Gewinn- und Verlustanteile auszuweisen. Es kann aber auch Gesellschafterdarlehen aufnehmen (BFH v. 3.2.1988; BStBl 1988 II S. 551). Soweit deshalb ein Gesellschaftsvertrag die Führung mehrerer Gesellschafterkonten vorschreibt, kann nicht mehr die Rechtslage nach dem HGB zugrunde gelegt werden. Vielmehr ist entscheidend darauf abzustellen, welche Rechtsnatur das Guthaben auf dem gesellschaftsvertraglich vereinbarten zweiten Gesellschafterkonto hat (BFH v. 3.2.1988, a. a. O.).

Werden auch Verluste auf dem separat geführten Gesellschafterkonto verrechnet, so spricht dies grundsätzlich für die Annahme eines im Gesellschaftsvermögen gesamthänderisch gebundenen Guthabens. Denn nach § 120 Abs. 2 HGB besteht der Kapitalanteil begrifflich aus der ursprünglichen Einlage und den späteren Gewinnen, vermindert um Verluste sowie Entnahmen. Damit werden stehen gelassene Gewinne wie eine Einlage behandelt, soweit vertraglich nicht etwas anderes vereinbart ist; sie begründen keine Forderung des Gesellschafters gegen die Gesellschaft. Verluste mindern die Einlage und mindern nicht eine Forderung des Gesellschafters gegen die Gesellschaft. Insoweit fehlt es an den Voraussetzungen der §§ 362-397 BGB. Die Einlage einschließlich der stehen gelassenen Gewinne und abzüglich der Verluste und der Entnahmen stellt damit für die Gesellschaft Eigen- und nicht Fremdkapital dar. Deshalb lässt sich die Verrechnung von Verlusten auf dem separat geführten Gesellschafterkonto mit der Annahme einer individualisierten Gesellschafterforderung nur vereinbaren, wenn der Gesellschaftsvertrag dahin verstanden werden kann, dass die Gesellschafter

im Verlustfall eine Nachschusspflicht trifft und die nachzuschießenden Beträge durch Aufrechnung mit Gesellschafterforderungen zu erbringen sind (BFH v. 3.2.1988, a. a. O.). Sieht der Gesellschaftsvertrag eine Verzinsung der separat geführten Gesellschafterkonten im Rahmen der Gewinnverteilung vor, so spricht dies weder für noch gegen die Annahme individualisierter Gesellschafterforderungen, weil eine Verzinsung von Fremdkapital (§ 110, § 111 HGB) und eine Verzinsung der Kapitalanteile im Rahmen der Gewinnverteilung (§ 121 Abs. 1 und 2, § 168 Abs. 1 HGB) gleichermaßen üblich und typisch sind. Sieht der Gesellschaftsvertrag eine Ermäßigung der Verzinsung entsprechend der Regelung in § 121 Abs. 1 Satz 2 HGB vor, so spricht dies allerdings für die Annahme eines noch zum Gesellschaftsvermögen gehörenden Guthabens (BFH v. 3.2.1988, a. a. O.). Ob ein Gesellschafterdarlehen zum steuerlichen Eigenkapital der Gesellschaft oder zum steuerlichen Sonderbetriebsvermögen des Gesellschafters gehört, lässt sich danach nur anhand der Prüfung der Gesamtumstände des Einzelfalls anhand der vom BFH aufgezeigten Kriterien entscheiden. Ein wesentliches Indiz für die Abgrenzung eines Beteiligungskontos von einem Forderungskonto ist, ob – nach der gesellschaftsvertraglichen Vereinbarung – auf dem jeweiligen Kapitalkonto auch Verluste gebucht werden.
5. Verlustvortrag in Abgrenzung zu Darlehen der Gesellschaft an den Gesellschafter.
6. Nach § 167 Abs. 3 HGB nimmt der Kommanditist an dem Verlust nur bis zum Betrag seines Kapitalanteils und seiner noch rückständigen Einlagen teil. Getrennt geführte Verlustvortragskonten mindern regelmäßig das Kapitalkonto des Kommanditisten i. S. d. § 15a Abs. 1 Satz 1 EStG. Das gilt auch, wenn die Regelung des § 167 Abs. 3 HGB von den Gesellschaftern abbedungen wird, so dass den Gesellschafter im Verlustfall eine Nachschusspflicht trifft. Derartige Verpflichtungen berühren die Beschränkung des Verlustausgleichs nach § 15a EStG nicht. Die Forderung der Gesellschaft gegen den Gesellschafter auf Übernahme bzw. Ausgleich des Verlustes entspricht steuerlich einer Einlageverpflichtung des Kommanditisten (BFH, Urteil v. 14.12.1995, BStBl 1996 II, S. 226) und ist damit erst bei tatsächlicher Erbringung in das Gesamthandsvermögen zu berücksichtigen (BFH, Urteil v. 11.12.1990, BStBl 1992 II, S. 232). Dem zur Verlustübernahme verpflichteten Gesellschafter ist steuerlich zum Bilanzstichtag im Verlustentstehungsjahr ein Verlustanteil zuzurechnen, der zu diesem Stichtag sein Kapitalkonto i. S. d. § 15a Abs. 1 Satz 1 EStG vermindert. Eine Berücksichtigung der

Verpflichtung im Sonderbetriebsvermögen ist nicht möglich (BFH v. 14.12.1985, a. a. O.).[768]

7. Außer Betracht zu lassen sind kapitalersetzende Darlehen. Handels- und steuerrechtlich sind eigenkapitalersetzende Darlehen als Fremdkapital zu behandeln; eine Gleichbehandlung mit Eigenkapital ist nicht möglich (BFH v. 5.2.1992 BStBl. 1992 II S. 532)".

Die Kriterien des BMF-Schreibens vom 30.5.1997 fasst die OFD Hannover[769] wie folgt zusammen (beispielhafte Aufzählung):

493

Kapitalkonto	Darlehenskonto
Guthaben auf dem Konto kann durch Verbuchung von Verlusten entzogen werden.	Guthaben auf dem Konto kann nur nach den Regelungen der §§ 362 – 397 BGB (= Regelungen über Schuldverhältnisse) untergehen.
Im Rahmen des Jahresabschlusses sind die Darlehenskonten mit den (Verlustverrechnungs-) Kapitalkontos zu saldieren.	Der Gesellschafter hat Anspruch auf die Forderung und sie kann im Liquidationsfall angefordert oder im Insolvenzfall angemeldet werden.
Gewinne werden zusammen mit Verlusten auf einem separaten Konto gutgeschrieben oder sind im Grundsatz nicht entnahmefähig.	Gewinne werden nach Erbringung der Hafteinlage einem separaten Konto gutgeschrieben (§ 169 HGB) und stehen im Grundsatz zur Auszahlung bzw. Entnahme – ggf. mit Einschränkungen – zur Verfügung.
Das Konto wird bei Ermittlung des Abfindungsguthabens im Fall des Ausscheidens des Gesellschafters bzw. Liquidation der Gesellschaft einbezogen.	

---

768 Siehe BMF, Schreiben v. 30.5.1997, IV B 2 – S 2241 a – 51/93 II; insoweit hat das BdF seine Meinung zum Begriff des Kapitalkontos i. S. des § 15a EStG, dargelegt im BdF-Schreiben v. 24.11.1993, geändert. Bisher war es Auffassung des BdF, dass bei einer Nachschusspflicht des Kommanditisten ein entsprechender Verlustvortrag das Kapitalkonto i. S. des § 15a Abs. 1 Satz 1 EStG nicht mindert. Da das BdF-Schreiben v. 30.5.1997 keine Übergangsregelung enthält, ist es auch für zurückliegende Jahre anzuwenden, nur begrenzt durch § 176 AO.
769 Verfügung v. 7.2.2008, S 2241a-96-StO 222/221, Haufe Index: 2016002; siehe auch Rn. 348 und 381.

Kapitalkonto	Darlehenskonto
Das Guthaben erhöht den Gewinnanteil des Gesellschafters bzw. verschafft zusätzliche Stimm- und Mitwirkungsrechte.	
Es besteht eine „thesaurierende" Entnahmebeschränkung (vgl. § 122 Abs. 1 HGB).	Die Kündigungsregelung für das Darlehen liegt lediglich im Interesse der Liquidationserhaltung nach dem Vorbild der §§ 609 f. BGB.
Die Verzinsung mindert sich oder entfällt bei einem nicht ausreichenden Gewinn der Gesellschaft (vgl. § 121 Abs. 1 Satz 2 HGB).	Die Verzinsung ist unabhängig vom Gewinn oder Verlust der Gesellschaft.
Das Guthaben steht der Gesellschaft für die Dauer der Beteiligung zur Verfügung (auch kurzfristig, z. B. bei einem Liquidationsengpass).	Bezüglich des Guthabens bestehen zwar keine gesonderten Abmachungen über Zinsen, Fälligkeit und Absicherung, das Kontenguthaben ist aber im Grundsatz jederzeit entnahmefähig.

Die Abgrenzung zwischen Kapitalkonto (i. S. d. § 15a EStG) und Darlehenskonto (des Gesellschafters) ist – so führt die OFD Hannover weiter aus – anhand des Gesellschaftsvertrags durchzuführen. Ausschlaggebend ist die zivilrechtliche Rechtsnatur des jeweiligen Kontos. Auf die Bezeichnung des Kontos im Gesellschaftsvertrag bzw. in der Bilanz (z. B. Darlehenskonto, Privatkonto etc.) kommt es dagegen nicht an. Auch die Verbuchung der Geschäftsvorfälle ist regelmäßig unbeachtlich. Es ist darauf zu achten, dass für eine Änderung der Kapitalkontenstruktur stets eine Änderung des Gesellschaftsvertrags erforderlich ist, die in der Praxis oft schriftlich zu erfolgen hat. Werden Buchungen abweichend vom Gesellschaftsvertrag vorgenommen, muss entweder der Gesellschaftsvertrag geändert worden sein oder es muss eine Fehlbuchung vorliegen. Eine jahrelang vom Gesellschaftsvertrag abweichende Buchung kann nur in absoluten Ausnahmefällen als Änderung des Gesellschaftsvertrages angesehen werden.

Da das **Sonderbetriebsvermögen** eines Kommanditisten nicht in die Ermittlung seines Kapitalkontos i. S. d. § 15a EStG einzubeziehen ist, ergibt sich die Frage der Saldierung von Gewinnen und Verlusten aus dem Gesellschaftsvermögen mit Gewinnen und Verlusten aus dem Sonderbetriebsvermögen; hierzu hat der BMF mit Schreiben v. 15.12.1993[770] wie folgt Stellung genommen: 494

„Aus der Trennung der beiden Vermögensbereiche folgt, dass
- in die Ermittlung der ausgleichs- und abzugsfähigen Verluste nach § 15a Abs. 1 EStG nur die Verluste aus dem Gesellschaftsvermögen einschließlich einer etwaigen Ergänzungsbilanz ohne vorherige Saldierung mit Gewinnen aus dem Sonderbetriebsvermögen einbezogen werden können; nur ein nach Anwendung des § 15a Abs. 1 EStG verbleibender ausgleichs- und abzugsfähiger Verlust ist mit Gewinnen aus dem Sonderbetriebsvermögen zu saldieren.
- Gewinne späterer Jahre aus dem Gesellschaftsvermögen einschließlich einer etwaigen Ergänzungsbilanz mit verrechenbaren Verlusten der Vorjahre verrechnet werden müssen (§ 15a Abs. 2 EStG) und Verluste aus dem Sonderbetriebsvermögen nur mit einem danach verbleibenden Gewinn aus dem Gesellschaftsvermögen einschließlich einer etwaigen Ergänzungsbilanz ausgeglichen werden können."

Die Abgrenzung zwischen dem Anteil am Gewinn oder Verlust der KG und dem Sonderbilanzgewinn bzw. -verlust richtet sich nach der Abgrenzung zwischen Gesellschafts- und Sonderbetriebsvermögen. Dem Kommanditisten gutgeschriebene Tätigkeitsvergütungen beruhen im Hinblick auf § 164 HGB mangels anderweitiger Vereinbarungen im Zweifel auf schuldrechtlicher Basis und sind damit als Sondervergütungen zu behandeln. Sie zählen hingegen zum Gewinnanteil aus der Personengesellschaft, wenn die Tätigkeit auf gesellschaftsrechtlicher Basis geleistet wird.[771]

Nach § 15a Abs. 3 Satz 1 EStG ist einem Kommanditisten der Betrag einer **Einlageminderung** als Gewinn zuzurechnen. 495

Nach Satz 4 des § 15a Abs. 3 EStG mindern die zuzurechnenden Beträge die Gewinne des Jahres der Zurechnung oder der Folgejahre. Bei einer

---

770 Die BMF-Auffassung ist durch das BFH-Urteil v. 13.10.1998, VIII R 78/97, BStBl 1999 II S. 163 bestätigt.
771 Vgl. BFH, Urteil v. 14.11.1985, BStBl 1986 II S. 58; BFH; Urteil v. 7.4.1987, BStBl 1987 II S. 707; BFH, Urteil v. 10.6.1987, BStBl 1987 II S. 816.

Einlageminderung werden danach im Ergebnis ausgleichsfähige Verluste der Vorjahre in nur verrechenbare Verluste umgewandelt.

Der Gesetzgeber hat davon abgesehen, für den umgekehrten Fall der **Einlageerhöhung** eine entsprechende Regelung zu treffen, nämlich dahin, dass verrechenbare Verluste bzw. Werbungskostenüberschüsse aus den Vorjahren im Jahr der Einlage zu ausgleichsfähigen Verlusten bzw. Werbungskostenüberschüssen umgewandelt werden.[772] Mit Urteil v. 14.12.1995[773] hat der BFH diese Frage entschieden; er führt aus, dass Einlagen des beschränkt haftenden Gesellschafters einer Personengesellschaft nicht dazu führen, dass ein für einen früheren Veranlagungszeitraum festgestellter verrechenbarer Verlust dieses Gesellschafters ausgleichsfähig wird. Die Einlage bewirkt jedoch, dass bis zu ihrer Höhe ein im Einlagejahr entstehender Verlust auch bei negativem Kapitalkonto ausgleichsfähig ist. Der BFH gibt folgende Begründung: Nach dem Wortlaut des Gesetzes führen Einlagen nicht dazu, dass der verrechenbare Verlust in einen ausgleichsfähigen Verlust umgewandelt wird. Der nach § 15a Abs. 1 EStG nicht ausgleichsfähige (verrechenbare) Verlust wird gemäß § 15a Abs. 2 EStG von späteren Gewinnen des Kommanditisten aus der Beteiligung an der KG abgezogen. Entsprechendes gilt für einen typischen stillen Gesellschafter nach § 15a Abs. 5 Nr. 1 EStG. Bei ihm wird ein nicht ausgleichsfähiger Anteil am Verlust des Handelsgewerbes von späteren Gewinnen aus der Beteiligung an dem Handelsgewerbe abgezogen. Eine Umwandlung eines verrechenbaren Verlustes in einen ausgleichsfähigen Verlust in einem Folgejahr, in dem die Gesellschaft eine (weitere) Einlage erbringt, ist im Gesetz nicht vorgesehen. Vorgesehen ist in § 15a Abs. 3 Satz 1 und Satz 2 EStG lediglich, dass eine spätere Einlageminderung zur Umwandlung eines bisher ausgleichsfähigen Verlustes in einen verrechenbaren Verlust führt. Im Ergebnis bedeutet dies, dass nach dem klaren Wortlaut der gesetzlichen Regelung Einlagen, die in Jahren nach der Entstehung eines verrechenbaren Verlustes getätigt werden, den verrechenbaren Verlust nicht in einen ausgleichsfähigen Verlust umwandeln. Die gesetzliche Regelung des § 15a EStG führt nicht dazu, dass tatsächlich und rechtlich vom beschränkt

---

772 Wie sich aus dem Bericht des Finanzausschusses zum Entwurf des entsprechenden Einkommensteueränderungsgesetzes ergibt, ist der Gesetzgeber der Anregung des Wirtschaftsausschusses des Bundestages nicht gefolgt und hat Einlageerhöhungen ungeregelt gelassen, BT-Drucks. 8/4157, S. 3.
773 IV R 106/94, BStBl 1996 II S. 226.

haftenden Gesellschafter getragene Verluste endgültig von ihrer steuerlichen Berücksichtigung ausgeschlossen werden. Ein als verrechenbar festgestellter Verlust, den ein Kommanditist oder stiller Gesellschafter nach der Liquidation der Gesellschaft endgültig zu tragen hat, ist als ausgleichs- und abzugsfähiger Verlust zu berücksichtigen.[774]

Mit Urteil vom 14.10.2003[775] entwickelt der BFH diese Rechtsprechung weiter, in dem er die Auffassung vertritt, dass „Einlagen, die zum Ausgleich eines negativen Kapitalkontos geleistet und im Wirtschaftsjahr der Einlage nicht durch ausgleichsfähige Verluste verbraucht werden, regelmäßig zum Ansatz eines Korrekturpostens führen mit der weiteren Folge, dass – abweichend vom Wortlaut des § 15a Abs. 1 Satz 1 EStG – Verluste späterer Wirtschaftsjahre bis zum Verbrauch dieses Postens auch dann als ausgleichsfähig zu qualifizieren sind, wenn hierdurch (erneut) ein negatives Kapitalkonto entsteht oder sich erhöht." Der Korrekturposten ist grundsätzlich in der Höhe vorzuhalten, in der die Einlage dem Ausgleich des negativen Kapitalkontos dient und nicht durch im Wirtschaftsjahr der Einlage zugerechnete (ausgleichsfähige) Verluste verbraucht wird. Der dem Urteil vom 14.10.2003 zugrunde liegende Sachverhalt soll dies beispielhaft verdeutlichen:

496

Beispiel:

Frau F ist Kommanditistin der X GmbH & Co. KG (im Folgenden: KG). Sie hat ihre Einlage in Höhe von 2 Mio. EUR in vollem Umfang erbracht. Zum Ausgleich ihres negativen Kapitalkontos leistete sie im Jahre 2002 auf Druck der Hausbank der KG eine (weitere) Einlage in Höhe von 1.210.000 EUR. Das Kapitalkonto der F belief sich hiernach – unter Berücksichtigung ihres Anteils an dem von der KG im Jahre 2002 erzielten Gewinn (1.517 EUR) – zum 31.12.2002 auf 27.891 EUR. Im Jahre 2003 erlitt die KG einen Verlust, von dem 2.966.463 EUR auf F – mit der Folge eines negativen Kapitalkontos zum 31.12.2003 (./. 2.938.572 EUR) – entfielen.

---

774 Siehe Begründung zum BFH, Urteil v. 14.12.1995, IV R 106/94, BStBl 1996 II S. 226.
775 VIII R 32/01, DStR 2004 S. 24.

Im Anschluss an eine für die Veranlagungszeiträume 2001-2003 durchgeführte Außenprüfung vertrat das Finanzamt die Ansicht, von dem im Jahre 2003 der F zugerechneten Verlustanteil (2.966.463 EUR) sei lediglich der dem positiven Kapitalkonto zum 31.12.2002 entsprechende Betrag (27.891 EUR) ausgleichsfähig; im Übrigen (2.966.463 EUR ./. 27.891 EUR = 2.938.572 EUR) läge ein verrechenbarer Verlust vor. Demgemäß stellte das Finanzamt den verrechenbaren Verlust gemäß § 15a Abs. 4 EStG zum 31.12.2003 auf 3.911.151 EUR fest (= 972.579 EUR <Feststellung zum 31.12.2002> zuzüglich 2.938.572 EUR <verrechenbarer Verlust des Jahres 2003>).

F trägt im Wesentlichen vor, dass die Auffassung, nach der die Einlage in ein negatives Kapitalkonto nur Verluste im selben Jahr, nicht aber Verluste in den Folgejahren als ausgleichsfähig qualifiziere, gegen Sinn und Zweck des § 15a EStG verstoße. Demgemäß seien auch im Streitfall von dem ihr für das Jahr 2003 zuzurechnenden Verlustanteil (2.966.463 EUR) nicht nur – wie bisher vom Finanzamt angenommen – 27.891 EUR (positives Kapitalkonto zum 31.12.2002), sondern darüber hinaus weitere 1.182.109 EUR (= 1.210.000 EUR <Einlage 2002> ./. 27.891 EUR) ausgleichsfähig und der verrechenbare Verlust zum 31.12.2003 nicht auf 3.911.151 EUR, sondern lediglich auf 2.729.042 EUR (= 3.911.151 EUR ./. 1.182.109 EUR) festzustellen. Die BFH-Rechtsprechung gibt der F Recht.

„HG"[776] kommentiert die BFH-Rechtsprechung wie folgt:

„Bei § 15a EStG sind hinsichtlich der ‚geleisteten Einlage' drei Varianten zu unterscheiden:

Die ‚zeitkongruente Einlage', die im Jahr der Verlustentstehung geleistet wird. Sie ist weitgehend unproblematisch, weil sie den Endstand des Kapitalkontos am Bilanzstichtag beeinflusst und deshalb im Rahmen des vom Gesetz vorgeschriebenen Kapitalkontenvergleichs zu berücksichtigen ist. Das hat zur Folge, dass der Verlust des Wirtschaftsjahres in Höhe der Einlage ausgleichsfähig ist.

---

776 In DStR 2004, S. 28.

Die ‚nachträgliche Einlage', die geleistet wird, nachdem in früheren Wirtschaftsjahren verrechenbare Verluste entstanden und am Bilanzstichtag des vorangegangenen Jahres noch gesondert festgestellt waren. Dass die Einlage die verrechenbaren Verluste nicht im Nachhinein in ausgleichsfähige Verluste umqualifizieren kann, ist ständige Rechtsprechung und wird auch im Urteil v. 14.10.2003 nicht in Frage gestellt. Allerdings: nachträgliche Einlagen sind bei Fortbestehen der Gesellschaft immer auch in die Zukunft wirkende Einlagen. Und hier setzt das Urteil v. 14.10.2003 einen neuen Akzent. Während nämlich der Steuerpflichtige nach der bisherigen Rechtsprechung warten musste, bis sein Mitunternehmeranteil veräußert oder die Gesellschaft liquidiert war, ist dies jetzt anders. Der Ausgleich ist bereits möglich, wenn und insoweit in den nachfolgenden Wirtschaftsjahren Verluste entstehen.

Die ‚vorgezogene Einlage', die in einem Wirtschaftsjahr mit negativem Kapitalkonto geleistet wird. Diese Einlage konnte nach bisherigem Verständnis des § 15a EStG nicht berücksichtigt werden, weil sie das negative Kapitalkonto auffüllte und damit für einen Ausgleich späterer Verluste verloren war; für die Zukunft war sie nur insoweit von Bedeutung, als Gewinne nachfolgender Wirtschaftsjahre wieder früher die Pflichteinlage (das positive Kapitalkonto) auffüllten und Verluste nachfolgender Wirtschaftsjahre deshalb auch erst später wieder zu einem negativen Kapitalkonto führten oder dieses erhöhten. Das ist jetzt anders. Nach dem Urteil v. 14.10.2003 wird die Einlage in einem Korrekturposten fest- und für künftige Verluste vorgehalten."

Auf das Urteil vom 14.10.2003 hatte die Finanzverwaltung zunächst mit einem Nichtanwendungserlass reagiert.[777] Nachdem auch der IV. Senat des BFH im Urteil vom 26.6.2007[778] dem VIII. Senat des BFH gefolgt ist, wurde der Nichtanwendungserlass vom 14.10.2003 aufgehoben.[779] Die BFH-Rechtsprechung ist nunmehr allgemein anzuwenden.

Verfahrensrechtlich zu beachten ist, dass die Klage eines Kommanditisten gegen einen Bescheid zur Feststellung des verrechenbaren Verlusts (§ 15a Abs. 4 EStG) auch dann zulässig ist, wenn die Einspruchsentscheidung an

---

777 BMF, Schreiben v. 14.4.2004, IV A 6 – S 2241 a – 10/04, DStR 2004 S. 773.
778 IV R 28/06, DStR 2007 S. 1620.
779 BMF, Schreiben v. 19.11.2007, IV B 2- S 2241 – a/07/0004, DOK 2007/0525511, DStR 2007 S. 2214.

die KG gerichtet und der Kommanditist nicht zum Einspruchsverfahren hinzugezogen worden ist.[780]

498 Auch der **atypisch stille Gesellschafter** unterliegt den Beschränkungen des Verlustausgleichs nach § 15a EStG. Denn gemäß § 15a Abs. 5 Nr. 1 EStG gelten die Regelungen in Abs. 1 Satz 1, Abs. 2, Abs. 3 Satz 1, Satz 2 und Satz 4 sowie Abs. 4 der Vorschrift sinngemäß für den stillen Gesellschafter, der Mitunternehmer des Handelsgewerbes ist, an dem die stille Beteiligung besteht. Die sinngemäße Anwendung des § 15a Abs. 1 Satz 1 EStG hat zur Folge, dass der stille Gesellschafter einen Anteil am Verlust, der nach dem Gesellschaftsvertrag auf ihn entfällt, nicht mit positiven anderen Einkünften ausgleichen und auch nicht nach § 10d EStG abziehen kann, soweit durch den Verlustanteil ein negatives Kapitalkonto entsteht oder sich erhöht. Die Voraussetzungen für einen erweiterten Verlustausgleich über den Betrag der geleisteten Einlage hinaus gemäß § 15a Abs. 1 Satz 2 und Satz 3 EStG können bei einer stillen Gesellschaft nicht erfüllt sein, da der stille Gesellschafter nicht mit einer Hafteinlage in das Handelsregister eingetragen ist. Die Anwendung der Vorschriften über den erweiterten Verlustausgleich sind in § 15a Abs. 5 Nr. 1 EStG auch ausdrücklich von der sinngemäßen Anwendung auf den stillen Gesellschafter ausgeschlossen worden.[781]

2.1.2.3 Änderung der im Gesellschaftsvertrag festgelegten Gewinnverteilung

499 Aus den grundlegenden Urteilen des BFH v. 15.11.1967[782] und v. 25.4.1968[783] ergeben sich keine unmittelbaren Hinweise für die Beantwortung der Frage, unter welchen Voraussetzungen eine Änderung der im Gesellschaftsvertrag einer GmbH & Co. KG festgelegten Gewinnverteilung auch steuerlich gefolgt werden kann. Derartige Vertragsänderungen werden vor allem dann in Betracht kommen, wenn die bislang festgelegte Gewinnquote der Komplementär-GmbH auf eine Höhe zurückgeführt werden soll, die man nach den neueren Erkenntnissen des BFH noch als angemessen ansehen kann.

---

780 BFH, Urteil v. 14.10.2003, VIII R 32/01, DStR 2004 S. 24, unter Aufgabe der im Urteil v. 30.3.1999, VIII R 16/99, BFH/NV 1999 S. 1469, geäußerten abweichenden Auffassung.
781 Siehe Begründung zum BFH, Urteil v. 14.12.1995, IV R 106/94, BStBl 1996 II S. 226.
782 IV R 139/67, BStBl 1968 II S. 152.
783 VI R 279/66, BStBl 1968 II S. 741.

Die Finanzverwaltung vertritt hierzu folgende Auffassung:[784] Ebenso wie eine Änderung anderer vertraglicher Vereinbarungen zwischen Gesellschaft und Gesellschafter – z. B. Vereinbarungen über Mietzins eines von dem Gesellschafter zur Verfügung gestellten Gegenstandes, Erhöhung der Zinsen eines gewährten Darlehens – wird man auch eine Änderung der Gewinnverteilung für die Zukunft grundsätzlich als zulässig ansehen müssen, ohne dass hierin eine verdeckte Gewinnausschüttung an die Kommanditisten zu erblicken ist. Das kann allerdings uneingeschränkt nur für solche Fälle der Anpassung der Gewinnquoten gelten, in denen der Gesellschaftsvertrag zum Änderungszeitpunkt tatsächlich kündbar ist. Wenn es hingegen an einer Kündigungsmöglichkeit für den Gesellschaftsvertrag fehlt, wird die Minderung der Gewinnquote einer Komplementär-GmbH nur dann nicht als verdeckte Gewinnausschüttung zu beurteilen sein, wenn davon ausgegangen werden kann, dass die Änderung auch unter Fremden vereinbart würde. Würde sich also ein fremder Dritter mit einer Änderung der Gewinnverteilung zu einem Zeitpunkt, zu dem der Gesellschaftsvertrag nicht kündbar ist, einverstanden erklären, so wäre diese Änderung auch steuerlich anzuerkennen. Insoweit sind die Verhältnisse des Einzelfalls ausschlaggebend.

Dem entspricht die BFH-Rechtsprechung. So hat der BFH im Urteil v. 16.5.1974[785] folgende Grundsätze aufgestellt: Wird durch die Gesellschaftsvertragsänderung der Gewinnanteil der Komplementär-GmbH gesenkt, während sich die Gewinnanteile der Kommanditisten entsprechend erhöhen, so kommt eine verdeckte Gewinnausschüttung in Betracht, wenn die GmbH fremden Dritten gegenüber – d. h. bei der GmbH & Co. KG Kommanditisten gegenüber, die nicht Gesellschafter der GmbH sind – der Änderung der Gewinnverteilung ihre Zustimmung versagt hätte und hätte versagen können. Dabei macht es keinen Unterschied, ob die Veränderung durch eine unmittelbare Änderung der Gewinnverteilung oder durch eine Kapitalerhöhung unter Ausschluss der GmbH bewirkt wurde. 500

2.1.2.4 Verdeckte Gewinnausschüttungen

Eine verdeckte Gewinnausschüttung wird immer dann angenommen, wenn den Gesellschaftern einer Kapitalgesellschaft neben oder anstelle einer förmlichen Gewinnausschüttung Vorteile zugewendet werden, die die Ge- 501

---

784 Siehe Finanzbehörde Hamburg, koordinierter Erlass 728 B v. 13.4.1970, 52 – S 2252 – 23/67, DStZ B 1970 S. 194/195.
785 IV R 90/77, GmbHR 1974 S. 187.

sellschaft Personen, die der Gesellschaft fremd gegenüberstehen, nicht zuwenden würde. Unbedeutend ist es hier, unter welcher Bezeichnung und aufgrund welchen Rechtsanspruchs dies geschieht. Zwar ist die GmbH & Co. KG keine Kapitalgesellschaft, trotzdem kann sich auch bei dieser Gesellschaftsform eine verdeckte Gewinnausschüttung ergeben, und zwar auf den Ebenen der[786]
- Gewinnverteilung,
- Geschäftsführungsvergütung einschließlich Sondervergütungen,
- Rechtsgeschäfte zwischen der GmbH & Co. KG und ihren Gesellschaftern.

Voraussetzung für eine verdeckte Gewinnausschüttung ist stets, dass der Vermögensvorteil einem Gesellschafter der Komplementär-GmbH (oder einer diesem nahe stehenden Person) zugewendet wird. Vermögensvorteilszuwendungen an Kommanditisten, die nicht zugleich Gesellschafter der Komplementär-GmbH sind (und auch keinem Gesellschafter der Komplementär-GmbH nahe stehen) lösen keine verdeckte Gewinnausschüttung aus.[787]

502 **Unangemessene Gewinnverteilung**

Der klassische Fall verdeckter Gewinnausschüttung bei der GmbH & Co. KG ist also dann gegeben, wenn die Komplementär-GmbH am Gewinn der Gesellschaft zu niedrig beteiligt ist. Hierin wird ein Verzicht der GmbH zugunsten ihrer Gesellschafter, die gleichzeitig Kommanditisten sind, gesehen, insbesondere dann, wenn ein Fremder auf eine angemessene (übliche) Beteiligung am Gewinn nicht verzichten würde.[788] Hierzu ein Beispiel.[789]

> **Beispiel:**
>
> Der A-GmbH als Komplementärin der A und B GmbH & Co. KG ist gesellschaftsvertraglich eine Gewinnbeteiligung von 2 % eingeräumt; hieraus ergibt sich ein durchschnittlicher jährlicher Gewinnanteil von 4.000 EUR. Notwendig für eine angemessene (unter Fremden übliche) Kapitalabgrenzung wäre ein Betrag von 10.000 EUR gewesen, was einer

---

786 In Anlehnung an Schulze zur Wiesche, WPg 1987, S. 433 (439 f.). Siehe auch Schulze zur Wiesche, die GmbH & Co. KG und verdeckte Gewinnausschüttung, BB 2005, S. 1137 ff.
787 Siehe Wassermeyer, GmbHR 1999, S. 18.
788 So schon FG Bremen, EFG 1963, S. 55.
789 In Anlehnung an Schulze zur Wiesche, WPg 1987, S. 433 (440 f.).

Gewinnbeteiligung von 5 % entspricht. Der Unterschied von 3 % stellt sich als Gewinnverzicht der Komplementär-GmbH zugunsten ihrer Gesellschafter dar und ist demzufolge bei der GmbH als eine verdeckte Gewinnausschüttung zu behandeln.

Auch wenn die Gewinnverteilung unter den Gesellschaftern später in der Weise geändert wird, dass die GmbH einen geringeren Anteil am Gewinn erhält – dies kann nicht nur durch eine Herabsetzung des Gewinnanteils, sondern auch mittelbar durch Erhöhung der Vergütungen der Kommanditisten für ihre Mitarbeit oder für die Überlassung von Wirtschaftsgütern geschehen –, so muss darauf geachtet werden, dass dies nicht zu einer verdeckten Gewinnausschüttung führt. Auch hier muss die Prüfung unter dem Gesichtspunkt erfolgen, ob ein Dritter, der nicht Gesellschafter ist, mit einer solchen Vereinbarung einverstanden wäre. Hierzu hat der BFH im Urteil v. 25.11.1976[790] entschieden: Wird in einer typischen GmbH & Co. KG die Gewinnverteilungsabrede in der Weise geändert, dass die Gewinnanteile der Kommanditisten erhöht werden und der Gewinnanteil der GmbH vermindert wird, so ist die Zustimmung der GmbH zu dieser Vertragsänderung dann keine verdeckte Gewinnausschüttung, wenn ein ordentlicher und gewissenhafter Geschäftsleiter der Änderung zugestimmt hätte, weil sich der der GmbH verbleibende Gewinnanteil immer noch als hochwertig darstellt und weil die GmbH nach den Umständen des Einzelfalls bei einem Ausscheiden der Kommanditisten durch Kündigung außerstande gewesen wäre, das Unternehmen mit ähnlichem Erfolg allein weiterzuführen.

Ebenfalls am 25.11.1976 hat der BFH[791] entschieden: Wird bei einer GmbH & Co. KG durch eine Kapitalerhöhung eine Veränderung der für die Gewinnverteilung maßgeblichen Beteiligungsverhältnisse dadurch herbeigeführt, dass die GmbH, obwohl sie hierzu berechtigt und in der Lage war, an der Kapitalerhöhung nicht teilnimmt, so kann hierin eine verdeckte Gewinnausschüttung in der Form des Übergangs eines Bruchteils des Gesellschaftsanteils der GmbH auf die Kommanditisten liegen.

---

[790] IV R 38/73, BStBl 1977 II S. 477.
[791] IV R 90/72, BStBl 1977 II S. 467.

Unangemessenes Geschäftsführergehalt[792]

503 Das Problem der verdeckten Gewinnausschüttung taucht auch dann auf, wenn die dem Gesellschafter-Geschäftsführer der GmbH gewährten Bezüge einschließlich eventueller Pensionszusagen im oben bezeichneten Sinne „unangemessen" sind. Zu unterscheiden sind zwei Fälle:

- Die GmbH gewährt ihrem Geschäftsführer ein „unangemessenes" Gehalt, erhält aber selbst von der KG nur einen bestimmten Betrag als Kostenerstattung, der niedriger ist als das Geschäftsführergehalt. Hier liegt die verdeckte Gewinnausschüttung darin, dass die GmbH durch überhöhte Betriebsausgaben Gewinnausschüttungen an die Gesellschafter vorwegnimmt.

- Die KG erstattet der GmbH das „unangemessene" Gehalt des Gesellschafter-Geschäftsführers, der gleichzeitig Kommanditist ist, in voller Höhe. Der verteilungsfähige Restgewinn der KG wird dadurch gedrückt, also auch der Anteil, der auf die GmbH entfällt. Hier liegt die verdeckte Gewinnausschüttung darin, dass zugunsten des GmbH-Gesellschafters Gewinnanteile der GmbH vorenthalten werden.

Zum Fall (erster Spiegelstrich) hat der BFH im Urteil v. 18.2.1966[793] die überhöhten Gehaltszahlungen als verdeckte Gewinnausschüttungen der GmbH an ihren Gesellschafter gewertet.

Eine verdeckte Gewinnausschüttung liegt auch dann vor, wenn die GmbH an ihren Gesellschafter-Geschäftsführer eine Tantieme ohne Erstattung seitens der GmbH & Co. KG zahlt. Das FG Nürnberg[794] hat hierzu folgenden Grundsatz geprägt: „Sind an einer GmbH & Co. KG eine

---

792 Auf ein schenkungsteuerliches Problem ist hinzuweisen, bedingt durch Änderungen von §§ 7 Abs. 8, 15 Abs. 4 ErbStG. Die Finanzverwaltung hat am 14.3.2012 einen gleichlautenden Ländererlass BStBl 2012 I S. 331 f. veröffentlicht, in dem sie nicht nur zu der Neufassung von § 7 Abs. 8 ErbStG Stellung nimmt, sondern auch zum Verhältnis von verdeckten Gewinnausschüttungen zur Schenkungsteuer; verdeckte Gewinnausschüttungen, die überhöhte Vergütung sind, stellen eine gemischte freigebige Zuwendung dar. So liegt bei der Zahlung von überhöhten Vergütungen durch die GmbH an einen Gesellschafter eine gemischte freigebige Zuwendung im Verhältnis der Kapitalgesellschaft zum Gesellschafter vor. Hier soll bei der Versteuerung das persönliche Verhältnis zwischen veranlassendem Gesellschafter und Beschenkten in Bezug auf Steuerklasse und persönliche Freibeträge zugrunde gelegt werden. Eine überhöhte Vergütung löst nur dann eine Schenkungsteuerpflicht aus, wenn Gesellschafter einseitig über ihre Beteiligungsquote hinaus begünstigt werden.
793 VI 218/64, BStBl 1966 III S. 250.
794 Urteil v. 8.9.1971, V 88/68, EFG 1972 S. 126, rechtskräftig.

GmbH als Komplementär und ihr beherrschender Gesellschafter-Geschäftsführer als einziger Kommanditist beteiligt und gewährt die GmbH ihrem Gesellschafter-Geschäftsführer für die in der Verwaltung der KG bestehende Geschäftsführertätigkeit eine Tantieme, deren Höhe nicht von vornherein klar und eindeutig festgesetzt ist, so liegt eine verdeckte Gewinnausschüttung der GmbH an ihren Gesellschafter-Geschäftsführer vor; auf die Angemessenheit der Gewinnverteilung zwischen den Gesellschaftern der KG kommt es insoweit nicht an."

Zu niedriger Veräußerungspreis

Nach dem BFH-Urteil[795] v. 6.8.1985 ist der Tatbestand der verdeckten Gewinnausschüttung auch dann gegeben, wenn eine GmbH & Co. KG, vertreten durch die geschäftsführende GmbH, Wirtschaftsgüter des Betriebsvermögens der KG unter dem erzielbaren Marktpreis an eine einem Gesellschafter der GmbH und gleichzeitig Kommanditisten nahe stehende Person verkauft; der verdeckte Wertabfluss in Höhe der Beteiligungsquote der GmbH an der KG stellt eine verdeckte Gewinnausschüttung dar. Der verdeckte Wertabfluss ist als verdeckte Entnahme anzusehen, die mangels abweichender Gesellschaftsabrede den Gewinnanteil des Kommanditisten erhöht.

504

Vermeidung einer verdeckten Gewinnausschüttung (vGA)

Nach *Schulze zur Wiesche*[796] „kann eine vGA weitgehend dadurch vermieden werden, dass die Komplementär-GmbH weder am Vermögen noch am Gewinn beteiligt wird. Denn ist die Komplementär-GmbH nicht am Gewinn beteiligt, wird deren Einkommen durch Rechtsgeschäfte der KG mit Gesellschaftern bzw. deren Angehörigen nicht berührt und somit die Gefahr eventueller vGA erheblich gemindert."

505

2.1.2.5 Verdeckte Einlage

Will ein Kommanditist, der auch Gesellschafter der Komplementär-GmbH ist, durch Einräumung eines überhöhten Gewinnanteils an die GmbH gewährleisten, dass die GmbH von den Möglichkeiten des Verlustabzugs (§ 10d EStG) Gebrauch machen kann, so kann dieser Verzicht des Kommanditisten auf die ihm sonst zustehende Gewinnbeteiligung seinen Gewinnanteil i. S. v. § 15 Abs. 1 Satz 1 Nr. 2 EStG nicht beeinflussen, da die

506

---

795 VIII R 280/81, BStBl 1986 II S. 17.
796 A. a. O., BB 2005, S. 1137 (1143).

Gewinnverteilung ihre Erklärung nicht in den Verhältnissen der KG, sondern in anderen Beziehungen zwischen den Gesellschaftern findet. Hieraus ergeben sich auch Folgerungen für die KSt-Pflicht der GmbH. Die Zubilligung der überhöhten Gewinnbeteiligung führt in ihrer Bilanz zu einer Vermögensmehrung; denn der GmbH steht nunmehr ein höherer Anteil am Vermögenszuwachs und damit insgesamt am Vermögen der KG zu. Da diese Vermögensmehrung auf eine Zuwendung ihres Gesellschafters zurückgeht, die ihre Ursache im Gesellschaftsverhältnis hat, aber nicht im Rahmen einer gesellschaftsrechtlichen Einlage erfolgt, ist darin eine verdeckte Einlage i. S. d. Körperschaftsteuerrechts zu sehen. Sie kann den steuerrechtlichen Gewinn der Kapitalgesellschaft nicht mehren, sondern ist vom Ergebnis abzuziehen.[797]

2.1.3 Feststellung der Einkünfte

2.1.3.1 Einheitliche und gesonderte Gewinnfeststellung

507 Die GmbH & Co. KG wird, obgleich an ihr eine Kapitalgesellschaft beteiligt ist, einkommensteuerlich als Personengesellschaft behandelt. Der Einkommen- und Körperschaftsteuer unterliegen die einzelnen Gesellschafter, und zwar die natürlichen Personen – also in der Regel die Kommanditisten – der Einkommensteuer, die Kapitalgesellschaft – also in der Regel die Komplementärin – der Körperschaftsteuer. Die Personengesellschaft ist insoweit nicht selbständiges Steuersubjekt, vielmehr wird die Teilhaberschaft an ihr als selbständiger Gewerbebetrieb jedes einzelnen Mitunternehmers angesehen. Die einheitliche Bilanz des Unternehmens ist steuerlich nur eine Zusammenfassung der an sich für jeden einzelnen Mitunternehmer besonders aufzustellenden Bilanz. Es werden jedoch nicht Einzelbilanzen erstellt, sondern für die Gesellschaft insgesamt eine einheitliche Bilanz. Demgemäß wird auch der Gewinn der GmbH & Co. KG einschließlich des auf die GmbH entfallenden Gewinnanteils nach § 180 AO einheitlich (für alle beteiligten Gesellschafter) und gesondert (unabhängig von allen anderen in den Personen der Gesellschafter liegenden steuerlich relevanten Merkmalen) festgestellt. Bei einer solchen Feststellung der Einkünfte der Gesellschafter aus einer Personengesellschaft müssen auch die betrieblichen Sondereinnahmen und Sonderaufwendungen jedes Gesellschafters, die im Abschluss der Personengesellschaft noch nicht

---

797 BFH, Urteil v. 23.8.1990, IV R 71/89, DB 1991 S. 630 im Anschluss an BFH, Urteil v. 26.6.1964, VI 296/62 U, BStBl 1964 III S. 619.

erfasst sind, im Rahmen einer einheitlichen Gewinnfeststellung berücksichtigt werden. Hierzu gehören auch die Gewinnausschüttungen der GmbH an einen Gesellschafter, der gleichzeitig Kommanditist der Personengesellschaft ist.[798] Im Rahmen dieser einheitlichen Erklärung erfolgt sodann die Feststellung der auf den einzelnen Gesellschafter entfallenden Einkünfte aus Gewerbebetrieb. Diese unterliegen gemäß § 2 Abs. 1 Nr. 2 EStG i. V. m. § 15 Abs. 1 Nr. 2 EStG bei den natürlichen Personen der Einkommensteuer, während die GmbH ihren Gewinnanteil und etwa außerhalb der GmbH & Co. KG anfallende Einkünfte der Körperschaftsteuer zu unterwerfen hat. Im Übrigen richtet sich die Ermittlung und Besteuerung des Gewinns der GmbH & Co. KG nach den allgemeinen, für Personengesellschaften geltenden Regeln.

In dem gesonderten und einheitlichen Gewinnfeststellungsverfahren sind aus Gründen der Richtigkeit, der Rechtssicherheit und der Gleichbehandlung auch Feststellungen zu treffen, die nur für einzelne Gesellschafter von Bedeutung sind (personenbezogene Steuervergünstigung), soweit es sich um die Feststellung von Besteuerungsgrundlagen handelt, die im Zusammenhang mit der Beteiligung stehen. Zu diesen gesonderten und einheitlich festzustellenden Voraussetzungen gehörte z. B. auch die Feststellung, in welchem Umfang in den Einkünften i. S. d. § 23 Nr. 2 BerlinFG einer GmbH & Co. KG Einkünfte der Steuerermäßigung nach § 21 BerlinFG unterliegen. Das gilt auch dann, wenn die Höhe der Steuerermäßigung noch nicht festgestellt werden kann, weil diese von der Erfüllung weiterer, vom Wohnsitz-Finanzamt festzustellender Voraussetzungen abhängig ist.[799] 508

An vorstehenden Grundsätzen ändert sich nichts, wenn an der die Einkünfte beziehenden Untergesellschaft eine Obergesellschaft (doppelstöckige Personengesellschaft) mit Gesellschaftern beteiligt ist, bei denen hinsichtlich der Einkünfte personenbezogene Steuervergünstigungen in Betracht kommen. Zwar ist für die Obergesellschaft ein selbständiges Gewinnfeststellungsverfahren durchzuführen. Soweit aber der Tatbestand einer personenbezogenen Steuervergünstigung auf der Ebene der Untergesellschaft verwirklicht wird, ist die Erfüllung dieser Voraussetzung in dem für die Untergesellschaft durchzuführenden Gewinnfeststellungsverfahren festzustellen. Werden gegen den Feststellungsbescheid der Untergesellschaft Einwendungen erhoben, die die Voraussetzungen für eine ermäßigte Besteuerung der Einkünfte bei einem Gesellschafter betreffen, so ist dieser

---

798 BFH, Urteil v. 5.12.1979, I R 184/76, GmbHR 1980 S. 92.
799 BFH, Urteil v. 14.11.1995, VIII R 8/94, BB 1996 S. 2132.

Gesellschafter notwendig beizuladen, wenn er nicht selbst Kläger ist. Gesellschafter der Untergesellschaft ist die Obergesellschaft; daher ist die Obergesellschaft beiladungsfähig, denn sie ist klagebefugt.[800]

509 Im Rahmen der einheitlichen und gesonderten Feststellung der Einkünfte ist auch über die Frage zu entscheiden, ob eine Umqualifizierung der Einkünfte in Betracht kommt. Ist z. B. die GmbH & Co. KG vermögensverwaltend tätig, bestimmt sich die Art der Einkünfte eines betrieblich beteiligten Gesellschafters indessen nicht nach der Tätigkeit der Gesellschaft, sondern nach der Art der betrieblichen Einkünfte des Gesellschafters. Es liegt eine sog. Zebra-Gesellschaft vor, d. h. eine Gesellschaft, deren Beteiligte unterschiedliche Arten von Einkünften aus der Beteiligung erzielen. Ist daher eine gewerblich geprägte Personengesellschaft an einer vermögensverwaltenden Personengesellschaft beteiligt, so sind die Einkünfte der Obergesellschaft im Rahmen der einheitlichen und gesonderten Feststellung für die (vermögensverwaltende) Untergesellschaft in gewerbliche Einkünfte umzuqualifizieren.[801]

Zur Ermittlung des Gesamtgewinns der Mitunternehmerschaft bedarf es der Gewinnermittlung der GmbH & Co. KG und der Hinzurechnung des Ergebnisses etwaiger Sonderbilanzen der einzelnen Gesellschafter. Der Gesamtgewinn eines Gesellschafters wird in zwei Stufen ermittelt:

1. Stufe = Gewinnanteil an der GmbH & Co. KG,
2. Stufe = Ergebnis von Sonder-/Ergänzungsbilanzen (Sonderbetriebseinnahmen, Sonderbetriebsausgaben)[802]

Sonderbetriebseinnahmen oder Sonderbetriebsausgaben, die Eingang in die einheitliche Gewinnfeststellung finden, sind Erträge und Aufwendungen des Gesellschafters, die auf seine Beteiligung an der Gesellschaft zurückgehen.[803]

Verfahrensmäßig ist zu beachten, dass die gesonderte und einheitliche Feststellung der Einkünfte der KG (z. B. Zurechnung von Tätigkeitsvergütungen zum Verlust der KG oder zum Sonderbetriebsgewinn) und die

---

800 Siehe Begründung zu vorgenanntem BFH, Urteil v. 14.11.1995.
801 BFH, Urteil v. 21.9.2000, IV R 77/99, BFH/NV 2001 S. 254 (gegen BMF, Schreiben v. 29.4.1994, BStBl 1994 I S. 282).
802 Siehe Tillmann, Handbuch der GmbH & Co. KG, S. 396; vgl. auch Rn. 510 f.
803 Siehe Begründung zum BFH, Urteil v. 18.5.1995, IV R 46/94, DB 1995 S. 2400.

Feststellung der verrechenbaren Verluste (§ 15a Abs. 4 EStG) zwei Verwaltungsakte sind mit der Folge, dass im finanzgerichtlichen Verfahren zwei selbständige Klagebegehren vorliegen.[804]

2.1.3.2 Sonderbetriebseinnahmen

Die den Einkünften aus Gewerbebetrieb zuzurechnenden Sonderbetriebseinnahmen der Gesellschafter – auch Sondervergütungen genannt – sind gemäß § 15 Abs. 1 Satz 1 Nr. 2 EStG Vergütungen, die der Kommanditist von der KG für seine Tätigkeit im Dienst der Gesellschaft, für die Hingabe von Darlehen oder die Überlassung von Wirtschaftsgütern bezogen hat. Auch Vergütungen für Managementleistungen eines Kommanditisten einer KG im Auftrag einer Kapitalgesellschaft zugunsten der KG sind bei Weiterleitung der Vergütung durch die KG an den Kommanditisten Sonderbetriebseinnahmen des Kommanditisten.[805] Entsprechendes gilt, wenn der Kommanditist, der zugleich Geschäftsführer der Komplementär-GmbH ist, Verwaltungs- und Managementleistungen über eine zwischengeschaltete Schwester-Kapitalgesellschaft erbringt.[806]

510

Auch Arbeitgeberanteile zur Sozialversicherung eines Mitunternehmers, der sozialversicherungsrechtlich als Arbeitnehmer angesehen wird, gehören – unabhängig davon, ob sie dem Mitunternehmer zufließen – zu den Vergütungen, die er von der Gesellschaft für seine Tätigkeit im Dienste der Gesellschaft bezogen hat. Arbeitnehmer- und Arbeitgeberanteil bildet zusammen die Kosten des Versicherungsschutzes. Folge hiervon ist, dass beide Anteile entnommen werden und vom Gesellschafter im Rahmen des Sonderausgabenabzugs für Vorsorgeaufwendungen abgezogen werden können. Eine Kürzung nach § 10 Abs. 3 Satz 2 EStG um die Arbeitgeberanteile zur gesetzlichen Rentenversicherung kommt nicht in Betracht, weil steuerrechtlich keine Einkünfte aus nichtselbständiger Arbeit vorliegen. Auch die Steuerfreiheit nach § 3 Nr. 62 EStG kommt für einen Komman-

---

804 BFH, Urteil v. 23.2.1999, VIII R 29/98, BStBl 1999 II S. 592: Ist die Revision gegen die gesonderte und einheitliche Feststellung der Einkünfte unzulässig, so ist die Entscheidung des FG über diese Klagebegehren für den BFH bindend und dem (zulässigen) Revisionsverfahren gegen die Feststellung der verrechenbaren Verluste ohne materiellrechtliche Überprüfung zugrunde zu legen.
805 Siehe BFH, Urteil v. 10.7.2002, I R 71/01, BStBl 2003 II S. 191.
806 Siehe BFH, Urteil v. 6.7.1999, VIII R 46/94, BStBl 1999 II S. 720.

ditisten, der sozialversicherungsrechtlich Arbeitnehmer der KG ist, nicht zum Tragen.[807]

Nach der BFH-Rechtsprechung[808] sind Gewinnausschüttungen einer Komplementär-GmbH an die an der Gesellschaft beteiligten Kommanditisten als Sonderbetriebseinnahmen bei der Ermittlung der gewerblichen Einkünfte des Kommanditisten zu erfassen und erhöhen den Gewinn der KG. Die Gewinnausschüttungen gehören ebenso wie die anzurechnende KSt sowie Kapitalertragsteuer und der Solidaritätszuschlag zu den Einkünften aus Gewerbebetrieb i. S. v. § 15 Abs. 1 Satz 1 Nr. 2 EStG i. V. m. § 20 Abs. 3 EStG.

2.1.3.3 Sonderbetriebsausgaben

511 Jeder einzelne Mitunternehmer, also auch die Komplementär-GmbH, wird einkommensteuerlich (körperschaftsteuerlich) als selbständiger Gewerbetreibender behandelt. Ausgaben eines Mitunternehmers, die dazu dienen sollen, die Beziehungen des Mitunternehmers zum Gewinn des Gewerbebetriebs in Ordnung zu bringen, die also unmittelbar mit der Erzielung der gewerblichen Einkünfte in Zusammenhang stehen, können somit den Gewinn des Mitunternehmers mindern, auch wenn sie nicht durch die Bücher des Betriebs laufen und andere Unternehmer nicht berühren. Diese Betriebsausgaben sind bei der einheitlichen Gewinnfeststellung zu berücksichtigen. Es ist dabei gleichgültig, ob diese Betriebsausgaben in den Jahresabschluss der GmbH & Co. KG eingearbeitet werden oder ob sie bei der Ermittlung des Einkommens aus dem Betrieb für den einzelnen Mitunternehmer vom Finanzamt außerhalb der Bilanzen und vielleicht auch gegen den Willen der anderen Mitunternehmer bei der Gewinnfeststellung abgerechnet werden. Der Gesellschafter einer Personengesellschaft kann ihm erwachsende Sonderbetriebsausgaben grundsätzlich nur im Verfahren der einheitlichen und gesonderten Gewinnfeststellung, nicht auch im Einkommensteuerveranlagungsverfahren geltend machen. Ist es aber auf das Verhalten des Finanzamtes zurückzuführen, dass der Steuerpflichtige die Sonderbetriebsausgaben erst im Einkommensteuerveranlagungsverfahren geltend macht, so kann der Grundsatz von Treu und Glauben ausnahms-

---

807 BFH, Urteil v. 30.8.2007, IV R 14/06, GmbHR 2007 S. 1227 (Bestätigung der ständigen Rechtsprechung).
808 BFH, Urteil v. 15.10.1975, I R 16/73, BFHE 117 S. 164; BFH, Urteil v. 5.12.1979, I R 184/76, FR 1980 S. 222.

weise die Berücksichtigung im Einkommensteuerveranlagungsverfahren rechtfertigen.[809]

Im Verfahren der einheitlichen Gewinnfeststellung werden zunächst die Gewinnanteile laut Handelsbilanz auf die einzelnen Gesellschafter verteilt. Für die Komplementär-GmbH erhöht sich dieser Gewinnanteil um den Betrag der Kostenerstattung der GmbH & Co. KG an die GmbH. Andererseits kann die GmbH die im Zusammenhang mit den Einkünften aus der GmbH & Co. KG angefallenen Ausgaben als Sonderbetriebsausgaben, genau wie eine natürliche Person, bei der einheitlichen Gewinnfeststellung geltend machen.

Zu den Sonderbetriebsausgaben des Gesellschafters gehören alle Betriebsausgaben, die ihre Veranlassung in der Beteiligung an der Personengesellschaft haben. Sonderbetriebsausgaben mindern also den Gewinnanteil des Gesellschafters, während Betriebsausgaben nur den Gewinn des eigenen Gewerbebetriebs des Gesellschafters mindern. Sonderbetriebsausgaben eines Kommanditisten sind z. B. Zinsen für einen Kredit zum Erwerb der Beteiligung.

Nach diesen Grundsätzen sind Aufwendungen der Komplementär-GmbH nur dann Sonderbetriebsausgaben bei der GmbH & Co. KG, wenn und soweit sie durch die Beteiligung an der GmbH & Co. KG veranlasst sind. Deshalb sind etwa Gehaltszahlungen der GmbH an ihren Geschäftsführer, der nicht Gesellschafter der KG ist, in dem Umfang Sonderbetriebsausgaben der GmbH, als der Gesellschafter die Geschäfte der KG führt.

Vorstehende Grundsätze zur Abgrenzung der Sonderbetriebsausgaben von den anderen Betriebsausgaben des Gesellschafters führen dazu, dass nicht sämtliche Aufwendungen der Komplementär-GmbH als Sonderbetriebsausgaben behandelt werden können. Nach den für die ertragsteuerliche Behandlung der GmbH & Co. KG geltenden Grundsätzen, die auf der Anerkennung der GmbH & Co. KG als Personengesellschaft und der GmbH als eigenständiger juristischer Person beruhen, sind sowohl außerordentliche Aufwendungen, die im Gründungsstadium der GmbH selbst entstehen, als auch grundsätzlich die laufenden Betriebsausgaben der GmbH nur bei ihrer Körperschaftsteuer-Veranlagung zu berücksichtigen. Aus diesem Grund ist laufender Aufwand einer GmbH, der nicht unmittelbar durch die Beteiligung an der GmbH & Co. KG veranlasst ist, selbst dann keine Sonderbetriebsausgabe, wenn der eigene Geschäftsbetrieb der GmbH

512

---

809 BFH, Urteil v. 25.8.1961, VI 202/60 U, BStBl 1961 III S. 491.

auf das Halten dieser Beteiligung beschränkt ist.[810] Der BFH bestätigt damit die Auffassung des FG Münster;[811] beide Gerichte widersprechen der allgemeinen Praxis, die der Komplementär-GmbH die für Rechts- und Beratungskosten, Abschlusserstellung inklusive Steuererklärungen und IHK-Mitgliedschaft entstandenen Aufwendungen als Sonderbetriebsausgaben im Rahmen der einheitlichen und gesonderten Gewinnfeststellung der KG zu zeigen. Das FG Münster vertritt die Auffassung, dass „der Komplementär-GmbH entstandene Kosten, die von den Kommanditisten der KG ersetzt werden, nur dann als Sonderbetriebsausgaben der GmbH bei der Gewinnermittlung der GmbH & Co. KG abgezogen werden können, wenn sie durch die Beteiligung der GmbH an der KG veranlasst sind; IHK-Beiträge und Kosten für die Aufstellung des GmbH-Jahresabschlusses sind insoweit nicht abzugsfähig." Zur Begründung führt das FG Münster an, dass IHK-Beiträge und Jahresabschlusskosten nicht durch die Tätigkeit als persönlich haftender Gesellschafter, sondern durch ureigene Verpflichtungen der Komplementär-GmbH – Zwangskammerzugehörigkeit aufgrund der im Gesellschaftsvertrag vereinbarten gewerblichen Tätigkeit, gesetzliche Verpflichtung zur Abschlusserstellung und Steuererklärungsabgabe – veranlasst sind.[812]

513 Übt die GmbH neben der Geschäftsführung noch eine andere Tätigkeit für die GmbH & Co. KG aus, so wird sie auch daraus Einkünfte beziehen. Andererseits sind dann nicht mehr sämtliche Ausgaben der GmbH nur im Zusammenhang mit der Geschäftsführung entstanden, so dass nicht nur Sonderbetriebsausgaben vorliegen.

Wie in den Fällen, in denen die GmbH einen eigenen Geschäftsbetrieb unterhält, die Kosten so aufgeteilt werden können, dass sie teils als Sonderbetriebsausgaben, teils als eigene Betriebsausgaben geltend gemacht werden können, ist nur anhand jedes Einzelfalls zu entscheiden. Es wird Fälle geben, in denen buchhalterisch eine Trennung möglich ist. Jedoch wird bei dem überwiegenden Teil solcher Gesellschaften eine schätzungsweise Aufteilung vorgenommen werden müssen.

---

810 Siehe BFH, Urteil v. 18.5.1995, IV R 46/94, DB 1995 S. 2400.
811 Urteil v. 21.2.1994, 9 K 5855/90 F, GmbHR 1994 S. 567, nicht rechtskräftig.
812 Die Folge der Qualifizierung als Betriebsausgaben der GmbH ist, dass bei der GmbH keine Gewerbesteuerminderung über § 8 Nr. 8 GewStG und § 9 Nr. 2 GewStG erreicht werden kann.

2.1.3.4 Verdeckte Gewinnausschüttungen

Ist die Gewinnverteilung einer GmbH & Co. KG derart gestaltet, dass die GmbH einen unangemessen niedrigen Gewinnanteil erhält, so liegt nach der Rechtsprechung des BFH in Höhe der Differenz zwischen dem fiktiven angemessenen und dem tatsächlich vereinbarten Gewinnanteil eine verdeckte Gewinnausschüttung vor. Zu prüfen ist dies im Verfahren der einheitlichen Gewinnfeststellung der GmbH & Co. KG. Der festgestellte Gewinnanteil ist in festgestellter Höhe bei der Veranlagung der Komplementär-GmbH anzusetzen.[813] 514

Die Rechtsfolge der verdeckten Gewinnausschüttung ist außerhalb der Steuerbilanz anzusetzen, d. h. der Gewinnanteil der GmbH muss außerhalb der Steuerbilanz der KG korrigiert werden.[814]

2.1.3.5 Verspätungszuschlag gegen Geschäftsführer bei nicht rechtzeitiger Abgabe der Steuererklärung

Kommt eine GmbH & Co. KG ihrer Verpflichtung zur rechtzeitigen Abgabe der (Gewinn-)Feststellungserklärung (und der Vermögensaufstellung) nicht nach, so kann das Finanzamt gegen den Geschäftsführer der die Geschäfte der KG führenden GmbH einen Verspätungszuschlag festsetzen.[815] 515

2.1.3.6 Klagebefugnis gegen finanzamtliche Bescheide

Im Urteil v. 27.5.2004[816] vertritt der BFH folgende Auffassung: 516

(1) § 48 Abs. 1 Nr. 1 FGO, wonach zur Vertretung berufene Geschäftsführer Klage gegen einen Bescheid über die einheitliche und gesonderte Feststellung von Besteuerungsgrundlagen erheben können, ist dahin zu verstehen, dass die GmbH & Co. KG als Prozessstandschafterin für ihre Gesellschafter und ihrerseits vertreten durch ihre(n) Geschäftsführer Klage gegen den Feststellungsbescheid erheben kann.

(2) Ein zum Einspruchsverfahren der Gesellschaft fehlerhaft nicht hinzugezogener Gesellschafter kann sich hinsichtlich des Vorverfahrens i. S. d. § 44

---
813 BFH, Urteil v. 24.3.1998, I R 79/97, GmbHR 1996 S. 947.
814 BFH, Urteil v. 29.6.1994, I R 137/93, GmbHR 1994 S. 894.
815 Siehe BFH, Urteil v. 27.6.1989, VIII R 73/84, GmbHR 1990 S. 182.
816 IV R 48/02, GmbHR 2004 S. 1355.

Abs. 1 FGO auf das Einspruchsverfahren der Gesellschaft berufen. Die anders lautenden Entscheidungen des BFH vom 10.6.1997 – IV B 124/96, BFH/NV 1998, 14 und vom 30.3.1999 – VIII R 16/99, BFH/NV 1999, 1469 sind überholt.

(3) Umgekehrt kann sich die fehlerhaft zum Einspruchsverfahren des Gesellschafters nicht hinzugezogene Gesellschaft hinsichtlich des Vorverfahrens auf das Einspruchsverfahren des nach § 352 AO 1977 einspruchsbefugten Gesellschafters berufen.

(4) Wird ein Feststellungsbescheid gemäß § 183 Abs. 2 AO 1977 allen Feststellungsbeteiligten bekannt gegeben, ist jeder Bekanntgabeempfänger einspruchsbefugt. Die Einspruchsbefugnis der Gesellschaft nach § 352 Abs. 1 AO 1977 bleibt davon unberührt.

2.1.4 Besteuerung der Einkünfte bei den Kommanditisten

2.1.4.1 Angemessene Gewinnanteile

517 Die Kommanditisten, soweit es sich um natürliche Personen handelt, unterliegen mit ihren Einkünften aus der Mitunternehmerschaft der Einkommensteuer. Die Höhe der Einkünfte wird, wie weiter oben erläutert, durch die einheitliche Gewinnfeststellung der GmbH & Co. KG ermittelt. Diese Einkünfte stellen für den Gesellschafter, unabhängig davon, ob sich die Beteiligung in einem Betriebsvermögen oder einem Privatvermögen befindet, Einkünfte aus Gewerbebetrieb dar, die in seiner persönlichen Einkommensteuererklärung dementsprechend zu deklarieren sind.

In den Fällen, in denen die Kommanditisten gleichzeitig an der Komplementär-GmbH beteiligt sind und die GmbH Ausschüttungen vornimmt, stellen diese Ausschüttungen bei den Gesellschaftern Einkünfte aus Gewerbebetrieb, nicht Einkünfte aus Kapitalvermögen dar. Sie sind als Sonderbetriebseinnahmen bei der Ermittlung der gewerblichen Einkünfte des Kommanditisten im Rahmen der einheitlichen und gesonderten Gewinnfeststellung der KG zu erfassen (und erhöhen den Gesamtgewinn der Kommanditgesellschaft).[817]

Sind nicht die Gesellschafter (Kommanditisten) persönlich, sondern ist die KG an der Komplementär-GmbH beteiligt, so gehören nach dem BFH-

---

[817] Vgl. BFH, Urteil v. 5.12.1979, I R 184/76, FR 1980 S. 222.

Urteil v. 22.11.1995[818] „die Gewinnausschüttungen der GmbH ebenso wie die anzurechnende Körperschaftsteuer[819] und die Kapitalertragsteuer zu den Einkünften aus Gewerbebetrieb (§ 15 Abs. 1 Satz 1 Nr. 2 i. V. m. § 20 Abs. 3 EStG), die den Gesellschaftern (Mitunternehmern) nach Maßgabe ihrer Beteiligung zuzurechnen sind. Es ist nicht möglich, diese Beträge durch eine gesellschaftsrechtliche Abrede abweichend von dem allgemeinen Gewinnverteilungsschlüssel zu verteilen".

2.1.4.2 Verdeckte Gewinnausschüttungen

Die im Verfahren der einheitlichen Gewinnfeststellung mit zu behandelnde verdeckte Gewinnausschüttung[820] hat aber neben der körperschaftsteuerlichen Seite[821] auch eine die Kommanditisten betreffende einkommensteuerliche Seite. Werden ihre Gewinnanteile fiktiv zugunsten der GmbH gemindert, so ist damit entschieden, dass die GmbH fiktiv mehr hätte erhalten müssen, sie also zugunsten der Kommanditisten auf einen Teil ihres Gewinns verzichtet und ihn an diese ausgeschüttet hat und dieser Gewinn an die Kommanditisten, die ihn auch effektiv erhalten haben, geflossen ist. Die Kommanditisten erhalten insgesamt die vereinbarten Gewinnanteile.

518

Bei der GmbH & Co. KG liegen also zwei Vorgänge vor, nämlich zunächst die eigentliche, für das Verfahren der einheitlichen Gewinnfeststellung typische Korrektur der Verteilung des Gewinns auf die Gesellschafter, die zu fiktiven Gewinnanteilen führt, und sodann die wegen des Instituts der verdeckten Gewinnausschüttung notwendige Beurteilung der tatsächlichen Zuflüsse, die von Hause aus in die Veranlagungsverfahren gehört.

Der BFH weist ausdrücklich darauf hin, dass der den korrigierten, niedrigeren Gewinnanteil des Kommanditisten übersteigende Teil seines Gewinns nicht zu den Einkünften aus Kapitalvermögen, sondern zum gewerblichen Gewinn gehört, der schon bei der einheitlichen Gewinnfeststellung der KG mit zu erfassen ist. Denn die verdeckte Gewinnausschüttung fließt dem Kommanditisten aufgrund seines Anteils an der GmbH zu, der zum Sonderbetriebsvermögen des Kommanditisten und damit zum Betriebsvermögen der KG gehört.

---

818 Vgl. BFH, Urteil v. 22.11.1995, I R 114/94, GmbHR 1996 S. 384.
819 Bei Anwendung des zum 31.12.2000 geltenden Anrechnungsverfahrens.
820 Siehe Rn. 501.
821 Siehe Rn. 529.

2.1.4.3 Verlustabzug, Verlustvortrag

519 Zu beachten ist § 15a EStG.[822] Danach „darf der einem Kommanditisten zuzurechnende Anteil am Verlust der KG weder mit anderen Einkünften aus Gewerbebetrieb noch mit Einkünften aus anderen Einkunftsarten ausgeglichen werden, soweit ein negatives Kapitalkonto des Kommanditisten entsteht oder sich erhöht. Soweit hiernach der Verlustausgleich ausgeschlossen ist, kann der Verlust auch nicht im Wege des Verlustabzugs nach § 10d EStG durch Verlustrücktrag oder Verlustvortrag berücksichtigt werden".[823] Die auf diese Weise steuerlich nicht wirksamen Verluste werden vorgetragen und sind mit späteren Gewinnen aus ebendieser KG-Beteiligung zu verrechnen (verrechenbare Verluste).

2.1.4.4 Entnahme von Wirtschaftsgütern aus dem Gesamthandsvermögen der GmbH & Co. KG

520 Zur Frage der Zurechnung des Entnahmegewinns bei Übertragung eines Wirtschaftsguts, z. B. eines Grundstücks auf einen Personengesellschafter, nimmt der BFH im Urteil v. 28.9.1995[824] wie folgt Stellung:

„Wird ein Wirtschaftsgut aus dem Gesamthandsvermögen einer Personengesellschaft mit Zustimmung aller Gesellschafter derart entnommen, dass es in das Eigentum nur eines Gesellschafters gelangt, so wird der Wert des entnommenen Wirtschaftsgutes regelmäßig allein dem Kapitalkonto des begünstigten Gesellschafters belastet. Auf diese Weise wird sichergestellt, dass die Entnahme später gegenüber den anderen Gesellschaftern ausgeglichen wird. Der laufende Gewinn wird hiervon in der Regel nicht beeinflusst, solange das entnommene Wirtschaftsgut keine stillen Reserven enthält.

Enthält das Wirtschaftsgut dagegen stille Reserven, so erhöht deren Aufdeckung das Gesellschaftskapital, bevor die Entnahme dem Kapitalkonto des begünstigten Gesellschafters belastet wird. Dabei ist es denkbar, dass der Entnahme-Gewinn allen Gesellschaftern zugerechnet wird, so dass sich alle Kapitalkonten anteilig erhöhen. Es ist aber auch denkbar, dass der Entnahme-Gewinn allein dem Begünstigten zugerechnet wird mit der Folge, dass sich lediglich sein Kapitalkonto um den Entnahme-Gewinn

---

822 Vgl. Rn. 488 ff.
823 Siehe auch Bordewin, BB 1980, S. 1037.
824 BFH, Urteil v. 28.9.1995, IV R 39/94, BB 1996 S. 192.

erhöht. Das hat zur Folge, dass sich sein Kapitalkonto entsprechend weniger mindert, wenn es mit dem Teilwert des entnommenen Wirtschaftsgutes belastet wird."

2.1.4.5 Überentnahmen und eingeschränkter Schuldzinsenabzug (§ 4 Abs. 4a EStG)

§ 4 Abs. 4a Satz 2 EStG[825] schränkt bei Einzelunternehmen und Personengesellschaften den Abzug betrieblich veranlasster Schuldzinsen ein, wenn Überentnahmen höher sind als die Summe aus Gewinn und Einlagen des Wirtschaftsjahres; abgestellt wird also nicht auf einen bestimmten Stand des Kapitalkontos.

521

Eine Überentnahme ist der Betrag, um den die Entnahmen die Summe des Gewinns und der Einlagen des Wirtschaftsjahres übersteigen. Die nicht abzichbaren Schuldzinsen werden typisiert mit 6 % der Überentnahme des Wirtschaftsjahres zuzüglich der Überentnahmen vorangegangener Wirtschaftsjahre und abzüglich der Beträge, um die in den vorangegangenen Wirtschaftsjahren der Gewinn und die Einlagen die Entnahmen überstiegen haben (Unterentnahmen), ermittelt; bei der Ermittlung der Überentnahme ist vom Gewinn ohne Berücksichtigung der nicht abziehbaren Schuldzinsen auszugehen. Der sich dabei ergebende Betrag, höchstens jedoch der um 2.050 Euro verminderte Betrag der im Wirtschaftsjahr angefallenen Schuldzinsen, ist dem Gewinn hinzuzurechnen. Der Abzug von Schuldzinsen für Darlehen zur Finanzierung von Anschaffungs- oder Herstellungskosten von Wirtschaftsgütern des Anlagevermögens bleibt unberührt (§ 4 Abs. 4a EStG).

Die Regelung des § 4 Abs. 4a EStG ist eine betriebsbezogene Gewinnhinzurechnung. Der Hinzurechnungsbetrag ist daher auch für jede einzelne Mitunternehmerschaft zu ermitteln. Der Begriff der Überentnahme sowie die ihn bestimmenden Merkmale (Einlage, Entnahme, Gewinn und ggf. Verlust) ist dagegen gesellschafterbezogen auszulegen. Die Überentnahme bestimmt sich nach dem Anteil des einzelnen Mitunternehmers am Gesamtgewinn der Mitunternehmerschaft (Anteil am Gewinn der Gesellschaft einschließlich Ergänzungsbilanzen zuzüglich/abzüglich eines im Sonderbetriebsvermögen erzielten Ergebnisses) und der Höhe seiner Einlagen und Entnahmen (einschließlich Sonderbetriebsvermögen). Der Kürzungsbetrag nach § 4 Abs. 4a Satz 4 EStG i. H. v. 2.050 Euro ist gesellschaftsbezogen

---

[825] Eingeführt durch das StEntG 1999/2000/2002 v. 24.3.1999.

anzuwenden, d. h. er ist nicht mit der Anzahl der Mitunternehmer zu vervielfältigen. Er ist auf die einzelnen Mitunternehmer entsprechend ihrer Schuldzinsenquote aufzuteilen; dabei sind Schuldzinsen, die im Zusammenhang mit der Anschaffung oder Herstellung von Wirtschaftsgütern des Sonderbetriebsvermögens stehen, zu berücksichtigen.[826]

2.1.4.6 Ausländische Kommanditisten

522 Sind Ausländer als Kommanditisten beteiligt, so sind auch Auswirkungen aus der Anwendung von Doppelbesteuerungsabkommen zu beachten. Als Einkünfte aus Gewerbebetrieb unterliegen die Ausschüttungen jedoch voll der deutschen Besteuerung.

Was die Besteuerung von Sondervergütungen i. S. d. § 15 Abs. 1 Satz 1 Nr. 2 EStG angeht, so ist zu entscheiden, ob die von dem Mitunternehmer erzielten Einkünfte materiellrechtlich den betrieblichen Einkünften zugerechnet und verfahrensrechtlich bei der Gewinnfeststellung bei der KG erfasst werden. Dabei ist aus doppelbesteuerungsrechtlicher Sicht bei einer solchen Gestaltung zu prüfen, ob der Mitunternehmer sich auf ein Doppelbesteuerungsabkommen berufen kann, das eine deutsche Besteuerung jener Einkünfte ausschließt oder begrenzt. Ist dies der Fall, so dürfen die Einkünfte allenfalls nach Maßgabe des § 180 Abs. 5 Nr. 1 AO festgestellt werden. Ist z. B. der Kommanditist in der Schweiz ansässig, so können diese Sondervergütungen nur dann in Deutschland besteuert werden, wenn sie einer in Deutschland befindlichen Betriebsstätte des Kommanditisten zuzurechnen sind. Dies gilt auch dann, wenn die Sondervergütungen eine unselbständige Arbeit des Kommanditisten entgelten. Dann kann dessen Arbeitsstätte als Betriebsstätte zu beurteilen sein. Ist der Kommanditist eine in Großbritannien ansässige Kapitalgesellschaft, so hängt die Besteuerung der Sondervergütungen im Inland davon ab, ob sie der inländischen Betriebsstätte der KG oder der ausländischen Geschäftsleitungsbetriebsstätte der Kapitalgesellschaft zuzuordnen sind.[827]

---

826 Für Einzelheiten siehe BMF, Schreiben v. 17.11.2005, IV B 2 – S 2144 – 50/05, BStBl I S. 1018; BMF, Schreiben v. 7.5.2008, IV B 2 – S 2144/07/0001 BStBl I S. 588.
827 BFH, Urteil v. 10.7.2002, I R 71/01, BStBl 2003 II S. 191.

2.1.4.7 Gesellschafter einer Spielbank

Vergütungen bzw. Sonderbetriebseinnahmen, die ein Gesellschafter einer Spielbank in der Rechtsform einer KG erhält, sind durch die Spielbankabgabe abgegolten und gehören damit zu den steuerbefreiten Einkommensteilen.[828]

523

2.1.4.8 Ungetreue Mitunternehmer

Die mitunternehmerischen Einkünfte des Gesellschafters einer Personengesellschaft i. S. d. § 15 Abs. 1 Satz 1 Nr. 2 EStG beschränken sich nicht auf den Gewinnanteil und die Vergütungen. Vielmehr gehören dazu alle Einnahmen und Betriebsausgaben, die ihre Veranlassung in der Beteiligung des Steuerpflichtigen an der unternehmerisch tätigen Personengesellschaft haben. Zu den Sonderbetriebseinnahmen in diesem Sinn gehören auch Einnahmen, die an sich der Gesellschaft zustehen, die ein Mitunternehmer jedoch seinem eigenen Vermögen zuführt.

524

Entgehen einer GmbH & Co. KG Gewinne, weil ein Kommanditist die der Gesellschaft zustehenden Einnahmen (z. B. Boni, Provisionen) auf ein eigenes Konto leitet, so handelt es sich bei den Einnahmen um Sonderbetriebseinnahmen dieses ungetreuen Mitunternehmers. Der hiermit korrespondierende Ersatzanspruch der Gesellschaft ist nicht zu aktivieren, wenn die Gesellschaft auf den Anspruch verzichtet, wenn er nicht unbestritten oder nicht werthaltig ist. Nach der Lebenserfahrung ist davon auszugehen, dass in den Fällen, in denen die heimliche Umleitung von Einnahmen der Gesellschaft in den Vermögensbereich eines ungetreuen Mitunternehmers feststeht, dieser das Bestehen des Anspruchs so lange wie möglich bestreiten wird. Der ungetreue Gesellschafter kann in seiner Sonderbilanz eine Rückstellung wegen der zu erwartenden Inanspruchnahme durch die Gesellschaft oder die geschädigten Gesellschafter jedenfalls solange nicht bilden, wie die geschädigten Gesellschafter von der Veruntreuung keine Kenntnis haben.[829]

---

828 Siehe hierzu FinMin Niedersachsen, Erlass v. 19.12.1995, S 2241 – 21 – 31, DB 1997 S. 753. In diesem Erlass nimmt das FinMin Niedersachsen auch zur Besteuerung von Spielbanken Stellung.
829 Siehe BFH, Urteil v. 22.6.2006, IV R 56/04, DB 2006 S. 2209 und Begründung hierzu. Der BFH folgt damit nicht der Ansicht von *Paus* in INF 1998, S. 36, der dem ungetreuen Mitunternehmer Sonderbetriebseinnahmen nur in Höhe seiner Beteiligungsquote zurechnen will.

2.2 Ebene der Komplementär-GmbH

2.2.1 Grundsätzliches zur Besteuerung der Komplementär-GmbH und ihrer Gesellschafter

525 Im Bereich der Körperschaftsteuer wird das 1976 eingeführte Anrechnungssystem – Anrechnung der gezahlten Körperschaftsteuer auf die individuelle Einkommensteuer der Gesellschafter – seit 2001 durch das System einer definitiven Körperschaftsteuerbelastung ersetzt. Mit dieser Reform der Besteuerung von Kapitalgesellschaften entfällt der gespaltene Körperschaftsteuersatz für ausgeschüttete und thesaurierte Gewinne; es findet ein einheitlicher Steuersatz Anwendung. Der Körperschaftsteuersatz beträgt (ab 2008) einheitlich und definitiv für Thesaurierung und Ausschüttung 15. Hinzu tritt der Solidaritätszuschlag (5,5 % von 15 %) sowie die Gewerbesteuer (Gewerbesteuermesszahl 3,5 %, durchschnittlicher Hebesatz 400 %), die als Betriebsausgabe nicht den steuerlichen Gewinn mindert. Damit ergibt sich (ab 2008) folgende steuerliche Gesamtbelastung einer GmbH:

Gewinn vor Steuern	100
Gewerbesteuer: 100 × 3,5 % × 400 % =	14
Körperschaftsteuer: 100 × 15 % =	15
Solidaritätszuschlag: 15 × 5,5 % =	0,83
steuerliche Gesamtbelastung in Prozent des Gewinns vor Steuern:	29,83 %

Beim Übergang vom Anrechnungssystem zum System der Definitivsteuerbelastung wurden die verwendbaren Eigenkapitalanteile festgeschrieben. Die verwendbaren Eigenkapitalanteile EK 40 wurden auf den 31.12.2006 ermittelt und festgestellt. Das KSt-Guthaben wird dann auf Antrag innerhalb eines zehnjährigen Abrechnungszeitraums von 2008 bis 2017 an die GmbH ratierlich in zehn gleichen Jahresraten ausgezahlt. Bilanziell ist dieses Guthaben zum 31.12.2006 (abgezinst) zu erfassen. Der am 31.12.2006 vorhandene Bestand unbelasteter Einkommensteile (EK 02) wird mit 3 % versteuert (damit abschließende Feststellung und Auflösung der EK 02 Bestände). Der Körperschaftsteuer-Erhöhungsbetrag entsteht am 1.1.2007 und ist erstmals in einem Jahresabschluss auf einen Bilanzstichtag im Jahr 2007 bilanziell zu berücksichtigen; er ist unverzinslich. Die Steuerschuld ist von 2008 bis 2017 in zehn gleichen Jahresbeträgen jeweils zum 30.9. zu entrichten. Die GmbH kann zu allen Stichtagen bis 2015 beantragen, den gesamten Körperschaftsteuer-Erhöhungsbetrag in einer Summe zu begleichen; in diesem Fall werden die noch nicht fälligen Jahresbeträge mit 5,5 % abgezinst.

Die **Besteuerung der Ausschüttungen** ist zu differenzieren: 526

Gesellschafter ist eine andere Kapitalgesellschaft
Dividenden einer anderen GmbH, die die GmbH vereinnahmt, sind derzeit grundsätzlich nach § 8b Abs. 1 KStG in voller Höhe steuerfrei. Dabei gelten 5 % der Dividende als nicht abzugsfähige Betriebsausgabe (§ 8b Abs. 5 KStG), d. h., Dividenden von Kapitalgesellschaften sind bei der GmbH zu 95 % von der Körperschaftsteuer befreit.

Gesellschafter ist eine Personengesellschaft
Dividenden, die im Betriebsvermögen eines Personenunternehmens erzielt werden – die GmbH-Anteile gehören also zum Betriebsvermögen, wie z. B. die GmbH-Anteile bei personengleicher GmbH & Co. KG – unterliegen derzeit nach dem Teileinkünfteverfahren dem persönlichen Einkommensteuersatz des Gesellschafters (§ 3 Nr. 40a EStG). Der steuerfreie Anteil von Dividenden im Betriebsvermögen von Personenunternehmen beträgt 40 %. Das heißt, Dividenden sind zu 60 % steuerpflichtig. Damit sind die im wirtschaftlichen Zusammenhang stehenden Betriebsausgaben in Höhe von 60 % steuermindernd abzugsfähig.

Gesellschafter ist eine natürliche (Privat)Person
Ab dem Veranlagungszeitraum 2009 findet für Privatanleger die Abgeltungsteuer Anwendung, d. h., Dividenden unterliegen dem 25 %igen Abgeltungsteuersatz zuzüglich Solidaritätszuschlag. Liegt der persönliche Einkommensteuersatz unter 25 %, kann der Steuerpflichtige nach § 32d Abs. 6 EStG eine Veranlagung mit dem niedrigeren Steuersatz beantragen. Das Halbeinkünfteverfahren für Dividenden kommt nicht mehr zur Anwendung, Dividenden unterliegen also in voller Höhe dem Abgeltungsteuersatz. Die Abzugsfähigkeit von mit Kapitaleinkünften im Zusammenhang stehenden Werbungskosten, wie z. B. Depotgebühren oder Finanzierungszinsen, ist nicht mehr gegeben.

2.2.2 Aktivierung des Gewinnanteils an der GmbH & Co. KG

527 In der finanzgerichtlichen Rechtsprechung hat das FG Düsseldorf[830] zu dem Thema Stellung genommen und entschieden, dass der Gewinnanteil der GmbH aus ihrer Beteiligung als Gesellschafterin einer GmbH & Co. KG (Beteiligungsgewinn) auf den gemeinsamen Bilanzstichtag zurückzubeziehen ist, sofern beide Gesellschaften auf den gleichen Stichtag bilanzieren und die KG ihre Bilanz früher als die GmbH erstellt. Werden beide Gesellschaften (GmbH und KG) von einem einheitlichen geschäftlichen Betätigungswillen beherrscht, so ist es möglich und notwendig, den Beteiligungsgewinn in jedem Fall auf den gemeinsamen Bilanzstichtag zurückzubeziehen.

Liegt der Bilanzstichtag der GmbH & Co. KG vor dem der GmbH, so kann die GmbH ihren Anteil am Gewinn der GmbH & Co. KG nur dann in ihrer Bilanz aktivieren, wenn vor Beendigung des Abschlusses der GmbH der ausschüttungsfähige Gewinn von den Gesellschaftern der KG festgestellt ist oder anhand objektiver, nachprüfbarer und nach außen in Erscheinung tretender Kriterien festgestellt werden kann, dass die Gesellschafter der KG endgültig entschlossen waren, eine bestimmte Gewinnverwendung künftig zu beschließen.[831]

Liegt der Bilanzstichtag der GmbH & Co. KG später als der der GmbH, so darf die GmbH ihren Gewinnanteil selbst dann nicht in die Bilanz aufnehmen, wenn der Gewinn bei der GmbH & Co. KG noch vor Beendigung des Abschlusses der GmbH festgestellt wurde, da die Gewinnfestsetzung auf den Abschlussstichtag der GmbH & Co. KG erfolgt und nicht auf den früheren Abschlussstichtag der GmbH. Am Abschlussstichtag der GmbH gehört somit der Gewinnanspruch der GmbH am Gewinn der GmbH & Co. KG, der ein wirtschaftlich verselbständigtes Wirtschaftsgut darstellt, rechtlich noch nicht zum Vermögen der GmbH. Der Gewinnanteil kann erst in der Bilanz des Geschäftsjahres der GmbH ausgewiesen werden, in dem das Geschäftsjahr der GmbH & Co. KG endet.

---

830 FG Düsseldorf, Urteil v. 22.7.1975, V 302/71 K, EFG 1975 S. 594.
831 Analoge Anwendung der BFH-Urteilsgrundsätze v. 20.12.2000, I R 50/95, DB 2001 S. 734.

2.2.3 Besteuerung des Gewinnanteils aus der GmbH & Co. KG

Die Komplementär-GmbH unterliegt mit ihrem Gewinnanteil, der in der Regel die Haftungsvergütung und eventuell Sonderbetriebseinnahmen umfasst, wie bei eigenen Gewinnen der definitiven Körperschaftsteuerbelastung von 15 % zzgl. 5,5 % Solidaritätszuschlag.[832]

Bei Ausschüttung dieser Gewinnanteile durch die Komplementär-GmbH an ihre Gesellschafter ergeben sich dazu die unter Rn. 456 dargestellten Folgerungen.

2.2.4 Verdeckte Gewinnausschüttungen

Erhält die Komplementär-GmbH einen unangemessen niedrigen Gewinnanteil, so liegt eine verdeckte Gewinnausschüttung vor; für Einzelheiten siehe Rn. 514. Im Bescheid über die einheitliche Gewinnfeststellung der GmbH & Co. KG wird der Komplementär-GmbH die Differenz zwischen dem fiktiven angemessenen und dem tatsächlich vereinbarten Gewinnanteil bindend für das Körperschaftsteuerveranlagungsverfahren zugerechnet. Dieser Gewinnanteil ist der Körperschaftsteuer zu unterwerfen.

2.2.5 Organschaftsfragen

Die körperschaftsteuerliche und die gewerbesteuerliche Organschaft haben die gleichen Voraussetzungen: Es muss ein Gewinnabführungsvertrag geschlossen und die finanzielle Eingliederung der Organgesellschaft gegeben sein;[833] der Gewinnabführungsvertrag muss im Handelsregister eingetragen sein.

Eine GmbH & Co. KG kann nur dann Organträger sein, wenn sie eine eigene gewerbliche Tätigkeit entfaltet; damit kann eine gewerblich geprägte GmbH & Co. KG i. S. d. § 15 Abs. 3 Nr. 2 EStG nicht Organträger sein. Zudem muss gemäß § 14 Abs. 1 Nr. 2 Satz 3 KStG die finanzielle Eingliederung im Verhältnis zur GmbH & Co. KG erfüllt sein; die Anteile an der Organgesellschaft müssen mehrheitlich (Stimmrecht) von der KG

---

[832] Sofern die Komplementär-GmbH keine eigene Geschäftstätigkeit, sondern nur Haftungs- und Geschäftsführungsfunktionen für die KG ausführt, entfällt die Gewerbesteuerbelastung aufgrund der Kürzungsvorschrift des § 9 Nr. 2a GewStG.

[833] Die Organschaftsvoraussetzungen der wirtschaftlichen und organisatorischen Eingliederung sind weggefallen; siehe BMF, Schreiben v. 26.8.2003, IV A 2 – S 2770 – 18/03, GmbHR 2003 S. 1084.

(im Gesamthandsvermögen, also nicht im Sonderbetriebsvermögen eines Gesellschafters) gehalten werden. Organgesellschaft kann eine GmbH & Co. KG nicht sein, da die Eignung zur Organgesellschaft an die Rechtsform der Kapitalgesellschaft geknüpft ist. Ein zwischen zwei GmbH & Co. KGs geschlossener Gewinnabführungsvertrag kann nicht im Handelsregister der beherrschenden Gesellschaft eingetragen werden.[834]

Organgesellschaft kann aber die Komplementär-GmbH sein, so dass eine Rückverlagerung von Gewinnen der Komplementär-GmbH auf die KG durch eine Organschaft mit Ergebnisabführungsvertrag möglich ist.

2.3 Umstrukturierungsmaßnahmen

2.3.1 Änderung der Beteiligungsverhältnisse

531 Zum Beispiel ist M.A. alleiniger Kommanditist der A GmbH & Co. KG, deren Komplementärin die A GmbH ist. M.A. ändert seine Beteiligungsverhältnisse wie folgt: 10 % seiner Kommanditbeteiligung veräußert er an seine Frau F.A. Die verbleibenden 90 % Kommanditanteile bringt er gegen Gewährung von Gesellschaftsrechten in die neu gegründete M.A. GmbH ein; dabei wurde nur ein Teil der stillen Reserven aufgedeckt (Einbringung zum Zwischenwert). Sein zum Sonderbetriebsvermögen gehörendes und an die KG vermietetes Grundstück überträgt er unentgeltlich ebenfalls an seine Frau F.A. Bei diesem Sachverhalt ist entscheidend, ob Veräußerungs- und Einbringungsvorgang getrennt oder als zusammengehörend zu betrachten sind.

Sind die Veräußerung des 10 %igen Kommanditanteils einschließlich der Grundstücksübertragung und die Einbringung des 90 %igen KG-Anteils „grundverschiedene wirtschaftliche Vorgänge" – so der Urteilsfall –, so ist der Gewinn aus der Veräußerung nicht nach §§ 16, 34 EStG tarifbegünstigt, weil M.A. das Grundstück als wesentliches Wirtschaftsgut seines Sonderbetriebsvermögens unentgeltlich und unter Fortführung der bisherigen Buchwerte auf F.A. übertragen hat.[835]

---

834 OLG München, Beschluss v. 8.2.2011, 31 Wx 2/11, BB 2011 S. 724. Ein derartiger Abschluss ist auch nicht erforderlich, da (in bestimmten Grenzen, z.B. § 15a EStG) gemäß § 15 Abs. 1 Nr. 2 EStG ein Ausgleich zwischen den Gewinnen und Verlusten der einen GmbH & Co. KG (= Mitunternehmerschaft) und der anderen GmbH & Co. KG (= Gesellschafter) erfolgt.

835 BFH, Urteil v. 6.12.2000, VIII R 21/00, DB 2001 S. 456.

Eine andere Beurteilung ist dagegen geboten, wenn beide Umstrukturierungsmaßnahmen auf einem einheitlichen Gesamtplan beruhen und damit als ein Vorgang zu werten sind.[836] Bei einer solchen einheitlichen Würdigung[837] hätte M.A. seine KG-Anteile nicht i. S. d. § 16 EStG veräußert, sondern als Folge der unentgeltlichen Übertragung des Sonderbetriebsvermögens insgesamt aufgegeben. Hierbei gilt der Grundsatz, dass §§ 16, 34 EStG auch dann zum Tragen kommen, wenn der Gesellschafter seinen Mitunternehmeranteil teilentgeltlich überträgt und sich damit des gesamten Betriebsvermögens mit der Folge entäußert, dass es bei ihm zu einem späteren Zeitpunkt nicht mehr zu einer Besteuerung der auf den (teilentgeltlichen) Erwerber übergegangen stillen Reserven kommen kann. M.A. hat trotz Buchwertübertragung des Grundstücks einen Aufgabegewinn nach § 16 Abs. 2 EStG erzielt, da er keine wesentlichen Wirtschaftsgüter unter Fortführung der stillen Reserven in seinem Betriebsvermögen zurückbehält.[838]

2.3.2 Umwandlung einer GbR in eine GmbH & Co. KG

Bei bisher in der Rechtsform einer GbR geführten Unternehmen, z. B. Besitzgesellschaft, Immobilienverwaltungsgesellschaft, kann es unter dem Gesichtspunkt der Unternehmensnachfolge oder Umstrukturierung des Unternehmens sinnvoll sein, von der GbR in die Rechtsform der GmbH & Co. KG zu wechseln. *Gassmann*[839] zeichnet folgende Wege des Formwechsels außerhalb des UmwG auf:
1. Identitätswahrende Fortführung nach § 105 Abs. 2 HGB
2. Identitätsaufhebende Umgründung i. S. einer Anwachsung nach § 738 Abs. 1 Satz 1 BGB i. V. m. §§ 105 Abs. 3, 161 Abs. 2 HGB

zu 1.:

Nach § 105 Abs. 2 Satz 1, 1. und 2. Abt. HGB können Kleingewerbe und Vermögensverwaltungsgesellschaften in der Rechtsform der GbR durch Eintragung der Firma in das Handelsregister die Rechtsform der OHG erlangen. Dann tritt unter Abänderung des Gesellschaftsvertrages eine

---

836 Siehe hierzu BFH, Beschluss v. 18.12.1998, X B 145/98, BFH/NV 1999 S. 784.
837 Diese Erwägungen stellt der BFH in der Begründung zu seinem Urteil v. 6.12.2000, DB 2001 S. 456 (458 f.), an.
838 Die Rechtsfolgen treten also nicht ein, wenn wesentliche Wirtschaftsgüter zurückbehalten werden, siehe hierzu BFH, Urteil v. 16.2.1996, I R 183/94, BStBl 1996 II S. 342.
839 Gassmann, Wege aus der GbR in die GmbH & Co. KG in handels- und steuerbilanzieller Sicht, DB 2004, S. 2066 ff.

GmbH als persönlich haftende Gesellschafterin ein und die übrigen Gesellschafter übernehmen die Stellung als Kommanditisten. Die bisherige Personengesellschaft besteht ohne Vermögensübergang und ohne Rechtsträgerwechsel fort.

Steuerlich ergeben sich bei der gewerblich tätigen GbR oder einer Betriebsaufspaltungs- Besitz GbR durch den Formwechsel keine Auswirkungen;[840] die Buchwerte sind fortzuführen. Bei der vermögensverwaltend tätigen GbR führt der Formwechsel zu einer Umqualifizierung der (früheren) Einkünfte aus Vermietung und Verpachtung zu Einkünften aus Gewerbebetrieb; es liegt eine Betriebseröffnung vor.

zu 2.:

Gassmann[841] beschreibt diese Umgründungsalternative wie folgt: Die GbR-Gesellschafter treten ihre Anteile an die GmbH & Co. KG als aufnehmende Gesellschaft i. S. d. §§ 413, 398 ff. BGB gegen Gewährung neuer Anteile an der GmbH & Co. KG formlos ab. Die Gesellschaftsanteile an der übertragenden GbR vereinigen sich bei der aufnehmenden KG; sie gehen damit unter, die GbR erlischt.[842]

Steuerlich stellt sich – so *Gassmann* – bei einer gewerblichen GbR „die identitätsaufhebende Umgründung als entgeltlich im Wege der Abtretung aller Anteile an der übernehmenden GmbH & Co. KG nach § 24 UmwStG dar",[843] kann also ertragsteuerneutral ausgestaltet werden. Bei einer vermögensverwaltenden GbR greift § 24 UmwStG nicht; „vielmehr gelangen die allgemeinen Grundsätze insbesondere der §§ 6, 23 EStG zur Anwendung".[844]

Die Umwandlung in eine GmbH & Co. ist auch für eine GmbH & Co. GbR geboten.

---

840 Bestehen bei den bisher schon als Mitunternehmer zu behandelnden GbRGesellschaftern negative Kapitalkonten, so sind diese künftig aufgrund der Kommanditistenstellung nur noch gemäß § 15a EStG mit künftigen Gewinnen verrechenbar.
841 a. a. O., S. 2067.
842 Die Anteile gehen unter; es kommt nicht mehr zu einem Innehaben aller Anteile in einer Hand. Es ist keine grunderwerbsteuerlich relevante Anteilsvereinigung in einer Hand gegeben, siehe BFH, Urteil v. 13.9.1995, II 80/92, BStBl 1995 II S. 903.
843 a. a. O., S. 2068.
844 Gassmann, a. a. O., S. 2071.

Wie unter Rn. 430 ausgeführt, erkennt die Finanzverwaltung[845] unter Hinweis auf eine geänderte BGH-Rechtsprechung[846] eine GmbH & Co. GbR nicht mehr als gewerblich geprägte Personengesellschaft i. S. d. § 15 Abs. 3 Nr. 2 EStG an. Um der dann eintretenden Versteuerung der stillen Reserven zu entgehen, rät die Fachliteratur[847] die Umstrukturierung in eine GmbH & Co. KG, um weiterhin die Voraussetzungen einer gewerblich geprägten Personengesellschaft i. S. d. § 15 Abs. 3 Nr. 2 EStG zu erfüllen.[848]

Simon[849] ist zuzustimmen, wenn er ausführt, dass die Umgründung als Rechtsformwechsel i. S. d. §§ 705 ff. BGB, §§ 105 ff. HGB nur einer schlichten Änderung des Gesellschaftsvertrages – bisher Gesellschaft bürgerlichen Rechts, jetzt KG – und der Eintragung der GmbH & Co. KG im Handelsregister (§§ 105 Abs. 2, 106-108, 161 Abs. 2 HGB) bedarf. „Vermögensübertragungen finden nicht statt. Ein Fall des § 24 UmwStG liegt nicht vor (BMF v. 15.3.1998, Rz. 2402, BStBl 1998 I S. 268). Da eine gewerblich geprägte Personengesellschaft i. S. d. § 15 Abs. 3 Nr. 2 EStG rein vermögensverwaltend tätig ist, wird das Gesellschaftsvermögen oft aus einem Grundstück bestehen. Da das Grundstück Vermögen der bisherigen Gesamthand bleibt, die lediglich ihr Rechtskleid wechselt (bisher Gesellschaft bürgerlichen Rechts, jetzt KG), bedarf die Änderung des Gesellschaftsvertrages nicht der notariellen Beurkundung. Denn die gleiche Gesamthandsgemeinschaft besitzt nach wie vor das Eigentum am Grundstück. Daher ist der Vorgang auch nicht grunderwerbsteuerbar. Das Grundbuch ist lediglich hinsichtlich der Bezeichnung des Eigentümers des Grundstücks zu berichtigen."[850]

---

845 BMF v. 18.7.2000, BStBl 2000 I S. 1198.
846 I ZR 371/98, DStR 1999, S. 1704.
847 z. B. Gronau/Kanold, DStR 1999, S. 1965.
848 Siehe auch Eggert, DStR 2000, S. 230 ff.; Simon, DStR 2000, S. 578 ff.
849 Simon, DStR 2000, S. 578 (580).
850 Simon, DStR 2000, S. 578 (580). Simon weist darauf hin, dass „der Fall der Identität der Gesamthandsgemeinschaft zu unterscheiden ist von demjenigen, in dem ein Grundstück von einer Gesamthand auf eine personengleiche andere Gesamthand durch Rechtsgeschäft übertragen werden soll. Beispiel: Die A & B Gesellschaft bürgerlichen Rechts beabsichtigt, ein Grundstück auf die gesellschafteridentische A & B KG rechtsgeschäftlich zu übertragen. Hier ist die Verpflichtung zur Übertragung des Grundstücks formbedürftig (RGZ 136, 406 h. M.). Für die Grundstücksübertragung selbst ist Auflassung und Eintragung notwendig, §§ 873 Abs. 1, 925 BGB (vgl. Baumbach/Hopt, HGB, 29. Aufl., § 124 Rn. 49). Grunderwerbsteuer fällt auch hier nicht an (§ 6 Abs. 3 GrEStG)".

Laufender Geschäftsbetrieb – Steuerrechtlicher Teil

2.3.3 Umstrukturierung mehrstöckiger GmbH & Co. KG

533 *Lauermann/Protzen*[851] behandeln die Möglichkeiten einer Umstrukturierung mehrstöckiger Personengesellschafterkonzerne, z. B. die Zusammenführung der A GmbH & Co. KG als Tochtergesellschaft mit der B GmbH & Co. KG als Muttergesellschaft; von folgendem Beispiel gehen sie aus:

> **Beispiel:**
>
> An der A GmbH & Co. KG sind als Komplementärin die A GmbH zu 0 % und die B GmbH & Co. KG als Kommanditistin zu 100 % beteiligt. Die A GmbH ist am Gewinn und Verlust der A GmbH & Co. KG nicht beteiligt und erhält lediglich eine Haftungsvergütung und Aufwendungsersatz. Die A GmbH scheidet entschädigungslos aus der A GmbH & Co. KG aus.
>
> In analoger Anwendung des § 738 Abs. 1 Satz 1 BGB wächst das Vermögen der ohne Liquidation aufgelösten A GmbH & Co. KG der B GmbH & Co. KG als verbleibende Gesellschafterin im Wege der Gesamtrechtsnachfolge zu.

Unter ertragsteuerlichen Gesichtspunkten vertreten *Lauermann/Protzen* die Ansicht, dass in analoger Anwendung entweder des § 24 UmwStG oder des § 6 Abs. 3 EStG der steuerneutrale Austritt der A GmbH möglich ist, d. h. die Buchwerte können fortgeführt werden. *Lauermann/Protzen* lassen sich bei ihrer Auffassung von dem Grundgedanken des BFH-Urteils v. 10.3.1998[852] leiten, nach dem im Fall der Anwachsung auf der Ebene der GmbH & Co. KG keine Betriebsaufgabe und auf der Ebene der A GmbH als ausscheidende Gesellschafterin keine Aufgabe des Mitunternehmeranteils vorliegt. Vielmehr ist die Anwachsung als (entgeltliche oder unentgeltliche) Übertragung eines Mitunternehmeranteils zu werten. *Lauermann/Protzen* verkennen jedoch nicht, dass auf den Austritt der A GmbH weder § 24 UmwStG[853] noch § 6 Abs. 3 EStG[854] unmittelbar anwendbar sind. Auch liegt bisher keine bundeseinheitliche Abstimmung der Finanzverwaltung vor, die dem Sinn und Zweck des § 6 Abs. 3 EStG, die Erleichterung des UmwStG für betriebliche Umstrukturierungsmaßnahmen im Einkom-

---

851 Lauermann/Protzen, DStR 2001, S. 647 ff.
852 VIII R 76/96, BStBl 1999 II S. 269.
853 Die A GmbH wird nicht Mitunternehmer der das Unternehmen fortführenden B GmbH & Co. KG.
854 Es wird weder ein Teilbetrieb noch ein Mitunternehmeranteil übertragen.

mensteuergesetz fortzusetzen,[855] Rechnung trägt. In Ermangelung dieser Rechtsgrundlage bietet sich daher die Alternative an – auf die *Lauermann/ Protzen* selbstverständlich hinweisen –, eine (Aufwärts-)Verschmelzung der A GmbH & Co. KG auf die B GmbH & Co. KG gemäß §§ 2, 139 ff. UmwG durchzuführen,[856] auf die steuerrechtlich § 24 UmwStG Anwendung findet.[857]

2.3.4 Überführung von Wirtschaftsgütern in ein anderes Betriebsvermögen oder Übertragung von Wirtschaftsgütern zwischen Mitunternehmern

§ 6 Abs. 5 EStG behandelt die Übertragung und Überführung von einzelnen Wirtschaftsgütern. Details zu dieser Vorschrift ergeben sich aus dem BMF-Schreiben vom 8. Dezember 2011.[858] **Überführung** bedeutet, dass ein Steuerpflichtiger das Wirtschaftsgut von einem Betriebsvermögen in ein anderes überführt, sei es von einem Betrieb in einen anderen, sei es vom Betriebsvermögen in das Sondervermögen oder umgekehrt. Entscheidend ist, dass es sich stets um denselben Steuerpflichtigen handelt. Für diese Fälle gilt die Buchwertfortführung.

Übertragung bedeutet, dass das Wirtschaftsgut von einem Betriebsvermögen bzw. Sonderbetriebsvermögen in das Gesamthandsvermögen der Personengesellschaft (und umgekehrt) oder vom Betriebsvermögen bzw. Sonderbetriebsvermögen eines Mitunternehmens in das Betriebsvermögen oder Sonderbetriebsvermögen eines anderen Mitunternehmens (und umgekehrt) übertragen wird. Hier ist – auch wenn die Übertragung unentgeltlich erfolgt – der Teilwert anzusetzen.

Nach § 6 Abs. 5 Satz 1 und 2 EStG müssen einzelne Wirtschaftsgüter mit dem Buchwert angesetzt werden, wenn sie aus einem (Sonder-) Betriebsvermögen aus einem anderen Betriebs- oder Sonderbetriebsvermögen desselben Steuerpflichtigen überführt werden, sofern die Besteuerung der

534

535

---

855 Siehe Gesetzesbegründung BT-Drucks. 14/265, S. 173.
856 Lauermann/Protzen weisen darauf hin, dass diese Alternative „von der vertraglichen Dokumentation her deutlich aufwendiger und wegen der registerrechtlichen Vorgaben zeitintensiver ist sowie unter Umständen nicht unerhebliche Notarkosten verursachen kann".
857 Siehe BMF, Schreiben v. 25.3.1998, Textziffer 24.01, BStBl 1998 I S. 268; so auch die Literatur: Haritz/Benkert-Schlüßer, UmwStG, § 24 Rn. 67; Wochinger/Dötsch, DB 1994, Beilage Nr. 14, 32; Rödder, DStR 1995, S. 322.
858 IV C 6 – S 2241/10/10002, BStBl I S. 1279.

stillen Reserven sichergestellt ist. Dabei ist es unerheblich, ob das zu überführende Wirtschaftsgut ein Wirtschaftsgut des Anlage- oder Umlaufvermögens ist. Das zu überführende Wirtschaftsgut kann auch eine wesentliche Betriebsgrundlage des abgebenden Betriebsvermögens sein. Bei der Überführung von Wirtschaftsgütern ist die gleichzeitige Übernahme von Wirtschaftsgütern unschädlich.

Nach § 6 Abs. 5 Satz 3 Nur. 1 bis 3 EStG müssen einzelne Wirtschaftsgüter mit dem Buchwert angesetzt werden, wenn diese
- aus dem Betriebsvermögen des Mitunternehmers in das Gesamthandsvermögen einer Mitunternehmerschaft und umgekehrt gegen Gewährung oder Minderung von Gesellschaftsrechten oder unentgeltlich (Nr. 1),
- aus dem Sonderbetriebsvermögen eines Mitunternehmers in das Gesamthandsvermögen derselben Mitunternehmerschaft und umgekehrt gegen Gewährung oder Minderung von Gesellschaftsrechten oder unentgeltlich (Nr. 2),
- aus dem Sonderbetriebsvermögen eines Mitunternehmers in das Gesamthandsvermögen bei einer anderen Mitunternehmerschaft, an der er beteiligt ist, und umgekehrt gegen Gewährung oder Minderung von Gesellschaftsrechten oder unentgeltlich (Nr. 2),
- unentgeltlich aus einem Sonderbetriebsvermögen eines Mitunternehmers in das Sonderbetriebsvermögen eines anderen Mitunternehmers bei derselben Mitunternehmerschaft (Nr. 3),

übertragen werden.

Zur Problematik der Gewinnrealisierung bei Übertragung eines Wirtschaftsguts zwischen beteiligungsidentischen **Schwestergesellschaften** nimmt das BMF mit Schreiben vom 29.10.2010[859] wie folgt Stellung:

„Der IV. Senat des BFH hat in seinem Beschluss vom 15. April 2010 – IV B 105/09 – BStBl 2010 II S. 971 entschieden, dass es ernstlich zweifelhaft sei, ob die Übertragung eines Wirtschaftsguts des Gesamthandsvermögens einer Personengesellschaft auf eine beteiligungsidentische Schwesterpersonengesellschaft zur Aufdeckung stiller Reserven führt. Die Ausführungen des IV. Senats zur Begründung dieses Beschlusses stehen nicht im Einklang mit dem Wortlaut des Gesetzes und widersprechen dem Urteil des I. Senats vom 25. November 2009 BStBl 2010 II S. 471 und der Verwaltungsauffassung.

---

[859] IV C 6 – S 2241/10/10002, DB 2010 S. 2473

Unter die Übertragung von Wirtschaftsgütern nach § 6 Absatz 5 Satz 3 Nummer 2 EStG fällt ausschließlich die Übertragung zwischen dem Sonderbetriebsvermögen eines Mitunternehmers in das Gesamthandsvermögen derselben oder einer anderen Mitunternehmerschaft, an der der Mitunternehmer beteiligt ist, oder die umgekehrte Übertragung. Die unmittelbare Übertragung von einzelnen Wirtschaftsgütern zwischen den Gesamthandsvermögen von Schwesterpersonengesellschaften stellt hingegen keinen Anwendungsfall des § 6 Absatz 5 Satz 3 Nummer 2 EStG dar und ist somit nicht zu Buchwerten zulässig. Ein Analogieschluss dahingehend, dass eine steuerneutrale Übertragung von Wirtschaftsgütern auch in diesem Fall möglich sein müsse, weil die stillen Reserven auch in diesem Fall in einem inländischen Betriebsvermögen verbleiben, ist für die Übertragung von einzelnen Wirtschaftsgütern zwischen den Gesamthandsvermögen von Schwesterpersonengesellschaften nicht zulässig, da dies eine planwidrige Unvollständigkeit des Gesetzes voraussetzen würde, die nach dem Willen des historischen Gesetzgebers nicht gegeben ist. Dies gilt auch für beteiligungsidentische Schwesterpersonengesellschaften.

Der Gleichheitsgrundsatz ist ebenfalls nicht verletzt, da es im deutschen Steuerrecht keinen allgemeinen Grundsatz gibt, der eine gewinnneutrale Übertragung zulässt oder vorschreibt, soweit die Besteuerung der stillen Reserven im Inland sichergestellt ist".

2.3.5 GmbH & Co. KG als ein Gestaltungsmittel zur Vermeidung der Rechtsfolgen des § 8a KStG

Nach § 8a Abs. 1 KStG werden Vergütungen (Zinszahlungen) für von einem Gesellschafter (oder einem ihm nahestehenden Dritten) gegebenes Fremdkapital (Darlehen) in eine verdeckte Gewinnausschüttung umqualifiziert, soweit ein nach dem anteiligen Eigenkapital des Gesellschafters an der Kapitalgesellschaft zu berechnendes zulässiges Fremdkapital überschritten wird und ein Drittvergleich nicht gelingt und es sich nicht um eine Mittelaufnahme zur Finanzierung banküblicher Geschäfte handelt. Gemäß § 8a Abs. 5 KStG treten die Rechtsfolgen des § 8a Abs. 1 KStG auch dann ein, wenn das Fremdkapital einer Personengesellschaft überlassen wird, an der die Kapitalgesellschaft alleine oder zusammen mit ihr nahestehenden Personen i. S. d. § 1 Abs. 2 AStG mit mehr als 25 % beteiligt ist.

536

Im Fall einer typischen GmbH & Co. KG, bei der die Kommanditisten zugleich Gesellschafter der Komplementär-GmbH sind, kann man die

Auffassung vertreten, dass bei einer Null-Beteiligung der Komplementär-GmbH durch die Qualifizierung der Kommanditisten als nahestehende Personen zur Komplementär-GmbH eine Beteiligung von mehr als 25 % zu bejahen ist, was zur Anwendung des § 8a Abs. 4 KStG führt.[860]

537 Der Gutachtendienst der GmbH-Centrale,[861] vertritt die Auffassung, „dass bei der klassischen' GmbH & Co. KG die Vorschrift des § 8a Abs. 5 KStG der teleologischen Reduktion bedarf. Sinn und Zweck der Regelung des § 8a KStG besteht darin, steuerliche Abwehrmechanismen in den Fällen zu schaffen, in denen eine Kapitalgesellschaft durch übermäßige Fremdfinanzierung durch ihre wesentlich beteiligten Anteilseigner die erzielten Gewinne vollumfänglich oder in erheblichem Umfang der Körperschaftsteuer entzogen werden, indem an die Anteilseigner statt einer Dividende Fremdkapitalvergütungen gezahlt werden. § 8a Abs. 5 KStG will die Umgehung des vorgenannten Schutzgedankens verhindern, die darin besteht, dass die Gesellschafter-Fremdfinanzierung über eine der Kapitalgesellschaft nachgeschalteten Personengesellschaft erfolgt. Eine GmbH aber, bei der die Funktion der Haftungsbegrenzung und nicht die Beteiligung im Vordergrund steht, dient nicht der Umgehung des Schutzgedankens des § 8a Abs. 1 KStG. Dies trifft für die typische Gestaltung der GmbH & Co. KG zu, bei der die Komplementär-GmbH i.d.R. nicht oder nur völlig unwesentlich beteiligt ist, deren Aufgabe erkennbar nur in der Haftungsbegrenzung der Gesellschafter besteht. So wird auch von *Pung/Dötsch*, Die Körperschaftsteuer, § 8a n.F. Rz. 482 angenommen, dass die Haftung der Komplementär- GmbH nur dann zu einer Anwendung des § 8a Abs. 5 KStG führe, wenn die Komplementär-GmbH Anteilseigner oder nahestehende Person der Mitunternehmer- Kapitalgesellschaft ist".

Demzufolge ist ein Gestaltungsmittel zur Vermeidung der Rechtsfolgen des § 8a KStG die Auslagerung von bankfinanzierten Immobilieninvestitionen in eine GmbH & Co. KG; hierzu ein Beispiel von *Bitz*:[862]

---

860 Derartige auf den Wortlaut des § 8a Abs. 5 KStG abstellende Überlegungen stellt Wacker in DStR 2004, S. 1066 (1071) an, lässt die Thematik jedoch offen.
861 GmbHR 2004, S. 1461/1462.
862 Bitz, Auslagerung von Investitionen und dazu gehörender Fremdfinanzierung in eine GmbH & Co. KG zur Vermeidung von § 8a KStG im Mittelstand, GmbHR 2004, S. 789.

> **Beispiel:**
>
> „Steht der kreditfinanzierte Erwerb einer Betriebsimmobilie an und wäre auf die Vergütungen für die Fremdfinanzierung wegen einer von der Bank geforderten privaten Bürgschaft des/der Gesellschafter § 8a KStG anwendbar, so könnte die Immobilie statt von der Kapitalgesellschaft von der hierzu eigens gegründeten GmbH & Co. KG gebaut bzw. erworben und an die GmbH verpachtet werden. Die Fremdfinanzierung und die entsprechenden Vergütungen fielen dann bei vergleichbarer Haftungssituation in einer Personengesellschaft an und wären von § 8a KStG nicht betroffen. Hierdurch würde zugleich möglicherweise eine Betriebsaufspaltung entstehen. Wird dieses Instrument auch für die Finanzierung beweglichen Anlagevermögens verwandt, so ist auf die Hinzurechnung nach § 9 Nr. 4 GewStG zu verweisen, die zu gewerbesteuerlichen Nachteilen bei Pachtzinsen oberhalb von 125.000 EUR führt (Hinzurechnung der Pachtzinsen bei der pachtenden Kapitalgesellschaft und Kürzung des Gewerbeertrags bei der verpachtenden GmbH & Co. KG, allerdings dort ohne Auswirkung, weil die bei der GmbH & Co. KG anfallende Gewerbesteuer auf die Einkommensteuer der Gesellschafter anzurechnen ist, soweit es sich bei diesen um natürliche Personen handelt)."

3 Gewerbesteuer

3.1 Kommanditgesellschaft

3.1.1 Geprägegrundsatz

Nach § 2 Abs. 1 Satz 2 GewStG ist ein Gewerbebetrieb ein gewerbliches Unternehmen i. S. d. EStG – d. h., die gesetzliche Verankerung der Geprägerechtsprechung in § 15 Abs. 3 EStG schlägt voll auf die Gewerbesteuer durch. Die Tätigkeit einer GmbH & Co. KG stellt selbst bei reiner Vermögensverwaltung einen Gewerbebetrieb dar, wenn die geschäftsführende GmbH der alleinige Komplementär ist.

3.1.2 Beginn der Gewerbesteuerpflicht

539 Die Geprägegrundsätze stellen die GmbH & Co. KG der Kapitalgesellschaft insoweit gleich, als sie gewerbliche Einkünfte bezieht. Im Urteil v. 26.3.1985[863] ließ es der BFH offen, ob sich aus dieser Rechtsprechung die Folgerung ziehen lässt, dass auch in der Frage des Beginns der sachlichen Gewerbesteuerpflicht die GmbH & Co. KG einer Kapitalgesellschaft gleichzustellen ist. Aus der Begründung zum BFH-Urteil v. 17.4.1986[864] ergibt sich jedoch, dass eine GmbH & Co. KG sowohl hinsichtlich des Beginns als auch des Endes der Gewerbesteuerpflicht nicht einer Kapitalgesellschaft gleichgestellt werden kann. Das bedeutet für die GmbH & Co. KG, dass für den Beginn der gewerblichen Betätigung nicht mehr lediglich die Eintragung im Handelsregister entscheidend sein kann, sondern die allgemeinen, auch für die übrigen Personengesellschaften geltenden Grundsätze anzuwenden sind. Hiernach beginnt die Gewerbesteuerpflicht bei Einzelgewerbetreibenden wie bei Personengesellschaften (z. B. OHG und KG) erst in dem Zeitpunkt, in dem alle Voraussetzungen vorliegen, die die Annahme eines Gewerbebetriebs rechtfertigen, d. h. in dem der Betrieb erstmals in Gang gesetzt, also eröffnet worden ist. Bloße Vorbereitungshandlungen, wie das Anmieten eines Geschäftslokals, die Errichtung eines Fabrikgebäudes oder der Bau eines Hotels, mit dessen Betrieb erst nach Fertigstellung begonnen wird, begründen dagegen die Gewerbesteuerpflicht noch nicht. Bei einem in der Rechtsform einer GmbH & Co. KG betriebenen Ein-Schiff-Unternehmen beginnt demzufolge die Gewerbesteuerpflicht nicht vor Ablieferung des Schiffs an die KG.

Bei einer gewerblich geprägten GmbH & Co. KG führt eine bloße Vermögensverwaltung als solche nicht zur Erzielung von Einkünften aus Gewerbebetrieb; die gewerbliche Prägung setzt erst mit der Eintragung der GmbH & Co. KG in das Handelsregister ein.[865]

Durch das Unternehmensteuerreformgesetz ist ab dem Veranlagungszeitraum 2008 die Gewerbesteuer gemäß § 4 Abs. 5b EStG keine Betriebsausgabe mehr.

---

863 VIII R 260/81, BStBl 1985 II S. 433.
864 IV R 100/84, BStBl 1986 II S. 527; bestätigt durch BFH-Urteil v. 30.8.2012, IV R 54/10: „Die sachliche Gewerbesteuerpflicht beginnt erst, wenn alle tatbestandlichen Voraussetzungen eines Gewerbebetriebes erfüllt sind. Dies gilt für Personengesellschaften unabhängig von der Rechtsform ihrer Gesellschafter."
865 Siehe BFH, Urteil v. 2.3.2011, II R 5/09, BFH/NV 2011 S. 1147 unter III.8.b.

Zur Kompensation wird die Anrechnung der Gewerbesteuer auf die Einkommensteuer nach § 35 EStG vom 1,8fachen auf das 3,8fache des Messbetrages erhöht (maximaler Anrechnungsbetrag damit 3,8 × 3,5 = 13,3 % des Gewerbeertrages), beschränkt auf die tatsächlich gezahlte Gewerbesteuer.

Auch entfällt ab 2008 der Staffeltarif nach § 11 Abs. 2 GewStG. Unverändert bleibt der weiterhin zur Anwendung gelangende Freibetrag von 24.500 EUR.

Die Gewerbekapitalsteuer ist mit Wirkung vom Erhebungszeitraum 1998 an entfallen.

3.1.3 Einheitliche Feststellung des Gewinns

3.1.3.1 Grundsätzliches

Die einheitliche Feststellung des Gewinns der GmbH & Co. KG ist für die Gewerbeertragsteuer ebenfalls maßgebend. Der Gewinn ist jedoch um die Hinzurechnungen (§ 8 GewStG) zu erhöhen und um die Kürzungen (§ 9 GewStG) zu verringern. 540

Gemäß vorstehendem Gepräegrundsatz ist auch eine grundstücksverwaltende GmbH & Co. KG per se ein Gewerbebetrieb. Die gewerbesteuerliche Mehrbelastung wird jedoch durch die erweiterte Kürzung des Gewerbeertrags gem. § 9 Abs. 1 Satz 2 – 5 GewStG nennenswert vermindert. Diese erweiterte Kürzung ist jedoch dann ausgeschlossen, wenn die Grenze der Vermögensverwaltung durch Grundstücksverkauf – mehr als drei, siehe sog. Drei-Objekt-Grenze, überschritten wird und die vermögensverwaltende GmbH & Co. KG damit zum gewerblichen Grundstückshändler wird.[866] Zu der Frage, ob dieser gewerbliche Grundstückshandel wieder beendet werden kann, ohne die GmbH & Co. KG als solche komplett aufzulösen, vertritt Klare[867] die Auffassung, dass dies möglich ist, wenn

---

866 Anstelle der erweiterten Kürzung des Gewerbeertrags greift dann nur die Kürzung des § 9 Nr. 1 Satz 1 GewStG für den zum Betriebsvermögen gehörenden Grundbesitz.
867 Die Beendigung des gewerblichen Grundstückshandels ohne Betriebsaufgabe einer grundstücksverwaltenden GmbH & Co. KG, DB 2012, S. 1835 ff.

dem Finanzamt gegenüber eine Betriebsaufgabeerklärung[868] abgegeben wird und ein veräußerungsfreier Zeitraum i. d. R. von 5 Jahren ab dem Zeitpunkt der Veräußerung des letzten Objekts gegeben ist.

Mit der Änderung des § 10a GewStG durch das JStG 2007 ist die Verwaltungsauffassung, dass der allgemeine Gewinnverteilungsschlüssel im Entstehungsjahr des gewerbesteuerlichen Fehlbetrags **(Gewerbeverlust)** Maßstab für die Ermittlung des dem einzelnen Mitunternehmer zuzurechnenden Anteils ist, gesetzlich festgeschrieben worden. Kommt es in Jahren mit einem positiven Gewerbeertrag bei der Mitunternehmerschaft zu einer Minderung durch Fehlbeträge, so vermindern sich die den einzelnen Mitunternehmern zuzurechnenden Fehlbeträge entsprechend ihrem nach dem allgemeinen Gewinnverteilungsschlüssel im Abzugsjahr zu bemessenden Anteil am Gewerbeertrag. Dabei ist der Höchstbetrag nach § 10a Satz 1 GewStG entsprechend dem Gewinnverteilungsschlüssel im Abzugsjahr anteilig bei den einzelnen Gesellschaftern zu berücksichtigen.

Halten die Kommanditisten gleichzeitig Anteile der persönlich haftenden GmbH, so stellen die daraus fließenden Erträge keine privaten Einkünfte aus Kapitalvermögen, sondern als Sonderbetriebseinnahmen Einkünfte aus Gewerbebetrieb dar.[869] Die Erträge sind also nicht als Erträge aus Kapitalvermögen (mit einer Werbungskostenpauschale und dem Sparerfreibetrag), sondern als Einkünfte aus Gewerbebetrieb steuerlich zu erfassen. Gewerbesteuerlich ergeben sich keine Auswirkungen, da die Gewinne nach § 9 Nr. 2a GewStG gekürzt werden.

Liegt bei einer GmbH & Co. KG und einer natürlichen Person ein **verdecktes Gesellschaftsverhältnis** vor, so ist der Gewerbesteuer- oder Gewerbesteuermessbescheid nicht an die Innengesellschaft, sondern an die GmbH & Co. KG als Steuerschuldnerin zu adressieren.[870]

---

868 Nach dem BFH-Urteil: BFH, Beschluss v. 7.6.2005, X B 140/04, BFH/NV 2005 S. 1794 kann gewerblicher Grundstückshandel auch durch „endgültige Einstellung der Verkaufstätigkeiten" beendet werden, d. h. die GmbH & Co. KG teilt ihrem Finanzamt mit, dass sich ihre Unternehmenstätigkeit geändert hat, der Verkauf ist aufgegeben, es erfolgt nur eine Vermietung.
869 Vgl. BFH, Urteil v. 15.10.1975, I R 16/73, BStBl 1976 II S. 188; BFH, Urteil v. 5.12.1979, IR 184/76, DB 1980 S. 428.
870 Siehe BFH, Urteil v. 16.12.1997, VIII R 32/90, DB 1998, 1442. Auch bei einer atypisch stillen Gesellschaft kommt als Steuerschuldner der GmbH nur der tätige Gesellschafter, d.h. der Inhaber des Handelsgeschäfts in Betracht; der atypisch stille Gesellschafter ist nicht subjektiv gewerbesteuerpflichtig.

3.1.3.2 Geschäftsführergehälter

Hinsichtlich der Geschäftsführergehälter und der Vergütungen, die der GmbH von der GmbH & Co. KG für ihre Geschäftsführung gewährt werden, gelten im Wesentlichen die gleichen Grundsätze wie bei der Einkommensteuer. Nach dem BFH-Urteil v. 26.1.1968[871] gilt § 15 Abs. 1 Satz 1 Nr. 2 EStG auch bei der Ermittlung des Gewerbeertrags. Daher sind die Vergütungen der Geschäftsführer einer GmbH, welche die Geschäfte einer GmbH & Co. KG führt, deren einziger Komplementär sie ist, auch gewerbesteuerrechtlich dem Gewinn der GmbH & Co. KG zuzurechnen. Zahlt eine GmbH & Co. KG „an ihre Gesellschafter Bezüge, so gehören diese zum Gesamtgewinn und sind Vorweggewinnanteile der empfangenden Gesellschafter ..." Die formal der GmbH erbrachten Dienstleistungen sind wirtschaftlich der KG geleistet. Sie müssen ebenso behandelt werden wie die Unternehmerleistung des Geschäftsführers (Kommanditisten) bei einer ‚normalen' KG. Die Bezüge müssen deshalb dem Geschäftsführer in seiner Eigenschaft als Gesellschafter der KG zugerechnet werden.[872] Das BFH-Urteil v. 26.1.1968 ist durch das BFH-Urteil v. 14.12.1978[873] ausdrücklich bestätigt worden. Der BFH stellte fest, es verstoße nicht gegen das Grundgesetz, dass Vergütungen für die geschäftsführende Tätigkeit eines Gesellschafters bei einer Personengesellschaft als Gewerbeertrag behandelt werden. Erhält also bei einer GmbH & Co. KG ein Kommanditist, der zugleich Geschäftsführer der Komplementär-GmbH ist, für seine Tätigkeit als Geschäftsführer der GmbH eine Vergütung, so unterliegt diese Vergütung der Gewerbeertragsteuer.

541

Tätigt die GmbH eigene Geschäfte, die ins Gewicht fallen und von der Tätigkeit der KG abgrenzbar sind, so stellt der auf die Tätigkeit des Geschäftsbereiches der GmbH entfallende Teil der Geschäftsführerbezüge eine Gehaltszahlung der GmbH dar und rechnet zu den Einkünften des Geschäftsführers aus nichtselbständiger Arbeit. Dieser Teil unterliegt nicht der Gewerbesteuer bei der GmbH & Co. KG.

3.1.3.3 Verdeckte Gewinnausschüttungen

Aus der Annahme einer verdeckten Gewinnausschüttung ergeben sich keine Auswirkungen auf den Gewerbeertrag der GmbH & Co. KG. Denn

542

---

871 VI R 129/66, BStBl 1968 II S. 369.
872 BFH, Urteil v. 26.1.1968, BStBl 1968 II S. 369.
873 IV R 98/74, BStBl 1979 II S. 284.

gewerbesteuerlich muss beachtet werden, dass nach § 9 Nr. 2a GewStG die verdeckten Gewinnausschüttungen von der GmbH an die Kommanditisten wieder zu kürzen sind, so dass per Saldo nur der Handelsbilanzgewinn der GmbH & Co. KG der Gewerbesteuer unterliegt.

3.1.4 Mehrere Gewerbebetriebe bei einer GmbH & Co. KG

543 Die Tätigkeit einer GmbH & Co. KG bildet grundsätzlich gewerbesteuerrechtlich einen einzigen Gewerbebetrieb. Sachlich gewerbesteuerpflichtig sind die Mitunternehmer, unabhängig von ihrer dinglichen Beteiligung am Gesellschaftsvermögen.

Zu den Gesellschaftern, die als Mitunternehmer anzusehen sind, gehören auch die **atypisch stillen Gesellschafter**: Hier kann es sein, dass die unter der Firma der GmbH & Co. KG ausgeübten Tätigkeiten gewerbesteuerlich nicht einen einzigen, sondern mehrere Gewerbebetriebe bilden. Nach dem BFH-Urteil vom 6.12.1995[874] ist zu unterscheiden:

Ist der Zweck der atypisch stillen Gesellschaften jeweils darauf gerichtet, die gesamten unter der Firma der GmbH & Co. KG ausgeübten gewerblichen Tätigkeiten gemeinsam (als Mitunternehmer) zusammen mit der GmbH & Co. KG auszuüben, so sind die jeweiligen Tätigkeiten identisch. Das schließt es aus, sie in mehrere Gewerbebetriebe aufzuspalten. Für einen derartigen Fall in Bezug auf den Freibetrag gemäß § 11 Abs. 1 GewStG für Personengesellschaften auch nur ein Gewerbebetrieb.

Sind die den einzelnen atypisch stillen Gesellschaften und der GmbH & Co. KG zuzuordnenden gewerblichen Tätigkeiten nicht identisch, z. B. weil die atypisch stillen Gesellschafter nur an bestimmten Geschäften oder jeweils nur an einem bestimmten Geschäftsbereich des Handelsgewerbes beteiligt sind, so führt diese nur dann zur Annahme eines eigenständigen Gewerbebetriebs (mit der Folge, dass der Freibetrag nach § 11 Abs. 1 Nr. 1 GewStG mehrfach in Anspruch genommen werden kann), wenn der betroffene Geschäftsbereich von den weiteren Tätigkeitsfeldern des Unternehmens hinreichend sachlich abgegrenzt ist.[875]

---

874 I R 109/94, BStBl 1998 S. 685.
875 BFH-Urteil v. 23.4.2009, IV R 73/06, BStBl 2010 II S. 40.

3.2 Komplementär-GmbH

Die Komplementär-GmbH ist kraft ihrer Rechtsform ohne Rücksicht darauf, ob ein Gewerbebetrieb vorliegt, auch wenn sie z. B. nur als Geschäftsführer tätig ist, gewerbesteuerpflichtig. Ihr Gewerbeertrag ist gemäß § 9 Nr. 2 GewStG um den bei der GmbH & Co. KG festgestellten Gewinn zu kürzen. Umgekehrt ist der Anteil der Komplementär-GmbH am Verlust der GmbH & Co. KG dem gewerbesteuerpflichtigen Ertrag der GmbH wieder hinzuzurechnen (§ 8 Nr. 8 GewStG). 544

Hat die GmbH sonst keine Einkünfte, so ist sie insoweit gewerbeertragsteuerfrei.

Unterhält die Komplementär-GmbH einen eigenen Geschäftsbetrieb, so kann sie die erweiterte Gewerbesteuerkürzung nach § 9 Nr. 1 Satz 2 GewStG nicht in Anspruch nehmen, da ihre Geschäftsführungs- und Vertretungstätigkeit für die GmbH & Co. KG eine i. S. v. § 9 Nr. 1 Satz 2 GewStG „schädliche" Betätigung ist.[876]

4 Vermögensbesteuerung

Die Landesregierungen Rheinland-Pfalz, Nordrhein-Westfalen, Hamburg und Baden-Württemberg haben folgende Vorstellungen zur „Wiederbelebung" der **Vermögensteuer ab 2012:**[877] Die Steuer ist als Jahressteuer konzipiert, festgesetzt nach den Verhältnissen zum 1.1. jedes Jahres. Unbeschränkt vermögensteuerpflichtig sind Personen mit Wohnsitz oder gewöhnlichem Aufenthalt im Inland. Eheleute werden grundsätzlich zusammen veranlagt, solange sie keine Einzelveranlagung beantragen. Kinder werden unabhängig von den Eltern einzeln veranlagt. 545

---

876 BFH-Urteil v. 17.10.2002, I R 24/01, BStBl 2003 II, S. 365: „Das Halten einer Beteiligung als persönlich haftender Gesellschafter an einer grundstücksverwaltenden Personengesellschaft verstößt unabhängig vom Umfang der Beteiligung und der daraus erzielten Einkünfte gegen das Ausschließlichkeitsgebot des § 9 Nr. 1 Satz 2 GewStG (Anschluss an das Senatsurteil v. 22.1.1992 IR 61190, BFHE 167, 144 BStBl 1992 II S. 628)."
877 Nachfolgend ein Auszug aus dem Beitrag von Hänselmann, Vermögensteuer 2014 – Erste Vorschläge zur Wiederbelebung der Vermögensteuer DStR 2012 S. 1677-1680.

Laufender Geschäftsbetrieb – Steuerrechtlicher Teil

Die Vermögensteuer beträgt jährlich 1 % des steuerpflichtigen Vermögens. Bei natürlichen Personen bleiben 2 Mio. EUR (bei Zusammenveranlagten 4 Mio. EUR) des Vermögens steuerfrei. Nach der in § 9 Abs. 2 E-VStG 2014 vorgesehenen Kappungsregelung vermindert sich der Freibetrag von 2 Mio. EUR auf einen sog. Sockelfreibetrag von 500.000 EUR, wenn der Wert des Gesamtvermögens 2 Mio. EUR übersteigt. Dann wird der Freibetrag um 50 % des Betrags gemindert, um den das Gesamtvermögen den Freibetrag von 2 Mio. EUR überschreitet. Damit beträgt der Regelfreibetrag bei Vermögen über 5 Mio. EUR faktisch 500.000 EUR. Vermögensteuerpflichtig **sind natürliche Personen** und Körperschaften. Das Betriebsvermögen von Einzelunternehmen und **Personengesellschaften ist (im letztgenannten Fall anteilig)** auf der Ebene des betreffenden Unternehmers bzw. Gesellschafters zu versteuern. Kapitalgesellschaften und andere Körperschaften sind selbst unbeschränkt vermögensteuerpflichtig; der Vermögensteuersatz beträgt 1 %. Die Vermögensteuer wird jedoch nur erhoben, wenn das steuerpflichtige Vermögen mindestens 200.000 EUR beträgt.

Die **Bewertung** richtet sich wie beim Erbschaftsteuergesetz (§ 12 Abs. 1 ErbStG) nach den allgemeinen Vorschriften des Bewertungsgesetzes, d.h. nach den §§ 1 bis 16 BewG (§ 7 Abs. 1 E-VStG 2014). Dementsprechend ist bei den Bewertungen **grundsätzlich der gemeine Wert zugrunde zu legen**. Zur Vermeidung einer doppelten Besteuerung auf Gesellschafts- und Gesellschafterebene sieht das E-VStG 2014 ein sog. Halbvermögensverfahren vor. Dabei wird sowohl das Vermögen der Kapitalgesellschaft (für die Vermögensbesteuerung der Gesellschaft) als auch der Wert der Anteile an der Kapitalgesellschaft (für die Vermögensbesteuerung der Gesellschafter) jeweils zur Hälfte angesetzt.

5 Umsatzsteuer

5.1 Kommanditgesellschaft

5.1.1 Grundsätzliches

Umsatzsteuerlich ist die GmbH & Co. KG im Verhältnis zu ihren Gesellschaftern ein selbständiges Rechtssubjekt. Nach der Darstellung des BFH im Urteil v. 27.11.1952[878] kann eine OHG (und damit eine KG) ein Rechtsgeschäft umsatzsteuerlicher Auswirkung sowohl mit einem ihrer Gesellschafter abschließen als auch mit der Gesamtheit ihrer Gesellschafter. Das hat zur Voraussetzung, dass der Gesellschafter oder die Gesamtheit der Gesellschafter außerhalb der Gesellschaft dieser gegenüberstehen. Umsatzsteuerlich sind also die Gesellschaft und die Gesamtheit ihrer Gesellschafter nicht ohne weiteres identisch.

546

Da es möglich ist, dass die GmbH & Co. KG mit ihren Gesellschaftern umsatzsteuerlich in einen normalen Leistungsaustausch treten kann, finden für solche Fälle die allgemeinen Vorschriften des Umsatzsteuerrechts Anwendung. Umsatzsteuerpflichtig sind somit z.B. die der GmbH zufließenden Entgelte aus der miet- oder pachtweisen Zurverfügungstellung von Vermögenswerten an die GmbH & Co. KG, wobei allerdings die Befreiungsvorschriften des § 4 UStG Anwendung finden können, z. B. wenn es sich um die Vermietung oder Verpachtung von Grundstücken handelt.[879]

5.1.2 Vergütung für die Geschäftsführung, Haftungsvergütung

Mit Urteil v. 17.7.1980[880] hat der BFH entschieden, dass die Führung der Geschäfte einer Personengesellschaft sowie deren Vertretung durch eine GmbH, welche ihre einzige geschäftsführende persönlich haftende Gesellschafterin ist, keine gegenüber einer anderen Person erbrachte Leistung darstelle, unabhängig davon, ob eine gewinnabhängige oder gewinnunabhängige Geschäftsführungsvergütung oder nichts gezahlt wird. Die Führung der Geschäfte einer Personenhandelsgesellschaft sei nämlich eine auf

547

---

878 V 80/51 S, BStBl 1953 III S. 44.
879 Für weitere Einzelheiten vgl. Bichel, StBp 1973, S. 14-16.
880 V R 5/72, BStBl 1980 II S. 622.

die Verfolgung des Gesellschaftszwecks gerichtete Tätigkeit für die Gesellschaft.[881]

548 Mit Urteil v. 6.6.2002[882] hat der BFH diese Rechtsprechung aufgegeben, da vorstehende Betrachtungsweise nicht mehr – auch gemeinschaftsrechtlich – mit den anerkannten Voraussetzungen für die Annahme eines Leistungsaustausches im Einklang steht. Ein Leistungsaustausch setzt lediglich voraus, dass ein Leistender und ein Leistungsempfänger vorhanden sind und der Leistung eine Gegenleistung (Entgelt) gegenübersteht, also ein unmittelbarer Zusammenhang zwischen Leistung und Gegenleistung besteht. Ob der Gesellschafter bei der Führung der Geschäfte einer Personengesellschaft zugleich auch Mitgliedschaftsrechte ausübt, ist mithin nicht erheblich, wenn er dafür ein Entgelt erhält. Für die umsatzsteuerrechtliche Behandlung von Leistungen der Gesellschafter an die Gesellschaft ist daher entscheidend, ob es sich um Leistungen handelt, die als Gesellschafterbeitrag durch die Beteiligung am Gewinn und Verlust der Gesellschaft abgegolten werden oder um Leistungen, die gegen (Sonder-)Entgelt ausgeführt werden und damit auf einen Leistungsaustausch gerichtet sind. Zudem müssen die Leistungen selbständig ausgeführt werden. Steuerbare entgeltliche Leistungen i. S. d. § 1 Abs. 1 Nr. 1 UStG sind gegeben, wenn sie auf konkreten Leistungsbeziehungen eines Gesellschafters zur Gesellschaft beruhen und auf den Austausch der Leistungen des Gesellschafters gegen Entgelt gerichtet sind. Sonderentgelte liegen bei gewinnunabhängigen Festvergütungen und Umsatzbeteiligungen vor, aber auch bei einer bloßen Kostenerstattung. Ein Sonderentgelt kann auch ein Vorabgewinn sein für den Fall, dass dieser gezahlt wird, unabhängig davon, ob die Gesellschaft einen Gewinn oder Verlust erzielt.

549 Zur Problematik der Umsatzsteuerpflicht von Geschäftsführungsleistungen gegenüber einer Gesellschaft hat das BMF mit Schreiben vom 31.5.2007[883] Stellung genommen. Speziell für die GmbH & Co. KG gilt Folgendes: Zu unterscheiden sind zwei Ebenen, die Ebene der KG und die Ebene der GmbH.

Auf der Ebene der KG ist zu prüfen, ob die Komplementär-GmbH für ihre Dienste eine Gewinnbeteiligung oder ein Sonderentgelt erhält. Erhält sie ein Sonderentgelt ist dann zu prüfen, ob die Komplementär-GmbH selbst-

---

881 So ausdrücklich der BFH in der Begründung zu seinem Urteil v. 17.7.1980, V R 5/72, BStBl 1980 II S. 622.
882 BFH, Urteil v. 6.6.2002, V R 43/01, BStBl 2003 II S. 36.
883 IV A 5 – S 7100/07/0031 – Dok 2007/0222008, BStBl 2007 I 503.

ständig ist. Nach Auffassung des BMF[884] wird eine Komplementär-GmbH, die als Gesellschafter Geschäftsführungs- und Vertretungsleistungen an die KG erbringt, insoweit grundsätzlich selbstständig tätig. Das Weisungsrecht der Gesellschafterversammlung der KG gegenüber der GmbH als Geschäftsführer führt nicht zur Unselbstständigkeit.[885]

Beispiel:

Die Komplementär-GmbH einer GmbH & Co. KG erbringt Geschäftsführungs- und Vertretungsleistungen gegen Sonderentgelt an die KG. Der Kommanditist dieser KG ist gleichzeitig Geschäftsführer der Komplementär- GmbH.

Die Komplementär-GmbH ist mit ihren Geschäftsführungs- und Vertretungsleistungen selbstständig tätig. Diese werden von der Komplementär-GmbH an die KG im Rahmen eines umsatzsteuerbaren Leistungsaustausches erbracht, auch wenn z. B. die Vergütung unmittelbar an den Geschäftsführer der Komplementär-GmbH gezahlt wird.

Auch wenn die Komplementär-GmbH ihre Aufwendungen für den (Kommanditisten)Geschäftsführer von der KG ersetzt erhält, stellt dieser Aufwendungsersatz eine Sondervergütung dar. Die Folge ist, dass die Komplementär-GmbH diesen Aufwendungsersatz der KG mit gesondertem Umsatzsteuerausweis in Rechnung zu stellen hat.[886]

Die Tätigkeit der Komplementär-GmbH – so führt das BFM weiter aus – wird nur dann nicht selbständig ausgeübt, wenn die Komplementär-GmbH im Rahmen einer Organschaft nach § 2 Abs. 2 Nr. 2 UStG in ein anderes Unternehmen eingegliedert ist. Bei der sog. Einheits-GmbH & Co. KG, bei der die KG Alleingesellschafterin ihrer eigenen Komplementär-GmbH ist, kann die GmbH als Organgesellschaft in die KG eingegliedert sein, da die KG aufgrund ihrer Gesellschafterstellung sicherstellen kann, dass ihr Wille auch in der GmbH durchgesetzt wird. Dies wird auch nicht dadurch überlagert, dass die GmbH ihrerseits Geschäftsführerin der KG ist und dadurch auf die Willensbildung des Organträgers einwirkt. Im Übrigen wird zur Frage der organschaftlichen Eingliederung einer Kapitalgesellschaft auf Abschnitt 2.8 UStAE verwiesen.

---

884 Schreiben v. 31.5.2007, a. a. O., Tz 5.
885 Siehe BFH, Urteil v. 10.3.2005, V R 29/03, BStBl 2005 II S. 730.
886 Siehe Fromm, Umsatzsteuerpflicht des Geschäftsführers – Anmerkungen und Beratungshinweise zu dem BMF, Schreiben v. 31.5.2007, GmbHR 2007 S. 865 ff. (868).

Laufender Geschäftsbetrieb – Steuerrechtlicher Teil

Beispiel:

Die Komplementär-GmbH einer GmbH & Co. KG erbringt Geschäftsführungs- und Vertretungsleistungen gegen Sonderentgelt an die KG, die gleichzeitig Alleingesellschafterin ihrer Komplementär-GmbH ist, wodurch die Mehrheit der Stimmrechte in der Gesellschafterversammlung der Komplementär-GmbH gewährleistet ist. Die Komplementär-GmbH ist finanziell in das Unternehmen der KG eingegliedert. Bei Vorliegen der übrigen Eingliederungsvoraussetzungen übt sie ihre Geschäftsführungs- und Vertretungsleistungen gegenüber der KG nicht selbständig (§ 2 Abs. 2 Nr. 2 UStG) aus.

550 Auf der **Ebene der Komplementär-GmbH** ist zu beachten, dass der Kommanditist als Geschäftsführer der GmbH nicht „automatisch" als Folge der Qualifizierung seiner Bezüge als gewerbliche gemäß § 15 Abs. 1 Satz 1 Nr. 2 EStG selbstständig tätig ist. Vielmehr ist nach dem Gesamtbild der Verhältnisse zu beurteilen, ob die Tätigkeit nichtselbständig oder selbstständig ausgeübt wird.

Beispiel:

Beispiel aus dem BMF-Schreiben v. 31.5.2007
Ein bei der Komplementär-GmbH einer GmbH & Co. KG angestellter Geschäftsführer, der gleichzeitig Kommanditist der KG ist, erbringt Geschäftsführungs- und Vertretungsleistungen gegenüber der GmbH. Aus ertragsteuerrechtlicher Sicht wird unterstellt, dass die Tätigkeit selbständig ausgeübt wird. Die Vergütung für die Geschäftsführungsund Vertretungsleistung gegenüber der Komplementär-GmbH gehört zu den Einkünften als (selbständiger) Mitunternehmer der KG und wird zu gewerblichen Einkünften i. S. d. § 15 Abs. 1 S. 1 Nr. 2 EStG umqualifiziert. In umsatzsteuerrechtlicher Hinsicht ist die Frage der Selbständigkeit jedoch weiterhin unter Anwendung der allgemeinen Grundsätze zu beurteilen. Danach ist der Kommanditist selbständig, wenn seine Tätigkeit mit seinem nach der Anzahl der Gesellschafter und deren Kapitaleinsatz bemessenen Anteil am Ergebnis der KG abgegolten wird. Auch ein gesellschaftsvertraglich vereinbartes Weisungsrecht der KG gegenüber ihrem Gesellschafter führt nicht zu einer Weisungsgebundenheit i. S. des § 2 Abs. 2 Nr. 1 UStG. Der Kommanditist ist dagegen umsatzsteuerrechtlich nicht selbständig, wenn zwischen den Parteien ein Arbeitsvertrag geschlossen ist, der u. a. Urlaubsanspruch, feste Arbeits-

zeiten, Lohnfortzahlung im Krankheitsfall und Weisungsgebundenheit regelt.

Bis zum März 2011 war höchstrichterlich nicht entschieden, ob eine Haftungsvergütung einer GmbH & Co. KG an die Komplementär-GmbH umsatzsteuerpflichtig ist. Mit Urteil vom 3.3.2011[887] hat der BFH dann entschieden, dass die Festvergütung, die der geschäftsführungs- und vertretungsberechtigte Komplementär einer KG von dieser für seine Haftung nach §§ 161, 128 HGB erhält, als Entgelt für eine einheitliche Leistung, die Geschäftsführung, Vertretung und Haftung umfasst, umsatzsteuerpflichtig ist. Die Haftungsübernahme besitzt ihrer Art nach Leistungscharakter und kann im Falle einer isolierten Erbringung Gegenstand eines umsatzsteuerbaren Leistungsaustausches zwischen Gesellschaft und Gesellschafter sein.

551

Mit Schreiben vom 14.11.2011[888] folgt der BdF dieser Ansicht und hat Abschn. 1.6 Abs. 6 UStAE wie folgt geändert: „Auch andere gesellschaftsrechtlich zu erbringende Leistungen der Gesellschafter an die Gesellschaft können bei Zahlung eines Sonderentgelts als Gegenleistung für diese Leistung einen umsatzsteuerbaren Leistungsaustausch begründen. Sowohl die Haftungsübernahme als auch die Geschäftsführung und Vertretung besitzen ihrer Art nach Leistungscharakter und können daher auch im Fall der isolierten Erbringung Gegenstand eines umsatzsteuerbaren Leistungsaustausches sein; Beispiel: Der geschäftsführungs- und vertretungsberechtigte Komplementär einer KG erhält für die Geschäftsführung, Vertretung und Haftung eine Festvergütung. Die Festvergütung ist als Entgelt für die einheitliche Leistung, die Geschäftsführung, Vertretung und Haftung umfasst, umsatzsteuerbar und umsatzsteuerpflichtig. Weder die Geschäftsführung und Vertretung noch die Haftung nach §§ 161, 128 HGB haben den Charakter eines Finanzgeschäfts im Sinne des § 4 Nr. 8 Buchst. g UStG."

---

[887] BFH v. 3.3.2011, V R 24/10, BStBl II S. 950. Zuvor hatte bereits das FG Niedersachsen mit rechtskräftigem Urteil v. 25.2.2010, a6 K 347/09, GmbHR 2010 S. 280 entschieden, dass die Haftungsvergütung umsatzsteuerbar und umsatzsteuerpflichtig ist.

[888] IV D 2 – S 7100/07/10028 :003, BStBl I S. 1158. Dieses BdF-Schreiben ist in allen (zu diesem Zeitpunkt) offenen Fällen anzuwenden. Es wird vom BFH nicht beanstandet, wenn eine gegen Sonderentgelt erbrachte isolierte Haftungsübernahme vor dem 1.1.2012 als nicht umsatzsteuerbar behandelt wird. Dies gilt nicht für die Fälle, in denen der persönlich haftende Gesellschafter gegenüber der Personengesellschaft zudem umsatzsteuerbare Geschäftsführungs- und Vertretungsleistungen erbringt.

5.1.3 Berechtigung zum Vorsteuerabzug

552 Zu Fragen, in welchem Umfang die GmbH & Co. KG aufgrund von Lieferungen und sonstigen Leistungen durch andere Unternehmer im Zusammenhang mit der Geschäftsführertätigkeit der Komplementär-GmbH zum Vorsteuerabzug berechtigt ist, vertritt die OFD Hamburg folgende Auffassung:[889]

„Berühren solche Leistungen ausschließlich den Bereich der GmbH (z. B. Aufstellen der Bilanz durch einen Steuerberater), kommt eine Rechnungserteilung an die KG nicht in Betracht. Ein Vorsteuerabzug ist weder bei der GmbH noch bei der KG möglich.

Sind die Leistungen wirtschaftlich ausschließlich der KG zuzurechnen (z. B. Beratung des Geschäftsführers durch einen Rechtsanwalt über Ansprüche der KG), kann diese den Vorsteuerabzug geltend machen, wenn die Rechnung auf die KG lautet und die übrigen Voraussetzungen gegeben sind.

Dienen die Leistungen sowohl Zwecken der GmbH als auch solchen der KG (z. B. Renovierung des für beide Zwecke genutzten Büroraums), so kommt es auf den hauptsächlichen Verwendungszweck an. Soweit die Lieferungen und sonstigen Leistungen hiernach der KG zuzurechnen sind, kommt gegebenenfalls § 1 Abs. 1 Nr. 3 UStG zur Anwendung."

553 Werden von den Gesellschaftern **Sonderbetriebsausgaben** geltend gemacht, so können die in solchen Rechnungen enthaltenen gesondert ausgewiesenen Umsatzsteuerbeträge nicht durch das Unternehmen der Personengesellschaft als Vorsteuer nach § 15 Abs. 1 UStG abgezogen werden. Dies trifft beispielsweise zu auf das Honorar eines Rechtsanwalts für die Ausarbeitung eines neuen Gesellschaftsvertrages. Die Begründung für die Nichtgewährung des Vorsteuerabzugs liegt darin, dass die Leistung nicht für das Unternehmen der Personengesellschaft, sondern für einen ihrer Gesellschafter in dessen Auftrag ausgeführt worden ist.

554 Kosten, die eine GmbH & Co. KG für die **Erstellung der Erklärungen zur einheitlichen und gesonderten Feststellung der Einkünfte aus Gewerbebetrieb** aufwendet, können nicht als Betriebsausgaben abgezogen werden. Der BFH[890] gibt folgende Begründung: „Die Kosten, die der Steuerbe-

---

889 Verfügung. v. 27.11.1980, BB 1981 S. 105.
890 Der BFH hat seine Rechtsprechung v. 8.4.1995, VIII R 10/94, BFH/NV 1996, 22, mit Beschluss v. 28.10.1998, XI B 34/98, BFH/NV 1999 S. 610, bestätigt.

rater für die Übertragung der Ergebnisse der Gewinnermittlung in die Vordrucke der Erklärung zur gesonderten und einheitlichen Feststellung von einkommensteuerpflichtigen Einkünften in Rechnung stellt, können nicht als Betriebsausgaben abgezogen werden, da es sich bei der Pflicht zur Abgabe der Gewinnfeststellungserklärung nicht um eine betriebliche Verbindlichkeit der Gesellschaft, sondern um eine private Verpflichtung der Gesellschafter handelt." Damit ist für die GmbH & Co. KG ein Vorsteuerabzug nicht möglich.

5.1.4 Aufsichtsrats-, Beiratstätigkeit

Bei der umsatzsteuerrechtlichen Beurteilung von Leistungen eines Gesellschafters an die Gesellschaft ist nach ständiger Rechtsprechung des BFH zu unterscheiden zwischen Leistungen, die gegen (Sonder-)Entgelt ausgeführt werden, und solchen, die als Gesellschafterbeitrag i. S. d. § 706 BGB durch das Gesellschaftsverhältnis veranlasst sind und die durch die Beteiligung am Gewinn und Verlust der Gesellschaft abgegolten werden. Die Gesellschafter haben es weitgehend in der Hand, Leistungen als – durch die Beteiligung an Gewinn und Verlust der Gesellschaft abgegoltenen (unentgeltlichen) – Gesellschafterbeitrag zu vereinbaren oder die entsprechenden Leistungen auf der Grundlage eines echten Austauschvertrages gegen Sonderentgelt zu erbringen. Diese Möglichkeit ist nur dann nicht gegeben, wenn, wie im Fall der Tätigkeit des Gesellschafter-Geschäftsführers oder des Vorstandsmitglieds einer Körperschaft, die Tätigkeit des Organwalters unmittelbar der Verwirklichung des Gesellschaftszwecks dient und als eigene Tätigkeit der Gesellschaft zu erfassen ist. Demgegenüber unterliegt die Tätigkeit als Mitglied des Aufsichtsrats gegen Zahlung einer Vergütung der Umsatzsteuer. Das Mitglied des Aufsichtsrats wird gegenüber der Gesellschaft selbstständig tätig und ist nicht in deren Unternehmen eingegliedert. Auch für die Tätigkeit eines Kommanditisten als Mitglied des Beirats, dem vor allem Zustimmungs- und Kontrollrechte übertragen werden, kann ein Sonderentgelt vereinbart werden. Dann liegt eine umsatzsteuerbare Leistung (Unternehmer mit Berechtigung mit Vorsteuerabzug) vor.[891]

---

891 BFH, Urteil v. 24.8.1994, XI R 74/93, DB 1995 S. 355.

5.1.5 Organschaftsfragen

556 Da die GmbH & Co. KG eine Personengesellschaft im Rechtssinne ist, kann sie nicht **Organ**gesellschaft gemäß § 2 Abs. 2 Nr. 2 UStG sein, da hierfür nur juristische Personen – ausgenommen die Körperschaft öffentlichen Rechts – in Betracht kommen.

5.2 Komplementär-GmbH

557 Wenn die GmbH nach der Gründung der GmbH & Co. KG im Geschäftsverkehr nicht mehr auftritt und sich ausschließlich mit der Wahrnehmung der gesellschaftsrechtlichen Funktionen innerhalb der GmbH & Co. KG begnügt, so stellt sich die Frage, ob die Leistung der Komplementär-GmbH durch Beteiligung am Gewinn oder Verlust der KG abgegolten wird – dann kein Leistungsaustausch – oder sich auf einen Leistungsaustausch richtet und durch ein (Sonder-)Entgelt abgegolten wird – dann umsatzsteuerpflichtiger Leistungsaustausch; siehe Rn. 547.

Beispiel:

Wird einem Gesellschafter (= GmbH) einer KG neben seinen dem Gesellschaftsvertrag entsprechenden Gewinnanteilen für bestimmte Leistungen (im Urteilsfall: Verpachtung von Einrichtungen und Anlagen seitens der GmbH an die KG) keine Umsatzbeteiligung, mindestens aber ein bestimmter Barbetrag vorab gewährt, so handelt es sich umsatzsteuerlich insoweit um Leistungsentgelte im Rahmen eines Leistungsaustausches.

6 Grunderwerbsteuer

558 Anders als im Einkommensteuerrecht ist die GmbH & Co. KG als Personengesellschaft und damit als Gemeinschaft zur gesamten Hand bei der Grunderwerbsteuer selbständiger Rechtsträger. Der Erwerb eines Grundstücks durch eine GmbH & Co. KG ist daher grunderwerbsteuerpflichtig, falls nicht eine Befreiungsvorschrift anzuwenden ist. Dabei ist § 5 Abs. 2 GrEStG zu beachten, wonach die Grunderwerbsteuer dann, wenn ein Grundstück von einem Alleineigentümer auf eine Gesamthand übertragen wird, in Höhe des Anteils nicht erhoben wird, zu dem der Veräußerer am Vermögen der Gesamthand beteiligt ist. Dabei kommt es ausschließlich auf die Beteiligung am Vermögen der GmbH & Co. KG an, nicht auf die mittelbare Beteiligung an der GmbH, die Komplementärin ist.

Zu beachten ist, dass ab 1.1.2000 eine Grundstücksübertragung auf eine Gesamthand im Rahmen des § 5 GrEStG nur dann noch steuerbegünstigt ist, wenn der Überträger mindestens fünf Jahre lang Gesellschafter in der Gesamthand bleibt. Scheidet er vorher aus, ist die Übertragung grunderwerbsteuerpflichtig.

7 Exkurs: Künstlersozialabgabe

Selbständige Künstler und Publizisten unterliegen der Pflichtversicherung nach dem Künstlersozialversicherungsgesetz (KSVG). Zum Beitragsaufkommen trägt auch die sog. Künstlersozialabgabe bei, eine Abgabe, die auf die Entgelte, die ein Abgabenpflichtiger an einen selbständigen Künstler gezahlt hat, erhoben wird; für 2012 beträgt die Abgabe 3,9 %. Selbstständiger Künstler ist eine natürliche Person, die nicht im Angestelltenverhältnis steht und ihre Tätigkeit erwerbsmäßig ausübt; sie erbringt künstlerische Leistungen gegen Entgelt. Abgabepflichtig sind u. a. Verlage und Werbeagenturen (siehe § 24 Abs. 1 Satz 1 KSVG), aber auch Unternehmen, die sich Werbung „einkaufen", um damit in der Öffentlichkeit zu werben (siehe § 24 Abs. 1 Satz 2 KSVG) sowie generell alle Unternehmen, die zwecks Erzielung von Einnahmen von selbständigen Künstlern hergestellte Leistungen nutzen (siehe § 24 Abs. 2 KSVG).

559

Ein selbstständiger Künstler, tätig als Einzelunternehmer, löst immer die Künstlersozialabgabe aus. Da diese nicht rechtsformneutral geregelt ist, ergibt sich die Frage, ob die Gesellschaftsform „GmbH & Co. KG" eine Abschirmwirkung, eine Schutzschildfunktion hat. *Perwein*[892] vertritt die Auffassung, dass die GmbH & Co. KG als Schutzschild gegen die Künstlersozialabgabe fungiert. Diese Schlussfolgerung kann m. E. auch aus dem BSG-Urteil vom 12.8.2010[893] gezogen werden. Das BSG knüpft in Anlehnung an das BVerfG an die „spezifische Solidaritäts- oder Verantwortlichkeitsbeziehung" zwischen Künstlern und Verwertern an. Diese könnte nur für natürliche Personen, nicht für eigenständige Rechtspersönlichkeiten

---

892 Perwein, GmbH und GmbH & Co. KG als Schutzschild vor der Künstlersozialabgabe, GmbHR 2008, 250. Perwein ist sich im Klaren darüber, dass seine Auffassung „sicherlich nicht herrschende Meinung" ist.
893 B 3 KS 2/09, BeckRS 2010, 75516.

gelten.[894] Unbestritten ist diese Auffassung nicht. Es ist aber unumstritten, dass Honorare an eine GmbH nicht der Künstlersozialabgabe unterliegen.

---

894 Siehe Mittelmann, Künstlersozialabgabe – Entwicklungen seit Einbeziehung in die sozialversicherungsrechtliche Betriebsprüfung, DStR 2011, S. 819.

VI Gesellschafterwechsel – Handelsrechtlicher Teil

1 Gesellschafterwechsel bei der GmbH

1.1 Gesetzliche Regelung

Bei einer GmbH ist ein Gesellschafterwechsel – vom Tod eines Gesellschafters und der Vererbbarkeit seines Gesellschaftsanteils abgesehen – grundsätzlich nur durch **Übertragung von Geschäftsanteilen** möglich, § 15 GmbHG. Das GmbH-Gesetz kennt im Gegensatz zum Recht der Personengesellschaften nicht das Ausscheiden eines Gesellschafters aufgrund einer ordentlichen Kündigung. Die der Übertragung zugrunde liegenden Rechtsgeschäfte, also sowohl das schuldrechtliche Verpflichtungsgeschäft (z.B. Kauf, Schenkung, Sicherung) als auch die Abtretung als Verfügungsgeschäft, bedürfen der notariellen Beurkundung, § 15 Abs. 3 und Abs. 4 Satz 1 GmbHG. Eine formgültige und wirksame Abtretung heilt allerdings den Formmangel eines Verpflichtungsgeschäfts, § 15 Abs. 4 Satz 2 GmbHG.[895] Im Verhältnis zur Gesellschaft wird der Anteilserwerb des neuen Gesellschafters erst wirksam, wenn der neue Gesellschafter als solcher in der im Handelsregister aufgenommenen Gesellschafterliste eingetragen ist, § 16 Abs. 1 GmbHG. Gemäß § 40 Abs. 1 GmbHG haben die Geschäftsführer jeweils unverzüglich nach Wirksamwerden von Veränderungen in den Personen der Gesellschafter eine von ihnen unterschriebene Gesellschafterliste zum Handelsregister einzureichen. 560

Überdies wurde im Rahmen des MoMiG ein neuer § 16 Abs. 3 GmbHG eingefügt, der einen gutgläubigen Erwerb von GmbH-Geschäftsanteilen ermöglicht.[896]

1.2 Vertragliche Regelungen

Im Gesellschaftsvertrag kann die freie Übertragbarkeit der Geschäftsanteile beschränkt (§ 15 Abs. 5 GmbHG) und sogar völlig ausgeschlossen werden.[897] Häufig wird in einer GmbH-Satzung eine Anteilsübertragung von 561

---

895 siehe auch Rn. 588.
896 Zu den Voraussetzungen ausführlich Harbarth, ZIP 2008, S. 57 ff.; Vossius, DB 2007, S. 2299 ff. Zu den Übergangsregelungen § 3 Abs. 3 EGGmbHG.
897 Lutter/Hommelhoff/Lutter/Bayer, § 15 Rn. 41 ff.; Ulmer/Habersack/Winter/Winter/Löbbe, § 15 Rn. 210 ff.

der Zustimmung der Gesellschaft abhängig gemacht. Insbesondere in Familiengesellschaften dient eine sog. Vinkulierungsklausel als Überfremdungsschutz.

2 Gesellschafterwechsel bei der GmbH & Co. KG

2.1 Allgemeines

562 In einer KG ist ein Gesellschafterwechsel sowohl durch Austritt eines Gesellschafters und Eintritt eines neuen Gesellschafters als auch durch Anteilsübertragung möglich. Vom Gesetzgeber ist bei einer KG wie bei jeder Personengesellschaft ein Gesellschafterwechsel nur durch Eintritt und Austritt eines Gesellschafters vorgesehen (vgl. §§ 736 ff. BGB; §§ 107, 143, 173 HGB).

2.2 Eintritt in eine KG

563 Der Eintritt erfolgt durch Aufnahmevertrag mit den schon vorhandenen Gesellschaftern.[898] Beim Handelsregister sind der Eintritt, Name, Vorname, Geburtsdatum und Wohnort des neuen Gesellschafters anzumelden, §§ 106 f., 161 Abs. 2 HGB.[899] Bei einem neuen Kommanditisten ist noch der Betrag seiner Haftsumme anzugeben, § 162 Abs. 1 und 3 HGB. Ist eine GbR Kommanditistin, sind neben dieser selbst auch deren Gesellschafter und etwaige spätere Änderungen im Gesellschafterkreis der GbR entsprechend den Vorgaben des § 106 Abs. 2 anzugeben (§ 162 Abs. 1 Satz 2 HGB).[900]

Während bei persönlich haftenden Gesellschaftern alle Eintragungen veröffentlicht werden (§§ 106 f., 10 HGB), sind über die Kommanditisten keine Angaben bekannt zu machen, § 162 Abs. 2 und Abs. 3 HGB.

564 Die Eintragung in das Handelsregister hat grundsätzlich deklaratorische Wirkung.[901] Wirksam wird der Eintritt eines Neugesellschafters in der Regel mit der Zustimmung des letzten Altgesellschafters.

---

[898] Siehe Muster 17.
[899] Siehe Muster 18.
[900] Ausführlich zur GbR als Gesellschafterin einer KG, Bergmann, ZIP 2003, S. 2231 ff.
[901] Schlegelberger/Martens, § 162 Rn. 25.

Da für einen Kommanditisten gemäß § 176 Abs. 2 HGB die Gefahr besteht, 565
dass er unbeschränkt haftet, solange er nicht in das Handelsregister eingetragen ist, wird häufig im Aufnahmevertrag bestimmt, dass der Eintritt des Kommanditisten erst mit seiner Eintragung in das Handelsregister wirksam wird.[902] Im Vertrag werden auch die Rechtsfolgen des Eintritts festgelegt. In der Regel wird der neue Gesellschafter am Gesellschaftsvermögen beteiligt und muss dafür eine Einlage in das Gesellschaftsvermögen leisten.

2.3 Austritt aus einer KG

Gründe für den Austritt eines Gesellschafters können sich aus dem Gesetz 566
(vgl. die Aufzählung in § 131 Abs. 3 HGB) oder dem Gesellschaftsvertrag ergeben. In der Praxis sind die Kündigung und der Tod eines Gesellschafters und sein Ausschluss durch Mitgesellschafter von besonderer Bedeutung.[903]

Rechtsfolge des Ausscheidens eines Gesellschafters ist, dass seine Mitgliedschaft erlischt, sein Anteil am Gesellschaftsvermögen den übrigen Gesellschaftern zuwächst und er einen Zahlungsanspruch gegen die verbleibenden Gesellschafter in Höhe seiner Beteiligung am Gesellschaftsvermögen hat, § 738 Abs. 1 BGB, §§ 105 Abs. 3, 161 Abs. 2 HGB.[904] Daneben hat der ausscheidende Gesellschafter gemäß § 738 Abs. 1 Satz 2 BGB Anspruch auf Befreiung von Schulden der Gesellschaft, soweit er für diese haftet. Für noch nicht fällige Verbindlichkeiten hat er Anspruch auf Sicherheitsleistung gemäß § 738 Abs. 1 Satz 3 BGB i. V. m. §§ 105 Abs. 3, 161 Abs. 2 HGB.

Wie der Eintritt eines neuen Gesellschafters ist auch der Austritt eines Gesellschafters beim Handelsregister anzumelden.[905] Scheidet ein Komplementär aus, wird die Eintragung voll inhaltlich bekannt gemacht, §§ 143 Abs. 2, 10 Abs. 1, 161 Abs. 2 HGB. Das Ausscheiden eines Kommanditisten wird hingegen zwar auch in das Handelsregister eingetragen; es ist jedoch nicht bekannt zu machen, § 162 Abs. 2 und Abs. 3 HGB.

---

902 Siehe auch Rn. 575 f.
903 Siehe Rn. 589 ff.
904 Siehe Rn. 632 ff.
905 Siehe Muster 14.

2.4 Abgrenzung des kombinierten Eintritts/Austritts zur Anteilsübertragung

567 Der Eintritt eines Kommanditisten kann auch im Zusammenhang mit dem Austritt eines anderen Kommanditisten stehen. Praktisch mag zwar eine Auswechslung der Gesellschafter vorliegen, rechtlich liegt aber, wie oben dargestellt, keine Nachfolge der Mitgliedschaft vor. Vielmehr ist durch den Eintritt eine neue Mitgliedschaft begründet und die alte durch den Austritt erloschen.

Soll bei einem Gesellschafterwechsel die Mitgliedschaft des alten Gesellschafters auf den neuen Gesellschafter mit allen bestehenden Rechten und Pflichten übergehen, ist dies nur möglich, wenn entweder der Gesellschaftsvertrag der GmbH & Co. KG eine solche Übertragung der Mitgliedschaft erlaubt oder wenn alle Gesellschafter der Übertragung zustimmen.

Die Zulässigkeit einer solchen Übertragung der Mitgliedschaft im Recht der Personengesellschaften ist heute unbestritten, auch wenn sie vom Gesetzgeber nicht vorgesehen ist.[906] Die Anteilsübertragung hat den Gesellschafterwechsel durch Austritt und korrespondierenden Eintritt in der Praxis verdrängt. Die Gründe hierfür liegen in der für die Kommanditisten in der Regel günstigeren haftungsrechtlichen Situation.[907]

2.5 Anteilsübertragung

568 Die Anteilsübertragung[908] ist ein Verfügungsgeschäft gemäß §§ 398, 413 BGB, das grundsätzlich formlos wirksam ist, wenn nicht der Gesellschaftsvertrag eine bestimmte Form vorschreibt. Solange keine Missbrauchsabsicht vorliegt, gilt die Formfreiheit selbst dann, wenn das Gesellschaftsvermögen überwiegend aus Grundeigentum und GmbH-Anteilen besteht.[909]

Bei einem Kaufvertrag über den Erwerb eines in der Rechtsform der GmbH & Co. KG betriebenen Unternehmens kann sich die Pflicht zur notariellen Beurkundung unter Umständen aus § 15 Abs. 4 Satz 1 GmbHG ergeben.

---

906 BGH, Urteil v. 28.4.1954, II ZR 8/53, BGHZ 13 S. 179 (185); BGH, Urteil v. 11.4.1957, II ZR 182/55, BGHZ 24 S. 106 (114); BGH, Urteil v. 8.11.1965, II ZR 223/64, BGHZ 44 S. 229 (231); Huber, S. 387.
907 Siehe Rn. 585.
908 Siehe Muster 8.
909 Vgl. BGH, Urteil v. 31.1.1983, II ZR 288/91, BGHZ 86 S. 367 = NJW 1983 S. 1110; Scholz/Winter/Seibt, § 15 Rn. 93; K. Schmidt, BB 1983, S. 1697 (1701).

Denn in diesem Fall kann die Verpflichtung zur Abtretung der GmbH-Anteile mit der Abtretung der Kommanditanteile derart eng miteinander verbunden sein, dass sie beide Teile einer Gesamtvereinbarung sind und daher der notariellen Beurkundung gemäß § 15 Abs. 4 Satz 1 GmbHG bedürfen.[910]

Die Formnichtigkeit der Vereinbarung wird durch die notarielle Beurkundung der Abtretung der GmbH-Anteile gemäß § 15 Abs. 4 Satz 2 GmbHG geheilt.

Gegenstand der Anteilsübertragung eines Kommanditanteils ist die Mitgliedschaft. Rechtsfolge der Anteilsübertragung ist, dass alle Rechte und Pflichten aus der Mitgliedschaft auf den neuen Gesellschafter (Erwerber) übergehen. Auch aus der Vergangenheit herrührende Geldansprüche (und -verpflichtungen) des Altkommanditisten gehen im Zweifel auf den neuen Gesellschafter über, wenn sie im Zeitpunkt des Vertragsabschlusses ihren Niederschlag bereits im Rechenwerk der Gesellschaft gefunden haben, insbesondere aus dem Privat- oder Darlehenskonto des Altkommanditisten ersichtlich sind.[911]

Anders als beim Ausscheiden eines Gesellschafters und Neueintritt eines anderen Gesellschafters aufgrund eines rechtlich selbständigen Beitrittsvertrages[912] bleibt hier die Identität der Mitgliedschaft gewahrt. Es entsteht folglich auch keine zusätzliche Einlageverpflichtung des neuen Gesellschafters. Ihm wird vielmehr die von seinem Rechtsvorgänger geleistete Einlage zugerechnet.[913] Das ist insbesondere bei der Abtretung eines Kommanditanteils von Bedeutung, da die beschränkte Haftung eines Kommanditisten davon abhängt, dass er seine Einlageleistung erbracht hat.[914]

569

Damit es für Dritte ersichtlich ist, dass ein neuer Kommanditist nicht aufgrund eines rechtlich selbstständigen Beitrittsvertrages mit den übrigen Gesellschaftern, sondern kraft Anteilsabtretung als Rechtsnachfolger des ausgeschiedenen Kommanditisten der Gesellschaft angehört, ist neben dem Eintritt auch die Rechtsnachfolge des neuen Kommanditisten beim **Han-**

570

---

910 BGH, Urteil v. 14.4.1986, II ZR 155/85, NJW 1986 S. 2642 f.
911 So BGH, Urteil v. 5.5.1986, II ZR 163/85, NJW-RR 1987 S. 286 (287); BGH, Urteil v. 25.4.1966, II ZR 120/64, BGHZ 45 S. 221 (223).
912 Siehe Rn. 563.
913 BGH, Urteil v. 29.6.1981, II ZR 142/80, BGHZ 81 S. 82 (89) = GmbHR 1981 S. 262 (263); Huber, S. 399.
914 Siehe Rn. 296 ff.

delsregister zur Eintragung anzumelden („als Rechtsnachfolger", „im Wege der Sonderrechtsnachfolge"). Dieser sog. Nachfolgevermerk verhindert, dass im Rechtsverkehr aufgrund der Registerlage der Eindruck entsteht, zu dem Altkommanditisten sei noch ein weiterer Kommanditist mit einer weiteren Haftsumme hinzugekommen.[915] Fehlt ein solcher Nachfolgevermerk im Handelsregister, kann dies für den Altkommanditisten haftungsrechtlich von Nachteil sein.[916] Zur Anmeldung der Rechtsnachfolge beim Handelsregister ist die Versicherung der Altgesellschafter erforderlich, dass dem ausscheidenden Kommanditisten eine Abfindung aus dem Gesellschaftsvermögen weder versprochen noch gewährt worden ist.[917]

Da der zur Begrenzung der Haftung des Alt- und des Neukommanditisten führende Nachfolgevermerk zwar in das Handelsregister einzutragen, jedoch gemäß § 162 Abs. 2 und Abs. 3 HGB nicht mehr bekannt zu machen ist,[918] tritt die gegenüber Dritten wirksame Haftungsbegrenzung auch ohne deren Kenntnis hiervon ein.

2.6 Haftung der Alt- und Neugesellschafter

2.6.1 Haftung bei Eintritt/Austritt

2.6.1.1 Haftung des neuen Komplementärs

571 Der persönlich haftende Gesellschafter einer KG haftet nicht nur für die Verbindlichkeiten, die seit seinem Eintritt in die Gesellschaft entstanden sind (sog. Neuverbindlichkeiten), sondern auch für alle vor seinem Eintritt begründeten Verbindlichkeiten (sog. Altverbindlichkeiten), §§ 128, 130, 161 Abs. 2 HGB.[919]

---

915 BGH, Urteil v. 29.6.1981, II ZR 142/80, BGHZ 81, 82 = GmbHR 1981 S. 262 (263).
916 Siehe Rn. 582 f.
917 OLG Zweibrücken, Beschluss v. 2.5.1986, 3 W 66/86, Rpfleger 1986 S. 482 f.; AG Charlottenburg, Beschluss v. 14.12.1987, 91 HRA 6497, DB 1988 S. 224; OLG Oldenburg, Beschluss v. 7.8.1990, 5 W 72/90, DB 1990 S. 1909; vgl. Muster 9.
918 Vgl. Rn. 524; Wilhelm, DB 2002, S. 1979 (1983 f.).
919 Überblick bei Friedl, DStR 2008, S. 510 ff.

2.6.1.2 Haftung des alten Komplementärs

Rechtslage nach Inkrafttreten des Nachhaftungsbegrenzungsgesetzes
Scheidet ein persönlich haftender Gesellschafter aus oder wird seine gesellschaftsrechtliche Stellung in die eines Kommanditisten umgewandelt, haftet er für alle bis zum Zeitpunkt seines Ausscheidens begründeten Verbindlichkeiten (sog. Altverbindlichkeiten) weiter, § 160 Abs. 1 und Abs. 3 HGB[920] i. V. m. § 161 Abs. 2 HGB.

572

Für die nach seinem Ausscheiden begründeten Verbindlichkeiten (sog. Neuverbindlichkeiten) kommt eine Haftung nur nach Rechtsscheinsgrundsätzen (§ 15 Abs. 1 HGB) in Betracht, solange das Ausscheiden des Komplementärs nicht im Handelsregister eingetragen und bekannt gemacht wurde (§§ 143 Abs. 2, 162 Abs. 2 HGB) und den Gläubigern das Ausscheiden nicht bekannt ist.[921]

Eine Verbindlichkeit ist zum Zeitpunkt des Ausscheidens des Gesellschafters begründet, wenn der Rechtsgrund bereits bis zu diesem Zeitpunkt gelegt war, auch wenn die Gesellschaftsschuld selbst erst später fällig wird.[922] So haftet beispielsweise ein ausgeschiedener Komplementär bei einer Werkleistung für Bauleistungen, die nach seinem Ausscheiden erbracht wurden, wenn der Auftrag für diese Bauleistungen vor seinem Ausscheiden erteilt worden ist.[923]

Die Haftung des ausgeschiedenen Komplementärs ist zeitlich begrenzt. Nach § 160 Abs. 1 HGB haftet er nur für die bis zu seinem Ausscheiden begründeten Verbindlichkeiten, wenn sie vor Ablauf von fünf Jahren nach seinem Ausscheiden fällig und gegen ihn gerichtlich geltend gemacht werden (z.B. durch Klage oder Mahnbescheid).

Nach dem Ablauf der Ausschlussfrist kann der alte Komplementär nicht mehr in Anspruch genommen werden; die Frist beginnt an dem Tag zu laufen, an dem sein Ausscheiden im Handelsregister eingetragen wird. Wenn z.B. eine Forderung erst vier Jahre und zehn Monate nach der

---

920 In der Fassung des am 26.3.1994 in Kraft getretenen Nachhaftungsbegrenzungsgesetzes (NachhBG), BGBl 1994 I S. 560; zum NachhBG vgl. Reichhold, NJW 1994, S. 1617 ff.; Kainz, DStR 1994, S. 620 ff.; Seibert, DB 1994, S. 461 ff.; Lieb, GmbHR 1994, S. 657 ff.
921 BGH, Urteil v. 11.3.1955, I ZR 82/53, BGHZ 17 S. 13 (17); Baumbach/Hopt, § 143 Rn. 6.
922 BGH, Urteil v. 21.12.1970, II ZR 258/67, BGHZ 55 S. 267 (269).
923 BGH, a.a.O.

Eintragung des Ausscheidens fällig wird, verbleiben dem Gläubiger nur noch zwei Monate für die gerichtliche Geltendmachung. Eine gerichtliche Geltendmachung ist dann nicht erforderlich, wenn der ausgeschiedene Gesellschafter den Anspruch zuvor schriftlich anerkannt hat, § 160 Abs. 2 HGB.

§ 160 HGB ist auf alle Verbindlichkeiten, d. h. Einzel- und Dauerschuldverhältnisse anwendbar. Damit wurde die zuvor geführte Diskussion, inwieweit es zu einer Begrenzung der Nachhaftung des ausgeschiedenen Gesellschafters bei Dauerschuldverhältnissen kommt, durch das Nachhaftungsbegrenzungsgesetz[924] beendet.

Alter Komplementär als Kommanditist und GmbH-Geschäftsführer

573 Die Haftung eines ausgeschiedenen Komplementärs ist im Zusammenhang mit einer GmbH & Co. KG insbesondere dann von Bedeutung, wenn die GmbH & Co. KG dadurch entsteht, dass eine GmbH als Komplementärin in eine KG eintritt, während der bisherige Komplementär aus der Gesellschaft ausscheidet bzw. seine Stellung in die eines Kommanditisten umwandelt. Dann stellt sich die Frage, inwieweit der Ex-Komplementär für die vor der Umwandlung der Gesellschaft in eine GmbH & Co. KG begründeten Gesellschaftsverbindlichkeiten weiterhaftet.

Nach der seit 1994 geltenden Rechtslage findet die fünfjährige Ausschlussfrist gemäß § 160 Abs. 1 HGB auch Anwendung für den Fall, dass der bisherige Komplementär Kommanditist und Geschäftsführer der Komplementär-GmbH wird, § 160 Abs. 3 Satz 2 HGB.

2.6.1.3 Haftung des neuen Kommanditisten

Beschränkte Haftung

574 Tritt ein neuer Kommanditist in die Gesellschaft ein, bestimmt sich seine Haftung nach den allgemeinen Bestimmungen gemäß §§ 171 f. HGB.[925] Für Verbindlichkeiten der Gesellschaft, die bereits zum Zeitpunkt seines Eintritts entstanden waren, ergibt sich diese Haftung aus § 173 HGB.

Er haftet also für alle Verbindlichkeiten der Gesellschaft persönlich und unmittelbar bis zur Höhe seiner Haftsumme, solange er noch nicht eine Einlage in dieser Höhe in das Gesellschaftsvermögen erbracht hat, § 171

---

924 BGBl 1994 I S. 560-562.
925 Siehe Rn. 296 ff.

Abs. 1 HS 1 HGB.[926] Hat der neue Kommanditist seine Einlage erbracht, ist seine persönliche unmittelbare Haftung ausgeschlossen, § 171 Abs. 1 HS 2 HGB. Er haftet dann nur noch mittelbar durch seine Leistung in das Gesellschaftsvermögen (zum Wiederaufleben der persönlichen Haftung siehe Rn. 302 ff.).

Unbeschränkte Haftung gemäß § 176 Abs. 2 HGB

Eine darüber hinausgehende unbeschränkte Haftung eines neuen Kommanditisten gemäß § 176 Abs. 2 HGB kommt bei Eintritt in eine GmbH & Co. KG in der Regel nicht in Betracht. 575

Zwar haftet nach § 176 Abs. 2 HGB ein in eine bestehende KG eintretender Kommanditist in entsprechender Anwendung des § 176 Abs. 1 HGB unbeschränkt für die zwischen seinem Eintritt und dessen Eintragung in das Handelsregister begründeten Verbindlichkeiten. Im Gegensatz zur Haftung gemäß § 11 Abs. 2 GmbHG[927] erlischt diese Haftung auch nicht rückwirkend mit der Eintragung. Diese unbeschränkte Haftung entfällt jedoch, wenn die Gesellschaftsgläubiger Kenntnis von seiner Kommanditistenstellung haben, § 176 Abs. 2, Abs. 1 Satz 1 HGB.

Ein Gläubiger hat Kenntnis von der Kommanditistenstellung, wenn die Gesellschaft die Firma einer GmbH & Co. KG verwendet.[928] Denn im Geschäftsverkehr rechnet niemand mehr damit, dass ein nicht eingetragener Gesellschafter ein persönlich haftender Gesellschafter ist, da in einer GmbH & Co. KG üblicherweise alle Gesellschafter außer der Komplementär-GmbH Kommanditisten sind. 576

Um eine Haftung gemäß § 176 Abs. 2 HGB von vornherein auszuschließen, empfiehlt es sich, im Aufnahmevertrag zu bestimmen, dass der Beitritt des neuen Kommanditisten erst mit der Eintragung in das Handelsregister wirksam wird (vgl. Muster 17, § 2).[929]

---

926 Vgl. Rn. 297.
927 Siehe Rn. 67.
928 Schilling in Großkomm., § 176 Rn. 27; MünchKomm/K. Schmidt, § 176 Rn. 50; Ulmer/Habersack/Winter/Ulmer, § 11 Rn. 171; Baumbach/Hopt, Anhang § 177a Rn. 19; einschränkend BGH, Urteil v. 21.3.1983, II ZR 113/82, NJW 1983 S. 2258 (2260); siehe Rn. 86 ff.
929 MünchKomm/K.Schmidt, § 176 Rn. 30.

2.6.1.4 Haftung des alten Kommanditisten

577 Der ausscheidende Kommanditist haftet für alle bis zu seinem Ausscheiden begründeten Verbindlichkeiten (sog. Altverbindlichkeiten) nach den allgemeinen Bestimmungen zur Kommanditistenhaftung gemäß §§ 171 f. HGB.[930] Er haftet demnach persönlich und unmittelbar bis zur Höhe seiner im Handelsregister eingetragenen Haftsumme, wenn er eine Einlage in das Gesellschaftsvermögen in dieser Höhe nicht erbracht hat. Wenn er seine Einlage geleistet hat, ist diese Haftung ausgeschlossen. Sie lebt aber gemäß § 172 Abs. 4 Satz 1 HGB dann wieder auf, wenn ihm aus dem Gesellschaftsvermögen eine Abfindung gezahlt wird.[931] Eine Abfindung aus dem Gesellschaftsvermögen liegt auch dann vor, wenn der ausscheidende Kommanditist eine Zahlung in entsprechender Höhe von einem neu in die Gesellschaft eintretenden Kommanditisten erlangt und die Gesellschaft diese Zahlung auf die Einlageschuld des neuen Kommanditisten anrechnet.[932]

578 Wird das Auseinandersetzungsguthaben des ausscheidenden Kommanditisten in ein Darlehen umgewandelt, kommt es nicht zu einem Wiederaufleben der persönlichen Haftung gemäß § 172 Abs. 4 Satz 1 HGB.[933] Die Tilgung dieses Darlehens und die Zahlung von Zinsen, wenn die Gesellschaft keine Gewinne erzielt, ist dagegen wieder eine haftungsbegründende Rückgewähr der Einlage.[934]

Haftet ein ausgeschiedener Kommanditist persönlich und unmittelbar für Altverbindlichkeiten, hat er gleich einem ausgeschiedenen Komplementär das Recht, sich auf die fünfjährige Ausschlussfrist des § 160 Abs. 1 HGB zu berufen.[935]

---

930 Siehe Rn. 296 ff.
931 BGH, Urteil v. 9.5.1963, II ZR 124/61, BGHZ 39 S. 319 = NJW 1963 S. 1873 (1876); Schilling in Großkomm., § 172 Rn. 14; MünchKomm/K. Schmidt, §§ 171 f. Rn. 73; siehe auch Rn. 302 ff.
932 Schlegelberger/K. Schmidt, §§ 171 f. Rn. 71.
933 BGH, a.a.O.; Schilling, a.a.O.
934 BGH, a.a.O.
935 Siehe Rn. 572.

2.6.2 Haftung bei Anteilsübertragung

2.6.2.1 Haftung bei Übertragung der Komplementärstellung

Die Haftung eines neuen Komplementärs, der durch Abtretung den Komplementäranteil einer KG erworben hat, unterscheidet sich nicht von der Haftung eines neuen Komplementärs, der aufgrund eines rechtlich selbständigen Beitrittsvertrages mit den übrigen Gesellschaftern die Komplementärstellung erworben hat.[936] Beide haften für Neu- und Altverbindlichkeiten der Gesellschaft gemäß §§ 128, 130, 161 Abs. 2 HGB unbeschränkt. Ebenso haftet der seinen Komplementäranteil veräußernde Gesellschafter unbeschränkt für alle bis zu seinem Ausscheiden begründeten Verbindlichkeiten weiter.[937]

579

2.6.2.2 Haftung bei Übertragung eines Kommanditanteils

Grundsätzliches

Mit der Abtretung eines Kommanditanteils übernimmt der neue Kommanditist hinsichtlich der Haftung gegenüber Gesellschaftsgläubigern diejenige Rechtsposition, die bis zur Abtretung der frühere Kommanditist innegehabt hatte. Hatte der Altkommanditist seine Einlage voll erbracht und damit jede weitere Haftung ausgeschlossen (§ 171 Abs. 1 HS 2 HGB), kommt auch eine unmittelbare persönliche Haftung des Neukommanditisten nicht mehr in Betracht.[938] Weder der Altgesellschafter noch der Neugesellschafter haften in diesem Fall persönlich.

580

Hatte dagegen der Altkommanditist seine Einlage ganz oder teilweise noch nicht erbracht und haftete er den Gläubigern wegen des offen stehenden Betrags bis zur Höhe der eingetragenen Haftsumme, so haftet nun der neue Kommanditist den Gläubigern mit seinem Privatvermögen in gleicher Weise.[939] Daneben bleibt für Altverbindlichkeiten[940] weiterhin die unmittelbare Haftung des Altkommanditisten gemäß §§ 171 Abs. 1 HS 1, 160 HGB bestehen. Alt- und Neukommanditist haften in einem solchen Fall hinsicht-

---

936 Siehe Rn. 571.
937 Siehe Rn. 572.
938 BGH, Urteil v. 29.6.1981, II ZR 142/80, BGHZ 81 S. 82 (85) = GmbHR 1981 S. 262 (263); Schilling in Großkomm., § 173 Rn. 6; MünchKomm/K. Schmidt, § 173 Rn. 30; allgemein Terback, DStR 2004, S. 1964 ff.
939 BGH, Urteil v. 29.6.1981, II ZR 142/80, BGHZ 81 S. 82 (85).
940 Siehe Rn. 572.

lich der Altverbindlichkeiten als Gesamtschuldner in Höhe der einen Haftsumme.[941]

581 Diese Haftungssituation besteht auch dann, wenn dem Altkommanditisten seine Einlage ganz oder zum Teil vor der Anteilsübertragung zurückgewährt wurde,[942] da in diesem Fall die persönliche unmittelbare Haftung des Altkommanditisten gemäß § 172 Abs. 4 Satz 1 HGB wieder auflebt.[943]

Leistet der Neukommanditist dann die noch ausstehende Einlage, kommt die Einlageleistung nach § 171 Abs. 1 HGB auch dem Altkommanditisten zugute.[944] Sowohl für den Neu- als auch für den Altkommanditisten ist dann jegliche persönliche Haftung ausgeschlossen.

Wird dem Neukommanditisten die Einlage zurückgezahlt, lebt für Altverbindlichkeiten auch die unmittelbare persönliche Haftung des Altkommanditisten wieder auf.[945]

Haftung bei fehlendem Rechtsnachfolgevermerk

582 Fehlt im Handelsregister der Vermerk, dass der Neukommanditist seinen Anteil aufgrund einer Abtretung vom Altkommanditisten erworben hat, hat dies für den Altkommanditisten haftungsrechtliche Konsequenzen. Die Haftung des Neukommanditisten ist trotz Fehlens des Rechtsnachfolgevermerks unverändert. Es bleibt dabei, dass der neue Kommanditist gegenüber Gesellschaftsgläubigern diejenige Rechtsposition einnimmt, die bis zur Abtretung der frühere Kommanditist innegehabt hatte. Der Neukommanditist kann sich also gemäß § 171 Abs. 1 HS 2 HGB auf den Ausschluss seiner persönlichen unmittelbaren Haftung berufen, wenn der Altkommanditist seine Einlageleistung erbracht hat.[946]

583 Da mit der Anteilsübertragung das Recht des Altkommanditisten, sich auf seine Einlageleistung zu berufen, auf den Neukommanditisten vollständig übergeht, ist die im Handelsregister weiter eingetragene Haftsumme des Altkommanditisten durch seine frühere Einlageleistung fortan nicht mehr gedeckt. Infolgedessen kommt es zu einem Wiederaufleben seiner Haftung

---

941 Schilling in Großkomm., § 173 Rn. 8; Schlegelberger/K. Schmidt, § 173 Rn. 31.
942 Schlegelberger/K. Schmidt, § 173 Rn. 31.
943 Siehe Rn. 302 ff.
944 Schlegelberger/K. Schmidt, § 173 Rn. 32.
945 BGH, Urteil v. 20.10.1975, II ZR 214/74, NJW 1976 S. 751 (752); Schilling in Großkomm., § 173 Rn. 8; a.A. MünchKomm/K. Schmidt, § 173 Rn. 33.
946 BGH, Urteil v. 29.6.1981, II ZR 142/80, BGHZ 81, 82 = GmbHR 1981 S. 262 (264).

entsprechend § 172 Abs. 4 HGB.[947] Diese Haftung besteht gegenüber sämtlichen Gesellschaftsgläubigern, wenn im Handelsregister nicht nur der Rechtsnachfolgevermerk fehlt, sondern auch der Austritt des Altkommanditisten als solcher nicht vermerkt ist. Aufgrund dieser Registerlage gilt der Altkommanditist gegenüber allen Gesellschaftsgläubigern unter den Voraussetzungen des §§ 15 Abs. 1, 162 Abs. 2 und Abs. 3 HGB als ein der Gesellschaft angehörender Kommanditist.[948]

Folglich besteht die Haftung nur gegenüber Altgläubigern, wenn lediglich der Rechtsnachfolgevermerk fehlt, der Austritt des Altkommanditisten aber eingetragen ist. In diesem Fall gilt der Altkommanditist gemäß § 15 Abs. 1 HGB als ein aufgrund eines isolierten Austritts ausgeschiedener Gesellschafter.

Unbeschränkte Haftung analog § 176 Abs. 2 HGB

Die unbeschränkte Haftung eines Kommanditisten für Verbindlichkeiten, die zwischen seinem Eintritt und seiner Eintragung in das Handelsregister entstehen, trifft nicht nur einen Kommanditisten, der der Gesellschaft durch Begründung eines neuen Kommanditanteils beigetreten ist,[949] sondern grundsätzlich auch den, der seine Mitgliedschaft durch Abtretung von einem anderen Gesellschafter erworben hat.[950]

584

Da die Haftung gemäß § 176 Abs. 2 HGB aber immer dann entfällt, wenn der Gläubiger Kenntnis von der Kommanditistenstellung des nicht eingetragenen Gesellschafters hat, kommt bei einer GmbH & Co. KG die unbeschränkte Haftung eines Kommanditisten gemäß § 176 HGB generell nicht in Betracht.[951] Denn wenn die GmbH & Co. KG unter ihrer Firma[952] auftritt, rechnet im Rechtsverkehr niemand mehr damit, dass ein nicht eingetragener Gesellschafter kein Kommanditist ist, da in einer GmbH & Co. KG üblicherweise alle Gesellschafter außer der Komplementär-GmbH Kommanditisten sind. Infolgedessen haben die Gläubiger Kenntnis von der

---

947 BGH, a.a.O.; im Ergebnis zustimmend: MünchKomm/K. Schmidt, § 173 Rn. 36; Schilling in Großkomm., § 173 Rn. 9.
948 Vgl. BGH, Urteil v. 29.6.1981, II ZR 142/80, BGHZ 81, 82 = GmbHR 1981 S. 262 (263); Vgl. auch Rn. 570.
949 Siehe Rn. 563.
950 BGH, Urteil v. 21.3.1983, II ZR 113/82, NJW 1983 S. 2258 f.; a.A. Schilling in Großkomm., § 176 Rn. 15; MünchKomm/K. Schmidt, § 176 Rn. 26.
951 Siehe Rn. 86 ff.
952 Siehe Rn. 93 ff.

Kommanditistenstellung des nicht eingetragenen Gesellschafters, wenn die Gesellschaft die Firma einer GmbH & Co. KG verwendet.[953]

Um eine Haftung des Neukommanditisten in jedem Fall auszuschließen, sollte der Kommanditanteil unter der aufschiebenden Bedingung abgetreten werden, dass der Neukommanditist im Handelsregister eingetragen ist (vgl. Muster 8, § 2).

2.6.3 Vergleich der Haftung bei Eintritt/Austritt und Anteilsübertragung

585 Hinter beiden Modellen steht wirtschaftlich gesehen die Idee, dass der neue Gesellschafter dem alten Gesellschafter „seine Einlage abkauft".[954] In der Praxis ist ein Gesellschafterwechsel in der Gestalt der Anteilsübertragung verbreiteter als ein Gesellschafterwechsel durch kombinierten Ein- und Austritt. Der Grund liegt in der bei der Anteilsübertragung günstigeren Kommanditistenhaftung. Während bei einem Ein- und Austritt beide Gesellschafter jeweils eine Einlage erbringen und erhalten müssen,[955] genügt bei der Anteilsübertragung für die Haftungsbefreiung beider Kommanditisten die einmalige Aufbringung und Erhaltung einer Einlage.[956]

2.7 Haftung bei Kapitalherabsetzung

586 Eine Herabsetzung der Hafteinlage des Kommanditisten wird gegenüber Dritten mit ihrer Eintragung in das Handelsregister wirksam (§ 174 HGB). Für Altverbindlichkeiten – d. h. solche, die bereits im Zeitpunkt der Eintragung der Herabsetzung der Haftsumme begründet waren – bleibt die Haftung des Kommanditisten bis zur Höhe seiner ursprünglichen Hafteinlage bestehen. Allerdings gilt auch hier die Sonderverjährung von fünf Jahren gemäß §§ 159, 161 Abs. 2 HGB, auf die sich der Kommanditist im Fall seiner Inanspruchnahme in Höhe der Differenz zwischen ursprünglicher und herabgesetzter Haftsumme berufen kann.[957]

---

953 Schilling in Großkomm., § 176 Rn. 27; MünchKomm/K. Schmidt, § 176 Rn. 50; Ulmer/Habersack/Winter/Ulmer, § 11 Rn. 171; einschränkend BGH, Urteil v. 21.3.1983, II ZR 113/82, NJW 1983 S. 2258 (2260); siehe Rn. 88.
954 Vgl. Huber, 398.
955 Siehe Rn. 574 ff.
956 Siehe Rn. 580 ff.
957 MünchKomm/K. Schmidt, §§ 174, 175 Rn. 19.

3 Koordinierung der Gesellschafterwechsel bei der GmbH und bei der GmbH & Co. KG

Sind die Gesellschafter der Komplementär-GmbH gleichzeitig Kommanditisten der GmbH & Co. KG, besteht in der Regel ein Interesse, diese Beteiligungsidentität und damit die einheitliche Willensbildung in beiden Gesellschaften zu erhalten. Bei einem Gesellschafterwechsel ist sie gefährdet, da sich die Abtretung von GmbH- und KG-Anteilen nach unterschiedlichen Regeln vollzieht. Während GmbH-Anteile frei veräußerlich sind, ist die Abtretung von KG-Anteilen an die Zustimmung aller Gesellschafter gebunden oder muss im Gesellschaftsvertrag gestattet sein. Um einen Zerfall der Beteiligungsidentität zu verhindern, wird in der Praxis auch in der GmbH-Satzung die Zustimmung der Mitgesellschafter zur Anteilsübertragung für erforderlich erklärt. Darüber hinaus kann die Zulässigkeit der Übertragung eines Geschäftsanteils an der Komplementär-GmbH von der Bedingung abhängig gemacht werden, dass der betreffende GmbH-Gesellschafter gleichzeitig seinen Kommanditanteil an denselben Rechtsnachfolger abtritt. Auch im KG-Vertrag kann bestimmt werden, dass die Übertragung von Kommanditanteilen nur dann gestattet ist, wenn der betroffene Kommanditist gleichzeitig seinen Geschäftsanteil an der GmbH auf seinen Rechtsnachfolger überträgt.[958]

587

Nach einem Urteil des OLG Düsseldorf v. 3.5.2001[959] ist eine inkongruente Veräußerung von Anteilen an der GmbH und an der KG auch bei Vorliegen der eben genannten Vertragsbestimmungen wirksam, wenn durch diese inkongruente Veräußerung die in den Gesellschaftsverträgen festgeschriebene Beteiligungsidentität (wieder) hergestellt wird.

Dabei ist zu beachten, dass die Verpflichtung, einen GmbH-Anteil zu übertragen, immer der notariellen Beurkundung gemäß § 15 Abs. 4 Satz 1 GmbHG bedarf. Das ist insbesondere dann von Bedeutung, wenn diese Vereinbarung nicht im formbedürftigen GmbH-Vertrag enthalten ist. Die Beurkundungspflicht gemäß § 15 Abs. 4 Satz 1 GmbHG bezieht sich auf alle Abreden, die die Parteien im Zusammenhang mit der Übertragungspflicht für wesentlich erachtet haben.[960] Eine Ausnahme gilt dann, wenn die Vertragspartner die nicht formbedürftigen Teile auch ohne die formpflich-

588

---
958 Siehe Rn. 560 und Rn. 568.
959 OLG Düsseldorf, Urteil v. 3.5.2001, 6 U 71/00, OLGR Düsseldorf 2002 S. 9.
960 BGH, Urteil v. 23.2.1983, IVa ZR 187/81, NJW 1983 S. 1843 (1844).

tigen vereinbart hätten.[961] Durch die Beurkundung der Abtretung eines GmbH-Anteils wird gemäß § 15 Abs. 4 Satz 2 GmbHG eine mangels Form unwirksame Verpflichtung zur Übertragung eines GmbH-Anteils (§ 15 Abs. 4 Satz 2 GmbHG) einschließlich aller Nebenabreden geheilt.[962]

4 Einzelheiten zum Ausscheiden von Gesellschaftern

4.1 Kündigung eines Gesellschafters

4.1.1 Kündigung eines Gesellschafters der GmbH & Co. KG

4.1.1.1 Ordentliche Kündigung

589 In einer auf unbestimmte Dauer eingegangenen KG kann nach der gesetzlichen Regelung ein Gesellschafter zum Schluss des Geschäftsjahres mit sechsmonatiger Frist kündigen, §§ 132, 161 Abs. 2 HGB.

Die Gesellschafter sind an diese gesetzliche Ausgestaltung der Kündigung nicht gebunden. So können längere Kündigungsfristen vereinbart werden. Das Kündigungsrecht kann auch für eine bestimmte Zeit ausgeschlossen werden.[963]

Ein völliger Ausschluss des Kündigungsrechts ist unzulässig.[964] Das gilt ebenso für Regelungen, die eine Kündigung unzumutbar erschweren und damit einem Ausschluss gleichkommen. So können Regelungen über die Einschränkung bzw. den Ausschluss eines Abfindungsguthabens (siehe Rn. 640 ff.), übermäßig lange Kündigungsfristen oder Vertragsstrafen für den Fall der Kündigung im Einzelfall nichtig sein.[965]

---

961 BGH, Urteil v. 14.4.1986, II ZR 155/85, GmbHR 1986 S. 258 (260).
962 BGH, Urteil v. 19.1.1987, II ZR 81/86, NJW-RR 1987 S. 807.
963 BGH, Urteil v. 20.12.1956, II ZR 166/55, BGHZ 23, 10, 15; Westermann, Rn. 1086 ff. (1088).
964 BGH, Urteil v. 19.1.1967, II ZR 27/65, WM 1967 S. 315, 316. Die zeitliche Höchstgrenze wird dort mit 30 Jahren angegeben.
965 Vgl. Ebenroth/Boujong/Joost/Strohn/Lorz, § 132 Rn. 24.

4.1.1.2 Außerordentliche Kündigung

Nach der gesetzlichen Regelung haben die Gesellschafter einer KG kein Recht zur fristlosen Kündigung aus wichtigem Grund. Anstelle der fristlosen Kündigung gibt es hier die Auflösungsklage gemäß §§ 133, 161 Abs. 2 HGB. Danach hat der Gesellschafter bei Vorliegen eines wichtigen Grundes das Recht, die Auflösung der Gesellschaft durch gerichtliche Entscheidung zu verlangen. Ein wichtiger Grund liegt immer dann vor, wenn dem klagenden Gesellschafter die Fortsetzung des Gesellschaftsverhältnisses nicht mehr zuzumuten ist.[966] Das ist insbesondere dann der Fall, wenn ein anderer Gesellschafter eine ihm nach dem Gesellschaftsvertrag obliegende wesentliche Verpflichtung vorsätzlich oder grob fahrlässig verletzt, § 133 Abs. 2 HGB.

590

Ein Auflösungsgrund i. S. d. § 133 Abs. 2 HGB liegt auch dann vor, wenn der Geschäftsführer der GmbH vorsätzlich oder grob fahrlässig gesellschaftsvertragliche Pflichten verletzt. Auch wenn der GmbH-Geschäftsführer ausschließlich als Organ der GmbH handelt, werden seine Pflichtverletzungen der Komplementär-GmbH unmittelbar zugerechnet, so dass die Kommanditisten einer GmbH & Co. KG in einem solchen Fall die Auflösung der KG gemäß §§ 133, 161 Abs. 2 HGB oder die Ausschließung der Komplementär-GmbH gemäß §§ 140, 161 Abs. 2 HGB verlangen können.[967] Die Aufzählung des § 133 Abs. 2 HGB ist nicht abschließend. Ein anderer Anwendungsfall ist z. B. die Zerstörung des Vertrauensverhältnisses unter den Gesellschaftern. Persönliche Spannungen und gesellschaftsbezogene Meinungsverschiedenheiten können die Ausschließung eines Kommanditisten in besonders schwerwiegenden Fällen rechtfertigen.[968]

591

Das Recht, die Auflösungsklage zu erheben, ist unabdingbar. § 133 HGB schließt jedoch nicht aus, dass im Gesellschaftsvertrag der GmbH & Co. KG stattdessen ein fristloses Kündigungsrecht aus wichtigem Grund vereinbart wird.[969]

---

966 RG, Urteil v. 22.12.1906, RGZ 65 S. 38; RG, Urteil v. 21.11.1922, RGZ 105 S. 376.
967 BFH, Urteil v. 28.4.1993, I R 19/90, BFHE 171, 348, DStR 1993 S. 1589 mit Anm. Goette; Schlegelberger/Martens, § 161 Rn. 123; Hesselmann/Tillmann/Hannes, § 10 Rn. 195.
968 BGH, Urteil v. 12.12.1994, II ZR 206/93, GmbHR 1995 S. 131.
969 BGH, Urteil v. 30.3.1967, II ZR 102/65, NJW 1967 S. 1961 (1963).

4.1.1.3 Rechtsfolgen einer Kündigung

592 Nach der gesetzlichen Regelung vor dem HRefG v. 22. Juni 1998 löste sich eine KG durch Kündigung eines Gesellschafters auf, § 131 Nr. 6 HGB a.F., § 161 Abs. 2 HGB. Deshalb wurde in der Praxis in den Gesellschaftsvertrag einer KG regelmäßig eine sog. Fortsetzungsklausel aufgenommen, wonach die Gesellschaft trotz Kündigung eines Gesellschafters unter den übrigen Gesellschaftern fortbestehen sollte. Nach der ab 1.7.1998 geltenden Rechtslage ist die Vereinbarung einer Fortsetzungsklausel im Gesellschaftsvertrag nicht mehr erforderlich. Nunmehr sieht bereits die gesetzliche Regelung in § 131 Abs. 3 Nr. 3 HGB i. V. m. § 161 Abs. 2 HGB vor, dass die GmbH & Co. KG bei Kündigung eines Gesellschafters fortbesteht. Der Gesellschafter, der kündigt, scheidet aus der Gesellschaft aus; seine Mitgliedschaft erlischt. Während sein Anteil am Gesellschaftsvermögen den übrigen Gesellschaftern zuwächst, hat er einen Zahlungsanspruch gegen die verbleibenden Gesellschafter in Höhe seiner Beteiligung am Gesellschaftsvermögen, § 738 Abs. 1 BGB, §§ 105 Abs. 3, 161 Abs. 2 HGB.[970] Diese gesetzliche Regelung ist dispositiv. Die Gesellschafter können daher im Gesellschaftsvertrag der GmbH & Co. KG Abweichendes vereinbaren.[971]

4.1.2 Kündigung eines GmbH-Gesellschafters

4.1.2.1 Ordentliche Kündigung

593 GmbH-Gesellschafter können nach der gesetzlichen Regelung ihre Mitgliedschaft nicht im Wege einer ordentlichen Kündigung beenden.[972] Nach dem GmbHG kann sich ein Gesellschafter von der Gesellschaft gegen ihren Willen – abgesehen vom Sonderfall des Preisgaberechts bei unbeschränkter Nachschusspflicht gemäß § 27 Abs. 1 Satz 1 GmbHG – nur im Wege der Anteilsübertragung lösen. In der GmbH-Satzung kann den Gesellschaftern jedoch ein ordentliches Kündigungsrecht eingeräumt werden.[973]

---

970 Siehe Rn. 632 ff.
971 Baumbach/Hopt, § 131 Rn. 83.
972 Ulmer/Habersack/Winter/Ulmer, Anhang § 34 Rn. 48 m.w.N.
973 Meyer-Landrut, S. 431 ff.

4.1.2.2 Außerordentliche Kündigung

Unabhängig von vertraglichen Vereinbarungen hat jeder GmbH-Gesellschafter ein Recht zur außerordentlichen Kündigung, wenn ein wichtiger Grund zum Austritt auf Seiten des Gesellschafters gegeben ist und andere zumutbare Möglichkeiten, sich von der Gesellschaft zu trennen, nicht bestehen.[974] Ein wichtiger Grund liegt immer dann vor, wenn die Gesellschaft Maßnahmen trifft, durch die sich ihre rechtlichen und wirtschaftlichen Verhältnisse in einer für den Gesellschafter nicht zumutbaren Weise ändern.[975]

594

4.1.2.3 Rechtsfolgen der Kündigung

Erklärt der austrittsberechtigte Gesellschafter seine Kündigung gegenüber der Gesellschaft, erwirbt er einen Abfindungsanspruch gegenüber der GmbH.[976] Zahlt die GmbH die Abfindungssumme, kann sie nach ihrer Wahl seinen Geschäftsanteil einziehen[977] oder dessen Abtretung an sich oder einen von ihr benannten Mitgesellschafter oder Dritten verlangen.[978]

595

In der Zeit zwischen Kündigungserklärung und Einziehung bzw. Abtretung besteht die Mitgliedschaft des austrittsberechtigten Gesellschafters weiter fort.[979] Er kann also weiterhin sein Stimmrecht ausüben.[980] Er hat aber aufgrund der fortbestehenden gesellschaftlichen Treuepflicht in besonderem Maße Zurückhaltung bei der Ausübung von Verwaltungsrechten zu üben und darf nicht ohne triftigen Grund gegen Maßnahmen stimmen, die seine Vermögensinteressen nicht beeinträchtigen.[981]

---

974 Ulmer/Habersack/Winter/Ulmer, Anhang § 34 Rn. 51; Baumbach/Hueck/Fastrich, Anhang § 34 Rn. 1; Scholz/Winter/Seibt, Anhang § 34 Rn. 8.
975 Ulmer/Habersack/Winter/Ulmer, Anhang § 34 Rn. 54.
976 Scholz/Winter/Seibt, Anhang § 34 Rn. 17; Ulmer/Habersack/Winter/Ulmer, Anhang § 34 Rn. 57.
977 Siehe Rn. 599 ff.
978 BGH, Urteil v. 26.10.1983, II ZR 87/83, BGHZ 88 S. 320 (322); Scholz/Winter/Seibt, Anhang § 34 Rn. 16; Ulmer/Habersack/Winter/Ulmer, Anhang § 34 Rn. 59.
979 Scholz/Winter/Seibt, Anhang § 34 Rn. 14; Lutter/Hommelhoff/Lutter/Hommelhoff, § 34 Rn. 47.
980 Anderer Ansicht Ulmer/Habersack/Winter/Ulmer, Anhang § 34 Rn. 61.
981 BGH, Urteil v. 26.10.1983, II ZR 87/83, BGHZ 88 S. 320 (328); Scholz/Winter/Seibt, Anhang § 34 Rn. 14; Lutter/Hommelhoff/Lutter/Hommelhoff, § 34 Rn. 47.

4.2 Ausschluss eines Gesellschafters

4.2.1 Ausschluss eines Gesellschafters der GmbH & Co. KG

596 Bei Vorliegen eines wichtigen Grundes in der Person eines Gesellschafters können die übrigen Gesellschafter auf Ausschließung des missliebigen Gesellschafters klagen (§§ 140, 161 Abs. 2 HGB). Die Anforderungen an das Vorliegen eines wichtigen Grundes sind sehr hoch. Ein wichtiger Grund liegt vor, wenn ein Verbleiben des Gesellschafters die Erreichung des Gesellschaftszwecks unmöglich macht oder erheblich gefährdet oder den übrigen Gesellschaftern nicht zumutbar ist. Ob eine solche Situation gegeben ist, ist anhand der konkreten Umstände und unter Abwägung aller Interessen zu prüfen. Persönliche Spannungen und gesellschaftsbezogene Meinungsverschiedenheiten können die Ausschließung eines Kommanditisten aus der Gesellschaft nur in besonders schwerwiegenden Fällen rechtfertigen.[982]

597 Verstößt die Komplementär-GmbH in schwerwiegender Weise gegen die gesellschaftsvertragliche Zuständigkeitsverteilung oder gegen ihre Informationspflicht, kann sie aus der Gesellschaft ausgeschlossen werden. Eine solche Ausschließung ist um so eher möglich, wenn die Komplementär-GmbH am Vermögen der KG nicht beteiligt ist.[983]

Anstelle der gesetzlich vorgesehenen schwerfälligen und langwierigen Ausschließungsklage gegen einen Gesellschafter (§§ 140, 161 Abs. 2 HGB) wird in der Praxis häufig im Gesellschaftsvertrag der KG eine Klausel aufgenommen, die die Ausschließung eines Gesellschafters gegen seinen Willen per Gesellschafterbeschluss ermöglicht.[984]

Eine Klausel, die die Ausschließung eines Gesellschafters in das freie Ermessen der Mehrheitsgesellschafter stellt, ist nach der neueren – gefestigten – Rechtsprechung grundsätzlich nichtig wegen Verstoßes gegen „die

---

982 BGH, Urteil v. 12.12.1994, II ZR 206/93, BB 1995 S. 215.
983 BGH, Urteil v. 28.6.1993, II ZR 119/92, DStR 1993 S. 1598.
984 Siehe Muster 1, § 15.

allgemeinen Grundsätze der Rechtsordnung (§ 138 BGB) und die Grundprinzipien des Gesellschaftsrechts".[985]

Eine derartige **Hinauskündigungsklausel** begründet die Gefahr, dass Gesellschafter aus sachfremden Gründen ausgeschlossen werden. Außerdem birgt sie das Risiko, dass Minderheitsgesellschafter in eine persönliche und wirtschaftliche Abhängigkeit gebracht werden, die über den Rahmen des rechtlich und sittlich Erlaubten (§ 138 BGB) hinausgeht.[986] Denn gesellschaftsvertragliche Regelungen, die die Beteiligung derart frei entziehbar gestalten, beeinträchtigen erheblich die Entschließungs- und Entscheidungsfreiheit der Minderheitsgesellschafter.[987] Auch wenn der ausgeschlossene Gesellschafter eine Abfindung zu beanspruchen hat, die im Wesentlichen dem vollen Wert seiner Beteiligung entspricht, bleibt es bei der Unzulässigkeit derartiger Hinauskündigungsklauseln aus oben genannten Gründen.[988] Dies gilt nach neuester Rechtsprechung auch für den Fall, dass in einer neben dem Gesellschaftsvertrag getroffenen schuldrechtlichen Vereinbarung eine zum selben Ergebnis führende Abmachung getroffen wird.[989] Nach der Rechtsprechung des BGH kann eine Hinauskündigungsklausel jedoch den Gesellschaftern das Recht geben, den Ausschluss eines Gesellschafters bei Vorliegen eines wichtigen Grundes zu erklären, wenn die Auslegung des Gesellschaftsvertrages ergibt, dass dies die Parteien bei Kenntnis der Nichtigkeit der Hinauskündigungsklausel vereinbart hätten.[990]

Der Grundsatz der Unzulässigkeit einer solchen Hinauskündigungsklausel gilt aber nicht ausnahmslos: Ein an keine Voraussetzungen geknüpftes Ausschlussrecht ist vielmehr wirksam, wenn es wegen besonderer Um-

---

985 BGH, Urteil v. 7.5.2007, II ZR 281/05, DB 2007 S. 1521; BGH, Urteil v. 19.3.2007, II ZR 300/05, DB 2007 S. 1017; BGH, Urteil v. 19.9.2005, II ZR 173/00, BGHZ 164 S. 98; BGH, Urteil v. 8.3.2004, II ZR 165/02, DB 2004 S. 1092; BGH, Urteil v. 19.9.1988, II ZR 329/87, BGHZ 105 S. 213 (216) = BB 1989 S. 102; BGH, Urteil v. 25.3.1985, II ZR 240/84, NJW 1985 S. 2421 (2422); BGH, Urteil v. 13.7.1981, II ZR 56/80, BGHZ 81, S. 263 = NJW 1981, S. 2565; kritisch Weber/Hickel, NJW 1986, S. 2752 ff. (2753). Vgl. zur Entwicklung der Rechtsprechung Gehrlein, NJW 2005, S. 1969 ff.
986 So BGH, Urteil v. 25.3. 1985, II ZR 240/84, NJW 1985 S. 2421 (2422).
987 BGH, a.a.O.; BGH, Urteil v. 13.7.1981, II ZR 56/80, BGHZ 81 S. 263 = NJW 1981 S. 2565 (2566).
988 BGH, Urteil v. 13.7.1981, II ZR 56/80, BGHZ 81 S. 263 = NJW 1981 S. 2565 (2566); siehe auch Rn. 640.
989 BGH, Urteil v. 19.9.2005, II ZR 173/00, BGHZ 164 S. 98.
990 BGH, Urteil v. 5.6.1989, II ZR 227/88, BGHZ 107 S. 351 = GmbHR 1989 S. 462 (464).

stände sachlich gerechtfertigt ist.[991] In der Rechtsprechung der letzten Jahre haben sich hierzu einige Fallgruppen ausgebildet, bei denen eine sachliche Rechtfertigung in diesem Sinne angenommen wird.[992] Das soll etwa dann der Fall sein, wenn ein neuer Gesellschafter in eine seit langer Zeit bestehende Sozietät von Freiberuflern aufgenommen wird und das Ausschließungsrecht allein dazu dient, den Altgesellschaftern binnen einer angemessenen Frist die Prüfung zu ermöglichen, ob zu dem neuen Partner das notwendige Vertrauen hergestellt werden kann.[993] Eine Prüfungsfrist von zehn Jahren ist dabei als deutlich zu weitgehend betrachtet worden. Nach dem BGH ist es aber möglich, im Wege der geltungserhaltenden Reduktion die entsprechende Vereinbarung auf einen angemessenen Zeitraum, der im konkreten Fall mit drei Jahren angegeben worden ist, zu beschränken.[994] Weitere wichtige Fälle der Zulässigkeit einer Hinauskündigungsklausel in diesem Sinne sind die der Anknüpfung an den Tod eines Mitgesellschafters,[995] die durch die Testierfreiheit des Erblassers legitimierte Anordnung eines Hinauskündigungsrecht der Mitgesellschafter[996] oder Fälle, bei denen der Berechtigte wegen enger persönlicher Beziehungen die volle Finanzierung der Gesellschaft übernimmt.[997] Kontrovers sind die Meinungen darüber, inwieweit die neuere Rechtsprechung des BGH[998] zur Zulässigkeit des sog. Managermodells bei einer GmbH auf die KG übertragen werden kann.[999] Nach diesem Modell wird dem Geschäftsführer im Hinblick auf seine Geschäftsführerstellung eine Minderheitsbeteiligung eingeräumt, für die er nur ein Entgelt in Höhe des Nennwerts zu zahlen hat und die er bei Beendigung seiner Organstellung gegen eine der Höhe nach begrenzte Abfindung zurückzuübertragen hat.

---

991 BGH, Urteil v. 19.9.2005, II ZR 173/00, BGHZ 164 S. 98.
992 Vgl. dazu auch Ebenroth/Boujong/Joost/Strohn/Lorz, § 140 Rn. 55 ff.
993 BGH, Urteil v. 8.3.2004, II ZR 165/02, DB 2004 S. 1092.
994 BGH, Urteil v. 7.5.2007, II ZR 281/05, DB 2007 S. 1521.
995 BGH, Urteil v. 19.9.1988, II ZR 329/87, BGHZ 105 S. 213 (216) = BB 1989 S. 102.
996 BGH, Urteil v. 19.3.2007, II ZR 300/05, DB 2007 S. 1017.
997 Für die GmbH: BGH, Urteil v. 9.7.1990, II ZR 194/89, BGHZ 112 S. 103 (110 f.).
998 BGH, Urteil v. 19.9.2005, II ZR 173/00, BGHZ 164 S. 98.
999 Vgl. Ebenroth/Boujong/Joost/Strohn/Lorz, § 140 Rn. 60 m.w.N.

4.2.2 Ausschluss eines GmbH-Gesellschafters

4.2.2.1 Allgemeines

Im GmbH-Gesetz ist der Ausschluss eines Gesellschafters – abgesehen von den Sonderfällen des Ausschlusses säumiger Gesellschafter (§§ 21, 28 Abs. 1 GmbHG) und der fingierten Preisgabe bei Nichterfüllung unbeschränkter Nachschusspflichten (§ 27 Abs. 1 Satz 2 GmbHG) – nicht geregelt.

598

Die GmbH-Satzung kann aber vorsehen, dass der Geschäftsanteil eines Gesellschafters von der Gesellschaft eingezogen werden kann (sog. Amortisation), § 34 GmbHG.[1000] Auch kann die GmbH-Satzung die Gesellschafter ermächtigen, einen Mitgesellschafter dadurch auszuschließen, dass sie seinen Geschäftsanteil an Mitgesellschafter oder Dritte abtreten.[1001]

Sind derartige Regelungen in der GmbH-Satzung nicht enthalten,[1002] kann ein Gesellschafter per Ausschlussklage aus einer GmbH ausgeschlossen werden, wenn in seiner Person ein wichtiger Grund gegeben ist.[1003]

4.2.2.2 Einziehung von Geschäftsanteilen

Voraussetzungen der Einziehung

Die Einziehung eines Geschäftsanteiles[1004] ist nur möglich, wenn sie im Gesellschaftsvertrag zugelassen ist, § 34 Abs. 1 GmbHG. Das Gesetz unterscheidet zwischen Einziehung mit Zustimmung und ohne Zustimmung des Anteilsberechtigten (sog. Zwangseinziehung).

599

Ohne Zustimmung des betroffenen Gesellschafters ist die Einziehung nur zulässig, wenn die Voraussetzungen hierfür in der GmbH-Satzung schon vor dem Zeitpunkt festgesetzt waren, zu dem der Gesellschafter seinen Anteil erworben hat, § 34 Abs. 2 GmbHG. Diese Bestimmung soll einen Gesellschafter, der seine Einlagepflicht erfüllt hat, davor schützen, dass er ungewollt seine Beteiligung auf eine Weise einbüßt, mit der er bei seinem Eintritt in die Gesellschaft nicht zu rechnen brauchte. Stimmt ein Gesellschafter später einer Satzungsänderung zu, die die Voraussetzungen einer

---

1000 Siehe Rn. 599.
1001 Siehe Rn. 602.
1002 BGH, Beschluss v. 15.1.2001, II ZR 32/99, DStR 2001 S. 495; siehe Rn. 605.
1003 Siehe Rn. 603.
1004 Ausführlich hierzu: Zeilinger, GmbHR 2002, S. 772 ff.

Zwangseinziehung schafft, gibt er diesen Schutz auf. Er steht dann einem Gesellschafter gleich, der sich bei seinem Eintritt einer bereits festgelegten Einziehungsregelung unterworfen hat.[1005]

600 Die Gründe, die eine Einziehung rechtfertigen, müssen so genau formuliert werden, dass sie die mit der Klausel konkret verbundenen Risiken für den einzelnen Gesellschafter deutlich machen.[1006] Einziehungsgründe können z. B. der Tod oder Insolvenz eines Gesellschafters oder die Pfändung seines Geschäftsanteils sein. Sind in einer GmbH & Co. KG die Gesellschafter der Komplementär-GmbH gleichzeitig Kommanditisten der GmbH & Co. KG, kann der Verlust des Kommanditanteils ein Grund für die Zwangseinziehung des GmbH-Geschäftsanteils sein.[1007]

Es ist auch zulässig, die Einziehung an einen „wichtigen Grund" in der Person des Gesellschafters zu knüpfen, wenn der Begriff des wichtigen Grundes keinen weitergehenden Inhalt haben soll, als ihm Gesetz und Rechtsprechung allgemein beilegen.[1008]

Zur Wirksamkeit der Einziehung ist ein Gesellschafterbeschluss (§ 46 Nr. 4 GmbHG) und sein Zugang an den betroffenen Gesellschafter erforderlich.[1009]

Rechtsfolgen der Einziehung

601 Rechtsfolge der Einziehung ist der Wegfall des Geschäftsanteils. Er wird durch die Einziehung vernichtet, gleichzeitig gehen alle Rechte und Pflichten aus der Mitgliedschaft unter.

In der Regel erwächst dem ausgeschiedenen Gesellschafter durch die Einziehung seines Geschäftsanteils ein Abfindungsanspruch gegenüber der Gesellschaft.[1010] Soweit die GmbH-Satzung keine Regelungen über Art und Höhe dieses Anspruchs enthält, bestimmt sich die Abfindung nach dem

---

1005 BGH, Urteil v. 19.9.1977, II ZR 11/76, GmbHR 1978 S. 131.
1006 Lutter/Hommelhoff/Lutter/Hommelhoff, § 34 Rn. 16; Rowedder/Schmidt-Leithoff, § 34 Rn. 31.
1007 Scholz/Westermann, § 34 Rn. 15; Rowedder/Schmidt-Leithoff, § 34 Rn. 56, S. 73.
1008 Siehe dazu Rn. 568; BGH, Urteil v. 19.9.1977, II ZR 11/76, GmbHR 1978 S. 131, 132; Lutter/Hommelhoff/Lutter/Hommelhoff, § 34 Rn. 18, 25.
1009 Ulmer/Habersack/Winter/Ulmer, § 34 Rn. 54; Lutter/Hommelhoff/Lutter/Hommelhoff, § 34 Rn. 24, S. 13.
1010 Luther/Hommelhoff/Lutter/Hommelhoff, § 34 Rn. 25; Baumbach/Hueck/Fastrich, § 34 Rn. 19.

Verkehrswert des Geschäftsanteils.[1011] Bei der Zahlung eines Einziehungsentgelts ist die Bestimmung des § 30 Abs. 1 GmbHG zu beachten, wonach das zur Erhaltung des Stammkapitals erforderliche Vermögen der Gesellschaft an die Gesellschafter nicht ausgezahlt werden darf, § 34 Abs. 3 GmbHG. Eine Abfindung kann also aus dem Vermögen der Gesellschaft nur gezahlt werden, wenn entsprechende Mittel über den Betrag des Stammkapitals hinaus vorhanden sind.

4.2.2.3 Ausschlussklausel im Gesellschaftsvertrag

Anstelle der Einziehung eines Geschäftsanteils kann die GmbH-Satzung einen Gesellschafter verpflichten, seinen Geschäftsanteil unter bestimmten Voraussetzungen an einen Mitgesellschafter oder Dritten abzutreten. Sie kann auch die Gesellschafter ermächtigen, einen Mitgesellschafter dadurch auszuschließen, dass sie selbst seinen Geschäftsanteil an Mitgesellschafter oder Dritte abtreten.[1012]

602

Die Voraussetzungen, die an die Wirksamkeit solcher Ausschlussklauseln gestellt werden, entsprechen denen von Einziehungsklauseln (siehe Rn. 599 f.). Sogenannte Hinauskündigungsklauseln, die einem Gesellschafter das Recht einräumen, einen Mitgesellschafter nach freiem Ermessen auszuschließen, sind auch im GmbH-Recht grundsätzlich nichtig (zu den Ausnahmen Rn. 597).[1013]

4.2.2.4 Ausschlussklage

Klageverfahren

Nur für den Fall, dass die GmbH-Satzung keine Ausschlussklausel enthält, kann die Ausschließung eines Gesellschafters aus wichtigem Grund im Wege einer Klage erfolgen.[1014]

603

Kläger ist die durch ihre Geschäftsführer vertretene GmbH.[1015] Die Entscheidung, ob eine derartige Klage erhoben werden soll, wird durch einen

---

1011 Siehe Rn. 642.
1012 BGH, Urteil v. 20.6.1983, II ZR 237/82, GmbHR 1984 S. 74; Lutter/Hommelhoff/ Lutter/ Hommelhoff, § 34 Rn. 32.
1013 BGH, GmbHR 1990, 449; siehe auch Rn. 596 f.
1014 BGH, Urteil v. 1.4.1953, II ZR 235/52, BGHZ 9 S. 157 (159 f.); BGH, Beschluss v. 15.1.2001, II ZR 32/99, DStR 2001 S. 495; OLG Stuttgart, Urteil v. 23.3.1989, 2 U 36/88, GmbHR 1989 S. 466.
1015 Vgl. BGH, Urteil v. 1.4.1953, II ZR 235/52, BGHZ 9 S. 157 (177).

Gesellschafterbeschluss getroffen. Dieser Beschluss bedarf der gleichen Mehrheit, wie sie für einen Auflösungsbeschluss gemäß § 60 Abs. 1 Nr. 2 GmbHG erforderlich ist, d. h., im Regelfall ist die Zustimmung von ¾ des bei der Beschlussfassung vertretenen Kapitals notwendig.[1016]

604 Wird der Klage der Gesellschaft stattgegeben, ergeht ein zum Ausschluss führendes Gestaltungsurteil. Das Urteil macht die Ausschlusswirkung im Interesse der Sicherung des Abfindungsanspruchs des Betroffenen von der aufschiebenden Bedingung abhängig, dass die Gesellschaft die im Urteil bestimmte Abfindung zahlt.[1017] Mit dem Bedingungseintritt endet die Mitgliedschaft des ausgeschlossenen Gesellschafters, und sein Geschäftsanteil fällt der Gesellschaft zum Zweck der Verwertung zu. Die Gesellschaft hat dann die Wahl, ob sie den Geschäftsanteil einziehen oder ihn an Gesellschafter oder Dritte abtreten will.[1018]

Bis zum Bedingungseintritt ist der Auszuschließende noch Gesellschafter. Seine Mitgliedschaftsrechte ruhen jedoch insoweit, als er Maßnahmen, die der Durchführung seines Ausschlusses dienen, nicht vereiteln kann.[1019]

Materiellrechtliche Voraussetzungen

605 Materiellrechtlich setzt eine der Klage stattgebende Entscheidung voraus, dass in der Person des auszuschließenden Gesellschafters ein derart wichtiger Grund liegt, der die Erreichung des Gesellschaftszwecks unmöglich macht oder erheblich gefährdet oder sonst sein Verbleiben in der Gesellschaft unmöglich erscheinen lässt.[1020] Ob im Einzelfall ein zum Ausschluss berechtigender wichtiger Grund gegeben ist, richtet sich nach der Gesamt-

---

1016 BGH, Urteil v. 1.4.1953, II ZR 235/52, BGHZ 9 S. 157 (177); Baumbach/Hueck/Fastrich, Anhang § 34 Rn. 9; Ulmer/Habersack/Winter/Ulmer, Anhang § 34 Rn. 26; a. A. Scholz/Winter/Seibt, Anhang § 34 Rn. 35.
1017 BGH, Urteil v. 1.4.1953, II ZR 235/52, BGHZ 9 S. 157 (174); 16 S. 324 ff.
1018 BGH, Urteil v. 1.4.1953, II ZR 235/52, BGHZ 9 S. 157 (168 ff.); Scholz/Winter/Seibt, Anhang § 34 Rn. 47; K. Schmidt, Gesellschaftsrecht, § 35 IV 2c.
1019 BGH, Urteil v. 1.4.1953, II ZR 235/52, BGHZ 9 S. 157 (176); weitergehend Scholz/Winter/ Seibt, Anhang § 34 Rn. 46; Lutter/Hommelhoff/Lutter/Hommelhoff, § 34 Rn. 38 unter Bezugnahme auf BGHZ 88, S. 320 (328); siehe Rn. 595.
1020 Ulmer/Habersack/Winter/Ulmer, Anhang § 34 Rn. 11 unter Bezugnahme auf § 207 Regierungsentwurf 1971/73.

schau aller Umstände.[1021] Wichtige Gründe sind z. B. eine schwerwiegende Störung des Vertrauensverhältnisses[1022] oder die Gefährdung der Funktionsfähigkeit der Gesellschaft durch Unerreichbarkeit des Gesellschafters.[1023] Der Ausschluss eines Gesellschafters im Wege der Klage kann immer nur als letztes Mittel in Betracht kommen. Bestehen weniger einschneidende Möglichkeiten, den untragbar gewordenen Zustand zu ändern, ist eine Ausschließung nicht zulässig.[1024]

Eine Ausschließung im Wege der Klage ist ebenso unzulässig, wenn im Gesellschaftsvertrag bereits eine nach der Rechtsprechung des BGH zulässige Hinauskündigungsklausel (siehe Rn. 597), d. h. die Möglichkeit des Ausschlusses eines Gesellschafters durch Gesellschafterbeschluss bei Vorliegen eines wichtigen Grundes, enthalten ist.[1025]

4.3 Koordinierung von Kündigung und Ausschluss in den Gesellschaftsverträgen der GmbH und der GmbH & Co. KG

Sind die Gesellschafter der Komplementär-GmbH gleichzeitig Kommanditisten der GmbH & Co. KG und besteht ein Interesse, diese Beteiligungsidentität und damit auch die einheitliche Willensbildung in beiden Gesellschaften zu sichern, ist in den Gesellschaftsverträgen entsprechend Vorsorge zu treffen. In der GmbH-Satzung sollte geregelt werden, dass die Kündigung oder der Ausschluss eines Kommanditisten immer auch seinen Ausschluss als GmbH-Gesellschafter, sei es durch Einziehung[1026] oder Abtretung seines Geschäftsanteils,[1027] zur Folge hat. Im KG-Vertrag kann entsprechend bestimmt werden, dass der Kommanditist, der aus der Komplementär-GmbH freiwillig ausscheidet oder ausgeschlossen wird, auch aus der KG ausgeschlossen werden kann.

606

1021 BGH, Urteil v. 17.2.1955, II ZR 316/53, BGHZ 16 S. 317 (322 f.); BGH, Beschluss v. 15.1.2001, II ZR 32/99, DStR 2001 S. 495.
1022 BGH, Urteil v. 25.1.1960, II ZR 22/59, BGHZ 32 S. 17; BGH, Urteil v. 9.11.1972, II ZR 30/70, GmbHR 1973 S. 44.
1023 Ulmer/Habersack/Winter/Ulmer, Anhang § 34 Rn. 12 mit weiteren Beispielen.
1024 BGH, Urteil v. 17.2.1955, II ZR 316/53, BGHZ 16 S. 317 (322); BGH, Urteil v. 6.7.1961, II ZR 219/58, BGHZ 35 S. 272 (283).
1025 BGH, Beschluss v. 15.1.2001, II ZR 32/99, DStR 2001 S. 495.
1026 Siehe Rn. 599.
1027 Siehe Rn. 602.

4.4 Tod eines Gesellschafters

4.4.1 Tod eines Kommanditisten

4.4.1.1 Gesetzliche Rechtsnachfolge

607 Stirbt ein Kommanditist, wird die GmbH & Co. KG mit seinen Erben fortgesetzt. Die Kommanditbeteiligung ist also vererblich, wie sich nunmehr ausdrücklich aus § 177 HGB ergibt. Der Erbe tritt in die Rechte und Pflichten des verstorbenen Kommanditisten ein, wenn sie nicht höchstpersönlicher Natur sind oder der Gesellschaftsvertrag etwas anderes bestimmt.[1028] Ist der Erbe bereits Kommanditist, vereinigen sich beide Anteile zu einem Kommanditanteil.

Wer Erbe ist, bestimmt sich nach dem Testament des Verstorbenen oder – falls es ein Testament nicht gibt – nach den gesetzlichen Bestimmungen gemäß §§ 1924 ff. BGB.

Hat der verstorbene Kommanditist mehrere Erben, geht seine Mitgliedschaft entgegen erbrechtlichen Grundsätzen (§ 2032 Abs. 1 BGB) nicht auf die Gesamthand der Erbengemeinschaft über, sondern jeder Erbe erwirbt entsprechend seiner Erbquote einen Teil des Gesellschaftsanteils (sog. Sondererbfolge).[1029] Die Beteiligung eines Kommanditisten kann also durch seinen Tod in viele selbständige Beteiligungen aufgespalten werden. Im Gesellschaftsvertrag kann für diesen Fall bestimmt werden, dass die Kommanditistennachfolger ihre Gesellschafterrechte nur durch einen gemeinsamen Vertreter ausüben dürfen.[1030]

608 Ob auch ein Testamentsvollstrecker die Rechte eines Kommanditisten ausüben kann, war bisher umstritten.[1031] Ein Teil der Meinungen verneint die Zulässigkeit der Testamentsvollstreckung, weil der Gesellschaftsanteil

---

1028 Schilling in Großkomm., § 177 Rn. 6.
1029 Ständige Rechtsprechung seit BGH, Urteil v. 22.11.1956, II ZR 222/55, BGHZ 22 S. 186; Baumbach/Hopt, § 177 Rn. 3; Schilling in Großkomm., § 177 Rn. 7; Schwerdtfeger/Partikel, § 177 Rn. 4. Zum Thema auch Rechenberg, GmbHR 2005, S. 386 ff.
1030 BGHZ 46, 291; MünchKomm/K. Schmidt, § 177 Rn. 24; Schilling in Großkomm., § 177 Rn. 7.
1031 Vgl. Schlegelberger/K. Schmidt, § 177 Rn. 19 ff.; Schilling in Großkomm., § 177 Rn. 10 ff. m.w.N.

aufgrund der Sondererbfolge[1032] nicht zum Nachlass gehöre.[1033] Der BGH hat mit Beschluss v. 3.7.1989[1034] die Wirksamkeit einer vom Erblasser angeordneten Testamentsvollstreckung an einem Kommanditanteil anerkannt, sofern sie durch den Gesellschaftsvertrag oder auch später durch einen Gesellschafterbeschluss gestattet wird. Die Ausübung der mit dem Kommanditanteil verbundenen Gesellschaftsrechte ist während der Dauer der Testamentsvollstreckung grundsätzlich Sache des Testamentsvollstreckers. Der Testamentsvollstrecker ist auch zuständig für Vertragsänderungen, Gestaltungsklagen, Kündigung der Mitgliedschaft und sonstige Verfügungen über den Anteil. Einschränkungen gelten nur für solche Vertragsänderungen, die in den Kernbereich der Mitgliedschaftsrechte der Kommanditisten eingreifen oder ihre persönliche Haftung begründen. Zur Wirksamkeit derartiger Vertragsänderungen bedarf es des Zusammenwirkens von Testamentsvollstrecker und Kommanditistenerben.[1035]

4.4.1.2 Vertragliche Gestaltungsmöglichkeiten

Allgemeines

Die Rechtsnachfolge im Fall des Todes eines Kommanditisten kann gemäß § 177 HGB gesellschaftsvertraglich abweichend von den gesetzlichen Bestimmungen geregelt werden. So kann die Vererbbarkeit des Kommanditanteils ausgeschlossen werden. Die Gesellschaft wird in diesem Fall von den verbliebenen Gesellschaftern fortgeführt, ihnen wächst der Anteil des verstorbenen Kommanditisten zu, und dessen Erben erwerben einen möglichen Abfindungsanspruch gegen die Gesellschaft, § 738 Abs. 1 BGB i. V. m. §§ 161 Abs. 2, 105 Abs. 3 HGB, § 1922 Abs. 1 BGB.[1036]

609

Die Gesellschafter der GmbH & Co. KG können auch vereinbaren, dass nur bestimmte Erben in die Gesellschafterstellung nachrücken sollen (sog. qualifizierte Nachfolgeklausel, siehe Rn. 610) oder dass bestimmten Personen, die nicht Erben sein müssen, ein Eintrittsrecht in die Gesellschaft eingeräumt wird (sog. Eintrittsklausel, siehe Rn. 577).

1032 Siehe Rn. 607.
1033 RG, Urteil v. 10.1.1944, RGZ 172 S. 199 (203); OLG Frankfurt, Beschluss v. 11.2.1983, 20 W 561/82, NJW 1983 S. 1806; Ulmer, NJW 1984, S. 1496 ff.
1034 BGH, Beschluss v. 3.7.1989, II ZB 1/89, BGHZ 108 S. 187, BB 1989 S. 1840 ff.
1035 Ulmer, NJW 1990, S. 73 ff. (83).
1036 Siehe Rn. 595.

Qualifizierte Nachfolgeklausel

610 Hat ein Kommanditist mehrere Erben und lässt der Gesellschaftsvertrag der GmbH & Co. KG die Nachfolge in den Kommanditanteil nur für einen von ihnen zu (qualifizierte Nachfolgeklausel), erwirbt dieser mit dem Tod des Kommanditisten den Anteil unmittelbar und im Ganzen, unabhängig von der Höhe seiner Erbquote.[1037]

Hat z. B. der Kommanditist A in seinem Testament bestimmt, dass seine Tochter B ¾ und sein Sohn C ¼ seines Vermögens erben, und ist C im Gesellschaftsvertrag als Nachfolger des A genannt, dann erwirbt C die Kommanditbeteiligung des A unmittelbar und im Ganzen mit dem Todesfall. Liegt die vererbte Beteiligung wertmäßig über dem der Erbquote entsprechenden Anteil am Gesamtnachlass, ist C erbrechtlich Ausgleichsansprüchen der B ausgesetzt. Denn bei der Erbauseinandersetzung zählt der Wert der Beteiligung mit.[1038]

611 Erbrechtliche Ausgleichsansprüche können dadurch ausgeschlossen werden, dass der Nachfolger als Alleinerbe eingesetzt wird oder ihm die Kommanditbeteiligung im Wege eines Vorausvermächtnisses (§ 2150 BGB) zugewandt wird. Letzteres hat zur Folge, dass der Wert der Beteiligung bei der Erbauseinandersetzung nicht zu Lasten des Nachfolgers in Ansatz gebracht wird.[1039] Aber auch unter diesen Umständen können noch mögliche erbrechtliche Pflichtteilsansprüche gegenüber dem Nachfolger entstehen.[1040]

612 Der unmittelbare Erwerb einer Kommanditbeteiligung aufgrund einer Nachfolgeklausel im Gesellschaftsvertrag erfolgt nur dann, wenn der im Gesellschaftsvertrag als Nachfolger Benannte auch gleichzeitig Erbe ist. Denn der Gesellschaftsvertrag begründet nur die Verpflichtung der Gesellschafter, die Nachfolgeregelung eines Mitgesellschafters anzuerkennen. Der Vollzug einer derartigen gesellschaftsvertraglichen Nachfolgeregelung setzt immer voraus, dass der Nachfolger durch Testament oder Erbvertrag als Erbe eingesetzt oder gesetzlicher Erbe (§§ 1924 ff. BGB) des Kommanditisten ist.

1037 BGH, Urteil v. 10.2.1977, II ZR 120/75, BGHZ 68 S. 225, (236 ff.) = NJW 1977 S. 1339 (1342).
1038 9 Ulmer, BB 1977, S. 805 ff. (807); wohl auch BGH, Urteil v. 10.2.1977, II ZR 120/75, BGHZ 68 S. 225, (236 ff.) = NJW 1977 S. 1339 (1342).
1039 Ulmer, a. a. O.; Sudhoff, Handbuch der Unternehmensnachfolge, § 7 Rn. 13 ff.; Schlegelberger/ Martens, § 139 Anm. 25a f.
1040 Siehe etwa § 2318 BGB.

Daraus folgt, dass der Gesellschaftsvertrag und die letztwillige Verfügung 613
eines Gesellschafters abgestimmt sein müssen, da andernfalls die im Gesellschaftsvertrag beabsichtigte Nachfolge nicht zu realisieren ist. So darf z. B. nicht im Gesellschaftsvertrag bestimmt sein, dass im Fall des Todes des Kommanditisten A sein Sohn C den Gesellschaftsanteil erwirbt, während im Testament des A seine Tochter B als Alleinerbin eingesetzt ist. Richtigerweise hätte A auch C in seinem Testament bedenken müssen. Scheitert die gesellschaftsvertraglich festgelegte Nachfolgeregelung daran, dass im Gesellschaftsvertrag vorgesehene Personen nicht Erben geworden sind, kann diese Nachfolgeklausel im Wege der ergänzenden Vertragsauslegung in eine Eintrittsklausel umgedeutet werden.[1041]

Eintrittsklausel

Eine Eintrittsklausel ist eine Vereinbarung im Gesellschaftsvertrag, die 614
einer bestimmten Person das Recht einräumt, in die Gesellschaft einzutreten. Sie ist ein sog. Vertrag zugunsten Dritter i. S. d. § 328 BGB. Sie verschafft dem Nachfolger – der nicht gleichzeitig Erbe des Verstorbenen zu sein braucht – einen Anspruch gegen die übrigen Gesellschafter auf Aufnahme in die Gesellschaft. Der Nachfolgerkommanditist per Eintrittsklausel wird also nicht wie bei der Nachfolgeklausel[1042] automatisch mit dem Tod des Kommanditisten Gesellschafter, sondern erst durch Aufnahme in die Gesellschaft durch die übrigen Gesellschafter aufgrund eines Aufnahmevertrages.[1043]

Der Gesellschaftsvertrag kann den Abschluss des Aufnahmevertrages er- 615
leichtern. Haben die übrigen Gesellschafter schon im Gesellschaftsvertrag das Angebot zur Aufnahme an den Eintrittsberechtigten erklärt, braucht dieser das Angebot nur noch anzunehmen, um Gesellschafter zu werden. Die Rechtsstellung des Eintretenden in der Gesellschaft ist grundsätzlich vom Gesellschaftsvertrag abhängig. Enthält dieser hierzu keine Bestimmungen, ist davon auszugehen, dass der neue Kommanditist die Stellung des verstorbenen Kommanditisten innehaben soll. Den neuen Kommanditisten trifft eine eigene Einlageverpflichtung. Im Zweifel führt die Ausübung des Eintrittsrechts nur dann zur Mitgliedschaft in der Gesellschaft, wenn der Eintretende gleichzeitig diese Einlageverpflichtung erfüllt.[1044]

1041 BGH, Urteil v. 29.9.1977, II ZR 214/75, NJW 1978 S. 264; siehe auch Rn. 614.
1042 Siehe Rn. 610.
1043 Siehe Rn. 563.
1044 BGH, Urteil v. 29.9.1977, II ZR 214/75, NJW 1978 S. 264 (266).

616 Eine Eintrittsklausel hat in der Regel nur einen Sinn, wenn dem Eintrittsberechtigten der Vermögenswert der Beteiligung des verstorbenen Kommanditisten zur Verfügung steht. Der Wert der Beteiligung kann ihm einmal dadurch übertragen werden, dass ihm der Abfindungsanspruch der Erben durch Vermächtnis oder Erbeinsetzung zugewandt wird, oder dadurch, dass Abfindungsansprüche ausgeschlossen werden[1045] und die übrigen Gesellschafter den ihnen zugefallenen Anteil des verstorbenen Kommanditisten treuhänderisch für den Eintrittsberechtigten halten und bei dessen Eintritt auf ihn übertragen.[1046]

4.4.1.3 Haftung bei erbrechtlicher Nachfolge

Gesellschaftsrechtliche Haftung

617 Bei der Haftung des Nachfolgers eines verstorbenen Kommanditisten ist zu differenzieren, auf welche Weise er seinen Kommanditanteil erwirbt. Ist der Kommanditistennachfolger Erbe[1047] des verstorbenen Kommanditisten, erwirbt er den Anteil im Wege einer Gesamtrechtsnachfolge. Die Rechtsstellung des verstorbenen Kommanditisten geht als Ganzes auf den Erben über.[1048] Der Erbe übernimmt als neuer Kommanditist auch hinsichtlich der Haftung gegenüber Gesellschaftsgläubigern diejenige Rechtsposition, die der verstorbene Kommanditist innegehabt hatte. Er haftet für die Alt- und Neuverbindlichkeiten der Gesellschaft nach Maßgabe der §§ 171-173 HGB.[1049] Einlageleistungen des verstorbenen Kommanditisten wirken für ihn.[1050] Hatte also der verstorbene Kommanditist seine Einlage voll erbracht und damit jede weitere Haftung ausgeschlossen (§ 171 Abs. 1 HS 2 HGB), kommt auch eine unmittelbare persönliche Haftung des Kommanditistenerben nicht mehr in Betracht.[1051]

618 Hatte dagegen der verstorbene Kommanditist seine Einlage ganz oder teilweise noch nicht erbracht und haftete er den Gesellschaftsgläubigern wegen des offen stehenden Betrags bis zur Höhe der eingetragenen Haft-

---

1045 Siehe Rn. 609.
1046 BGH, Urteil v. 29.9.1977, II ZR 214/75, NJW 1978 S. 264 (265).
1047 Siehe Rn. 570.
1048 Schilling in Großkomm., § 173 Rn. 10; Baumbach/Hopt, § 173 Rn. 15.
1049 Schilling in Großkomm., § 173 Rn. 11; Schlegelberger/K. Schmidt, § 173 Rn. 43.
1050 Schilling in Großkomm., § 173 Rn. 11.
1051 Vgl. Rn. 298.

summe persönlich, haftet sein Rechtsnachfolger den Gläubigern mit seinem Privatvermögen in gleicher Weise.[1052]

Hat ein Kommanditist seine Beteiligung mehreren Nachfolgern vererbt,[1053] haften diese gemäß §§ 171-173 HGB wie oben beschrieben, aber auf die ihnen jeweils zukommende Haftsumme begrenzt.[1054]

Erbenhaftung

Neben dieser gesellschaftsrechtlichen Kommanditistenhaftung trifft den Nachfolger, der die Beteiligung als Erbe erwirbt, die Erbenhaftung für Altverbindlichkeit gemäß § 1967 BGB, §§ 171 f. HGB, wenn der verstorbene Kommanditist die Haftsumme noch nicht in das Gesellschaftsvermögen geleistet hatte und daher noch persönlich haftete.[1055] Diese Haftung besteht in Höhe der noch nicht geleisteten Haftsumme und ist auf den Nachlass beschränkbar, §§ 1975 ff. BGB.[1056]

619

Hat der verstorbene Kommanditist mehrere Erben, haften sie erbrechtlich als Gesamtschuldner, § 2058 BGB.[1057]

Haftung bei Nachfolge aufgrund einer qualifizierten Nachfolgeklausel

Hat der verstorbene Kommanditist mehrere Erben und hat aufgrund einer qualifizierten Nachfolgeklausel[1058] im Gesellschaftsvertrag nur ein Erbe die Kommanditbeteiligung erworben, haftet nur dieser gesellschaftsrechtlich gemäß §§ 171-173 HGB.[1059] Erbrechtlich haften auch hier alle Erben für Altverbindlichkeiten gemäß §§ 1967, 2058 BGB i. V. m. §§ 171 f. HGB als Gesamtschuldner, wenn die Haftsumme noch nicht voll erbracht ist.[1060]

620

Haftung bei fehlendem Nachfolgevermerk

Erwirbt ein Kommanditist seine Beteiligung aufgrund einer Erbschaft, ist wie bei der Anteilsübertragung ein entsprechender Vermerk im Handels-

621

1052 Vgl. Rn. 297.
1053 Siehe Rn. 607.
1054 MünchKomm/K. Schmidt, § 173 Rn. 46; Schilling in Großkomm., § 173 Rn. 11.
1055 MünchKomm/K. Schmidt, § 173 Rn. 44; Lange/Kuchinke, § 49 VI 2 b.
1056 Lange/Kuchinke, § 49 VI 2 b.
1057 MünchKomm/K. Schmidt, § 173 Rn. 44; Schilling in Großkomm., § 173 Rn. 11.
1058 Siehe Rn. 610.
1059 Siehe Rn. 617.
1060 Schilling in Großkomm., § 173 Rn. 11; MünchKomm/K. Schmidt, § 173 Rn. 47.

register erforderlich.[1061] Gemäß der Rechtsprechung zum Fehlen eines Nachfolgevermerks bei einer Anteilsübertragung[1062] bleibt wohl auch hier die Haftung des Kommanditistennachfolgers trotz fehlenden Nachfolgevermerks unberührt. Es bleibt dabei, dass der neue Kommanditist gegenüber Gesellschaftsgläubigern diejenige Rechtsposition einnimmt, die der verstorbene Kommanditist innehatte. Der Nachfolgerkommanditist kann sich also gemäß § 171 Abs. 1 HS 2 HGB auf den Ausschluss seiner persönlichen Haftung berufen, wenn der verstorbene Kommanditist seine Einlage erbracht hat.[1063]

622 Die persönliche Haftung des verstorbenen Kommanditisten lebt dagegen entsprechend § 172 Abs. 4 HGB wieder auf, da seine im Handelsregister weiter eingetragene Haftsumme durch seine frühere Einlageleistung nicht mehr gedeckt ist.[1064] Da der Nachfolgeerbe auch für Nachlassverbindlichkeiten gemäß § 1967 BGB haftet, trifft ihn diese persönliche Haftung des verstorbenen Kommanditisten gemäß § 1967 BGB i. V. m. § 172 Abs. 4 HGB. Diese Haftung ist erbrechtlich beschränkbar[1065] und besteht nur gegenüber solchen Gesellschaftsgläubigern, denen die erbrechtliche Nachfolge nicht bekannt war, § 15 Abs. 1 HGB.[1066]

Unbeschränkte Haftung gemäß § 176 Abs. 2 HGB

623 Die unbeschränkte Haftung für Verbindlichkeiten, die zwischen dem Eintritt eines neuen Kommanditisten und seiner Eintragung in das Handelsregister entsteht, trifft auch denjenigen, der eine Kommanditbeteiligung durch Erbfolge erwirbt.[1067] Da dieser Erwerb durch den Tod eines Kommanditisten ausgelöst wird, ist es dem Nachfolgererben nie möglich, seine Eintragung in das Handelsregister zum Zeitpunkt der Begründung seiner Mitgliedschaft eintragen zu lassen. Diesem Umstand trägt die Rechtspre-

---

1061 Schilling in Großkomm., § 173 Rn. 15; MünchKomm/K. Schmidt, § 173 Rn. 45.
1062 BGH, Urteil v. 29.6.1981, BGHZ 81, 82 = GmbHR 1981 S. 262 ff.; siehe auch Rn. 545 f.
1063 Vgl. BGH, Urteil v. 29.6.1981, BGHZ 81,82 = GmbHR 1981 S. 262 (264); ebenso MünchKomm/K. Schmidt, § 173 Rn. 45; a. A. Schilling in Großkomm., § 173 Rn. 15.
1064 Vgl. BGH, Urteil v. 29.6.1981, BGHZ 81, 82 = GmbHR 1981 S. 261 (264); siehe Rn. 546.
1065 Siehe Rn. 619.
1066 Siehe Rn. 582.
1067 BGH, Urteil v. 4.3.1976, II ZR 145/75, BGHZ 66 S. 98 (100) = NJW 1976 S. 848; BGH, Urteil v. 21.3.1983, II ZR 113/82, NJW 1983 S. 2258 (2259); a.A. Schilling in Großkomm., § 176 Rn. 17; MünchKomm/K. Schmidt, § 176 Rn. 22; so wohl jetzt auch BGH, Beschluss v. 3.7.1989, II ZB 1/89, BGHZ 108 S. 187 (197) = BB 1989 S. 1840 (1842); zur Haftung gemäß § 176 Abs. 2 HGB siehe Rn. 575 f.

chung Rechnung und gewährt ihm eine „Schonfrist", bevor bei ihm die fehlende Eintragung zur unbeschränkten Haftung führt.[1068] Der Nachfolgererbe entgeht also einer Haftung gemäß § 176 Abs. 2 HGB, wenn er seine Eintragung in das Handelsregister unverzüglich herbeiführt.

Da die Haftung gemäß § 176 Abs. 2 HGB im Übrigen entfällt, wenn der Gläubiger Kenntnis von der Kommanditistenstellung des nicht eingetragenen Gesellschafters hat, kommt bei einer GmbH & Co. KG die unbeschränkte Haftung eines Kommanditisten gemäß § 176 HGB generell nicht in Betracht.[1069] Denn wenn die GmbH & Co. KG unter ihrer Firma[1070] auftritt, rechnet im Rechtsverkehr niemand mehr damit, dass ein nicht eingetragener Gesellschafter kein Kommanditist ist. Infolgedessen fehlt den Gläubigern die Gutgläubigkeit i. S. des § 176 HGB.[1071]

624

4.4.1.4 Haftung bei Eintritt aufgrund eines Aufnahmevertrages

Hat der verstorbene Kommanditist seinem Nachfolger lediglich im Gesellschaftsvertrag das Recht eingeräumt, in die Gesellschaft einzutreten (sog. Eintrittsklausel, siehe Rn. 614), wächst sein Gesellschaftsanteil mit dem Todesfall den verbliebenen Gesellschaftern zu, § 738 Abs. 1 BGB i. V. m. §§ 161 Abs. 2, 105 Abs. 3 HGB. Sein Nachfolger erwirbt durch den Aufnahmevertrag mit den übrigen Gesellschaftern einen eigenen Kommanditanteil.

625

Seine Haftung bestimmt sich nach den allgemeinen Bestimmungen gemäß §§ 171 f. HGB.[1072] Für Verbindlichkeiten der Gesellschaft, die zum Zeitpunkt seines Eintritts schon entstanden waren, ergibt sich diese Haftung aus § 173 HGB.[1073]

1068 BGH, Beschluss v. 3.7.1989, II ZB 1/89, BGHZ 108 S. 187 (197) = BB 1989 S. 1840 (1842).
1069 Siehe Rn. 575 f.
1070 Siehe Rn. 93 ff.
1071 So jetzt auch BGH, Urteil v. 21.3.1983, II ZR 113/82, NJW 1983 S. 2258, der die Gutgläubigkeit aber erst für die Zeit nach Inkrafttreten des § 19 Abs. 5 HGB (1.1.1981) in Frage stellt; siehe auch Rn. 86.
1072 Siehe Rn. 296 ff.
1073 Siehe Rn. 574.

4.4.1.5 Haftung des Vermächtnisnehmers

626 Der Erwerb einer Kommanditbeteiligung aufgrund eines Vermächtnisses vollzieht sich nach den Regeln der Anteilsübertragung.[1074] Der Gesellschaftsanteil, der mit dem Todesfall zunächst unmittelbar von den Erben erworben wird (siehe Rn. 607), wird von diesen auf den Vermächtnisnehmer gemäß §§ 398 ff. BGB übertragen.[1075] Folglich bestimmt sich die Haftung nach den oben unter Rn. 580 ff. dargelegten Grundsätzen zur Haftung bei Übertragung eines Kommanditanteils.

4.4.2 Tod eines GmbH-Gesellschafters

4.4.2.1 Gesetzliche Regelung

627 Ein Geschäftsanteil einer GmbH ist gemäß § 15 Abs. 1 GmbHG vererblich. Stirbt ein GmbH-Gesellschafter, erwirbt sein Erbe unmittelbar seinen Anteil gemäß § 1922 BGB. Die Mitgliedschaft geht mit allen Rechten und Pflichten des Erblassers auf den Erben über. Der Erbe haftet also auch für rückständige Einlagen und Nachschüsse, wobei die Haftung erbrechtlich beschränkbar ist.[1076]

Der Geschäftsanteil gehört mit dem Todesfall zum Nachlass des Erblassers. Hat der verstorbene GmbH-Gesellschafter mehrere Erben, fällt der Geschäftsanteil gemäß § 2032 Abs. 1 BGB den Miterben zur gesamten Hand an. Sie verwalten den Anteil gemeinschaftlich, § 2038 BGB. Mitgliedschaftsrechte können sie nur gemeinschaftlich ausüben, § 18 Abs. 1 GmbHG.

628 Hier liegt ein wesentlicher Unterschied zur Rechtslage bei der KG, wo jeder der Miterben entsprechend seiner Erbquote einen Teil des Gesellschaftsanteils des Erblassers erwirbt und dadurch die Beteiligung eines Kommanditisten durch seinen Tod in viele selbständige Beteiligungen aufgespalten

---

1074 MünchKomm/K. Schmidt, § 173 Rn. 48.
1075 Siehe Rn. 568.
1076 Scholz/Winter/Seibt, § 15 Rn. 24; Lutter/Hommelhoff/Lutter/Bayer, § 15 Rn. 8 ff.; a. A. Hachenburg/Zutt, Anhang § 15 Rn. 103; vgl. auch Rn. 582.

werden kann. Im Unterschied zur GmbH & Co. KG[1077] ist die Testamentsvollstreckung an einem vererbten GmbH-Anteil problemlos zulässig.[1078]

4.4.2.2 Vertragliche Gestaltungsmöglichkeiten

Die Vererbbarkeit des GmbH-Anteils kann durch den Gesellschaftsvertrag nicht ausgeschlossen werden.[1079] Auch kann der Gesellschaftsvertrag einem Gesellschafter nicht vorschreiben, an wen er seinen Geschäftsanteil zu vererben hat. Die GmbH-Satzung kann aber bestimmen, was mit dem Geschäftsanteil nach seinem Anfall bei den Erben geschehen soll.[1080] Der Gesellschaftsvertrag kann z. B. vorsehen, dass die Erben den Geschäftsanteil an eine bestimmte, in der Satzung bereits benannte oder von der Gesellschafterversammlung durch Beschluss zu bestimmende Person abtreten müssen.[1081] 629

Die GmbH-Satzung kann auch regeln, dass der vererbte Geschäftsanteil von der Gesellschaft generell oder nur unter bestimmten Voraussetzungen eingezogen wird.[1082] 630

Die Zwangsabtretung des Geschäftsanteils oder seine Einziehung durch die Gesellschaft erfolgen grundsätzlich gegen Entgelt, das in der Satzung näher bestimmt werden kann.[1083] Enthält die Satzung diesbezüglich keine Regelungen, ist der Verkehrswert des Geschäftsanteils als Gegenwert von dem Erwerber oder bei einer Einziehung von der Gesellschaft geschuldet.[1084]

1077 Siehe Rn. 608.
1078 BGH, Urteil v. 10.6.1959, V ZR 25/58, NJW 1959 S. 1820; MünchKomm/Zimmermann, § 2205 Rn. 51; Scholz/Winter/Seibt, § 15 Rn. 25; Baumbach/Hueck/Fastrich, § 15 Rn. 17.
1079 Scholz/Winter/Seibt, § 15 Rn. 27; Hachenburg/Zutt, Anhang § 15 Rn. 104.
1080 BGH, Urteil v. 5.11.1984, II ZR 147/83, BGHZ 92 S. 386; Lutter/Hommelhoff/Lutter/Bayer, § 15 Rn. 9; Rowedder/Schmidt-Leithoff, § 15 Rn. 11.
1081 Lutter/Hommelhoff/Lutter/Bayer, § 15 Rn. 9; Rowedder/Schmidt-Leithoff, § 15 Rn. 118.
1082 Scholz/Winter/Seibt, § 15 Rn. 30; Lutter/Hommelhoff/Lutter/Bayer, § 15 Rn. 11; siehe Rn. 575 ff.
1083 Baumbach/Hueck/Fastrich, § 15 Rn. 14 f.; Scholz/Winter/Seibt, § 15 Rn. 30 ff.; Hachenburg/Zutt, Anhang § 15 Rn. 109 f.
1084 Lutter/Hommelhoff, § 34 Rn. 49.

4.4.3 Koordinierung von Nachfolgeregelungen in den Gesellschaftsverträgen der GmbH & Co. KG und GmbH

631 Sind die GmbH-Gesellschafter gleichzeitig Kommanditisten der GmbH & Co. KG und besteht ein Interesse, diese Beteiligungsidentität zu erhalten, sind in den Gesellschaftsverträgen entsprechende Vorkehrungen zu treffen. Im Gesellschaftsvertrag der GmbH & Co. KG kann ein bestimmter Erbe unter Ausschluss der weiteren Erben eines Kommanditisten durch Aufnahme einer qualifizierten Nachfolgeklausel[1085] zum Nachfolger bestimmt werden. Eine entsprechende Satzungsbestimmung ist bei der GmbH unwirksam.[1086] In der GmbH-Satzung kann aber vereinbart werden, dass die Erben ihren ererbten GmbH-Anteil an denjenigen abzutreten haben, der die Kommanditbeteiligung des verstorbenen Gesellschafters erworben hat. Eine solche Vereinbarung setzt für ihre Wirksamkeit immer notarielle Beurkundung voraus, § 15 Abs. 4 GmbHG.[1087]

4.5 Abfindung

4.5.1 Abfindung eines Gesellschafters der GmbH & Co. KG

4.5.1.1 Gesetzlicher Abfindungsanspruch

632 Scheidet ein Gesellschafter aus der Gesellschaft aus, wächst sein Anteil am Gesellschaftsvermögen den übrigen Gesellschaftern zu. Diese sind verpflichtet, ihm das zu zahlen, was er bei der Auseinandersetzung erhalten würde, wenn die Gesellschaft zur Zeit seines Ausscheidens aufgelöst worden wäre, § 738 Abs. 1 BGB, §§ 105 Abs. 3, 161 Abs. 2 HGB. Der ausscheidende Gesellschafter hat also gegenüber den verbleibenden Gesellschaftern einen Zahlungsanspruch in Höhe seiner Beteiligung am Gesellschaftsvermögen. Der Wortlaut des Gesetzes legt eine Bewertung der Beteiligung unter dem Gesichtspunkt der Liquidation der Gesellschaft nahe (Zerschlagungs-, Versilberungswert).

Nach der Rechtsprechung ist aber der „Beteiligungswert auf der Grundlage des wirklichen Werts des lebenden Unternehmens zu errechnen (einschließlich der stillen Reserven und des Goodwill des Unternehmens). Dieser ergibt sich im Allgemeinen aus dem Preis, der bei einem Verkauf des

---

1085 Siehe Rn. 610.
1086 Siehe Rn. 629.
1087 Vgl. auch Rn. 560.

Unternehmens als Einheit erzielt würde. Bei der Wertermittlung ist nach § 738 Abs. 2 BGB eine Schätzung möglich. Diese hat jedoch aufgrund konkreter Unterlagen zu erfolgen, so dass im Allgemeinen ein Sachverständigengutachten erforderlich sein wird. Dabei wird regelmäßig mit der heute herrschenden Auffassung von dem Ertragswert auszugehen sein. Dem Substanzwert und damit den in den bilanziellen Buchwerten steckenden stillen Reserven kommt insoweit, sofern kein Ausnahmefall gegeben ist, nur noch mittelbare Bedeutung zu."[1088] Diese BGH-Entscheidung verdient insofern besondere Beachtung, als der BGH in Übereinstimmung mit der modernen Betriebswirtschaftslehre[1089] den Ertragswert für die Bewertung eines Unternehmens zum entscheidenden Kriterium erklärt. In früheren Entscheidungen hatte der BGH die Auffassung vertreten, der Wert eines Unternehmens sei in der Regel durch eine Kombination von Substanz- und Ertragswert zu ermitteln, wobei teils der eine, teils der andere Faktor zum Ausgangspunkt zu nehmen und als der gewichtigere zu betrachten sei.[1090] Der BGH überließ es dem Tatrichter – sachverständig beraten –, darüber zu befinden, welche der in der Betriebswirtschaftslehre vertretenen Bewertungsmethoden im Einzelfall zu einem angemessenen Ergebnis führt.[1091]

4.5.1.2 Schwebende Geschäfte

Neben dem Abfindungsanspruch hat der ausscheidende Gesellschafter nach der gesetzlichen Regelung einen Anspruch auf Teilnahme am Gewinn und Verlust, welcher sich aus den zur Zeit seines Ausscheidens schwebenden Geschäften ergibt, § 740 Abs. 1 BGB i. V. m. §§ 105 Abs. 3, 161 Abs. 2 HGB. Schwebende Geschäfte sind unmittelbar auf Erwerb gerichtete Rechtsgeschäfte der Gesellschaft, für die im Zeitpunkt des Ausscheidens des Gesellschafters bereits eine rechtliche Bindung begründet ist, die aber beiderseits noch nicht erfüllt sind.[1092] Bei der Berechnung eines Abfindungsguthabens bleiben diese Geschäfte unberücksichtigt. Zur Mitwirkung bei der Abwicklung eines schwebenden Geschäfts ist der ausscheidende

---

1088 BGH, Urteil v. 24.9.1984, II ZR 256/83, NJW 1985 S. 192 (193); Baumbach/Hopt, § 131 Rn. 49; Engel, NJW 1986 S. 345.
1089 Vgl. Moxter, 117 ff.
1090 BGH, Urteil v. 1.7.1982, IX ZR 34/81, NJW 1982 S. 2441; BGH, Urteil v. 17.1.1973, IV ZR 142/70, NJW 1973 S. 509; BGH, Urteil v. 13.3.1978, II ZR 142/76, NJW 1978 S. 1316 (1319).
1091 BGH, Urteil v. 1.7.1982, IX ZR 34/81, NJW 1982 S. 2441; BGH, Urteil v. 24.5.1993, II ZR 36/92, NJW 1993 S. 2101.
1092 MünchKomm./Ulmer, § 740 Rn. 4; Soergel/Hadding, § 740 Rn. 4.

Gesellschafter weder berechtigt noch verpflichtet.[1093] In § 740 Abs. 2 BGB ist ihm aber ein besonderer gesetzlicher Rechenschafts- und Auskunftsanspruch eingeräumt. Der Ausgeschiedene kann zum Schluss eines jeden Geschäftsjahres Rechenschaft über die inzwischen beendeten Geschäfte, Auszahlung des ihm gebührenden Betrags und Auskunft über den Stand der noch schwebenden Geschäfte verlangen. Auf diese Rechenschaftsverpflichtung findet § 259 BGB Anwendung.[1094] Somit hat die Gesellschaft dem ausgeschiedenen Gesellschafter „eine die geordnete Zusammenstellung der Einnahmen und Ausgaben enthaltende Rechnung mitzuteilen" und entsprechende Belege vorzulegen, § 259 Abs. 1 BGB. Die Angaben über die Einnahmen sind an Eides statt zu versichern, wenn Grund zur Annahme besteht, dass die in der Rechnung enthaltenen Angaben nicht mit der erforderlichen Sorgfalt gemacht worden sind, § 259 Abs. 2 BGB.

634 Diese Auskunfts- und Rechnungsdarlegungsansprüche, die der ausgeschiedene Gesellschafter gegen die verbleibenden Gesellschafter über den Zeitpunkt seines Ausscheidens hinaus hat, sind in der Regel unerwünscht. Daher wird in der Praxis oft die Beteiligung an schwebenden Geschäften ausgeschlossen.

4.5.1.3 Abfindungsklauseln

Allgemeines

635 Die Abfindung eines ausscheidenden Gesellschafters birgt eine Vielzahl von Problemen für die Gesellschaft. Die gesetzliche Abfindung zum wahren Wert der Beteiligung[1095] kann für ein Unternehmen einen unerwünschten, wenn nicht sogar nachteiligen Liquiditätsverlust bedeuten. Unter Umständen wird betriebsnotwendige Substanz des Unternehmens angegriffen, so dass im äußersten Fall der Bestand der Gesellschaft durch das Ausscheiden eines Gesellschafters gefährdet ist.

636 Die unterschiedlichen Bewertungsmethoden zur Ermittlung des wahren Werts einer Beteiligung können zu langwierigen und kostenaufwändigen Rechtsstreitigkeiten führen und machen im Übrigen die Folgen des Ausscheidens eines Gesellschafters für alle Beteiligten unüberschaubar.

1093 MünchKomm./Ulmer, § 740 Rn. 2.
1094 BGH, Urteil v. 9.7.1959, II ZR 252/58, NJW 1959 S. 1963 f.; Soergel/Hadding, § 740 Rn. 2.
1095 Siehe Rn. 632.

Diesen Gefahren und Nachteilen einer Abfindung nach der gesetzlichen Regelung versucht man in der Praxis dadurch zu begegnen, dass für den Fall des Ausscheidens eines Gesellschafters die Auseinandersetzung im Gesellschaftsvertrag geregelt wird. Durch gesellschaftsvertragliche Abfindungsklauseln wird versucht, den Abfindungsanspruch eines ausscheidenden Gesellschafters wertmäßig zu beschränken.

Dabei ist zum Zeitpunkt des Abschlusses des Gesellschaftsvertrages nicht immer vorhersehbar, welche Methode für die verbleibenden Gesellschafter am günstigsten ist, da dies u. a. auch von der Ertragsfähigkeit des Unternehmens abhängt. So wird z. B. der mit einer Buchwertklausel[1096] bezweckte Bestandsschutz nicht immer erreicht. Im Ausnahmefall kann der Buchwert sogar über dem Verkehrswert liegen. Das wird dann der Fall sein, wenn die Ertragsaussicht negativ ist und im Unternehmen sog. „negative stille Reserven" insbesondere aus dem Bereich sozialer Verpflichtungen (Rentenanpassung, latente Sozialplanverpflichtung) vorhanden sind.[1097] 637

Neben der wertmäßigen Beschränkung eines Abfindungsanspruchs wird auch häufig die Ratenzahlung des Abfindungsguthabens über einen längeren Zeitraum bei angemessener Verzinsung vereinbart, um den Liquiditätsverlust gering zu halten.[1098] Eine zehn Jahre übersteigende Abfindungszeit ist in der Regel unzulässig.[1099] 638

Buchwertklausel

In der Praxis ist die gesellschaftsvertragliche Vereinbarung einer Abfindung zum Buchwert verbreitet. Die Rechtsprechung hält Buchwertklauseln grundsätzlich für zulässig und legt sie dahin gehend aus, dass eine Bewertung im Substanzwertverfahren erfolgt und die stillen Reserven sowie der Firmenwert unberücksichtigt bleiben. Offene Rücklagen und alle in der Bilanz als Rücklagen ausgewiesenen Posten sind zu berücksichtigen.[1100] 639

1096 Siehe Rn. 639.
1097 Rittstieg, DB 1985, 2285 ff. (2286); Hennerkes/Binz, DB 1983, 2669 ff. (2670).
1098 Vgl. Rasner, NJW 1983, 2905 ff. (2906); Ulmer, NJW 1979, 81 ff. (85).
1099 BGH, Urteil v. 9.1.1989, II ZR 83/88, BB 1989 S. 1073 (1074).
1100 BGH, Urteil v. 29.5.1978, II ZR 52/77, NJW 1979 S. 104; BGH, Urteil v. 24.9.1984, II ZR 256/83, NJW 1985 S. 192; ebenso Esch, NJW 1979, S. 1390 ff. (1391).

Grenzen der rechtlichen Zulässigkeit von Abfindungsklauseln

640 *Allgemeines*

Bei der Beurteilung der rechtlichen Zulässigkeit von Abfindungsvereinbarungen ist zwischen den verschiedenen Fällen des Ausscheidens eines Gesellschafters zu differenzieren.[1101] Den vertraglichen Gestaltungsmöglichkeiten sind Grenzen gesetzt, die hier an einigen für die Praxis relevanten Beispielen dargestellt werden.

Ausschluss eines Gesellschafters ohne wichtigen Grund

Eine Buchwertklausel ist gemäß § 138 BGB nichtig, wenn sie für den Fall vereinbart ist, dass ein Gesellschafter ohne wichtigen Grund, nach freiem Ermessen der Gesellschaftermehrheit oder eines einzelnen Gesellschafters durch „Kündigung" ausgeschlossen werden kann.[1102] In diesen Fällen der sog. „Hinauskündigungsklauseln"[1103] stellt die Rechtsprechung strengere Anforderungen an die Zulässigkeit von Abfindungsvereinbarungen. Eine Abfindungsklausel ist unter diesen Umständen nur dann zulässig, wenn sie im Kern der gesetzlichen Regelung entspricht und im Wesentlichen zur Abgeltung des vollen Werts des Gesellschaftsanteils führt.[1104]

Ausschluss eines Gesellschafters aus wichtigem Grund

Eine vertraglich vereinbarte Kürzung des Abfindungsanspruchs auf die Hälfte des buchmäßigen Kapitalanteils stellt grundsätzlich eine sittenwidrige Benachteiligung des ausscheidenden Gesellschafters dar.[1105] Eine solche Regelung weicht so weit vom gesetzlichen Leitbild des § 738 BGB ab und bedeutet einen derart einschneidenden Eingriff in die Vermögensposition des ausscheidenden Gesellschafters, dass der Regelungszweck des § 738 BGB, dem Gesellschafter eine angemessene Abfindung zu sichern, dadurch vollkommen verfehlt werden würde.[1106] Eine solche Abfindungs-

---

1101 BGH, Urteil v. 24.5.1993, II ZR 36/92, WM 1993 S. 1412 (1413); BGH, Urteil v. 20.9.1993, II ZR 104/92, BGHZ 123 S. 281 = NJW 1993 S. 3193 (3194); Ebenroth/Müller, BB 1993 S. 1153 ff. (1154 f.).
1102 BGH, Urteil v. 29.5.1978, II ZR 52/77, NJW 1979 S. 104.
1103 Siehe Rn. 596 f.
1104 BGH, Urteil v. 29.5.1978, II ZR 52/77, NJW 1979 S. 104.
1105 BGH, Urteil v. 9.1.1989, II ZR 83/88, BB 1989 S. 1073; MünchKomm/K. Schmidt, § 131 Rn. 167.
1106 BGH, Urteil v. 9.1.1989, II ZR 83/88, BB 1989 S. 1073.

beschränkung ist auch nicht im Hinblick auf die Ausschließung eines Gesellschafters aus wichtigem Grund zulässig.[1107]

Sittenwidrige Kündigungsbeschränkung

Eine Buchwertklausel kann auch dann unzulässig sein, wenn sie in ihrer Wirkung einer unzulässigen Kündigungsbeschränkung i. S. d. § 723 Abs. 3 BGB gleichkommt. Gemäß § 723 Abs. 3 BGB, §§ 105 Abs. 3, 161 Abs. 2 HGB sind Vereinbarungen nichtig, die das Kündigungsrecht eines KG-Gesellschafters beschränken. Eine Buchwertklausel entfaltet die Wirkung einer unzulässigen Kündigungsbeschränkung, wenn sie zum Zeitpunkt ihrer Vereinbarung „aufgrund wirtschaftlich nachteiliger Folgen, insbesondere wegen eines erheblichen Missverhältnisses zwischen Buchwert und wirklichem Wert, die Freiheit eines Gesellschafters, sich zu einer Kündigung zu entschließen, unvertretbar einengt".[1108] Weiterhin wurde vertreten, § 723 Abs. 3 BGB komme auch dann zur Anwendung, wenn sich die Abfindungsklausel erst im Laufe der Zeit zu einer faktischen Kündigungserschwerung entwickelt habe.[1109] Der BGH hat allerdings in zwei Entscheidungen aus dem Jahr 1993 bei einer erst später eintretenden kündigungsbeschränkenden Wirkung einer Abfindungsvereinbarung die Anwendbarkeit des § 723 Abs. 3 BGB verneint.[1110] Bleibe die auf vertraglicher Grundlage beruhende Abfindung im Fall des zwangsweisen Ausscheidens eines Gesellschafters erheblich hinter dem wahren Wert seines Gesellschaftsanteils zurück, könne es aber im Einzelfall unter Berücksichtigung der allgemeinen Grundsätze von Treu und Glauben (§ 242 BGB) geboten sein, die abfindungsbeschränkende Klausel nicht anzuwenden, sondern dem Gesellschafter eine angemessene Abfindung zu gewähren.[1111]

1107 BGH, a.a.O.; Ebenroth/Müller, BB 1993, S. 1153 ff. (1155).
1108 BGH, Urteil v. 24.9.1984, II ZR 256/83, NJW 1985 S. 192 (193); BGH, Urteil v. 17.4.1989, II ZR 258/88, BB 1989 S. 1146 (1147).
1109 Vgl. RG, Urteil v. 17.1.1940, RGZ 162 S. 388 (392); BGH, Urteil v. 23.10.1972, II ZR 31/70, NJW 1973 S. 651; BGH, Urteil v. 24.9.1984, II ZR 256/83, NJW 1985 S. 192; BGH, Urteil v. 17.4.1989, II ZR 258/88, WM 1989 S. 878.
1110 BGH, Urteil v. 20.9.1993, II ZR 104/92, BGHZ 123, 281, NJW 1993 S. 3193; BGH, Urteil v. 24.5.1993, II ZR 36/92, WM 1993 S. 1412.
1111 BGH, Urteil v. 24.5.1993, II ZR 36/92, WM 1993 S. 1412.

Gläubigerbenachteiligung

Ebenfalls unzulässig sind Abfindungsklauseln, wenn sie speziell für den Fall der Kündigung durch einen Pfändungsgläubiger (§ 725 BGB) den Abfindungsanspruch einschränken oder ausschließen und somit eine Gläubigerbenachteiligung bewirken.[1112] Dagegen liegt kein Verstoß gegen § 138 BGB vor, wenn der Gesellschaftsvertrag die gleiche geringe Abfindung nicht allein für die Fälle der Zwangsvollstreckung in einen Geschäftsanteil, sondern auch für andere vergleichbare Fälle, wie z. B. die Ausschließung eines Gesellschafters aus wichtigem Grund, vorsieht.[1113]

Ausschluss einer Abfindung bei Tod eines Gesellschafters

Nach der Rechtsprechung kann im Gesellschaftsvertrag für den Fall des Todes eines Gesellschafters ein Abfindungsanspruch der Erben des verstorbenen Gesellschafters ausgeschlossen werden.[1114] Diese Abfindungsvereinbarung bedarf nicht der Form von Schenkungsversprechen von Todes wegen.[1115] Eine solche Abrede kann unter Umständen sittenwidrig sein, wenn sie ausschließlich dem Zweck dient, den Pflichtteilsberechtigten ihren Anspruch zu nehmen.[1116]

Rechtsfolgen unzulässiger Abfindungsklauseln

641 Ist eine Abfindungsklausel unwirksam, stellt sich die Frage, ob an ihre Stelle die gesetzliche Regelung tritt, d. h. Abgeltung des Gesellschaftsanteils zum wahren Wert,[1117] oder ob im Wege ergänzender Vertragsauslegung eine möglicherweise geringere Abfindung ermittelt wird.[1118] Die Rechtslage ist eindeutig, wenn schon der Gesellschaftsvertrag für den Fall, dass eine Abfindungsregelung wegen Unwirksamkeit entfällt, anordnet,

---

1112 BGH, Beschluss v. 12.6.1975, II ZB 12/73, BGHZ 65, S. 22 = NJW 1975 S. 1835 (1837); BGH, Urteil v. 7.4.1960, II ZR 69/58, NJW 1960 S. 1053; OLG Frankfurt, Beschluss v. 9.9.1977, 20 W 702/76, BB 1978 S. 170; K. Schmidt, Gesellschaftsrecht, § 50 IV 2 c aa; kritisch Engel, NJW 1986, S. 345 ff. (347).
1113 BGH, Beschluss v. 12.6.1975, II ZB 12/73, BGHZ 65 S. 22 (28); OLG Frankfurt, a.a.O.
1114 BGH, Urteil v. 22.11.1956, II ZR 222/55, BGHZ 22 S. 187 (194).
1115 Vgl. §§ 2301, 1937, 2231, 2247 BGB; BGH, Urteil v. 14.7.1971, III ZR 91/70, WM 1971 S. 1338 (1339).
1116 BGH, a.a.O.
1117 So BGH, Urteil v. 29.5.1978, II ZR 52/77, NJW 1979 S. 104; Hennerkes/Binz, DB 1983, S. 2669 ff. (2672).
1118 So BGH, Urteil v. 24.9.1984, II ZR 256/83, NJW 1985 S. 192 (193); Engel, NJW 1986, S. 345 ff. (349); einschränkend Ulmer, NJW 1979, S. 81 ff. (85 f.).

dass die dadurch entstandene Lücke durch eine der angestrebten Abfindung möglichst nahe kommende Regelung ergänzt wird. Auch wenn der Gesellschaftsvertrag eine solche salvatorische Klausel nicht vorsieht, wird die unwirksame Abfindungsklausel unter Berücksichtigung der Grundsätze von Treu und Glauben (§ 242 BGB) korrigiert. Es kommt zu einer Vertragsanpassung im Einzelfall,[1119] ohne dass die Abfindungsklausel generell verworfen wird.[1120]

4.5.2 Abfindung eines GmbH-Gesellschafters

Die Abfindung eines GmbH-Gesellschafters ist nicht ausdrücklich im Gesetz geregelt. Es besteht in der Rechtsprechung und im Schrifttum Einigkeit darüber, dass ein GmbH-Gesellschafter einen Anspruch auf Abfindung hat, unabhängig davon, aus welchen Gründen er aus der Gesellschaft ausscheidet.[1121] Wenn gesellschaftsvertragliche Regelungen fehlen, bemisst sich der Anspruch nach dem Verkehrswert des Gesellschaftsanteils.[1122] Bei einer Unternehmensbeteiligung, die keinen Marktpreis hat, bilden im Regelfall der den Goodwill (Geschäftswert) einschließende Verkehrswert des Unternehmens und der Umfang der Beteiligung die wesentlichen Grundlagen zur Bemessung dieses Werts.[1123]

642

In der Praxis enthalten GmbH-Satzungen häufig Abfindungsklauseln, die eine Abfindung wertmäßig beschränken. Im Vordergrund stehen die Abfindung zum Buchwert und steuerlichen Einheitswert.[1124]

643

Für eine Komplementär-GmbH stellt sich die Frage einer Abfindungsbeschränkung nur selten. Nimmt sie – wie üblich – ausschließlich Geschäftsführungstätigkeit für die GmbH & Co. KG wahr, verfügt sie in der

644

1119 BGH, Urteil v. 13.6.1994, II ZR 38/83, BGHZ 126 S. 225 = NJW 1993 S. 3139; NJW 1994, S. 2536.
1120 MünchKomm/K. Schmidt, § 131 Rn. 173; a.A. Baumbach/Hopt, § 131 Rn. 73.
1121 BGH, Urteil v. 1.4.1953, II ZR 235/52, BGHZ 9 S. 157 (168); BGH, Urteil v. 17.2.1955, II ZR 316/53, BGHZ 16 S. 317 (322); BGH, Urteil v. 25.1.1960, II ZR 22/59, BGHZ 32 S. 17 (23); Scholz/Winter/Seibt, Anhang § 34 Rn. 17 S. 48; Ulmer/Habersack/Winter/ Ulmer, Anhang § 34 Rn. 41, 64.
1122 BGH, Urteil v. 1.4.1953, II ZR 235/52, BGHZ 9 S. 157 (168); BGH, Urteil v. 17.2.1955, II ZR 316/53, BGHZ 16 S. 317 (322); BGH, Urteil v. 25.1.1960, II ZR 22/59, BGHZ 32 S. 17 (23); Scholz/Winter, § 15 Rn. 126, 150; Hachenburg/Ulmer, Anhang § 34 Rn. 34, 54.
1123 BGH, Urteil v. 10.10.1979, IV ZR 79/78, BGHZ 75 S. 195.
1124 Balz, GmbHR 1983, S. 185 ff. (188).

Regel über kein größeres Gesellschaftsvermögen, so dass der Wert ihrer Geschäftsanteile gering ist. Abfindungsbeschränkungen kommen in diesem Fall keine praktische Bedeutung zu. Im Übrigen gelten für die Zulässigkeit von Abfindungsbeschränkungen die gleichen Kriterien wie bei der GmbH & Co. KG.[1125]

1125 Siehe Rn. 640.; Rittstieg, DB 1985, S. 2285 ff.

VII Gesellschafterwechsel – Steuerrechtlicher Teil –

1 Ertragsteuern (Einkommen-, Gewerbesteuer)

1.1 Eintritt eines Gesellschafters

Tritt ein weiterer Gesellschafter in die bestehende GmbH & Co. KG gegen Geldeinlage oder Einlage anderer Wirtschaftsgüter ein, so greift § 24 UmwStG; die bisherigen Gesellschafter der GmbH & Co. KG bringen – aus Sicht des § 24 UmwStG – ihre Mitunternehmeranteile an der bisherigen GmbH & Co. KG in eine neue, durch den neu hinzutretenden Gesellschafter vergrößerte GmbH & Co. KG ein.[1126]

645

Eine Einbringung in eine GmbH & Co. KG nach § 24 UmwStG ist auch dann zum Buchwert möglich, wenn das eingebrachte Betriebsvermögen negativ ist.

Der Anwendbarkeit des § 24 Abs. 1 UmwStG steht weder § 42 AO noch die Rechtsfigur des Gesamtplans entgegen, wenn vor der Einbringung eine wesentliche Betriebsgrundlage des einzubringenden Betriebs unter Aufdeckung der stillen Reserven veräußert wird und die Veräußerung auf Dauer angelegt ist. Dabei ist maßgeblicher Zeitpunkt für die Beurteilung, ob ein Wirtschaftsgut eine wesentliche Betriebsgrundlage des einzubringenden Betriebs im Rahmen des § 24 Abs. 1 UmwStG darstellt, in Fällen der Einbringung durch Einzelrechtsnachfolge der Zeitpunkt der tatsächlichen Einbringung.[1127]

§ 24 UmwStG ist nur anwendbar, soweit der Einbringende als Gegenleistung für die Einbringung Gesellschaftsrechte erwirbt; die Verbuchung auf einem Darlehenskonto reicht nicht aus. Die Abgrenzung zwischen Darlehenskonto und Kapitalkonto ist also entscheidend.

646

Nach § 24 UmwStG darf die GmbH & Co. KG das eingebrachte Vermögen in ihrer Bilanz einschließlich der Ergänzungsbilanzen für ihre Gesellschafter mit seinem Buchwert im Zeitpunkt der Einbringung oder mit einem höheren Wert, höchstens mit dem gemeinen Wert ansetzen. Der Wert, mit dem das eingebrachte Betriebsvermögen in der Bilanz der Personengesellschaft einschließlich der Ergänzungsbilanzen für ihre Gesellschafter ange-

---

[1126] Zu Einzelheiten siehe BMF, Schreiben v. 11.11.2011, IV C 2 – S 1978 – b/08/10001, BStBl I S. 1314 ff.
[1127] Siehe BFH, Urteil v. 9.11.2011, X R 60/09, DStR 2012 S. 648.

setzt wird, gilt für den Einbringenden als Veräußerungspreis sowie als Anschaffungskosten der Gesellschaftsanteile (Wertverknüpfung).

Bei der Einbringung eines Betriebs usw. in eine Personengesellschaft werden vielfach die Buchwerte des eingebrachten Betriebsvermögens in der Bilanz der Personengesellschaft aufgestockt, um die Kapitalkonten der Gesellschafter im richtigen Verhältnis zueinander auszuweisen. Es kommt auch vor, dass ein Gesellschafter als Gesellschaftseinlage einen höheren Beitrag leisten muss, als ihm in der Bilanz der Personengesellschaft als Kapitalkonto gutgeschrieben wird. In diesen Fällen können die Gesellschafter der Personengesellschaft Ergänzungsbilanzen aufstellen, durch die die sofortige Versteuerung eines Veräußerungsgewinns für den Einbringenden vermieden werden kann. Die Ergänzungsbilanzen sind bei der künftigen Gewinnermittlung zu berücksichtigen und korrespondierend weiterzuentwickeln. Dabei kann sich z. B. gegenüber der Bilanz der Personengesellschaft für den einen Gesellschafter aus seiner (positiven) Ergänzungsbilanz ein zusätzliches AfA-Volumen und für den anderen Gesellschafter aus seiner (negativen) Ergänzungsbilanz eine Minderung seines AfA-Volumens ergeben.

647 Kommt es zu einem Veräußerungsgewinn, sind § 16 Abs. 4 EStG und § 34 EStG nur anzuwenden, wenn das eingebrachte Betriebsvermögen in der Bilanz der GmbH & Co. KG einschließlich der Sonder- und Ergänzungsbilanzen der Gesellschafter mit dem gemeinen Wert angesetzt wird; dabei ist auch ein vorhandener Geschäftswert mit auszuweisen. Sofern der hinzutretende Gesellschafter wirtschaftlich gesehen „an sich selbst" veräußert, ist der Einbringungsgewinn stets als laufender, nicht nach § 16 EStG und § 34 EStG begünstigter Gewinn anzusehen. Bei der Betrachtung, ob eine Veräußerung „an sich selbst" vorliegt, ist nicht auf den einzelnen Gesellschafter, sondern auf die einbringenden Gesellschafter in ihrer gesamthänderischen Verbundenheit abzustellen.

Beispiel:

An einer GmbH & Co. KG sind vier Gesellschafter zu je ¼ beteiligt. Es soll gegen Bareinlage in das Betriebsvermögen ein fünfter Gesellschafter so aufgenommen werden, dass alle Gesellschafter anschließend zu je 1/5 beteiligt sind. Wirtschaftlich gesehen gibt jeder der Altgesellschafter 1/5 an den Neuen ab; er veräußert also zu 4/5 „an sich selbst". Ein bei Ansatz zum gemeinen Wert entstehender Gewinn ist nach der Regelung in § 24 Abs. 3 UmwStG daher zu 4/5 nicht begünstigt.

Gewinne, die im Rahmen einer Betriebseinbringung nach § 16 Abs. 2 Satz 3 EStG bzw. § 24 Abs. 3 Satz 3 UmwStG kraft gesetzlicher Anordnung als laufende Gewinne behandelt werden, sind gewerbesteuerpflichtig. Die gesetzliche Fiktion der Behandlung als laufender Gewinn erstreckt sich in diesen Fällen auch auf die Gewerbesteuer.

1.2 Ergänzungsbilanz bei Gesellschaftereintritt

1.2.1 Entstehungsgründe

Allgemein ist festzustellen, dass die Voraussetzungen für die Aufstellung besonderer Ergänzungsbilanzen vor allem dann gegeben sind, wenn ein Gesellschafter in eine Personengesellschaft eintritt und hierbei Aufwendungen hat, die mit seinem nominellen Kapitalkonto nicht übereinstimmen. Den Ausgangspunkt für die steuerliche Gewinnermittlung eines eintretenden Gesellschafters bildet, da die Aufwendungen des Eintretenden für die steuerliche Bewertung und die Abschreibungen maßgebend sind, der Anschaffungswert seiner Beteiligung, nicht dagegen der Betrag, mit dem die Beteiligung zu Buche steht. Diese Abweichung zwischen dem Anschaffungswert und dem Buchwert der Beteiligung ist meist der Entstehungsgrund der steuerlichen Ergänzungsbilanzen. Dabei wird man die beiden Fälle unterscheiden müssen, dass die Anschaffungskosten entweder über dem Buchwert oder unter dem Buchwert liegen. 648

Zunächst sei der Fall erörtert, dass die Anschaffungskosten höher sind als der Buchwert. Aus einer Personengesellschaft möge z. B. ein Gesellschafter A ausscheiden und seinen Kapitalanteil, der mit 20.000 EUR zu Buche steht, mit 30.000 EUR (dieser höhere Betrag ist etwa im Hinblick auf die vorhandenen stillen Reserven gezahlt) an B verkaufen. Der Buchwert des Kapitalanteils beträgt also nach wie vor 20.000 EUR, während der Anschaffungswert bei B 30.000 EUR ausmacht. Es ist nicht angängig, in einer etwaigen einheitlichen Steuerbilanz der Gesellschaft den Kapitalanteil des B mit nur 20.000 EUR anzusetzen, denn dies wäre für B unbillig, da er tatsächlich 30.000 EUR aufgewendet hat und ihm daher zugestanden werden muss, von diesem Betrag für die Gewinnberechnung auszugehen und hiervon gegebenenfalls Abschreibungen vorzunehmen. Es ergibt sich hier der Ausweg, dass handelsrechtlich für die bereits vorhandenen Gesellschafter das Kapitalkonto des eintretenden B wie bisher mit 20.000 EUR und für die Gewinnberechnung des eintretenden B mit 30.000 EUR angenommen wird. 649

Der umgekehrte Fall, dass nämlich ein eintretender Gesellschafter weniger als den Nominalbetrag des Kapitalkontos aufwendet, wird im Allgemeinen praktisch nur selten vorkommen. Einen solchen Fall behandelt das Urteil des BFH vom 12.12.1996.[1128] Der Umstand, dass hier das Kapitalkonto zu einem geringeren Betrag als dem Buchwert erworben worden ist, bedeutet – wie das Urteil ausführt – weder für den Erwerber des Anteils noch für die Personengesellschaft Gewinn. Wenn beispielsweise der Kapitalanteil mit 20.000 EUR zu Buche steht, der Erwerber aber nur 15.000 EUR dafür aufwendet, so kann in der Weise verfahren werden, dass der Kapitalanteil für die bereits vorhandenen Gesellschafter mit 20.000 EUR belassen wird, steuerlich für den eintretenden Gesellschafter dagegen nur mit 15.000 EUR angenommen wird. Es sind also auch hier die Voraussetzungen für eine steuerliche Ergänzungsbilanz (negative Ergänzungsbilanz) gegeben, falls nicht etwa im Hinblick auf den unter dem Buchwert des Kapitalkontos liegenden Kaufpreis eine Herabsetzung der Aktivwerte geboten ist.

1.2.2 Technik

650 In den vorstehend aufgeführten Fällen ist das Kapitalkonto des eintretenden Gesellschafters verschieden, je nachdem, ob man es handelsrechtlich (vom Standpunkt der bereits vorhandenen Gesellschafter aus) oder steuerrechtlich (vom Standpunkt des eintretenden Gesellschafters aus) betrachtet. Diese Verschiedenheit könnte dazu führen, dass man zwei verschiedene Bilanzen führt, nämlich eine Bilanz für die bisherigen Gesellschafter und eine besondere Bilanz für den eintretenden Gesellschafter.

In der Praxis wird aus Gründen der Einfachheit davon abgesehen, für den eintretenden Gesellschafter eine vollständige Bilanz aufzustellen. Vielmehr werden lediglich die für den eintretenden Gesellschafter sich ergebenden Besonderheiten in der Form einer nur für den Eintretenden vorzunehmenden Ergänzung der für die bisherigen Gesellschafter gültigen Bilanz oder in einer besonderen außerhalb dieser Bilanz vorzunehmenden Ergänzungsbilanz festgehalten.

In dem oben gebrachten Beispiel wurde angenommen, dass ein mit 20.000 EUR zu Buche stehender Anteil an einer Personengesellschaft für 30.000 EUR erworben wird. Da das Kapital in Höhe von 20.000 EUR bereits in der Gesellschaftsbilanz erscheint, ist in der Ergänzungsbilanz auf der Passivseite nur der Mehraufwand in Höhe von 10.000 EUR aus-

---

1128 BFH, Urteil v. 12.12.1996, IV R 77/93, DB 1997 S. 2516.

zuweisen. Demgegenüber erscheinen in der Ergänzungsbilanz auf der Aktivseite diejenigen Betriebsvermögenswerte (z. B. Grundstücke, Waren, Geschäftswert), derentwegen der Mehrpreis gezahlt worden ist. Die Ergänzungsbilanz für den eingetretenen Gesellschafter sieht also etwa so aus:

Mehrwert der Grundstücke	3.000 EUR	Mehrwert des Kapitals	10.000 EUR
Mehrwert der Waren	2.000 EUR		
Mehrwert des Geschäftswertes	5.000 EUR		

Wenn, wie oben bereits beispielhaft angeführt wurde, für den mit 20.000 EUR zu Buche stehenden Anteil an einer Personengesellschaft nur 15.000 EUR aufgewendet werden, so muss in der Ergänzungsbilanz, und zwar in diesem Fall auf der Aktivseite, das Kapital mit 5.000 EUR erscheinen, da der Eintretende 5.000 EUR weniger aufgewendet hat und daher nur von einem um 5.000 EUR geringeren Betrag abschreiben kann. Auf der Passivseite sind dann ebenfalls mit 5.000 EUR diejenigen Betriebsvermögenswerte aufzuführen, die sich aus Überbewertungen ergeben, derentwegen das Kapitalkonto nur mit einem geringeren Betrag als dem Buchwert bezahlt worden ist. Die Ergänzungsbilanz des eingetretenen Gesellschafters zeigt also in diesem Fall etwa folgendes Bild:

Minderwert des Kapitals	5.000 EUR	Minderwert der Waren	4.000 EUR
		Minderwert der Maschinen	1.000 EUR

1.2.3 Entwicklung

Die Ergänzungsbilanz ist nicht für den Zeitpunkt des Eintretens eines Gesellschafters, sondern, soweit die Werte noch nicht abgeschrieben sind, auch in den folgenden Jahren zu führen. Dabei ist bei jeder Bilanzaufstellung zu prüfen, inwieweit die in der Ergänzungsbilanz ausgewiesenen Mehrwerte oder Minderwerte noch vorhanden sind.

Nimmt man in dem Fall, dass für einen mit 20.000 EUR zu Buche stehenden Kapitalanteil 30.000 EUR gezahlt wurden, an, dass die 10.000 EUR ausschließlich für im Warenlager vorhandene stille Reserven gezahlt wurden, so ist bei den Bilanzaufstellungen der folgenden Jahre zu prüfen, ob oder inwieweit die Waren noch vorhanden sind. Gehören die Waren wegen Verkaufs nicht mehr zum Betriebsvermögen, so ist sowohl der Posten Waren als auch der gegenüberstehende Posten Kapital in der Ergänzungsbilanz zu streichen, d. h., in diesem Fall kommt die Ergänzungsbilanz in Fortfall. Dabei ist es gleichgültig, ob bei der Veräußerung der Waren die stillen Reserven, wegen derer ein über den Buchwert des Kapitalkontos hinausgehender Betrag gezahlt worden ist, in voller Höhe, mit einem höheren Betrag oder auch mit einem geringeren Betrag veräußert worden sind. Selbst wenn die Waren mit Verlust veräußert wurden, wird bei Veräußerung des ganzen in Betracht kommenden Warenbestandes die Ergänzungsbilanz überflüssig. Wenn z. B. der Mehrwert der Waren in Höhe von 10.000 EUR in einem Jahr in Fortfall kommt, so verringert sich in diesem Jahr der Gewinn des eingetretenen Gesellschafters, für den die Ergänzungsbilanz geführt wird, um 10.000 EUR. Entsprechendes gilt in dem obigen Fall, in dem für das Kapitalkonto von 20.000 EUR nur ein Betrag von 15.000 EUR gezahlt worden ist. Hier sei angenommen, dass der Unterschiedsbetrag von 5.000 EUR lediglich auf eine Überbewertung des Warenlagers zurückzuführen ist. In dem Maße, in dem das Warenlager, um dessen Überbewertung es sich handelt, veräußert wird, ist auch der Posten „Minderwert der Waren" sowie entsprechend der Posten „Kapital" in der Ergänzungsbilanz zu kürzen, und in dem gleichen Umfang ist der Gewinn des Gesellschafters zu vermehren. Bei Veräußerung des gesamten Warenbestandes erübrigt sich eine Weiterführung der Ergänzungsbilanz.

652 Die vorstehenden Ausführungen über die Berücksichtigung der Veräußerung solcher Werte, für die ein Mehrwert (oder Minderwert) in der Ergänzungsbilanz angesetzt ist, gelten auch für die Abnutzungsabsetzungen. Es sei unterstellt, dass bei Erwerb eines Anteils von 20.000 EUR für 30.000 EUR der Mehrwert von 10.000 EUR wegen stiller Reserven bei den Gebäuden bezahlt worden ist, so dass die Ergänzungsbilanz auf der Aktivseite den Posten „Mehrwert für Gebäude 10.000 EUR" und auf der Passivseite den Posten „Kapital 10.000 EUR" ausweist. Wenn hier auf das Gebäude eine jährliche Abschreibung von 2 % in der Gesellschaftsbilanz stattfindet, so ist auch in der Ergänzungsbilanz eine Abschreibung von 2 %

vorzunehmen; so sind also statt 10.000 EUR nur 10.000 EUR minus 200 EUR = 9.800 EUR anzusetzen. Die Berücksichtigung der Abschreibungen in der Ergänzungsbilanz führt zu einer entsprechenden Verringerung des steuerlichen Gewinns des Gesellschafters, für den die Ergänzungsbilanz geführt wird. In vorstehenden Ausführungen wurde der Einfachheit halber angenommen, dass der Mehrwert (oder Minderwert) sich jeweils nur bei einem Bilanzposten ergibt. Selbstverständlich werden sich in der Praxis vielfach bei mehreren Posten Mehr- oder Minderwerte ergeben, so dass insoweit die Entwicklung der Ergänzungsbilanz dann umfangreichere Berechnungen erfordert als hier der besseren Übersicht wegen angenommen wurde.

1.3 Veräußerung von Kommandit- und GmbH-Anteilen

Wird die **Kommanditbeteiligung** veräußert[1129] und ergibt sich dabei ein Veräußerungsgewinn, so ist dieser als Einkünfte aus dem Gewerbebetrieb zu versteuern, in die einheitliche Gewinnfeststellung der GmbH & Co. KG mit einzubeziehen und unterliegt dem begünstigten Steuersatz (§§ 16, 34 EStG).[1130] Zudem wird (einmalig) ein Freibetrag nach § 16 Abs. 4 EStG in

653

[1129] Bei Veräußerung von Mitunternehmeranteilen bei abweichendem Wirtschaftsjahr gilt Folgendes (OFD Frankfurt, Verfügung v. 17.8.1998, S 2115 A – 4 – St II 21, GmbHR 1998 S. 1098):
„Veräußert ein Mitunternehmer einer GmbH & Co. KG im Lauf eines vom Kalenderjahr abweichenden Wirtschaftsjahres seinen Mitunternehmeranteil, so besteht die Gesellschaft weiter. Die Veräußerung des Anteils und der Eintritt eines neuen Gesellschafters führen nicht zur Bildung eines Rumpf-Geschäftsjahres i. S. des § 8b EStDV, denn es handelt sich dabei weder um die Aufgabe oder Veräußerung des bisherigen noch die Gründung eines neuen Betriebs."
„Die gesonderte und einheitliche Feststellung gemäß § 180 Abs. 1 Nr. 2a AO umfasst das ganze Wirtschaftsjahr. In den Feststellungsbescheid ist für den ausgeschiedenen Gesellschafter eine Feststellung über die Höhe seines Anteils am laufenden Gewinn und des Veräußerungsgewinns, bis einschließlich VZ 1995 über die Höhe seines Anteils am Freibetrag nach § 16 Abs. 4 EStG (vgl. § 16 Abs. 4 EStG i. d. F. des JStG 1996, § 52 Abs. 19a Satz 2 EStG) sowie über die Dauer seiner Zugehörigkeit zur Gesellschaft aufzunehmen, damit das Veranlagungs-FA erkennen kann, welchem Veranlagungszeitraum der festgestellte Gewinn zuzurechnen ist (BFH, Urteil v. 24.11.1988, IV R 252/84, BStBl 1989 II S. 312; BFH, Beschluss v. 22.9.1997, IV B 113/96, BFH/NV 1998 S. 454)."
[1130] Entweder nach § 34 Abs. 1 EStG – sog. Fünftelregelung – oder nach § 34 Abs. 3 EStG – 56 % des durchschnittlichen Steuersatzes.

Höhe von 45.000 EUR gewährt, der sich jedoch um den Betrag ermäßigt, um den der Veräußerungsgewinn 136.000 EUR übersteigt.[1131] Nach ständiger Rechtsprechung des BFH[1132] umfasst der Begriff des Mitunternehmeranteils i. S. v. § 16 Abs. 1 Nr. 2 EStG i. V. m. § 15 Abs. 1 Satz 1 Nr. 2 EStG nicht nur den Anteil des Mitunternehmers am Vermögen der Gesellschaft, sondern – zum Zweck einer möglichst weitgehenden Annäherung der Besteuerung von Einzel- und Mitunternehmern – auch etwaiges Sonderbetriebsvermögen des Gesellschafters. Für einen tarifbegünstigten Veräußerungsgewinn ist auch die (quotale) Veräußerung des Sonderbetriebsvermögens notwendig, soweit es wesentliche Betriebsgrundlagen enthält.[1133]

654 Die Beteiligung eines Kommanditisten an der Komplementär-GmbH gehört zum Sonderbetriebsvermögen II der Mitunternehmerschaft. Im Hinblick auf die Vergünstigungen der §§ 16, 34 EStG ist von entscheidender Bedeutung, ob dieses Sonderbetriebsvermögen zu den wesentlichen Betriebsgrundlagen der Mitunternehmerschaft gehört oder nicht. Gehört es dazu, so kommen bei Übertragung des Kommanditanteils und Zurückbehaltung der Anteile an der Komplementär-GmbH die Vorschriften der §§ 16, 34 EStG nicht zum Zuge; in Veräußerungsfällen liegt also laufender Gewinn vor. Die Frage, ob eine wesentliche Betriebsgrundlage gegeben ist, ist unter quantitativen und funktionalen Gesichtspunkten zu entscheiden. Unter quantitativen Gesichtspunkten liegt eine wesentliche Betriebsgrundlage vor, wenn die Komplementär-GmbH über hohe stille Reserven verfügt. Unter funktionalen Gesichtspunkten liegt eine wesentliche Betriebsgrundlage vor, wenn die Beteiligung an der Komplementär-GmbH die Einflussnahme auf die gewöhnlichen Geschäfte möglich macht (Mitunternehmerinitiative). Die Beantwortung der Frage war noch nicht direkt Gegenstand der BFH-Rechtsprechung und ist auch in der Fachliteratur umstritten.[1134] Wir halten die Anteile des Kommanditisten an der Komplementär-GmbH für eine wesentliche Betriebsgrundlage, da hierdurch Einfluss auf die Geschäftsführung der GmbH & Co. KG genommen werden kann.

1131 Voraussetzung ist stets, dass der Steuerpflichtige das 55. Lebensjahr vollendet hat oder dauernd berufsunfähig ist.
1132 Zusammenfassung in der Begründung zum BFH, Urteil v. 6.12.2000, VIII R 21/00, DB 2001 S. 456.
1133 Siehe BFH, Urteil v. 10.6.2008, VIII R 79/05, GmbHR 2008 S. 1163.
1134 Siehe hierzu Rn. 715.

Werden wesentliche Wirtschaftsgüter des Sonderbetriebsvermögens hingegen im zeitlichen und wirtschaftlichen Zusammenhang mit der Anteilsveräußerung zu Buchwerten in ein anderes Betriebsvermögen überführt, ist der Gewinn aus der Anteilsveräußerung nicht tarifprivilegiert, weil nicht die gesamten stillen Reserven des veräußerten Mitunternehmeranteils aufgedeckt wurden.

Mit Urteil vom 24.8.2000[1135] hat der IV. Senat des BFH im Anschluss an den Beschluss des Großen Senats vom 18.10.1999[1136] zu der bis dahin umstrittenen Frage Stellung genommen, ob die vorstehend für den Fall der Übertragung des gesamten Gesellschaftsanteils dargelegten Grundsätze auch dann zum Tragen kommen, wenn der Mitunternehmer nur einen Bruchteil seines Gesellschaftsanteils veräußert. Er hat hierzu entschieden, dass das Tarifprivileg zu versagen ist, wenn der Mitunternehmer lediglich einen Teil seines Gesellschaftsanteils überträgt, das Sonderbetriebsvermögen jedoch zurückbehält. Entsprechendes gilt, wenn der Mitunternehmer einen Bruchteil seines Kommanditanteils veräußert, zudem aber wesentliche Wirtschaftsgüter seines Sonderbetriebsvermögens unentgeltlich und unter Fortführung des bisherigen Buchwerts dem Erwerber überträgt.

Aus diesen Urteilsgrundsätzen ist die Schlussfolgerung zu ziehen, dass Gewinne aus **Teilanteilsveräußerungen** stets der Einkommensteuer (nicht begünstigt) und der Gewerbesteuer unterliegen, und zwar auch dann, wenn das Sonderbetriebsvermögen anteilig mitveräußert wird oder wenn kein zu den wesentlichen Betriebsgrundlagen gehörendes Sonderbetriebsvermögen vorhanden ist und mithin auch nicht veräußert werden kann. Im Urteil v. 30.8.2007[1137] gibt der BFH folgende Begründung: „Der Mitunternehmer beendet bei der Teilanteilsveräußerung seine mitunternehmerische Tätigkeit nicht, sondern reduziert sie nur. Wenn die Rechtsprechung aus dem Objektsteuercharakter der Gewerbesteuer herleitet, dass die GewSt.-Pflicht bei Einstellung der gewerblichen Tätigkeit endet, so lässt sich dieser Gesichtspunkt zur Begründung der GewSt.-Freiheit einer Teilanteilsveräußerung nicht heranziehen."

655

Auch die Veräußerung einer Kommanditbeteiligung für 1 EUR kann ein entgeltliches kaufähnliches Geschäft darstellen, z. B. dann, wenn der Erwerber sich aus der Fortführung des Unternehmens möglicherweise auf-

656

1135 IV R 51/98, BFH/NV 2000 S. 1554.
1136 GrS 2/98, BStBl 2000 II S. 123.
1137 IV R 22/06, GmbHR 2008 S. 109.

grund eines anderen Konzepts Gewinne verspricht. Eine Schenkung, bei der der Erwerber gemäß § 7 Abs. 1 EStDV an die Werte des Rechtsvermögens gebunden ist, setzt voraus, dass bei Übertragung der Kommanditanteile Einigkeit darüber besteht, dass der Erwerber eine unentgeltliche Zuwendung aus dem Vermögen des bisherigen Gesellschafters erhält (§ 516 Abs. 1 BGB).[1138] Es gelten folgende Grundsätze des BFH (Urteil v. 21.4.1994):

Wird ein Kommanditanteil mit positivem Kapitalkonto für 1 EUR erworben, sind in einer Ergänzungsbilanz des Erwerbers im Umfang seiner Gewinnbeteiligung zunächst Abstockungen auf die Buchwerte der Wirtschaftsgüter der Gesellschaft vorzunehmen, die in der Folge entsprechend dem Verbrauch dieser Wirtschaftsgüter erfolgserhöhend aufgelöst werden. Eine verbleibende Differenz zwischen Kapitalkonto und Anschaffungspreis stellt keinen Erwerbsgewinn dar, sondern ist als Ausgleichsposten in der Ergänzungsbilanz des Erwerbers zu passivieren und gegen künftige Verlustanteile des Gesellschafters erfolgserhöhend aufzulösen.

Wird ein Kommanditanteil mit negativem Kapitalkonto für 1 EUR erworben, sind in einer Ergänzungsbilanz des Erwerbers im Umfang seiner Gewinnbeteiligung Aufstockungen auf die Buchwerte der Wirtschaftsgüter der Gesellschaft und einen nicht aktivierten Geschäftswert vorzunehmen, die in der Folge entsprechend dem Verbrauch dieser Wirtschaftsgüter erfolgsmindernd abgeschrieben werden. Eine verbleibende Differenz zwischen Kapitalkonto und Anschaffungspreis stellt keinen Erwerbsverlust dar, sondern ist als Ausgleichsposten in der Ergänzungsbilanz des Erwerbers zu aktivieren und gegen künftige Gewinnanteile des Gesellschafters erfolgsmindernd abzuschreiben. Das gilt auch, wenn der Kommanditanteil an einen Mitgesellschafter veräußert wird.

Für den Erwerber mehrerer Geschäftsanteile ist nur eine Ergänzungsbilanz zu führen, in der Auf- und Abstockungen sowie positive und negative Ausgleichsposten unter Berücksichtigung der unterschiedlichen Erwerbszeitpunkte zusammenzufassend sind.

657 Nach dem § 15a EStG dürfen Verluste, die zur Entstehung/Erhöhung eines negativen Kapitalkontos führen, nur mit späteren Gewinnen aus eben dieser Beteiligung steuerlich wirksam verrechnet werden (sog. verrechenbare Verluste). Wird der Kommanditanteil entgeltlich veräußert, so wird der

---

1138 Siehe BFH, Urteil v. 21.4.1994, IV R 70/92, BB 1994 S. 1756; siehe auch BFH, Urteil v. 12.12.1996, IV R 77/93, DB 1997 S. 2516.

Veräußerungsgewinn zunächst mit dem verrechenbaren Verlust ausgeglichen. Der verbleibende Betrag ist nach §§ 16, 34 EStG steuerpflichtig.

Ist der Kommanditist zugleich Gesellschafter der Komplementär-GmbH, so gehören die Anteile an der GmbH zu seinem Sonderbetriebsvermögen II. Veräußert der Kommanditist seine **Anteile an die Komplementär-GmbH**, so ist der durch Veräußerung der GmbH-Anteile erzielte Veräußerungsgewinn Teil des laufenden Gewinns aus Gewerbebetrieb und unterliegt sowohl der Gewerbesteuer[1139] als auch der Einkommensteuer. Diese Rechtsfolgen ergeben sich aus dem BFH-Urteil v. 11.12.1990.[1140]

Die Veräußerung einer zum Sonderbetriebsvermögen II gehörenden GmbH-Beteiligung kann also nicht als Veräußerung eines Teils eines Mitunternehmeranteils angesehen werden; denn das Sonderbetriebsvermögen II für sich betrachtet ist weder ein Mitunternehmeranteil noch ein Teil eines solchen Anteils. Gewinne aus der Veräußerung des Sonderbetriebsvermögens können demzufolge nur dann tarifbegünstigt sein, wenn sie im wirtschaftlichen Zusammenhang mit der Veräußerung oder Aufgabe des Betriebs oder eines Teilbetriebs der Personengesellschaft oder im Zusammenhang mit der Veräußerung oder Aufgabe eines Mitunternehmeranteils oder eines Teils davon anfallen.

Ist der Gesellschafter (natürliche Person) der Komplementär-GmbH dagegen nicht zugleich Kommanditist der KG, so gehört seine GmbH-Beteiligung zu seinem Privatvermögen; bei ihrem Verkauf sind Gewinne aus der Veräußerung dann steuerpflichtig, wenn die mittelbare oder unmittelbare Beteiligung innerhalb der letzten fünf Jahre 1 % und mehr beträgt (§ 17 EStG). Es wird ein Freibetrag von 9.060 EUR gewährt, welcher sich – eine 100 %ige Beteiligung unterstellt – um den Veräußerungsgewinn verringert, welcher 36.100 EUR übersteigt.[1141] Der steuerpflichtige Teil des Veräußerungsgewinns wird bei natürlichen Personen nach dem sog. Teileinkünfteverfahren (§ 3 Nr. 40 EStG) versteuert; mit der Veräußerung im wirtschaft-

---

1139 Die gewerbesteuerliche Mehrbelastung ist – obwohl aufgrund der Veräußerung entstanden – nicht im Rahmen der Ermittlung des Veräußerungsgewinns abzugsfähig.
1140 VIII R 14/87, DB 1991 S. 1654. Die Veräußerung des GmbH-Anteils ohne gleichzeitige Veräußerung des KG-Anteils führt nicht zu einem tarifbegünstigten Veräußerungsgewinn (Aufgabegewinn).
1141 Bis 2003: 10 300 EUR Freibetrag und Abschmelzung bei Veräußerungsgewinnen ab 41.000 EUR.

lichen Zusammenhang stehende Aufwendungen sind gemäß § 3c Abs. 2 EStG auch nur zu 60 % abzugsfähig.[1142]

Ist die GmbH & Co. KG selbst Gesellschafterin der Komplementär-GmbH, so wird der Gewinn aus der Veräußerung der Anteile auf der Ebene der Gesellschafter dem Teileinkünfteverfahren unterworfen. Ist Gesellschafter der Komplementär-GmbH wiederum eine Kapitalgesellschaft, so bleibt der Gewinn aus der Veräußerung der Gesellschaftsanteile gemäß § 8b KStG steuerfrei.

1.4 Umstrukturierungen im Vorfeld der Veräußerung eines Mitunternehmeranteils

658 Bei der Veräußerung von Mitunternehmeranteilen ist die besondere Tarifbegünstigung des § 34 Abs. 3 EStG[1143] eingeschränkt, denn die Tarifbegünstigung wird nicht gewährt, wenn die Veräußerung eines Bruchteils eines Mitunternehmeranteils vorliegt oder Sonderbetriebsvermögen zurückbehalten wird; in beiden Sachverhalten entstehen laufende Gewinne, die auch der Gewerbesteuer unterliegen.[1144] In der Fachliteratur werden daher Überlegungen angestellt, im Vorfeld der Veräußerung durch steuerneutrale Umstrukturierungsmaßnahmen einzelne zurückzubehaltende Vermögensgegenstände oder Teilmitunternehmeranteile auszugliedern, um dann im nachfolgenden Veräußerungsvorgang ungehindert die Steuervergünstigungen in Anspruch nehmen zu können[1145]. Folgende Wege werden aufgezeigt:
– Auslagerung von Sonderbetriebsvermögen,
– Auslagerung aus dem Gesamthandsvermögen,
– Veräußerung aus dem Gesamthandsvermögen,
– Teilanteilsübertragung, entweder durch Einbringung nach dem Umwandlungsteuergesetz
– oder durch unentgeltliche Übertragung.

1142 Steuerlich berücksichtigungsfähige Veräußerungsverluste sind nur zu 60 % abzugsfähig.
1143 Unterstellt wird für die nachfolgenden Ausführungen, dass der Veräußerer die persönlichen Voraussetzungen für die Inanspruchnahme erfüllt und der Veräußerungsgewinn den begünstigten Maximalbetrag von 5 Mio. EUR weit übersteigt.
1144 Siehe OFD Düsseldorf, Verfügung v. 10.9.2002, G 1421 – 19 – St 132 – K, GmbHR 2002 S. 986.
1145 Die nachfolgenden Ausführungen und Beispiele basieren auf einem Beitrag von Bogenschütz/Hierl, DStR 2003, S. 1097 ff.

Folgende Einzelheiten:

Beispiel:

Auslagerung von Sonderbetriebsvermögen

V, 62-jährig, ist alleiniger Kommanditist der V-GmbH & Co. KG und hält auch alle Anteile an der am Vermögen der KG nicht beteiligten Komplementär-GmbH. V hat ein in seinem Eigentum stehendes Betriebsgrundstück an die V-GmbH & Co. KG verpachtet; steuerlich liegt insoweit Sonderbetriebsvermögen I vor. V möchte seine Anteile an der GmbH & Co. KG und an der Komplementär-GmbH an den Erwerber E veräußern, der jedoch nicht das Betriebsgrundstück mit übernehmen will.

Um für den erzielten Veräußerungsgewinn die Begünstigung des § 16 Abs. 4 EStG und/oder auf Antrag den begünstigten Steuersatz nach § 34 Abs. 3 EStG in Anspruch nehmen zu können, gründet V zunächst eine (weitere) nach § 15 Abs. 3 Nr. 2 EStG gewerblich geprägte GmbH & Co. KG, die Z-GmbH & Co. KG. Nach Eintragung dieser Gesellschaft überträgt er das Grundstück aus seinem Sonderbetriebsvermögen I bei der V-GmbH & Co. KG gegen Gewährung von Gesellschaftsrechten an der Z-GmbH & Co. KG in deren Gesamthandsvermögen; die Übertragung erfolgt zu Buchwerten gemäß § 6 Abs. 5 Satz 3 Nr. 2 zweite Alternative EStG.[1146]

Nach Ausgliederung verkauft er in einem einheitlichen Vorgang seine gesamten Kommanditanteile und seinen 100 %igen Geschäftsanteil an der Komplementär-GmbH.[1147]

Bei vorstehender Gestaltung ist zu beachten: Nach § 6 Abs. 5 Satz 4 EStG darf das übertragene Betriebsgrundstück innerhalb einer dreijährigen Sperrfrist weder veräußert noch aus dem Betriebsvermögen der Z-GmbH & Co. KG entnommen werden, da ansonsten rückwirkend für die Übertragung auf die Z-GmbH & Co. KG der Teilwert anzusetzen ist. Zudem verbietet die sog. Gesamtplanrechtsprechung des BFH[1148] die

---

1146 Es entsteht eine sog. mitunternehmerische Betriebsaufspaltung, die mit der Veräußerung der Anteile an der V-GmbH & Co. KG endet.
1147 Die Anteile des V an der V-GmbH & Co. KG gehören zu dessen Sonderbetriebsvermögen II; für diesen Teil greift die Begünstigung des § 34 Abs. 3 EStG nicht, vielmehr findet das Teileinkünfteverfahren Anwendung.
1148 Siehe z.B. BFH, Urteil v. 6.9.2000, IV R 18/99, BStBl 2001 II S. 231.

Inanspruchnahme der Begünstigung des § 34 EStG, wenn auf der Grundlage einer einheitlichen Planung und im engen zeitlichen Zusammenhang mit der Veräußerung eines Mitunternehmeranteils wesentliche Betriebsgrundlagen – hier das Grundstück – ohne Aufdeckung sämtlicher stiller Reserven aus dem Betriebsvermögen der Gesellschaft ausscheiden. *Bogenschütz/Hierl*[1149] empfehlen daher zur Recht, derartige Umstrukturierungsmaßnahmen, d. h. die Ausgliederung zurückbehaltener Vermögensgegenstände zum Buchwert in ein anderes Betriebsvermögen vor Veräußerung des Mitunternehmeranteils zu einem Zeitpunkt vorzunehmen, zudem nachweisbar noch keine Veräußerungsabsicht gegeben ist, „… auch wenn sich die zeitliche Komponente nicht in allgemeiner Form fixieren lässt, sondern von den Umständen des Einzelfalls abhängt, wird es empfehlenswert sein, in Zeiträumen von nicht unter einem Jahr zu planen."

Beispiel:

Auslagerung aus dem Gesamthandsvermögen

V, 60-jährig, und G, 63-jährig, sind zu gleichen Teilen Gesellschafter der VG-GmbH & Co. KG sowie deren Komplementär-GmbH. Beide möchten ihre Gesellschaftsanteile an die Erwerber E und K veräußern. Nicht mit veräußert werden soll das im Eigentum von V und G stehende Grundstück, das an die VG-GmbH & Co. KG verpachtet ist.

Um die Tarifbegünstigung des § 34 Abs. 3 EStG – für die Veräußerung der Kommanditanteile – erhalten zu können, übertragen V und G zunächst das Grundstück in eine neu zu gründende Schwester-Personengesellschaft (AB-GmbH & Co. KG) gegen Gewährung von Gesellschaftsrechten; die Übertragung erfolgt zu Buchwerten. Dann veräußern V und G ihre Gesellschaftsanteile und verpachten das Grundstück z. B. für weitere fünf Jahre an die VG-GmbH & Co. KG, bis die neuen Gesellschafter E und K eine Ersatzlösung gefunden haben.

[1149] DStR 2003, S. 1100.

Beispiel:

Veräußerung aus dem Gesamthandsvermögen

Vorstehender Sachverhalt mit der Veränderung, dass V und G schon seit mehr als zehn Jahren zu gleichen Teilen Gesellschafter der VG-GmbH & Co. KG sind und dass das Betriebsgrundstück sich im Gesamthandsvermögen der VG-GmbH & Co. KG befindet.

Auch hier gründen V und G eine neue GmbH & Co. KG (AB-GmbH & Co. KG) und veräußern zu fremdüblichen Bedingungen das Betriebsgrundstück an diese GmbH & Co. KG. Dann veräußern V und G ihre Anteile an der VG-GmbH & Co. KG.

Die AB-GmbH & Co. KG hat das Betriebsgrundstück in ihrem Gesamthandsvermögen zu Anschaffungskosten zu bilanzieren; sie verpachtet es für weitere fünf Jahre an die VG-GmbH & Co. KG. Die AB-GmbH & Co. KG kann den Vorgang auch steuerneutral gestalten, d. h. die Buchwerte des veräußerten Betriebsgrundstücks fortführen, indem sie die Vergünstigung des § 6b EStG in Anspruch nimmt. Da die § 6b EStG-Vergünstigung gesellschafterbezogen ist, ist u. a. Voraussetzung, dass sich das Betriebsgrundstück mehr als sechs Jahre im Anlagevermögen der VG-GmbH & Co. KG befand und mithin auch V und G mehr als sechs Jahre Gesellschafter der VG-GmbH & Co. KG waren, was im Beispielsfall gegeben ist.

Beispiel:

Umstrukturierungsmaßnahmen vor Teilanteilsübertragungen

Soll nur ein Teil des Mitunternehmeranteils veräußert werden, muss der nicht zu veräußernde Mitunternehmeranteil frühzeitig von dem veräußernden Teilmitunternehmeranteil abgetrennt werden. Dies kann durch Einbringung nach dem UmwStG oder durch unentgeltliche Übertragung geschehen.

Bei der Einbringung nach dem UmwStG wird vor Veräußerung des Mitunternehmeranteils der zurückbehaltene Anteil gemäß § 24 Abs. 1 UmwStG gegen Gewährung von Gesellschaftsrechten in eine neue GmbH & Co. KG eingebracht. Ist z. B. G alleiniger Kommanditist der G-GmbH und möchte G nur 60 % seiner Kommanditbeteiligung veräußern, so bringt er 40 % seiner Anteile nach § 24 Abs. 1 UmwStG gegen Gewährung von Gesellschaftsrechten in die von ihm neu gegrün-

dete N-GmbH & Co. KG ein. Nach Abschluss der Einbringung veräußert er 60 % seiner Anteile.[1150]
Bei der unentgeltlichen Übertragung wird der zurückbehaltene Gesellschaftsanteil schenkungsweise übertragen, im vorstehenden Beispielsfall z. B. von G auf seinen Sohn S. Die Buchwerte können fortgeführt werden. Entsprechendes ergibt sich aus § 6 Abs. 3 Satz 1 HS 2 EStG. Nach der unentgeltlichen Übertragung veräußert G seine Gesellschaftsanteile.[1151]

1.5 Zurechnung von Verlusten bei Veräußerung von Gesellschaftsanteilen

659 Nach dem Grundsatzurteil des BFH vom 19.11.1964[1152] kann zwar Kommanditisten ein nach dem Gewinnverteilungsschlüssel auf sie entfallender Verlust dann und in dem Umfang nicht mehr steuerlich zugerechnet werden, in dem diese Verlustzurechnung zu einem negativen Kapitalkonto der Kommanditisten führen würde und feststeht, dass diese Verluste nicht mehr durch Gewinne, eventuell auch spätere Veräußerungsgewinne, ausgeglichen werden müssen. Der BFH hat die steuerliche Berücksichtigung von Verlusten, die zu einem negativen Kapitalkonto der Kommanditisten führen oder dieses erhöhen würden, jedoch erst dann verneint, wenn im Zeitpunkt der Bilanzaufstellung das Ausscheiden des Kommanditisten feststeht, so dass ein Ausgleich der Verluste durch spätere Gewinne nicht mehr in Betracht kommt.

1.6 Ausscheiden des Kommanditisten bei negativem Kapitalkonto

660 Scheidet ein Kommanditist aus, ist der Veräußerungsgewinn der Betrag, um den der Veräußerungspreis nach Abzug der Veräußerungskosten den Buchwert des Betriebsvermögens übersteigt (§ 16 Abs. 2 EStG). Der Buchwert

---

1150 Sofern G auch Sonderbetriebsvermögen besitzt, muss er dieses ebenfalls auf die N-GmbH & Co. KG übertragen.
1151 Auch S kann z. B. nach drei Jahren seinen Mitunternehmeranteil veräußern und, sofern die persönlichen Voraussetzungen zutreffen, die Steuervergünstigung nach § 34 Abs. 3 EStG in Anspruch nehmen. Im Ergebnis kann dies zu einer Verdoppelung des Freibetrags führen. Die fünfjährige Veräußerungssperre des § 6 Abs. 3 Satz 2 EStG greift nur dann, wenn Sonderbetriebsvermögen zurückgehalten wird.
1152 IV 455/61 U, BStBl 1965 III S. 111.

wird bestimmt durch die Differenz zwischen Aktiva und Passiva, soweit diese auf den Mitunternehmeranteil entfallen; dieser Buchwert entspricht dem Kapitalkonto. Auch ein negatives Kapitalkonto wird grds. vom Veräußerungspreis abgezogen, soweit dieses nicht ausgeglichen wird. Der Abzug bewirkt eine Erhöhung des Veräußerungsgewinns. Bei einem Kommanditisten ist in diesem Zusammenhang aber immer entscheidend, aus welchen Gründen das Kapitalkonto negativ geworden ist. Scheidet ein Kommanditist, dessen Kapitalkonto auf Grund von ausgleichs- oder abzugsfähigen Verlusten negativ geworden ist, aus der Gesellschaft aus, so gilt der Betrag, den der Mitunternehmer nicht ausgleichen muss, als Veräußerungsgewinn (§ 52 Abs. 33 Satz 3 EStG). Ist hingegen das Kapitalkonto durch Entnahmen negativ geworden, entsteht ein Veräußerungsgewinn nur dann, wenn es sich um rückzahlungspflichtige Entnahmen gehandelt hat und die KG auf die gesellschaftsrechtliche Ausgleichsforderung gegen den ausscheidenden Kommanditisten verzichtet hat. Entnahmen sind rückzahlungspflichtig, wenn es sich um Entnahmen handelt, die entweder § 169 Abs. 1 HGB (Gewinnauszahlung) oder gesellschaftsvertraglichen Regelungen widersprechen. Ein Veräußerungsgewinn des ausscheidenden Kommanditisten entsteht demnach nicht durch den Wegfall seines durch Ausschüttungen aus der Liquidität der Gesellschaft negativ gewordenen Kapitalkontos. Die Ausschüttungen aus der Liquidität lassen zwar die Haftung des Kommanditisten nach § 172 Abs. 4 HGB aufleben. Danach gilt die Einlage eines Kommanditisten gegenüber den Gläubigern als nicht geleistet, wenn diese zurückbezahlt wird. Hierbei handelt es sich jedoch lediglich um die Außenhaftung des Kommanditisten – nicht hingegen um einen Anspruch der Gesellschaft auf Rückzahlung ausbezahlter Einlagen. Dies folgt daraus, dass der Kommanditist grds. kein gewinnunabhängiges Entnahmerecht – anders als ein Komplementär – hat. Vielmehr darf er lediglich ihm zugewiesene Gewinne entnehmen. Wenn nun die KG Ausschüttungen aus der Liquidität vornimmt und dadurch das ihr zur Verfügung stehende Kapital schmälert, darf dies nicht zum steuerlichen Nachteil der Kommanditisten gereichen – jedenfalls dann nicht, wenn die jährlichen Ausschüttungen durch die Gesellschafterversammlung beschlossen werden und einheitlich an alle Kommanditisten erfolgen.[1153]

1153 Siehe FG Berlin-Brandenburg, nrkr Urteil v. 3.4.2012, 6 K 6267/05 B, Rev. beim BFH IV R 19/12. Vor dem BFH soll die Rechtsfrage geklärt werden, ob in die Berechnung des Veräußerungsgewinns eines ausscheidenden Kommanditisten sein durch Ausschüttungen aus der Liquidität der Gesellschaft negativ gewordenes Kapitalkonto einzubeziehen ist.

661 Scheidet ein Kommanditist daher aus der KG aus und übernehmen die Mitgesellschafter sein negatives Kapitalkonto, ohne dass der Kommanditist einen Ausgleich leistet, so entsteht für den ausscheidenden Kommanditisten in Höhe des negativen Kapitalkontos ein Gewinn, den er gemäß § 16 EStG und § 34 EStG zu versteuern hat. Der Kommanditist ist dann in Höhe des negativen Saldos von einem echten Auseinandersetzungsverlust befreit worden.

Bei der Ermittlung des Veräußerungsgewinns sind auch die zum Sonderbetriebsvermögen des Kommanditisten gehörenden Wirtschaftsgüter zu berücksichtigen; gehen sie in sein Privatvermögen über, so ist zur Ermittlung des Veräußerungsgewinns der Buchwert dieser Wirtschaftsgüter ihrem gemeinen Wert gegenüberzustellen. Hat also der Kommanditist zum Zeitpunkt seines Ausscheidens noch eine Forderung aus einem verzinslichen Gesellschafterdarlehen gegen die GmbH & Co. KG, so ist diese Darlehensforderung in die Ermittlung des Veräußerungsgewinns einzubeziehen. Fällt die Forderung später wegen Vermögenslosigkeit der KG (Insolvenz der KG) aus, wird der Veräußerungsgewinn rückwirkend gemindert.[1154]

Scheidet ein Kommanditist mit negativem Kapitalkonto ohne Abfindung aus der KG aus, erleiden die verbleibenden Gesellschafter mit der Übernahme des negativen Kapitalkontos des Ausgeschiedenen einen Verlust. Dieses Ergebnis lässt sich daraus erklären, dass die Gesellschafterbeteiligung des ausgeschiedenen Gesellschafters mit der Folge untergeht, dass die vorhandenen Rechte und Verpflichtungen entsprechend § 738 Abs. 1 BGB auf die verbliebenen Gesellschafter übergehen (anwachsen) und damit die in der Vergangenheit entstandenen Verluste nunmehr ihnen zuzurechnen sind.[1155]

1.7 Ausscheiden eines Mitunternehmers gegen Sachwertabfindung[1156]

662 Wenn ein Mitunternehmer aus einer mehrgliedrigen Personengesellschaft ausscheidet und diese gleichzeitig von den verbleibenden Mitunternehmern fortgeführt wird, liegt kein Fall der (steuerneutralen) Realteilung vor, denn

---

1154 BFH, Urteil v. 28.7.1994, IV R 53/91, BStBl 1995 II S. 112.
1155 Siehe Begründung zum BFH, Urteil v. 21.4.1994, IV R 70/92, DB 1994 S. 1756. Diese Überlegungen gelten nur für den Fall der Anwachsung nach § 738 Abs. 1 BGB, nicht für den Fall der Veräußerung des Mitunternehmeranteils.
1156 FinMin Berlin, Erlass v. 3.2.2012, III B – S 2242 – 1/2009; DStR 2012 S. 907.

nach ständiger Rechtsprechung ist Voraussetzung hierfür die Beendigung der bisherigen Mitunternehmerschaft. Vielmehr handelt es sich um die Aufgabe eines Mitunternehmeranteils gegen Sachwertabfindung. Bei dem mit Sachwertabfindung ausscheidenden Mitunternehmer entsteht regelmäßig ein steuerpflichtiger Veräußerungsgewinn gem. § 16 Abs. 1 Nr. 2 EStG. Dies gilt auch für das Ausscheiden eines Mitunternehmers aus einer zweigliedrigen Mitunternehmerschaft gegen Sachwertabfindung und gleichzeitiger Fortführung des Betriebs als Einzelunternehmen durch den nicht ausgeschiedenen Mitunternehmer.

Überführt der ausscheidende Mitunternehmer die ihm zugeteilten Wirtschaftsgüter in das Betriebsvermögen seines Einzelunternehmens oder in sein Sonderbetriebsvermögen einer anderen Mitunternehmerschaft, so muss er nach § 6 Abs. 5 Satz 3 Nr. 1 i. V. m. Satz 1 EStG zwingend die Buchwerte fortführen, wenn die Besteuerung der stillen Reserven sichergestellt ist. Werden allerdings Verbindlichkeiten übernommen, liegt zumindest insoweit ein teilentgeltlicher Veräußerungsvorgang vor.

Wird dem ausscheidenden Mitunternehmer auch ein – anteiliger – selbstgeschaffener Mandantenstamm zugewiesen, ist dieser nach § 5 Abs. 2 EStG grundsätzlich weder bei der abgebenden Personengesellschaft noch in dem aufnehmenden Unternehmen anzusetzen.

Die spätere Besteuerung der stillen Reserven in dem übernommenen Mandantenstamm oder dem Geschäfts- oder Firmenwert ist sicherzustellen.

Außer in den genannten Fällen entsteht ein steuerpflichtiger Veräußerungsgewinn auch, wenn der ausscheidende Mitunternehmer die Wirtschaftsgüter in das Gesamthandsvermögen einer anderen Mitunternehmerschaft überführt.

1.8 Unentgeltlicher Übergang des Kommanditanteils

Der unentgeltliche Übergang des (ganzen) Kommanditanteils einschließlich des Sonderbetriebsvermögens II (Anteil an der Komplementär-GmbH) stellt eine unentgeltliche Anteilsübertragung i. S. d. § 6 Abs. 3 EStG dar, d. h. Buchwertfortführung.

Wird jedoch der Komplementär-Anteil zurückbehalten, ist entscheidend, ob die GmbH-Anteile „wesentliche Grundlage" des Mitunternehmeranteils sind.[1157]

- Bei Wesentlichkeit liegt insgesamt eine Anteilsaufgabe i. S. d. § 16 Abs. 3 EStG vor, mit der Folge, dass das übertragene Betriebsvermögen mit dem gemeinen Wert anzusetzen ist. Der Aufgabe-Gewinn für den KG-Anteil ist nach § 16 Abs. 3, § 16 Abs. 4 i. V. m. § 34 Abs. 2 oder 3 EStG unter den dort genannten Voraussetzungen begünstigt. Der Entnahmegewinn für die in das Privatvermögen überführten GmbH-Anteile unterliegt dem Teileinkünfteverfahren, d. h. 40 % steuerfrei, 60 % laufender Gewinn.
- Ist der Komplementär-Anteil „nicht wesentlich", stellt sich die KG-Anteilsübertragung als unentgeltliche Betriebsübertragung i. S. d. § 6 Abs. 3 EStG dar, die Übernahme der Komplementär-Anteile in das Privatvermögen unterliegt dem Teileinkünfteverfahren.

1.9 Verlustabzug nach § 10a GewStG und im Rahmen des § 10d EStG durch übrige (erbende) Gesellschafter

664 Nach § 10a Satz 1 GewStG wird der maßgebende Gewerbeertrag um die Fehlbeträge gekürzt, die sich bei der Ermittlung des maßgebenden Gewerbeertrages für die vorangegangenen Erhebungszeiträume ergeben haben, soweit die Fehlbeträge nicht bei der Ermittlung des Gewerbeertrages für vorangegangene Erhebungszeiträume berücksichtigt worden sind. Nach der ständigen höchstrichterlichen Rechtsprechung[1158] ist Voraussetzung für den Verlustabzug sowohl die sog. Unternehmensidentität als auch die sog. Unternehmeridentität. Dabei bedeutet Unternehmeridentität, dass der Steuerpflichtige, der den Verlustabzug in Anspruch nimmt, den Gewerbeverlust zuvor in eigener Person erlitten haben muss. Der Steuerpflichtige muss danach sowohl zur Zeit der Verlustentstehung als auch im Jahr der Entstehung des positiven Gewerbeertrags Unternehmensinhaber gewesen sein. Dementsprechend geht beim Ausscheiden von Gesellschaftern aus einer Personengesellschaft der Verlustabzug gemäß § 10a GewStG verloren, soweit der Fehlbetrag anteilig auf die ausgeschiedenen Gesellschafter entfällt. Das gilt auch dann, wenn der aus einer KG ausscheidende Gesellschafter über eine andere KG (Obergesellschaft) weiterhin mittelbar an der Untergesellschaft beteiligt bleibt.

1157 Siehe Schulze zur Wiesche, a.a.O. DB 2010, 640
1158 Siehe Beschluss des Großen Senats des BFH v. 3.5.1993, GrS 3/92, BStBl 1993 II S. 616.

Der Große Senat hat darauf hingewiesen, dass für Zwecke des gewer- 665
besteuerlichen Verlustabzugs der **partielle Unternehmerwechsel** dem
totalen Unternehmerwechsel im Grundsatz gleichzustellen ist und dass
deshalb im Fall des bloßen Gesellschafterwechsels bei einer fortbestehenden Personengesellschaft die in § 2 Abs. 5 GewStG angeordneten Rechtsfolgen nicht eintreten. Tritt daher – während eines Kalenderjahres – anstelle
des bisherigen Kommanditisten eine KG II als Kommanditistin in eine KG I
ein, dann kann der bis zu diesem Zeitpunkt – im Urteilsfall: 1. Dezember –
entstandene positive Gewerbeertrag nicht nach § 10a GewStG um die
Fehlbeträge der KG I aus früheren Jahren gekürzt werden, wenn diese mit
der persönlich haftenden GmbH fortgeführt wird.[1159] Der positive Gewerbeertrag ist vielmehr mit dem nach Eintritt der KG II entstandenen negativen Gewerbeertrag zu verrechnen. Da die persönliche Steuerpflicht der KG
– Unternehmensidentität – weiter besteht und kein Unternehmerwechsel
vorliegt (das hätte das Ausscheiden aller Gesellschafter bedingt; hier bleibt
die Komplementär-GmbH Gesellschafter), gilt der Gewerbebetrieb der KG
nicht als eingestellt. Der maßgebliche Gewerbeertrag ist für die Gesellschaft, nicht für die einzelnen Gesellschafter mit ihren ideellen Anteilen an
der Gesellschaft zu ermitteln. Der nach Eintritt der KG II entstandene
negative Gewerbeertrag ist kein vortragsfähiger Fehlbetrag i. S. d. § 10a
GewStG, sondern Teil des sowohl die Gewinn- als auch die Verlustphase
umfassenden (Jahres-)Gewerbeertrags der KG. Vortragsfähiger Fehlbetrag
i. S. d. § 10a GewStG ist nur der für die vorangegangenen Erhebungszeiträume ermittelte maßgebende Gewerbeertrag.

Stirbt der Gesellschafter (Mitunternehmer), dann endet damit seine Mit- 666
unternehmerschaft. Sein Erbe oder sonstiger Rechtsnachfolger in der Gesellschaft ist mit ihm nicht identisch. Die (Gesamt-)Rechtsnachfolge allein
hat der BFH nicht als Grund für den Übergang des Rechts zum Verlustabzug angesehen, d. h. es erfolgt kein Verlustabzug durch den (Ge-
samt-)Rechtsnachfolger. Für den Verlustabzug gemäß § 10a GewStG hat
der BFH entschieden,[1160] dass im Fall des Todes eines Gesellschafters einer
Personengesellschaft der auf ihn entfallende Anteil an einem Gewerbeverlust nicht von den übrigen Gesellschaftern abgezogen werden darf, auch
wenn sie seine Erben sind. Mit anderen Worten: Beim Tod eines Gesellschafters einer GmbH & Co. KG entfällt der Verlustabzug gemäß § 10a

---

1159 Siehe BFH, Urteil v. 26.6.1996, VIII R 41/95, BB 1996 S. 1815.
1160 Urteil v. 7.12.1993, VIII R 160/86, BB 1994 S. 564.

GewStG, soweit der Fehlbetrag anteilig auf den ausgeschiedenen Gesellschafter entfällt.

Mit Beschluss v. 17.12.2007[1161] hat der **Große Senat des BFH** entschieden, dass der Erbe einen vom Erblasser nicht ausgenutzten Verlustabzug gemäß § 10d EStG nicht bei seiner eigenen Veranlagung zur Einkommensteuer geltend machen kann. Mit dieser Entscheidung wendet sich der Große Senat des BFH gegen die seit über 40 Jahren bestehende Rechtsprechung und Verwaltungspraxis, wonach ein solcher Verlustabzug bei der Einkommensermittlung des Erben berücksichtigt wurde.

1.10 Verlustverwertungsbeschränkung nach § 15a EStG bei Gesellschafterwechsel

667 § 15a EStG knüpft an die Verhältnisse am Ende des Wirtschaftsjahres (Bilanzstichtag) der Verlustentstehung an (sog. Stichtagsprinzip). Aus den vorstehenden Grundsätzen folgt nicht nur, dass in den Fällen des Wechsels der Rechtsstellung des bisherigen Kommanditisten in die Stellung eines persönlich haftenden Gesellschafters § 15a EStG im Hinblick auf den dem Gesellschafter für das Wirtschaftjahr der Beteiligungsumwandlung zuzurechnenden Verlust keine Anwendung findet und damit auch den auf den Zeitraum vor der Haftungserweiterung entfallenden Verlustanteil nicht erfasst. Aus dem Stichtagsprinzip folgt, dass beim **Wechsel des Komplementärs in die Rechtsstellung eines Kommanditisten** während des Wirtschaftsjahres die Verlustverwertungsbeschränkung des § 15a EStG für das gesamte Wirtschaftsjahr und damit für den dem Gesellschafter insgesamt zuzurechnenden Teil am Gewinn der KG zu beachten ist.[1162]

2 Umsatzsteuer

668 Scheidet ein Gesellschafter aus, so fällt keine Umsatzsteuer an, wenn die verbleibenden Gesellschafter dem Ausscheidenden eine Entschädigung nur in Form von Geld zahlen. Den übrigen Gesellschaftern wächst der Anteil des Ausscheidenden an; dieses Anwachsen ist keine Lieferung i. S. d. § 1 UStG.

1161 GrS 2/04, DStR 2008 S. 545.
1162 BFH, Urteil v. 14.10.2003, VIII R 81/02, DStR 2004 S. 29.

Nach der BFH-Rechtsprechung[1163] ist ein steuerbarer Umsatz nicht gegeben, wenn alle Gesellschafter bis auf einen ausscheiden und in bar abgefunden werden, während der eine Gesellschafter den Betrieb allein fortsetzt und ihm die Anteile der Ausscheidenden anwachsen.

Zu der Frage, wie zu entscheiden ist, wenn alle Kommanditisten einer GmbH & Co. KG, die gleichzeitig Gesellschafter der Komplementär-GmbH sind, ihre Kommanditanteile und die Geschäftsanteile an der GmbH veräußern, hat die Finanzverwaltung im Schreiben vom 8.7.1976[1164] Stellung genommen. Danach berührt der Gesellschafterwechsel in der GmbH den Fortbestand der GmbH als juristische Person nicht. Somit tritt kein Wechsel in der Person des Komplementärs ein. Es ist daher die Auffassung zu vertreten, dass hier nicht der Fall eines gleichzeitigen Wechsels aller Gesellschafter einer Personengesellschaft vorliegt, der Vorgang also nicht als Geschäftsveräußerung im Ganzen zu behandeln ist. Vielmehr stellt die Veräußerung des Kommanditanteils und des Geschäftsanteils an der GmbH für den Gesellschafter einen nach § 4 Nr. 8 UStG steuerfreien Umsatz dar, falls nicht die Steuerbarkeit mangels Unternehmereigenschaft des Gesellschafters auszuschließen ist.

3 Erbfolge in Gesellschaftsanteile

3.1 Begünstigung von Betriebsvermögen und Anteilen an Kapitalgesellschaften

Die Reform der Erbschaft-/Schenkungsteuer führte ab 1.1.2009 zur Steuerbefreiung für Betriebsvermögen, Betriebe der Land- und Forstwirtschaft und Anteile an Kapitalgesellschaften (§§ 13a, 13b ErbStG). Begünstigt sind u. a.

– inländisches Betriebsvermögen beim Erwerb eines ganzen Gewerbebetriebs, eines Teilbetriebs, eines Personengesellschafsanteils (siehe § 13 b Nr. 2 ErbStG);
– Anteile an inländischen Kapitalgesellschaften, die eine unmittelbare Beteiligung von mehr als 25 % repräsentieren (siehe § 13b Nr. 3 ErbStG).

669

1163 Vgl. BFH; Urteil v. 17.11.1960, V 170/58 U, BStBl 1961 III S. 86; BFH, Urteil v. 12.3.1964, V 249/61, BStBl 1964 III S. 290.
1164 Vgl. OFD Hamburg, Verfügung v. 8.7.1976, S 7160 – 8176 – St 341, UStR 1976 S. 206.

Für Zwecke der Erbschaftsteuer bleiben entweder 85 % des begünstigten Vermögens (§ 13a Abs. 1 i. V. m. § 13b Abs. 4 ErbStG) – sog. Regelverschonung – oder das gesamte begünstigte Vermögen (100 %) – sog. Optionsverschonung – außer Ansatz (§ 13a Abs. 1 i. V. m. Abs. 8 ErbStG), wenn bestimmte Voraussetzungen erfüllt sind.

- **a)** Bei der Regelverschonung ist ein gesonderter Antrag nicht notwendig. Es kommt zu einer 85 %igen Steuerbefreiung, wenn der Schenker die Gesellschaftsanteile 5 Jahre behält und die Gesellschaft während dieser Zeit weitestgehend in unverändertem Umfang fortführt bzw. wenn die Verwaltungsvermögensquote nicht mehr als 50 % beträgt und die jährliche Lohnsumme innerhalb von 5 Jahren nach Erwerb 400 % der Ausgangslohnsumme nicht überschreitet.[1165]
- **b)** Bei der Optionsverschonung kommt es bei der Übertragung des Betriebsvermögens/der GmbH-Anteile auf die Nachfolgegeneration zu einer 100 %-igen Erbschaftsteuerfreiheit wenn
  - Die Gesellschafts-Anteile 7 Jahre lang behalten werden und die Gesellschaft während dieser Zeit weitestgehend in unverändertem Umfang fortgeführt wird,
  - die Verwaltungsvermögensquote nicht mehr als 10 % beträgt und
  - die jährliche Lohnsumme innerhalb von 7 Jahren nach Erwerb 700 % der Ausgangslohnsummer nicht unterschreitet.

Folgende Übersicht:

	Regelverschonung	**Optionsverschonung**
	Ohne Antrag	**Mit Antrag**
Verschonungsabschlag	85 %	100 %
Sofort fällige Steuer	15 %	keine
Verwaltungsvermögen	Bis zu 50 %	Bis zu 10 %
Lohnsumme[1166]	400 % in 5 Jahren	700 % in 7 Jahren
Behaltensfrist[1167]	5 Jahre	7 Jahre

1165 Für die Optionsverschonung ist ein Antrag notwendig (§ 13a Abs. 8 ErbStG).
1166 Bei Betrieben mit bis zu 20 Mitarbeitern entfällt die Einhaltung der Lohnsumme.
1167 Bei verkürzter/nicht eingehaltener Frist nur anteiliger Wegfall der Begünstigung.

Hinweis:

Zum schädlichen Verwaltungsvermögen gehören nach § 13b Abs. 2 ErbStG
- Vermietete Grundstücke,
- Anteile an Kapitalgesellschaften ≤ 25 %,
- Beteiligungen an Gesellschaften, mit mehr als 50 % Verwaltungsvermögen,
- Wertpapiere und vergleichbare Forderungen und
- Kunstgegenstände, sofern nicht ein Kunsthandel betrieben wird.

Nach Auffassung des BMF ist die Zuführung von Barvermögen oder von Festgeldern in ein Betriebsvermögen (anders als Wertpapiere) kein schädliches Verwaltungsvermögen, sodass die erbschaftsteuerlichen Vergünstigungen der §§ 13a, 13b ErbStG grundsätzlich greifen. Der BFH hält das ErbStG wegen dieser möglichen Gestaltung für verfassungswidrig (BFH, Beschluss v. 5.10.2011, II R 9/11, BStBl 2012 II S. 29). Das Jahressteuergesetz 2013 erweitert das schädliche Verwaltungsvermögen i. S. d. § 13b Abs. 7 ErbStG um Zahlungsmittel, Sichtvermögen, Bankguthaben und andere Forderungen; es gilt ab 26.10.2012.

3.2 Erbfolge von Todes wegen

Der Gesellschaftsvertrag hat Vorrang vor erbrechtlichen oder testamentarischen Regelungen.[1168] Ungewollte Gewinnrealisierungen durch Zwangsauflösung stiller Reserven ohne Zufluss entsprechender Liquidität von außen können sich ergeben, wenn die testamentarische Erbfolge nicht

670

1168 Nachstehend werden nur grundsätzliche Regelungen bei der Einkommen- und Erbschaftsteuer angesprochen. Für weitergehende Einzelheiten siehe BMF, Schreiben v. 14.3.2006, IV B 2 – S 2242 – 7/06, BStBl I S. 253 (Ertragsteuerliche Behandlung der Erbengemeinschaft und ihrer Auseinandersetzung); BMF, Schreiben v. 30.3.2006, IV B 2 – S 2242 – 15/06, BStBl I S. 306 (Erbauseinandersetzung; Anschaffungskosten bei Übernahme von Verbindlichkeiten über die Erbquote hinaus); gleichlautende Erlasse der OFDen der Länder v. 25.6.2009; BStBl I S. 713 (Anwendung der geänderten Vorschriften des Erbschaftsteuer- und Schenkungsteuergesetzes); Levedag, Nachfolge in Personengesellschaften von Todes wegen am Beispiel der GmbH & Co. KG, GmbHR 2010, S. 629 ff; Levedag, Vorweggenommene Erbfolge in Personengesellschaften am Beispiel der GmbH & Co. KG, GmbHR 2010, S. 855 ff; Götzenberger, Konsequenzen des neuen Erbschaftsteuer- und Bewertungsrechts bei Ausscheiden eines Gesellschafters aus einer Personen- oder Kapitalgesellschaft, BB 2009, S. 131ff.

rechtzeitig mit den Beteiligungsverhältnissen am Unternehmensvermögen und dem Gesellschaftsvertrag abgestimmt wird. Beispielhaft sei hier an den Fall gedacht, dass beim Erbfall eines Kommanditisten sein an die GmbH & Co. KG verpachtetes Grundstück (= Sonderbetriebsvermögen) einerseits und seine Kommanditbeteiligung andererseits an verschiedene Personen vererbt werden.

Bei Kapitalgesellschaften fallen die Gesellschaftsanteile in die reguläre Erbmasse; bei Personengesellschaften können nur Personen in der Gesellschaft nachfolgen, wenn sich entsprechende Regelungen im Gesellschaftsvertrag finden.

Ist im Gesellschaftsvertrag **keine Bestimmung** für den Fall des Todes eines Kommanditisten enthalten, so geht der Anteil des Erblassers in eine Erbengemeinschaft über. Beim Erblasser sind die stillen Reserven als begünstigter Veräußerungsgewinn zu versteuern.

Bei gesellschaftsvertraglichen Klauseln zur Nachfolge (von Todes wegen) ist es für das Steuerrecht entscheidend, ob es zu einem Übergang der Gesellschaftsbeteiligung kommt (z. B. bei Nachfolgeklausel) oder ob die Beteiligung im Erbgang untergeht (z. B. Fortsetzungsklausel). Dabei ist stets die Einkommensteuer und die Erbschaftsteuer zu behandeln.

671 Wird im Gesellschaftsvertrag bestimmt, dass beim Tode eines Gesellschafters die Gesellschaft nur unter den bisherigen übrigen Gesellschaftern fortgesetzt wird, so spricht man von einer sog. **Fortsetzungsklausel**.[1169] **Ertragsteuerlich** realisiert der Erblasser durch Aufgabe seines Mitunternehmeranteils unter Anwachsung bei den verbleibenden Gesellschaftern einen begünstigten Veräußerungsgewinn in Höhe des Unterschieds zwischen dem Abfindungsanspruch und dem Buchwert seines Kapitalkontos zum Todeszeitpunkt. In entsprechender Höhe ergeben sich Anschaffungskosten für die übrigen bisherigen Gesellschafter. Hat der Erblasser Sonderbetriebsvermögen, so gilt dieses als in das Privatvermögen überführt; die Aufgabe einer Mitunternehmerschaft liegt vor. (Aufdeckung stiller Reserven im Sonderbetriebsvermögen).

Erbschaftsteuerlich wird der Abfindungsanspruch des Erben/der Erben dem Privatvermögen zugerechnet, d. h. die Verschonungsregeln der §§ 13a, 13b ErbStG greifen nicht. Bei den Mitgesellschaftern von Personengesellschaften, bei denen es zum Anwachsungserwerb kommt, sind die Verscho-

---

1169 Zum Zivilrecht siehe Rn. 572.

nungsregeln des § 13a, 13b ErbStG dagegen anzuwenden, sofern die Voraussetzungen (Verwaltungsvermögenstest, Behaltefrist) gegeben sind.[1170] Nach Götzenberger[1171] wird es aber beim Ausscheiden von Gesellschaftern aus Kapitalgesellschaften, die mit nicht mehr als 25 % beteiligt sind, zur Besteuerung kommen, da die Verschonungsregelungen nicht greifen, wobei die Differenz zwischen dem Abfindungsanspruch und dem gemeinen Wert der Anteile die Bereicherung der verbleibenden Gesellschafter ist. Die aus der Anteilveräußerung resultierende Einkommensteuer ist Nachlassverbindlichkeit i. S. d. § 10 Abs. 5 ErbStG.

Ist im Gesellschaftsvertrag bestimmt, dass beim Tod eines Gesellschafters die Gesellschaft mit dem Erben, bei mehreren Miterben jedoch nur mit einem bestimmten Miterben, aber unverändert und in vollem Umfang fortgeführt wird, so liegt eine sog. **qualifizierte Nachfolgeklausel** vor.[1172] **Ertragssteuerlich** folgen in den Fällen der sog. qualifizierten Nachfolgeklausel nicht alle Miterben, sondern nur einer oder einzelne von mehreren Miterben dem Erblasser in seiner Gesellschafterstellung nach. Dies hat zur Folge, dass nur die qualifizierten Miterben, nicht dagegen die nicht qualifizierten Miterben als Mitunternehmer anzusehen sind. Werden von den qualifizierten Erben an die nicht qualifizierten Miterben Abfindungen geleistet, entstehen deshalb weder Veräußerungsgewinne noch Anschaffungskosten. Daraus ergibt sich weiter, dass es mit dem Erbfall zu einer anteiligen Entnahme etwaigen Sonderbetriebsvermögens kommt, soweit das Sonderbetriebsvermögen auf nicht qualifizierte Miterben entfällt. Denn das Sonderbetriebsvermögen geht – im Gegensatz zum Gesellschaftsanteil – zivilrechtlich auf die Erbengemeinschaft als Ganzes über. Dies gilt auch, wenn bei einer zeitnahen Auseinandersetzung das Sonderbetriebsvermögen auf den qualifizierten Miterben übergeht. Der Entnahmegewinn ist dem Erblasser zuzurechnen, da der nicht qualifizierte Miterbe nicht

672

1170 Siehe gleichlautende Erlasse der OFDen der Länder v. 25.6.2009, a.a.O. Abschn. 2 Absatz 3.
1171 A. a.O. S. 132.
1172 Zum Zivilrecht siehe Rn. 610.

Mitunternehmer geworden ist[1173] **Erbschaftsteuerlich** sieht der BFH[1174] die qualifizierte Nachfolgeklausel als sich „automatisch" vollziehende Teilungsanordnung an, mit der Folge, dass der qualifizierte Erbe gemäß § 3 ErbStG den ganzen Anteil erwirbt (Durchgangserwerb) mit anschließender gegenständlich begrenzter Erbauseinandersetzung,[1175] nur der qualifizierte Erbe hat begünstigtes Vermögen i. S. d. § 13a Abs. 3, 13b Abs. 3, ihn allein treffen auch die Folgen der Nachversteuerung,[1176] Die weichenden Miterben sind vornherein von der Verschonungsregelung ausgeschlossen.

673 Bei der sog. **einfachen Nachfolgeklausel** ist gesellschaftsvertraglich bestimmt, dass die Gesellschaft beim Tod eines Gesellschafters mit allen Erben dieses Gesellschafters fortgesetzt wird. **Ertragsteuerlich** können Mitunternehmeranteile, die vom Erblasser gesondert auf die Miterben übergegangen sind, in die Erbauseinandersetzung einbezogen und abweichend aufgeteilt werden. Hierdurch kann eine gewinnneutrale Realteilung des Nachlasses erreicht werden.[1177]

> **Beispiel:**
>
> Gesellschafter einer OHG sind A, B und U. U stirbt, Erben sind S und T je zur Hälfte. Zum Nachlass gehören ein OHG-Anteil (Wert 2 Mio. EUR) sowie ein Privatgrundstück (Wert 2 Mio. EUR). S und T treten aufgrund der im Gesellschaftsvertrag verbrieften einfachen Nachfolgeklausel in die OHG ein. Das Grundstück wird zunächst in Erbengemeinschaft verwaltet. Nach einiger Zeit setzen sich S und T dergestalt auseinander, dass T dem S ihren Gesellschaftsanteil überlässt und dafür aus der Erbengemeinschaft das Privatgrundstück erhält. Ausgleichszah-

---

1173 Siehe BMF, Schreiben v. 10.11.1982, II R 85-86/78, Tz 72-74. Die Literatur, siehe Levedag, a.a.O., GmbHR 2010, S. 634, empfiehlt als Gestaltungsmodell für die qualifizierte Nachfolgeklausel „das Alleinerbenmodell: Es soll allein der qualifizierte Miterbe Alleinerbe nach dem Erblasser werden, um SBV und Gesellschaftsanteil in einer Hand zu vereinen, die Gleichbehandlung der weichenden Miterben soll durch Vermächtnisse und Ausgleichszahlungen erreicht werden".
1174 BFH, Urteil v. 10.11.1982, II R 85-86/78, BStBl 1983 II S. 329.
1175 Sowohl die h. M.; siehe Levedag, a.a.O. GmbHR 2010, S. 632 (Fn. 36).
1176 Siehe Levedag, a.a.O., S. 632: "Da § 13b Abs. 3 ErbStG aber die Hingabe nicht begünstigten Vermögens, das vom Erblasser erworben ist, verlangt, führt eine Erbauseinandersetzung ohne Ausgleichszahlung oder gegen Ausgleichszahlung aus eigenem Vermögen des qualifizierten Nachfolgers zum teilweisen Wegfall des Verschonungsvolumens".
1177 Ausgleichszahlungen an die weichenden Miterben führen auch in diesem Fall zu Anschaffungskosten.

lungen erfolgen nicht. Bei diesem Beispiel ist von einer gewinnneutralen Realteilung eines Mischnachlasses auszugehen, bei der S den Gesellschaftsanteil und T das Grundstück erhalten hat. Anschaffungskosten und Veräußerungsgewinn entstehen mangels Ausgleichszahlungen nicht.

Aus vorstehender Betrachtungsweise ergibt sich weiter, dass auch beim Vorhandensein von Sonderbetriebsvermögen **eine gewinnneutrale Realteilung eines Nachlasses möglich ist.**

Beispiel:

Gesellschafter einer OHG sind A, B und U. U stirbt. Erben sind S und T je zur Hälfte. Zum Nachlass gehören der OHG-Anteil (Wert 1,2 Mio. EUR), ein der OHG überlassenes Grundstück (Wert 800.000 EUR) und ein Privatgrundstück (Wert 2 Mio. EUR). S und T treten aufgrund der im Gesellschaftsvertrag verbrieften einfachen Nachfolgeklausel in die OHG ein. Das Privatgrundstück wird zunächst von der Erbengemeinschaft verwaltet. Nach einiger Zeit setzen sich S und T dergestalt auseinander, dass T dem S seinen Gesellschaftsanteil und seinen Anteil an dem der OHG überlassenen Grundstück überträgt und dafür aus der Erbengemeinschaft das Privatgrundstück erhält. Ausgleichszahlungen erfolgen nicht. Es liegt eine gewinnneutrale Teilung eines Mischnachlasses vor, bei der S den Gesellschaftsanteil an der OHG und das der OHG überlassene Grundstück und T das Privatgrundstück erhält. Anschaffungskosten und Veräußerungs- oder Entnahmegewinne entstehen mangels Ausgleichszahlungen nicht.

Erbschaftsteuerlich sind die Verschonungsregelungen der §§ 13a, 13b ErbStG anwendbar. Levedag[1178] weist daraufhin, dass im Zusammenhang mit einfachen Nachfolgeklauseln oft im Rahmen der Erbauseinandersetzung die Verpflichtung zur Weiterübertragung (Vermächtniserfüllung) besteht; hier greifen §§ 13a Abs. 3 Satz 2, 13b Abs. 3 Satz 1 und 19a Abs. 2 Satz 3 ErbStG mit der Folge, dass der letztendlich den Gesellschaftsanteil übernehmende Erbe die Verschonungsregelung anwenden kann (sog. Begünstigungstransfer) und natürlich auch evtl. nachversteuern muss bei Verstößen.

1178 A.a.O. GmbHR 2010 S. 632.

674 Der Gesellschaftsvertrag enthält eine **Eintrittsklausel** dann, wenn in ihm bestimmt ist, dass ein oder mehrere Erben nach dem Tod eines Gesellschafters das Recht haben, in die Gesellschaft einzutreten.[1179] Üben alle Miterben innerhalb von sechs Monaten nach dem Erbfall ihr Eintrittsrecht aus, so gilt ertragsteuerlich die Gesellschaft als mit allen Erben des verstorbenen Gesellschafters fortgesetzt. Die Anteile an den Buchwerten des Gesellschaftsvermögens und die Buchwerte eines etwaigen Sonderbetriebsvermögens des Erblassers sind fortzuführen. In der Person des verstorbenen Gesellschafters entsteht kein Veräußerungs- und Entnahmegewinn. Die eintretenden Erben haben keine zusätzlichen, in einer Ergänzungsbilanz zur Steuerbilanz der Gesellschaft zu aktivierenden Anschaffungskosten.[1180] Werden im Fall des Nichteintritts Abfindungen gezahlt, so erzielt der Erblasser einen tarifbegünstigten Veräußerungsgewinn.

Erbschaftsteuerlich wird man von einem Erwerb eines Gesellschaftsanteils und nicht von einem Erwerb des Eintrittsrechts ausgehen. Kommt es zum Eintritt, sind die Verschonungsregelungen auch für das Sonderbetriebsvermögen, soweit es direkt auf den Eintretenden übergeht, anwendbar. Bei Nichteintritt gilt das nicht.

675 Bei einer **Teilungsanordnung** erhält der durch diese Anordnung begünstigte Erbe das ihm zugedachte Unternehmen oder den Mitunternehmeranteil nicht unmittelbar vom Erblasser, sondern durch Auseinandersetzung mit den übrigen Erben. Zivilrechtlich stehen nach h. M. dem durch die Teilungsanordnung begünstigten Erben die Früchte des ihm zugedachten Nachlassgegenstandes von dem Zeitpunkt an zu, von dem an er die Durchführung der Teilungsanordnung verlangen kann. Steuerlich ist daher eine rückwirkende Auseinandersetzungsvereinbarung in der Regel dann als unschädlich anzusehen, wenn sie innerhalb von sechs Monaten nach dem Erbfall erfolgt.[1181]

1179 Zivilrechtlich siehe Rn. 614. Am Todestag besteht die Ungewissheit, ob der Eintritt vollzogen oder nicht vollzogen wird.
1180 Treten nur einer oder einige Erben ein und werden von diesen Miterben an die nicht eintretenden Miterben Abfindungen geleistet, entstehen weder Veräußerungsgewinne noch Anschaffungskosten (sofern über die Ausübung des Eintrittsrechts innerhalb von sechs Wochen nach Erbfall entschieden wird).
1181 Siehe Textziffern 8 und 9 des BMF, Schreiben v. 14.3.2006, BStBl 2006 I S. 255; siehe auch BFH, Urteil v. 4.5.2000, IV R 10/99, DStR 2000 S. 151 für eine längere Frist in Sonderfällen.

Die Vererblichkeit der **Komplementär-GmbH-Anteile** kann zwar gesellschaftsvertraglich nicht ausgeschlossen werden, es kann jedoch gesellschaftsvertraglich vereinbart werden, dass der (die) Erbe(n) die GmbH-Anteile an andere Mitgesellschafter oder sogar an die GmbH abtreten oder die Einziehung der Anteile dulden müssen. Bei derartigen Regelungen ist zu beachten, dass diese Bestimmungen zu einem steuerpflichtigen Veräußerungsgewinn führen, wenn der Erblasser mit mehr als 25 % an der GmbH beteiligt war.

676

3.3. Vorweggenommene Erbfolge

Vorweggenommene Erbfolge ist „die Übertragung des Vermögens (oder eines wesentlichen Teils davon) durch den (künftigen) Erblasser auf einen oder mehrere als (künftige) Erben in Aussicht genommene Empfänger".[1182] Eine vollzogene vorweggenommene Erbfolge steht also einem Generationswechsel gleich.

677

Aus **ertragsteuerlicher** Sicht ist zentrale Vorschrift für die vorweggenommene Erbfolge § 6 Abs. 3 EStG, der die Buchwertfortführung ermöglicht; hierzu das BFH-Urteil vom 2.8.2012:[1183] „Ein Gesellschafter kann seinen Gesellschaftsanteil steuerneutral auf ein Kind übertragen, obwohl er ein ihm gehörendes und von der Gesellschaft genutztes Grundstück zeitgleich und ebenfalls steuerneutral auf eine zweite Personengesellschaft überträgt. Nach § 6 Abs. 3 Satz 1 Halbsatz 1 EStG scheidet die Aufdeckung der stillen Reserven im unentgeltlich übertragenen Mitunternehmeranteil (entgegen BMF, Schreiben v. 3.3.2005, BStBl 2005 I S. 458) auch dann aus, wenn ein funktional wesentliches Betriebsgrundstück des Sonderbetriebsvermögens vorher bzw. zeitgleich zum Buchwert nach § 6 Abs. 5 EStG übertragen worden ist." Damit erleichtert der BFH die Generationennachfolge bei Personengesellschaften. Bode kommentiert die Rechtsprechung wie folgt: „Unter Rn. 7 seines Schreibens v. 3.3.2005 vertritt das BMF unter Berufung auf die sog. Gesamtplan-Rechtsprechung die Ansicht, dass ein Anteil am Gesamthandsvermögen u. a. dann nicht nach § 6 Abs. 3 EStG zum Buchwert übertragen werden könne, wenn im zeitlichen und sachlichen Zusammenhang mit der Übertagung eines Mitunternehmeranteils funktional wesentliches Sonderbetriebsvermögen nach § 6 Abs. 5 EStG zum Buchwert in ein anderes Betriebsvermögen übertragen wird. Dem vermochte sich der IV. Senat des BFH in seinem komplex begründeten Urteil

---

[1182] Siehe BFH, Urteil v. 20.1.1991, IV 2 R 299/89, N/W 1991 S. 1345
[1183] IV R 41/11, DB 2012 S. 2375, Anmerkung von RiBFH Walter Bode in DB 2012 S. 2375

v. 2.8.2012 nicht anzuschließen. Der BFH sieht in § 6 Abs. 3 und Abs. 5 EStG (i. d. F. des UntStFG) eine grundlegende, ab dem Vz. 2001 anzuwendende Neubestimmung des Gesetzgebers; so begünstigt § 6 Abs. 3 EStG die Übertragung von Sachgesamtheiten, indem anlässlich dieses Geschäfts auf die Aufdeckung stiller Reserven verzichtet wird; § 6 Abs. 5 begünstigt mit der gleichen Rechtsfolge die Übertragung von Einzelwirtschaftsgütern. Nicht nur nach ihrem Wortlaut, sondern auch nach ihrem Normzweck können beide Begünstigungen grds. Nebeneinander treten, es sei denn, durch die gleichzeitige Übertragung von Einzelwirtschaftsgütern würde der Normzweck von § 6 Abs. 3 EStG verfehlt, die Existenz der übertragenden Sachgesamtheit als Wirtschaftseinheit zu sichern. Eine funktionsfähige Sachgesamtheit ist indes nach Ansicht des BFH nicht allein deshalb zu verneinen, weil ein bislang funktional wesentliches Wirtschaftsgut aus dem Betrieb ausscheidet, ohne dass es diesem künftig auf veränderter Rechtsgrundlage (z. B. Miete, Pacht) weiter zum Wirtschaften zur Verfügung steht."

Offen gelassen hat der BFH, ob die von ihm ausgeführten Rechtsgrundsätze für die Anwendung des § 6 Abs. 3 EStG nicht nur im Fall der Übertragung von Einzelwirtschaftsgütern zum Buchwert nach § 6 Abs. 5 EStG Geltung beanspruchen, sondern auch bei der Entnahme von Wirtschaftsgütern in das Privatvermögen oder der Veräußerung von Wirtschaftsgütern.

Auch bei teilentgeltlicher Übertragung eines Wirtschaftsguts aus dem Sonderbetriebsvermögen in das Gesamthandsvermögen muss es zu keiner Gewinnrealisierung kommen. So führt nach dem BFH-Urteil v. 19.9.2012[1184] die teilentgeltliche Übertragung eines Wirtschaftsguts des Sonderbetriebsvermögens in das Gesamthandsvermögen der Personengesellschaft nicht zur Realisierung eines Gewinns, wenn das Entgelt den Buchwert nicht übersteigt. Anmerkung von RiBFH Walter Bode: „Unter Rn. 15 seines Schreibens v. 8.12.2011 BStBl I 2011 S. 1279 vertritt das BMF unter Berufung auf die aus dem BFH-Urteil v. 11.12.2001, VIII R 58/98 BStBl II 2002 S. 420 abgeleitete sog. ‚Trennungstheorie' die Auffassung, dass bei einer teilentgeltlichen Übertragung eines Wirtschaftsguts immer ein dem Verhältnis des Entgelts zum Verkehrswert entsprechender Anteil der stillen Reserven zu realisieren sei. Nur der danach verbleibende unentgeltliche Teil der Übertragung darf nach Ansicht der Finanzverwaltung gem. § 6 Abs. 5 EStG (i. d. F. des UntStFG) zum Buchwert übertragen werden. Bereits in seinem Urteil v. 21.6.2012, IV R 1/08 DB 0483602

1184 Siehe BMF, Anwendungserlass v. 3.3.2005, a.a.O., Tz 4,5.

hat indes der IV. Senat des BFH u. a. darauf hingewiesen, dass die Grundsätze des BFH-Urteils v. 11.12.2001 zu einer anderen Rechtslage und einer anderen Sachverhaltsgestaltung ergangen sind. Fortführung dessen vermochte der IV. Senat des BFH im Urteilsfall, dem § 6 Abs. 5 EStG zugrunde zu legen war, nach gegenwärtiger Rechtslage keine gesetzliche Grundlage für die "Trennungstheorie" zu erkennen. Vielmehr ordnet der BFH bei einer teilentgeltlichen Übertragung den Buchwert in vollem Umfang dem entgeltlichen Teil des Geschäfts zu. Zu einer Aufdeckung stiller Reserven kommt es danach nur, soweit das Entgelt – was im Urteilsfall nicht gegeben war – den Buchwert übersteigt. Soweit das Entgelt hinter dem Verkehrswert des übertragenen Wirtschaftsguts zurückbleibt, ist das Geschäft unentgeltlich."

Erbschaftsteuerlich ist der Übergang des Mitunternehmeranteils begünstigtes Betriebsvermögen. Im gleichlautenden Ländererlass v. 25.6.2009 wird ausgeführt: „Das Betriebsvermögen muss im Zusammenhang mit dem Erwerb einer Beteiligung an einer Personengesellschaft auf den Erwerber übergehen. Diese Begriffe sind nach ertragsteuerlichen Grundsätzen abzugrenzen. Begünstigt ist nur der unmittelbare Übergang von Betriebsvermögen.[1185] Als Erwerb einer Beteiligung gilt auch, wenn ein Teil einer Beteiligung an einer Personengesellschaft übertragen wird. Eine begünstigte Übertragung eines Anteils an einer Personengesellschaft oder am Sonderbetriebsvermögen des Gesellschafters ist nicht davon abhängig, dass die Gesellschaftsanteile und das Sonderbetriebsvermögen im gleichen quotalen Umfang auf den Erwerber übergehen. Vielmehr gilt dies auch dann, wenn der Schenker sein Sonderbetriebsvermögen in geringerem Umfang überträgt oder es insgesamt zurückbehält und das zurückbehaltene Sonderbetriebsvermögen weiterhin zum Betriebsvermögen derselben Personengesellschaft gehört, sowie auch dann, wenn der Schenker sein Sonderbetriebsvermögen in größerem Umfang überträgt."

678

Zu beachten ist, dass die Ausführungen im Ländererlass, dass ertragsteuerliche Grundsätze für den Begriff „Betriebsvermögen" maßgebend sind, durch den BFH bestätigt werden; aus dem Urteil v. 1.9.2011[1186] ergibt sich, dass für die Anwendung der Verschonungsregeln entscheidend ist der

---

1185 A.a.O., Abschn. 20 Abs. 3.
1186 BFH,Urteil 1.9.2011, II R 67/09, NV, DStRE 2012 S. 38.

Übergang der Mitunternehmerstellung, nicht der Übergang einer zivilrechtlichen Beteiligung an der Gesellschaft.

Hinweis:

Vorstehende Grundsätze haben große Bedeutung für die in der Praxis beliebte Übertragung des Gesellschaftsanteils gegen Nießbrauch.[1187] Problematisch kann die Schenkung eines Gesellschaftsanteils gegen Vorbehaltsnießbrauch sein. Die Mitunternehmerstellung (und damit die Anwendung der Verschonungsregelungen) gehen auf den Beschenkten über, wenn der Nießbraucher (Schenker) weder an den stillen Reserven (einschl. Firmenwert) beteiligt ist noch im Verwaltungs- und Mitwirkungsrecht aus dem Gesellschaftsanteil zustehen.[1188] An der für die Anwendbarkeit der Verschonungsregelungen bei dem Erwerber erforderlichen Mitunternehmerinitiative fehlt es aber, wenn Eltern Teile ihrer Beteiligungen an einer gewerblich geprägten Personengesellschaft unentgeltlich ihren Kindern zuwenden und sich dabei den lebenslänglichen Nießbrauch vorbehalten, mit der Vereinbarung, dass die Nießbraucher die Gesellschaftsrechte der Kinder wahrnehmen und die Kinder den Eltern „vorsorglich" Stimmrechtsvollmacht erteilen.[1189] Bei diesem Sachverhalt ist der Erwerb des Zuwendungsnießbrauchs als Übergang eines begünstigten Mitunternehmeranteils nach §§ 13a, 13b ErbStG zu werten.[1190]

4 Grunderwerbsteuer

679 Aufgrund der Regelungen in § 1 Abs. 2a GrEStG[1191] tritt bei **Änderungen im Gesellschafterbestand** einer Grundbesitz haltenden Personengesellschaft Grunderwerbsteuerpflicht ein, wenn innerhalb eines Zeitraums von 5 Jahren der Gesellschafterbestand derart ausgewechselt wird, dass bei wirtschaftlicher Betrachtung dieser Gesellschafterwechsel als ein auf die

---

1187 Zu unterscheiden sind Ertrags- oder Zuwendungsnießbrauch (hier wird der Nießbraucher kein Mitunternehmer) und der Vorbehaltenießbrauch (hier müssen Absprachen über die Mitwirkungsrechte getroffen werden).
1188 Siehe BFH, Urteil v. 6.5.2010, IV 52/08, GmbHR S. 870.
1189 BFH, Urteil v. 10.12.2008, II R 34/07, BStBl 2009 II S. 312.
1190 Siehe Seifried, neue BFH-Rechtsprechung zum Anteilsbegriff im Sinne der §§ 13a, 13b ErbStG; DStR 2012 S. 274 ff.
1191 § 1 Abs. 2a GrEStG wurde mit Wirkung ab 1.1.2002 neu gefasst und gilt derzeit in der Fassung v. 1.1.2002.

Übereignung eines Grundstücks gerichtetes Rechtsgeschäft anzusehen ist. Das ist nach der Gesetzesfiktion stets der Fall, wenn 95 % der Anteile am Gesellschaftsvermögen auf neue Gesellschafter übergehen. Gehen weniger als 95 % der Anteile auf neue Gesellschafter über, ist zu prüfen, ob sich der Gesellschafterbestand so wesentlich geändert hat, dass dies wirtschaftlich der Entstehung einer neuen Gesellschaft gleichzusetzen ist. Aus der Gesetzesbegründung[1192] ergibt sich, dass „anhand von Vereinbarungen und der tatsächlichen Ausführung im Einzelfall" zu entscheiden ist, ob eine wesentliche Änderung des Gesellschafterbestandes vorliegt. Die Gesetzesbegründung gibt hierzu ein Beispiel: An einer GmbH und Co. KG ist die Komplementär-GmbH mit mehr als 5 % beteiligt: Werden die Gesellschaftsanteile an der Komplementär-GmbH veräußert, so löst dieser Gesellschafterwechsel bei der GmbH aufgrund wirtschaftlicher Betrachtungsweisen Grunderwerbsteuer bezüglich des in der GmbH & Co. KG befindlichen Grundbesitzes aus.[1193]

§ 1 Abs. 2a GrEStG fingiert einen rechtsgeschäftlichen Grundstücksübergang. Dabei sind nach Auffassung der Finanzverwaltung[1194] die Steuerbefreiungen des § 3 i. V. m. § 6 Abs. 3 und 4 GrEStG zu beachten.

Beispiel:

A, B und C sind Gesellschafter einer OHG. A überträgt seinen Anteil von 90 % auf seinen Sohn D. B überträgt seinen Anteil von 8 % auf den ihm fremden E. Auf die Übertragung des Anteils von A auf D, die zusammen mit der Anteilsübertragung von B auf E einen Grundstücksübergang nach § 1 Abs. 2a GrEStG auslöst, ist § 3 Nr. 6 GrEStG anzuwenden. Zu besteuern sind nur 8 % der Bemessungsgrundlage für die Übertragung des B auf E, da für die 2 % des C § 6 Abs. 3 GrEStG anzuwenden ist.

Gehört zum Vermögen einer Gesellschaft ein inländisches Grundstück, so unterliegt gemäß **§ 1 Abs. 3 Nr. 1 GrEStG** der Steuer auch ein Rechts- 680

1192 BT-Drucks. 804/96.
1193 Bei der Anwendung des § 1 Abs. 2a GrEStG dürfen vor dem 1.1.1997 erfolgte Änderungen im Gesellschafterbestand nicht berücksichtigt werden. BFH, Entscheidung v. 8.11.2000, II R 64/98, DStR 2001 S. 166. Gesellschafterwechsel zwischen dem 1.1.1997 und dem 31.12.1999 sind dagegen zu berücksichtigen; siehe koordinierter Ländererlass Baden-Württemberg v. 31.1.2001, 3 – S – 4501 GrEStG § 1 GrEStG Karte 31 bzw. SenVerw Berlin v. 23.1.2001, III B 13 – S – 4501 – 1/00, DStR 2001 S. 215.
1194 Gleichlautende Erlasse der obersten Finanzbehörden der Länder v. 26.2.2003, BStBl 2003 I S. 271.

geschäft, das den Anspruch auf Übertragung eines Anteils an der Gesellschaft begründet, wenn dadurch alle (ab 1.1.2000) unmittelbar oder mittelbar mindestens 95 % der **Anteile der Gesellschaft** in der Hand des Erwerbers **vereinigt** werden.[1195] § 1 Abs. 3 GrEStG stellt einen Ergänzungstatbestand zu den Erwerbsvorgängen nach § 1 Abs. 1 und Abs. 2a GrEStG dar, indem sie den Inhaber der Anteile an einer grundbesitzenden Gesellschaft so behandelt, als gehörten ihm zufolge der Vereinigung dieser Anteile in seiner Hand die im Eigentum der Gesellschaft befindlichen Grundstücke. Gegenstand der Besteuerung ist somit nicht der Anteilserwerb als solcher, sondern die durch ihn begründete grunderwerbsteuerrechtlich eigenständige Zuordnung der der Gesellschaft gehörenden Grundstücke. Erfasst werden soll die Sachherrschaft bezüglich der Grundstücke, die durch die Innehabung der Gesellschaftsanteile vermittelt wird. Eine Anteilsvereinigung i. S. d. § 1 Abs. 3 Nr. 1 GrEStG liegt demgemäß auch dann vor, wenn der Anteilserwerber die Anteile an einer grundbesitzenden Gesellschaft mittelbar über eine andere Gesellschaft hält, an der er zu 100 % beteiligt ist.

681 Zu beachten ist bei der Unterschiedlichkeit der anzuwendenden Gesetzesvorschriften, dass § 1 Abs. 3 GrEStG subsidiär neben § 1 Abs. 2a GrEStG weiterhin anwendbar bleibt. Wenn demnach bei Umstrukturierungsmaßnahmen innerhalb eines Konzernverbundes eine Steuerbarkeit nach § 1 Abs. 2a GrEStG zu vermeiden ist (z. B. mangels Anteilsübertragung auf „neue" Gesellschafter), bleibt stets noch zu prüfen, ob nicht etwa der Tatbestand der (mittelbaren) Anteilsvereinigung bzw. Anteilübertragung i. S. d. § 1 Abs. 3 GrEStG erfüllt wird.

682 Zentrale Frage ist die **ertragsteuerliche Abzugsfähigkeit der Grunderwerbsteuer**;[1196] die **OFD Rheinland** vertritt hierzu folgende Auffassung: Mit Urteil v. 20.4.2011 (I R 2/10, BStBl II 2011 S. 761) hat der BFH entgegen der Verwaltungsauffassung zur Frage der ertragsteuerlichen Behandlung der GrESt aufgrund einer **Anteilsvereinigung i. S. d. § 1 Abs. 3 GrEStG** entschieden, dass die infolge einer Sacheinlage von Gesellschaftsanteilen aufgrund einer Anteilsvereinigung ausgelöste GrESt von der aufnehmenden Gesellschaft nicht als Anschaffungsnebenkosten zu aktivieren sind.

1195 Die Begünstigungen des § 6 Abs. 2 oder Abs. 3 GrEStG können greifen; siehe Rn. 144.
1196 Siehe hierzu Gadek/Mörwald, Ertragsteuerliche Abzugsfähigkeit von GrESt in Fällen von § 1 Abs. 2a und 3 GrEStG, DB 2012, S. 2010 ff.

Bei einem **Wechsel im Gesellschafterbestand** einer PersGes. (§ 1 Abs. 2a GrEStG) gilt nach Abstimmung der obersten Finanzbehörden des Bundes und der Länder – unabhängig von der Veröffentlichung o. g. BFH-Urteils zur ertragsteuerlichen Behandlung von GrESt nach § 1 Abs. 3 GrEStG – weiterhin Folgendes: GrESt, die aufgrund eines Wechsels im Gesellschafterbestand einer PersGes. nach § 1Abs. 2a GrEStG zu zahlen sind, stellen keine sofort abzugsfähigen Betriebsausgaben oder Werbungskosten dar. Sie sind unmittelbare Folgekosten des Wechsels der Beteiligung an der PersGes. und demzufolge grds. als Anschaffungsnebenkosten der Beteiligung zu aktivieren. Gem. § 1 Abs. 2a GrEStG anfallende GrESt sind somit als Anschaffungsnebenkosten zu aktivieren.[1197]

[1197] Nach Auffassung der OFD Rheinland gilt folgende Ausnahme: „Besteht in Fällen eines mittelbaren Gesellschafterwechsels „bis zur Ebene" der die GrESt schuldenden PersGes. keine ununterbrochene Mitunternehmerkette, sondern ist eine KapGes. zwischengeschaltet, führt die Beachtung des Transparenzprinzips (siehe hierzu BFH, Beschluss v. 25.2.1991, GrS 7/89, BStBl II S. 691) dazu, dass es sich bei der in diesen Fällen anfallenden GrESt ausnahmsweise um sofort abzugsfähige Betriebsausgaben oder Werbungskosten und nicht um Anschaffungsnebenkosten handelt.

VIII Beendigung der GmbH & Co. KG
– Handelsrechtlicher Teil –

1 Auflösung der GmbH & Co. KG

1.1 Gesetzliche Regelung

683 Die Auflösung einer GmbH & Co. KG bestimmt sich nach den für die Auflösung einer KG geltenden Regelungen gemäß §§ 161 Abs. 2, 131 ff. HGB. Dementsprechend wird eine KG kraft Gesetzes aufgelöst
– durch den Ablauf der Zeit, für welche sie eingegangen ist,
– durch Beschluss der Gesellschafter,
– durch Eröffnung des Insolvenzverfahrens über das Vermögen der Gesellschaft und
– durch gerichtliche Entscheidung.

Eine typische GmbH & Co. KG, bei der kein persönlich haftender Gesellschafter eine natürliche Person ist, wird darüber hinaus aufgelöst mit Rechtskraft des Beschlusses, durch den die Eröffnung des Insolvenzverfahrens mangels Masse abgelehnt wird oder durch Löschung wegen Vermögenslosigkeit nach § 394 FamFG (§§ 131 Abs. 2 Nr. 1 und 2, 161 Abs. 2 HGB).

Durch die Auflösung wird die Gesellschaft zu einer Liquidations- oder Abwicklungsgesellschaft. Die ursprünglichen gesellschaftsrechtlichen Pflichten, die durch die Förderung des Gesellschaftszwecks bestimmt waren, finden mit der Auflösung ihr Ende. Sie gehen über in die Verpflichtung der Gesellschafter, zur Auseinandersetzung beizutragen. Die Auseinandersetzung erfolgt durch Liquidation,[1198] wenn die Gesellschafter nicht eine andere Art der Auseinandersetzung vereinbart haben oder über das Vermögen der Gesellschaft das Insolvenzverfahren eröffnet worden ist, §§ 145 Abs. 1, 161 Abs. 2 HGB. Nach § 131 Abs. 3 HGB führen folgende Gründe nunmehr nicht mehr zur Auflösung, sondern zum Ausscheiden des Gesellschafters aus der GmbH & Co. KG:
– Tod des Gesellschafters,
– Eröffnung des Insolvenzverfahrens über das Vermögen des Gesellschafters,
– Kündigung des Gesellschafters,

1198 Siehe Rn. 686 ff.

- Kündigung durch den Privatgläubiger des Gesellschafters,
- Eintritt von weiteren im Gesellschaftsvertrag vorgesehenen Fällen,
- Beschluss der Gesellschafter.

1.2 Gesellschaftsvertragliche Vereinbarungen

Vor dem HRefG v. 22.6.1998 war die Vereinbarung einer Fortsetzungs- 684
klausel im Gesellschaftsvertrag geboten, um eine Auflösung der Gesellschaft in den in § 131 Abs. 3 HGB genannten Fällen zu vermeiden. Eine entsprechende Klausel ist nun mit der Neuregelung des § 131 Abs. 3 HGB, die die Fortsetzung der Gesellschaft in diesen Fällen vorsieht, grundsätzlich nicht mehr notwendig. Eine Fortsetzungsklausel im Gesellschaftsvertrag ist nur noch in besonderen Fällen von Bedeutung. Hierzu zählt z. B. die Auflösung der Gesellschaft durch Ausscheiden des vorletzten Gesellschafters oder durch die Auflösungsklage eines Gesellschafters.

1.3 Besonderheiten der GmbH & Co. KG

Die Auflösung der KG hat grundsätzlich keinen Einfluss auf den Fort- 685
bestand der GmbH, wenn nicht in der GmbH-Satzung etwas anderes vereinbart wurde. Die Auflösung der GmbH als einzige Komplementärin ist ebenfalls kein Auflösungsgrund für die KG. Die GmbH geht mit ihrer Auflösung nicht unter, sondern besteht mit geändertem Gesellschaftszweck als Liquidationsgesellschaft bis zum Abschluss der Liquidation fort. Als Abwicklungsgesellschaft kann sie auch weiterhin die Geschäfte der KG führen und diese gegenüber Dritten vertreten.[1199]

2 Liquidation der GmbH & Co. KG

Nach der Auflösung der GmbH & Co. KG wird die Gesellschaft gemäß 686
§§ 145 ff. HGB liquidiert, wenn die Gesellschafter nicht eine andere Art der Auseinandersetzung vereinbart haben oder über das Vermögen der Gesellschaft das Insolvenzverfahren eröffnet ist. Die Liquidation erfolgt nach der gesetzlichen Regelung durch sämtliche Gesellschafter als Liquidatoren, §§ 146 Abs. 1, 161 Abs. 2 HGB.[1200] Diese Regelung erweist sich bei der GmbH & Co. KG als wenig praktikabel und wird üblicherweise im Gesell-

---

1199 BGH, Urteil v. 8.10.1979, II ZR 257/78, BGHZ 75 S. 178 = BB 1980 S. 11.
1200 a. A. bei einer körperschaftlich verfassten GmbH & Co. KG Scholz/K. Schmidt, § 66 Rn. 594.

schaftsvertrag dahin gehend modifiziert, dass die geschäftsführende Komplementär-GmbH die Liquidation durchführen soll.

687 Die Liquidatoren vertreten die Gesellschaft gegenüber Dritten innerhalb ihres Geschäftskreises, § 149 Satz 2 HGB. Die Vertretungsmacht der bisherigen geschäftsführenden Gesellschafter und Prokuristen[1201] ist mit der Auflösung erloschen.

688 Aufgabe der Liquidatoren ist, die laufenden Geschäfte der Gesellschaft zu beendigen, die Forderungen einzuziehen, das übrige Vermögen in Geld umzusetzen und die Gläubiger zu befriedigen, § 149 Satz 1 HGB. Zur Beendigung schwebender Geschäfte können sie auch neue Geschäfte eingehen, § 149 Satz 1 HGB. Ist die Liquidation beendet, wird ein Liquidationsgewinn oder -verlust gemäß dem vertraglichen oder gesetzlichen Gewinn- bzw. Verlustverteilungsschlüssel an die Gesellschafter ausgekehrt bzw. auf sie umgelegt.[1202]

689 Kommanditisten nehmen auch hier am Verlust nur bis zum Betrag ihrer rückständigen Einlage teil. Die Einlageverpflichtungen der Kommanditisten bleiben in der Liquidationsphase grundsätzlich so bestehen, wie sie vor der Auflösung der KG bestanden. Allerdings können sie nur insoweit noch eingefordert werden, als sie zur Verwirklichung des Liquidationszwecks erforderlich sind, wobei die betroffenen Gesellschafter die Darlegungs- und Beweislast dafür trifft, dass ihre Einlagen nicht für die Durchführung der Liquidation benötigt werden.[1203]

Einlageforderungen der GmbH & Co. KG gegen Kommanditisten können von einem Mitgesellschafter in eigenem Namen zugunsten der KG geltend gemacht werden (actio pro socio), auch wenn sich die Gesellschaft in Liquidation befindet.[1204]

Ist nach der Begleichung aller Schulden der Gesellschaft noch Vermögen vorhanden, wird dies auf die einzelnen Gesellschafter im Verhältnis der Kapitalanteile verteilt, § 155 Abs. 1 HGB.

1201 RG, Urteil v. 21.10.1909, RGZ 72 S. 119 (123); Baumbach/Hopt, § 52 Rn. 5; a.A. K. Schmidt, BB 1989, S. 229 (235).
1202 BGH, Urteil v. 17.11.1955, II ZR 42/54, BGHZ 19 S. 42 (48).
1203 BGH, Urteil v. 3.7.1978, II ZR 54/77, GmbHR 1978 S. 255 (256); BGH, Urteil v. 5.11.1979, II ZR 145/78, NJW 1980 S. 1522; Schlegelberger/Martens, § 161 Rn. 126.
1204 BGH, Beschluss v. 14.6.1993, II ZR 152/92, DStR 1993 S. 1227; KG, Urteil v. 4.5.1992, 2 U 4536/91, GmbHR 1993 S. 818.

3 Zivilrechtliche Vollbeendigung der GmbH & Co. KG

Mit der Verteilung des letzten Aktivvermögens ist die GmbH & Co. KG zivilrechtlich voll beendet. Die Gesellschaft ist ab diesem Zeitpunkt rechtlich nicht mehr existent. Sie verliert mit der Vollbeendigung ihre Rechtsfähigkeit und damit ihre Parteifähigkeit in einem zivilgerichtlichen Verfahren, § 50 Abs. 1 ZPO. Die Liquidatoren haben die Beendigung der GmbH & Co. KG zur Eintragung in das Handelsregister anzumelden. Die Eintragung der Vollbeendigung im Handelsregister hat keine konstitutive Wirkung.[1205]

690

Möglich ist auch eine liquidationslose Vollbeendigung der KG durch Ausscheiden des vorletzten Gesellschafters und der kraft Gesetztes erfolgenden Anwachsung des Gesellschaftsvermögens auf den letzten Gesellschafter.[1206]

691

Für Kapitalgesellschaften wie die GmbH ist der Zeitpunkt der Vollbeendigung umstritten. Nach der früher herrschenden Auffassung tritt bei einer GmbH die Vollbeendigung ein, wenn die Liquidation beendet ist und die GmbH kein verteilungsfähiges Vermögen mehr besitzt.[1207] Nach der nunmehr verbreiteten Lehre vom Doppeltatbestand setzt die Vollbeendigung bei einer GmbH dagegen voraus, dass neben der Vermögenslosigkeit die Löschung der Gesellschaft im Handelsregister eingetragen wird.[1208] Teilweise wird auch unabhängig von der Vermögenssituation der GmbH von einer konstitutiven Wirkung der Löschung im Handelsregister ausgegangen.[1209] Die Rechtsprechung hat diese Frage in mehreren Entscheidungen offen gelassen.[1210]

692

1205 Heidner, DStR 1992, S. 201 ff. (202).
1206 Siehe beispielsweise Rn. 809 und Rn. 838 hinsichtlich weiterer Einzelheiten.
1207 BGH, Urteil v. 10.2.1977, II ZR 213/74, WM 1977 S. 581; Hachenburg/Hohner, § 74 Rn. 23; Heidner, DStR 1992, S. 201 ff. (203).
1208 OLG Stuttgart, Urteil v. 28.2.1986, 2 U 148/85, ZIP 1986 S. 647 (648); Scholz/K. Schmidt, § 74 Rn. 13f.; Baumbach/Hueck/Schulze-Osterloh/Fastrich, § 60 Rn. 6; OLG Hamm, Beschluss v. 3.7.2003, 15 W 375/02, GmbHR 2003 S. 1361 = DB 2003 S. 2381.
1209 Hachenburg/Ulmer, § 60 Anhang Rn. 30 ff.
1210 BGH, Urteil v. 21.10.1985, II ZR 82/85, WM 1986 S. 145; OLG Düsseldorf, Beschluss v. 17.10.1994, 3 Wx 354/94, GmbHR 1995 S. 233 (234).

4 Insolvenz der GmbH & Co. KG

4.1 Insolvenzgründe bei der GmbH & Co. KG

693 Durch die Eröffnung des Insolvenzverfahrens über das Vermögen der Gesellschaft wird die GmbH & Co. KG aufgelöst, §§ 131 Abs. 1 Nr. 3, 161 Abs. 2 HGB. Insolvenzgründe sind wie bei einer Kapitalgesellschaft die Zahlungsunfähigkeit (§ 17 InsO), die drohende Zahlungsunfähigkeit (§ 18 InsO) und die Überschuldung der Gesellschaft (§ 19 InsO). Während der Geschäftsführer bei Vorliegen der Insolvenzgründe der Überschuldungs- und Zahlungsunfähigkeit verpflichtet ist, einen Insolvenzantrag zu stellen, berechtigt die drohende Zahlungsunfähigkeit den Geschäftsführer zur Stellung eines Insolvenzantrags, verpflichtet ihn aber nicht (vgl. § 15a Abs. 1 InsO).[1211]

Zahlungsunfähigkeit

Gemäß § 17 Abs. 2 Satz 1 InsO ist die Gesellschaft zahlungsunfähig, wenn sie nicht in der Lage ist, ihre fälligen Zahlungspflichten zu erfüllen. Dies ist nach der Rechtsprechung (vgl. BGH, Urteil v. 24.5.2005, IX ZR 123/04, DStR 2005 S. 1616, DStR 2005 S. 1616) grundsätzlich dann der Fall, wenn die Liquiditätslücke der Gesellschaft 10% oder mehr ihrer fälligen Gesamtverbindlichkeiten beträgt und sie diese nicht innerhalb der nächsten drei Wochen abdecken kann. Sobald die Gesellschaft ihre Zahlungen eingestellt hat, wird gemäß § 17 Abs. 2 Satz 2 InsO gesetzlich vermutet, dass die Gesellschaft zahlungsunfähig ist und die Geschäftsführer müssen ggf. die vermutete Zahlungsunfähigkeit widerlegen.

Um die Zahlungsunfähigkeit festzustellen oder die gesetzliche Vermutung bei Zahlungseinstellung zu widerlegen, ist es erforderlich, einen stichtagsbezogenen Liquiditätsstatus aufzustellen, in dem alle verfügbaren liquiden Finanzmittel sowie alle fälligen Verbindlichkeiten gegenübergestellt werden und der um eine Finanzplanung für die nächsten drei Wochen zu ergänzen ist. Bei Unterdeckungen sind insbesondere auch die Möglichkeiten der Gesellschaft zu berücksichtigen, neue Liquidität (z. B. durch Darlehen im Rahmen von Sanierungs- und Restrukturierungsmaßnahmen) aufzunehmen oder Stundungsvereinbarungen abzuschließen. Kann die Unterdeckung nicht beseitigt werden, liegt die Zahlungsunfähigkeit der Gesellschaft vor und die Geschäftsführer müssen die Eröffnung eines Insolvenzverfahrens beantragen.

1211 Braun, § 18 Rn. 1.

Überschuldung

Neben der Zahlungsunfähigkeit besteht eine Insolvenzantragspflicht auch bei Überschuldung. Aufgrund der im Zusammenhang mit der Finanzmarktkrise eingeführten und inzwischen unbefristet (d. h. auch nach dem 31.12.2013) geltenden gesetzlichen Regelung (vgl. „Gesetz zur Einführung einer Rechtsbehelfsbelehrung im Zivilprozess und zur Änderung anderer Vorschriften" v. 5.12.2012, BGBl I 2012 S. 2418) in § 19 Abs. 2 Satz 1 InsO liegt eine insolvenzrechtlich relevante Überschuldung vor, wenn das Vermögen der Gesellschaft die bestehenden Verbindlichkeiten nicht mehr deckt, es sei denn, die Fortführung des Unternehmens ist überwiegend wahrscheinlich.

Aus Praktikabilitäts- und Kostengründen ist also zunächst eine sog. insolvenzrechtliche Fortbestehensprognose zu treffen und erst im Anschluss – falls die Fortführung des Unternehmens nicht überwiegend wahrscheinlich ist – die insolvenzrechtlich relevante Überschuldung der Gesellschaft zu ermitteln.

Eine positive Fortbestehensprognose kann bejaht werden, wenn anhand der Finanzplanung des Unternehmens plausibel gemacht werden kann, dass im Prognosezeitraum, der nach der h. M. das laufende und das nächste Geschäftsjahr umfasst (vgl. *Bitter/Kresser*, ZIP 2012, S. 1733 m. w. N.), das finanzielle Gleichgewicht gewahrt bleibt oder wiedererlangt wird. In diesem Fall liegt keine insolvenzrechtlich relevante Überschuldung vor.

Fällt hingegen die Fortbestehensprognose negativ aus, liegt zumindest eine drohende Zahlungsunfähigkeit vor und die insolvenzrechtliche Überschuldung der Gesellschaft muss anhand eines sog. Überschuldungsstatus geprüft werden. In diesem sind die Aktiva und Passiva der Gesellschaft mit ihren Liquidations- bzw. Zerschlagungswerten gegenüberzustellen, wobei z. B. Darlehen, für die ein Rangrücktritt erklärt wurde, gemäß § 19 Abs. 2 Satz 2 InsO nicht zu berücksichtigen sind. Wenn die so ermittelten Verbindlichkeiten das Vermögen der Gesellschaft übersteigen, liegt eine insolvenzrechtliche Überschuldung der Gesellschaft vor und die Geschäftsführer müssen die Eröffnung eines Insolvenzverfahrens beantragen.

Drohende Zahlungsunfähigkeit

Von der eingangs dargestellten Zahlungsunfähigkeit zu unterscheiden ist die drohende Zahlungsunfähigkeit, die **keine Insolvenzantragspflicht** auslöst. Durch diese Vorschrift soll der Gesellschaft vielmehr die Chance gegeben werden, bereits in einem recht frühen Stadium freiwillig die

Möglichkeiten des Insolvenzverfahrens zu nutzen, um die erforderlichen Sanierungs- und Restrukturierungsmaßnahmen leichter umsetzen zu können.

Drohende Zahlungsunfähigkeit liegt gemäß § 18 Abs. 2 InsO vor, wenn der Schuldner voraussichtlich nicht in der Lage sein wird, die bestehenden Zahlungspflichten im Zeitpunkt der Fälligkeit zu erfüllen. Hierbei muss – wie bei der Überschuldungsprüfung – eine stichtagsbezogene Prognose für einen künftigen Zeitraum von rund zwei Jahren erstellt werden, in der die gesamte Entwicklung der Finanzlage – unabhängig von der jeweiligen Fälligkeit – durch Gegenüberstellung aller bestehenden und künftigen Verbindlichkeiten und den zu erwartenden Einnahmen ermittelt wird.

4.2 Pflichten der Geschäftsführer bei Insolvenz der GmbH & Co. KG

4.2.1 Allgemeines

694 Bei einer klassischen GmbH & Co. KG, bei der neben der Komplementär-GmbH keine natürliche Person persönlich haftender Gesellschafter ist, besteht die Verpflichtung, einen Insolvenzantrag zu stellen, wenn die Gesellschaft zahlungsunfähig oder überschuldet ist (§ 15a Abs. 1 Satz 2 InsO). Der Antrag ist ohne schuldhaftes Zögern, spätestens aber drei Wochen nach Eintritt der Zahlungsunfähigkeit oder der Überschuldung der Gesellschaft zu stellen. Als organschaftlicher Vertreter der Komplementär- GmbH sind die Geschäftsführer der Komplementär-GmbH verpflichtet, den Insolvenzantrag zu stellen. Den Fall einer doppelstöckigen GmbH & Co. KG (vgl. Rn. 30) behandelt § 15a Abs. 2 InsO.

695 Außerdem dürfen die Geschäftsführer im Fall der Überschuldung oder Zahlungsunfähigkeit der Gesellschaft grundsätzlich keine Zahlungen aus dem Vermögen der KG leisten, §§ 130a Abs. 2, 177a HGB. Erlaubt sind nur noch solche Zahlungen, die mit der Sorgfalt eines ordentlichen und gewissenhaften Geschäftsleiters vereinbar sind. Gemeint sind damit in erster Linie Zahlungen, die für eine geordnete Abwicklung des Insolvenzverfahrens erforderlich sind. Maßstab für die Prüfung, ob eine Zahlung des Geschäftsführers mit der Sorgfalt eines ordentlichen und gewissenhaften Geschäftsleiters vereinbar ist, sind nicht allein die allgemeinen Verhaltenspflichten des Geschäftsführers, sondern insbesondere auch der Zweck des § 130a Abs. 2 HGB, Masseverkürzungen der insolvenzreifen Gesellschaft und eine bevorzugte Befriedigung einzelner Gesellschaftsgläubiger zu

verhindern.[1212] Entsprechendes gilt auch für Zahlungen an Gesellschafter, soweit diese erst zur Zahlungsunfähigkeit der Gesellschaft führen mussten (§ 130 Abs. 1 Satz 3 HGB).

Verstößt ein Geschäftsführer gegen die ihm in § 15a Abs. 1, 2 InsO., §§ 130a Abs. 1, 177a HGB auferlegten Pflichten, ist er der KG zum Schadenersatz verpflichtet, §§ 130a Abs. 2 Satz 1, 177a HGB. Ist es streitig, ob ein Geschäftsführer die Sorgfalt eines ordentlichen und gewissenhaften Geschäftsleiters angewandt hat, trifft ihn die Beweislast, §§ 130a Abs. 2 Satz 2, 177a HGB. Seine Ersatzpflicht entfällt selbst dann nicht, wenn er auf Beschluss der Gesellschafter gehandelt hat, § 130a Abs. 2 Satz 4 HGB. Da § 15a InsO[1213] als Schutzgesetz i. S. d. § 823 Abs. 2 BGB anzusehen ist,[1214] steht den geschädigten Gesellschaftsgläubigern auch ein unmittelbarer Schadenersatzanspruch gegen die Geschäftsführer der Komplementär-GmbH zu.[1215] 696

Außerdem erfüllt ein Geschäftsführer einen Straftatbestand gemäß § 15a Abs. 4, 5 InsO, wenn er es entgegen § 15a Abs. 1 InsO unterlässt, die Eröffnung des Insolvenzverfahrens zu beantragen. Eine schuldhafte Verletzung der Antragspflicht kann mit Freiheitsstrafen bis zu drei Jahren oder Geldstrafe bestraft werden, § 15a Abs. 4 InsO. 697

4.2.2 Faktischer Geschäftsführer einer GmbH & Co. KG

Die in § 15a InsO, §§ 130a, 177a HGB normierten Pflichten treffen auch den sog. faktischen Geschäftsführer der GmbH & Co. KG.[1216] Faktischer Geschäftsführer ist, wer in maßgeblichem Umfang Geschäftsführungsmaßnahmen übernommen hat, wie sie nach Gesetz und Gesellschaftsvertrag für den Geschäftsführer kennzeichnend sind, und wer insbesondere die für den wirtschaftlichen Fortbestand des Gesellschaftsunternehmens entscheiden- 698

1212 Vgl. BGH, DStR 2001, S. 175 ff.
1213 Dazu Poertzgen, ZInsO 2007, S. 574 ff.
1214 Vgl. BGH, Urteil v. 16.12.1958, VI ZR 245/57, BGHZ 29 S. 100 zur entsprechenden Vorschrift § 64 Abs. 1 GmbHG; BGH, Urteil v. 9.7.1979, II ZR 118/77, BGHZ 75 S. 96 (106) zur entsprechenden Vorschrift § 92 Abs. 2 AktG.
1215 Baumbach/Hopt, § 130a Rn. 13.
1216 BGH, Urteil v. 25.2.2002, II ZR 196/00, BGHZ 150 S. 61; BGH, Urteil v. 21.3.1988, II ZR 194/87, BGHZ 104 S. 44 = DB 1988 S. 1263 ff.

den Maßnahmen trifft.[1217] Anknüpfungspunkt dieser Rechtsprechung zur GmbH & Co. KG ist die im GmbH-Recht und Aktienrecht h. M., wonach die Verpflichtung zur Stellung des Insolvenzantrags gemäß § 15a InsO (bzw. vor dem Inkrafttreten des MoMiG § 64 GmbHG a. F., § 92 AktG a. F.) und die zivil- und strafrechtliche Verantwortung für dessen Versäumung nicht nur denjenigen trifft, der förmlich zum Geschäftsführer oder Vorstand bestellt ist, sondern auch denjenigen, der, ohne eine solche Organstellung zu bekleiden, tatsächlich wie ein geschäftsführendes Organ tätig wird.[1218]

699 Für die GmbH & Co. KG kann im Prinzip nichts anderes gelten, nachdem das Gesetz (§ 15a Abs. 1 Satz 2, Abs. 2 InsO) den Organen dieser Gesellschaft im Wesentlichen inhaltsgleiche, nach dem Vorbild des § 64 GmbHG, § 92 AktG ausgestaltete Verpflichtungen mit entsprechenden Haftungsfolgen im Verletzungsfall auferlegt hat.[1219]

4.3 Wechselwirkungen zwischen der Insolvenz der GmbH & Co. KG und der Insolvenz der Komplementär-GmbH

700 Die Insolvenz der Komplementär-GmbH ist zunächst einmal von der Insolvenz der GmbH & Co. KG getrennt zu betrachten. Es gilt auch hier, dass der Geschäftsführer verpflichtet ist, die Eröffnung des Insolvenzverfahrens über das Vermögen der GmbH zu beantragen, wenn diese zahlungsunfähig oder überschuldet ist, § 15a Abs. 1 Satz 1 InsO. Hinzu kommt im Falle der Führungslosigkeit der Komplementär-GmbH die Anmeldepflicht derjenigen Gesellschafter, die von dem Insolvenzgrund und der Führungslosigkeit der GmbH Kenntnis besitzen, § 15a Abs. 3 InsO.

701 Nach dem HRefG v. 22.6.1998 hat die Eröffnung des Insolvenzverfahrens über das Vermögen eines Gesellschafters nicht mehr die Auflösung der Gesellschaft zur Folge.[1220] Die Insolvenz der Komplementär-GmbH führt zu ihrem Ausscheiden als Gesellschafter der GmbH & Co. KG, § 131 Abs. 3 Nr. 2 HGB.

1217 BGH, Urteil v. 21.3.1988, II ZR 194/87, BGHZ 104 S. 44 = DB 1988 S. 1263 (1264).
1218 BGH, Urteil v. 24.10.1973, VIII ZR 82/72, WM 1973 S. 1354 (1355); BGH, Urteil v. 22.9.1982, 3 StR 287/82, BGHSt 31 S. 118 (121 f.); Hachenburg/Ulmer, § 64 Rn. 11; Baumbach/Hueck/Fastrich, § 64 Rn. 47.
1219 BGH, Urteil v. 21.3.1988, II ZR 194/87, DB 1988, 1263 (1264).
1220 Siehe Rn. 683.

Die in der Praxis relevante Frage ist, wie sich die Insolvenz der GmbH & 702
Co. KG auf die GmbH finanziell auswirkt, insbesondere unter welchen
Umständen sie eine Insolvenz der GmbH nach sich zieht.

Da die Komplementär-GmbH für die Verbindlichkeiten der KG unmittelbar 703
gemäß §§ 128, 161 Abs. 2 HGB haftet, liegt eine Überschuldung der GmbH
vor, wenn ihre eigenen Aktiva und die Aktiva der KG zusammen nicht
mehr die Verbindlichkeiten beider Gesellschaften abdecken.[1221] Da die
GmbH üblicherweise nur über das gesetzliche Mindeststammkapital und
entsprechend geringes Vermögen verfügt, zieht die Überschuldung der
GmbH & Co. KG daher in der Regel die Überschuldung der GmbH nach
sich.

Eine Überschuldung entfällt, wenn die Komplementär-GmbH im Innen- 704
verhältnis einen Freistellungsanspruch gegen die Kommanditisten hat und
dieser Anspruch auch realisierbar und damit werthaltig ist.[1222]

4.4 Gesellschafterdarlehen in der Insolvenz

4.4.1 Gesellschafterdarlehen gemäß § 39 InsO

4.4.1.1 Neues Recht

Bis zum In-Kraft-Treten des MoMiG war das Recht der kapitalersetzenden 705
Gesellschafterdarlehen sowohl gesetzlich im Gesellschaftsrecht (in den
jetzt weggefallenen §§ 32a, 32b GmbH a. F., § 172a HGB a. F.) und im
Insolvenzrecht als auch durch komplizierte Rechtsprechungsregeln be-
stimmt.[1223] Die jetzige Regelung[1224] verlagert die gesamte Problematik des
Eigenkapitalsersatzrechts ausschließlich in das Insolvenzrecht. Grund-
gedanke der Regelung soll sein, den Organen und Gesellschaftern der
GmbH einen einfachen Rechtsrahmen vorzugeben.[1225]

Durch § 30 Abs. 1 Satz 3 GmbHG soll die Fortgeltung der sog. Recht- 706
sprechungsregelungen zu eigenkapitalersetzenden Gesellschafterdarlehen
aufgegeben werden, indem generell angeordnet wird, dass Gesellschafterdarlehen und gleichgestellte Leistungen nicht wie haftendes Eigenkapital

---

1221 Uhlenbruck, 245; Scholz/K. Schmidt, vor § 64 Rn. 102.
1222 Hachenburg/Ulmer, § 63 Rn. 131; Uhlenbruck, GmbHR 1971, S. 70 (73).
1223 Hierzu die Vorauflagen an dieser Stelle. Kritisch Meilicke, GmbHR 2007, S. 225 ff.
1224 Dazu jüngst Habersack, ZIP 2007, S. 2145 ff.
1225 Vgl. Begründung des Regierungsentwurfs v. 23.5.2007, S. 96.

zu behandeln sind. Die Rechtsfigur des eigenkapitalersetzenden Gesellschafterdarlehens wird damit obsolet. Tilgungsleistungen auf solche Forderungen können folglich keine nach § 30 Abs. 1 Satz 1 GmbHG verbotenen Auszahlungen des zur Erhaltung des Stammkapitals erforderlichen Vermögens mehr sein.

707 Als Konsequenz der Aufgabe der Rechtsprechungsregeln kann künftig die Rückzahlung eines Gesellschafterdarlehens nicht mehr unter Berufung auf eine analoge Anwendung des § 30 GmbHG verweigert werden. Zahlungen im Vorfeld der Insolvenz werden im Ein-Jahreszeitraum vor der Insolvenz von § 135 InsO erfasst. Des Weiteren ist zugunsten der Gläubiger für den Fall der Anfechtung außerhalb des Insolvenzverfahrens eine Korrektur der Anfechtungsfrist nach § 6 AnfG vorgesehen.

4.4.1.2 Nachrangigkeit von Gesellschafterdarlehen

708 In der Insolvenz sind jetzt gemäß § 39 Abs. 1 Nr. 5 InsO alle Forderungen der Gesellschafter auf Rückgewähr eines Gesellschafterdarlehens oder Forderungen aus Rechtshandlungen, die einem solchen Darlehen wirtschaftlich entsprechen, nachrangig. Bei der Frage was unter einer wirtschaftlichen Entsprechung zu verstehen ist, bleibt es bei der bisherigen Rechtslage und den von der Rechtsprechung bereits herausgebildeten Fallgruppen.[1226] In Betracht kommen z. B. der Verkauf von Gütern an die Gesellschaft unter Eigentumsvorbehalt und Stundung der Kaufpreisforderung,[1227] die Abtretung einer Eigentümergrundschuld zwecks Absicherung eines Drittkredits[1228] oder die Stundung der Vergütung einer durch einen Gesellschafter erbrachten Dienstleistung für die Gesellschaft.[1229] Grundsätzlich kann auch das bloße Stehenlassen eines bereits vorhandenen Darlehens[1230] als eine der Darlehensgewährung entsprechende Rechtshandlung angesehen werden.

709 Nach der bisherigen Rechtsprechung des BGH konnte auch die bloße Gebrauchsüberlassung aufgrund eines Miet- oder Pachtverhältnisses dem

---

1226 Siehe hierzu etwa Roth/Altmeppen, § 32a Rn. 143 ff. und 189 ff.
1227 OLG Karlsruhe, Urteil v. 16.12.1988, 14 U 26/86, GmbHR 1990 S. 128 (129); vgl. auch BGH, Beschluss v. 5.7.1999, II ZR 260/98, DStR 1999 S. 1409.
1228 BGH, Urteil v. 27.11.1989, II ZR 310/88, GmbHR 1990 S. 125 (126).
1229 Treffer, GmbHR 2002, S. 22 (24).
1230 Siehe Rn. 707.

Entsprechungsgrundsatz unterliegen.[1231] Danach sollte ein Gesellschafter verpflichtet sein, der GmbH nach Eröffnung des Insolvenzverfahrens unentgeltlich die Nutzung eines Gegenstandes bis zum Ende des Gebrauchsüberlassungsvertrags zu ermöglichen. Durch die Verlagerung der Problematik in das Insolvenzrecht findet diese Rechtsprechung nur noch sehr eingeschränkte Anwendung: Gemäß § 135 Abs. 3 InsO kann dem Aussonderungsanspruch des Gesellschafters im Falle der Insolvenz nun längstens für ein Jahr ab Eröffnung des Insolvenzverfahrens entgegengehalten werden, dass der Gegenstand für die Fortführung des Unternehmens notwendig ist. Anders als bisher ist dem Eigentümer dann aber eine Nutzungsentschädigung zu zahlen, wie sie in vergangenen Zeiträumen erfolgt ist.[1232]

Die Regelung des § 39 Abs. 1 Nr. 5 InsO gilt gemäß § 39 Abs. 4 InsO auch für die Gesellschafter einer typischen GmbH & Co. KG, bei der es keine natürliche Person gibt, die den Gläubigern persönlich haftet. Für Gesellschafter der persönlich haftenden GmbH als mittelbare Gesellschafter der GmbH & Co. KG gilt § 39 Abs. 1 Nr. 5 InsO in der Variante, dass deren Darlehen und sonstige Ansprüche als Forderungen angesehen werden, die einem Darlehen eines unmittelbaren Gesellschafters wirtschaftlich entsprechen.[1233] 710

Der Nachrang von Gesellschafterforderungen in der Insolvenz der Gesellschaft gilt nicht für Gesellschafter, die mit 10 % oder weniger am Haftkapital beteiligt sind (sog. Kleinbeteiligtenprivileg, § 39 Abs. 5 InsO).

Erwirbt ein Gläubiger bei drohender oder eingetretener Zahlungsunfähigkeit der Gesellschaft oder bei Überschuldung Anteile zum Zwecke ihrer Sanierung, führt dies bis zur nachhaltigen Sanierung nicht zur Nachrangigkeit seiner Forderungen aus bestehenden oder neu gewährten Darlehen (sog. Sanierungsprivileg gemäß § 39 Abs. 4 InsO).

Im Verhältnis zu den Einlagen der Gesellschafter wird das Darlehen nicht wie Eigenkapital behandelt (§ 39 Abs. 1 Nr. 5 InsO). Letzteres dürfte in der Praxis regelmäßig keine Bedeutung haben. Denn § 39 Abs. 1 Nr. 5 InsO dürfte nichts daran ändern, dass Gesellschafter mit Kapital ersetzenden Gesellschafterdarlehen bei Insolvenz der Gesellschaft in der Regel leer ausgehen.

1231 BGH, Urteil v. 11.7. 1994, II ZR 146/92, BGHZ 127 S. 1 = DB 1994 S. 2017.
1232 Zu aktuellen Zweifelsfragen, K. Schmidt, DB 2008, S. 1727 ff.
1233 Vgl. Begründung des Regierungsentwurfs v. 23.5.2007, S. 131.

4.4.2 Anfechtbarkeit der Rückzahlung

711 Wird ein Darlehen (oder eine diesem entsprechende Leistung) an einen Gesellschafter in den letzten zwölf Monaten vor dem Eröffnungsantrag des Insolvenzverfahrens zurückgezahlt, unterliegt die Rückzahlung im Insolvenzfall der Anfechtung durch den Insolvenzverwalter, § 135 Nr. 2 InsO. Dabei spielt es keine Rolle, inwieweit der Gesellschafter Kenntnis von einer Krise der Gesellschaft haben konnte. Die Gewährung einer Sicherheit für das Darlehen unterliegt zehn Jahre lang einer Anfechtung durch den Insolvenzverwalter, § 135 Nr. 1 InsO. Außerhalb des Insolvenzverfahrens kann die Rückzahlung von einem Gesellschaftsgläubiger, der gegen die Gesellschaft einen vollstreckbaren Titel erlangt hat, gemäß § 6 AnfG angefochten werden.

4.4.3 „Gesplittete" Pflichteinlage

712 Bei einer sog. „gesplitteten" Pflichteinlage sieht schon der Gesellschaftsvertrag von Anfang an vor, dass sich die Kommanditisten zu Gesellschafterdarlehen oder stillen Einlagen neben ihren sonstigen Einlageleistungen verpflichten.[1234] In der Insolvenz ist ein solches Darlehen oder eine solche stille Einlage wie Eigenkapital zu behandeln. Eine solche Verpflichtung muss auch noch in der Insolvenz erfüllt werden.[1235] Dies wurde von der Rechtsprechung zunächst für Publikums-KGen entwickelt.[1236] Der BGH hat in seinem Urteil vom 21.3.1988[1237] aber ausdrücklich festgestellt, dass diese Rechtsprechung auch auf die „normale" GmbH & Co. KG übertragbar ist.

713 Wichtige Indizien für die Eigenkapitalfunktion von Gesellschafterdarlehen sind neben „besonders günstigen Kreditkonditionen vor allem die Pflicht zur langfristigen Belassung oder das Fehlen einseitiger Kündigungsmöglichkeiten, die eine Rückforderung regelmäßig nur als Abfindungs- oder Liquidationsguthaben ermöglichen, sowie die mindestens nach Einschätzung der Gesellschafter gegebene Unentbehrlichkeit der Gesellschafterdarlehen für die Verwirklichung der gesellschaftsvertraglichen Ziele".[1238]

1234 Dazu MünchKomm/K. Schmidt, §§ 171, 172 Rn. 49.
1235 MünchKomm/K. Schmidt, § 172a Rn . 74.
1236 Vgl. BGH, Urteil v. 28.11.1977, II ZR 235/75, BGHZ 70 S. 61; BGH, Urteil v. 9.2.1981, II ZR 38/80, NJW 1981 S. 2251; BGH, Urteil v. 17.5.1982, II ZR 16/81, NJW 1982 S. 2253; BGH, Urteil v. 10.12.1984, II ZR 28/84, BGHZ 93 S. 159.
1237 BGH, Urteil v. 21.3. 1988, II ZR 238/87, BGHZ 104 S. 33 = DB 1988 S. 1262.
1238 BGH, a.a.O.

Erfüllt ein Gesellschafterdarlehen oder auch eine stille Beteiligung eines 714
Gesellschafters oben genannte Kriterien, liegt eine sich aus Kommanditanteil und Darlehensbetrag oder stiller Beteiligung zusammensetzende „gesplittete" Pflichteinlage vor, die insgesamt den Charakter von Eigenkapital der Gesellschaft hat. Rechtsfolge der Charakterisierung als Eigenkapital ist, dass diese Pflichteinlage insgesamt – auch soweit sie die Haftsumme[1239] übersteigt – den Gesellschaftsgläubigern in der Insolvenz oder im Fall der Liquidation zur Verfügung stehen muss.

1239 Siehe Rn. 121.

IX Beendigung der GmbH & Co. KG
– Steuerrechtlicher Teil –

1 Ertragsteuern (Einkommen-, Gewerbesteuer)

1.1 Veräußerungs(Aufgabe-)gewinn, Veräußerungs(Aufgabe-)verlust

715 Mit dem Auflösungsbeschluss der Gesellschafter beginnt die Beendigung der Gesellschaft. Es folgt die Abwicklungsphase, an deren Ende die Aufgabe der wesentlichen Grundlagen der GmbH & Co. KG steht.[1240] Die Aufgabe der wesentlichen Grundlagen kann entweder durch Veräußerung der Wirtschaftsgüter an Dritte oder durch Übernahme der Wirtschaftsgüter in das Privatvermögen der Gesellschafter erfolgen; in ersterem Fall spricht man von Betriebsveräußerung, im letzteren von Betriebsaufgabe. Denkbar ist auch eine Kombination beider Vorgänge. Betriebsveräußerung bedeutet, dass alle wesentlichen Betriebsgrundlagen – hierzu gehören auch das Sonderbetriebsvermögen I (z. B. der KG überlassene Grundstücke) und das Sonderbetriebsvermögen II – in einem einheitlichen Vorgang, d. h. in zeitlich konzentrierter Form, veräußert werden; nur dann sind §§ 16, 34 EStG anwendbar. Eine sich über einen längeren Zeitraum erstreckende allmähliche Betriebsabwicklung ist keine Veräußerung bzw. Aufgabe des Gewerbebetriebs.[1241]

Die Inanspruchnahme der Steuervergünstigungen (Freibetrag nach § 16 Abs. 4 EStG, Tarifermäßigung nach § 34 EStG) hat zur Voraussetzung, dass es sich um Veräußerungen im Rahmen einer Betriebsveräußerung oder -aufgabe handelt. Bei der Abgrenzung zwischen begünstigtem Aufgabegewinn und laufendem Gewinn ist zu beachten, dass die Rechtsprechung[1242] die Auffassung vertritt, dass ein Gewinn aus der Veräußerung des Anteils an einer Personengesellschaft, zu deren Betriebsvermögen (einschließlich Sonderbetriebsvermögen) im Zeitpunkt der Veräußerung Grundstücke gehören, die dem Umlaufvermögen des von der Gesellschaft betriebenen Unternehmen zuzurechnen sind (sog. Grundstückshandelsgesellschaft), dem laufen-

---

1240 Siehe die handelsrechtlichen Ausführungen unter Abschn. VIII.
1241 Siehe Gutachten der Centrale für GmbH, Centrale-Gutachtendienst, GmbHR 2001, S. 1157 f.
1242 siehe BFH, Urteil v. 14.12.2006, IV R 35/05 BFH/NV 2007 S. 692 (NV).

den Gewinn zuzuordnen ist. Das gilt vor allem dann, wenn das Betriebsvermögen der Gesellschaft ausschließlich oder nahezu ausschließlich aus solchen Grundstücken besteht. Das gilt auch dann, wenn im Rahmen einer Betriebsaufgabe Anteile an einer Personengesellschaft, die gewerblichen Grundstückshandel betreibt, veräußert werden. Nach mittlerweile ständiger Rechtsprechung sind Gewinne aus der Veräußerung des zum Umlaufvermögen eines gewerblichen Grundstückhändlers gehörenden Grundbesitzes selbst dann der laufenden – d. h. der bisherigen und damit nicht der nach §§ 16, 34 EStG begünstigten – unternehmerischen Tätigkeit zuzurechnen, wenn es sich um die Veräußerung des letzten zum Betriebsvermögen gehörenden Grundstücks an nur einen Abnehmer handelt. Unerheblich ist hierbei ferner, ob es sich bei dem Erwerber um einen sog. Endabnehmer oder einen gewerblich oder nicht gewerblich tätigen Wiederverkäufer handelt. Übersteigt die Summe der Veräußerungserlöse (sog. Versilberung des Betriebsvermögens) und bzw. oder die Summe des gemeinen Werts der in das Privatvermögen übernommenen Wirtschaftsgüter das bzw. die Kapitalkonto/-en der Gesellschafter, so entsteht ein Veräußerungsgewinn bzw. Aufgabegewinn; im anderen Fall ein Veräußerungsverlust bzw. Aufgabeverlust.

Für die Besteuerung des Veräußerungs(Aufgabe-)gewinns ist wie folgt zu differenzieren: 716

Auf die KG-Beteiligung kann § 34 Abs. 1 EStG oder § 34 Abs. 3 EStG Anwendung finden.

§ 34 Abs. 1 EStG ist die sog. Fünftelregelung, mit folgender Berechnungsweise: Die Steuer auf den Veräußerungsgewinn beträgt das Fünffache des Unterschiedsbetrags zwischen der Einkommensteuer für das um diese Einkünfte verminderte zu versteuernde Einkommen (verbleibendes zu versteuerndes Einkommen) und der Einkommensteuer für das verbleibende zu versteuernde Einkommen zuzüglich eines Fünftels dieser Einkünfte. Dabei sind die Einkünfte, die begünstigt besteuert werden, auf das positive zu versteuernde Einkommen begrenzt.

§ 34 Abs. 3 EStG beinhaltet den ermäßigten Steuersatz, der 56 % des durchschnittlichen Steuersatzes beträgt. Die Vergünstigung wird gewährt
– auf Antrag des Steuerpflichtigen,
– einmal im Leben des Steuerpflichtigen, gerechnet ab dem Veranlagungszeitraum 2001,
– wenn der Steuerpflichtige das 55. Lebensjahr vollendet hat oder im sozialversicherungsrechtlichen Sinne dauernd berufsunfähig ist,
– für Gewinne bis 5 Mio. EUR.

Anzusetzen ist bei Anwendung des § 34 Abs. 3 EStG mindestens der Eingangssteuersatz. Dem Kommanditisten steht das Wahlrecht zu, ob er die Besteuerung mit 56 % des durchschnittlichen Steuersatzes oder die ermäßigte Besteuerung nach der Fünftelregelung beantragt. Ausgeschlossen ist eine Doppelbegünstigung dieser Einkünfte. Begünstigt ist nur die Veräußerung eines vollständigen Mitunternehmeranteils. Die Veräußerung eines Teils eines Mitunternehmeranteils ist als laufender Gewinn der normalen Besteuerung zu unterwerfen.

Zur Beantwortung der Frage, ob der **Veräußerungsgewinn nach § 34 EStG tarifbegünstigt** ist, ist von Bedeutung, ob das **Sonderbetriebsvermögen** des Kommanditisten von „**wesentlicher Bedeutung**" **ist oder nicht**, denn das Sonderbetriebsvermögen gehört zum Begriff des Mitunternehmeranteils. Zum Sonderbetriebsvermögen, und zwar zum sog. Sonderbetriebsvermögen II gehören die Anteile des Kommanditisten an der Komplementär-GmbH. Sind diese Anteile wesentliche Betriebsgrundlage, da durch sie entscheidender Einfluss auf die Geschäftsführung der GmbH & Co. KG genommen werden kann, so müssen sie mitveräußert werden, um in den Genuss des tarifbegünstigten Veräußerungsgewinns zu kommen; bei Zurückbehaltung der Anteile an der Komplementär-GmbH kommt § 34 EStG nicht zum Zuge; es liegt laufender Gewinn vor. Nur dann, wenn der Komplementär-GmbH-Anteil keine „wesentliche Betriebsgrundlage" ist, ist die Zurückhaltung für die tarifbegünstigte Veräußerung des KG-Anteils unschädlich. Allerdings geht die Komplementär-Beteiligung in das Privatvermögen des Kommanditisten über, insgesamt liegt aber eine begünstigte Betriebsaufgabe i. S. d. § 16 Abs. 1 Nr. 2 EStG vor.[1243]

Die Veräußerung des Anteils an einem Mitunternehmeranteil ist auch dann nicht tarifbegünstigt, wenn der Veräußerer die zu seinem Sonderbetriebsvermögen gehörenden wesentlichen Betriebsgrundlagen nicht anteilig mit überträgt, sondern der Gesellschaft weiterhin zur Nutzung überlässt. Sie unterliegt in diesem Fall auch der Gewerbesteuer.[1244]

Werden wesentliche Wirtschaftsgüter des Sonderbetriebsvermögens hingegen im zeitlichen und wirtschaftlichen Zusammenhang mit der Anteilsveräußerung zu Buchwerten in ein anderes Betriebsvermögen überführt, so ist der Gewinn aus der Anteilsveräußerung ebenfalls nicht tarifprivilegiert, weil nicht die gesamten stillen Reserven des veräußerten Mitunternehmer-

---

1243 siehe Schulze zur Wiesche, a.a.O., DB 2010, S. 640.
1244 BFH, Urteil v. 24.8.2000, IV R 51/98, BFH/NV 2000 S. 1554.

anteils aufgedeckt werden. Dieser Grundsatz kommt auch dann zum Tragen, wenn der Mitunternehmer nur einen Bruchteil seines Gesellschaftsanteils veräußert.[1245]

Veräußerungsgewinne aus der Veräußerung der GmbH-Anteile sind weder in die Regelung des § 34 Abs. 1 EStG noch des § 34 Abs. 3 EStG einzubeziehen; es greift hier das Teileinkünfteverfahren.[1246]

717

Denkbar ist auch die Auflösung im Wege der sog. Realteilung.[1247] Hier erhalten die Gesellschafter entsprechend ihren Kapitalanteilen zum Zweck der Auseinandersetzung (Auflösung) Wirtschaftsgüter zugeordnet, die sie in ein anderes (eigenes) Betriebsvermögen überführen und mit denen sie dort die gewerbliche Tätigkeit weiterführen. Hier brauchen die stillen Reserven nicht aufgelöst zu werden, vielmehr können die bisherigen Buchwerte fortgeführt werden.

718

Ein **Kommanditist** muss sein aufgrund von ausgleichs- und abzugsfähigen Verlusten **negativ gewordenes Kapitalkonto** im Fall der Auflösung der Gesellschaft durch Ansetzung eines Veräußerungsgewinns versteuern. Die Versteuerung des negativen Kapitalkontos ist als Ausgleich dafür anzusehen, dass der Kommanditist zuvor die zum negativen Kapitalkonto führenden Verluste steuermindernd verrechnet hat, obwohl er durch den Verlust im Jahr der Entstehung rechtlich und wirtschaftlich nicht belastet war. Die Versteuerung des negativen Kapitalkontos ist allerdings nicht davon abhängig, dass der Kommanditist die Ausgleichs- und Abzugsmöglichkeit aus der Entstehung des negativen Kapitalkontos auch tatsächlich in Anspruch genommen hat. Entstandene, aber nicht ausgeglichene Verluste können also sogar mit dem aus der Nachversteuerung des negativen Kapitalkontos entstehenden Veräußerungsgewinn verrechnet werden.

719

In den Auflösungsgewinn ist ferner der Teil des negativen Kapitalkontos einzubeziehen, der auf überhöhte Entnahmen zurückzuführen war. Entnahmen, die den Anfall eines negativen Kapitalkontos bedingen (oder ein solches Konto weiter belasten), werden dem Mitunternehmer zwar aufgrund der Hinzurechnungsvorschrift des § 4 Abs. 1 Satz 1 EStG nicht als Verluste zugerechnet. Soweit sie jedoch nicht zurückzuerstatten sind, erhöhen Entnahmen – gleich einer nachträglichen Änderung der Gewinnvertei-

---

1245 BFH, Urteil v. 6.12.2000, VIII R 21/00, BStBl 2001 II S. 194.
1246 Steuerfrei nur, wenn nicht wesentlich beteiligt.
1247 Zur Realteilung siehe BMF, Schreiben v. 11.8.1994, IV B 2 – S 2242 – 32/94, BStBl 1994 I S. 601.

Beendigung – Steuerrechtlicher Teil

lung – den aus der mitunternehmerischen Beteiligung erzielten Vermögenszuwachs des Gesellschafters. In der Rechtsprechung des BFH ist deshalb bereits mehrfach darauf hingewiesen worden, dass das auf überhöhten Entnahmen beruhende negative Kapitalkonto selbst dann gewinnerhöhend aufzulösen ist, wenn auf die Geltendmachung von Ausgleichsansprüchen angesichts der Vermögenslage des Kommanditisten (Mitunternehmers) verzichtet wird.[1248]

Die Besteuerung eines aus der Auflösung des negativen Kapitalkontos eines Kommanditisten resultierenden Veräußerungsgewinns ist jedoch dann sachlich unbillig, wenn dem negativen Kapitalkonto Verluste zugrunde liegen, die der Steuerpflichtige, z. B. wegen des Ausgleichs- und Abzugsverbots für gewerbliche Tierzucht und Tierhaltung, nicht hatte verrechnen können.[1249]

720 Hat ein Kommanditist einen Ausgleichsanspruch[1250] gegen die GmbH & Co. KG, der dadurch entstanden ist, dass er Schulden der KG beglichen hat, und wird dieser Anspruch wertlos, so kann er den hieraus resultierenden Verlust erst dann realisieren, wenn die KG – z. B. durch Veräußerung aller wesentlichen Betriebsgrundlagen – beendet wird.[1251]

721 Zahlt ein Gesellschafter einer GmbH & Co. KG Zinsen für Verbindlichkeiten, die die KG bei Aufgabe ihres Betriebs nicht getilgt hat, obwohl ihr bei ordnungsgemäßer Abwicklung ausreichende Mittel zur Verfügung gestanden hätten, kann er die Zinsen nicht als **nachträgliche Betriebsausgaben** abziehen. Das gilt auch für Zinsen auf Verbindlichkeiten, die einem Gesellschafter im wirtschaftlichen Zusammenhang mit seinem Sonderbetriebsvermögen entstanden sind, wenn er die Aktivwerte dieses Vermögens bei Beendigung seiner Mitunternehmerstellung nicht zur Tilgung der Verbindlichkeiten verwendet. Zahlt ein Gesellschafter aber Zinsen für fortbestehende Gesellschaftsverbindlichkeiten, so muss er sich nicht ent-

---

1248 Siehe BFH, Urteil v. 3.9.2009, IV R 17/07, BStBl 2010 II S. 631.
1249 BFH, Urteil v. 25.1.1996, IV R 91/94, GmbHR 1996 S. 547.
1250 Der Ausgleichsanspruch gehört zum Sonderbetriebsvermögen des Kommanditisten. Er ist keine Forderung, wie z. B. eine Kaufpreisforderung, sondern ein den Anteil am Auseinandersetzungsguthaben widerspiegelnder Eigenkapital-Verrechnungsposten. Die Gegenbuchung ist auf dem Kapitalkonto vorzunehmen: per Ausgleichsanspruch an Kapitalkonto; siehe Weber-Grellet, BB 2004, S. 41.
1251 Siehe BFH, Urteil v. 5.6.2003, IV R 36/02, BB 2003 S. 2567.

gegenhalten lassen, dass er die Aktivwerte seines Sonderbetriebsvermögens zur Tilgung dieser Verbindlichkeiten hätte einsetzen können.[1252]

Nach § 6 Abs. 2 EStDV hat der Steuerpflichtige bei der Veräußerung eines Gesamtbetriebs zur Ermittlung des laufenden Gewinns auf den Zeitpunkt der Veräußerung eine Bilanz aufzustellen („**letzte Schlussbilanz**"). Die letzte Schlussbilanz schließt die laufende gewerbliche Tätigkeit ab. Bei der Veräußerung eines Teilbetriebs ist dagegen die Erstellung einer Schlussbilanz nicht erforderlich; die Teilbetriebsveräußerung stellt für den Gesamtbetrieb lediglich einen laufenden Geschäftsvorfall dar.[1253] Indes ist es auch bei einer Teilbetriebsveräußerung unerlässlich, den (begünstigten) Veräußerungsgewinn vom laufenden Gewinn des Gesamtbetriebs abzugrenzen. Materiell-rechtlich sind dabei die gleichen Grundsätze wie bei einer Gesamtbetriebsveräußerung zugrunde zu legen. Mangels Erstellung einer Schlussbilanz ist der Wert des Betriebsvermögens nach den Grundsätzen des § 4 Abs. 1, § 5 EStG auf den Zeitpunkt der Veräußerung zu schätzen. Im Urteil v. 23.3.2011[1254] weist der BFH darauf hin, dass auch **der anteilige Jahresgewinn** eines Mitunternehmers in Fällen der **Veräußerung eines Mitunternehmeranteils** während des Wirtschaftsjahres im Wege der **Schätzung** ermittelt werden kann.

1.2 Zurechnung von Verlusten auf Kommanditisten

Scheidet ein Kommanditist oder ein anderer Mitunternehmer, dessen Haftung der eines Kommanditisten vergleichbar ist und dessen Kapitalkonto in der Steuerbilanz der Gesellschaft aufgrund von ausgleichs- oder abzugsfähigen Verlusten negativ geworden ist, aus der Gesellschaft aus oder wird in einem solchen Fall die Gesellschaft aufgelöst, so gilt der Betrag, den der Mitunternehmer nicht ausgleichen muss, als Veräußerungsgewinn i. S. d. § 16 EStG.[1255] Damit werden zwei Fallgruppen angesprochen: zunächst der Fall, dass ein Kommanditist (oder haftungsgemäß vergleichbarer Mitunternehmer) aus der Gesellschaft ausscheidet, dabei aber die Gesellschaft fortbesteht. Für diesen Fall greift die Rechtsfolge, dass der Kommanditist einen Betrag in Höhe seines negativen Kapitalkontos, soweit dieses durch aus-

---

1252 BFH, Urteil v. 13.2.1996, VIII R 18/92, GmbHR 1996 S. 544.
1253 Siehe Begründung zum BFH, Urteil v. 9.5.2012, X R 38/10, DStR 2012 S. 1743.
1254 R 28/09, BStBl II S. 753.
1255 In Höhe der als Gewinn zuzurechnenden Beträge sind bei den anderen Mitunternehmern unter Berücksichtigung der für die Zurechnung von Verlusten geltenden Grundsätze Verlustanteile anzusetzen.

gleichs- oder abzugsfähige Verluste entstanden ist, als Veräußerungsgewinn i. S. d. § 16 EStG versteuern muss. Die gleiche Rechtsfolge greift für den Fall, dass die Gesellschaft als solche aufgelöst wird und der Kommanditist sein dann vorhandenes negatives Kapitalkonto nicht ausgleichen muss. Dabei kommt es nach Wortlaut, Sinn und Zweck des Gesetzes nicht auf das Ausscheiden des Kommanditisten an, das nicht zu den in § 131 HGB genannten Auflösungsgründen gehört. Die zweite Fallgruppe ist immer dann gegeben, wenn die KG, aus welchem Grund auch immer, aufgelöst wird und gleichzeitig feststeht, dass der Kommanditist sein zu diesem Zeitpunkt vorhandenes negatives Kapitalkonto nicht ausgleichen muss. Auch bei Auflösung einer KG ohne Ausgleichsverpflichtung ergibt sich die Notwendigkeit, die frühere Verlustzurechnung infolge der „Anerkennung" des negativen Kapitalkontos rückgängig zu machen, weil es nicht mehr zu einer „Haftung" des Kommanditisten für die zum negativen Kapitalkonto führenden Verluste mit späteren Gewinnen der KG kommen kann.[1256]

Im Urteil v. 11.8.1994 führt der BFH hierzu ergänzend aus: Auch der bloße Wegfall der Gewinnerzielungsmöglichkeit bei der KG kann zur Nachversteuerung negativer Kapitalkonten der Kommanditisten führen, ohne dass die gesetzlichen Voraussetzungen – Ausscheiden des Kommanditisten aus der fortbestehenden KG oder Auflösung der KG – erfüllt sein müssten. Der Gewinn aus dem „Wegfall" des negativen Kapitalkontos ist dann als laufender, nicht tarifbegünstigter Gewinn zu erfassen, wenn die Gewinnerzielungsmöglichkeit bereits vor der Veräußerung oder Aufgabe des Betriebs entfällt.

1.3 Behandlung verrechenbarer Verluste

724 Die einem Kommanditisten zugewiesenen Verluste, die zur Entstehung bzw. Erhöhung seines negativen Kapitalkontos führen, dürfen von dem Kommanditisten nur mit künftigen Gewinnen aus ebendieser Kommanditbeteiligung steuerlich wirksam verrechnet werden (sog. verrechenbare Verluste). Entstehen bei der Liquidation einer GmbH & Co. KG Gewinne, so mindern diese, soweit sie auf den Kommanditisten entfallen, den verrechenbaren Verlust gemäß § 15a Abs. 2 EStG. Wenn ein solcher Ausgleich mangels stiller Reserven nicht möglich ist, ist der Verlust bei

---

1256 Siehe in diesen Rechtsfragen auch BFH, Urteil v. 11.8.1994, IV R 124/92, BStBl 1995 II S. 253.

demjenigen zu berücksichtigen, der ihn endgültig zu tragen hat, im Zweifel beim Komplementär.[1257]

1.4 Gewerbesteuerpflicht nach Einstellung der werbenden Tätigkeit

Nach § 4 GewStDV bleibt ein Gewerbebetrieb, der aufgegeben oder aufgelöst wird, Steuergegenstand bis zur Beendigung der Aufgabe oder Abwicklung. Die Gewerbesteuerpflicht wird durch die Eröffnung des Insolvenzverfahrens über das Vermögen des Unternehmens nicht berührt.

Die Beendigung der Abwicklung und damit das Aufhören der Gewerbesteuerpflicht eines aufgelösten Unternehmens fallen regelmäßig mit dem Zeitpunkt zusammen, in dem das Vermögen an die Gesellschafter verteilt wird. Werden jedoch bei dieser Verteilung Vermögensbeträge zur Begleichung von Schulden zurückbehalten, so bleibt das Unternehmen gewerbesteuerpflichtig, bis die Schulden beglichen sind. Das gilt nicht, wenn es sich bei den Schulden um Steuern handelt, die erst nach Beendigung der Abwicklung festgesetzt werden können.[1258]

Im Urteil v. 24.4.1980[1259] hat der BFH entschieden, dass eine GmbH & Co. KG nach Einstellung ihrer werbenden Tätigkeit während der Liquidation nicht gewerbesteuerpflichtig ist. Der BFH begründet seine Auffassung u. a. damit, dass vom Zeitpunkt der Liquidation an keine Besonderheiten mehr bestehen bezüglich der GmbH & Co. KG einerseits und einer Personengesellschaft andererseits, so dass hier nicht mehr davon gesprochen werden kann, dass die GmbH der GmbH & Co. KG das Gepräge gebe. So sind Liquidatoren nach §§ 161 Abs. 2, 146 HGB grundsätzlich alle Gesellschafter, also auch die Kommanditisten, so dass der GmbH keine Sonderrechte hinsichtlich der Vertretung und der Führung der Geschäfte mehr zustehen. Auch bei der Übertragung der Liquidation auf einen Mitgesellschafter oder einen außen stehenden Dritten hat die GmbH im Rahmen der §§ 146, 152 HGB hinsichtlich Bestellung und Überwachung der Liquidatoren keine weiter gehenden Mitwirkungsrechte als die Kommanditisten. Die GmbH kann auch nicht mehr den ungehinderten Fortbestand der KG sichern, da die Abwicklung mit der Vollbeendigung der KG abgeschlossen werden soll. Schließlich verliert auch die Haftungsbegrenzung während der

---
1257 Vgl. Bordewin, BB 1980, S. 1040.
1258 Siehe Abschn. 22 Abs. 5 GewStR.
1259 IV R 68/77, DB 1981 S. 143.

Abwicklung ihre ursprüngliche Bedeutung, da die Gesellschaft ihre werbende Tätigkeit einstellt. Diese durch die Abwicklung veränderte gesellschaftsrechtliche Struktur rechtfertigt nicht mehr die Auffassung, dass das Unternehmen auf den Betrieb durch die GmbH angelegt sei.

1.5 Ertragsteuerliche Auswirkungen eines Insolvenzverfahrens auf den Kommanditisten

726 Die Insolvenzantragspflicht besteht bei Zahlungsunfähigkeit oder Überschuldung (§ 177a HGB i. V. m. § 130a HGB). Sobald die Masse sicher- und festgestellt ist, also nach Abschluss des Sequestrationsverfahrens, entscheidet das Amtsgericht, ob
- das Insolvenzverfahren eröffnet wird mit der dann dem Insolvenzverwalter obliegenden Entscheidung, das Unternehmen fortzuführen oder – was der Regelfall sein wird – zu liquidieren oder
- der Insolvenzantrag mangels Masse abzuweisen ist.

Wird der Antrag auf Insolvenzverfahren abgelehnt, wird die GmbH & Co. KG im Handelsregister gelöscht. Es kommt zur Nachversteuerung des negativen Kapitalkontos des Kommanditisten, soweit es aufgrund von ausgleichs- oder abzugsfähigen Verlusten negativ geworden ist. Diese Nachversteuerung wird als tarifbegünstigter Veräußerungsgewinn qualifiziert.

Wird das Insolvenzverfahren eröffnet, so bleibt die GmbH & Co. KG bis zur Beendigung des Verfahrens – in der Regel bis zum Ende des Liquidationszeitraums – bestehen. Hier ergibt sich die Frage, wann es zur Nachversteuerung des negativen Kapitalkontos des Kommanditisten kommt: bei Insolvenzeröffnung, bei Beendigung des Verfahrens oder zu einem dazwischen liegenden Zeitpunkt. *Wittlinger*[1260] vertritt die Auffassung, dass die Verfahrenseröffnung als Veräußerungstatbestand für den Kommanditisten anzusehen ist. *Kuhsel*[1261] meint dagegen, dass „eine Versteuerung des negativen Kapitalkontos eines Kommanditisten erst im Zeitpunkt der Beendigung des Verfahrens in Betracht kommt". Nach der BFH-Rechtspre-

---
1260 Wittlinger, DB 1997, S. 649.
1261 Kuhsel, DB 1996, S. 180, sowie – Replik zum Aufsatz von Wittlinger – in DB 1997, S. 650. Kuhsel hält die Anwendung des BFH, Urteil v. 11.8.1994, IV R 124/92, BStBl 1995 II S. 253, von Wittlinger für nicht zutreffend, weil sich aus der Begründung des Urteils ergibt, dass der Rechtsstreit nur beschränkt war auf die Qualifikation des bereits vorher feststehenden Gewinns und nicht auf den Zeitpunkt des Veräußerungsgewinns.

chung kann ein früherer Zeitpunkt dann greifen, wenn die tatsächlichen Verhältnisse mit an Sicherheit grenzender Wahrscheinlichkeit zeigen, dass der Kommanditist sein negatives Kapitalkonto nicht mehr mit laufenden Gewinnen auffüllen kann.[1262] Nach *Kuhsel* wird man nur in den Fällen, in denen die KG ihren Betrieb eingestellt hat und das Gesellschaftsvermögen keine stillen Reserven enthält, ohne weiteres zu dem Ergebnis kommen können, dass die Gesellschaft trotz fehlender Auflösung künftige Gewinnanteile nicht mehr in einer zum vollen Ausgleich eines negativen Kapitalkontos notwendigen Höhe erwirtschaften kann. Sofern das Gesellschaftsvermögen auch stille Reserven enthält, wird man abwarten müssen, bis eine sichere Prognose über die Realisierung des Zerschlagungswerts getroffen werden kann.[1263]

Wir folgen der Auffassung von *Kuhsel*, der mit Recht den Ausführungen von *Wittlinger* mit dem Argument widerspricht, dass das Abstellen auf die Eröffnung des Verfahrens die Möglichkeiten außer Betracht lässt, dass es während des Verfahrens doch noch zu einem Ausgleich des negativen Kapitalkontos kommen kann.

1.6 Rangrücktritt

Durch das MoMiG hat der Begriff des Eigenkapitalersatzes keine rechtliche Bedeutung mehr. Es ist nicht relevant, ob ein Gesellschafterdarlehen eigenkapitalersetzend ist oder nicht. Vielmehr gilt für alle Arten von Gesellschafterdarlehen Folgendes:

(a) Rückzahlungsansprüche aus jeglichen Gesellschafterdarlehen werden im Insolvenzverfahren von Gesetzes wegen nachrangig berücksichtigt;

(b) Rückzahlungen von Gesellschafterdarlehen außerhalb des Insolvenzverfahrens sind grundsätzlich erlaubt;

(c) Rückzahlungen jeglicher Gesellschafterdarlehen, die innerhalb eines Jahres vor Antrag auf Insolvenzeröffnung erfolgt sind, sind durch den Insolvenzverwalter anfechtbar und können so zur Masse gezogen werden.

Zwar verlangt das MoMiG weiterhin eine ausdrückliche Rangrücktrittserklärung des Gesellschafter-Kreditgebers als Voraussetzung für die Befreiung von der Passivierungspflicht. Allerdings reicht nach § 19

1262 Zum Beispiel BFH, Urteil v. 17.9.1992, IV R 110/90, BFH/NV 1993 S. 476; BFH, Urteil v. 9.2.1993, VIII R 29/91, BStBl 1993 II S. 747.
1263 Kuhsel, DB 1996, S. 181.

Abs. 2 Satz 3 InsO zukünftig zivilrechtlich auch ein einfacher Rangrücktritt aus. Damit ist es zivilrechtlich ausreichend, wenn lediglich der Rücktritt hinter die gesetzlich nachrangigen Ansprüche (§ 39 Abs. 1 Nr. 1 bis 5 InsO) erklärt wird. Die vom BGH geforderte Gleichstellung der Gesellschafterleistung mit statuarischem Eigenkapital hat zukünftig keine Berechtigung mehr und ist aus Gründen des Gläubigerschutzes auch nicht mehr erforderlich (BT-Drucks. 16/9737 S. 106). Die Rangrücktrittserklärung kann als Erklärung formuliert werden, „dass der Gesellschafter gem. § 39 Abs. 2 InsO im Rang hinter die übrigen Gesellschafterkreditgeber, die keine Rangrücktrittserklärung abgegeben haben und daher nach § 39 Abs. 1 InsO befriedigt werden, tritt."[1264]

Bei Formulierung eines Rangrücktritts ist **aus steuerlicher Sicht** zu beachten, dass die Finanzverwaltung nur einen (zukünftig nicht mehr erforderlichen) qualifizierten Rangrücktritt im Hinblick auf § 5 Abs. 2a EStG als unproblematisch erachtet.[1265] Hingegen kann bei einem einfachen Rangrücktritt nach Auffassung der Finanzverwaltung das Passivierungsverbot des § 5 Abs. 2a EStG zur Anwendung gelangen. Mit Urteil v. 20.11.2011[1266] hat der BFH diese Auffassung bestätigt: Eine Verbindlichkeit, die nur aus künftigen Gewinnen oder einem etwaigen Liquidationsüberschuss erfüllt zu werden braucht, kann mangels gegenwärtiger wirtschaftlicher Belastung in der Bilanz nicht ausgewiesen werden; die Verbindlichkeit ist gewinnwirksam aufzulösen! In der Urteilsbegründung wird weiter ausgeführt: Eine Rangrücktrittsvereinbarung, nach der eine Verbindlichkeit nur aus künftigen Gewinnen oder einem eventuellen Liquidationsüberschuss zu bedienen ist, belastet den Schuldner auch nicht stärker, als wäre die Verbindlichkeit gegen entsprechende Besserungsabrede erlassen worden. Es ist daher gerechtfertigt, diese Verbindlichkeit wie einen Erlass mit Besserungsabrede zu behandeln und die Verbindlichkeit nicht auszuweisen. **Die Beurteilung ändert sich jedoch**, wenn die im Rang zurückgetretenen Verbindlichkeiten auch **aus sonstigem freiem Vermögen** zu bedienen sind. Enthält die Rangrücktrittserklärung diesen Zusatz, bleibt es bei der aktuellen wirtschaftlichen Belastung und die Verbindlichkeit ist in der Bilanz zu passivieren. Denn derartige Verbindlichkeiten belasten nicht nur künftige Gewinne, sondern das Vermögen des Schuldners, das nicht zur Befriedigung

---

1264 Wälzholz, Das MoBiG kommt: Ein Überblick über die neuen Regelungen. Mehr Mobilität, Flexibilität und Gestaltungsfreiheit bei gleichzeitigem Gläubigerschutz, GmbHR 2008, S. 841 ff. (847).
1265 BMF, Schreiben v. 8.9.2006, S 2133, BStBl 2006 I S. 497.
1266 I R 100/10, DB 2012 S. 490

anderer Gläubiger eingesetzt werden muss. Der Nichtausweis solcher Verbindlichkeiten würde daher gegen das Gebot des vollständigen Ausweises bestehender Risiken (§ 246 Abs. 1 HGB) verstoßen. **Fazit**: Soll die gewinnwirksame Auflösung der Verbindlichkeit vermieden werden, ist die Rangrücktrittserklärung entsprechend der BFH-Rechtsprechung zu formulieren, d. h. es muss vereinbart werden, dass eine Rückzahlung der Verbindlichkeit nur dann zu erfolgen hat, wenn der Schuldner dazu aus künftigen Gewinnen, aus einem Liquidationsüberschuss oder aus anderem – freien – Vermögen künftig in der Lage ist und der Gläubiger mit seiner Forderung im Rang hinter alle anderen Gläubiger (§ 39 Abs. 1 Nr. 1 bis 5 InsO) zurücktritt.[1267]

2 Umsatzsteuer

Umsatzsteuerlich ergeben sich bei der Auflösung bzw. Aufgabe keine Besonderheiten. Die Veräußerung und die Entnahme („Verteilung an die Gesellschafter") unterliegen der Umsatzsteuer, es sei denn, die Befreiungsvorschriften des § 4 UStG greifen. 728

Die Geschäftsveräußerung im Ganzen ist nach § 1 Abs. 1a UStG nicht steuerbar.

Die geschäftsführende GmbH ist umsatzsteuerlich Unternehmer (mit Berechtigung zum Vorsteuerabzug), wenn die Liquidatorentätigkeit gegen Zahlung eines (Sonder-)Entgelts ausgeübt wird.[1268]

3 Grunderwerbsteuer

Werden im Zuge der Auflösung der GmbH & Co. KG gehörende Grundstücke veräußert oder gehen sie auf Gesellschafter über, so unterliegen derartige Vorgänge grundsätzlich der Grunderwerbsteuer. Bei einem Übergang auf einen Gesellschafter ist allerdings § 6 GrEStG mit seinen einschlägigen Grunderwerbsteuerbefreiungsmöglichkeiten zu beachten. Die 729

1267 Vgl. Wälzholz, a.a.O.
1268 BFH, Urteil v. 8.11.1995, V R 8/94, DB 1996 S. 557.

Grunderwerbsteuer bleibt zu dem Teil unerhoben, zu dem der Gesellschafter am Vermögen der GmbH & Co. KG beteiligt war.

Nach Auffassung des FG Niedersachsen[1269] ist unter einem Anteil i.S. des § 6 GrEStG grundsätzlich nur die unmittelbare, d. h. direkte Beteiligung an der Gesamthand zu verstehen. Wird daher eine GmbH & Co. KG in der Weise aufgelöst, indem der alleinige Kommanditist vertragsgemäß ihr Vermögen (einschließlich der Grundstücke) übernimmt, so ist dieser Vorgang nicht gemäß § 6 Abs. 2 GrEStG von der Steuer befreit, wenn der Kommanditist seinen Kommanditanteil innerhalb der Fünfjahresfrist des § 6 Abs. 4 Satz 1 GrEStG erworben hat und zuvor eine (von ihm allein beherrschte) GmbH die einzige Kommanditistin der KG war.

1269 Niedersächsisches FG, Urteil v. 20.7.1989, III 109/85, GmbHR 1990 S. 479, rechtskräftig.

X Anhang I: Sonderfragen zur Publikums-KG

1 Handelsrechtlicher Teil

1.1 Beitritt zu einer Publikums-KG

Grundsätzlich ist für den Eintritt eines neuen Kommanditisten in eine bestehende KG der Abschluss eines Vertrages mit allen bisherigen Gesellschaftern erforderlich.[1270] Da dies bei einer Publikums-KG[1271] wegen der Vielzahl an Kommanditisten nicht praktikabel ist, ist es zulässig, schon im Gründungsvertrag der Publikums-KG die Komplementär-GmbH zu ermächtigen, die Aufnahmeverträge mit neuen Kommanditisten zu schließen.[1272] Die Komplementär-GmbH handelt dann im Namen und mit Wirkung für die bereits vorhandenen Gesellschafter.[1273] Sie kann auch ermächtigt werden, im eigenen Namen und mit Wirkung für alle Gesellschafter zu handeln.[1274] Der Beitrittsvertrag ist grundsätzlich wie bei jeder KG formfrei.[1275]

730

1.2 Auslegung und Inhaltskontrolle von Gesellschaftsverträgen einer Publikums-KG

1.2.1 Auslegung

In der Praxis werden neu eintretenden Kommanditisten von den Gründungsgesellschaftern bereits fertig formulierte Gesellschaftsverträge vorgelegt, auf deren Inhalt die Kommanditisten keinen Einfluss mehr haben. Derartige Gesellschaftsverträge werden von der Rechtsprechung nach rein objektiven Kriterien ausgelegt. Maßgeblich ist allein der schriftliche Inhalt des Vertrages. Vorstellungen der Gründungsgesellschafter, die in dem Vertrag keinen Niederschlag gefunden haben, sind nicht zu berücksichti-

731

1270 Siehe Rn. 563.
1271 Zur Publikums-KG im Allgemeinen siehe Rn. 27 ff.
1272 BGH, Urteil v. 17.11.1975, II ZR 120/74, WM 1976 S. 15.
1273 BGH, a.a.O.
1274 BGH, Urteil v. 14.11.1977, II ZR 95/76, NJW 1978 S. 1000.
1275 Siehe Rn. 69.

gen.[1276] Die Pflichten der Kommanditisten müssen im Gesellschaftsvertrag unmissverständlich zum Ausdruck kommen.[1277] Bei fehlender Eindeutigkeit werden Klauseln, die die Kommanditisten ungewöhnlich belasten, restriktiv ausgelegt.[1278] So wurde die Bestimmung in dem Gesellschaftsvertrag einer Publikums-KG, nach der die Gesellschafter unter bestimmten Voraussetzungen zur Erhöhung ihrer Einlagen verpflichtet sind, einschränkend dahin gehend ausgelegt, dass die Erhöhung nur gefordert werden kann, solange das zusätzliche Kapital für den Betrieb des Unternehmens, also zur Erreichung des Gesellschaftszwecks bestimmt ist.[1279]

732 Grundsätzlich müssen auch alle gesellschaftsrechtlichen Verpflichtungen, die der Gesellschaft gegenüber Gründungsgesellschaftern auferlegt werden und diesen Vorteile verschaffen sollen – sog. Gründervorteile (z. B. Tätigkeitsvergütungen) –, in den schriftlich festgelegten Gesellschaftsvertrag oder in einen ordnungsgemäß zustande gekommenen und protokollierten Gesellschafterbeschluss aufgenommen werden.[1280] Die Kapitalanleger sollen darauf vertrauen dürfen, dass Vorteile zugunsten der Gründer, über die diese Urkunden nichts aussagen, auch nicht vereinbart sind. Dieser Grundsatz gilt auch dann, wenn der Kapitalanleger nicht unmittelbar, sondern über einen Treuhänder an der Gesellschaft beteiligt ist.[1281]

1.2.2 Inhaltskontrolle

733 Die Gesellschaftsverträge der Publikumsgesellschaften unterliegen einer richterlichen Inhaltskontrolle.[1282] Der BGH sieht die Interessenlage ähnlich wie die bei dem Gebrauch von allgemeinen Geschäftsbedingungen und Formularverträgen. Auch hier bestünde ein Bedürfnis, die mit den fertig formulierten Gesellschaftsverträgen konfrontierten Anlegergesellschafter vor einem unter diesen Umständen leicht möglichen Missbrauch der Vertragsfreiheit zu schützen.

734 Die Inhaltskontrolle ist an den Maßstäben von Treu und Glauben (§ 242 BGB) ausgerichtet, wobei es im Einzelnen fraglich ist, welcher Maßstab

---

1276 BGH, Urteil v. 28.9.1978, II ZR 218/77, NJW 1979 S. 419 (420); BGH, Urteil v. 30.4.1979, II ZR 57/78, NJW 1979 S. 2102.
1277 BGH, Urteil v. 30.4.1979, II ZR 57/78, BGH, NJW 1979 S. 2102.
1278 BGH, Urteil v. 28.9.1978, II ZR 218/77, NJW 1979 S. 419 (420).
1279 BGH, a.a.O.
1280 BGH, Urteil v. 4.3.1976, II ZR 178/74, NJW 1976 S. 1451.
1281 BGH, Urteil v. 7.11.1977, II ZR 105/76, WM 1978 S. 87 (88).
1282 BGH, Urteil v. 14.4.1975, II ZR 147/73, BGHZ 64 S. 238 = NJW 1975 S. 1318 (1319).

anzulegen ist, wenn geprüft wird, ob eine Klausel unangemessen ist. Die bei den Austauschverträgen entwickelten Grundsätze können nur mit Vorsicht übertragen werden, da hier – anders als bei Austauschverträgen – die Rechtsbeziehungen zwischen Gesellschaft und einzelnen Gesellschaftern und Gesellschaftergruppen miteinander verflochten sind.[1283] Unter Umständen spielt ein gewisser Vertrauensschutz zugunsten der an der Vertragsformulierung nicht beteiligten Kommanditisten bei der Abwägung nach Treu und Glauben eine Rolle.[1284]

Vielfach hat die Rechtsprechung die Inhaltskontrolle an das Aktienrecht angelehnt. So sind z. B. an den Aufsichtsrat einer Publikums-KG ähnliche Anforderungen wie an den Aufsichtsrat einer AG zu stellen.[1285] Allerdings komme keine „sklavische Übernahme aktienrechtlicher Vorschriften in Betracht". Der Umstand, dass die Publikums-KG eine Personenhandelsgesellschaft ist, gebiete es, bei der Übernahme aktienrechtlicher Regelungen und Grundsätze Vorsicht obwalten zu lassen und in jedem Einzelfall zu prüfen, ob der Analogie nicht die konkrete Ausgestaltung des zu beurteilenden Gesellschaftsverhältnisses entgegensteht.[1286] Die Anwendbarkeit aktienrechtlicher Normen scheidet auch dann aus, wenn sie Gläubigerschutzvorschriften beeinträchtigt, da dem Gläubigerschutz bei einer Publikumsgesellschaft besondere Bedeutung zukommt.[1287] 735

1.3 Beschlüsse der Gesellschafter (Bestimmtheitsgrundsatz)

Grundsätzlich können Beschlüsse der Gesellschafter einer KG nach dem Mehrheitsprinzip gefasst werden, wenn der Gesellschaftsvertrag dies vorsieht, §§ 119 Abs. 2, 161 Abs. 2 HGB. Ist Beschlussgegenstand eine Änderung des Gesellschaftsvertrages, macht die Rechtsprechung die Wirksamkeit eines solchen Beschlusses davon abhängig, dass sich der Beschlussgegenstand unzweideutig – sei es auch nur durch Auslegung – aus 736

1283 BGH, Urteil v. 14.4.1975, II ZR 147/73, BGHZ 64 S. 238 = NJW 1975 S. 1318 (1319).
1284 BGH, a.a.O.
1285 BGH, Urteil v. 4.7.1977, II ZR 150/75, BGHZ 69 S. 207 = NJW 1977 S. 2311 (2313); zur Haftung der Aufsichtsratsmitglieder einer Publikums-KG analog §§ 116, 93 AktG siehe Rn. 277.
1286 BGH, a.a.O.
1287 BGH, Urteil v. 12.7.1982, II ZR 201/81, BGHZ 84 S. 383 (386) = NJW 1982 S. 2500 zur Frage, ob § 172 Abs. 5 HGB durch entsprechende Anwendung des § 62 Abs. 1 und Abs. 3 AktG eingeschränkt werden kann; siehe auch Rn. 316 f.

dem Gesellschaftsvertrag ergibt.[1288] Mehrheitsklauseln haben keine Geltung, wenn die angestrebte Vertragsänderung in den Kernbereich der Mitgliedschaft des einzelnen Gesellschafters eingreift und Ausmaß und Umfang einer solchen denkbaren Änderung nicht von vornherein im Zusammenhang mit der Einigung über die Mehrheitsklausel satzungsmäßig bestimmt worden sind.[1289] Die pauschale Vereinbarung, dass Vertragsänderungen mehrheitlich beschlossen werden können, reicht also nicht. Dieser sog. Bestimmtheitsgrundsatz dient dem Schutz der Minderheit vor einem Machtmissbrauch der Mehrheit. Dieser Schutz ist in einer personalistisch strukturierten KG von besonderer Bedeutung, da hier missbräuchliche Eingriffe nicht nur die Vermögensbeteiligung, sondern auch den persönlichen Lebensbereich eines Gesellschafters beeinträchtigen, wenn er mit seiner Beteiligung an der Geschäftsführung seinen Beruf ausübt.[1290]

737 Für Publikumsgesellschaften gilt dieser Bestimmtheitsgrundsatz dagegen weitgehend nicht. Hier sind Mehrheitsentscheidungen über Vertragsänderungen aufgrund einer pauschalen Vereinbarung im Gesellschaftsvertrag grundsätzlich wirksam, da hier die Verhältnisse typischerweise anders liegen.[1291] Der entscheidende Unterschied ist, dass bei Publikumsgesellschaften die Gesellschaftsverträge von den Gründungsgesellschaftern formuliert werden und die Kommanditisten typischerweise keinen Einfluss auf den Inhalt dieser Verträge haben. Derartige Verträge werden daher in der Regel keinen Katalog für die wichtigsten Vertragsänderungen vorsehen, die bei einem Versagen der Geschäftsführung, bei einem drohenden Scheitern des Gesellschaftszwecks oder in ähnlichen Fällen vernünftigerweise zu beschließen sind.[1292] Hielte man unter diesen Umständen auch hier am Bestimmtheitsgrundsatz fest, würde dies dazu führen, dass vielfach eine vernünftige Fortentwicklung des Gesellschaftsunternehmens unmöglich sein würde und selbst an krisenhaften Zuständen nichts geändert werden könnte.[1293]

1288 BGH, Urteil v. 12.11.1952, II ZR 260/51, BGHZ 8 S. 35 (41 ff.); BGH, Urteil v. 13.7.1967, II ZR 72/67, BGHZ 48 S. 251 (253 ff.).
1289 OLG Hamm, Urteil v. 26.10.1988, 8 U 21/88, GmbHR 1989 S. 295; Tiedtke, DB 1989, S. 813.
1290 BGH, Urteil v. 13.3.1978, II ZR 63/77, BGHZ 71 S. 53 = NJW 1978 S. 1382.
1291 BGH, a.a.O.; BGH, Urteil v. 15.11.1982, II ZR 62/82, NJW 1983 S. 1056; BGH, Urteil v. 19.11.1984, II ZR 102/84, BB 1985 S. 423.
1292 BGH, Urteil v. 13.3.1978, II ZR 63/77, BGHZ 71 S. 53 = NJW 1978 S. 1382.
1293 BGH, a.a.O.; BGH, Urteil v. 15.11.1982, II ZR 62/82, NJW 1983 S. 1056 (1058); BGH, Urteil v. 19.11.1984, II ZR 102/84, BB 1985 S. 423 (424).

Wagner

Wenn ein Beschluss unter Verstoß gegen Gesetz oder Satzung gefasst wird, ist der Beschluss nichtig. Das ist etwa gegenüber einem Kommanditisten der Fall, der einer nicht im Gesellschaftsvertrag festgelegten, aber durch Beschluss begründeten Nachschusspflicht nicht zustimmt.[1294] Will sich ein Gesellschafter auf die Nichtigkeit des Beschlusses berufen, erfolgt dies durch eine Feststellungsklage gemäß § 256 Abs. 1 ZPO. Die Feststellungsklage ist an keine Frist gebunden. Dies gilt nach Auffassung des BGH auch bei Publikumsgesellschaften, die wie eine Kapitalgesellschaft eine körperschaftliche Struktur aufweisen.[1295] Eine analoge Anwendung der Klagefrist der aktienrechtlichen Anfechtungsklage (§ 246 AktG) kommt nach Auffassung des BGH nicht in Betracht. Allerdings kann einer Feststellungsklage unter gewissen Umständen der Einwand der Verwirkung entgegen gehalten werden. Ein Recht ist verwirkt, wenn es illoyal verspätet geltend gemacht wird. Dieser Tatbestand des Verstoßes gegen Treu und Glauben liegt dann vor, wenn zu einem längerem Zeitablauf besondere Umstände hinzutreten, die das Vertrauen des Verpflichteten rechtfertigen, der Berechtigte werde seinen Anspruch nicht mehr geltend machen.[1296]

738

1.4 Das Recht zur ordentlichen Kündigung

1.4.1 Kündigungsgrund

Mit Inkrafttreten des Handelsrechtsreformgesetzes am 1.7.1998[1297] wurden auch die Auflösungsgründe einer Gesellschaft grundlegend neu strukturiert. Durch die gesetzliche Bestimmung im neuen § 131 Abs. 3 HGB wurde die Rechtsfolge der Kündigung eines Gesellschafters dahingehend modifiziert, dass nunmehr nicht mehr die Auflösung der Gesellschaft Folge einer Gesellschafterkündigung sein soll, sondern nur noch dessen Ausscheiden, wenn keine abweichenden vertraglichen Bestimmungen vorliegen (vgl. Rn. 683).

739

Somit kann nunmehr – soweit eine Kündigung nicht im Vertrag zulässigerweise ausgeschlossen ist (siehe Rn. 589) – ein Kommanditist einer Publikums-KG seine Beteiligung ohne Vorliegen eines besonderen Grundes

---

1294 BGH, Urteil v. 5.3.2007, II ZR 282/05, DB 2007 S. 853.
1295 BGH, Urteil v. 7.6.1999, II ZR 278/98, BB 1999 S. 1835. Vgl. außerdem zur Klage eines Gesellschafters gegen einen Beschluss BGH, Urteil v. 17.7.2006, II ZR 242/04, BB 2006 S. 1925.
1296 BGH, Urteil v. 7.6.1999, II ZR 278/98, BB 1999 S. 1835.
1297 BGBl 1998 I S. 1474.

kündigen und so sein Ausscheiden aus der Gesellschaft herbeiführen, ohne dass der Bestand der Gesellschaft als solcher gefährdet ist.

1.4.2 Kündigungserklärung

740 Grundsätzlich muss die Kündigungserklärung allen übrigen Gesellschaftern zugehen. Bei einer Publikums-KG ist dies jedoch nicht praktikabel (siehe Rn. 730). In diesem Fall ist es daher ausreichend, wenn die Kündigung gegenüber der Komplementär-GmbH erklärt wird, wenn diese gemäß dem Gesellschaftsvertrag berechtigt ist, mit Wirkung gegenüber allen Gesellschaftern die Beitrittserklärungen neuer Kommanditisten entgegenzunehmen.[1298]

Soweit der Gesellschaftsvertrag keine Regelung über die Form der Kündigung enthält, kann die Kündigung auch mündlich erklärt werden. Im Gesellschaftsvertrag können jedoch andere Bestimmungen über Form und Frist der Kündigung vereinbart werden, soweit die ordentliche Kündigung nicht dauerhaft ausgeschlossen ist oder einer Bestimmung unterliegt, die zu einem praktischen Ausschluss der Kündigung führt, z.B. dem Erfordernis der Zustimmung der Mitgesellschafter zu der Kündigung.[1299]

1.4.3 Frist und Rechtsfolge der Kündigung

741 Hinsichtlich der Frist und der Folgen einer ordentlichen Kündigung gibt es keine Besonderheiten. Der Gesellschafter scheidet mit Ablauf der Kündigungsfrist von sechs Monaten zum Ende eines Geschäftsjahrs aus (siehe Rn. 589) und erwirbt einen Abfindungsanspruch gegen die verbleibenden Gesellschafter in Höhe seiner Beteiligung am Gesellschaftsvermögen (siehe Rn. 592).

1.5 Das Recht zur außerordentlichen Kündigung

742 Soweit im Gesellschaftsvertrag einer Publikumsgesellschaft die ordentliche Kündigung in zulässiger Weise für eine gewisse Dauer ausgeschlossen ist, stellt sich die Frage, ob sich der Gesellschafter in bestimmten Fällen gleichwohl von der Beteiligung an der Gesellschaft lösen kann.

[1298] BGH, Urteil v. 27.2.1975, II ZR 77/73, NJW 1975 S. 1700; OLG Hamm, Urteil v. 7.3.1977, 8 U 194/76, NJW 1978 S. 225.
[1299] Baumbach/Hopt, § 132 Rn. 12.

Da das Gesetz dem Gesellschafter kein Recht auf eine außerordentliche Kündigung gibt, kommt hiernach nur eine Klage auf Auflösung der Gesellschaft gemäß § 133, 161 Abs. 2 HGB in Betracht.[1300] Dieses Auflösungsrecht hat der BGH jedoch modifiziert, da es ihm nicht sachgerecht erschien, einen Kommanditisten bei Vorliegen eines wichtigen Grundes allein auf die Auflösungsklage zu verweisen.[1301] Nach dieser Rechtsprechung wird einem Kommanditisten bei Vorliegen einer der folgenden Umstände ein außerordentliches Kündigungsrecht auch dann zugestanden, wenn der Gesellschaftsvertrag dies nicht vorsieht.[1302]

1.5.1 Kündigungsgründe

1.5.1.1 Arglistige Täuschung

Die Anfechtung des Beitritts wegen arglistiger Täuschung lässt die Wirksamkeit des Beitritts rückwirkend nicht beseitigen. Denn nach den von der Rechtsprechung entwickelten Grundsätzen zur fehlerhaften Gesellschaft ist es dem Getäuschten nicht möglich, seinen Eintritt durch Anfechtung rückwirkend zu beseitigen.[1303] 743

In einem solchen Fall ist es für den arglistig getäuschten Kommanditisten bei einer gegebenenfalls langen Kündigungsfrist unzumutbar, auf das ordentliche Kündigungsrecht verwiesen zu werden. Auch der Verweis auf die dem Gesellschafter weiterhin mögliche Auflösungsklage gemäß §§ 133, 161 Abs. 2 HGB führt zu keinem befriedigenden Ergebnis. Denn wenn der wichtige Grund nicht bei sämtlichen Gesellschaftern gleichermaßen,[1304] sondern nur bei einem einzelnen Gesellschafter mit einer verhältnismäßig geringen Kapitalbeteiligung vorliegt, ist die Auflösung der Gesellschaft im 744

1300 BGH, Urteil v. 24.10.1951, II ZR 18/51, BGHZ 3 S. 285 (287); BGH, Urteil v. 30.3.1967, II ZR 102/65, BGHZ 47 S. 293 (300).
1301 BGH, Urteil v. 14.12.1972, II ZR 82/70, NJW 1973 S. 1604; BGH, Urteil v. 19.12.1974, II ZR 27/73, BGHZ 63 S. 338 (345).
1302 BGH, Urteil v. 19.12.1974, II ZR 27/73, BGHZ 63 S. 338 (345 f.); BGH, Urteil v. 12.5.1977, II ZR 89/75, BGHZ 69 S. 160 (163); BGH, Urteil v. 17.11.1980, II ZR 242/79, WM 1981 S. 452.
1303 BGH, Urteil v. 8.11.1965, II ZR 267/64, BGHZ 44 S. 235 (236); BGH, Urteil v. 29.6.1970, II ZR 158/69, BGHZ 55 S. 5 (8).
1304 Vgl. Rn. 745.

Hinblick auf das Interesse der übrigen Gesellschafter am Bestand der Gesellschaft unangemessen.[1305] Der Kommanditist einer Publikums-KG soll in einem solchen Fall auch nur berechtigt sein, seine Beteiligung mit sofortiger Wirkung zu kündigen.[1306]

1.5.1.2 Unerreichbarkeit des Gesellschaftszwecks

745 Grundsätzlich steht dem Kommanditisten in einer Publikumsgesellschaft auch bei Vorliegen anderer wichtiger Gründe ohne gesellschaftsvertragliche Bestimmung ein außerordentliches Kündigungsrecht zu.[1307] Jedoch gibt nicht jeder wichtige Grund i. S. d. § 133 HGB die Möglichkeit, fristlos zu kündigen.[1308] So hat der BGH entschieden, dass die Unerreichbarkeit des Gesellschaftszwecks wegen eines inzwischen eingetretenen finanziellen Zusammenbruchs der Gesellschaft zwar ein wichtiger Grund i. S. d. § 133 HGB ist und somit einem Kommanditisten die Möglichkeit gibt, die Gesellschaft per Auflösungsklage gemäß §§ 133, 161 Abs. 2 HGB zu beenden. Dieser Grund gibt dem Kommanditisten aber kein außerordentliches Kündigungsrecht, da er alle Gesellschafter gleichermaßen trifft.[1309] Billigte man dem einzelnen Gesellschafter auch hier ein außerordentliches Kündigungsrecht zu, würde dies bedeuten, dass praktisch jeder Kommanditist das Recht und die Möglichkeit hätte, durch einfache Kündigung aus der Gesellschaft auszuscheiden. „Das wiederum würde eine allgemeine Flucht aus der Gesellschaft begünstigen und dazu führen, dass die Last und Verantwortung für die etwa notwendig werdende Liquidation der Gesellschaft und das damit verbundene Risiko den jeweils verbleibenden Gesellschaftern aufgebürdet würde, die nicht weniger als der Kündigende von dem Auflösungsgrund betroffen sind. Das aber wäre unbillig und stünde im Widerspruch dazu, dass der einzelne Gesellschafter mit seinem Beitritt in die Gesellschaft mit den übrigen Gesellschaftern eine Risikogemeinschaft eingegangen ist."[1310]

746 Unter besonderen Umständen hat der BGH einzelnen Kommanditisten auch im Fall der Unerreichbarkeit des Gesellschaftszwecks ein außerordentliches

---

1305 BGH, Urteil v. 14.12.1972, II ZR 82/70, NJW 1973 S. 1604; ebenso OLG Hamm, Urteil v. 7.3.1977, 8 U 194/76, NJW 1978 S. 225.
1306 BGH, a. a. O.
1307 BGH, Urteil v. 28.11.1977, II ZR 235/75, BGHZ 70 S. 61 (67).
1308 BGH, Urteil v. 12.5.1977, II ZR 89/75, BGHZ 69 S. 160 (163).
1309 BGH, Urteil v. 14.12.1972, II ZR 82/70, NJW 1973 S. 1604.
1310 BGH, a. a. O.

Kündigungsrecht zugestanden: Wenn die Gesellschafter mit einer für die Änderung des Gesellschaftsvertrages erforderlichen Mehrheit beschließen, das Gesellschaftsverhältnis mit neuer Zweckrichtung und neuen Beitragsverpflichtungen fortzusetzen, und sich damit gegen die an sich nahe liegende und angebrachte Auflösung der Gesellschaft entscheiden, haben die überstimmten Gesellschafter ein Recht zur fristlosen Kündigung, sofern sie nicht ausnahmsweise verpflichtet sind, einer derartigen Umgestaltung des Gesellschaftsverhältnisses zuzustimmen.[1311]

1.5.2 Kündigungserklärung

Der Kommanditist scheidet mit Zugang seiner Kündigungserklärung aus der Gesellschaft aus.[1312] Es genügt, dass der Kommanditist seine Kündigung gegenüber der Komplementär-GmbH erklärt, wenn diese ermächtigt ist, mit Wirkung gegenüber allen Gesellschaftern die Beitrittserklärungen neuer Kommanditisten anzunehmen.[1313] Eine Kündigungserklärung liegt bereits vor, wenn sich der Kommanditist auf sein Anfechtungsrecht beruft. Denn in der Anfechtung liegt zugleich die Kündigung der Beteiligung. Die Erklärung, den Beitritt mit rückwirkender Kraft beseitigen zu wollen, bringt auch immer den Willen zum Ausdruck, die Bindung an die Gesellschaft zumindest mit sofortiger Wirkung zu beenden.[1314]

1.5.3 Rechtsfolge der außerordentlichen Kündigung

1.5.3.1 Anspruch der Gesellschaft bei nicht geleisteter Einlage

Durch die Kündigungserklärung wird das Beteiligungsverhältnis in ein Abwicklungsverhältnis umgewandelt. Die Gesellschaft hat eine sog. Abschichtungsbilanz aufzustellen. Die einzelnen Forderungen und Verbindlichkeiten, die in die Abschichtungsbilanz aufzunehmen sind, stellen nur noch unselbständige Rechnungsposten dar, die nicht mehr selbständig geltend gemacht werden können. Dies gilt auch für die Verpflichtung des ausgeschiedenen Kommanditisten zur Zahlung seiner Kommanditeinlage.

1311 BGH, Urteil v. 12.5.1977, II ZR 89/75, BGHZ 69 S. 160 (167).
1312 BGH, Urteil v. 27.2.1975, II ZR 77/73, NJW 1975 S. 1700; BGH, Urteil v. 19.12.1974, II ZR 27/73, BGHZ 63 S. 338 (344).
1313 BGH, Urteil v. 27.2.1975, II ZR 77/73, NJW 1975 S. 1700; OLG Hamm, Urteil v. 7.3.1977, 8 U 194/76, NJW 1978 S. 225; siehe auch Rn. 679.
1314 BGH, a.a.O.; OLG Hamm, a.a.O.

749 Nur wenn sich in der Abschichtungsbilanz ein negativer Kapitalanteil des ausgeschiedenen Kommanditisten ergibt, hat die Gesellschaft gegenüber dem ausgeschiedenen Kommanditisten einen Ausgleichsanspruch bis zur Höhe seiner nicht geleisteten Einlage.[1315] Ein Zahlungsanspruch der Gesellschaft in Höhe der noch ausstehenden Einlage besteht nach dem Ausscheiden des Kommanditisten also nur, wenn die Einlage, wäre sie eingezahlt worden, in der Zeit zwischen seinem Beitritt und seiner Kündigung durch Verluste aufgezehrt worden wäre. Ansonsten gilt das in Rn. 592 Gesagte.

1.5.3.2 Einwand der Arglist

750 Gegen diesen Ausgleichsanspruch der Gesellschaft kann der ausgeschiedene Kommanditist auch nicht den Einwand der Arglist erheben, wenn er von der Komplementär-GmbH arglistig getäuscht wurde.[1316]

751 Denn den übrigen Gesellschaftern wird die arglistige Täuschung der Komplementär-GmbH selbst dann nicht zugerechnet, wenn die GmbH bei Abschluss der Beitrittsverträge als ihr Vertreter tätig war.[1317] Zwar wird grundsätzlich in entsprechender Anwendung des § 278 BGB demjenigen, der einen anderen zur Führung von Verhandlungen und zum Abschluss eines Vertrages ermächtigt, ein schuldhaftes Verhalten seines Vertreters bei den Vertragsverhandlungen zugerechnet. Im Fall des Beitritts zu einer Publikums-KG können die arglistig Getäuschten jedoch nur die Komplementär-GmbH (und unter Umständen deren Geschäftsführer), nicht aber die Vertretenen – die übrigen Kommanditisten – haftbar machen.[1318] Denn diese sind in einer Massengesellschaft weder tatsächlich noch rechtlich in der Lage, auf die jeweiligen Verhandlungen Einfluss zu nehmen oder Abschlüsse zu verhindern. Sie treten gegenüber einem Beitrittsinteressenten namentlich überhaupt nicht in Erscheinung. Dementsprechend hat auch kein Neukommanditist berechtigten Anlass, sein Verhandlungsvertrauen

---

1315 BGH, Urteil v. 14.12.1972, II ZR 82/70, NJW 1973 S. 1604; BGH, Urteil v. 19.12.1974, II ZR 27/73, BGHZ 63 S. 338 (346); OLG Hamm, Urteil v. 7.3.1977, 8 U 194/76, NJW 1978 S. 225.
1316 BGH, Urteil v. 14.12.1972, II ZR 82/70, NJW 1973 S. 1604 (1605); BGH, Urteil v. 19.12.1974, II ZR 27/73, BGHZ 63 S. 338 (347); OLG Hamm, Urteil v. 7.3.1977, 8 U 194/76, NJW 1978 S. 225 (226).
1317 BGH, Urteil v. 14.12.1972, II ZR 82/70, NJW 1973 S. 1604 (1605); OLG Hamm, a.a.O.
1318 BGH, a.a.O.; OLG Hamm, a.a.O.

neben der persönlich haftenden Gesellschafterin noch einem anderen Mitglied der Gesellschaft entgegenzubringen.[1319]

1.5.4 Kündigung nach Auflösung der Gesellschaft

Das Recht zur außerordentlichen Kündigung endet mit der Auflösung der Gesellschaft.[1320] Befindet sich die Gesellschaft in der Insolvenz oder Liquidation, entfällt der Grund, der ein außerordentliches Kündigungsrecht rechtfertigt: Dem einzelnen Gesellschafter wird ein außerordentliches Kündigungsrecht zugebilligt, weil die an sich zu erhebende Auflösungsklage das Interesse der übrigen Gesellschafter am Bestand der Gesellschaft nicht berücksichtigt und die Auflösungsklage daher in einer Massen-KG als nicht sachgerecht erscheint.[1321] Ist die Gesellschaft dagegen bereits aufgelöst, ist für eine Auflösungsklage und ein ersatzweise zugestandenes Kündigungsrecht kein Raum mehr.[1322] „Darüber hinaus verbietet es das Interesse an der reibungslosen und zügigen Liquidation, einem einzelnen Gesellschafter ein gesondertes Ausscheiden noch während des Auseinandersetzungsverfahrens zu gestatten."[1323]

752

1.6 Prospekthaftung

1.6.1 Angaben im Prospekt

Nach der Rechtsprechung des BGH begründet die auf dem freien Kapitalmarkt erfolgende Werbung von Kommanditisten durch unrichtige, unvollständige oder irreführende Emissionsprospekte eine Haftung.[1324] Da der Entschluss, einer Publikums-KG beizutreten, für den einzelnen Beitrittswilligen von weitreichender wirtschaftlicher Bedeutung ist und ihm in der Regel außer dem Prospekt keine weiteren Informationsmöglichkeiten zur

753

1319 BGH, a.a.O.; OLG Hamm, a.a.O.
1320 BGH, Urteil v. 11.12.1978, II ZR 41/78, NJW 1979 S. 765; BGH, Urteil v. 6.10.1980, II ZR 60/80, BGHZ 79 S. 337 (347).
1321 Siehe Rn. 744.
1322 Siehe BGH, Urteil v. 11.12.1978, II ZR 41/78, NJW 1979 S. 765.
1323 Siehe BGH, a.a.O.
1324 Siehe BGH, Urteil v. 24.4.1978, II ZR 172/76, BGHZ 71 S. 284 (287); BGH, Urteil v. 16.11.1978, II ZR 94/77, BGHZ 72 S. 382 (384).

Verfügung stehen, gebietet der Grundsatz von Treu und Glauben, dass sich der Interessent auf die Richtigkeit und Vollständigkeit der Angaben in einem Prospekt verlassen darf.[1325] Ein Prospekt muss die Beitrittsinteressenten über alle Umstände aufklären, die für den Entschluss, sich als Kommanditist zu beteiligen, von wesentlicher Bedeutung sein können.[1326] Dazu zählen insbesondere Tatsachen, die den Vertragszweck vereiteln können.[1327] Hängt beispielsweise das wirtschaftliche Gedeihen der Gesellschaft von der Übernahme und dem Betrieb eines Handelsgeschäfts ab, ist aber weder vertraglich noch sonst wie sichergestellt, dass die Gesellschaft das Objekt erwerben kann, muss hierauf hingewiesen werden. Das gilt auch dann, wenn sich die im Prospekt enthaltenen Angaben bis zum Abschluss des Beitrittsvertrages ändern.[1328] Zu den nach Treu und Glauben zu offenbarenden Tatsachen gehören auch wesentliche kapitalmäßige und personelle Verflechtungen zwischen der Komplementär- GmbH, ihren Geschäftsführern und beherrschenden Gesellschaftern einerseits und den Unternehmen sowie deren Geschäftsführern und beherrschenden Gesellschaftern andererseits, in deren Hand die nach dem Prospekt durchzuführenden Vorhaben ganz oder im Wesentlichen liegen.[1329]

754 Durch das Gesetz zur Verbesserung des Anlegerschutzes v. 28.10.2004 (BGBl I S. 2630, 2649) – AnSVG – wurde erstmals auch für im Inland angebotene, nicht in Wertpapieren verbriefte Anteile von Personenhandelsgesellschaften eine Prospektpflicht gemäß § 8f Abs. 1 VerkProspG geschaffen, die historisch an die Vorarbeiten der Rechtsprechung anknüpft.

755 Mit dem am 1.6.2012 in Kraft getretenen Gesetz zur Novellierung des Finanzanlagenvermittler und Vermögensanlagenrechts v. 6.12.2011 (BGBl. I, 2481) wurden die Regelungen des VerkProspG durch das Vermögensanlagengesetz (VermAnlG) ersetzt,[1330] Seitdem findet sich der An-

---

1325 BGH, Urteil v. 24.4.1978, II ZR 172/76, BGHZ 71 S. 284 (287 f.); BGH, Urteil v. 6.10.1980, II ZR 60/80, 79 S. 337 (344); BGH, Urteil v. 31.5.1990, VII ZR 340/88, BGHZ 111 S. 314; BGH, Urteil v. 26.9.1991, VII ZR 376/89, BGHZ 115 S. 213; BGH, Urteil v. 29.5.2000, II ZR 280/98, DB 2000 S. 1609.
1326 BGH, Urteil v. 29.5.2000, II ZR 280/98, DB 2000 S. 1609; BGH, Urteil v. 14.1.2002, II ZR 40/00, DStR 2002 S. 778.
1327 BGH, Urteil v. 6.10.1980, II ZR 60/80, BGHZ 79 S. 337 (345); BGH, Urteil v. 29.5.2000, II ZR 280/98, DB 2000 S. 1609.
1328 BGH, Urteil v. 24.4.1978, II ZR 172/76, BGHZ 71 S. 284 (290 f.); BGH, Urteil v. 14.1.2002, II ZR 40/00, DStR 2002 S. 778.
1329 BGH, Urteil v. 6.10.1980, II ZR 60/80, BGHZ 79 S. 337 (345).
1330 Vgl. Leuering, NJW 2012, S. 1905.

knüpfungspunkt für die Prospektpflicht in § 6 VermAnlG. Danach ist jeder, der im Inland Vermögensanlagen öffentlich anbietet, grundsätzlich verpflichtet, einen Verkaufsprospekt zu veröffentlichen.

Nach den Übergangsvorschriften in § 32 VermAnlG bleibt das VerkProspG aber für bestimme Fallgestaltungen weiterhin anwendbar: Zum einen auf Verkaufsprospekte, die vor dem 1.6.2012 bei der BaFin zur Gestattung ihrer Veröffentlichung eingereicht wurden (§ 32 Abs. 1 VermAnlG), und zum anderen auf Ansprüche wegen fehlerhafter Verkaufsprospekte, die vor dem 1.6.2012 im Inland veröffentlicht worden sind. Dementsprechend werden im Folgenden sowohl die alte Rechtslage nach dem VerkProspG, als auch die neue Rechtslage nach dem VermAnlG erläutert.

1.6.2 Rechtliche Grundlage der Haftung

Primäre Anspruchsgrundlage bei einem fehlerhaften Prospekt war nach der alten Rechtslage § 13 VerkProspG, der im Wesentlichen auf die börsenrechtliche Prospekthaftung gemäß §§ 44 bis 47 BörsG verweist. Nach der neuen Rechtslage ergibt sich diese Haftung aus § 20 VermAnlG. Im Rahmen ihres Anwendungsbereichs ersetzt diese Haftung für fehlerhafte Prospekte die bisherige Rechtsprechung zur bürgerlich-rechtlichen Prospekthaftung im engeren Sinne.

Ausgangspunkt der Prospekthaftung war nämlich bis zum Inkrafttreten des AnSVG allein die bürgerlich-rechtliche Prospekthaftung im engeren Sinne, welche in §§ 241 Abs. 2, 311 Abs. 2 und Abs. 3 BGB ihre Grundlage fand. Nach diesen Vorschriften haftet der Sachwalter einer Vertragspartei unabhängig davon, ob er als Vertreter tätig wird, für Pflichtverletzungen bei Vertragsverhandlungen, wenn er für seine Person besonderes Vertrauen in Anspruch genommen und die Vertragsverhandlungen maßgeblich beeinflusst hat.[1331] Dieser Grundgedanke der Vertrauenshaftung bei Vertragsschluss ist von der Rechtsprechung im Rahmen der Prospekthaftung insoweit weitergeführt worden, als hier Grundlage der Vertrauenshaftung nicht nur das von einem bestimmten Menschen ausgehende persönliche Vertrauen sein kann, „sondern auch ein Vertrauen, das sich aus einer Art Garantenstellung herleitet, die kraft Amtes oder Berufes entsteht oder auf einer besonderen Fachkunde oder einer allgemein anerkannten und hervor-

---

1331 BGH, Urteil v. 5.4.1971, VII ZR 163/69, BGHZ 56 S. 81 (86 f.); BGH, Urteil v. 21.1.1975, VIII ZR 101/73, BGHZ 63 S. 382; BGH, Urteil v. 19.12.1977, II ZR 164/76, BGHZ 70 S. 337b.

gehobenen beruflichen und wirtschaftlichen Stellung beruht".[1332] Die Haftung kann auch nicht formularmäßig auf Vorsatz und grobe Fahrlässigkeit beschränkt werden,[1333] vgl. jetzt § 13 VerkProspG, § 47 Abs. 1 BörsG für die alte Rechtslage und § 20 Abs. 6 VermAnlG für die neue Rechtslage.

1.6.3 Verantwortlicher Personenkreis

758 Für unrichtige oder unvollständige Prospekte einer Publikums-KG haften sowohl nach VerkProspG als auch nach VermAnlG als auch nach bisheriger Rechtsprechung nicht nur die Geschäftsführer der Komplementär-GmbH, sondern auch die Initiatoren, Gründer und Gestalter der Gesellschaft, soweit sie das Management bilden oder beherrschen und die für den Prospekt Verantwortung übernommen haben (§ 13 VerkProspG, § 44 Abs. 1 Satz 1 Nr. 1 BörsG nach alter Rechtslage und § 20 Abs. 1 Satz 1 VermAnlG nach neuer Rechtslage).[1334]

759 Darüber hinaus haften auch solche Personen, die hinter der Komplementär-GmbH und der Publikums-KG stehen und neben der Geschäftsleitung besonderen Einfluss in der Gesellschaft ausüben und deshalb Mitverantwortung tragen.[1335] Soweit dieser Personenkreis in Betracht kommt, ist eine Haftung auch dann bejaht worden, wenn die Bedeutung dieser Personen und ihr Einfluss nicht aus dem Prospekt hervorgingen und dem Beitrittsinteressenten vor oder bei den Vertragsverhandlungen auch sonst nicht bekannt waren (Prospektveranlasser, § 13 VerkProspG, § 44 Abs. 1 Satz 1 Nr. 2 BörsG nach alter Rechtslage und § 20 Abs. 1 Satz 1 VermAnlG nach neuer Rechtslage).[1336]

760 Personen und Unternehmen, die aufgrund ihrer besonderen beruflichen Stellung oder Qualifikation eine Garantenstellung einnehmen, sind ausschließlich von der bürgerlich-rechtlichen Haftung betroffen, weil sie

---

1332 BGH, Urteil v. 6.10.1980, II ZR 60/80, BGHZ 79 S. 337 (341); Einzelheiten siehe Rn. 701.
1333 BGH, Urteil v. 14.1.2002, II ZR 40/00, DStR 2002 S. 778.
1334 BGH, Urteil v. 24.4.1978, II ZR 172/76, BGHZ 71 S. 284 (287); BGH, Urteil v. 6.10.1980, II ZR 60/80, BGHZ 79 S. 337 (340); BGH, Urteil v. 14.1.2002, II ZR 40/00, DStR 2003 S. 778.
1335 BGH, Urteil v. 16.11.1978, II ZR 94/77, BGHZ 72 S. 382 (386 f.).
1336 BGH, a.a.O.

insoweit nicht unter § 13 VerkProspG, §§ 44 f. BörsG nach alter Rechtslage bzw. § 20 VermAnlG nach neuer Rechtslage fallen.[1337] In erster Linie kommen hierfür Rechtsanwälte und Wirtschaftsprüfer in Betracht, die mit ihrer Zustimmung im Prospekt als Sachverständige angeführt werden und in dieser Eigenschaft Erklärungen abgeben. Von ihnen werden berufliche Sachkunde und persönliche Zuverlässigkeit erwartet, so dass der Kapitalanleger ihren Aussagen im Prospekt häufig eine maßgebliche und ausschlaggebende Bedeutung beimisst.[1338] Dieser Personenkreis haftet nicht bei jeder Unrichtigkeit oder Unvollständigkeit des Prospektes. Diese Personen haften für die Richtigkeit der Prospektangaben nur insoweit, als diese sich auf sie beziehen und ihnen demgemäß zuzurechnen sind. Wird beispielsweise im Prospekt versichert, dass der dort namentlich aufgeführte Rechtsanwalt die seinem Anderkonto gutzubringenden Einlagen bestimmungsgemäß freigeben werde, während er in Wahrheit die sofortige Weiterleitung der Gelder vereinbart hat, ist diesem Rechtsanwalt diese falsche Prospektangabe zuzurechnen.[1339]

Die KG selbst sowie die Kommanditisten zählen grundsätzlich nicht zu dem verantwortlichen Personenkreis. Die Täuschung durch die Komplementär- GmbH oder die Geschäftsführer kann ihnen nicht zugerechnet werden. Eine Haftung kommt allerdings dann in Betracht, wenn die Kommanditisten selbst durch unrichtige Angaben bewirken, dass neue Gesellschafter beitreten.[1340] Des Weiteren haftet ein Gründungskommanditist auch dann, wenn ihm vor Beitritt weiterer Gesellschafter Sondervorteile gewährt wurden und diese Sondervorteile nicht im Prospekt offen gelegt werden. Sondervorteile können auch Gewinne sein, die ein von den Gründungskommanditisten beherrschtes Unternehmen aus Geschäften mit der KG vor Beitritt der Anleger erzielt.[1341]

1337 BGH, Urteil v. 22.5.1980, II ZR 209/79, BGHZ 77 S. 172 (176 f.); BGH, Urteil v. 6.10.1980, II ZR 60/80, BGHZ 79 S. 337 (348); BGH, Urteil v. 21.11.1983, II ZR 27/83, NJW 1984 S. 865 (866).
1338 BGH, Urteil v. 22.5.1980, II ZR 209/79, BGHZ 77 S. 172 (177); BGH, Urteil v. 31.5.1990, VII ZR 340/88, BGHZ 111 S. 314.
1339 BGH, Urteil v. 21.11.1983, II ZR 27/83, NJW 1984 S. 865 (866).
1340 BGH, Urteil v. 20.1.1992, II ZR 90/91, WM 1992 S. 482.
1341 BGH, Urteil v. 7.4.2003, II ZR 160/02, DStR 2003 S. 1267 f.

1.6.4 Schaden

761 Nach der Rechtsprechung war dem Anleger ursprünglich der Schaden zu ersetzen, den er erlitten hat, weil er den Prospektangaben vertraute.[1342] Dieser Vertrauensschaden besteht regelmäßig in dem – vollen oder teilweisen – Verlust des eingezahlten Betrags (der Einlage nebst Agio). Wenn die Beteiligung nicht völlig wertlos geworden ist, konnte der Anleger Schadensersatz nur Zug um Zug gegen Abtretung des gegen die Gesellschaft bestehenden Auseinandersetzungsanspruchs geltend machen.[1343]

Auf Grundlage der gesetzlichen Regelungen zur Prospekthaftung können die Anleger nach der alten Rechtslage gemäß § 13 VerkProspG, § 44 Abs. 1 BörsG bzw. nach der neuen Rechtslage gemäß § 20 VermAnlG die Übernahme ihrer Anteile gegen Erstattung des ersten Erwerbspreises und der mit dem Erwerb verbundenen üblichen Kosten verlangen. Ist der Erwerber nicht mehr Inhaber der Beteiligung, kann er nach der alten Rechtslage gemäß § 44 Abs. 2 BörsG bzw. nach der neuen Rechtslage gemäß § 20 Abs. 2 VermAnlG Zahlung des Unterschiedsbetrags zwischen dem ersten und dem Veräußerungspreis der Anlagen sowie die mit dem Erwerb verbundenen üblichen Kosten fordern.

762 Abweichend von der alten Rechtslage gemäß § 44 Abs. 1 Satz 1 BörsG, aufgrund derer nur derjenige ersatzberechtigt ist, der die Anteile nach Veröffentlichung des Prospekts und innerhalb einer Ausschlussfrist von 6 Monaten seit ihrer Einführung erworben hat, sind nach der neuen Rechtslage gemäß § 20 Abs. 1 Satz 1 VermAnlG alle Erwerbe erfasst, die während der Dauer des öffentlichen Angebots, spätestens jedoch innerhalb von 2 Jahren nach dem ersten öffentlichen Angebot im Inland, erfolgen. Auf diesem Weg soll eine sachlich nicht gerechtfertigte Benachteiligung der Anleger vermieden werden, da der Prospekt für den Anleger oftmals die zentrale und einzige Informationsquelle darstellt und die Platzierungsphase mehrere Jahre betragen kann.[1344]

763 Nur soweit die Spezialität der Prospekthaftung nach VerkProspG bzw. VermAnlG nicht entgegensteht (also z. B. bei Experten i. S. d. Rn. 760) kann also der Anleger mithilfe der bürgerlich-rechtlichen Prospekthaftung

---

1342 BGH, Urteil v. 6.10.1980, II ZR 60/80, BGHZ 79 S. 337 (346).
1343 BGH, a. a. O.
1344 Vgl. Begr RegE zu § 20 VermAnlG, BT-Drucks. 17/6051, S. 36.

im engeren Sinne auch den Schaden liquidieren, der daraus entstanden ist, dass er von einer erfolgreicheren Investition Abstand genommen hat.[1345]

1.6.5 Verjährung

Nach der alten Rechtslage verjähren Ansprüche aus der Prospekthaftung gemäß § 13 VerkProspG, § 46 BörsG in einem Jahr seit dem Zeitpunkt, zu dem der Erwerber von der Unrichtigkeit oder Unvollständigkeit der Angaben des Prospekts Kenntnis erlangt hat, spätestens jedoch in 3 Jahren seit der Veröffentlichung des Prospekts. Da nach der neuen Rechtslage die Sonderverjährungsfrist für Prospekthaftungsansprüche entfallen ist, verjähren die Ansprüche gemäß § 20 VermAnlG innerhalb der regelmäßigen Verjährungsfrist von 3 Jahren (§§ 195 BGB). Die Verjährungsfrist beginnt gemäß § 199 Abs. 1 BGB jedoch erst mit Ablauf des Jahres zu laufen, in dem der Ersatzanspruch entstanden ist und der Berechtigte Kenntnis von den Umständen, die den Anspruch begründen, und der Person des Verpflichteten erlangt hat bzw. ohne grobe Fahrlässigkeit hätte erlangen können.

764

Die bürgerlich-rechtliche Prospekthaftung im engeren Sinne, soweit sie überhaupt noch zur Anwendung kommt, verjährt analog § 127 Abs. 5 InvG in einem Jahr seit dem Zeitpunkt, in dem der Gesellschafter von der Unrichtigkeit oder Unvollständigkeit des Prospekts Kenntnis erlangt, spätestens jedoch in drei Jahren seit dem Beitritt zur Gesellschaft.[1346] Der kurzen Verjährung unterliegen nur Ansprüche, deren Grundlage nicht das persönliche, einem bestimmten Verhandlungspartner entgegengebrachte, sondern das typisierte, aus einer bestimmten Garantenstellung hergeleitete Vertrauen ist (Prospekthaftung im engeren Sinne).[1347]

Sofern hingegen dem Schadenersatzverpflichteten persönliches Vertrauen entgegengebracht worden ist oder diese Person aus eigenem wirtschaftlichen Interesse mit dem Anleger verhandelt hat, unterliegen diese Ersatzansprüche ebenfalls der regelmäßigen Verjährungsfrist von 3 Jahren

---

1345 Arndt/Voß/Kind, § 13 Rn. 41.
1346 BGH, Urteil v. 22.3.1982, II ZR 114/81, BGHZ 83 S. 222; BGH, Urteil v. 14.1.1985, II ZR 124/82, WM 1985 S. 534 (536); BGH, Urteil v. 14.1.2002, II ZR 40/00, DStR 2002 S. 778; OLG Köln, Urteil v. 16.7.2001, 12 U 212/00, NZG 2001 S. 1149. Zur Verlängerung der Frist gegenüber dem bisherigen Rechtsstand auf ein Jahr vgl. OLG München, Urteil v. 18.7.2007, 20 U 2052/07, EWiR 2007 S. 699.
1347 BGH, Urteil v. 22.3.1982, II ZR 114/81, BGHZ 83 S. 222 (227).

(§§ 195, 199 BGB). Diese Prospekthaftung im weiteren Sinne ist stets neben § 13 VerkProspG anwendbar.[1348]

2 Steuerrechtlicher Teil

2.1 Gewinnerzielungsabsicht

765 Notwendig ist stets eine einkommensteuerlich relevante Tätigkeit mit einer **Gewinn- und Überschusserzielungsabsicht**; diese ist vorrangig zu prüfen.[1349]

Bei Vorhaben im öffentlich geförderten Wohnungsbau (in Berlin), in die Rechtsform einer GmbH & Co. KG gekleidet, besteht die Vermutung, dass eine steuerlich unbeachtliche Liebhaberei in der Regel nicht vorliegt. Im öffentlich geförderten Wohnungsbau ist grundsätzlich davon auszugehen, „dass sich die Zeichner mit der Absicht beteiligt haben, während der Dauer der Beteiligung insgesamt einen Überschuss der Einnahmen über die Werbungskosten zu erzielen".[1350] Bei der Beurteilung, ob ein positives Gesamtergebnis erwartet werden kann, ist auf die voraussichtliche Vermögensnutzung abzustellen. Dem BMF-Schreiben v. 23.7.1992[1351] zufolge ist bei Gebäuden für die Dauer der voraussichtlichen Vermögensnutzung grundsätzlich von einer tatsächlichen Nutzungsdauer von 100 Jahren auszugehen.

766 Bei einigen Investitionen/gesellschaftsrechtlichen Beteiligungen steht nicht die Gewinnerzielungsabsicht, sondern das Streben nach Verlustzuweisungen im Vordergrund; man spricht hier von **Verlustzuweisungsgesellschaften**.[1352] Es besteht die Vermutung, dass die Gesellschafter zumindest keine Gewinnerzielungsabsicht haben, sondern lediglich die Möglichkeit einer späteren Gewinnerzielung in Kauf nehmen.[1353]

Den Gedanken, dass nicht die Erzielung steuerlicher Vorteile, sondern eine Einkunftserzielungsabsicht im Vordergrund stehen muss, griff der Gesetz-

---

1348 Arndt/Voß/Kind, vor § 13 Rn. 8.
1349 BFH, Urteil v. 12.12.1995, VIII R 59/92, BStBl 1996, S. 219.
1350 Berliner FinSen in einem Schreiben an die OFD Berlin v. 15.8.1989, III B 3 – S 2253 – 5/88.
1351 IV B 3 – S 2253 – 29/92, DB 1992 S. 1755.
1352 Siehe BFH, Urteil v. 21.8.1990, VIII R 59/92, BStBl 1996 S. 219.
1353 BFH, Urteil v. 12.12.1995, VIII R 59/92, BStBl 1996 S. 219.

geber mit dem durch das Steuerentlastungsgesetz 1999/2000/2002 eingeführten § 2b EStG auf; diese Bestimmung betrifft die Beteiligung an sog. „Verlustzuweisungsgesellschaften" (und ähnlichen Modellen). Ist bei derartigen Beteiligungsgesellschaften die Gewinnerzielungsabsicht gegeben,[1354] kommt es durch die Regelung des § 2b EStG dennoch zur Beschränkung des Verlustausgleichs und des Verlustabzugs, wenn die Erzielung eines steuerlichen Vorteils im Vordergrund steht. Die Bestimmung des § 2b EStG galt für Verlustbeteiligungen nach dem 5.3.1999 bis zum 11.11.2005. Mit Wirkung ab dem 11.11.2005 wurde § 2b EStG durch § 15b EStG ersetzt; man spricht jetzt von **Steuerstundungsmodellen**. Nach § 15b EStG sind Verluste im Zusammenhang mit Steuerstundungsmodellen nicht mehr mit den übrigen Einkünften des Steuerpflichtigen im Jahr der Verlustentstehung, sondern lediglich mit Gewinnen aus späteren Veranlagungszeiträumen aus dem nämlichen Steuerstundungsmodell verrechenbar, wenn die prognostizierten Verluste mehr als 10 % des gezeichneten und aufzubringenden oder eingesetzten Kapitals betragen. § 15b EStG ist auch bei den Einkünften aus Land- und Forstwirtschaft (§ 13 EStG), selbständiger Arbeit (§ 18 EStG), Kapitalvermögen (§ 20 EStG, vgl. hierzu auch Ausführungen unter Tz. 28), Vermietung und Verpachtung (§ 21 EStG) und sonstigen Einkünften i.S.v. § 22 Nr. 1 Satz 1 EStG anzuwenden. Auf Anlaufverluste von Existenz- und Firmengründern ist § 15b EStG grundsätzlich nicht anzuwenden.[1355]

Ein Steuerstundungsmodell i. S. v. § 15b EStG liegt vor, wenn aufgrund einer modellhaften Gestaltung (vgl. Tz. 8 ff) steuerliche Vorteile in Form negativer Einkünfte erzielt werden sollen (§ 15b Abs. 2 Satz 1 EStG).

Bei Beteiligung an einer Gesellschaft oder Gemeinschaft kann als Indiz für die Annahme eines Steuerstundungsmodells auch gesehen werden, dass der Anleger vorrangig eine kapitalmäßige Beteiligung ohne Interesse an einem Einfluss auf die Geschäftsführung anstrebt. Geschlossene Fonds in der Rechtsform einer Personengesellschaft, die ihren Anlegern in der Anfangsphase steuerliche Verluste zuweisen, sind regelmäßig als Steuerstundungsmodell zu klassifizieren, auch wenn die Gesellschafter in ihrer gesellschaftsrechtlichen Verbundenheit die Möglichkeit haben, auf die Vertragsgestaltung einzunehmen (vgl. Rn. 33 bis 37 des BMF-Schreibens v.

[1354] Fehlt sie, sind die Verlustzuweisungen bereits unter diesem Blickwinkel steuerlich irrelevant.
[1355] Siehe BMF, Schreiben v. 17.7.2007, IV B 2 – S 2241-b/07/0001, DOK 2007/0299270, DStR 2007 S. 1347 ff.

20.10.2003, IV C 3 – S 2253a – 48/03, BStBl I 2003 S. 546, DStR 2003 S. 1974). Hierzu gehören insbesondere Medienfonds, Gamefonds, New Energy Fonds, Lebensversicherungszweitmarktfonds und geschlossene Immobilienfonds. Entsprechendes gilt für Gesamtobjekte i. S. d. Rn. 1.3. des BMF v. 13.7.1992 (IV A 5 – S 0361 – 19/92, BStBl 1992 I, S. 404, DStR 1992 S. 1133), sofern in der Anfangsphase einkommensteuerrechtlich relevante Verluste erzielt werden.[1356]

2.2 Inanspruchnahme erhöhter Absetzungen oder Sonderabschreibungen

767 **Erhöhte Absetzungen**, also Absetzungen, die an die Stelle von normalen AfA treten, gibt es im derzeit geltenden EStG nur in §§ 7h, 7i EStG (erhöhte AfA bei Gebäuden bzw. Baudenkmalen). Anspruchsberechtigt ist der Gesellschafter, nicht die GmbH & Co. KG. Im Falle einer Gesellschaft, bei Zurechnung des Gebäudes mehreren Beteiligten gegenüber, ist § 7i Abs. 7 EStG zu beachten. Die erhöhten Absetzungen können nur einheitlich von allen Beteiligten in Anspruch genommen werden. Scheidet ein Gesellschafter nach Durchführung der begünstigten Maßnahmen aus der Gesellschaft aus und übernehmen die übrigen Gesellschafter dessen Anteil (Anwachsung), so sind jedem der verbliebenen Gesellschafter nur in Höhe seiner ursprünglichen Beteiligung begünstigte Herstellungskosten zuzurechnen.[1357]

Für bestimmte Investitionen in den neuen Bundesländern einschließlich dem Land Berlin konnten Sonderabschreibungen nach dem FördGG in Anspruch genommen werden. Anspruchsberechtigt ist auch die GmbH & Co. KG. Auf dem Immobiliensektor sind §§ 3 f. FördGG zu beachten.

768 Sonderabschreibungen, d. h. Abschreibungen, die neben der normalen AfA vorgenommen werden, finden sich im aktuellen EStG nur noch in § 7g Abs. 5 EStG. Anspruchsberechtigt ist hier die GmbH & Co. KG (§ 7g Abs. 7 EStG)

769 Bei der Inanspruchnahme von Sonderabschreibungen ist § 15a EStG voll zu beachten. § 15a EStG greift nur bei der GmbH & Co. KG. Besteht dagegen eine BGB-Gesellschaft und ergibt der Gesellschaftsvertrag, dass die Gesellschafter persönlich über ihre Einlagen hinaus für die Verbindlichkeiten der

---

1356 Tz. 7 des BMF, Schreiben v. 17.7.2007; für weitere Einzelheiten siehe dieses BMF-Schreiben.
1357 Siehe EStR 7a, aber auch BFH, Urteil v. 17.7.2001, IX R 50/08, BStBl II S. 760.

Gesellschaft entsprechend ihrer Beteiligungsquote haften, für diesen Anteil jedoch in der Höhe unbeschränkt, so führt diese Einschränkung der bei BGB-Gesellschaften üblichen gesamtschuldnerischen Haftung auf eine unbeschränkte Anteilshaftung der Gesellschafter nicht zur Anwendung des § 15a EStG.

2.3 Gewinnverteilung in der Investitionsphase

Liquiditätsgründe oder wirtschaftliche Gründe können Grundlage dafür sein, dass hinsichtlich der Verteilung des Verlustes und Gewinns einer GmbH & Co. KG folgende Vereinbarungen getroffen werden: 770
1. Die KG muss aus Liquiditätsgründen ihr Eigenkapital erhöhen. Die neuen Kommanditisten machen ihre Beteiligung davon abhängig, dass ihnen die Verluste der Folgezeit – z. B. der drei folgenden Wirtschaftsjahre, wenn die Beteiligten davon ausgehen, dass mit großer Wahrscheinlichkeit während dieses Zeitraums Verluste erzielt werden – in vollem Umfang zugerechnet werden, und zwar bis zur Höhe der Verluste, die den Altgesellschaftern in den Vorjahren, insbesondere aufgrund der Inspruchnahme von Sonderabschreibungen, zugerechnet worden sind.
2. Als Folge wirtschaftlicher (Investitions-)Überlegungen werden Kommanditisten in einer GmbH & Co. KG nur während eines Investitions-(Gründungs-)Zeitraumes von zwei Jahren aufgenommen, und zwar begrenzt auf die Höhe des gesellschaftsvertraglich von vornherein festgelegten Kommanditkapitals. Der Gesellschaftsvertrag sieht vor, dass die Verluste der Investitionsphase auf alle Gesellschafter derart verteilt werden, dass sie am Ende dieser zwei Jahre hinsichtlich ihrer negativen Kapitalkonten prozentual zur Einlage entsprechend gleichgestellt sind, unabhängig davon, wann sie in die GmbH & Co. KG eingetreten sind.

Nach dem BFH-Urteil v. 7.7.1983[1358] werden die unter a. und b. wiedergegebenen Vereinbarungen auch ertragsteuerlich anerkannt, selbstverständlich vorausgesetzt, die geänderte **Gewinnverteilungsabrede** bezieht sich auf **künftige Verluste der KG** und stellt sich nicht als außerbetrieblich veranlasst oder rechtsmissbräuchlich dar. 771

1358 IV R 209/80, BStBl 1984 II S. 53.

Auch der VIII. Senat des BFH hat die Gleichstellung neu eintretender Gesellschafter bei der Gewinnbeteiligung mit Urteil v. 17.3.1987[1359] bejaht und folgenden Grundsatz aufgestellt:

„Wird bei der Gründung einer KG vereinbart, dass für die ersten beiden Geschäftsjahre die Gewinn- und Verlustverteilung in der Weise erfolgen soll, dass sämtliche in diesen beiden Geschäftsjahren eintretenden Kommanditisten gleichzustellen sind, und erhalten demzufolge die erst im zweiten Geschäftsjahr der KG beigetretenen Kommanditisten einen höheren Anteil am Verlust der KG als die bereits im ersten Geschäftsjahr beigetretenen, so ist dies steuerlich anzuerkennen, wenn eine solche Gewinn- und Verlustverteilungsabrede betrieblich veranlasst ist und der nach dem Beitritt eines jeden Kommanditisten im Geschäftsjahr erwirtschaftete Verlust hoch genug ist, um die diesen Kommanditisten zugerechneten Verlustanteile abzudecken."

In praxi ist die Ergebnisverteilung des jeweiligen Jahresergebnisses nach den am 31.12. tatsächlich vorliegenden Verpflichtungen zur Einzahlung von Eigenkapital (Beitrittserklärungen, „Zeichnungen") vorzunehmen, wobei für die Gründungsgesellschafter nur von einer Einzahlungsverpflichtung in Höhe der von vornherein vorgesehenen Mindestbeteiligung auszugehen ist.

Die vorgenannten Urteile sind zu einer gewerblichen Personengesellschaft ergangen. Im Rahmen dieser Urteile – vor allem im Urteil v. 17.3.1987 – stellt der BFH darauf ab, dass die Höhe der vertraglich vereinbarten (erhöhten) Verlustzuweisung für die neu eingetretenen Gesellschafter auf nach deren Beitritt entstandene Verluste beschränkt ist. Es gilt die sog. „Entstehungstheorie", d. h. maßgeblich ist der Zeitpunkt der Erbringung der Gegenleistung an die Gesellschaft.

772 Für den Bereich der **Einkünfte aus Vermietung und Verpachtung** stellt die Verwaltung jedoch ausschließlich auf den Zeitpunkt der Zahlung ab (§ 11 Abs. 2 EStG), d. h. bei vorheriger Vereinbarung können später beitretenden Gesellschaftern Verlustanteile – bis hin zum Gesamtverlust – vorab, d. h. vor den Altgesellschaftern, nur zugerechnet werden, soweit sie auf Ausgabenabflüsse nach dem Beitritt des jeweiligen Gesellschafters beruhen.[1360] Auf jeden Fall dürfen die erhöhten Verlustzuweisungen für

---

1359 VIII R 293/82, BStBl 1987 II S. 558.
1360 Eichholtz, FinSen Berlin, im Rahmen eines Referats „Sonderabschreibungen für Immobilien-Investitionen" in Berlin.

neu beigetretene Gesellschafter nicht dazu führen, dass innerhalb des Investitionszeitraums denjenigen Gesellschaftern, die in einem Jahr höhere (als ihnen am Ende der Investitionsphase ihrem Anteil entsprechende) Verlustanteile zugewiesen bekommen haben, zum Ausgleich im Folgejahr positive Einkünfte zugerechnet werden. Die Finanzverwaltung wendet daher das BFH-Urteil v. 17.3.1987 bei vermögensverwaltenden Gesellschaften mit Einkünften aus Vermietung und Verpachtung mit der Maßgabe an, dass bei einem späteren Beitritt von weiteren Gesellschaftern das Betriebsergebnis abweichend von den Gesellschaftsanteilen mit dem Ziel einer Ergebnisgleichstellung aller Gesellschafter nur dann verteilt werden kann,
– wenn dies im Gesellschaftsvertrag bei der Gründung (oder zu Beginn des Jahres) vereinbart worden ist,
– wenn eine solche Verteilungsabrede betrieblich (wirtschaftlich) veranlasst ist **und**
– soweit die Geschäftsvorfälle (Einnahmen/Ausgaben) unter Beachtung des Zuflussprinzips bei der Ermittlung der Überschusseinkünfte **nach** dem Eintritt der betreffenden Gesellschafter verwirklicht worden sind.

Fehlt es an diesen Voraussetzungen, gehören **vor** Eintritt eines Gesellschafters gezahlte Aufwendungen (unabhängig vom Zeitpunkt der redlichen Entstehung) bei dem Gesellschafter insoweit zu den Anschaffungskosten.[1361]

Darüber hinaus ist bei der Verlustverteilung zusätzlich auch zu beachten:
– Die von der Rechtsprechung für gewerblich tätige Personengesellschaften aufgestellten Grundsätze sind nach dem BMF-Schreiben v. 24.12.1996[1362] hinsichtlich der **Sonder-AfA** auch für **vermögensverwaltende Personengesellschaften** anzuwenden. Voraussetzung ist aber, dass die erwünschte Verteilung der Sonder-AfA zu Beginn des Kalenderjahres im Gesellschaftsvertrag vereinbart ist und es sich ab dem Eintritt des Gesellschafters um entsprechende Verluste aus der Inanspruchnahme der Sonder-AfA handelt. Der Anteil des beitretenden Gesellschafters an den insgesamt zulässigen Sonder-AfA darf jedoch nicht höher sein als dies seinem Anteil an der Gesellschaft entspricht. Die Altgesellschafter können jedoch nicht auf die Anteile an der Sonder-AfA verzichten, um im Hinblick darauf, dass sie mit den vor

773

1361 Siehe Textziffer 7.7 des 4. Bauherrenerlasses v. 31.8.1990, IV B 3 – S 2253a – 49/90, BStBl 1990 I S. 366; BFH, Beschluss v. 19.8.1986, IX S 5/83, BStBl 1987 II S. 212.
1362 IV B 3 – S 1988 – 170/96, DB 1997 S. 70.

dem Beitritt der neuen Gesellschafter entstandenen, meist hohen Werbungskosten der Anfangsphase belastet sind, eine Verlustgleichstellung mit Neueintretenden zu erreichen.[1363]
- Am 24.11.1997[1364] hat der BdF klargestellt, dass das **übrige Betriebsergebnis** unverändert abweichend von den Gesellschaftsanteilen verteilt werden kann. Dabei ist darauf jedoch zu achten, dass nach dem Beitritt des jeweiligen Gesellschafters Verluste aus den übrigen Werbungskosten mindestens in der Höhe angefallen sind, wie sie ihm zugerechnet werden sollen. Aus Vereinfachungsgründen können jeweils zwei Monate zusammengefasst werden (sog. Abschichtung). Sonderabschreibungen können aus Vereinfachungsgründen unabhängig vom Zeitpunkt des Beitritts außerhalb der Verteilung des übrigen Betriebsergebnisses entsprechend der jeweiligen Beteiligung auf die Gesellschafter verteilt werden.

774 Wird die **Gewinnverteilungsabrede** der KG während des Wirtschaftsjahres **mit Rückbeziehung** auf den Beginn des Wirtschaftsjahres **geändert**, so ist die Rückbeziehung für die einkommensteuerrechtliche Gewinn- und Verlustzurechnung ohne Bedeutung. Der bis zum Zeitpunkt der Änderung entstandene (gegebenenfalls im Schätzungswege zu ermittelnde) Gewinn oder Verlust ist den Gesellschaftern der KG nach dem bis dahin gültigen Gewinn- oder Verlustverteilungsschlüssel zuzurechnen.[1365] Für den Eintritt oder Austritt von Gesellschaftern im Laufe eines Wirtschaftsjahres bedeutet dies, dass sie mit steuerlicher Wirkung an dem Jahresergebnis der Gesellschaft nur für die Dauer ihrer Zugehörigkeit beteiligt werden können. Die Aufteilung des Jahresergebnisses ist in der Feststellungserklärung vorzunehmen. Dabei wird das Jahresergebnis in der Regel zeitanteilig aufgeteilt.

1363 Siehe auch BFH, Urteil v. 27.7.2004, IX R 20/03: „Wird bei Gründung eines geschlossenen Immobilienfonds in der Rechtsform einer Kommanditgesellschaft vereinbart, die Einkünfte für die ersten beiden Geschäftsjahre bis zur Schließung des Fonds auf sämtliche in diesem Zeitraum eintretenden Kommanditisten in der gleichen Weise zu verteilen (gleiche Verlustquote für alle Gesellschafter), so können die erst im zweiten Geschäftsjahr der KG beigetretenen Kommanditisten für dieses Jahr einen gegenüber den bisherigen Gesellschaftern und im Verhältnis zu ihrem Gesellschaftsanteil höheren Anteil an den negativen Einkünften an der KG beanspruchen; dies gilt auch, soweit diese auf der Inanspruchnahme von Sonderabschreibungen nach dem FördG beruhen (gegen BMF, Schreiben v. 24.12.1996, BStBl 1996 I S. 1516 Tz. 6)."
1364 IV B 3 – S 1988 – 113/97, EStG-Kartei Berlin, § 21 EStG Fach 5 Nr. 1009.
1365 Vgl. oben genanntes BFH, Urteil v. 7.7.1983.

Beispiel[1366]

An einer Personengesellschaft sind die Gesellschafter A, B, C und D wie folgt beteiligt

	Einlage	Anteil	Eintrittsdatum
A	10	¼	1.1.1
B	10	¼	1.1.1
C	5	⅛	15.2.1
D	15	⅜	1.7.1
insgesamt:	40	¹/₁	

Im Jahr 1 erleidet die Gesellschaft einen Verlust in Höhe von 400, den sie entsprechend der kapitalmäßigen Beteiligung, jedoch ohne Berücksichtigung der zeitlichen Zugehörigkeit zur Gesellschaft auf die Gesellschafter verteilt. Für die einzelnen Gesellschafter ergeben sich folgende Verluste:

	laut Handelsbilanz	laut zeitanteiliger Verteilung (= Steuerrecht) – aufgerundet –
A	100	140
B	100	140
C	50	45
D	150	75
insgesamt:	400	400

Zu der Frage, ob in einem derartigen Fall lediglich die Verteilung der Verluste zu korrigieren ist oder ob die Darstellung in der Handelsbilanz dazu zwingt, in der Übernahme der Verluste begünstigte Veräußerungsvorgänge (§§ 16, 34 EStG) mit entsprechenden Darstellungen in Ergänzungsbilanzen zu sehen, vertritt die OFD Düsseldorf folgende Auffassung:

[1366] Siehe ESt. Rdvfg. 28/86 der OFD Düsseldorf v. 29.4.1986.

Im Feststellungsverfahren ist lediglich die steuerrechtlich zutreffende Verlustverteilung vorzunehmen, der Ansatz von Veräußerungsgewinnen scheidet deshalb aus. Dabei ist regelmäßig davon auszugehen, dass die Gesellschaft die Handelsbilanz an das Feststellungsergebnis angleicht. Wird im Einzelfall die Handelsbilanz **nicht** entsprechend angeglichen, müssen die Folgerungen über Entnahme- und Einlagebuchungen gezogen werden; gegebenenfalls kommt auch eine Gewinnhinzurechnung nach § 15a Abs. 3 EStG unter dem Gesichtspunkt der Einlageminderung in Betracht.

In dem Beispiel entwickeln sich die Kapitalkonten wie folgt:

Handelsbilanz:

	A	B	C	D
Kapital:	+ 10	+ 10	+ 5	+ 15
Verlust 1:	./. 100	./. 100	./. 50	./. 150
	./. 90	./. 90	./. 45	./. 135

Steuerbilanz:

	A	B	C	D
Kapital:	+ 10 000	+ 10 000	+ 5 000	+ 15 000
Verlust 1:	./. 140 000	./. 140 000	./. 45 000	./. 75 000
	./. 130 000	./. 130 000	./. 40 000	./. 60 000
Entnahme:	–	–	./. 5 000	./. 75 000
Einlage:	+ 40 000	+ 40 000	–	–
	./. 90 000	./. 90 000	./. 45 000	./. 135 000

Der Veräußerungsgewinn ist durch Gegenüberstellung des Entgelts und des Kapitalkontos des Gesellschafters zu ermitteln. Bei der Veräußerung eines Gesellschaftsanteils richtet sich der dabei eventuell zu gewährende Veräußerungsfreibetrag nach dem Verhältnis des erzielten Gewinns zu dem bei der Veräußerung des Gewerbebetriebs insgesamt zu erzielenden Gewinn. Dabei ist der Umfang der Beteiligung des Gesellschafters am Freibetrag im

Gewinnfeststellungsverfahren festzustellen, während über die Höhe des Freibetrags nach § 16 Abs. 4 EStG bei der Veranlagung zur Einkommensteuer entschieden wird.[1367]

2.4 Investitionszulage

Durch das Investitionszulagengesetz 2010[1368] werden in den Bundesländern Berlin, Brandenburg, Mecklenburg-Vorpommern, Sachsen, Sachsen-Anhalt und Thüringen (siehe § 3 Abs. 1 InvZulG 2010) betriebliche Investitionen der Betriebe
1. des verarbeitenden Gewerbes
2. der produktionsnahen Dienstleistungen; dazu gehören:
   – Rückgewinnung,
   – Bautischlerei und Bauschlosserei,
   – Verlegen von Büchern und Zeitschriften; sonstiges Verlagswesen (ohne Software),
   – Erbringung von Dienstleistungen der Informationstechnologie,
   – Datenverarbeitung, Hosting und damit verbundene Tätigkeiten; Webportale,
   – Ingenieurbüros für bautechnische Gesamtplanung,
   – Ingenieurbüros für technische Fachplanung und Ingenieurdesign,
   – technische, physikalische und chemische Untersuchung,
   – Forschung und Entwicklung,
   – Werbung und Marktforschung,
   – Fotografie,
   – Reparatur von Telekommunikationsgeräten;
3. des Beherbergungsgewerbes; dazu gehören:
   – Hotels, Gasthöfe und Pensionen,
   – Erholungs- und Ferienheime,
   – Jugendherbergen und Hütten,
   – Campingplätze

möglich. Die Förderung greift nur, soweit in den sensiblen Sektoren gem. Anlage 2 InvZulG die Förderfähigkeit nicht ausgeschlossen ist. Maßgebend für die Einordnung in die begünstigten Wirtschaftszweige ist grundsätzlich die vom Statistischen Bundesamt herausgegebene Klassifikation der Wirtschaftszweige, Ausgabe 2008.[1369]

[1367] BFH, Urteil v. 10.7.1986, IV R 12/81, BStBl 1986 II S. 811.
[1368] Vom 7.12.2008, BGBl I S. 2350, geändert am 22.12.2009, BGBl 2009 I S. 3950.
[1369] Für weitere Einzelheiten siehe InvZulG 2010.

777 Zur Inanspruchnahme von Investitionszulagen sind unbeschränkt und beschränkt Steuerpflichtige i. S. d. Einkommensteuergesetzes und des Körperschaftsteuergesetzes sowie Gesellschaften i. S. d. § 15 Abs. 1 Nummer 2 EStG berechtigt. Voraussetzung ist allerdings, dass die Tätigkeit dieser Berechtigten über den Rahmen einer Vermögensverwaltung hinausgeht, da ansonsten kein für die Zulagengewährung erforderliches Betriebsvermögen vorhanden wäre. Da die GmbH & Co. KG immer eine gewerbliche Betätigung vornimmt, sind bei ihr diese Voraussetzungen erfüllt, so dass sie selbst investitionszulagenberechtigt ist.

Die Frage, wer zulagenberechtigt ist, wenn zivilrechtlich das Investitionsobjekt im Alleineigentum eines Gesellschafters verbleibt, muss dahingehend beantwortet werden, dass dies auch die GmbH & Co. KG ist. Diese Schlussfolgerung ergibt sich eindeutig aus dem BFH-Urteil v. 17.8.1979. In dem diesem Urteil zugrunde liegenden Sachverhalt hatte die Komplementär-GmbH für den Gewerbebetrieb der KG (auf eigene Kosten) Investitionen durchgeführt. Nach Auffassung des BFH sind diese Wirtschaftsgüter als Sonderbetriebsvermögen der überlassenden GmbH zu bilanzieren.

Dies bedeutet jedoch kein sachliches Ausscheiden bestimmter Wirtschaftsgüter aus dem Betriebsvermögen der Kapitalgesellschaft, sondern diese Wirtschaftsgüter werden lediglich für Zwecke der steuerlichen Gewinnermittlung der Mitunternehmerschaft – als Sonderbetriebsvermögen der Kapitalgesellschaft als Mitunternehmerin – zugeordnet. Anspruchsberechtigt hinsichtlich der Investitionszulage ist in einem so gelagerten Fall ebenfalls die GmbH & Co. KG, da die begünstigungsfähigen Wirtschaftsgüter als Sonderbetriebsvermögen der Personengesellschaft zur Förderung des Gesellschaftszwecks, also für ihren Betrieb, zur Nutzung überlassen worden sind.[1370]

778 Vermietet eine mitunternehmerische Personengesellschaft Wirtschaftsgüter an eine ganz oder teilweise gesellschafter-identische andere Personengesellschaft, so gehören die Wirtschaftsgüter nicht zum Sonderbetriebsvermögen der Gesellschafter bei der mietenden Gesellschaft. Anspruchsberechtigt ist die vermietende (Besitz-)Personengesellschaft, nicht die nutzende (Betriebs-)Personengesellschaft.[1371] Die Tätigkeit der Betriebs-

---

1370 So auch der BdF im Schreiben v. 5.5.1977, IV B 2 – S 1988 – 150/77, BStBl 1977 I S. 246 (Rn. 8).
1371 Siehe BMF, Schreiben v. 28.1.1998, BStBl 1998 I S. 583 (Nr. 2 f.); siehe auch Rn. 415.

gesellschaft (z. B. verarbeitendes Gewerbe, Handwerk) färbt nicht auf die Besitzgesellschaft ab.[1372]

2.5 Vermittlungsprovisionen für die Eigenkapitalbeschaffung

Für eine **gewerblich tätige Personengesellschaft** hat der BFH mit Urteil v. 23.10.1986[1373] folgende Grundsätze aufgestellt: 779
- Provisionen, die eine KG für die Vermittlung des Eintritts von Kommanditisten schuldet, sind auch dann Betriebsausgaben der KG, wenn den Kommanditisten die Entrichtung dieser Provisionen bekannt ist.
- Eine mit dem Beitritt des Kommanditisten entstandene Provisionsverpflichtung kann bei der Berechnung seines Verlustanteils berücksichtigt werden.

In der Urteilsbegründung hat der BFH hervorgehoben, dass die Vermittlungsprovisionen nicht als Anschaffungskosten der Gesellschafter für ihren Anteil am Betriebsvermögen, sondern als eigene Ausgaben der Gesellschaft für die Beschaffung von Eigenkapital anzusehen sind; da ihnen kein aktivierbares Wirtschaftsgut gegenübersteht, bilden sie abzugsfähige Betriebsausgaben. Bei den hiernach der Personengesellschaft zuzurechnenden Vermittlungsprovisionen handelt es sich um die Kosten für die Beschaffung von Eigenkapital, die nach § 248 Abs. 1 HGB bei Unternehmen jeder Rechtsform nicht aktiviert werden dürfen.

Aus Teilziffer 43 des 5. Bauherrenerlasses[1374] ergibt sich, dass der Abzug der Eigenkapitalvermittlungsprovision begrenzt ist. Der BdF bemerkt dazu: „Provisionen, die eine (gewerbliche oder vermögensverwaltend tätige) Fondsgesellschaft für die Vermittlung des Eintritts von Gesellschaftern zahlt, sind in der Regel Betriebsausgaben oder Werbungskosten (BFH Urteil v. 24.2.1987, BStBl II, S. 810). Bemessungsgrundlage ist das jeweils vermittelte Eigenkapital. Hierzu gehören neben der Einlage des Gesellschafters auch ein an die Gesellschaft zu leistendes Agio sowie ein Gesellschafterdarlehen, wenn es eigenkapitalähnlichen Charakter hat. Das ist grundsätzlich der Fall, wenn das Darlehen derselben zeitlichen Bindung wie die Gesellschaftereinlage unterliegt und zur Erreichung des Gesellschaftszwecks notwendig ist. Ist bei Refinanzierung der Einlage oder des   780

1372 Siehe Thüringer FG, Urteil v. 23.10.1996, III 11/96, EFG 1997 S. 563, nicht rechtskräftig; BFH-Revision III R 198/96.
1373 BFH, IV R 352/84, BB 1987 S. 179.
1374 BdF, Schreiben v. 20.10.2003, IV C 3 – S 2253a – 48/03, BStBl 2003 I S. 546 (551).

Gesellschafterdarlehens das Refinanzierungsdarlehen durch Gesellschaftsvermögen gesichert, gehören die Beträge nur zum Eigenkapital, soweit das Refinanzierungsdarlehen gleichzeitig durch Vermögen des Gesellschafters tatsächlich gesichert ist. Provisionen von bis zu insgesamt höchstens 6 v. H. des vermittelten Eigenkapitals können den Betriebsausgaben oder Werbungskosten zugerechnet werden. Damit sind sämtliche Vertriebsleistungen Dritter, die auf die Werbung von Gesellschaftern gerichtet und nicht den Anschaffungs- oder Herstellungskosten zuzurechnen sind, abgegolten. Hierzu gehören insbesondere die Aufwendungen für die Prospekterstellung, Prospektprüfung und Übernahme der Prospekthaftung, für den Außenvertrieb, für Werbung und für Marketing."[1375]

Die über 6 % hinausgehenden Provisionsbeträge sind nach Auffassung des BdF den Anschaffungs- bzw. Herstellungskosten des Objekts anteilig hinzuzurechnen und entsprechend abzuschreiben.[1376]

2.6 Aufgeld (Agio) der Kommanditisten

781 Bei den sog. Publikums-KGen ist es üblich geworden, dass die Kommanditisten nicht nur den gezeichneten Kommanditanteil bezahlen, sondern darüber hinaus noch ein normalerweise in festen Vom-Hundert-Sätzen vereinbartes Aufgeld erbringen müssen, das laut Gesellschaftsvertrag zur Abdeckung der Kosten für die Kommanditistenwerbung Verwendung finden soll.

782 Es ist festzustellen, dass – gleichviel, wie dieses Aufgeld auch immer bezeichnet wird, ob als Agio, Vermittlungsprovision, Auslagenersatz – diese Beträge bei den Kommanditisten stets zu den Anschaffungskosten ihrer Beteiligung gehören. Dabei ist es unerheblich, ob die Beteiligung zu einem Betriebsvermögen oder einem Privatvermögen gehört. Die häufig in den Werbeprospekten der Gesellschaften zu lesende Mitteilung an die

---

1375 BdF, Schreiben v. 20.10.2003, BStBl. I 2003, S. 546 (552).
1376 BdF, Schreiben v. 20.10.2003, BStBl. I 2003, S. 546 (552). Die Finanzverwaltung wendet insoweit das BFH-Urteil v. 28.6.2001, IV R 40/97, BStBl 2001 II S. 717, nicht an; hier hat der BFH folgenden Leitsatz aufgestellt: „Von einem in der Rechtsform einer gewerblich geprägten KG geführten Immobilienfonds gezahlte Eigenkapitalvermittlungsprovisionen sind in der Steuerbilanz der KG in voller Höhe als Anschaffungs- oder Herstellungskosten der Fondsimmobilie zu behandeln, wenn sich die Kommanditisten aufgrund eines vom Projektanbieter vorformulierten Vertragswerks an dem Fonds beteiligen (Abweichung von Teilziffer 7.1 i. V. m. Teilziffer 7.8 des BMF, Schreiben v. 31.8.1990, BStBl 1990 I S. 366; sog. 4. Bauherren-Erlass)."

Kommanditisten, dass diese Aufgelder als Sonderbetriebsausgaben bei der einheitlichen Gewinnfeststellung abzugsfähig seien, ist damit nicht zutreffend.

Bei der GmbH & Co. KG selbst setzt sich das „Kapitalkonto" des Kommanditisten aus seinem Anteil am Gesellschaftsvermögen und seinem Sonderbetriebsvermögen zusammen. Der Anteil am Gesellschaftsvermögen umfasst die Einlage in das Gesellschaftsvermögen; das Agio rechnet zum sog. Sonderbetriebsvermögen und ist als solches in den steuerlichen Betriebsvermögensvergleich der Gesellschaft mit einzubeziehen. 783

Entstehen der GmbH & Co. KG durch die Werbung der Kommanditisten Aufwendungen – z. B. Maklerkosten –, so sind diese nicht mit dem Agio zu verrechnen, da diese Handhabung dessen Kapitalcharakter widerspricht. Die Aufwendungen sind Betriebsausgaben der Gesellschaft. 784

Bei geschlossenen Immobilienfonds kommt in der Praxis vor allem dann, wenn der Fonds geschlossen werden soll oder eine ansonsten greifende Schließungs(garantie)gebühr greifen würde, vor, dass Eigenkapitalvermittler auf das von bestimmten Fonds-Gesellschaften zu leistende **Agio bzw. Eigenkapital Nachlässe** gewähren und direkt an den Fonds zahlen. Hierbei handelt es sich um einen, auch soweit Gründungsgesellschafter betroffen sind, im Rahmen des Fonds-Beitritts gewährten – die Grund- und Boden-Anschaffungskosten und Gebäude-Herstellungskosten anteilig mindernden – Preisnachlass. Der BFH hat im Urteil v. 26.2.2002[1377] folgenden Grundsatz aufgestellt: „(1) Provisionsnachlässe, die der Eigenkapitalvermittler Fonds-Gesellschaftern gewährt und die keine besonderen, über die Beteiligung am geschlossenen Fonds hinausgehenden Leistungen der Gesellschafter abgelten, mindern die Anschaffungskosten der Immobilie i. S. d. § 255 Abs. 1 Satz 3 HGB, und zwar auch dann, wenn der Eigenkapitalvermittler auf das von den Gesellschaftern zu erbringende Eigenkapital direkt an den Fonds leistet; (2) für die steuerrechtliche Qualifizierung der Rückflüsse kommt es nicht darauf an, ob das FA die betreffenden Provisionen als Anschaffungskosten behandelt oder als Werbungskosten abgezogen hat."

[1377] IX R 20/98, BStBl 2002 II S. 796.

2.7 Treugeberkommanditist, Abschichtungsbilanz

785 Bei Publikums-GmbH & Co. KGen, sog. Anlagegesellschaften, tritt häufig die Frage auf, ob eine Gewinn- bzw. Verlustrechnung steuerrechtlich auch anerkannt wird, wenn Gesellschafter (Treugeberkommanditisten) nicht zum selben Zeitpunkt der Gesellschaft beitreten, sondern über einen längeren Zeitraum verteilt. Streitig ist hierbei, ob der neu eintretende Gesellschafter auch mit steuerrechtlicher Wirkung an dem bis zu seinem Beitritt erwirtschafteten Ergebnis beteiligt werden kann. Handelsrechtlich richtet sich die Ergebnisverteilung zwischen Gesellschaftern einer Personengesellschaft grundsätzlich nach den zwischen ihnen getroffenen Vereinbarungen, andernfalls nach den dispositiven Vorschriften der §§ 121, 168 HGB. Daher kommt *Sommer*[1378] zu folgendem Ergebnis:

„1. Werden keine besonderen Vereinbarungen getroffen, ist der im Laufe eines Geschäftsjahres eintretende Gesellschafter kraft Gesetzes zivilrechtlich am Ergebnis des gesamten Geschäftsjahres beteiligt.
2. Vereinbarungen über die Beteiligung eines neu eintretenden Gesellschafters am gesamten Ergebnis des laufenden Geschäftsjahres sind grundsätzlich auch steuerrechtlich zu beachten.
3. Auffassungen, die die steuerrechtliche Wirksamkeit von Vereinbarungen über die Beteiligung des eintretenden Gesellschafters am Ergebnis des gesamten Geschäftsjahres bestreiten, sind abzulehnen, da sie u. a. zu unerträglichen Divergenzen zwischen der steuerrechtlichen und der gesellschaftsrechtlichen Gewinnverteilung führen.
4. Die Beteiligung eines im Laufe eines Geschäftsjahres eintretenden Gesellschafters am Ergebnis des gesamten Geschäftsjahres erfüllt nicht den Tatbestand des steuerrechtlichen Rückwirkungsverbotes."

786 Dieser Literaturauffassung steht die BFH-Rechtsprechung entgegen. Nach dem Urteil des BFH v. 7.7.1983[1379] ist es bei einer gewerblich tätigen Personengesellschaft steuerrechtlich nicht möglich, beim Eintritt eines weiteren Gesellschafters in die Personengesellschaft während des Wirtschaftsjahres den bis zum Eintrittszeitpunkt entstandenen (d. h. durch die Geschäftsvorfälle bis zu diesem Zeitpunkt verwirklichten) Gewinn oder Verlust durch eine schuldrechtliche Rückbeziehung der Eintrittsvereinbarung als laufenden Gewinn oder Verlust einkommensteuerrechtlich von den bisherigen Gesellschaftern ganz oder teilweise auf den neu eintretenden

---

1378 BB 1987, S. 313.
1379 IV R 209/80, BStBl 1984 II S. 53.

Gesellschafter zu verlagern. Nach herrschender steuerlicher Auffassung darf dem Gesellschafter einer **gewerblich tätigen KG** nur ein Anteil an dem seit dem Zeitpunkt seines Beitritts erwirtschafteten Verlust zugerechnet werden. Dieses bedeutet, dass die steuerlichen Ergebnisse (Verluste) getrennt für die Gesellschaftergruppen, die zu denselben Stichtagen beigetreten sind, ermittelt („abgeschichtet") werden müssen. In der Praxis werden Gesellschafter, die innerhalb von jeweils zwei Monaten beitreten, aus Vereinfachungsgründen als einheitliche Gruppe zusammengefasst. Grundlage für die Verfahrensweise ist das BFH-Urteil v. 7.7.1983.[1380] Zu Abschichtungsfragen bei rein **vermögensverwaltend tätigen KGen** hat sich der BFH in dem schon vorstehend zitierten BFH-Beschluss v. 19.8.1986 dahin gehend geäußert, dass ein Überschuss der Werbungskosten über die Einnahmen jeweils nur den Personen zugerechnet werden könne, die im Zeitpunkt des Zu-/Abflusses von Einnahmen/Ausgaben nach einkommensteuerrechtlichen Grundsätzen Gesellschafter waren. Wegen des strengen Zu- und Abflussprinzips dürfe dabei nicht auf die Entscheidung der einzelnen Geschäftsvorfälle abgestellt werden.

In der Praxis wird die sich aus der BFH-Rechtsprechung ergebende Problematik der „Abschichtung" dadurch gelöst, dass Ergebnisverteilungsabreden getroffen werden, durch die erreicht wird, dass Neu- und Altgesellschafter im Ergebnis gleich hohe Verluste zu tragen haben. Dazu können die Verluste einer Wirtschaftsperiode so lange ausschließlich den später beigetretenen Gesellschaftern zugerechnet werden, bis die Verlustquote der Neugesellschafter der Quote der Altgesellschafter entspricht. Voraussetzung für eine derartige Verlustverteilungsabrede ist, dass sie gesellschaftsvertraglich von vornherein vorgesehen ist und dass der nach dem Beitritt des Gesellschafters im Geschäftsjahr erwirtschaftete Verlust ausreicht, um die dem Gesellschafter zugewiesenen Verluste abzudecken. Daher hat der VIII. Senat des BFH die Gleichstellung neu eintretender Gesellschafter bei der Gewinnbeteiligung mit Urteil v. 17.3.1987[1381] bejaht und folgenden Grundsatz aufgestellt: „Wird bei der Gründung einer KG vereinbart, dass für die ersten beiden Geschäftsjahre die Gewinn- und Verlustverteilung in der Weise erfolgen soll, dass sämtliche in diesen beiden Geschäftsjahren eintretenden Kommanditisten gleichzustellen sind, und erhalten demzufolge die erst im zweiten Geschäftsjahr der KG beigetretenen Kommanditisten einen höheren Anteil am Verlust der KG als die bereits im ersten

787

1380 IV R 209/80, BStBl 1984 II S. 53.
1381 VIII R 293/82, BB 1987 S. 1234.

Geschäftsjahr beigetretenen, so ist dies steuerlich anzuerkennen, wenn eine solche Gewinn- und Verlustverteilungsabrede betrieblich veranlasst ist und der nach dem Beitritt eines jeden Kommanditisten im Geschäftsjahr erwirtschaftete Verlust hoch genug ist, um die diesen Kommanditisten zugerechneten Verlustanteile abzudecken."

2.8 Umsatzsteuer

788 Von Bedeutung ist die Vorschrift des § 4 Nr. 8 UStG bei einer GmbH & Co. KG, die als Publikums- oder Massengesellschaft auf die Mitgliedschaft einer Vielzahl rein kapitalistisch beteiligter Gesellschafter angelegt ist. Da die Ausgabe der Kommanditanteile ein nach § 4 Nr. 8 UStG steuerfreier Umsatz ist, sind Umsatzsteuern, die der KG für die Zuführung neuer Kommanditisten von anderen Unternehmern – z.B. Anlageberatern, Kapitalvermittlern – gesondert in Rechnung gestellt worden sind, vom Vorsteuerabzug ausgeschlossen.[1382] Diese Grundsätze sind auch auf den Fall übertragbar, dass die Publikums-KG in der Weise gestaltet wird, dass an die Stelle einer Vielzahl von Kommanditisten ein Treuhandkommanditist tritt, der den Treugebern die Kommanditistenstellung vermittelt.[1383] Gewähren die Anleger der Publikums-GmbH & Co. KG auch Darlehen, können die für die Darlehensvermittlung in Rechnung gestellten Steuern ganz oder teilweise der steuerfreien Anteilsvermittlung zuzurechnen sein.[1384]

2.9 Grunderwerbsteuer und Grundstücksgesellschaften

789 Bei der Übertragung von Anteilen an einer Grund besitzenden Personengesellschaft, dem Beitritt von Gesellschaftern also, kann die Grunderwerbsteuer nicht durch Zurückhalten eines Zwerganteils oder bei einem formal in der Gesellschaft verbliebenen Altgesellschafter vermieden werden. Dem steht § 1 Abs. 2a GrEStG entgegen, nach dem eine wesentliche Änderung im Gesellschaftsbestand einer Personengesellschaft grunderwerbsteuerpflichtig ist. § 1 Abs. 2a GrEStG hat folgenden Wortlaut: „Gehört zum Vermögen einer Personengesellschaft ein inländisches Grundstück und

---

1382 Siehe BFH, Urteil v. 18.12.1975, V R 131/73, BStBl 1976 II S. 265; BFH, Urteil v. 20.5.1976, V R 122/73, UStR 1976 S. 187; BFH, Urteil v. 16.7.1987, V R 147/79, BFH/NV 1988 S. 196.
1383 So BFH, Urteil v. 29.1.1988, X R 7/81, DB 1988 S. 1046.
1384 So BFH im vorgenannten Urteil v. 29.1.1988. Im Urteilsfall ließ es der BFH dahingestellt bleiben, ob in der Einräumung typischer stiller Beteiligungen steuerbare – steuerfreie – Umsätze gemäß § 4 Nr. 8 UStG (Umsätze von Anteilen an Gesellschaften) zu sehen sind.

ändert sich innerhalb von fünf Jahren der Gesellschafterbestand unmittelbar oder mittelbar dergestalt, dass mindestens 95 vom Hundert der Anteile auf neue Gesellschafter übergehen, gilt dies als ein auf die Übereignung eines Grundstücks auf eine neue Personengesellschaft gerichtetes Rechtsgeschäft. Bei der Ermittlung des Vomhundertsatzes bleibt der Erwerb von Anteilen von Todes wegen außer Betracht. Hat die Personengesellschaft vor dem Wechsel des Gesellschafterbestandes ein Grundstück von einem Gesellschafter oder einer anderen Gesamthand erworben, ist auf die nach § 8 Abs. 2 Satz 1 Nr. 3 ermittelte Bemessungsgrundlage die Bemessungsgrundlage für den Erwerbsvorgang, für den auf Grund des § 5 Abs. 3 oder des § 6 Abs. 3 Satz 2 die Steuervergünstigung zu versagen ist, mit dem entsprechenden Betrag anzurechnen."

Die Vorschrift gilt für die Übertragung von Anteilen an Personengesellschaften (Gesellschaft bürgerlichen Rechts, OHG, GmbH & Co. KG), nicht jedoch für die Übertragung von Anteilen an Kapitalgesellschaften (z. B. GmbH, AG).

Bei einer in einem sog. „Erwerbermodell" bestehenden Grunderwerbsteuerpflicht, die aufgrund einheitlicher, auf das gesamte Vertragsgeflecht durchgreifender Betrachtung sowohl den Erwerb des Grundstücks als auch den der Baulichkeit unter das GrEStG subsumiert, ist gemäß § 9 Abs. 1 Nr. 1 GrEStG als Gegenleistung der Kaufpreis einschließlich der vom Käufer übernommenen sonstigen Leistungen und der dem Verkäufer vorbehaltenen Nutzungen zugrunde zu legen, soweit sie auf den Erwerb von Grundstück und Baulichkeit entfallen. Leistungen, die nicht den Gegenstand des der GrESt unterliegenden Rechtsgeschäfts betreffen, haben begrifflich aus der Gegenleistung auszuscheiden.[1385] So sind aus dem Gesamtaufwand nachfolgende Dienstleistungen grundsätzlich aus der Bemessungsgrundlage zur GrESt herauszunehmen, soweit sie nicht als unangemessen pauschal aufgeschlüsselte Leistungen dem eigentlichen Grundstücksgeschäft zuzurechnen sind:
- Vermittlung Endfinanzierung,
- Bürgschaft Endfinanzierung,
- Bearbeitung Wohnungsbaukreditanstalt-Förderung,
- Vermittlung Zwischenfinanzierung,
- Bürgschaft Zwischenfinanzierung,
- Bankbearbeitungsgebühren,
- Bauzeitinsen,

1385 BFH, Beschluss v. 18.9.1985, II B 24-29/85, BStBl 1985 II S. 627.

- Erstvermietung/Mietgarantie,
- Notar- und Gerichtskosten,
- Steuerberatung/Buchhaltung,
- Grunderwerbsteuer,
- sonstige Aufwendungen (Liquiditätsreserve).

XI Anhang II: Die GmbH & Co. KG in Umwandlungsfällen

1 Handelsrechtlicher Teil

1.1 Umwandlung einer GmbH in eine GmbH & Co. KG

1.1.1 Allgemeines

Mit dem Inkrafttreten des Umwandlungsgesetzes (UmwG) zum 1.1.1995 ist das System der Umwandlungsvorgänge grundlegend verändert und erheblich erweitert worden.[1386] Dies blieb nicht ohne Bedeutung für die GmbH & Co. KG: Das bisher geltende Verbot, eine GmbH direkt in eine GmbH & Co. KG umzuwandeln, ist z. B. vollständig entfallen. Auch ist der Formwechsel einer GmbH in eine GmbH & Co. KG und umgekehrt einer GmbH & Co. KG in eine GmbH möglich. Das ebenfalls zum 1.1.1995 in Kraft getretene Gesetz zur Änderung des Umwandlungssteuerrechts vom 28.10.1994[1387] hat zunächst steuerliche Anreize geschaffen, eine GmbH in eine Personengesellschaft umzuwandeln, wenn die Anschaffungskosten für die Anteile an der GmbH weit über dem Buchwert des Betriebsvermögens der GmbH liegen. Durch das Gesetz zur Senkung der Steuersätze und zur Reform der Unternehmensbesteuerung vom 23.10.2000[1388] sind diese steuerlichen Anreize wieder beseitigt worden. Zivilrechtlich kann die Umwandlung der GmbH in eine GmbH & Co. KG sowohl durch Verschmelzung auf eine GmbH & Co. KG (Rn. 791) als auch durch einen bloßen Formwechsel (Rn. 799) erfolgen. An einer grenzüberschreitenden Verschmelzung kann die GmbH & Co. KG wegen § 122b Abs. 1 UmwG, wonach zwingend Kapitalgesellschaften als beteiligte Rechtsträger vorausgesetzt werden, nicht teilnehmen.

790

1.1.2 Verschmelzung

Aufgrund §§ 2, 39 ff., 46 ff. UmwG kann eine GmbH durch Verschmelzung auf eine GmbH & Co. KG in eine Personengesellschaft umgewandelt werden. Bei der Verschmelzung geht das gesamte Vermögen der über-

791

1386 BGBl 1994 I S. 3210; vgl. dazu Lüttge, NJW 1995, S. 417 ff.; Streck/Mack/Schwedhelm, GmbHR 1995, S. 161.
1387 BGBl 1994 I S. 3267.
1388 BGBl 2000 I S. 1433.

tragenden GmbH im Wege der Gesamtrechtsnachfolge auf eine neu gegründete (Verschmelzung durch Neugründung) oder zum Zeitpunkt der Verschmelzung bereits bestehende (Verschmelzung durch Aufnahme) GmbH & Co. KG über. Die übertragende GmbH wird kraft Gesetzes aufgelöst, eine Abwicklung findet nicht statt. Die Gesellschafter der aufgelösten GmbH erhalten im Wege des Anteiltausches nach § 2 UmwG Anteile an der übernehmenden GmbH & Co. KG.

Bei einer Verschmelzung durch Neugründung sind neben den Vorschriften des UmwG noch die für die Gründung einer KG geltenden Bestimmungen zu beachten, § 36 Abs. 2 UmwG.

1.1.2.1 Verschmelzungsvertrag

792 Grundlage der Verschmelzung ist ein Verschmelzungsvertrag, der von den Vertretungsorganen der beteiligten Gesellschaften abgeschlossen wird, § 4 UmwG. Als Vertretungsorgane stehen sich der Geschäftsführer der übertragenden GmbH und der Geschäftsführer der Komplementär-GmbH der GmbH & Co. KG gegenüber. Der Verschmelzungsvertrag ist notariell zu beurkunden, § 6 UmwG. Der Mindestinhalt des Verschmelzungsvertrages ergibt sich aus § 5 Abs. 1 UmwG und § 40 UmwG:
- Firma und Sitz der beteiligten Gesellschaften;
- die Vereinbarung über die Übertragung des Vermögens der übertragenden GmbH als Ganzes gegen Gewährung von Anteilen an der übernehmenden GmbH & Co. KG;
- das Umtauschverhältnis der Anteile und etwaige bare Zuzahlungen;
- Einzelheiten für die Übertragung der Anteile bzw. über den Erwerb der Mitgliedschaft bei der übernehmenden GmbH & Co. KG;
- der Zeitpunkt, von dem an diese Anteile den Anspruch auf einen Anteil am Bilanzgewinn gewähren sowie alle Besonderheiten in Bezug auf diesen Anspruch;
- der Zeitpunkt, von dem an die Handlungen der übertragenden GmbH als für Rechnung der übernehmenden GmbH & Co. KG vorgenommen gelten (Verschmelzungsstichtag);
- Rechte, die von der übernehmenden GmbH & Co. KG den einzelnen Gesellschaftern gewährt werden;
- jeden besonderen Vorteil, der einem Mitglied des Vertretungsorgans oder eines Aufsichtsorgans der an der Verschmelzung beteiligten Rechtsträger, einem geschäftsführenden Gesellschafter, einem Abschlussprüfer oder einem Verschmelzungsprüfer gewährt wird;

- die Folgen der Verschmelzung für die Arbeitnehmer und ihre Vertretungen sowie die insoweit vorgesehenen Maßnahmen;
- die Festlegung für jeden Gesellschafter der übertragenden GmbH, ob ihm in der übernehmenden oder neuen GmbH & Co. KG die Stellung eines Kommanditisten oder eines persönlich haftenden Gesellschafters gewährt wird. Dabei ist der Betrag der Einlagen jedes Gesellschafters festzulegen.

1.1.2.2 Verschmelzungsbericht

Die Geschäftsführer der beteiligten Gesellschaften haben jeweils einen ausführlichen Verschmelzungsbericht zur Unterrichtung der Gesellschaft zu erstellen, in dem die Verschmelzung, der Verschmelzungsvertrag oder sein Entwurf sowie das Umtauschverhältnis der Anteile und die Angaben über die Mitgliedschaft der GmbH-Gesellschafter bei der übernehmenden GmbH & Co. KG und die Höhe einer anzubietenden Barabfindung rechtlich und wirtschaftlich erläutert und begründet werden, § 8 Abs. 1 UmwG. Der Bericht kann von den Geschäftsführern auch gemeinsam erstellt werden. Der Verschmelzungsbericht ist dann entbehrlich, wenn – wie in der Praxis häufig der Fall – sämtliche Gesellschafter beider Gesellschaften in notarieller Form (Beurkundung) auf den Verschmelzungsbericht verzichten, § 8 Abs. 3 UmwG. Bei einer GmbH & Co. KG ist im Übrigen ein Verschmelzungsbericht dann nicht erforderlich, wenn alle Kommanditisten Geschäftsführer der Komplementär-GmbH sind, § 41 UmwG. Hintergrund dieser Regelung ist, dass die Gesellschafter dann ohnehin die Möglichkeit haben, die Unterlagen einzusehen und alle Informationen zu erhalten, die für die Verschmelzung erheblich sind.

793

1.1.2.3 Information der Gesellschafter und des Betriebsrats

Zur Vorbereitung der Gesellschafterversammlungen der an der Verschmelzung beteiligten Gesellschaften ist der Entwurf des Verschmelzungsvertrages und der Verschmelzungsbericht den Gesellschaftern spätestens mit der Einberufung der Gesellschafterversammlung zu übersenden, § 42 UmwG. Außerdem muss der Entwurf des Verschmelzungsvertrages gemäß § 5 Abs. 3 UmwG spätestens einen Monat vor der Gesellschafterversammlung, in der über den Vertrag abgestimmt werden soll, dem jeweiligen Betriebsrat der Gesellschaften – soweit vorhanden – zugeleitet werden. Für die GmbH gilt gemäß § 49 UmwG für die Vorbereitung der Gesellschafterversammlung darüber hinaus Folgendes:

794

- die Jahresabschlüsse und die Jahresberichte der an der Verschmelzung beteiligten Rechtsträger für die letzten drei Geschäftsjahre sind zur Einsicht auszulegen;
- die Geschäftsführer der GmbH haben jedem Gesellschafter auf Verlangen jederzeit Auskunft auch über alle für die Verschmelzung wesentlichen Angelegenheiten des anderen beteiligten Rechtsträgers – hier der GmbH & Co. KG – zu geben.

1.1.2.4 Gesellschafterversammlung

795 Der Verschmelzungsvertrag bedarf der Zustimmung der Gesellschafterversammlung sowohl der übertragenden GmbH als auch der aufnehmenden GmbH & Co. KG (Verschmelzungsbeschlüsse), § 13 Abs. 1 Satz 2 UmwG. Die Beschlüsse sind notariell zu beurkunden, § 13 Abs. 3 UmwG.

Bei der GmbH & Co. KG ist grundsätzlich die Zustimmung aller Gesellschafter erforderlich. Nach § 43 UmwG kann eine Mehrheitsentscheidung im Gesellschaftsvertrag vereinbart werden, wobei diese mindestens ¾ der abgegebenen Stimmen betragen muss. Bei der GmbH bedürfen Verschmelzungsbeschlüsse mindestens einer ¾-Mehrheit, § 50 Abs. 1 UmwG. Es kommt dabei anders als bei der GmbH & Co. KG nicht auf die Gesamtzahl der Gesellschafter, sondern nur auf die in der Gesellschafterversammlung abgegebenen Stimmen an. Eine Sonderregelung besteht für den Fall, dass gesellschaftsvertragliche Minderheitenrechte durch die Verschmelzung beeinträchtigt werden. In diesem Fall bedarf der Verschmelzungsbeschluss der GmbH-Gesellschafterversammlung auch der Zustimmung der betroffenen Minderheitsgesellschafter, § 50 Abs. 2 UmwG.

1.1.2.5 Prüfung des Verschmelzungsvertrages

796 Eine Prüfung des Verschmelzungsvertrages bezüglich des Umtauschverhältnisses oder der Angemessenheit einer Barabfindung durch bestellte Verschmelzungsprüfer ist nicht zwingend erforderlich. Ein GmbH-Gesellschafter kann die Prüfung des Verschmelzungsvertrages aber jederzeit verlangen, § 48 UmwG.

Bei der GmbH & Co. KG ist eine Prüfung nicht erforderlich, wenn alle Gesellschafter der Verschmelzung zugestimmt haben, § 44 UmwG. Sofern der Gesellschaftsvertrag der GmbH & Co. KG für den Beschluss einer Verschmelzung eine Mehrheitsentscheidung (¾) zulässt, kann jeder Gesellschafter die Prüfung verlangen, §§ 44, 43 Abs. 2 UmwG.

1.1.2.6 Anmeldung und Eintragung

Die Geschäftsführer der übertragenden GmbH haben die Verschmelzung zur Eintragung in das Handelsregister des Sitzes ihrer Gesellschaft anzumelden. Bei der GmbH & Co. KG erfolgt die Anmeldung der Verschmelzung durch die Geschäftsführer der Komplementär-GmbH. Ort der Anmeldung ist der Sitz der übernehmenden GmbH & Co. KG. Zusätzlich kann die Anmeldung aber auch am Sitz der übertragenden GmbH erfolgen, § 16 UmwG.

797

Gemäß § 17 UmwG sind der Anmeldung folgende Unterlagen beizufügen:
- der Verschmelzungsvertrag;
- Niederschriften der Verschmelzungsbeschlüsse;
- die eventuell notwendige Zustimmungserklärung einzelner Gesellschafter;
- der Verschmelzungsbericht bzw. die notariell beurkundeten Verzichtserklärungen;
- der Prüfungsbericht, wenn eine Prüfung erforderlich war;
- der Nachweis über die rechtzeitige Zuleitung des Verschmelzungsvertrages an den Betriebsrat;
- die Schlussbilanz der übertragenden GmbH, die auf einen höchstens acht Monate vor der Anmeldung liegenden Stichtag aufgestellt sein darf (§ 17 Abs. 2 UmwG).

Zusätzlich haben die Geschäftsführer der beteiligten Gesellschaften bei der Anmeldung zu erklären, dass eine Klage gegen die Wirksamkeit des Verschmelzungsbeschlusses nicht bzw. nicht fristgerecht erhoben oder eine solche Klage rechtskräftig abgewiesen oder zurückgenommen worden ist, § 16 UmwG.

Das Registergericht prüft die vorgelegten Unterlagen nur auf Vollständigkeit und formale Richtigkeit.[1389] Eine inhaltliche Prüfung wird nicht vorgenommen. Die Eintragung in das Handelsregister der übernehmenden GmbH & Co. KG darf erst erfolgen, wenn die Eintragung bei der übertragenden GmbH erfolgt ist, § 19 UmwG. Die Eintragung hat konstitutive Wirkung. Etwaige Beurkundungsmängel des Verschmelzungsvertrages werden durch sie geheilt, § 20 Abs. 1 Nr. 4 UmwG. Die Eintragung bewirkt, dass das Vermögen der aufgelösten GmbH einschließlich aller Verbindlichkeiten auf die übernehmende GmbH & Co. KG übergeht, § 20

1389 Widmann/Mayer, § 19 Rn. 3-3.2.2.

Abs. 1 Nr. 1 UmwG. Die GmbH erlischt, ohne dass es einer besonderen Löschung bedarf, § 20 Abs. 1 Nr. 2 UmwG. Die Gesellschafter der GmbH werden automatisch Gesellschafter der GmbH & Co. KG, § 20 Abs. 1 Nr. 3 UmwG.

1.1.2.7 Anfechtung

798 Gegen die Wirksamkeit des Verschmelzungsbeschlusses kann innerhalb eines Monats nach der Beschlussfassung Klage erhoben werden, § 14 Abs. 1 UmwG. Als Klagegrund kommt nicht in Betracht, dass das Umtauschverhältnis oder die Gegenleistung bei Barabfindung zu niedrig bemessen wurde; für solche Fälle sieht das Gesetz ein gerichtliches Spruchverfahren nach dem Spruchverfahrensgesetz (§ 1 Nr. 4 SpruchG) vor. Da bei erhobener Klage die nach § 16 Abs. 2 UmwG erforderliche Negativerklärung gegenüber dem Handelsregister nicht abgegeben werden kann, ist eine Eintragung der Verschmelzung im Handelsregister vorläufig nicht möglich. Die Eintragung kommt erst dann in Betracht, wenn das zuständige Prozessgericht durch Urteil oder Beschluss (§ 16 Abs. 3 UmwG) festgestellt hat, dass die Klage einer Eintragung nicht entgegensteht. Die Vertretungsorgane der betroffenen Gesellschaften können einen Antrag auf gerichtliche Entscheidung stellen. Sollte die Anfechtungsklage später dennoch Erfolg haben, greift eine verschuldensunabhängige Haftung desjenigen Rechtsträgers Platz, der den Beschluss erwirkt hat (§ 16 Abs. 3 Satz 10 UmwG).

1.1.3 Formwechselnde Umwandlung einer GmbH in eine GmbH & Co. KG

799 Gemäß §§ 1 Abs. 1 Nr. 4, 190 ff., 226–237 UmwG ist es möglich, eine GmbH direkt in eine GmbH & Co. KG durch einen sog. Formwechsel umzuwandeln. Ein Formwechsel i. S. d. §§ 190 ff. UmwG liegt vor, wenn ein Rechtsträger unter Wahrung seiner Identität die rechtliche Form ändert. Gemäß § 202 Abs. 1 Nr. 1 UmwG besteht bei einem Formwechsel der Rechtsträger in der im Umwandlungsbeschluss bestimmten Rechtsform weiter. Anders als bei der Verschmelzung bleibt beim Formwechsel der Rechtsträger des Vermögens vor und nach dem Formwechsel gleich. Es ändern sich lediglich das Rechtskleid und die Normstruktur des Rechtsträgers.

1.1.3.1 Umwandlungsbeschluss

Die formwechselnde Umwandlung der GmbH in eine GmbH & Co. KG erfolgt aufgrund eines notariell zu beurkundenden Umwandlungsbeschlusses der Gesellschafterversammlung der GmbH, § 193 UmwG.[1390] Für diesen Beschluss ist grundsätzlich eine Mehrheit von mindestens ¾ der in der Gesellschafterversammlung abgegebenen Stimmen erforderlich, § 233 Abs. 2 Satz 1 UmwG. Der Gesellschafter, der in der neuen Rechtsform persönlich haftender Gesellschafter wird – hier die zukünftige Komplementär-GmbH – muss der Umwandlung in jedem Fall zustimmen, § 233 Abs. 2 Satz 3 UmwG.

800

Bei einem Formwechsel von der GmbH zu GmbH & Co. KG muss der Umwandlungsbeschluss folgenden Mindestinhalt gemäß § 194 Abs. 1 und § 234 UmwG aufweisen:
– die Rechtsform, die die Gesellschaft durch den Formwechsel erlangen soll: hier KG;
– Firma der GmbH & Co. KG;
– Sitz der GmbH & Co. KG;
– die Beteiligung der bisherigen Anteilsinhaber an der neuen Gesellschaft;
– Art der Beteiligung, d. h. die Angabe, ob es sich um eine Komplementär- oder Kommanditistenstellung handelt;
– Angabe der Kommanditisten sowie des Betrags der Einlage eines jeden von ihnen;
– die Regelung etwaiger vorhandener Sonderrechte;
– ein eventuelles Barabfindungsangebot gemäß § 207 UmwG;
– die Folgen des Formwechsels für die Arbeitnehmer und ihre Vertretungen und die insoweit vorgesehenen Maßnahmen;
– der künftige Gesellschaftsvertrag der GmbH & Co. KG.

Die Umwandlung einer GmbH in eine Personenhandelsgesellschaft ist nur dann möglich, wenn der Unternehmensgegenstand der bisherigen GmbH den Betrieb eines Handelsgewerbes aufweist, § 105 Abs. 1 HGB, oder der Unternehmensgegenstand zwar Kleingewerbe oder Vermögensverwaltung darstellt, aber eine Eintragung der Firma der Personengesellschaft gemäß § 105 Abs. 2 HGB in das Handelsregister vorgenommen wird, § 228 UmwG.

1390 Siehe Muster 10.

801 Da eine GmbH & Co. KG mindestens zwei Gesellschafter haben muss (eine Komplementär-GmbH und einen Kommanditisten), kann eine GmbH nur dann formwechselnd in eine KG umgewandelt werden, wenn sie mindestens zwei Gesellschafter hat, von denen der eine die Stellung des Komplementärs und der andere die des Kommanditisten zu übernehmen bereit ist. Soll bei dem Formwechsel jede persönliche Haftung einer natürlichen Person vermieden werden, ist es erforderlich, dass die zukünftige Komplementär-GmbH an der umzuwandelnden GmbH beteiligt wird. Nach h. M.[1391] reicht es aus, dass der zukünftig persönlich haftende Gesellschafter die Gesellschafterstellung in der GmbH eine logische Sekunde vor Eintragung des Formwechsels in das Handelsregister erwirbt. Somit kann die zukünftige Komplementär-GmbH Gesellschafterin der umzuwandelnden GmbH noch nach Fassung des Umwandlungsbeschlusses werden. Die Beteiligung kann im Wege der Anteilsabtretung oder Kapitalerhöhung erfolgen. Auch eine in Gründung befindliche GmbH (Vor-GmbH) kann sich an der umzuwandelnden GmbH beteiligen und die Stellung der Komplementär-GmbH in der GmbH & Co. KG übernehmen.[1392]

1.1.3.2 Umwandlungsbericht

802 Der Geschäftsführer der formwechselnden GmbH hat einen ausführlichen schriftlichen Umwandlungsbericht zu erstatten, in dem der Formwechsel und insbesondere die künftige Beteiligung der GmbH-Gesellschafter an der GmbH & Co. KG rechtlich sowie wirtschaftlich erläutert und begründet werden, § 192 Abs. 1 UmwG. Der Umwandlungsbericht muss den Entwurf des Umwandlungsbeschlusses enthalten. Eine Umwandlungsbilanz ist nicht aufzustellen.[1393] Eine Prüfung des Umwandlungsberichts ist gesetzlich nicht vorgesehen.[1394]

Der Umwandlungsbericht ist bei der Anmeldung des Formwechsels beim Handelsregister einzureichen, § 199 UmwG. Der Umwandlungsbericht ist nicht erforderlich, wenn die GmbH-Gesellschafter einstimmig auf seine Erstattung verzichten. Die Verzichtserklärungen sind notariell zu beur-

---

1391 Semler/Stengel/Ihrig, § 228 Rn. 22; Widmann/Mayer, § 228 Rn. 95 ff. m. w. N.; BayObLG, Beschluss v. 4.11.1999, 3Z BR 333/99, BayObLGZ 1999 S. 345 = DB 2000 S. 36.
1392 Siehe Rn. 53.
1393 Die GmbH hat nur für steuerliche Zwecke auf den Zeitpunkt, in dem der Formwechsel wirksam wird, eine Übertragungsbilanz, die GmbH & Co. KG eine Eröffnungsbilanz aufzustellen, siehe Rn. 744 ff.
1394 Begründung des Regierungsentwurfs zum UmwG § 192.

kunden, § 192 Abs. 3 UmwG. In der Praxis wird der Verzicht im Rahmen des Umwandlungsbeschlusses erklärt und zusammen mit dem Umwandlungsbeschluss notariell beurkundet.

1.1.3.3 Information der Gesellschafter und des Betriebsrats

Gemäß § 230 Abs. 1 UmwG haben die Geschäftsführer der GmbH allen Gesellschaftern spätestens mit der Einberufung der Gesellschafterversammlung den Formwechsel als Gegenstand der Beschlussfassung schriftlich anzukündigen. Der Entwurf des Umwandlungsbeschlusses ist spätestens einen Monat vor dem Tag der Gesellschafterversammlung dem Betriebsrat der GmbH – sofern vorhanden – zuzuleiten, § 194 Abs. 2 UmwG.[1395]

803

1.1.3.4 Anmeldung und Eintragung

Die Geschäftsführer der formwechselnden GmbH haben die neue Rechtsform bei dem Handelsregister der GmbH anzumelden (§§ 198 Abs. 1, 235 Abs. 2 UmwG).[1396] Eine Beteiligung der übrigen Gesellschafter der GmbH & Co. KG ist nicht – wie sonst bei der Anmeldung von Personengesellschaften üblich (§§ 108, 161 Abs. 2 HGB) – erforderlich. Der Anmeldung sind folgende Unterlagen beizufügen:
– Umwandlungsbeschluss nebst etwa erforderlicher Zustimmungserklärungen einzelner Anteilsinhaber;
– Umwandlungsbericht oder entsprechende Verzichtserklärungen;
– Nachweis über die Zuleitung des Entwurfs des Umwandlungsbeschlusses an den Betriebsrat.

804

Darüber hinaus hat der Geschäftsführer zu erklären, dass gegen den Umwandlungsbeschluss keine Klage erhoben worden ist oder dass die Gesellschafter einstimmig auf die Klage verzichtet haben (§§ 198 Abs. 3, 16 Abs. 2 UmwG).

Die Eintragung des Formwechsels im Handelsregister hat konstitutive Wirkung, § 202 Abs. 1 UmwG. Die Gesellschafter der formwechselnden GmbH sind mit der Eintragung Gesellschafter der GmbH & Co. KG. Der formwechselnde Rechtsträger besteht mit der Eintragung in der Rechtsform einer GmbH & Co. KG weiter.

1395 Siehe Muster 12.
1396 Siehe Muster 11.

1.1.3.5 Anfechtung

805 Eine Klage gegen die Wirksamkeit des Umwandlungsbeschlusses ist nach § 195 Abs. 1 UmwG binnen Monatsfrist möglich. Diese Klage kann ebenso wie bei der Verschmelzung nicht auf eine zu niedrig bemessene Beteiligung an der GmbH & Co. KG oder eine zu niedrige Abfindung gestützt werden, § 195 Abs. 2 UmwG; für solche Fälle sieht das Gesetz ein gerichtliches Spruchverfahren nach dem Spruchverfahrensgesetz (§ 1 Nr. 4 SpruchG) vor.

1.1.4 Schutz der Gesellschafter und Gläubiger bei Verschmelzung und formwechselnder Umwandlung

806 Gesellschafter der übertragenden GmbH, die gegen die Verschmelzung Widerspruch einlegen, haben einen Anspruch auf Barabfindung, §§ 29 ff. UmwG. Ein entsprechendes Abfindungsangebot muss bereits im Verschmelzungsvertrag oder in seinem Entwurf enthalten sein, § 29 Abs. 1 Satz 1 UmwG. Auch bei einem Formwechsel können die widersprechenden Gesellschafter eine Barabfindung verlangen, § 207 UmwG.

Bei einer Verschmelzung haben Gläubiger der übertragenden und der übernehmenden Gesellschaft einen Anspruch auf Sicherheitsleistung, wenn sie binnen sechs Monaten nach Bekanntmachung der Eintragung der Verschmelzung im Handelsregister des Schuldners (§ 19 Abs. 3 UmwG) ihren Anspruch schriftlich anmelden, § 22 UmwG. Der Anspruch auf Sicherheitsleistung setzt voraus, dass die Gläubiger glaubhaft machen, dass durch die Verschmelzung die Erfüllung ihrer Forderungen gefährdet ist. Dies wird im Fall einer Verschmelzung einer GmbH auf eine GmbH & Co. KG nur selten der Fall sein, da die Kapitalschutzregeln der GmbH durch Gesetzgebung und Rechtsprechung weitgehend denen der GmbH & Co. KG entsprechen.[1397] Eine Gefährdung kann aber gegeben sein, wenn die Kapitalbindung in Gestalt von Haftsummen der Kommanditisten im Vergleich zum Stammkapital der bisherigen GmbH deutlich niedriger ausfällt.

§ 22 UmwG ist beim Formwechsel entsprechend anzuwenden, § 204 UmwG.

1397 Siehe Rn. 294 ff.

1.1.5 Firmenfortführung

Bei der Verschmelzung einer GmbH auf eine GmbH & Co. KG kann nach § 18 Abs. 1 UmwG die KG die Firma der übertragenden GmbH mit oder ohne Beifügung eines das Nachfolgeverhältnis andeutenden Zusatzes fortführen. Sofern eine formwechselnde Umwandlung vollzogen wird, darf der Rechtsträger neuer Rechtsform seine ursprüngliche Firma beibehalten, § 200 Abs. 1 Satz 1 UmwG. Ein Nachfolgezusatz kommt hier nicht in Betracht, da im Rahmen eines Formwechsels keine Rechtsnachfolge stattfindet.[1398] Falls am formwechselnden Rechtsträger eine natürliche Person beteiligt ist, deren Beteiligung an dem Rechtsträger neuer Rechtsformen entfällt, darf deren Name nur mit deren Einwilligung oder der ihrer Erben im Rahmen der fortgeführten Firma verwendet werden, §§ 200 Abs. 3, 18 Abs. 2 UmwG.

807

Sowohl im Fall der Verschmelzung als auch im Fall eines Formwechsels muss die Firma der GmbH & Co. KG nach der Umwandlung einen Hinweis auf die Rechtsform der KG (§ 19 Abs. 1 Nr. 3 HGB) und eine Bezeichnung enthalten, die darauf hinweist, dass keine natürliche Person persönlich haftet (§ 19 Abs. 2 HGB).[1399] Die typische Firma lautet daher „... GmbH & Co. KG".

1.2 Umwandlung einer GmbH & Co. KG in eine GmbH

1.2.1 Umwandlung nach dem Umwandlungsgesetz

Die Umwandlung einer GmbH & Co. KG in eine GmbH kann gemäß dem UmwG durch Verschmelzung der GmbH & Co. KG auf eine bereits bestehende GmbH (Verschmelzung durch Aufnahme) oder auf eine neu gegründete GmbH (Verschmelzung durch Neugründung) oder durch einen Formwechsel vollzogen werden.

808

Die Verschmelzung einer GmbH & Co. KG auf eine GmbH durch Aufnahme ist geregelt in §§ 2 Abs. 1 Nr. 1, 39 ff., 46 ff. UmwG. Die Verschmelzung einer GmbH & Co. KG auf eine GmbH durch Neugründung regeln §§ 2 Abs. 1 Nr. 2, 39 ff., 56 ff. UmwG und die formwechselnde Umwandlung einer GmbH & Co. KG in eine GmbH ist geregelt in §§ 190 ff., 214-225 UmwG. Das Verfahren dieser Umwandlungsvorgänge entspricht weitest-

---

1398 Siehe Widmann/Mayer, § 200 UmwG, Rn. 11, 13.
1399 Siehe Rn. 95 f.

gehend den Ausführungen in den Rn. 790 ff. zur Umwandlung einer GmbH in eine GmbH & Co. KG nach dem Umwandlungsgesetz.

1.2.2 Anwachsung

809 Soll die Komplementär-GmbH zukünftiger Rechtsträger des Unternehmens sein, erübrigt sich eine Umwandlung nach dem stark formalisierten Verfahren des Umwandlungsgesetzes. Die Übertragung des Unternehmens auf die Komplementär-GmbH kann dadurch geschehen, dass bis auf die Komplementär-GmbH sämtliche Gesellschafter aus der GmbH & Co. KG ausscheiden.[1400] Mit dem Ausscheiden der Kommanditisten wird die Gesellschaft beendet, was zur Folge hat, dass der Anteil der ausgeschiedenen Gesellschafter am Gesellschaftsvermögen gemäß § 738 BGB i. V. m. §§ 161 Abs. 2, 140 Abs. 1 Satz 2, 105 Abs. 3 HGB der übernehmenden GmbH zuwächst.[1401] Vorteil der Übertragung durch Anwachsung ist die einfache Durchführung. Da die Anwachsung kraft Gesetzes erfolgt, bedarf es keines Übertragungsaktes. Das gesamte Vermögen der GmbH & Co. KG geht kraft Gesetzes auf die GmbH über. Daher ist auch die Auflassung der zum Gesellschaftsvermögen gehörenden Grundstücke nicht erforderlich. Die ausgeschiedenen Gesellschafter müssen lediglich nach § 894 BGB der Berichtigung des Grundbuchs zustimmen.

[1400] MünchKomm/K. Schmidt, § 131 Rn. 101.
[1401] Vgl. BGH, Urteil v. 19.5.1960, II ZR 72/59, BGHZ 32 S. 307; Orth, DStR 1999, S. 1011 ff. (1012).

2 Steuerrechtlicher Teil

2.1 Umwandlung einer GmbH in eine GmbH & Co. KG

2.1.1 Motive

Motive der Umwandlung einer GmbH in eine GmbH & Co. KG können sein: 810

a) betriebswirtschaftliche Auswirkungen der Unternehmensteuerreform;[1402]

b) höheres steuerliches Risiko aufgrund verdeckter Gewinnausschüttungen.

2.1.2 Anzuwendende Vorschriften (Ertragsteuern)

Wie im handelsrechtlichen Teil ausgeführt, schließen sich Verschmelzung und Formwechsel gegenseitig aus; den Gesellschaftern der GmbH stehen folgende **Möglichkeiten** offen:[1403] 811

Es wird die **Verschmelzung** nach §§ 2 ff. UmwG gewählt; in Betracht kommt allerdings nur die Verschmelzung durch Aufnahme (§ 2 Nr. 1 UmwG), nicht durch Neugründung (§ 2 Nr. 2 UmwG). Die Verschmelzung durch Neugründung entfällt, da hier zwei bestehende Rechtsträger ihr Vermögen auf einen neuen übertragen müssen. Die Verschmelzung durch Aufnahme setzt das Bestehen der aufnehmenden GmbH & Co. KG voraus. Bei dieser Variante muss also vor der Verschmelzung eine neue GmbH gegründet werden, die sich dann in einem weiteren Schritt als Komplementärin an einer neuen KG beteiligt, deren Kommanditisten die Gesellschafter der umzuwandelnden Alt-GmbH sind. Die neue GmbH & Co. KG übernimmt dann im Wege der Verschmelzung durch Aufnahme das Vermögen der Alt-GmbH.[1404]

Der **Formwechsel** ist in §§ 190 ff. UmwG geregelt. Nach § 191 UmwG scheint ein unmittelbarer Formwechsel der GmbH in die GmbH & Co. KG möglich, jedoch ist § 202 Abs. 1 Nr. 2 UmwG zu beachten, der eine Gesellschafteridentität vor und nach der Umwandlung verlangt. Die Folge ist, 812

1402 Siehe hierzu Rn. 10 ff.
1403 Siehe Centrale für GmbH, Centrale-Gutachtendienst, GmbHR 1996, S. 3.
1404 Siehe Ott, Inf. 1996, 333 (334); siehe auch Priester, DB 1997, S. 560: Die künftige Komplementär-GmbH muss der umzuwandelnden GmbH zuvor als Gesellschafterin beitreten. Sie kann ihren Vermögensanteil allerdings treuhänderisch für einen der späteren Kommanditisten halten.

dass zuvor eine „kleine GmbH" (die neue Komplementär-GmbH) gegründet und mit mindestens einem 100-EUR-Geschäftsanteil an der umzuwandelnden GmbH beteiligt werden muss. Erst dann kann der Formwechsel vollzogen werden.

Die Gemeinsamkeit der Verschmelzung durch Aufnahme und der formwechselnden Umwandlung besteht darin, dass eine unmittelbare Umwandlung der GmbH in eine GmbH & Co. KG nicht möglich ist; in beiden Fällen muss zunächst eine neue Gesellschaft – GmbH & Co. KG oder GmbH – gegründet werden. Steuerlich ist, wie nachstehend angeführt wird, in beiden Fällen eine Buchwertfortführung geboten.

813 Diese Steuerneutralität auf Gesellschaftsebene ist bei der dritten handelsrechtlich möglichen Umwandlung einer GmbH in eine GmbH & Co. KG, der **Spaltung** nach § 123 Abs. 2 UmwG – entweder Abspaltung auf eine zuvor neu gegründete GmbH & Co. KG (Abspaltung durch Aufnahme) oder Abspaltung auf eine durch die Abspaltung gegründete GmbH & Co. KG (Abspaltung zur Neugründung) – in der Regel nicht gegeben. Denn nach § 15 Abs. 1 UmwStG ist bei der Abspaltung eine Buchwertfortführung nur möglich, wenn sowohl das auf die GmbH & Co. KG übertragene Vermögen als auch das bei der übertragenden Altgesellschaft verbleibende Vermögen einen Teilbetrieb darstellt.[1405] Gewöhnlich hat die Komplementär-GmbH keinen eigenen Geschäftsbetrieb und damit ein nur sehr geringes Vermögen.

Zum Übergang eines Verlustvortrags bei Abspaltung vertritt der BFH im Urteil v. 14.3.2012[1406] folgende Auffassung:
- (1) Bei Abspaltung eines Teilbetriebs kann jedes an der Spaltung beteiligte Unternehmen sowie auch ein Dritter allein oder zusammen mit den beteiligten Unternehmen das Fortführungserfordernis des § 15 Abs. 1 Satz 1 i. V. m. § 12 Abs. 3 Satz 2 UmwStG 2002 erfüllen.
- (2) Der Übergang eines verbleibenden Verlustabzugs setzt aber voraus, dass der verlustverursachende Betriebsteil im Stichtag der Verschmelzung oder Spaltung beim übertragenden Rechtsträger tatsächlich vorhanden ist.

Wird bei dem zuvor angesprochenen Formwechsel eine vermögensmäßige Beteiligung der neuen Komplementär-GmbH an der GmbH & Co. KG nicht gewollt, ist es denkbar, dass der bzw. einer der Gesellschafter der umzu-

---
1405 Ott, Inf. 1996, S. 334.
1406 BFH, Urteil v. 14.3.2012, I R 13/11, DStR 2012 S. 962.

wandelnden GmbH den 100-EUR-Geschäftsanteil unentgeltlich an die (neue) Komplementär-GmbH abtritt, und zwar ohne Gegenleistung und mit der Maßgabe, dass der Anteil nur zum Zweck der Umwandlung übertragen wird und der Gesellschafter, und nicht die Komplementär-GmbH nach der Umwandlung weiterhin am Vermögen der GmbH & Co. KG beteiligt ist.[1407]

Handelsrechtlich ist aufgrund der Identität des Rechtsträgers beim Formwechsel keine Umwandlungsbilanz zu erstellen, bei der Verschmelzung ist dies jedoch erforderlich. Das **Steuerrecht** folgt dem Handelsrecht nicht. Es behandelt den Formwechsel wie eine Verschmelzung und verlangt in beiden Fällen das Erstellen einer Umwandlungsbilanz. Für die Verschmelzung einer GmbH auf eine GmbH & Co. KG sind §§ 3-8 UmwStG und § 10 UmwStG anwendbar; für die formwechselnde Umwandlung gelten gemäß §§ 14, 18 UmwStG diese Vorschriften analog.

Das UmwStG verlangt, dass die GmbH für den Zeitpunkt des Vermögensübergangs bzw. Formwechsels (Umwandlungsstichtag) eine **Schlussbilanz** und die GmbH & Co. KG eine Eröffnungsbilanz aufstellen muss. Zwischen beiden Bilanzen besteht das Gebot der Wertverknüpfung, d. h., die GmbH & Co. KG muss in ihrer Eröffnungsbilanz die übernommenen Wirtschaftsgüter mit dem Wert ansetzen, mit dem die GmbH sie in ihrer Schlussbilanz angesetzt hat. Bezüglich der Bilanzaufstellung lässt das UmwStG einen Rückbeziehungszeitraum von acht Monaten zu, d. h., die Bilanzen können für einen Stichtag aufgestellt werden, der höchstens acht Monate vor der Anmeldung des Vermögensübergangs bzw. Formwechsels zur Eintragung in das Handelsregister liegt. Für die Verschmelzung ergibt sich diese steuerliche Rückwirkung aus § 2 Abs. 1 UmwStG i. V. m. § 17 Abs. 2 UmwG, für den Formwechsel aus § 14 UmwStG.[1408]

814

Der Regelwertansatz in der Schlussbilanz der GmbH ist gemäß § 3 Abs. 1 UmwStG der „gemeine Wert". Gemäß § 3 Abs. 2 UmwStG hat die GmbH aber das Wahlrecht, auf Antrag die Buchwerte oder höhere Werte, höchstens jedoch die gemeinen Werte anzusetzen; Voraussetzung ist, dass (1) die übergehenden Wirtschaftsgüter Betriebsvermögen der übernehmenden Personengesellschaft oder natürlichen Person werden und sichergestellt ist, dass sie später der Besteuerung mit Einkommensteuer oder Körperschaftsteuer unterliegen und (2) das Recht der Bundesrepublik Deutschland

815

1407 Korn, KÖSDI 1995, S. 10274.
1408 Für Einzelheiten siehe Wochinger/Dötsch, DB-Beilage Nr. 14/94, S. 6.

Umwandlungsfälle

hinsichtlich der Besteuerung der übertragenen Wirtschaftsgüter bei der übernehmenden Personengesellschaft oder natürlichen Person nicht ausgeschlossen oder beschränkt wird und (3) eine Gegenleistung nicht gewährt wird oder in Gesellschaftsrechten besteht.

Das Wahlrecht ist einheitlich für alle übergehenden Wirtschaftsgüter auszuüben.

Dadurch, dass in § 3 Abs. 1 UmwStG die steuerliche Schlussbilanz angesprochen wird, wird verdeutlicht, dass für Umwandlungsvorgänge keine Bindung der Steuerbilanz an die Handelsbilanz besteht.[1409]

Da ein Verlustvortrag der übertragenden GmbH untergeht,[1410] kann es im Einzelfall geboten sein, ihn durch Aufstockung der Buchwerte zur steuerfreien Realisation stiller Reserven zu nutzen.

816 Die GmbH & Co. KG muss in ihrer **Eröffnungsbilanz** die Vermögenswerte zwingend mit dem Wert ansetzen, mit dem die GmbH sie in ihrer Schlussbilanz angesetzt hat (Grundsatz der Wertverknüpfung, § 4 Abs. 1 UmwStG).

817 Das sich bei der übernehmenden GmbH & Co. KG ergebende **Übernahmeergebnis** wird aufgeteilt „in einen fingierten Kapitalertrag i. S. d. § 20 Abs. 1 Satz 1 Nr. 1 EStG (Dividendenanteil) und in einen Übernahmegewinn bzw. -verlust (Veräußerungsteil)".[1411]

818 Der **Dividendenanteil** ist unabhängig vom Übernahmegewinn oder Übernahmeverlust zu ermitteln. Grundlage ist § 7 UmwStG. Diese Vorschrift beinhaltet eine Vollausschüttungsfiktion, da sämtliche offenen Reserven der GmbH so behandelt werden, als würden sie an die Gesellschafter ausgeschüttet. Bei den Gesellschaftern entstehen Einkünfte aus Kapitalvermögen i. S. d. § 20 EStG, die dem Teileinkünfteverfahren nach § 3 Nr. 40 EStG bzw. bei Ausschüttungen, die auf einen Stichtag nach dem 31.12.2008 wirken, der Abgeltungssteuer unterliegen.

Bei körperschaftsteuerpflichtigen Mitunternehmern findet § 8b Abs. 1 und Abs. 5 KStG Anwendung, d. h., die Kapitalerträge sind zu 95 % steuerfrei gestellt.

1409 Die Maßgeblichkeit der Handelsbilanz wurde durch das SEStEG aufgehoben.
1410 Siehe §§ 4 Abs. 2, 14 UmwStG.
1411 Krohn/Greulich, a. a. O., DStR 2008, S. 648.

Die GmbH hat auf diese Ausschüttungen 25 % Kapitalertragsteuer einzubehalten und an das Finanzamt abzuführen.

Nach der fiktiven Ausschüttung ist als nächster Schritt festzustellen, ob ein **Übernahmegewinn** oder **Übernahmeverlust** (§ 4 Abs. 4 UmwStG) entsteht. Hierbei mindern die Bezüge i. S. v. § 20 Abs. 1 Nr. 1 EStG (= oben genannter Dividendenanteil) den Übernahmegewinn oder erhöhen den Übernahmeverlust (§ 4 Abs. 5 UmwStG). 819

Das Berechnungsschema des Übernahmeergebnisses ergibt sich aus § 4 Abs. 4 und 5 UmwStG. 820

	Werte der übergegangenen Wirtschaftsgüter der GmbH nach § 4 Abs. 1 UmwStG
./.	Buchwert der Anteile an der übertragenden GmbH[1412]
./.	Kosten für den Vermögensübergang (= Umwandlungskosten § 4 Abs. 4 UmwStG)
=	Übernahmeergebnis 1. Stufe
+	Sperrbetrag nach § 50c EStG (§ 4 Abs. 5 Satz 1 UmwStG)[1413]
./.	fiktive Dividende (§ 7 UmwStG) = Übernahmeergebnis 2. Stufe

Da jeder Gesellschafter unterschiedliche Anschaffungskosten für seine Anteile haben kann, ist das Übernahmeergebnis für jeden Gesellschafter gesondert zu ermitteln. 821

1412 Ggf. nach Beteiligungskorrektur gemäß § 4 Abs. 1 Satz 2 UmwStG.
1413 Krohn/Greulich, a. a. O., DStR 2008, S. 649: „Diese Vorschrift führt in Umwandlungsfällen in der Praxis zu nicht unerheblichen Auswirkungen, mit denen meist kein Beteiligter gerechnet hat, da die Herkunft der Anteile in der Vergangenheit nur selten ausführlich dokumentiert wurde. Zwar wurde die Regelung im Rahmen der Unternehmensteuerreform 2001 mit Wirkung ab dem Jahr 2002 aufgehoben. Nach § 52 Abs. 59 EStG ist die Vorschrift aber weiter anzuwenden, wenn für die Anteile zuvor ein Sperrbetrag zu bilden war. Sperrbeträge nach § 50c EStG wirken deshalb noch lange Zeit in die Zukunft hinein und sind damit noch bei Umwandlungen zu berücksichtigen. Ein Sperrbetrag ist entstanden, wenn die Anteile innerhalb der letzten 10 Jahre entweder von einem nicht anrechnungsberechtigten Anteilseigner (Ausländer, Körperschaft des öffentlichen Rechts) oder von einem Anteilseigner, bei dem die Veräußerung nicht steuerpflichtig war (§ 50c Abs. 11 EStG) erworben wurden."

Entsteht ein Übernahmegewinn, unterliegt dieser bei Mitunternehmern, die natürliche Personen sind, den für die Besteuerung der Veräußerung von Kapitalgesellschaftsanteilen geltenden „normalen" Regeln (44,31 % Einkommensteuer/Solidaritätszuschlag). Bei Unternehmern, die juristische Personen sind, greift § 8 Abs. 2 KStG (= steuerfreier Übernahmegewinn, Besteuerung nur in Höhe von 5 % der fiktiven nicht abzugsfähigen Betriebsausgaben). Entsteht ein Übernahmeverlust, so ist bei natürlichen Personen als Mitunternehmer der (anteilige) Übernahmeverlust nur zur Hälfte, maximal in Höhe der fiktiven Dividende (§ 7 UmwStG) zu berücksichtigen. Das gilt nicht, d. h. ein Übernahmeverlust bleibt vollständig außer Ansatz, wenn die Anteile innerhalb der letzten 5 Jahre entgeltlich erworben wurden (§ 4 Abs. 6 Satz 5 UmwStG).[1414] Ist der Mitunternehmer eine juristische Person, bleibt der Übernahmeverlust grundsätzlich außer Ansatz (§ 4 Abs. 6 UmwStG).

822 Körperschaftsteuerguthaben nach § 37 KStG und Körperschaftsteuererhöhungsverbindlichkeiten nach § 38 KStG aus EK 02-Altbeständen gehen auf die übernehmende GmbH & Co. KG als Gesamtrechtsnachfolgerin über.

2.1.3 Beispielsfall

2.1.3.1 Ausgangssituation

823 Die A GmbH soll durch Formwechsel auf die A GmbH & Co. KG umgewandelt werden. Die Schlussbilanz der A GmbH auf den Tag des Formwechsels zeigt folgendes Bild (Buchwerte).[1415]

AKTIVA		PASSIVA	
	Buchwerte		
	EUR		EUR
Anlagevermögen		Stammkapital	100.000

1414 Förster/Felchner, Umwandlung von Kapitalgesellschaften in Personenunternehmen nach dem Referentenentwurf zum SEStEG, DB 2006, S. 1072 (1075): „Eine solche Regelung erleichtert betriebswirtschaftlich sinnvolle Umstrukturierungen nicht, sondern wirkt strukturkonservierend, indem sie im personenbezogenen Mittelstand eine fünfjährige faktische Umwandlungssperre nach einem Anteilserwerb errichtet."
1415 Beispiel in Anlehnung an Förster/Felchner, a.a.O., DB 2006, S. 1076/1077.

AKTIVA		PASSIVA	
Sachanlagen	500.000		
		Rücklagen	1.400.000
Umlaufvermögen	1.500.000		
		Verbindlichkeiten	500.000
	2.000.000		2.000.000

Der Firmenwert der GmbH beträgt 500.000 EUR.

2.1.3.2 Besteuerung bei der GmbH

Wertmäßige Verschiebungen in der Handelsbilanz ergeben sich nicht, da Buchwertfortführung gewählt wird. Steuerrechtlich ist das Eigenkapital umzugliedern. Aus dem Stammkapital und den Rücklagen der GmbH werden Fest- und variables Kapital der Kommanditisten. 824

Die unentgeltliche Übertragung des Geschäftsanteils von 100 EUR auf die neu gegründete Komplementär-GmbH und dessen Rückübertragung bleiben ohne steuerliche Auswirkungen, da sie nur zum Zweck der Umwandlung geschehen und zu keiner dauerhaften Veränderung der Anteilsverhältnisse vor und nach der Umwandlung führen.

2.1.3.3 Besteuerung bei der GmbH & Co. KG

Die Eröffnungsbilanz der A GmbH & Co. KG entspricht wertmäßig der Bilanz der A GmbH (Grundsatz der Wertverknüpfung). 825

2.1.3.4 Besteuerung bei den Gesellschaftern

A wandelt die GmbH zu Buchwerten in die KG um; es stehen dem Buchwert des übergehenden Vermögens Anschaffungskosten für die Anteile gegenüber, in denen neben den offenen Rücklagen der Gesellschaft regelmäßig auch stille Reserven einschließlich eines Firmenwerts entgolten worden sind. Bei der Umwandlung ergibt sich daher ein Übernahmeverlust erster Stufe in Höhe der bezahlten stillen Reserven einschließlich des Firmenwerts. Dieser Übernahmeverlust erhöht sich noch um die offenen Rücklagen der Gesellschaft, die dem Erwerber als Bezüge aus Kapitalvermögen gem. § 7 UmwStG zuzurechnen sind. Im Ergebnis entsteht ein 826

Übernahmeverlust zweiter Stufe in Höhe der bezahlten stillen und offenen Reserven der Kapitalgesellschaft, soweit diese nicht auf Einlagen beruhen. Dieser Übernahmeverlust bleibt in voller Höhe außer Ansatz, soweit die Anteile innerhalb der letzten fünf Jahre vor dem steuerlichen Übertragungsstichtag entgeltlich erworben wurden.

Ermittlung der Bezüge des A gem. § 7 UmwStG

Eigenkapital lt. Steuerbilanz (Nennkapital + off. Rücklagen)	1.500.000 EUR
- steuerl. Einlagekonto nach Erhöhung um Nennkapital (§ 29 Abs. 1 KStG)	– 100.000 EUR
Bezüge i. S. v. § 20 Abs. 1 Nr. 1 EStG (§ 7 UmwStG)	1.400.000 EUR
davon steuerpflichtig (§ 3 Nr. 40 Satz 1d EStG: 50 %)	700.000 EUR

Ermittlung des Übernahmeverlusts Eigenkapital

lt. steuerlicher Schlussbilanz	1.500.000 EUR
- Buchwert der Anteile	– 2.000.000 EUR
Übernahmeverlust 1. Stufe (§ 4 Abs. 4 Satz 1 UmwStG)	– 500.000 EUR
- Bezüge gem. § 7 UmwStG (§ 4 Abs. 5 Satz 2 UmwStG-E)	– 1.400.000 EUR
Übernahmeverlust 2. Stufe	– 1.900.000 EUR
Berücksichtigungsfähiger Übernahmeverlust (§ 4 Abs. 6 Satz 5 UmwStG)	0 EUR

Gesamtergebnis

steuerpflichtige Bezüge gem. § 7 UmwStG	700.000 EUR
- berücksichtigungsfähiger Übernahmeverlust	0 EUR
zu versteuern	700.000 EUR
ESt/SolZ (44,31 %)	310.170 EUR

2.1.4 Spätere Veräußerung der KG-Anteile

827 Werden nach der Umwandlung die KG-Anteile veräußert, so liegen bei der **Einkommensteuer** gewerbliche Einkünfte i. S. d. §§ 16, 34 EStG vor. Dabei mindert der Veräußerungsgewinn eines zuvor nicht wesentlich beteiligten Gesellschafters nicht die ursprünglichen Anschaffungskosten für den

Erwerb seines Gesellschaftsanteils der formwechselnd in die KG umgewandelten GmbH-Anteile.[1416]

Gewerbesteuerlich stellt die Veräußerung der KG-Anteile gemäß § 7 GewStG keinen laufenden Gewinn dar, ist also gewerbesteuerfrei. Dies gilt gemäß § 7 Satz 2 GewStG aber nur für Veräußerungsgewinne, die auf eine natürliche Person als unmittelbar beteiligter Mitunternehmer entfallen.[1417] Dies gilt nur dann uneingeschränkt, wenn der gesamte Mitunternehmeranteil veräußert wird.[1418] Wird lediglich ein Anteil dieses Anteils veräußert, ist der Gewinn hieraus Teil des Gewerbeertrages, denn der Mitunternehmer beendet bei der Teilanteilsveräußerung nicht seine mitunternehmerische Tätigkeit, sondern reduziert sie nur[1419].

1416 Siehe BFH, Urteil v. 12.7.2012, IV R 39/09, DStR 2012 S. 1805. Die Ungleichbehandlung mit Kommanditisten, die i. S. d. § 17 EStG wesentlich an der GmbH beteiligt gewesen waren oder deren Beteiligung zum Betriebsvermögen gehört, ist nach Auffassung des BFH sachlich gerechtfertigt, denn solche Beteiligungen sind auch vor der Umwandlung der GmbH auf die KG auf der Gesellschafterebene steuerverstrickt gewesen.

1417 Der Gesetzgeber will damit verhindern (siehe BT-Drs. 14/6682, 677, dass Kapitalgesellschaften in eine Personengesellschaft einzelne Wirtschaftsgüter überführen und dann die Personengesellschaftsanteile gewerbesteuerfrei veräußern.

1418 Besonderheiten bei der Veräußerung von Anteilen an einer Grundstückshandels GmbH & Co. KG, BFH, Urteil v. 14.12.2006, IV R 3/05, GmbHR 2007 S. 269: „Ein Gewinn aus der Veräußerung des Anteils an einer Personengesellschaft, zu deren Betriebsvermögen im Zeitpunkt der Veräußerung Grundstücke gehören, die dem Umlaufvermögen des von der Gesellschaft betriebenen Unternehmens zuzurechnen sind, ist als laufender Gewinn dem Gewerbeertrag zuzurechnen und unterliegt somit auch der Gewerbesteuer. Das gilt jedenfalls dann, wenn das Betriebsvermögen der Gesellschaft ausschließlich oder nahezu ausschließlich aus solchen Grundstücken besteht. Ein Grundstück gehört nur dann zum Umlaufvermögen einer gewerblich geprägten Personengesellschaft, wenn bei der Gesellschaft die Voraussetzungen eines gewerblichen Grundstückshandels erfüllt sind. Besonderheiten bestehen auch bei der Veräußerung von Anteilen an gewerblich geprägten Grundstückshandelsgesellschaften, siehe BFH, Urteil v. 5.6.2008, IV R 81/06, GmbHR 2008 S. 1111: Die Veräußerung von Mitunternehmeranteilen an mehr als drei am Grundstücksmarkt tätigen Gesellschaften bürgerlichen Rechts ist auch dann der Veräußerung der zu den jeweiligen Gesamthandsvermögen gehörenden Grundstücke gleichzustellen, wenn es sich bei den Gesellschaften um gewerblich geprägte Personengesellschaften i. S. d. § 15 Abs. 3 Nr. 2 EStG handelt. Die Gewinne aus den Anteilsveräußerungen sind daher – bei Vorliegen der übrigen Voraussetzungen – als laufende Gewinne aus gewerblichem Grundstückshandel im Rahmen der Einkommensteuerveranlagung (Gewinnfeststellung) und Gewerbesteuerveranlagung des Gesellschafters (der Obergesellschaft) zu erfassen".

1419 Siehe Begründung zum BFH, Urteil v. 30.8.2007, VI R 22/06, GmbHR 2008 S. 109.

Die Gewerbesteuerfreiheit des § 7 Satz 2 GewStG greift auch dann nicht, wenn § 18 Abs. 3 UmwStG zu beachten ist. Nach dieser Vorschrift unterliegen Gewinne der Gewerbesteuer, die im Falle der Umwandlung einer Kapitalgesellschaft in eine Personengesellschaft innerhalb von fünf Jahren nach dem Vermögensübergang aus der Veräußerung (oder Aufgabe) des Betriebs der Personengesellschaft erzielt wurden. Entsprechendes gilt nach § 18 Abs. 3 Satz 2 UmwStG, wenn ein Anteil an einer Personengesellschaft veräußert (oder aufgegeben) wird. Durch das Jahressteuergesetz 2008 wird gesetzlich festgelegt, dass auch der Veräußerungsgewinn/Aufgabegewinn, der auf Betriebsvermögen entfällt, das bereits vor der Umwandlung im Betrieb der übernehmenden Personengesellschaft vorhanden war, bei Veräußerung/Aufgabe innerhalb von fünf Jahren der Gewerbesteuer unterliegt; diese Neuregelung gilt für nach dem 31.12.2007 zur Registereintragung angemeldete Umwandlungen.[1420]

2.1.5 Umsatzsteuer

828 Bei einem Formwechsel von einer Kapitalgesellschaft auf eine Personengesellschaft, also von der GmbH auf die GmbH & Co. KG, fehlt eine Vermögensübertragung, da die Identität der Gesellschaft aufrechterhalten bleibt. Damit liegt kein steuerbarer Leistungsaustausch vor.

Bei einer Verschmelzung könnte ein Leistungsaustausch bejaht werden. Diese Möglichkeit bleibt jedoch umsatzsteuerlich ohne Auswirkung, da dieser Leistungsaustausch als Geschäftsveräußerung gemäß § 1 Abs. 1a UStG nicht umsatzsteuerbar wäre.

Die Rückbeziehung der Umwandlung bis zu 8 Monaten gilt nur ertragsteuerlich; für die Umsatzsteuer ist sie bedeutungslos. Bis zur Eintragung des Umwandlungsbeschlusses in das Handelsregister bleibt die GmbH Unternehmer und hat die von ihr getätigten Umsätze zu versteuern.[1421] Eine Anwachsung stellt keinen steuerbaren Umsatz dar.[1422]

[1420] Die Fachliteratur (z.B. Wernsmann/Desens in DStR 2008, S. 221) hält diese Gesetzesregelung, die der BFH-Rechtsprechung widerspricht, für verfassungswidrig. Für Altfälle gilt die BFH-Rechtsprechung (BFH, Urteil v. 16.11.2005, X R 6/04, DStR 2006 S. 175; BFH, Beschluss v. 20.11.2006, VIII R 47/05, GmbHR 2007 S. 272; BFH, Urteil v. 26.6.2007, IV R 58/06, FR 2008 S. 33), nach der vor der Umwandlung enthaltene stille Reserven nicht der GewSt zu unterwerfen sind.
[1421] Streck/Posdziech, GmbHR 1995, S. 271 (283).
[1422] Siehe Rn. 668.

2.1.6 Grunderwerbsteuer

Wenn bei der **Verschmelzung** einer GmbH auf eine GmbH und Co. KG die GmbH ein Grundstück hat, entsteht Grunderwerbsteuer gemäß § 1 Abs. 1 Nr. 3 GrEStG. Das Grundstück gehört nach der Verschmelzung einer anderen Rechtsperson i. S. d. GrEStG. Für die Entstehung der Steuer maßgebend ist die Eintragung der Verschmelzung in das Register des Sitzes des übernehmenden Rechtsträgers. Als Bemessungsgrundlage sind die Grundbesitzwerte nach § 138 Abs. 2 und Abs. 3 BewG zugrunde zu legen.[1423] Die Grunderwerbsteuer ist beim übergehenden Grundstück nicht zu aktivieren, sondern sofort abzugsfähige Betriebsausgabe.[1424]

829

Formwechselnde Umwandlungen unterliegen mangels Rechtsträgerwechsels nicht der GrESt.[1425]

830

Bei Umwandlungen ergibt sich aus Tz. 04.34 sowie 23.01 des UmwStE 2011[1426] und anderen Verweisen die Schlussfolgerung, dass die GmbH Anschaffungsnebenkosten darstellt, also zu aktivieren ist.[1427]

831

2.1.7 Erbschaftsteuer

Die erbschaftsteuerliche Begünstigung von Betriebsvermögen findet im sog. Verschonungsmodell bzw. im Optionsmodell ihren Niederschlag.[1428] Beide Modelle beinhalten bestimmte Behaltensfristen (5 bzw. 7 Jahre). Die Einbringung eines Einzelunternehmens bzw. von Anteilen an einer Personengesellschaft in eine Personen- oder Kapitalgesellschaft sowie die Umwandlung einer Kapital- in eine Personengesellschaft bzw. ein Einzelunternehmen oder eine andere Körperschaft innerhalb der Behaltensfrist führen nicht zu einer schädlichen Verwendung. Mithin wird eine Nachversteuerung nur dann ausgelöst, wenn die durch die Umwandlung/Ein-

832

1423 Für Vorgänge, die vor dem 1.1.1997 verwirklicht sind, siehe WPg 1995, S. 252.
1424 Siehe BFH, Urteil v. 14.3.2011, I R 40/10, DB 2011 S. 1785 und BFH, Urteil v. 20.4.2011, I R 2/10, DB 2011 S. 1553.
1425 Vgl. FinMin Baden-Württemberg, Erlass v. 19.12.1997, S 4520/2, DB 1998 S. 166 ff.; so auch FG Münster, Urteil v. 23.7.1997, 8 K 3583/96 GrE, EFG 1998 S. 227, rechtskräftig, wonach die formwechselnde Umwandlung einer Kapitalgesellschaft in eine Personengesellschaft wegen der fortbestehenden Identität des Rechtsträgers i. S. d. §§ 190 ff. UmwG 1995 kein nach § 1 Abs. 1 Nr. 3 GrEStG steuerbarer Vorgang ist.
1426 BMF, Schreiben v. 11.11.2011, BStBl 2011 I S. 1314.
1427 Angenommen in den Fällen des § 1 Abs. 3 GrEStG.
1428 Siehe Rn. 10 dieses Buches.

bringung erworbenen Anteile innerhalb der Behaltensfrist veräußert werden.

2.2 Umwandlung einer GmbH & Co. KG in eine GmbH

2.2.1 Umwandlung (Formwechsel) nach dem Umwandlungsgesetz/Umwandlungssteuergesetz

833 Folgende **Gestaltungen** sind denkbar:[1429]
- Formwechsel, d. h. Umwandlung der GmbH & Co. KG im Wege der Gesamtrechtsnachfolge auf die GmbH;
- Anwachsung, entweder nach dem „Austrittsmodell" oder dem „erweiterten Anwachsungsmodell";
- Übertragung des Vermögens der GmbH & Co. KG im Wege der Einzelrechtsnachfolge auf die GmbH oder Verschmelzung der GmbH & Co. KG auf eine neugegründete GmbH im Wege der Gesamtrechtsnachfolge.

834 Bei der Umwandlung der GmbH & Co. KG in eine GmbH durch **Formwechsel** (§ 190 UmwG) bleibt die Identität des Rechtsträgers erhalten (identitätswahrende Umwandlung). Handelsrechtlich ist daher nur eine Buchwertfortführung möglich.

Steuerrechtlich gelten gemäß § 25 UmwStG in den Fällen des Formwechsels i. S. d. § 190 UmwG die Vorschriften der §§ 20 bis 23 UmwStG entsprechend. Ertragsteuerlich wird die Umwandlung der GmbH & Co. KG in eine GmbH wie die Einbringung eines Betriebes gegen Gewährung von Gesellschaftsanteilen behandelt. Die Buchwertfortführung ist steuerlich möglich, jedoch kann – da beim UmwStG der Maßgeblichkeitsgrundsatz der Handels- für die Steuerbilanz nicht gilt – ein über den Buchwerten liegender Wertansatz gewährt werden.

Da nach § 23 Abs. 5 UmwStG ein gewerbesteuerlicher Verlustvortrag der GmbH & Co. KG nicht auf die GmbH übergeht, ist die vorstehend angesprochene Aufwertung der (Buch)wertansätze geboten, gibt sie doch der GmbH & Co. KG die Möglichkeit, die Verlustvorträge zu nutzen und schafft zugleich erhöhtes AfA-Potenzial für die GmbH. Allerdings sind die

---

[1429] Siehe Schulze zur Wiesche, Zur wesentlichen Betriebsgrundlage eines Mitunternehmeranteils, DB 2010, S. 638 (641).

Regelungen des § 10d Abs. 2 EStG und des § 10a GewStG zur Mindestbesteuerung zu beachten.[1430]

Trotz der handelsrechtlichen Identität des Rechtsträgers muss die übertragende GmbH & Co. KG gemäß § 25 Satz 2 i. V. m. § 9 Satz 2 UmwStG auf den steuerlichen Übertragungszeitpunkt eine Steuerbilanz aufstellen. Zwischen diesem Übertragungszeitpunkt und der registrierten Anmeldung des Formwechsels dürfen höchstens 8 Monate liegen (§ 25 Abs. 2 i. V. m. § 9 Satz 3 UmwStG). Korrespondierend hat die übernehmende GmbH auf den steuerlichen Übertragungsstichtag eine steuerliche Eröffnungsbilanz aufzustellen. Entscheidend ist, welche Wertansätze die GmbH & Co. KG wählt. 835

Zu Recht weisen *Ostermayer/Erhart*[1431] darauf hin, dass nur das Gesamthandsvermögen der GmbH & Co. KG Gegenstand des Formwechsels sein kann. Im Eigentum eines Gesellschafters stehende, der GmbH & Co. KG zur Nutzung überlassene Wirtschaftsgüter – d. h. das Sonderbetriebsvermögen der Gesellschafter – fallen nicht unter den Formwechsel, sondern können gemäß §§ 20, 21 UmwStG nur dann zu Buchwerten (oder zu höheren Werten) auf die GmbH übertragen werden, wenn sie wesentliche Betriebsgrundlagen darstellen. Die Einbringung der Beteiligung an der Komplementär-GmbH erfolgt neben dem Formwechsel separat im Wege der Einzelrechtsnachfolge, allerdings im zeitlichen und sachlichen Zusammenhang mit dem Umwandlungsbeschluss. Es liegt eine Kombination von Einzelrechtsnachfolge und handelsrechtlicher Umwandlung (= Formwechsel nach § 190 UmwG) vor.[1432] 836

Die Buchwerte müssen (gleichmäßig) aufgestockt werden, 837
– wenn die Bilanz der GmbH & Co. KG ein negatives Kapitalkonto ausweist,
– der Kommanditist (Einbringende) beschränkt einkommen(körperschaft)steuerpflichtig ist.

Der Übertragungsstichtag darf höchstens 8 Monate vor der Anmeldung zur Eintragung im Handelsregister liegen.

Erfolgt eine Wertaufstockung, erzielt der einbringende Kommanditist einen Veräußerungsgewinn, für den – sofern die gemeinen Werte (einschließlich

---

1430 Vgl. Ostermeyer/Erhart, Die GmbH (& Co. KG), 2. Aufl. 2008, Bonn, S. 130.
1431 A.a.o., S. 130.
1432 Siehe Schäffler/Gebert, der steuerneutrale Wechsel von der GmbH & Co. KG in die GmbH. Was tun mit (den Anteilen an) der Komplementär-GmbH?, DStR 2010, S. 636 ff.

Firmenwert) realisiert werden – die Tarifbegünstigung der §§ 16, 34 EStG (inklusive Freibetragsregelung) greift.

Ist die Komplementär-GmbH vermögensmäßig an der GmbH & Co. KG beteiligt, so ist auch sie Einbringende. Ist sie nicht beteiligt, wird sie nicht Gesellschafter der durch die Umwandlung entstandenen GmbH. Die Anteile gelten jedoch als nicht entnommen. Vielmehr sind sie als Anteile zu behandeln, die durch die Sacheinlage erworben sind (sog. einbringungsgeborene Anteile). Zu beachten ist, dass die erfolgsneutrale Einbringung der Mitunternehmeranteile dann nicht möglich ist, wenn die zurückbehaltenen GmbH-Anteile „wesentliche Betriebsgrundlagen" darstellen; für diesen Fall ist die Übertragung nur zum gemeinen Wert möglich, was einen Aufgabegewinn zu Folge hat.

2.2.2 Anwachsung[1433]

838 *Ege/Klett* erläutern[1434] die ertragsneutralen Aspekte der Anwachsungsmodelle[1435] ausgehend von folgendem Grundbeispiel:

An der X-GmbH & Co. KG sind die A-GmbH als Kommanditistin mit einem Kapitalanteil von 100 % und die B-GmbH als Komplementärin ohne vermögensmäßige Beteiligung beteiligt. Alleinige Gesellschafterin der B-GmbH ist die A-GmbH.

839 Folgende Varianten:

(a) Austritt eines Gesellschafters

Bei dieser Variante – auch **einfaches Anwachsungsmodell** genannt – ist zu unterscheiden, ob der ausscheidende Gesellschafter vermögensmäßig beteiligt war oder nicht und ob er für sein Ausscheiden entschädigt wird oder nicht.

– Entschädigungsloser Austritt des nicht vermögensmäßig beteiligten Komplementärs

Bezogen auf das Grundbeispiel tritt die B-GmbH entschädigungslos aus der X-GmbH & Co. KG aus. Das Vermögen der X-GmbH & Co. KG wächst

---

1433 Siehe Rn. 809.
1434 Ege/Klett, Aktuelle gesellschaftsrechtliche und steuerliche Aspekte von Anwachsungsmodellen, DStR 2010, S. 2463 ff.
1435 Siehe auch OFD Berlin, Verfügung v. 19.7.2002, St 122 – S 2241 – 2/02, DB 2002 S. 1966.

der A-GmbH an, der Gesellschaftsanteil der B-GmbH geht unter. Nach Auffassung der OFD Berlin ist § 6 Abs. 3 EStG nicht anwendbar. Diese Vorschrift setzt einen Übertragungsvorgang voraus. Hieran fehlt es, weil der austretende Gesellschafter am Vermögen der Gesellschaft nicht beteiligt ist. Steuerlich gesehen sind dem verbleibenden Gesellschafter die seiner Beteiligung entsprechenden Wirtschaftsgüter schon vor Anwachsung zuzurechnen, sodass sie ihm durch die Anwachsung nicht mehr übertragen werden können. Die Buchwerte sind daher nicht nach § 6 Abs. 3 EStG, sondern mangels eines Anschaffungsvorgangs fortzuführen.

– Austritt des vermögensmäßig beteiligten Kommanditisten

Bezogen auf das Grundbeispiel tritt bei dieser Variante – auch **Austrittsmodell** bezeichnet – die A-GmbH aus; das Vermögen der X-GmbH & Co. KG wächst der B-GmbH zu. Erhält die A-GmbH kein Entgelt liegt steuerlich bezüglich der Wirtschaftsgüter der X-GmbH & Co. KG eine verdeckte Einlage der A-GmbH in die B-GmbH vor. Die A-GmbH gibt ihren Mitunternehmeranteil auf, die stillen Reserven ihres Mitunternehmeranteils sind aufzudecken. Erhält die A-GmbH eine Abfindung liegt eine Anteilsveräußerung i. S. d. § 16 Abs. 1 Nr. 2 EStG vor.

(b) Übertragung und Ausscheiden

Hier erhöht die B-GmbH ihr Kapital und gibt im Rahmen der Kapitalerhöhung die neuen Anteile der A-GmbH; diese tritt als Gegenleistung im Wege der Sacheinlage ihren Anteil an der X-GmbH & Co. KG an die B-GmbH ab. Diese Variante wird auch **erweitertes Anwachsungsmodell** genannt. Es dient dazu, die Aufdeckung stiller Reserven, wie beim einfachen Anwachsungsmodell dargestellt, zu vermeiden, da diese Variante als Einbringung eines Mitunternehmeranteils in eine Kapitalgesellschaft nach § 20 UmwStG zu werten ist, mit der Folge, dass die B-GmbH auf Antrag die (steuerlichen) Buchwerte des Vermögens der X-GmbH & Co. KG fortführen kann[1436].

(c) Verschmelzung der Komplementärin auf ihre Gesellschafterin

Bei dieser Variante – auch **Up-streams-Verschmelzungsmodell** genannt – wird die B-GmbH auf ihre Gesellschafterin, die A-GmbH verschmolzen. Damit verbleibt der X-GmbH & Co. KG nur noch ein Gesellschafter, sie

---

1436 Siehe BMF, Erlass v. 11.11.2011, IV C 2 – S 1978 – b/08/10001, Anwendung des Umwandlungssteuergesetzes, Rn 01.44 BStBl 2011 I S. 13144 ff.

wird beendet und ihr Vermögen wächst der A-GmbH an. Diese Variante wird gewählt, wenn eine liquidationslose Auflösung der Komplementär GmbH (hier B-GmbH) gewünscht ist. Die A-GmbH führt die Buchwerte fort[1437].

(d) Verschmelzung der Komplementär-GmbH auf die GmbH & Co. KG

Diese Gestaltung, auch **KG-Verschmelzungsmodell** genannt, besagt, dass die B-GmbH auf die X-GmbH & Co. KG verschmolzen wird mit der Folge der Beendigung der X-GmbH & Co. KG und der Anwachsung von deren Vermögen auf die A-GmbH. Die Verschmelzung (§ 3 ff. UmwStG) und die sich anschließende Anwachsung erfolgt zu Buchwerten.

840 **Grunderwerbsteuerlich** ist bei der Anwachsung zwar der Tatbestand des § 1 Abs. 1 Nr. 3 GrEStG erfüllt, bezüglich des Erwerbsvorgangs greift jedoch die Steuerbefreiung nach § 6 Abs. 2 GrEStG ein. Das FG Düsseldorf[1438] führt hierzu aus: „Nach § 1 Abs. 1 Nr. 3 GrEStG unterliegt auch der bloße Übergang des Eigentums an einem Grundstück der Grunderwerbsteuer, wenn kein den Anspruch auf Übereignung begründetes Rechtsgeschäft vorausgegangen ist und es auch keiner Auflassung bedarf. Diese Voraussetzungen sind bei der Anwachsung erfüllt. Das Ausscheiden der Komplementär-GmbH aus der zweigliedrigen GmbH & Co. KG hat zum Übergang des Eigentums an dem Grundbesitz der KG auf die Kl.in geführt, ohne dass es weiterer Übertragungsakten bedurfte. Denn hierdurch ist die Gesellschaft aufgelöst worden, da ein vollhaftender Gesellschafter nicht mehr vorhanden war. Das Gesamthandsvermögen der bisherigen KG ist im Wege der Gesamtrechtsnachfolge auf den verbleibenden Gesellschafter, die Kl. in als Inhaberin der Kommanditanteile, übergegangen. Zugunsten der Kl.in greift bezüglich dieses Erwerbsvorgangs jedoch die Steuerbefreiung nach § 6 Abs. 2 GrEStG ein. Nach S. 1 dieser Norm wird die Steuer insoweit nicht erhoben, als ein Grundstück von einer Gesamthand in das Alleineigentum einer an der Gesamthand beteiligten Person übergeht. § 6 Abs. 2 GrEStG ist auch beim Übergang zur Einmann-GmbH & Kg anwendbar, wenn nämlich ein Alleingesellschafter als einziger Kommanditist infolge Ausscheidens der übrigen Gesellschafter verbleibt".

[1437] Das würde auch gelten, wenn die B-GmbH vermögensmäßig beteiligt wäre (Hinweis auf § 11 Abs. 2 Nr. 3 UmwStG).
[1438] Siehe Begründung zum Urteil v. 23.6.2010, rkr, 7 K 2019/08 GE, GmbHR 2010 S. 1173.

2.2.3 Einbringungsvariante

Die vorstehend angesprochene Problematik der verdeckten Einlage kann bei Einbringung der Kommanditanteile in die Komplementär-GmbH im Wege der Kapitalerhöhung vermieden werden. Steuerrechtlich liegt eine Einbringung i. S. v. § 20 UmwStG vor; dabei handelt es sich jedoch nicht um die Einbringung eines „Betriebes" i. S. v. § 20 Abs. 1 UmwStG, sondern um den Fall der Einbringung mehrerer Mitunternehmeranteile, wobei als Einbringende die jeweiligen Mitunternehmer anzusehen sind.[1439]

841

Wird ein bzw. werden mehrere Mitunternehmeranteile in eine unbeschränkt körperschaftsteuerpflichtige Kapitalgesellschaft – hier die Komplementär-GmbH – eingebracht und erhält der Einbringende dafür neue Anteile an der Gesellschaft (Sacheinlage), so darf das eingebrachte Betriebsvermögen mit seinem Buchwert oder mit einem höheren Wert angesetzt werden. Entsteht hierdurch ein Veräußerungsgewinn, so ist § 34 Abs. 1 EStG anzuwenden, wenn der Einbringende eine natürliche Person ist.

Das Bewertungswahlrecht (nach § 20 Abs. 2 UmwStG) hat die Kapitalgesellschaft ausgeübt, wenn sie Steuererklärungen und eine den Grundsätzen ordnungsmäßiger Buchführung entsprechende Steuerbilanz beim Finanzamt einreicht und vorbehaltlos erklärt, das Wahlrecht in bestimmter Weise ausüben zu wollen. Eine Bindung an den handelsbilanziellen Wertansatz des eingebrachten Betriebsvermögens besteht nicht, da § 5 Abs. 1 Satz 2 EStG im Rahmen des § 20 UmwStG nicht gilt.[1440]

Steuerrechtlich zu beachten ist jedoch, dass die Voraussetzungen für vorstehenden (zumindest teilweisen) Verzicht auf die Besteuerung nicht erfüllt sind, wenn wesentliche Teile des bisherigen Unternehmens zurückbehalten werden. Das Vorliegen wesentlicher Betriebsgrundlagen und damit auch das Erfordernis der Mitübertragung der fraglichen Wirtschaftsgüter ist nicht davon abhängig, ob diese im zivilrechtlichen Eigentum der Mitunternehmerschaft als Gesamthand oder der einzelnen Mitunternehmer stehen. Die Voraussetzungen des § 20 UmwStG sind deshalb nicht erfüllt, wenn zwar sämtliche Mitunternehmeranteile in eine Kapitalgesellschaft im Wege der Sacheinlage eingebracht werden, aber wesentliche Betriebsgrundlagen, die zum Sonderbetriebsvermögen des einbringenden Mitunternehmers gehören, zurückbehalten werden (z. B. ein Grundstück). Denn das Sonder-

842

1439 Grundlage der Ausführungen dieses Abschn. ist die Begründung zum BFH, Urteil v. 16.2.1996, I R 183/94, GmbHR 1996 S. 549 ff.
1440 BFH, Urteil v. 28.5.2008, I R 98/06, GmbHR 2008 S. 1105.

betriebsvermögen eines Mitunternehmers gehört zu seiner gewerblichen Tätigkeit und damit zum Betriebsvermögen der Mitunternehmerschaft. Eine Einbringung i. S. d. § 20 UmwStG ist deshalb nur dann gegeben, wenn auch diese Wirtschaftsgüter auf die aufnehmende Gesellschaft zivilrechtlich übergehen.

Wird daher ein im zivilrechtlichen Eigentum des Mitunternehmers stehendes Grundstück bei der Einbringung von Mitunternehmeranteilen in die GmbH von dem Mitunternehmer zurückbehalten und an die GmbH vermietet, so hat dieser Vorgang keine Gewinnauswirkung; die Tarifvergünstigung geht verloren. Es fehlt nämlich insoweit an dem erforderlichen Betriebsaufgabegewinn, da das nicht mit in die GmbH eingebrachte Grundstück nicht in ein anderes Betriebsvermögen überführt und damit nicht entnommen worden ist. Eine Entnahme ist dann gegeben, wenn ein Wirtschaftsgut aus dem betrieblichen Bereich in den privaten Bereich übergeht oder wenn es innerhalb des betrieblichen Bereichs von einem Betrieb oder Betriebsteil auf einen anderen übergeht und dabei eine spätere steuerliche Erfassung der stillen Reserven nicht gewährleistet ist. So verhält es sich aber bei vorstehendem Sachverhalt nicht. Infolge der Vermietung des Grundstücks zwischen dem Mitunternehmer (Gesellschafter) – Besitzunternehmer – und der GmbH – Betriebsunternehmen – sind neben den personellen auch die sachlichen Voraussetzungen für eine Betriebsaufspaltung gegeben. Daraus folgt, dass das vermietete Vermögen Betriebsvermögen bleibt. Es kann angesichts des nach wie vor fortbestehenden und einkommensteuerrechtlich notwendigen gewerblichen Tätigwerdens des Besitzunternehmers nicht durch bloße Erklärung zum Privatvermögen werden. Daraus folgt weiter, dass die in dem Grundstück ruhenden stillen Reserven nicht aufgedeckt werden dürfen; für eine freiwillige Gewinnrealisierung ohne Betriebsaufgabe fehlt die Rechtsgrundlage.

843 Aus der Begründung zu dem BFH-Urteil v. 16.2.1996[1441] ist zu schließen, dass die Anwendung des § 20 UmwStG ausschließende Zurückbehaltung von Sonderbetriebsvermögen bei Einbringung von Mitunternehmeranteilen in eine GmbH nur das sog. Sonderbetriebsvermögen I betrifft; Wirtschaftsgüter des **SBV II** sind nicht als wesentliche Betriebsgrundlage anzusehen. In seiner Entscheidung v. 25.11.2009[1442] geht jedoch der BFH auf die Entscheidung v. 16.2.1996 nicht ein, vielmehr folgt er ohne weitere Erläu-

---

1441 BFH v. 16.2.1996, IR 183/94, GmbHR 1996, S. 549.
1442 BFH v. 25.11.2009, I R 72/08, DStR 2010, S. 269.

terungen den Grundsätzen des Urteils v. 2.10.1997,[1443] nach denen auch Wirtschaftsgüter des SBV II wesentliche Betriebsgrundlagen eines Mitunternehmeranteils darstellen können. Nach Auffassung des BFH im Urteil v. 25.11.2009 ist die Beteiligung an der Komplementär-GmbH eine wesentliche Grundlage der Mitunternehmeranteile, wenn die Beteiligung an der Komplementär-GmbH dem Kommanditisten die Möglichkeit gibt, über Fragen der laufenden Geschäftsführung zu entscheiden. Ansonsten sind die Anteile nicht als wesentliche Betriebsgrundlage des Mitunternehmeranteils anzusehen und müssen nicht im Hinblick auf die Steuerneutralität nach § 20 UmwStG mitübertragen werden.[1444]

Ist der Anteil an der Komplementär-GmbH wesentliche Betriebsgrundlage des Mitunternehmeranteils, muss er miteingebracht werden; die Komplementär-GmbH wird zur Tochtergesellschaft der übernehmenden GmbH. Diese ggf. unerwünschte Konstellation kann nach *Schäffler/Gebert*[1445] wie folgt vermieden werden. 844

– Durch Verschmelzung von Komplementär-GmbH und übernehmender GmbH;[1446]
– Einbringung der Mitunternehmeranteile nicht in eine neue GmbH, sondern in die Komplementär-GmbH gegen Gewährung von neuen Anteilen; nach Übertragung der Mitunternehmeranteile wächst die KG auf die Komplementär-GmbH als den letzten verbleibenden Gesellschafter an (erweiterte Anwachsung).

Werden sowohl die Komplementär-GmbH als auch die GmbH & Co. KG auf eine neu gegründete GmbH verschmolzen, so ist hinsichtlich der Komplementär-Anteile ein Anteilsaustausch i. S. d. § 21 UmwStG, hin-

---

1443 BFH v. 2.10.1997, IV R 84/96, DStR 1998, S. 76.
1444 S. B 1998,vom 98/06, GmbHR 2008, Schäffler/Gebert, a.a.o. DStR 2010, S. 638, Der BFH brauchte im Urteil v. 25.11.2009 nicht abschließend die Frage zu entscheiden, ob die Beteiligung des Kommanditisten an der Kpl-GmbH zu den funktional wesentlichen Grundlagen des Mitunternehmeranteils rechnet, da im Streitfall die Beteiligung keine wesentliche Betriebsgrundlage i. S. d. § 20 UmwStG darstellte. Im Streitfall waren zwei Kommanditisten zu 67,4 % bzw. 32,6 % – und damit insgesamt zu 100 % – an einer GmbH & Co. KG und zu gleichen Quoten auch an deren Komplementär-GmbH beteiligt. Die Kpl-GmbH war ihrerseits am Vermögen, Gewinn und Verlust der KG nicht beteiligt. Gesellschafterbeschlüsse der Komplementär-GmbH erforderten nach dem Gesellschaftsvertrag eine Mehrheit von mindestens 70 % der Stimmen.
1445 A.a.o. DStR 2010, S. 639.
1446 Ist die Kpl-GmbH noch phG bei weiteren GmbH & Co. KG, kann es geboten sein, sie unmittelbar vor den Umstrukturierungsmaßnahmen auszutauschen.

sichtlich der Mitunternehmeranteile eine Einbringung i. S. d. § 20 Abs. 1 UmwStG gegeben.

2.2.4 Grunderwerbsteuer

845 Die Verschmelzung, die Anwachsung und die Einbringung unterliegen der Grunderwerbsteuer, da auf Seiten der übernehmenden Gesellschaft eine Anschaffung vorliegt. Die anfallende Grunderwerbsteuer stellt objektbezogene Anschaffungsnebenkosten des Grundstücks dar und ist zu aktivieren.[1447] Formwechselnde Umwandlungen unterliegen mangels Rechtsträgerwechsels nicht der Grunderwerbsteuer.[1448]

2.2.5 Investitionszulage

846 Die Zugehörigkeits-, Verbleibens- und Nutzungsvoraussetzungen des InvZulG 2010[1449] bewirken, dass eine Übertragung von beweglichen Wirtschaftsgütern innerhalb des Bindungszeitraums auf einen anderen ebenfalls begünstigten Betrieb zulageschädlich ist.[1450] Bei einer formwechselnden Umwandlung sind diese Vorschriften kein Hindernis, da „für die Investitionszulage die Rechtsform des Unternehmens unerheblich ist und sich der Gesellschafterkreis nicht ändert, so dass die Zugehörigkeit zur Unternehmensgruppe erhalten bleibt."[1451]

2.2.6 Erbschaftsteuer

847 Siehe hierzu Rn. 832.

[1447] Vgl. BFH, Urteil v. 15.10.1997, I R 22/96, DB 1998 S. 287, siehe auch Gadek/Mörwald, a.a.O., DB 2010, S. 2013 ff.
[1448] FinMin Baden-Württemberg, Erlass v. 19.12.1997, S 4520/2, DB 1998 S. 166 f.
[1449] Siehe Rn. 776.
[1450] Ausgenommen sind Übertragungen auf ein verbundenes Unternehmen, siehe § 2 Abs. 2 Satz 4 Nr. 1b InvZulG 2010.
[1451] Haupt, Neue Probleme mit Investitionszulage bei (Teil-)Betriebsübertragungen und Umwandlungen, DStR 2008, S. 1993.

XII Anhang III: Muster

1 Gesellschaftsvertrag einer personen- und beteiligungsgleichen Mehrpersonen-GmbH & Co. KG[1452]

Gesellschaftsvertrag der X-GmbH & Co. KG[1453]

§ 1 Firma, Sitz
(1) Die Firma lautet

X-GmbH & Co. KG.

(2) Sitz der Gesellschaft ist ...

§ 2 Gegenstand des Unternehmens
(1) Gegenstand des Unternehmens ist ...

(2) Die Gesellschaft darf alle Maßnahmen vornehmen, die geeignet sind, den Gesellschaftszweck unmittelbar oder mittelbar zu fördern, Zweigniederlassungen errichten, gleichartige oder ähnliche Unternehmen erwerben oder sich an solchen Unternehmen beteiligen.

§ 3 Gesellschafter, Kapitalbeteiligung
(1) Persönlich haftende Gesellschafterin (Komplementärin) ist die X-Beteiligungs GmbH.

(2) Die Komplementärin leistet keine Einlage. Am Vermögen der Gesellschaft ist die Komplementärin nicht beteiligt.

(3) Das Kommanditkapital beträgt ... EUR (in Worten: Euro ...).

[1452] Kennzeichnend für die personen- und beteiligungsgleiche GmbH & Co. KG ist, dass die Gesellschafter der GmbH und die Kommanditisten der KG identisch sind und in beiden Gesellschaften dieselben Beteiligungsquoten haben (siehe Rn. 19).
[1453] Der Gesellschaftsvertrag bedarf grundsätzlich keiner Form (siehe Rn. 69 ff.).

Kommanditisten sind:

a) A

mit einer Kommanditeinlage von ... EUR

b) B

mit einer Kommanditeinlage von ... EUR

c) C

mit einer Kommanditeinlage von ... EUR

(4) Der Betrag der Kommanditeinlage bestimmt die im Handelsregister einzutragende Haftsumme des Kommanditisten. Die Kommanditeinlage gemäß Abs. 3 ist maßgebend für die Höhe der Beteiligung der Kommanditisten an der Gesellschaft, unabhängig davon, ob die Einlage geleistet ist.

(5) Die Kommanditisten sollen stets im Verhältnis ihrer Kommanditeinlagen am Stammkapital der Komplementärin beteiligt sein. Jeder Kommanditist ist verpflichtet, alles seinerseits zur Aufrechterhaltung oder Wiederherstellung dieses Verhältnisses Erforderliche zu tun.

(6) Die Kommanditisten erbringen ihre Kommanditeinlagen auf schriftliche Anforderung der Komplementärin.

§ 4 Gesellschafterkonten[1454]

(1) Für jeden Kommanditisten werden ein Kapitalkonto, ein Verlustvortragskonto, ein Privatkonto sowie ein Rücklagekonto gebildet.

(2) Auf den Kapitalkonten[1455] werden die in § 3 Abs. 3 genannten Kommanditeinlagen gebucht. Die Kapitalkonten sind Festkonten; sie werden nicht verzinst.

1454 Die Gesellschafterkonten sollten im Gesellschaftsvertrag eindeutig definiert werden, insbesondere im Hinblick darauf, ob sie Eigenkapital oder Fremdkapital darstellen. Die Qualifizierung hat Auswirkungen auf die Haftung des Kommanditisten, die Besteuerung und die Bilanzierung (§ 264c HGB), siehe auch Rn. 347 ff.

1455 Die festen Kapitalkonten spiegeln die Beteiligungsquoten der Gesellschafter wider (§ 3 Abs. 4) und sind maßgeblich für die Stimmrechtsverteilung (§ 7 Abs. 4) und die Beteiligung des Gesellschafters am Gewinn und Verlust (§ 9 Abs. 2 und 3).

(3) Auf den Verlustvortragskonten[1456] werden etwaige Verluste, die auf den einzelnen Kommanditisten entfallen, gebucht. Diesen Konten sind spätere Gewinne so lange gutzuschreiben, bis sie ausgeglichen sind. Die Verlustvortragskonten werden nicht verzinst.

(4) Auf den Privatkonten[1457] sind Gewinnanteile (vorbehaltlich der Regelung in Abs. 3) sowie Einlagen und Entnahmen der Kommanditisten zu buchen. Die Privatkonten sind im Soll und Haben p.a. mit … %-Punkten über dem jeweiligen Basiszinssatz zu verzinsen. Die Zinsen werden staffelmäßig berechnet; Grundlage ist der jeweilige Stand am 1. eines jeden Kalendermonats. Die vorgenannten Zinsen auf den Privatkonten stellen im Verhältnis der Gesellschafter zueinander Aufwand bzw. Ertrag dar.

(5) Die Rücklagekonten dienen der Kapitalbildung der Gesellschaft. Rücklagekonten werden nicht verzinst.

§ 5 Vertretung, Geschäftsführung

(1) Zur Vertretung und Geschäftsführung der Gesellschaft ist die Komplementärin allein berechtigt und verpflichtet.

(2) Die Komplementärin und ihre jeweiligen Geschäftsführer sind von den Beschränkungen des § 181 BGB befreit.[1458]

1456 Ein Verlustvortragskonto dient der Klarstellung, inwieweit Ausschüttungen nach § 172 Abs. 4 Satz 2 HGB unzulässig sind. Solange das Verlustvortragskonto nicht ausgeglichen ist, lebt die persönliche Haftung des Kommanditisten auch durch Gewinnentnahmen auf (vgl. Rn. 311 ff.).

1457 Da auf den Privatkonten der Kommanditisten keine Verluste gebucht werden, haben diese Konten grundsätzlich Forderungscharakter. Dies hat zur Folge, dass ein Guthaben auf einem Privatkonto von dem Kommanditisten im Insolvenzverfahren der Gesellschaft angemeldet werden kann. Unter steuerrechtlichen Gesichtspunkten bewirkt diese Qualifizierung, dass dieses Konto nicht zum Kapitalkonto i. S. d. § 15a Abs. 1 Satz 1 EStG zählt (vgl. Rn. 492). Eine Verzinsung der Privatkonten empfiehlt sich zur Vermeidung einer Ungleichbehandlung der Gesellschafter bei unterschiedlichen Entnahmen und im Interesse des Stehenlassens entnahmefähiger Gewinne in der Gesellschaft.

1458 Zur Befreiung von den Beschränkungen des § 181 BGB vgl. Rn. 282 ff. und Muster 4 (§ 4).

Wagner

(3) Geschäfte und Rechtshandlungen, die über den gewöhnlichen Geschäftsbetrieb der Gesellschaft hinausgehen, dürfen nur mit vorheriger Einwilligung der Gesellschafterversammlung vorgenommen werden. Dies gilt insbesondere für die nachstehenden Rechtshandlungen und Rechtsgeschäfte:[1459]
1. Erwerb, Veräußerung und Belastung von Grundstücken und grundstücksgleichen Rechten;
2. Erwerb und Veräußerung von anderen Unternehmen und Beteiligungen, Errichtung und Schließung von Zweigniederlassungen;
3. Investitionen, deren Volumen den Betrag von jährlich … EUR übersteigen;
4. Aufnahme von Krediten, die den Betrag von … EUR übersteigen;
5. Übernahme von Bürgschafts- und Garantieverpflichtungen;
6. Abschluss von Miet-, Pacht- und Leasing- oder sonstigen Verträgen mit einer Laufzeit von mehr als … Jahren;
7. Gewährung von Tantiemen und Pensionszusagen;
8. Bestellung von Prokuristen;
9. Stimmrechtsausübung bei Beteiligungsgesellschaften, falls der Beschlussgegenstand zu den zustimmungsbedürftigen Rechtsgeschäften und Rechtshandlungen i. S. dieser Bestimmung zählt.

(4) Die Pflicht der Komplementärin, die Einwilligung der Gesellschafterversammlung gemäß Abs. 3 einzuholen, entfällt, soweit an sich zustimmungsbedürftige Maßnahmen in einem von der Gesellschafterversammlung gebilligten Wirtschafts-, Finanz- oder Investitionsplan vorgesehen sind.

(5) Gesellschafterbeschlüsse gemäß Abs. 3 Buchst. a) bis e) bedürfen einer Mehrheit von mehr als … % der abgegebenen Stimmen.

§ 6 Gesellschafterversammlung

(1) Die ordentliche Gesellschafterversammlung findet jährlich innerhalb von einem Monat nach Aufstellung des Jahresabschlusses des Vorjahres am Sitz der Gesellschaft statt. Außerordentliche Gesellschafterversammlungen

---

[1459] Die Aufzählung der zustimmungsbedürftigen Rechtshandlungen und Rechtsgeschäfte in § 5 Abs. 3 ist beispielhaft. Sie ist entsprechend den jeweiligen Bedürfnissen der Kommanditisten zu ergänzen und zu modifizieren. Der Katalog von zustimmungsbedürftigen Rechtsgeschäften gewinnt an Bedeutung, wenn der Geschäftsführer der Komplementär-GmbH nicht zum Kreis der Kommanditisten zählt oder wenn der Geschäftsführer gleichzeitig Mehrheitskommanditist ist. In letzterem Fall dient der Katalog dem Minderheitenschutz der übrigen Kommanditisten.

sind einzuberufen, wenn dies im Interesse der Gesellschaft erforderlich ist oder von Kommanditisten, die zusammen mindestens ... % des Kommanditkapitals innehaben, verlangt wird.

(2) Gesellschafterversammlungen werden von der Komplementärin durch eingeschriebenen Brief unter Angabe der Tagesordnung und unter Einhaltung einer Frist von drei Wochen einberufen. Mit Zustimmung aller Gesellschafter kann auf die Einhaltung der Form und Frist gemäß Satz 1 verzichtet werden.

(3) Der Vorsitzende der Gesellschafterversammlung wird vor Eintritt in die Tagesordnung gewählt.

(4) Jeder Gesellschafter kann sich durch einen Mitgesellschafter oder einen von Berufs wegen zur Verschwiegenheit verpflichteten Angehörigen der rechts-, steuerberatenden oder wirtschaftsprüfenden Berufe vertreten lassen, wenn er diese Absicht den anderen Gesellschaftern innerhalb einer Frist von zehn Tagen mitteilt. Die Vollmacht bedarf der Schriftform.

(5) Die Gesellschafterversammlung ist beschlussfähig, wenn mindestens ... % des Kommanditkapitals vertreten ist. Ist die Versammlung bei Eröffnung danach beschlussunfähig, so ist unverzüglich eine neue Versammlung einzuberufen, die dann ohne Rücksicht auf die Höhe des vertretenen Kommanditkapitals beschließen kann. Auf diese Folge ist in der erneuten Einladung hinzuweisen.

(6) Die Gesellschafterversammlung ist insbesondere zur Entscheidung folgender Angelegenheiten zuständig:
1. Feststellung des Jahresabschlusses;
2. Beschlussfassung über die Gewinnverwendung und über Entnahmen;
3. Entlastung der Geschäftsführung;
4. Wahl eines Abschlussprüfers;
5. Zustimmung zu Rechtshandlungen und Rechtsgeschäften gemäß § 5 Abs. 3;
6. Feststellung von Wirtschaft-, Finanz- und Investitionsplänen;
7. Änderung des Gesellschaftsvertrages;
8. Erhöhung des Kommanditkapitals;
9. Aufnahme neuer Gesellschafter;
10. Beschluss über die Auflösung der Gesellschaft.

Die Gesellschafterversammlung kann auch in allen anderen Angelegenheiten der Gesellschaft Beschlüsse fassen.

Wagner

§ 7 Gesellschafterbeschlüsse

Beschlüsse der Gesellschafter werden in Gesellschafterversammlungen am Sitz der Gesellschaft gefasst. Außerhalb von Versammlungen können Beschlüsse auch schriftlich, per Telefax, per E-Mail, mündlich oder fernmündlich gefasst werden, wenn alle Gesellschafter zustimmen.

(2) Gesellschafterbeschlüsse bedürfen der einfachen Mehrheit der abgegebenen Stimmen, soweit nicht zwingende gesetzliche Vorschriften oder dieser Vertrag eine andere Mehrheit verlangen.

(3) Gesellschafterbeschlüsse gemäß § 6 Abs. 6 Buchst. a) bis f) werden mit einer Mehrheit von ... % der abgegebenen Stimmen gefasst. Gesellschafterbeschlüsse gemäß § 6 Abs. 6 Buchst. g) bis j) bedürfen der Zustimmung aller Gesellschafter.

(4) Je 500,00 EUR der übernommenen Kommanditeinlage gewähren eine Stimme.

(5) Über sämtliche Gesellschafterbeschlüsse ist ein Protokoll anzufertigen, unabhängig davon, ob sie innerhalb oder außerhalb einer Gesellschafterversammlung gefasst werden. Das Protokoll ist im Falle einer Gesellschafterversammlung von dem Vorsitzenden der Gesellschafterversammlung, ansonsten von der Komplementärin zu unterzeichnen. Die Gesellschafter erhalten Abschriften des Protokolls.

(6) Gegen die Wirksamkeit von Gesellschafterbeschlüssen können Einwendungen nur durch Feststellungsklage innerhalb einer Ausschlussfrist von zwei Monaten nach Absendung des Protokolls geltend gemacht werden.

§ 8 Geschäftsjahr, Jahresabschluss

(1) Geschäftsjahr ist das Kalenderjahr.

(2) Der Jahresabschluss (Bilanz, Gewinn- und Verlustrechnung sowie Anhang) und der Lagebericht sind von der Komplementärin innerhalb der gesetzlichen Fristen nach Ablauf des Geschäftsjahres aufzustellen.[1460] Die Komplementärin erstellt ebenfalls steuerliche Sonder- und Ergänzungs-

---

[1460] Nach den Änderungen des HGB durch das Kapitalgesellschaften- und Co-Richtlinie-Gesetz v. 24.2.2000, BGBl 2000 I S. 154, gehört zum Jahresabschluss einer GmbH & Co. KG auch ein Anhang. Die gesetzlichen Fristen für die Aufstellung des Jahresabschlusses und die Pflicht zur Aufstellung eines Lageberichts sind größenabhängig (vgl. § 264a HGB i. V. m. § 264 Abs. 1 HGB).

bilanzen in Abstimmung mit dem betreffenden Gesellschafter. Der Gesellschafter hat alle dazu erforderlichen Informationen zu geben.

(3) Der Jahresabschluss hat den Vorschriften über die ertragsteuerliche Gewinnermittlung zu entsprechen, soweit nicht zwingende handelsrechtliche Bestimmungen etwas anderes bestimmen.[1461] Bilanzierungsentscheidungen, die der Sache nach Ergebnisverwendungen sind, wie die Bildung von Aufwandsrückstellungen nach § 249 Abs. 1 Satz 3, Abs. 2 HGB sowie die Inanspruchnahme steuerlicher Sonderabschreibungen, trifft die Gesellschafterversammlung mit einer Mehrheit von ... %[1462] der abgegebenen Stimmen.[1463]

(4) Der Jahresabschluss und der Lagebericht sind von einem Abschlussprüfer zu prüfen. Die Gesellschafterversammlung kann beschließen, von der Prüfung des Jahresabschlusses nach Satz 1 abzusehen, wenn die Voraussetzungen des § 267 Abs. 1 HGB vorliegen (kleine GmbH & Co. KG).[1464]

(5) Die Komplementärin hat den Jahresabschluss nach Aufstellung unverzüglich den übrigen Gesellschaftern durch eingeschriebenen Brief zuzusenden. Über die Feststellung des Jahresabschlusses beschließen die Gesellschafter in einer Gesellschafterversammlung, die nicht früher als zwei Wochen nach Aufgabe des eingeschriebenen Briefes zur Post stattfinden darf. Ist der Jahresabschluss durch einen Jahresabschlussprüfer geprüft worden, hat die Komplementärin den geprüften Jahresabschluss zusammen mit dem Prüfungsbericht des Abschlussprüfers den Gesellschaftern zuzusenden.

1461 Gemäß § 264a Abs. 1 HGB gelten die Rechnungslegungsvorschriften für Kapitalgesellschaften gemäß § 264 ff. HGB.

1462 Der Prozentsatz sollte dem Prozentsatz in § 7 Abs. 3 i. V. m. § 6 Abs. 6 Buchst. a) entsprechen.

1463 Das Mitspracherecht der Kommanditisten bei den in § 8 Abs. 3 aufgeführten Bilanzierungsentscheidungen besteht nach der Rechtsprechung des BGH auch ohne gesellschaftsvertragliche Regelung (vgl. Rn. 205). Allerdings kann dieses Mitspracherecht im Gesellschaftsvertrag abbedungen werden.

1464 vgl. Rn. 363.

§ 9 Gewinn- und Verlustbeteiligung

(1) Die Komplementärin erhält vorab Ersatz sämtlicher ihr aus der Geschäftsführung entstandenen Aufwendungen. Zur Abgeltung ihres Haftungsrisikos erhält sie außerdem jährlich einen Betrag in Höhe von 10 % ihres Stammkapitals.[1465]

(2) Der verbleibende Gewinn steht den Kommanditisten im Verhältnis ihrer Beteiligungen zu.

(3) Ein Verlust wird von den Kommanditisten entsprechend ihrer Beteiligung getragen. Die Komplementärin ist am Verlust nicht beteiligt.

(4) Soweit es insbesondere aufgrund von Zurechnungen aus Sonder- oder Ergänzungsbilanzen oder Verfügungen eines Gesellschafters über einen Gesellschaftsanteil oder seines Ausscheidens zu gewerbesteuerlichen Mehr- bzw. Minderbeträgen bei der Gesellschaft kommt, wird vereinbart, dass Mehr- bzw. Minderbeträge abweichend von der steuerrechtlichen Behandlung im Innenverhältnis dem auslösenden Gesellschafter zuzurechnen sind. Entsprechende Mehr- oder Minderbeträge verringern oder erhöhen den Gewinnanteil des Gesellschafters, der diese Mehr- oder Minderbelastung verursacht.

§ 10 Rücklagen, Entnahmen

(1) Soweit der den Kommanditisten zustehende Gewinn nicht zur Abdeckung etwaiger Verluste erforderlich ist, können hiervon bis zu … % in eine Rücklage eingestellt werden. An dieser Rücklage sind die Kommanditisten entsprechend ihrer Beteiligung am Gesellschaftsvermögen beteiligt. Ihr Anteil wird ihnen auf ihrem Rücklagekonto gemäß § 4 Abs. 5 gutgeschrieben.

(2) Ein Kommanditist kann auch ohne ein entsprechendes Guthaben zu Lasten seines Privatkontos die Auszahlung der Beträge verlangen, die er zur Zahlung, auch Vorauszahlung seiner persönlichen Steuern auf Einkünfte aus der Gesellschaft benötigt. Dabei wird eine Steuerbelastung von pauschal … % angenommen.

(3) Die Bildung von Rücklagen gemäß Abs. 1 und sämtliche Entnahmen, auch solche gemäß Abs. 2, bedürfen eines Gesellschafterbeschlusses gemäß

1465 Die Haftungsvergütung ist so zu bemessen, dass sie einem Vergleich unter fremden Dritten standhält. Anderenfalls droht eine Qualifikation als verdeckte Gewinnausschüttung.

§ 6 Abs. 6 Buchst. b) i. V. m. § 7 Abs. 3. Die Gesellschafter haben bei der Beschlussfassung über Entnahmen sowohl dem Liquiditätsbedürfnis der Gesellschaft als auch den Interessen der Gesellschafter an Entnahmen angemessen Rechnung zu tragen.

§ 11 Informationsrechte der Kommanditisten
Die Komplementärin hat jedem Kommanditisten auf Verlangen unverzüglich Auskunft über die Angelegenheiten der Gesellschaft zu geben und die Einsicht der Bücher und Schriften zu gestatten.

§ 12 Übertragung von Kommanditanteilen
(1) Die Übertragung von Kommanditanteilen oder Teilen davon bedarf der Zustimmung aller Gesellschafter. Wenn die Übertragung im Wege der vorweggenommenen Erbfolge auf einen Abkömmling eines Kommanditisten erfolgt, sind die Gesellschafter verpflichtet, der Übertragung zuzustimmen, wenn in der Person des Abkömmlings kein wichtiger Grund liegt, der seine Beteiligung an der Gesellschaft für die Gesellschaft oder die übrigen Gesellschafter unzumutbar macht.

(2) Belastungen eines Kommanditanteils, Einräumung einer Unterbeteiligung an einem Kommanditanteil sowie Verfügungen über einzelne Rechte und Ansprüche aus dem Gesellschaftsverhältnis sind entsprechend Abs. 1 zustimmungsbedürftig.

(3) Beabsichtigt ein Kommanditist, seinen Gesellschaftsanteil ganz oder teilweise zu veräußern, hat er seinen Anteil den übrigen Kommanditisten anzubieten, bevor er in Verkaufsverhandlungen mit Dritten tritt. Das Ankaufsrecht steht den übrigen Kommanditisten im Verhältnis ihrer Beteiligungen zu. Das Ankaufsrecht kann bis zum Ablauf von 90 Tagen seit Empfang eines schriftlichen Angebots durch schriftliche Erklärung gegenüber dem Veräußerer nur von allen berechtigten Gesellschaftern gemeinsam über den angebotenen Anteil ausgeübt werden. Soweit ein Ankaufberechtigter sein Ankaufsrecht nicht fristgerecht ausübt, steht dies den übrigen Ankaufsberechtigten im Verhältnis ihrer Beteiligungen zu. Sie haben sich innerhalb von weiteren 30 Tagen wiederum hinsichtlich des gesamten angebotenen Anteils zu erklären.

(4) Soweit die Ankaufsberechtigten von ihrem Recht keinen Gebrauch machen, sind sie auf die Dauer von sechs Monaten verpflichtet, einer Veräußerung an einen Dritten zuzustimmen, wenn in der Person des Dritten kein wichtiger Grund i. S. d. Abs. 1 liegt und wenn der Dritte eine Gegen-

leistung erbringt, die mindestens so hoch ist wie der Preis, zu dem der Veräußerer den Aufkaufsberechtigten gemäß Abs. 3 den Anteil angeboten hat. Ein wichtiger Grund in der Person des Dritten liegt insbesondere dann vor, wenn es sich bei dieser um einen Wettbewerber oder um einen wesentlichen Vertragspartner der Gesellschaft handelt oder um eine Person, die mit einem Wettbewerber oder einem wesentlichen Vertragspartner verbunden ist oder einem solchen nahe steht.

(5) Soweit ein Kommanditist seinen Kommanditanteil oder Teile davon überträgt, ist er verpflichtet, den entsprechenden Anteil seiner Beteiligung an der Komplementärin ebenfalls auf den Erwerber des Kommanditanteils zu übertragen.

(6) Soweit es durch Verfügungen eines Gesellschafters über einen Gesellschaftsanteil zu einem Untergang von gewerbesteuerlichen Verlustvorträgen (§ 10a GewStG) oder Zinsvorträgen (§ 4h EStG) kommt, hat der verfügende Gesellschafter die sich hieraus ergebenden gewerbesteuerlichen Nachteile auf erstes Anfordern der Gesellschaft auszugleichen.

§ 13 Kündigung

(1) Die Dauer der Gesellschaft ist unbestimmt.

(2) Die Gesellschaft ist bis zum 31.12. ... unkündbar. Von da an kann die Gesellschaft von einem Gesellschafter mit einer Frist von einem Jahr zum Schluss des Geschäftsjahres gekündigt werden, erstmals also zum 31.12. ...

(3) Die Kündigung hat durch eingeschriebenen Brief an die Gesellschaft und die übrigen Gesellschafter zu erfolgen. Die übrigen Gesellschafter können sich der Kündigung innerhalb von drei Monaten in gleicher Form anschließen. Eine Anschlusskündigung in Folge einer Anschlusskündigung ist unzulässig. Maßgebend für die Rechtzeitigkeit ist jeweils das Datum der Aufgabe des Kündigungsschreibens zur Post.

(4) Voraussetzung für die Wirksamkeit der Kündigung eines Kommanditisten ist, dass der Kommanditist seine Beteiligung an der Komplementärin zum gleichen Zeitpunkt kündigt.

(5) Mit Wirksamwerden der Kündigung scheidet der betroffene Gesellschafter aus der Gesellschaft aus. Die Gesellschaft wird durch das Ausscheiden eines Gesellschafters nicht aufgelöst. Sie wird von den übrigen

Gesellschaftern mit allen Aktiva und Passiva ohne Liquidation unter der bisherigen Firma fortgeführt.[1466] Wenn nur ein Gesellschafter verbleibt, so hat dieser das Recht, das Handelsgeschäft der Gesellschaft ohne Auflösung zu übernehmen und die Firma fortzuführen.[1467] Macht er davon keinen Gebrauch, wird die Gesellschaft liquidiert.

(6) Das Abfindungsguthaben des ausscheidenden Gesellschafters bestimmt sich nach § 16.

(7) Soweit es durch das Ausscheiden eines Gesellschafters aus der Gesellschaft zu einem Untergang von gewerbesteuerlichen Verlustvorträgen (§ 10a GewStG) oder Zinsvorträgen (§ 4h EStG) kommt, hat der ausscheidende Gesellschafter die sich hieraus ergebenden gewerbesteuerlichen Nachteile auf erstes Anfordern der Gesellschaft auszugleichen.

§ 14 Ausscheiden eines Gesellschafters

(1) Ein Gesellschafter scheidet aus der Gesellschaft aus,
1. wenn die Gesellschaft von einem Gläubiger eines Gesellschafters gekündigt wird; der betroffene Gesellschafter scheidet mit dem Wirksamwerden der Kündigung aus der Gesellschaft aus;
2. wenn über das Vermögen eines Gesellschafters das Insolvenzverfahren eröffnet wird oder die Eröffnung des Insolvenzverfahrens mangels hinreichender Masse abgelehnt wird; der betroffene Gesellschafter scheidet mit Wirksamwerden des entsprechenden Gerichtsbeschlusses aus der Gesellschaft aus.

(2) Hinsichtlich der Folgen des Ausscheidens gilt § 13 Abs. 5 und Abs. 6 entsprechend.

§ 15 Ausschluss eines Gesellschafters

(1) Ein Gesellschafter kann aus der Gesellschaft ausgeschlossen werden, wenn in seiner Person ein wichtiger Grund vorliegt. Das ist insbesondere dann anzunehmen, wenn er seine Verpflichtungen als Gesellschafter im groben Maße verletzt, wenn sein Kommanditanteil oder Ansprüche gegenüber der Gesellschaft gepfändet werden oder wenn er zur Abgabe einer eidesstattlichen Versicherung geladen worden ist.

1466 Seit dem 1.7.1998 entspricht dies der gesetzlichen Regelung in § 131 Abs. 3 Nr. 3 HGB und dient hier lediglich der Klarstellung.
1467 Siehe Rn. 809.

(2) Den Ausschluss beschließt die Gesellschafterversammlung mit mindestens ... % der abgegebenen Stimmen. Der auszuschließende Gesellschafter hat dabei kein Stimmrecht.

(3) Hinsichtlich der Folgen des Ausschlusses gilt § 13 Abs. 5 und Abs. 6 entsprechend.

§ 16 Abfindung eines ausscheidenden Gesellschafters[1468]

(1) Vorbehaltlich der Regelungen in Abs. 2 bemisst sich das Abfindungsguthaben des ausscheidenden Gesellschafters entsprechend seiner Beteiligung am Gesellschaftsvermögen nach dem wahren Wert des Unternehmens. Stichtag der Bewertung ist der Tag des Ausscheidens. Scheidet ein Gesellschafter im Laufe eines Geschäftsjahres aus, ist der Stichtag der Bewertung der vorangegangene Bilanzstichtag.

(2) In den Fällen des Ausscheidens eines Gesellschafters gemäß § 14 und § 15 ist Bemessungsgrundlage für den Abfindungsanspruch 70 % des Unternehmenswertes gemäß Abs. 1.

(3) Guthaben und Schulden auf dem Kontokorrentkonto des ausscheidenden Gesellschafters bleiben bei der Berechnung des Abfindungsguthabens außer Betracht.

(4) An den schwebenden Geschäften der Gesellschaft nimmt der Ausscheidende nicht teil. Er kann Befreiung von den Gesellschaftsschulden und Sicherheitsleistung wegen nicht fälliger oder fälliger Schulden nicht verlangen.

(5) Kommt eine Einigung über die Höhe des Abfindungsguthabens nicht zustande, soll durch einen Wirtschaftsprüfer ein Gutachten erstellt werden, das für die Höhe des Abfindungsguthabens maßgeblich ist. Der Unternehmenswert ist in diesem Gutachten unter Berücksichtigung der Grundsätze zur Durchführung von Unternehmensbewertungen des Hauptfachausschusses des Institutes der Wirtschaftsprüfer in Deutschland e.V. zu ermitteln. Die Kosten dieses Gutachtens hat der Ausscheidende zu tragen. Der Wirtschaftsprüfer wird von dem Präsidenten der für den Sitz der Gesellschaft zuständigen Industrie- und Handelskammer bestimmt, falls eine Einigung über die Person des Wirtschaftsprüfers nicht zustande kommt.

1468 Zur Wirksamkeit von Abfindungsklauseln siehe Rn. 635 ff.

(6) Guthaben und Schulden gemäß Abs. 3 und das Abfindungsguthaben sind vorbehaltlich der Regelung in Abs. 7 fällig in den Fällen eines Ausscheidens gemäß § 14 und § 15 sechs Monate nach Wirksamwerden des Ausscheidens, in den sonstigen Fällen mit Wirksamwerden des Ausscheidens.

(7) In allen Fällen des Ausscheidens eines Gesellschafters ist dieser verpflichtet, die Hälfte des ermittelten Abfindungsguthabens der Gesellschaft als Darlehen für mindestens ... Jahre zur Verfügung zu stellen. Das Darlehen ist für diesen Zeitraum verzinslich, und zwar mit einem Zinssatz p. a. von ... %-Punkten über dem jeweiligen Basiszinssatz. Die Zinsen sind jeweils am Ende eines jeden Kalenderjahres dem ausgeschiedenen Gesellschafter zu zahlen.

(8) Der Ausscheidende kann eine Sicherstellung des Abfindungsguthabens nicht verlangen. Die Gesellschaft ist berechtigt, das restliche Abfindungsguthaben vor Ablauf des Darlehensvertrages gemäß Abs. 7 auszuzahlen. Macht die Gesellschaft von diesem Recht keinen Gebrauch, wird das restliche Abfindungsguthaben in einer Summe mit Ablauf des Darlehensvertrages gemäß Abs. 7 zur Zahlung fällig.

§ 17 Tod eines Kommanditisten

(1) Stirbt ein Kommanditist, wird die Gesellschaft nicht aufgelöst, sondern mit seinen Erben bzw. seinen Vermächtnisnehmern fortgesetzt.

(2) Andere Erben bzw. Vermächtnisnehmer als der überlebende Ehegatte oder Abkömmlinge des Verstorbenen können durch Beschluss der verbleibenden Gesellschafter innerhalb von sechs Monaten nach Bekanntwerden der Erbfolge ausgeschlossen werden. Hinsichtlich der Folgen des Ausschlusses gilt § 13 Abs. 5 und Abs. 6 entsprechend.

(3) Mehrere Erben bzw. Vermächtnisnehmer haben zur Wahrnehmung ihrer Rechte und Pflichten gegenüber der Gesellschaft auf Verlangen der übrigen Gesellschafter einen gemeinsamen Vertreter zu bestellen. Wird der gemeinsame Vertreter trotz Verlangens nicht bestellt, ruhen die Gesellschafterrechte mit Ausnahme des Gewinnbezugsrechts.

(4) Die Verwaltungstestamentsvollstreckung an einem Kommanditanteil ist zulässig.

Wagner

§ 18 Liquidation

(1) Im Falle der Auflösung der Gesellschaft ist die Komplementärin Liquidatorin, falls im Auflösungsbeschluss nichts anderes bestimmt wird.

(2) Ein Liquidationsüberschuss ist an die Kommanditisten entsprechend ihrer Beteiligung zu verteilen.

§ 19 Schlussbestimmungen

(1) Sollte eine Bestimmung dieses Vertrages nichtig, unwirksam oder undurchführbar sein, so berührt das nicht die Wirksamkeit der übrigen Bestimmungen. Anstelle der nichtigen, unwirksamen oder undurchführbaren Bestimmungen tritt eine Regelung, die dem tatsächlich und wirtschaftlich von den Parteien Gewollten am nächsten kommt. Beruht die Unwirksamkeit oder Undurchführbarkeit einer Bestimmung auf einem darin festgelegten Maß der Leistung oder Zeit (Frist oder Termin), gilt das der Bestimmung am nächsten kommende zulässige Maß als vereinbart. Gleiches gilt für etwaige Lücken des Vertrages.

(2) Änderungen und Ergänzungen dieses Vertrages bedürfen zu ihrer Wirksamkeit der Schriftform, sofern nicht im Einzelfall eine andere Form zwingend vorgeschrieben ist.

(3) Die Kosten dieses Vertrages und seiner Durchführung einschließlich aller Nebenkosten trägt die Gesellschaft.

Ort, Datum

....
X-Beteiligungs GmbH   A

....
B   C

2 Handelsregisteranmeldung nach Errichtung einer GmbH & Co. KG[1469]

An das

Amtsgericht

– Handelsregister –

...

Gründung der X-GmbH & Co. KG

Die unterzeichnenden Gesellschafter[1470] der oben genanntenGesellschaft melden hiermit zur Eintragung in das Handelsregister an:
1. Wir haben unter der Firma „X-GmbH & Co. KG" eine Kommanditgesellschaft errichtet.[1471] Die Gesellschaft betreibt ... und hat ihren Sitz in ... Die Geschäftsräume befinden sich in ... (Adresse)
2. Alleinige persönlich haftende Gesellschafterin (Komplementärin) ist die X-Beteiligungs GmbH mit Sitz in ..., eingetragen im Handelsregister des Amtsgerichts ... unter HRB ...
3. Kommanditisten[1472] sind:
A (Geburtsdatum, Adresse) mit einer Kommanditeinlage von ... EUR,
B (Geburtsdatum, Adresse) mit einer Kommanditeinlage von ... EUR,
C (Geburtsdatum, Adresse) mit einer Kommanditeinlage von ... EUR.
4. Jeder persönlich haftende Gesellschafter vertritt stets einzeln.

Die X-Beteiligungs GmbH vertritt stets einzeln. Sie und ihre jeweiligen Geschäftsführer sind von den Beschränkungen des § 181 BGB befreit.

Als Anlage fügen wir eine beglaubigte Abschrift vom ... aus dem Handelsregister des Amtsgerichts ... – HRB ... – betreffend die Eintragung der X-Beteiligungs GmbH bei.

[1469] Zur Anmeldung zum Handelsregister siehe Rn. 92.
[1470] Alle Gesellschafter müssen bei der Handelsregisteranmeldung mitwirken (§§ 161 Abs. 2, 108 Abs. 1 HGB).
[1471] Nachdem § 106 Abs. 2 Nr. 3 HGB a. F. inzwischen aufgehoben wurde, ist eine Angabe zum Beginn der Gesellschaft nicht mehr erforderlich. Zur Entstehung einer GmbH & Co. KG siehe Rn. 75 ff.
[1472] Die Anmeldung hat den Namen und Vornamen der Gesellschafter, das Geburtsdatum und ihre Adresse (§§ 161 Abs. 2, 106 Abs. 2 Nr. 1 HGB) sowie den Betrag der Einlage eines jeden Kommanditisten, § 162 Abs. 1 HGB, zu enthalten.

Wagner

Muster 550

....
O für die X-Beteiligungs GmbH   A
....
B   C
(Beglaubigungsvermerk)[1473]

[1473] Die Anmeldung ist elektronisch in öffentlich beglaubigter Form einzureichen (§ 12 Abs. 1 HGB).

3 Gesellschaftsvertrag einer Komplementär-GmbH (Mehrpersonen-GmbH)

Gesellschaftsvertrag[1474]
der X-Beteiligungs GmbH[1475]

§ 1 Firma, Sitz
(1) Die Firma lautet

X-Beteiligungs GmbH.

(2) Sitz der Gesellschaft ist ...

§ 2 Gegenstand des Unternehmens
Gegenstand des Unternehmens ist der Erwerb und die Verwaltung von Beteiligungen sowie die Übernahme der persönlichen Haftung und der Geschäftsführung bei Personenhandelsgesellschaften, insbesondere die Beteiligung als persönlich haftende geschäftsführende Gesellschafterin (Komplementärin) an der X-GmbH & Co. KG, die ... zum Gegenstand hat.[1476]

§ 3 Stammkapital, Stammeinlagen
(1) Das Stammkapital der Gesellschaft beträgt 27.000,00 EUR (Euro siebenundzwanzigtausend).

(2) Von dem Stammkapital haben übernommen:

a) A einen Geschäftsanteil mit einem Nennbetrag von 9.000,00 EUR (neuntausend Euro),

---

1474 Der Gesellschaftsvertrag bedarf der notariellen Beurkundung (§ 2 GmbHG). Zur Anmeldung der GmbH zum Handelsregister siehe Rn. 49.
1475 Die einzige Funktion der X-Beteiligungs GmbH ist es, Komplementärin der X-GmbH & Co. KG (siehe Muster 1) zu sein. Alle Kommanditisten der X-GmbH & Co. KG sind gleichzeitig Gesellschafter der X-Beteiligungs GmbH. Ihre kapitalmäßige Beteiligung an der X-Beteiligungs GmbH soll ihrer kapitalmäßigen Beteiligung an der X-GmbH & Co. KG entsprechen. Dem Gleichlauf dieser Beteiligungen dienen die Regelungen in § 3 Abs. 4, § 8 Abs. 3 und § 10 Abs. 2 Buchst. f. Durch die kapitalmäßig identischen Beteiligungen der Gesellschafter an beiden Gesellschaften ist eine einheitliche Willensbildung in beiden Gesellschaften gewährleistet.
1476 Vgl. zum Unternehmensgegenstand der Komplementär-GmbH Rn. 45 f.

b) B einen Geschäftsanteil mit einem Nennbetrag von 9.000,00 EUR (neuntausend Euro),

c) C einen Geschäftsanteil mit einem Nennbetrag von 9.000,00 EUR (neuntausend Euro),

(3) Die Nennbeträge der Geschäftsanteile sind in Geld zu erbringen, und zwar je 4.500,00 EUR bei Abschluss dieses Vertrages; im Übrigen nach Maßgabe eines entsprechenden Gesellschafterbeschlusses.

(4) Jeder Gesellschafter soll stets am Stammkapital der Gesellschaft in dem Verhältnis beteiligt sein, in dem er am Kommanditkapital der X-GmbH & Co. KG beteiligt ist. Jeder Gesellschafter verpflichtet sich gegenüber der Gesellschaft und gegenüber jedem einzelnen Gesellschafter, alles seinerseits zur Aufrechterhaltung oder Wiederherstellung des gleichen Beteiligungsverhältnisses Erforderliche zu tun. Kommt in den Fällen, in denen zur Herstellung des gleichen Beteiligungsverhältnisses ein Geschäftsanteil ganz oder teilweise übertragen oder erworben werden muss, eine Einigung über die Gegenleistung nicht zustande, so gilt § 11 entsprechend.

§ 4 Vertretung, Geschäftsführung

(1) Die Gesellschaft hat einen oder mehrere Geschäftsführer. Ist nur ein Geschäftsführer bestellt, so vertritt er die Gesellschaft allein. Sind mehrere Geschäftsführer bestellt, so wird die Gesellschaft von zwei Geschäftsführern oder durch einen Geschäftsführer gemeinschaftlich mit einem Prokuristen vertreten. Die Gesellschafter können den Geschäftsführern Einzelvertretungsbefugnis und Befreiung von den Beschränkungen des § 181 BGB erteilen.

(2) Zu Erklärungen, die den Gesellschaftsvertrag der X-GmbH & Co. KG berühren, insbesondere zur Kündigung des Gesellschaftsvertrages der X-GmbH & Co. KG, bedürfen die Geschäftsführer eines vorherigen zustimmenden einstimmigen Beschlusses der Gesellschafter.

§ 5 Gesellschafterversammlung[1477]

(1) Die ordentliche Gesellschafterversammlung findet jährlich innerhalb von einem Monat nach Aufstellung des Jahresabschlusses des Vorjahres am Sitz der Gesellschaft statt. Darüber hinaus sind Gesellschafterversamm-

---

[1477] Die Regelungen zur Gesellschafterversammlung und zu Gesellschafterbeschlüssen entsprechen den Regelungen im Gesellschaftsvertrag der X-GmbH & Co. KG (siehe Muster 1).

Wagner

lungen einzuberufen, wenn dies im Interesse der Gesellschaft erforderlich ist oder von Gesellschaftern, die zusammen mindestens ... % des Stammkapitales innehaben, verlangt wird.

(2) Die Einberufung erfolgt durch die Geschäftsführer mittels eingeschriebenen Briefes unter Angabe der Tagesordnung und unter Einhaltung einer Frist von drei Wochen. Mit Zustimmung aller Gesellschafter kann auf die Einhaltung der Form und Frist gemäß Satz 1 verzichtet werden.

(3) Der Vorsitzende der Gesellschafterversammlung wird vor Eintritt in die Tagesordnung gewählt.

(4) Jeder Gesellschafter kann sich durch einen Mitgesellschafter oder einen von Berufs wegen zur Verschwiegenheit verpflichteten Angehörigen der rechts-, steuerberatenden oder wirtschaftsprüfenden Berufe vertreten lassen, wenn er diese Absicht den anderen Gesellschaftern innerhalb einer Frist von mindestens 10 Tagen mitteilt. Die Vollmacht bedarf der Schriftform.

(5) Die Gesellschafterversammlung ist beschlussfähig, wenn mindestens ... % des Stammkapitales vertreten sind. Ist die Versammlung bei Eröffnung danach beschlussunfähig, so ist unverzüglich eine neue Versammlung einzuberufen, die dann ohne Rücksicht auf die Höhe des vertretenen Stammkapitales beschließen kann. Auf diese Folge ist in der erneuten Einladung hinzuweisen.

(6) Die Gesellschafterversammlung ist insbesondere zur Entscheidung folgender Angelegenheiten zuständig:

a) Feststellung des Jahresabschlusses;

b) Beschlussfassung über die Gewinnverwendung;

c) Entlastung der Geschäftsführung;

d) Wahl eines Abschlussprüfers.

Die Gesellschafterversammlung kann auch in allen anderen Angelegenheiten der Gesellschaft Beschlüsse fassen.

§ 6 Gesellschafterbeschlüsse
(1) Beschlüsse der Gesellschafter werden in Gesellschafterversammlungen gefasst. Außerhalb von Versammlungen können Beschlüsse auch schrift-

lich, per Telefax, per E-Mail, mündlich oder fernmündlich gefasst werden, wenn alle Gesellschafter zustimmen.

(2) Gesellschafterbeschlüsse werden mit einfacher Mehrheit der abgegebenen Stimmen gefasst, soweit nicht zwingende gesetzliche Vorschriften oder dieser Vertrag eine andere Mehrheit verlangen. Änderungen des Gesellschaftsvertrages müssen mit einer Mehrheit von … %[1478] der vorhandenen Stimmen beschlossen werden; dies gilt auch für Kapitalerhöhungen, Kapitalherabsetzung und Liquidation sowie eine Umwandlung der Gesellschaft.

(3) Je 500,00 EUR der übernommenen Stammeinlage gewähren eine Stimme.

(4) Über sämtliche Gesellschafterbeschlüsse ist eine Niederschrift anzufertigen, unabhängig davon, ob sie innerhalb oder außerhalb einer Gesellschafterversammlung gefasst werden. Die Niederschrift ist im Falle einer Gesellschafterversammlung von dem Vorsitzenden der Gesellschafterversammlung, ansonsten von den Geschäftsführern zu unterzeichnen. Die Gesellschafter erhalten unverzüglich Abschriften der Niederschrift.

(5) Einwendungen gegen die Wirksamkeit von Gesellschafterbeschlüssen können nur durch Feststellungsklage innerhalb einer Ausschlussfrist von zwei Monaten nach Absendung des Beschlussprotokolls geltend gemacht werden.

§ 7 Geschäftsjahr, Jahresabschluss

(1) Geschäftsjahr ist das Kalenderjahr.

(2) Der Jahresabschluss (Bilanz, Gewinn- und Verlustrechnung sowie Anhang) und der Lagebericht sind von den Geschäftsführern innerhalb der gesetzlichen Fristen[1479] nach Ablauf des Geschäftsjahres unter Beachtung der ertragsteuerlichen Regeln aufzustellen, soweit nicht zwingende handelsrechtliche Bestimmungen, der Gesellschaftsvertrag oder die Gesellschafterversammlung etwas anderes bestimmen.

1478 Mindestens 75 %, vgl. §§ 53 Abs. 2 und Abs. 3, 58a Abs. 5 GmbHG, § 50 Abs. 1 UmwG.
1479 Der Jahresabschluss einer GmbH ist grundsätzlich in den ersten drei Monaten nach Ablauf des Geschäftsjahres aufzustellen. Wenn eine GmbH eine kleine Kapitalgesellschaft i. S. d. § 267 Abs. 1 HGB ist, darf sie den Jahresabschluss später aufstellen, wenn dies einem ordnungsgemäßen Geschäftsgang entspricht. Die Aufstellung hat jedoch in jedem Falle innerhalb der ersten sechs Monate des Geschäftsjahres zu erfolgen (§ 264 Abs. 1 HGB).

(3) Der Jahresabschluss ist den Gesellschaftern unverzüglich zur Beschlussfassung vorzulegen.

§ 8 Übertragung und Belastung von Geschäftsanteilen

(1) Die Übertragung eines Geschäftsanteils oder eines Teils eines solchen bedarf der Zustimmung aller Gesellschafter. Wenn die Übertragung im Wege der vorweggenommenen Erbfolge auf einen Abkömmling eines Gesellschafters erfolgt, sind die Gesellschafter verpflichtet, der Übertragung zuzustimmen, wenn in der Person des Abkömmlings kein wichtiger Grund liegt, der seine Beteiligung an der Gesellschaft für die Gesellschaft oder für die übrigen Gesellschafter unzumutbar macht.

(2) Belastungen eines Geschäftsanteils, Einräumung einer Unterbeteiligung an einem Geschäftsanteil sowie Verfügungen über einzelne Rechte und Ansprüche aus dem Geschäftsanteil sind entsprechend Abs. 1 zustimmungsbedürftig.

(3) Die Übertragung eines Geschäftsanteils oder eines Teils eines solchen ist außerdem nur wirksam, wenn der übertragende Gesellschafter gleichzeitig seinen Kommanditanteil an der X-GmbH & Co. KG oder einen entsprechenden Teil desselben auf den Erwerber überträgt. Der gleichzeitigen Übertragung des Kommanditanteils bedarf es insoweit nicht, als die Übertragung des Geschäftsanteils zur Herstellung der verhältnismäßig gleichen Beteiligung des Erwerbers und/oder des Veräußerers an der Gesellschaft und der X-GmbH & Co. KG geschieht.

§ 9 Kündigung

(1) Die Gesellschaft ist bis zum 31.12 ... unkündbar. Von da an kann die Gesellschaft von einem Gesellschafter mit einer Frist von einem Jahr zum Schluss des Geschäftsjahres gekündigt werden, erstmals also zum 31.12. ...

(2) Die Kündigung hat durch eingeschriebenen Brief an die Gesellschaft und die übrigen Gesellschafter zu erfolgen.

(3) Mit Wirksamwerden der Kündigung scheidet der kündigende Gesellschafter aus der Gesellschaft aus. Durch die Kündigung wird die Gesellschaft aufgelöst, sofern die Gesellschaft nicht binnen einer Frist von sechs Monaten seit Empfang der Kündigung die Einziehung aller Geschäftsanteile des kündigenden Gesellschafters oder deren Abtretung an andere Gesellschafter oder eine von ihr bestimmte Person gemäß § 10 verlangt.

Wagner

§ 10 Einziehung von Geschäftsanteilen

(1) Die Einziehung von Geschäftsanteilen ist mit Zustimmung des betroffenen Gesellschafters zulässig.

(2) Die Geschäftsanteile eines Gesellschafters können in folgenden Fällen ohne seine Zustimmung eingezogen werden:
1. wenn ein Gesellschafter kündigt gemäß § 9;
2. wenn die Gesellschaft von einem Gläubiger eines Gesellschafters gekündigt wird;
3. wenn über das Vermögen eines Gesellschafters das Insolvenzverfahren eröffnet wird oder die Eröffnung mangels hinreichender Masse abgelehnt wird;
4. wenn in der Person des Gesellschafters ein wichtiger Grund vorliegt. Das ist insbesondere dann anzunehmen, wenn er nachhaltig grob gegen wesentliche Gesellschafterpflichten verstößt, sein Geschäftsanteil oder Ansprüche gegenüber der Gesellschaft gepfändet werden oder wenn er zur Abgabe einer eidesstattlichen Versicherung geladen worden ist;
5. wenn der Gesellschafter als Kommanditist aus der X-GmbH & Co. KG ausscheidet;
6. wenn und soweit der Geschäftsanteil von einem Gesellschafter gehalten wird, der nicht im gleichen Verhältnis am Kommanditkapital der X-GmbH & Co. KG beteiligt ist und der der schriftlichen Aufforderung durch die übrigen Gesellschafter, eine gleichmäßige Beteiligung an beiden Gesellschaften herbeizuführen, nicht binnen drei Monaten nach Empfang der Aufforderung genügt;
7. wenn eine Person einen Geschäftsanteil von Todes wegen erwirbt. Dies gilt nicht, wenn die Person der überlebende Ehegatte oder ein Abkömmling des verstorbenen Gesellschafters ist.

(3) Statt der Einziehung können die Gesellschafter beschließen, dass der betroffene Gesellschafter den Geschäftsanteil ganz oder teilweise auf die Gesellschaft oder eine im Beschluss zu benennende, zur Übernahme bereite Person zu übertragen hat.

(4) Ein Geschäftsanteil, der mehreren Inhabern zur gesamten Hand oder nach Bruchteilen zusteht, kann eingezogen werden, wenn die Voraussetzungen nach Abs. 2 auch nur für einen Mitberechtigten vorliegen.

(5) Die Einziehung erfolgt durch die Geschäftsführer aufgrund eines Beschlusses der Gesellschafter. Bei der Beschlussfassung hat der betroffene Gesellschafter kein Stimmrecht.

Wagner

§ 11 Entgelt

(1) In den Fällen der Einziehung sowie in den Fällen der Veräußerung aufgrund einer nach § 10 Abs. 3 bestimmten Übertragungspflicht steht dem betroffenen Gesellschafter ein Entgelt zu. Schuldner des Entgelts sind im Falle der Einziehung die Gesellschaft, ansonsten der Erwerber des Geschäftsanteils und die Gesellschaft als Gesamtschuldner.

(2) Das Entgelt eines ausscheidenden Gesellschafters wird stets auf der Grundlage der Handelsbilanz zum 31.12., die dem Tag des Ausscheidens vorangeht oder mit diesem zusammenfällt, ermittelt. Bei Ausscheiden im Laufe eines Geschäftsjahres findet eine anteilige Ergebniszurechnung nicht statt.

(3) Das Entgelt bemisst sich nach dem Buchwert[1480] des Geschäftsanteils (eingezahlte Stammeinlage zuzüglich des der Beteiligung entsprechenden Anteils an offenen Rücklagen zuzüglich Jahresüberschuss und Gewinnvortrag und abzüglich Jahresfehlbetrag und Verlustvortrag).

(4) Das nach Abs. 3 ermittelte Entgelt ist dem Ausscheidenden innerhalb von sechs Monaten nach dem Zeitpunkt seines Ausscheidens auszuzahlen. Das Entgelt ist ab dem Tag des Ausscheidens mit ... %-Punkten p. a. über dem jeweiligen Basiszinssatz zu verzinsen. Die Gesellschaft und der Erwerber sind berechtigt, das Entgelt ganz oder teilweise früher zu zahlen. Ändert sich der für das Entgelt maßgebende Jahresabschluss infolge einer steuerlichen Außenprüfung oder durch anderweitig veranlasste Änderungen der steuerlichen Veranlagungen, bleibt das Entgelt davon unbeeinflusst.

(5) Die Ermittlung des Buchwerts des Geschäftsanteils erfolgt, sofern sich die Parteien hierüber nicht einigen können, durch einen Wirtschaftsprüfer, den der Präsident der für den Sitz der Gesellschaft zuständigen Industrie- und Handelskammer auf Antrag der Gesellschaft oder des ausscheidenden Gesellschafters bestimmt, falls eine Einigung über die Person des Wirtschaftsprüfers nicht zustande kommt.

§ 12 Bekanntmachungen

Bekanntmachungen der Gesellschaft erfolgen nur im elektronischen Bundesanzeiger.

1480 Eine Abfindung zum Buchwert bei Einziehung des Geschäftsanteils ist bei einer GmbH, die ausschließlich die Komplementärstellung in einer KG innehat, in der Regel unproblematisch (vgl. Rn. 642 ff.).

§ 13 Schlussbestimmungen

(1) Sollte eine Bestimmung dieses Vertrages nichtig, unwirksam oder undurchführbar sein, so berührt das nicht die Wirksamkeit der übrigen Bestimmungen. Anstelle der nichtigen, unwirksamen oder undurchführbaren Bestimmungen tritt eine Regelung, die dem tatsächlich und wirtschaftlich von den Parteien Gewollten am nächsten kommt. Beruht die Unwirksamkeit oder Undurchführbarkeit einer Bestimmung auf einem darin festgelegten Maß der Leistung oder Zeit (Frist oder Termin), gilt das der Bestimmung am nächsten kommende zulässige Maß als vereinbart. Gleiches gilt für etwaige Lücken des Vertrages.

(2) Die Kosten dieses Vertrages und seiner Durchführung einschließlich aller Nebenkosten bis zur Höhe von insgesamt ca. ... EUR trägt die Gesellschaft.[1481]

Ort, Datum

....

Unterschriften

[1481] Wenn im Gesellschaftsvertrag die Gründungskosten nicht insgesamt zahlenmäßig beziffert werden, liegt eine verdeckte Gewinnausschüttung vor; vgl. BFH, BStBl 1990 II S. 89; BMF, Schreiben v. 25.6.1991, DB 1991 S. 1493.

4 Gesellschaftsvertrag einer Einmann-GmbH & Co. KG[1482]

Gesellschaftsvertrag[1483]
der Z-GmbH & Co. KG

§ 1 Firma, Sitz
(1) Die Firma lautet

Z-GmbH & Co. KG.

(2) Sitz der Gesellschaft ist …

§ 2 Gegenstand des Unternehmens
(1) Gegenstand des Unternehmens ist …

(2) Die Gesellschaft darf andere Unternehmen gleicher oder ähnlicher Art erwerben oder sich an ihnen beteiligen. Sie ist zur Errichtung von Zweigniederlassungen befugt.

§ 3 Gesellschafter, Einlagen
(1) Persönlich haftende Gesellschafterin (Komplementärin) ist die Z-Beteiligungs GmbH. Die Komplementärin leistet keine Einlage. Sie ist am Vermögen der Gesellschaft nicht beteiligt.

(2) Kommanditist ist Z mit einer Kommanditeinlage von … EUR. Die Kommanditeinlage des Kommanditisten ist als Haftsumme in das Handelsregister einzutragen.

§ 4 Vertretung, Geschäftsführung
Zur Vertretung und Geschäftsführung der Gesellschaft ist die Komplementärin allein berechtigt und verpflichtet. Die Komplementärin und ihre Geschäftsführer sind von den Beschränkungen des § 181 BGB befreit.[1484]

1482 Zur Einmann-GmbH & Co. KG siehe Rn. 20.
1483 Grundsätzlich bedarf der Gesellschaftsvertrag der Einmann-GmbH & Co. KG keiner ausführlichen Regelungen, da es auf Gesellschafterebene keine unterschiedlichen Interessen geben kann. Der Gesellschaftsvertrag bedarf grundsätzlich keiner Form (siehe Rn. 69 ff.).
1484 Zur Befreiung von den Beschränkungen des § 181 BGB vgl. Rn. 282 ff.

§ 5 Gesellschafterbeschlüsse

(1) Beschlüsse der Gesellschafter werden in Gesellschafterversammlungen gefasst. Außerhalb von Versammlungen können Beschlüsse auch schriftlich, per Telefax, per E-Mail, mündlich oder fernmündlich gefasst werden, wenn alle Gesellschafter zustimmen.

(2) Gesellschafterbeschlüsse werden mit einfacher Mehrheit der abgegebenen Stimmen gefasst, soweit nicht zwingende gesetzliche Vorschriften oder dieser Vertrag eine andere Mehrheit verlangen.

(3) Je 500,00 EUR der übernommenen Kommanditeinlage gewähren eine Stimme.

§ 6 Geschäftsjahr, Jahresabschluss

(1) Geschäftsjahr ist das Kalenderjahr.

(2) Der Jahresabschluss (Bilanz, Gewinn- und Verlustrechnung sowie Anhang) und der Lagebericht sind von der Komplementärin innerhalb der gesetzlichen Fristen nach Ablauf des Geschäftsjahres aufzustellen. Die Feststellung des Jahresabschlusses erfolgt durch die Gesellschafterversammlung.

§ 7 Gewinn- und Verlustbeteiligung

(1) Die Komplementärin erhält vorab Ersatz sämtlicher ihr aus der Geschäftsführung entstandenen Aufwendungen. Sie bekommt daneben zur Abgeltung ihres Haftungsrisikos jährlich einen Betrag in Höhe von 10 % ihres Stammkapitals.

(2) Der verbleibende Gewinn steht dem Kommanditisten zu.

(3) Ein Verlust wird von dem Kommanditisten entsprechend seiner Beteiligung am Gesellschaftsvermögen getragen. Die Komplementärin ist am Verlust nicht beteiligt.

§ 8 Entnahmen
Jeder Gesellschafter darf Guthaben auf seinem Kontokorrentkonto jederzeit entnehmen.[1485]

§ 9 Rechtsgeschäftliche Verfügungen
Rechtsgeschäftliche Verfügungen eines Gesellschafters über seinen Gesellschaftsanteil sowie über einzelne Rechte und Ansprüche aus dem Gesellschaftsverhältnis bedürfen nicht der Zustimmung der übrigen Gesellschafter.[1486]

§ 10 Erbfolge
(1) Stirbt ein Gesellschafter, wird die Gesellschaft nicht aufgelöst, sondern mit seinen Erben bzw. seinen Vermächtnisnehmern fortgesetzt.

(2) Die Verwaltungstestamentsvollstreckung an einem Kommanditanteil ist zulässig.

§ 11 Liquidation
(1) Im Falle der Auflösung der Gesellschaft ist die Komplementärin Liquidatorin, falls im Auflösungsbeschluss nichts anderes bestimmt wird.

(2) Ein Liquidationsüberschuss steht dem Kommanditisten entsprechend seiner Beteiligung zu.

§ 12 Schlussbestimmungen
(1) Sollte eine Bestimmung dieses Vertrages nichtig, unwirksam oder undurchführbar sein, so berührt das nicht die Wirksamkeit der übrigen Bestimmungen. Anstelle der nichtigen, unwirksamen oder undurchführbaren Bestimmungen tritt eine Regelung, die dem tatsächlich und wirtschaftlich von den Parteien Gewollten am nächsten kommt. Beruht die Unwirksamkeit oder Undurchführbarkeit einer Bestimmung auf einem darin festgelegten Maß der Leistung oder Zeit (Frist oder Termin), gilt das der Bestimmung am nächsten kommende zulässige Maß als vereinbart. Gleiches gilt für etwaige Lücken des Vertrages.

1485 Wenn diese Regelung fehlt, gilt die gesetzliche Regelung, wonach Entnahmen, die über eine Verzinsung von 4 % des für das letzte Geschäftsjahr festgestellten Kapitalanteils hinausgehen, nicht ohne Einwilligung der übrigen Gesellschafter zulässig sind (§§ 161 Abs. 2, 122 Abs. 2 HGB). Bliebe es daher bei der gesetzlichen Regelung, wäre bei jeder Entnahme des Kommanditisten Z ein Gesellschafterbeschluss erforderlich.
1486 Zur Zulässigkeit einer Anteilsübertragung vgl. Rn. 568.

Muster

(2) Änderungen und Ergänzungen dieses Vertrages bedürfen zu ihrer Wirksamkeit der Schriftform, sofern nicht im Einzelfall eine andere Form zwingend vorgeschrieben ist.

(3) Die Kosten dieses Vertrages und seiner Durchführung einschließlich aller Nebenkosten trägt die Gesellschaft.

Ort, Datum

....
Z-Beteiligungs GmbH   Z

5 Gesellschaftsvertrag einer Komplementär-GmbH (Einmann-GmbH)

Gesellschaftsvertrag[1487]
der Z-Beteiligungs GmbH

§ 1 Firma, Sitz
(1) Die Firma lautet

Z-Beteiligungs GmbH.

(2) Sitz der Gesellschaft ist ...

§ 2 Gegenstand des Unternehmens
Gegenstand des Unternehmens ist der Erwerb und die Verwaltung von Beteiligungen sowie die Übernahme der persönlichen Haftung und der Geschäftsführung bei Personenhandelsgesellschaften, insbesondere die Beteiligung als persönlich haftende geschäftsführende Gesellschafterin (Komplementärin) an der Z-GmbH & Co. KG, die ... zum Gegenstand hat.[1488]

§ 3 Stammkapital, Stammeinlagen
Das Stammkapital der Gesellschaft beträgt 25.000,00 EUR (fünfundzwanzigtausend Euro). Z übernimmt eine Stammeinlage in gleicher Höhe. Die Stammeinlage ist in Geld zu erbringen.[1489]

[1487] Der Gesellschaftsvertrag bedarf der notariellen Beurkundung (§ 2 GmbHG).
[1488] Zum Unternehmensgegenstand der Komplementär-GmbH siehe Rn. 45 f.
[1489] Bei einer Einmann-Gründung einer GmbH müssen zum Zeitpunkt der Anmeldung der GmbH zum Handelsregister ein Viertel der Stammeinlage, mindestens 12.500,00 EUR, vom Gesellschafter erbracht worden sein.

§ 4 Vertretung, Geschäftsführung

Die Gesellschaft hat einen oder mehrere Geschäftsführer. Ist nur ein Geschäftsführer bestellt, so vertritt er die Gesellschaft allein. Sind mehrere Geschäftsführer bestellt, so wird die Gesellschaft von zwei Geschäftsführern oder durch einen Geschäftsführer gemeinschaftlich mit einem Prokuristen vertreten. Die Gesellschafter können den Geschäftsführern Einzelvertretungsbefugnis und Befreiung von den Beschränkungen des § 181 BGB erteilen.[1490]

§ 5 Geschäftsjahr

Geschäftsjahr ist das Kalenderjahr.

§ 6 Bekanntmachungen

Bekanntmachungen der Gesellschaft erfolgen nur im elektronischen Bundesanzeiger.

§ 7 Schlussbestimmungen

(1) Sollte eine Bestimmung dieses Vertrages nichtig, unwirksam oder undurchführbar sein, so berührt das nicht die Wirksamkeit der übrigen Bestimmungen. Anstelle der nichtigen, unwirksamen oder undurchführbaren Bestimmungen tritt eine Regelung, die dem tatsächlich und wirtschaftlich von den Parteien Gewollten am nächsten kommt. Beruht die Unwirksamkeit oder Undurchführbarkeit einer Bestimmung auf einem darin festgelegten Maß der Leistung oder Zeit (Frist oder Termin), gilt das der Bestimmung am nächsten kommende zulässige Maß als vereinbart. Gleiches gilt für etwaige Lücken des Vertrages.

[1490] Wenn der Alleingesellschafter Z gleichzeitig Geschäftsführer der Z-Beteiligungs GmbH ist, ist eine Befreiung des Geschäftsführers Z von den Beschränkungen des § 181 BGB nur möglich, wenn die Befreiung im Gesellschaftsvertrag ausgesprochen wird oder aufgrund einer im Gesellschaftsvertrag enthaltenen Ermächtigung erfolgt (siehe Rn. 286 ff.). Der Mustervertrag enthält eine solche Ermächtigung. Z kann sich bereits im Gründungsprotokoll der GmbH somit vom Selbstkontrahierungsverbot befreien oder später einen Beschluss fassen, der gemäß § 48 Abs. 3 GmbHG schriftlich zu dokumentieren und zu unterschreiben ist.

(2) Die Kosten dieses Vertrages und seiner Durchführung einschließlich aller Nebenkosten bis zur Höhe von insgesamt ca. ... EUR trägt die Gesellschaft.[1491]

Ort, Datum

....
Z-Beteiligungs GmbH   Z

1491 Wenn im Gesellschaftsvertrag die Gründungskosten nicht insgesamt zahlenmäßig beziffert werden, liegt eine verdeckte Gewinnausschüttung vor; vgl. BFH, Urteil v. 11.10.1989, BStBl 1990 II S. 89; BMF, Schreiben v. 25.6.1991, DB 1991 S. 1493.

6 Musterprotokoll gem. § 2 Abs. 1a GmbHG für die Gründung einer Einpersonengesellschaft[1492]

UR. Nr. ...

Heute, den ...,

erschien vor mir, ...,

Notar/in mit dem Amtssitz in ...,

Herr/Frau1

...2.

1. Der Erschienene errichtet hiermit nach § 2 Abs. 1a GmbHG eine Gesellschaft mit beschränkter Haftung unter der Firma ... mit dem Sitz in ... .
2. Gegenstand des Unternehmens ist ... .
3. Das Stammkapital der Gesellschaft beträgt ... EUR (i. W. ... Euro) und wird vollständig von Herrn/Frau1) ... (Geschäftsanteil Nr. 1) übernommen. Die Einlage ist in Geld zu erbringen, und zwar sofort in voller Höhe/zu 50 Prozent sofort, im Übrigen sobald die Gesellschafterversammlung ihre Einforderung beschließt3.
4. Zum Geschäftsführer der Gesellschaft wird Herr/Frau4 ... , geboren am ..., wohnhaft in ..., bestellt. Der Geschäftsführer ist von den Beschränkungen des § 181 des Bürgerlichen Gesetzbuchs befreit.
5. Die Gesellschaft trägt die mit der Gründung verbundenen Kosten bis zu einem Gesamtbetrag von 300 EUR, höchstens jedoch bis zum Betrag ihres Stammkapitals. Darüber hinausgehende Kosten trägt der Gesellschafter.
6. Von dieser Urkunde erhält eine Ausfertigung der Gesellschafter, beglaubigte Ablichtungen die Gesellschaft und das Registergericht (in elektronischer Form) sowie eine einfache Abschrift das Finanzamt – Körperschaftsteuerstelle -.
7. Der Erschienene wurde vom Notar/von der Notarin insbesondere auf Folgendes hingewiesen: ... .

Hinweise:

1492 Vgl. Anlage a) zu § 2 Abs. 1a GmbHG.

1) Nicht Zutreffendes streichen. Bei juristischen Personen ist die Anrede Herr/Frau wegzulassen.

2) Hier sind neben der Bezeichnung des Gesellschafters und den Angaben zur notariellen Identitätsfeststellung ggf. der Güterstand und die Zustimmung des Ehegatten sowie die Angaben zu einer etwaigen Vertretung zu vermerken.

3) Nicht Zutreffendes streichen. Bei der Unternehmergesellschaft muss die zweite Alternative gestrichen werden.

4) Nicht Zutreffendes streichen.

7 Musterprotokoll gem. § 2 Abs. 1a GmbHG für die Gründung einer Personengesellschaft mit bis zu drei Gesellschaftern[1493]

UR. Nr. ...

Heute, den ...,

erschien vor mir, ...,

Notar/in mit dem Amtssitz in ...,

Herr/Frau[1]
...[2].

Herr/Frau[1]
...[2].

Herr/Frau[1]
...[2].

1. Die Erschienenen errichten hiermit nach § 2 Abs. 1a GmbHG eine Gesellschaft mit beschränkter Haftung unter der Firma ... mit dem Sitz in ... .
2. Gegenstand des Unternehmens ist ... .
3. Das Stammkapital der Gesellschaft beträgt ... EUR (i. W. ... Euro) und wird wie folgt übernommen:
Herr/Frau[1] ... übernimmt einen Geschäftsanteil mit einem Nennbetrag in Höhe von ... EUR (i. W. ... Euro) (Geschäftsanteil Nr. 1),
Herr/Frau[1]... übernimmt einen Geschäftsanteil mit einem Nennbetrag in Höhe von ... EUR (i. W. ... Euro) (Geschäftsanteil Nr. 2),
Herr/Frau[1] ... übernimmt einen Geschäftsanteil mit einem Nennbetrag in Höhe von ... EUR (i. W. ... Euro) (Geschäftsanteil Nr. 3).
Die Einlagen sind in Geld zu erbringen, und zwar sofort in voller Höhe/ zu 50 Prozent sofort, im Übrigen sobald die Gesellschafterversammlung ihre Einforderung beschließt[3].
4. Zum Geschäftsführer der Gesellschaft wird Herr/Frau[4] ... geboren am ..., wohnhaft in ..., bestellt. Der Geschäftsführer ist von den Beschränkungen des § 181 des Bürgerlichen Gesetzbuchs befreit.

1493 Vgl. Anlage b) zu § 1 Abs. 1a GmbHG.

5. Die Gesellschaft trägt die mit der Gründung verbundenen Kosten bis zu einem Gesamtbetrag von 300 EUR, höchstens jedoch bis zum Betrag ihres Stammkapitals. Darüber hinausgehende Kosten tragen die Gesellschafter im Verhältnis der Nennbeträge ihrer Geschäftsanteile.
6. Von dieser Urkunde erhält eine Ausfertigung jeder Gesellschafter, beglaubigte Ablichtungen die Gesellschaft und das Registergericht (in elektronischer Form) sowie eine einfache Abschrift das Finanzamt – Körperschaftsteuerstelle -.
7. Die Erschienenen wurden vom Notar/von der Notarin insbesondere auf Folgendes hingewiesen: ...

Hinweise

1) Nicht Zutreffendes streichen. Bei juristischen Personen ist die Anrede Herr/Frau wegzulassen.

2) Hier sind neben der Bezeichnung des Gesellschafters und den Angaben zur notariellen Identitätsfeststellung ggf. der Güterstand und die Zustimmung des Ehegatten sowie die Angaben zu einer etwaigen Vertretung zu vermerken.

3) Nicht Zutreffendes streichen. Bei der Unternehmergesellschaft muss die zweite Alternative gestrichen werden.

4) Nicht Zutreffendes streichen.

Wagner

8 Veräußerung eines Kommanditanteils

Vertrag

zwischen

A
(Adresse)   – Verkäufer –

und

C
(Adresse)   – Käufer –

über den Kauf und die Übertragung eines Kommanditanteils[1494]

Präambel

Der Verkäufer ist als Kommanditist an der X-GmbH & Co. KG mit Sitz in …, eingetragen im Handelsregister des Amtsgerichts … unter HRA … beteiligt.

Gegenstand der X-GmbH & Co. KG ist … Der für die X-GmbH & Co. KG gültige Gesellschaftsvertrag in der Fassung vom … liegt diesem Vertrag in Kopie als Anlage bei. Mit Beschluss vom … hat die Gesellschafterversammlung der X-GmbH & Co. KG einstimmig der nachfolgenden Übertragung des Kommanditanteils des Verkäufers auf den Käufer zugestimmt.[1495]

§ 1 Vertragsgegenstand

Der Verkäufer ist als Kommanditist mit einer Kommanditeinlage (Haftsumme) in Höhe von … EUR an der X-GmbH & Co. KG beteiligt (Kom-

---

[1494] Zur Übertragung eines Kommanditanteils siehe Rn. 567 ff. Der Vertrag bedarf grundsätzlich keiner Form. Notarielle Beurkundung kann ausnahmsweise dann erforderlich sein, wenn die Übertragung des Kommanditanteils mit der Übertragung des Geschäftsanteils an der Komplementär-GmbH verknüpft wird (siehe Rn. 568).

[1495] Die Übertragung des Kommanditanteils ist nur wirksam, wenn der Gesellschaftsvertrag der GmbH & Co. KG eine solche Übertragung erlaubt oder alle Gesellschafter der Übertragung des Kommanditanteils zustimmen (siehe Rn. 567).

manditanteil). Die Kommanditeinlage ist voll eingezahlt und durch Verluste und Entnahmen nicht gemindert.

§ 2 Verkauf, Abtretung

(1) Der Verkäufer verkauft und überträgt hiermit im Wege der Sonderrechtsnachfolge[1496] seinen in § 1 genannten Kommanditanteil mit schuldrechtlicher Wirkung zum ... (Stichtag)[1497] an den Käufer. Die dingliche Übertragung des Kommanditanteils erfolgt unter der aufschiebenden Bedingung[1498] der Eintragung des Käufers als Kommanditist kraft Sonderrechtsnachfolge im Handelsregister. Der Käufer nimmt die Abtretung hiermit an.

(2) Ansprüche und Verbindlichkeiten des Verkäufers aus seinem Kontokorrentkonto bleiben vom Verkauf und der Übertragung des Kommanditanteils unberührt.

§ 3 Kaufpreis, Fälligkeit

(1) Der Kaufpreis beträgt ... EUR (in Worten: Euro ...).[1499]

(2) Der Kaufpreis ist fällig in zwei Raten, und zwar mit Abschluss dieses Vertrages ... EUR (erste Kaufpreisrate) und am ... ... EUR (zweite Kaufpreisrate). Der Kaufpreis ist zu zahlen auf das Konto des Verkäufers bei der ... Bank, BLZ ..., Kto-Nr. ...

(3) Die zweite Kaufpreisrate ist ab ... mit ... % p.a. zu verzinsen. Die Zinsen werden fällig mit Fälligkeit der zweiten Kaufpreisrate.

(4) Der Verkäufer hat die Zahlung der zweiten Kaufpreisrate und die Zinsen durch eine unwiderrufliche, unbedingte und selbstschuldnerische Bürgschaft der ... Bank zu sichern, die bei Abschluss dieses Vertrages dem Verkäufer zu übergeben ist.

§ 4 Gewährleistung

(1) Der Verkäufer versichert und steht dafür ein, dass

1496 Zur Sonderrechtsnachfolge siehe Rn. 570.
1497 Unter steuerrechtlichen Gesichtspunkten hat eine zeitliche Rückbeziehung des Stichtags nur dann Wirkung, wenn sie nur einen sehr kurzen Zeitraum umfasst und nur technische Bedeutung hat; vgl. Schmidt, EStG, § 15 Rn. 452.
1498 Zum Schutz des Käufers ist die dingliche Übertragung des Kommanditanteils aufschiebend bedingt bis zu seiner Eintragung im Handelsregister (vgl. Rn. 575).
1499 Zur Besteuerung des Veräußerungsgewinns beim Verkäufer siehe Rn. 653.

1. die Kommanditeinlage gemäß § 1 voll eingezahlt ist, nicht durch Verluste gemindert und nicht ganz oder teilweise zurückgezahlt ist;[1500]
2. der Kommanditanteil gemäß § 1 frei von Rechten Dritter, insbesondere von Pfand-, Pfändungspfand- und sonstigen Sicherungsrechten ist;
3. der Vermögensstatus der Gesellschaft zum ... vollständig und richtig ist und alle nicht bilanzierungsfähigen Verbindlichkeiten der Gesellschaft zum ... in der Anlage zu diesem Vertrag aufgeführt sind;
4. die in der Anlage aufgeführten Arbeitsverhältnisse der Gesellschaft vollständig und richtig sind und keine weiteren Verpflichtungen gegenüber Arbeitnehmern bestehen, die in dieser Anlage nicht aufgeführt sind.

(2) Soweit die in Abs. 1 abgegebenen Erklärungen des Verkäufers unrichtig oder unvollständig sind und sich hieraus Vermögensnachteile für den Käufer ergeben, ist der Verkäufer dem Käufer zum Schadensersatz verpflichtet. Der Käufer ist so zu stellen, wie er stehen würde, wenn die Erklärungen des Verkäufers zutreffend wären. Weitergehende oder andere Gewährleistungsansprüche, gleich welchen Inhalts, welcher Art und welchen Rechtsgrundes, stehen dem Käufer gegen den Verkäufer nicht zu. Etwaige Schadensersatzansprüche des Käufers verjähren zum 31.12. ...

(3) Sollte die persönliche Haftung des Verkäufers für Verbindlichkeiten der X-GmbH & Co. KG wieder aufleben aufgrund von Maßnahmen der in § 172 Abs. 4 HGB genannten Art, die nach der Übertragung des Kommanditanteils gemäß § 1 von dem Käufer oder seinen Rechtsnachfolgern vorgenommen werden, so hat der Käufer den Verkäufer von dieser persönlichen Haftung freizustellen.[1501]

§ 5 Gewinnbezugsrecht

Das Ergebnis der X-GmbH & Co. KG in der Zeit nach dem Stichtag gemäß § 2 Abs. 1 geht zu Gunsten und zu Lasten des Käufers, soweit es auf den Kommanditanteil gemäß § 1 entfällt.

1500 Die Zusicherung erfolgt im Hinblick auf die Haftung des Käufers für den Fall, dass die Kommanditeinlage nicht eingezahlt oder an den Verkäufer zurückgezahlt ist (siehe Rn. 580 f.) oder durch Verluste gemindert ist (siehe Rn. 311 ff.).

1501 Diese Klausel dient dem Schutz des Verkäufers für den Fall, dass seine Haftung dadurch wieder auflebt, weil dem Käufer die Kommanditeinlage zurückgezahlt wird (siehe Rn. 583).

§ 6 Schlussbestimmungen

(1) Sollte eine Bestimmung dieses Vertrages nichtig, unwirksam oder undurchführbar sein, so berührt das nicht die Wirksamkeit der übrigen Bestimmungen. Anstelle der nichtigen, unwirksamen oder undurchführbaren Bestimmung tritt eine Regelung, die dem tatsächlich und wirtschaftlich von Verkäufer und Käufer Gewollten am nächsten kommt. Beruht die Unwirksamkeit oder Undurchführbarkeit einer Bestimmung auf einem darin festgelegten Maß der Leistung oder der Zeit (Frist oder Termin), gilt das der Bestimmung am nächsten kommende zulässige Maß als vereinbart. Gleiches gilt für etwaige Lücken des Vertrages.

(2) Die Kosten dieses Vertrages und der Anmeldung zum Handelsregister trägt der Käufer.

Ort, Datum

....
A   C

Anlage

Muster

9 Handelsregisteranmeldung der Veräußerung eines Kommanditanteils

An das

Amtsgericht

– Handelsregister –

...

X-GmbH & Co. KG – HRA ...

Die unterzeichnenden Gesellschafter[1502] der X-GmbH & Co. KG melden hiermit zur Eintragung in das Handelsregister an:

Der Kommanditist A hat seinen Kommanditanteil durch Vertrag vom ... mit Wirkung auf den Zeitpunkt der Eintragung der Rechtsnachfolge im Handelsregister auf C (Geburtsdatum, Wohnort) übertragen und scheidet dadurch aus der Gesellschaft aus. An seine Stelle tritt C als Kommanditist im Wege der Sonderrechtsnachfolge[1503] mit der Kommanditeinlage (Haftsumme) des A von ... EUR in die Gesellschaft ein.

Die X-Beteiligungs GmbH sowie A und B versichern, dass die Gesellschaft dem A keine Abfindung aus dem Gesellschaftsvermögen gewährt oder versprochen hat.[1504]

....

X-Beteiligungs GmbH   A

....

B   C

(Beglaubigungsvermerk)[1505]

[1502] Die Handelsregisteranmeldung ist von sämtlichen Gesellschaftern, auch dem Veräußerer und dem Erwerber des Kommanditanteils, zu unterzeichnen (§§ 161 Abs. 2, 107 f., 143 Abs. 2, 162 HGB).
[1503] Zum Nachfolgevermerk siehe Rn. 570 und 582.
[1504] Zur Versicherung der Altgesellschafter siehe Rn. 570.
[1505] Die Anmeldung ist elektronisch in öffentlich beglaubigter Form einzureichen (§ 12 Abs. 1 HGB).

10 Formwechselnde Umwandlung einer GmbH in eine GmbH & Co. KG[1506]

Umwandlungsbeschluss[1507]

I.

Die X-GmbH und A sind die alleinigen Gesellschafter der im Handelsregister des Amtsgerichts … unter HRB … eingetragenen Heinrich Müller GmbH mit Sitz in … Das Stammkapital der Heinrich Müller GmbH beträgt 25.000,00 EUR. Die X-GmbH hält einen Geschäftsanteil von nominal 100,00 EUR, A hält einen Geschäftsanteil von nominal 24.900,00 EUR.

Die Rechtsform der Heinrich Müller GmbH soll nachfolgend in die Rechtsform einer KG umgewandelt werden.

Der Entwurf des Umwandlungsbeschlusses ist dem Betriebsrat der Heinrich Müller GmbH am … zugeleitet worden.[1508]

II.

Dies vorausgeschickt, beschließen die Gesellschafter unter Verzicht auf die Einhaltung von Form- und Fristvorschriften einstimmig wie folgt:
1. Die Heinrich Müller GmbH mit Sitz in … wird formwechselnd gemäß §§ 190 ff., 226 ff. UmwG in eine KG unter Fortführung der bisherigen Firma umgewandelt.[1509]
2. Die Firma der KG lautet „Heinrich Müller GmbH & Co. KG"; Sitz der Gesellschaft ist …
3. Die bisherigen Gesellschafter der Heinrich Müller GmbH, die X-GmbH und A, sind an der Heinrich Müller GmbH & Co. KG wie folgt beteiligt:

1506 Zur formwechselnden Umwandlung einer GmbH in eine GmbH & Co. KG gemäß den Regelungen des Umwandlungsgesetzes siehe Rn. 799 ff.
1507 Der Umwandlungsbeschluss bedarf der notariellen Beurkundung gemäß § 193 Abs. 3 UmwG.
1508 Der Entwurf des Umwandlungsbeschlusses ist dem Betriebsrat der Gesellschaft gemäß § 194 Abs. 2 UmwG mindestens einen Monat vor dem Tag der Beschlussfassung zuzuleiten; vgl. Rn. 803.
1509 Die KG darf die Firma der GmbH fortführen. Die Firma muss einen Hinweis auf die Rechtsform der KG (§ 19 Abs. 1 Nr. 3 HGB) und eine Bezeichnung enthalten, die darauf hinweist, dass keine natürliche Person haftet (§ 19 Abs. 2 HGB); vgl. Rn. 807.

- die X-GmbH mit Sitz in ..., eingetragen unter HRB ... im Handelsregister des Amtsgerichts ..., als persönlich haftende Gesellschafterin (Komplementärin) mit einer Kapitaleinlage in Höhe von 100,00 EUR;
- A (Geburtsdatum, Wohnort) als Kommanditist mit einer Kommanditeinlage (Haftsumme) in Höhe von 24.900,00 EUR.

Die Kapital- und Kommanditeinlagen werden durch Gutschrift des Eigenkapitals der Heinrich Müller GmbH auf den Kapitalkonten der Gesellschafter erbracht. Soweit das Eigenkapital der Heinrich Müller GmbH (Stammkapital zuzüglich Kapital- und Gewinnrücklagen, Jahresüberschuss und Gewinnvortrag abzüglich Jahresfehlbetrag und Verlustvortrag) die Summe der Kapitaleinlage der Komplementärin und der Kommanditeinlage des Kommanditisten übersteigt, wird der überschießende Teil den Rücklagekonten[1510] der Gesellschafter, der X-GmbH und A, entsprechend ihrer Beteiligung am Gesellschaftsvermögen gutgeschrieben.

4. Maßgebend für das Rechtsverhältnis der Gesellschafter untereinander ist der Gesellschaftsvertrag der Heinrich Müller GmbH & Co. KG, der diesem Beschluss als Anlage beigefügt ist.[1511]
5. Sonderrechte i. S. v. § 194 Abs. 1 Nr. 5 UmwG für einzelne Anteilsinhaber der Heinrich Müller GmbH oder Dritte bestehen bisher nicht und werden auch im Rahmen des Formwechsels nicht gewährt.
6. Im Innenverhältnis soll der Formwechsel zum ... als erfolgt gelten.
7. Der Formwechsel der Heinrich Müller GmbH in eine KG wirkt sich für die Arbeitnehmer und ihre Vertretungen wie folgt aus:
   - Die Rechte und Pflichten der Arbeitnehmer aus bestehenden Abstellungs- und Arbeitsverträgen bleiben mit Ausnahme der Änderung der Direktionsbefugnis unberührt. Die Direktionsbefugnis des Arbeitgebers wird nach dem Formwechsel von der Komplementärin, der X-GmbH, vertreten durch ihre Geschäftsführer, ausgeübt;
   - bestehende Betriebsvereinbarungen und Tarifverträge bleiben nach Maßgabe der jeweiligen Vereinbarungen bestehen;
   - der bisher gewählte Betriebsrat bleibt unverändert bestehen.
8. Auf die Erstellung eines Umwandlungsberichtes gemäß § 192 Abs. 1 UmwG wird gemäß § 192 Abs. 2 UmwG verzichtet.

1510 Eine Gutschrift auf den Rücklagekonten bedeutet, dass das Kapital insgesamt gesamthänderisch gebunden ist. Soweit dies nicht gewollt ist, kommt auch die Gutschrift auf Darlehenskonten/Privatkonten in Betracht; vgl. Muster 1 § 4.
1511 Vgl. § 234 Nr. 3 Satz 1 UmwG.

9. Auf die Abgabe eines Abfindungsangebotes gemäß § 207 UmwG wird verzichtet; dementsprechend entfällt auch das Recht, die Prüfung des Barabfindungsangebotes zu verlangen (§ 208 UmwG i. V. m. § 30 Abs. 2 Satz 3 UmwG).
10. Auf eine Klage gegen die Wirksamkeit des Umwandlungsbeschlusses wird verzichtet (§§ 198 Abs. 3, 16 Abs. 2 UmwG).
11. Die Heinrich Müller GmbH trägt die Kosten dieser Urkunde, ihres Vollzugs und die anfallenden Verkehrssteuern.[1512]

Ort, Datum

....
Unterschriften

1512 Zur Grunderwerbsteuer beim Formwechsel siehe Rn. 766.

11 Anmeldung des Formwechsels einer GmbH in eine GmbH & Co. KG

An das

Amtsgericht

– Handelsregister –

...

Heinrich Müller GmbH – HRB ...

Als einzelvertretungsberechtigter Geschäftsführer[1513] der Heinrich Müller GmbH überreiche ich:
1. eine Ausfertigung der notariellen Niederschrift (UR-Nr. ... des Notars ... in ...) über die Gesellschafterversammlung der Heinrich Müller GmbH, in der der Formwechsel der Heinrich Müller GmbH in eine KG unter Firmenfortführung beschlossen wurde und in der die Gesellschafter der Heinrich Müller GmbH einstimmig auf die Erstellung eines Umwandlungsberichtes i. S. d. § 192 UmwG verzichteten;
2. den Nachweis über die Zuleitung des Entwurfs des Umwandlungsbeschlusses an den Betriebsrat;[1514]
3. die beglaubigte Abschrift vom ... aus dem Handelsregister des Amtsgerichts ... – HRB ... – betreffend die Eintragung der X-GmbH.

Ich erkläre, dass
1. die Gesellschafter der Heinrich Müller GmbH einstimmig auf eine Klage gegen die Wirksamkeit des Umwandlungsbeschlusses verzichtet haben und eine Klage gegen die Wirksamkeit des Umwandlungsbeschlusses nicht erhoben worden ist;
2. die Umwandlung erfolgte gemäß §§ 190 ff. UmwG.

Ich melde diese Umwandlung der Heinrich Müller GmbH in eine KG unter der Firma Heinrich Müller GmbH & Co. KG mit Sitz in ... zur Eintragung in das Handelsregister an.

Gegenstand der Heinrich Müller GmbH & Co. KG ist ...

[1513] Die Anmeldung zum Handelsregister ist in § 198 UmwG geregelt; siehe Rn. 737. Sie ist gemäß § 235 Abs. 2 UmwG von den Geschäftsführern der GmbH in vertretungsberechtigter Zahl vorzunehmen.

[1514] Wenn die formwechselnde GmbH keinen Betriebsrat hat, ist dieser Umstand in der Handelsregisteranmeldung zu erklären.

Wagner

An der Heinrich Müller GmbH & Co KG sind beteiligt:
- X-GmbH mit Sitz in ..., eingetragen im Handelsregister des Amtsgerichts ... unter HRB ..., als persönlich haftende Gesellschafterin,
- A als Kommanditist mit einer Einlage in Höhe von 24 900,00 EUR.

Die Geschäftsräume der Heinrich Müller GmbH & Co. KG befinden sich in ... (Adresse).

Zeichnungsberechtigt für die persönlich haftende Gesellschafterin, die X-GmbH, ist deren alleiniger Geschäftsführer O, wohnhaft ...

Ort, Datum

....

(Geschäftsführer der Heinrich Müller GmbH)

(Beglaubigungsvermerk)[1515]

[1515] Die Anmeldung ist elektronisch in öffentlich beglaubigter Form einzureichen (§ 12 Abs. 1 HGB).

12 Schreiben gemäß § 194 Abs. 2 UmwG an den Betriebsrat bei Formwechsel

Geschäftsleitung der Heinrich Müller GmbH

An den Betriebsrat[1516] der Heinrich Müller GmbH

z. Hd. des/der Vorsitzenden des Betriebsrats

Formwechsel der Heinrich Müller GmbH in die Heinrich Müller GmbH & Co. KG

Sehr geehrte(r) Frau/Herr ...,

in der im nächsten Monat[1517] stattfindenden Gesellschafterversammlung der Heinrich Müller GmbH ist beabsichtigt, die formwechselnde Umwandlung der Heinrich Müller GmbH in eine KG in Firma Heinrich Müller GmbH & Co. KG zu beschließen. Der hierfür erforderliche, notariell zu beurkundende Umwandlungsbeschluss wird Ihnen hiermit im Entwurf gemäß § 194 Abs. 2 UmwG zur Kenntnisnahme überreicht.

Ich bitte Sie, den Erhalt dieses Schreibens samt Anlage zu bestätigen, indem Sie die anliegende Kopie dieses Schreibens gegenzeichnen und der Geschäftsleitung aushändigen. Ihre Bestätigung über den Erhalt des Entwurfs des Umwandlungsbeschlusses ist für die Anmeldung der Umwandlung beim Handelsregister gemäß § 199 UmwG erforderlich.

....

Heinrich Müller GmbH

Hiermit bestätige ich als Vorsitzende(r) des Betriebsrats der Heinrich Müller GmbH den Erhalt dieses Schreibens sowie des als Anlage genannten Entwurfs des Gesellschafterbeschlusses über die formwechselnde Umwandlung der Heinrich Müller GmbH in eine Kommanditgesellschaft.

Ort, Datum

....

Betriebsratvorsitzende(r) der Heinrich Müller GmbH

1516 Zur Informationspflicht gegenüber dem Betriebsrat siehe Rn. 803.

1517 Gemäß § 194 Abs. 2 UmwG ist der Entwurf des Umwandlungsbeschlusses spätestens einen Monat vor der notariellen Beurkundung des Umwandlungsbeschlusses dem zuständigen Betriebsrat der formwechselnden GmbH zuzuleiten.

Wagner

13 Vertrag über das Ausscheiden eines Kommanditisten

Vereinbarung

zwischen

X-Beteiligungs GmbH

(Adresse)

A

(Adresse)

und

B

(Adresse)

über das Ausscheiden des B aus der X-GmbH & Co. KG[1518]

Präambel

An der X-GmbH & Co. KG mit Sitz in ..., eingetragen unter HRA ... im Handelsregister des Amtsgerichts ..., sind die X-Beteiligungs GmbH als Komplementärin und A und B jeweils als Kommanditisten beteiligt. B beabsichtigt, aus der Gesellschaft auszuscheiden. Die Gesellschafter treffen daher folgende Vereinbarung:

§ 1

(1) B scheidet mit Wirkung zum 31.12. ... aus der Gesellschaft aus.

(2) Die Gesellschaft wird von den übrigen Gesellschaftern, der X-Beteiligungs GmbH und A, unter Beibehaltung ihrer Firma fortgeführt. Der Anteil des B am Gesellschaftsvermögen wächst den übrigen Gesellschaftern entsprechend ihrer Beteiligung am Gesellschaftsvermögen an.

[1518] Zum Ausscheiden eines Gesellschafters aus einer KG siehe Rn. 566.

§ 2

(1) Die Gesellschaft zahlt B als Abfindung[1519] für seinen Gesellschaftsanteil ... EUR. Die Gesellschafter verzichten einstimmig auf Erstellung eines Bewertungsgutachtens.

(2) Der Abfindungsbetrag ist fällig in zwei Raten:
- am 31.12. ... ... EUR
- am 30.6. ... ... EUR

(3) Der Anteil des B am Ergebnis des Geschäftsjahres, das zum 31.12. ... endet, wird seinem Darlehenskonto gutgebracht. Am Gewinn und Verlust der zum Zeitpunkt seines Ausscheidens schwebenden Geschäfte nimmt B nicht teil.[1520]

(4) Das Guthaben des B auf seinem Darlehenskonto zum 31.12. ... ist innerhalb von einem Monat nach Feststellung des Jahresabschlusses zum 31.12. ..., spätestens am ... fällig.

(5) Die Abfindung gemäß Abs. 1 und die Ansprüche des B gemäß Abs. 4 bleiben von möglichen Änderungen der Jahresabschlüsse der Gesellschaft für die Zeit bis zum Ausscheiden des B unberührt.

§ 3

Die Gesellschaft steht dafür ein, dass B für Schulden der Gesellschaft nicht in Anspruch genommen wird.[1521] B kann von der Gesellschaft die Befreiung von Verbindlichkeiten jedoch erst und nur insoweit verlangen, als er gerichtlich in Anspruch genommen wird. B hat keinen Anspruch gegenüber der Gesellschaft und ihren Gesellschaftern auf Sicherheitsleistung.

1519 Zur Abfindung eines ausscheidenden Gesellschafters siehe auch Rn. 635 ff. Durch die Zahlung einer Abfindung aus dem Gesellschaftsvermögen lebt die Haftung des B gemäß § 172 Abs. 4 Satz 1 HGB in Höhe seiner Haftsumme auch dann wieder auf, wenn er seine Kommanditeinlage bereits erbracht hat (siehe Rn. 577).

1520 Fehlt eine solche Regelung, hat der ausscheidende Gesellschafter gemäß § 740 Abs. 1 BGB i. V. m. §§ 105 Abs. 3, 161 Abs. 2 HGB Anspruch auf Teilnahme am Gewinn und Verlust, welcher sich aus den zur Zeit seines Ausscheidens schwebenden Geschäften ergibt (siehe Rn. 633).

1521 Gemäß § 738 Abs. 1 Satz 2 BGB i. V. m. §§ 105 Abs. 3, 161 Abs. 2 HGB hat der ausscheidende Kommanditist gegenüber der Gesellschaft einen Anspruch auf Schuldbefreiung. Für noch nicht fällige Verbindlichkeiten der Gesellschaft hat er einen Anspruch auf Sicherheitsleistung gemäß § 738 Abs. 1 Satz 3 BGB (siehe Rn. 566). Diese gesetzlichen Regelungen sind dispositiv und können gemäß den Belangen der Gesellschaft und des ausscheidenden Kommanditisten vertraglich abbedungen oder modifiziert werden.

§ 4

(1) Sollte eine Bestimmung dieses Vertrages nichtig, unwirksam oder undurchführbar sein, so berührt das nicht die Wirksamkeit der übrigen Bestimmungen. Anstelle der nichtigen, unwirksamen oder undurchführbaren Bestimmung tritt eine Regelung, die dem tatsächlich und wirtschaftlich von den Parteien Gewollten am nächsten kommt. Beruht die Unwirksamkeit oder Undurchführbarkeit einer Bestimmung auf einem darin festgelegten Maß der Leistung oder der Zeit (Frist oder Termin), gilt das der Bestimmung am nächsten kommende zulässige Maß als vereinbart. Gleiches gilt für etwaige Lücken des Vertrages.

(2) Die Kosten der Anmeldung zum Handelsregister trägt die Gesellschaft.

Ort, Datum

....
X-Beteiligungs GmbH   A

....
B

Muster	584

14 Anmeldung des Ausscheidens eines Kommanditisten

An das

Amtsgericht

– Handelsregister –

...

X-GmbH & Co. KG – HRA ...

Die unterzeichnenden Gesellschafter[1522] der X-GmbH & Co. KG melden hiermit zur Eintragung in das Handelsregister an:

Der Kommanditist B ist mit Wirkung zum ... aus der Gesellschaft ausgeschieden.

....

....

X-Beteiligungs GmbH   A

....

B

(Beglaubigungsvermerk)[1523]

[1522] Anmeldepflichtig sind alle Gesellschafter, auch der Ausgeschiedene (§§ 161 Abs. 2, 143 Abs. 1 und Abs. 2, 162 HGB).

[1523] Die Anmeldung ist elektronisch in öffentlich beglaubigter Form einzureichen (§ 12 Abs. 1 HGB).

Wagner

15 Umwandlung einer GmbH & Co. KG in eine GmbH durch Anwachsung

Vereinbarung

zwischen

X-Beteiligungs GmbH

(Adresse)

A

(Adresse)

und

B

(Adresse)

über das Ausscheiden des A und B aus der X-GmbH & Co. KG und den Übergang des Handelsgeschäfts der X-GmbH & Co. KG auf die X-Beteiligungs GmbH im Wege der Anwachsung[1524]

Präambel

An der X-GmbH & Co. KG mit Sitz in ..., eingetragen unter HRA ... im Handelsregister des Amtsgerichts ..., sind die X-Beteiligungs GmbH als Komplementärin und A und B jeweils als Kommanditisten beteiligt. A und B beabsichtigen, zum 31.12. ... aus der Gesellschaft auszuscheiden. Die X-Beteiligungs GmbH möchte das Handelsgeschäft der Gesellschaft fortführen. Die Gesellschafter treffen daher folgende Vereinbarung:

1524 Zur Umwandlung einer GmbH & Co. KG in eine GmbH durch Anwachsung des Gesellschaftsvermögens auf die Komplementär-GmbH siehe Rn. 809. Die Vereinbarung bedarf keiner Form, auch dann nicht, wenn zum Gesellschaftsvermögen der X-GmbH & Co. KG Grundstücke gehören.

Wagner

§ 1

(1) A und B scheiden mit Wirkung zum 31.12. ..., 24.00 Uhr,[1525] aus der Gesellschaft aus.

(2) Die X-Beteiligungs GmbH übernimmt mit Wirkung ab 1.1. ..., 0.00 Uhr, das bisher in KG geführte Unternehmen mit allen Aktiva und Passiva ohne Liquidation im Wege der Anwachsung.

(3) A und B leisten keine Gewähr für etwaige Sach- oder Rechtsmängel der zum Gesellschaftsvermögen gehörenden Gegenstände.[1526]

§ 2

(1) Die X-Beteiligungs GmbH zahlt jeweils als Abfindung[1527] an A ... EUR und an B ... EUR

(2) Die Abfindungsbeträge sind jeweils fällig in zwei Raten:
- am 31.12. ... ... EUR
- am 30.6. ... ... EUR

(3) Die Anteile von A und B am Ergebnis des Geschäftsjahres, das zum 31.12. ... endet, werden ihren Darlehenskonten gutgebracht. Am Gewinn und Verlust der zum Zeitpunkt ihres Ausscheidens schwebenden Geschäfe nehmen A und B nicht teil.[1528]

(4) Die Guthaben von A und B auf ihren Darlehenskonten zum 31.12. ... sind innerhalb von einem Monat nach Feststellung des Jahresabschlusses zum 31. Dezember ..., spätestens am ... fällig.

[1525] Der Zeitpunkt des Ausscheidens bestimmt, in welchem Veranlagungszeitraum ein Veräußerungsgewinn oder Veräußerungsverlust der Ausscheidenden steuerlich erfasst wird. Erfolgt das Ausscheiden zum Jahreswechsel oder zum Ende eines Geschäftsjahres, sollte durch die Angabe von Datum und gegebenenfalls Uhrzeit genau bestimmt werden, ob das Ausscheiden noch im alten oder erst im neuen Jahr erfolgt. Die Vereinbarung eines rückwirkenden Ausscheidens ist steuerlich grundsätzlich unbeachtlich.

[1526] Durch die Vereinbarung des Gewährleistungsausschlusses wird § 757 BGB abbedungen, der gemäß § 731 Satz 2 BGB i. V. m. §§ 105 Abs. 3, 161 Abs. 2 HGB anwendbar wäre.

[1527] Zur Abfindung eines ausscheidenden Gesellschafters siehe Rn. 632 ff. Durch die Zahlung der Abfindungen kann es zu einem Wiederaufleben der Haftung von A und B gemäß § 172 Abs. 4 Satz 1 HGB jeweils in Höhe ihrer Haftsumme kommen; siehe Rn. 577.

[1528] Fehlt eine solche Regelung, hat der ausscheidende Gesellschafter gemäß § 740 Abs. 1 BGB i. V. m. §§ 105 Abs. 3, 161 Abs. 2 HGB Anspruch auf Teilnahme am Gewinn und Verlust, welcher sich aus den zur Zeit seines Ausscheidens schwebenden Geschäften ergibt; siehe Rn. 633.

Wagner

(5) Die Abfindungen gemäß Abs. 1 und die Ansprüche von A und B gemäß Abs. 4 bleiben von möglichen Änderungen der Jahresabschlüsse der Gesellschaft für die Zeit bis zum Ausscheiden von A und B unberührt.

§ 3

Die X-Beteiligungs GmbH als Rechtsnachfolgerin der X-GmbH & Co. KG steht dafür ein, dass A und B für Schulden der X-GmbH & Co. KG nicht in Anspruch genommen werden.[1529] A und B können von der X-Beteiligungs GmbH die Befreiung von Verbindlichkeiten jedoch erst und nur insoweit verlangen, als sie gerichtlich in Anspruch genommen werden. A und B haben keinen Anspruch auf Sicherheitsleistung.

§ 4

(1) Sollte eine Bestimmung dieses Vertrages nichtig, unwirksam oder undurchführbar sein, so berührt das nicht die Wirksamkeit der übrigen Bestimmungen. Anstelle der nichtigen, unwirksamen oder undurchführbaren Bestimmung tritt eine Regelung, die dem tatsächlich und wirtschaftlich von den Parteien Gewollten am nächsten kommt. Beruht die Unwirksamkeit oder Undurchführbarkeit einer Bestimmung auf einem darin festgelegten Maß der Leistung oder der Zeit (Frist oder Termin), gilt das der Bestimmung am nächsten kommende zulässige Maß als vereinbart. Gleiches gilt für etwaige Lücken des Vertrages.

(2) Die Kosten dieses Vertrages und der Anmeldung zum Handelsregister trägt die X-Beteiligungs GmbH.

Ort, Datum

....

X-Beteiligungs GmbH   A

....

B

1529 Gemäß § 738 Abs. 1 Satz 2 BGB i. V. m. §§ 105 Abs. 3, 161 Abs. 2 HGB hat der ausscheidende Kommanditist gegenüber der Gesellschaft einen Anspruch auf Schuldbefreiung. Für noch nicht fällige Verbindlichkeiten der Gesellschaft hat er einen Anspruch auf Sicherheitsleistung gemäß § 738 Abs. 1 Satz 3 BGB (siehe Rn. 566). Diese gesetzlichen Regelungen sind dispositiv und können gemäß den Belangen der Gesellschaft und des ausscheidenden Kommanditisten vertraglich abbedungen oder modifiziert werden.

16 Handelsregisteranmeldung der Anwachsung

An das

Amtsgericht

– Handelsregister –

...

X-GmbH & Co. KG – HRA ...

Die unterzeichnenden Gesellschafter[1530] der X-GmbH & Co. KG melden hiermit zur Eintragung in das Handelsregister an:

Aufgrund der Vereinbarung der Gesellschafter vom ... sind A und B am 31.12. ... aus der Gesellschaft ausgeschieden. Die Gesellschaft ist damit aufgelöst. Die X-Beteiligungs GmbH hat das Handelsgeschäft der

X-GmbH & Co. KG mit allen Aktiva und Passiva ohne Liquidation im Wege der Anwachsung übernommen.

....

X-Beteiligungs GmbH   A

....

B   C

(Beglaubigungsvermerk)[1531]

[1530] Anmeldepflichtig sind sämtliche Gesellschafter, auch Ausgeschiedene (§§ 161 Abs. 2, 143 Abs. 1 und Abs. 2, 162 HGB).

[1531] Die Anmeldung ist elektronisch in öffentlich beglaubigter Form einzureichen (§ 12 Abs. 1 HGB).

17 Vertrag über Beitritt eines Kommanditisten

Vertrag

zwischen

X-Beteiligungs GmbH

(Adresse)

A

(Adresse)

und

B

(Adresse)

über den Eintritt des B in die X-GmbH & Co. KG[1532]

Präambel

An der X-GmbH & Co. KG mit Sitz in ..., eingetragen im Handelsregister des Amtsgerichts ... unter HRA ..., sind die X-Beteiligungs GmbH als Komplementärin und A als Kommanditist beteiligt. Die X-Beteiligungs GmbH ist am Vermögen der X-GmbH & Co. KG nicht beteiligt. A ist somit am Vermögen der X-GmbH & Co. KG zu 100 % beteiligt. Seine eingezahlte und im Handelsregister eingetragene Kommanditeinlage beträgt 100.000,00 EUR. Der Saldo seines Rücklagekontos und Verlustvortragskontos beträgt zum 31.12. ... 50.000,00 EUR.[1533] Die stillen Reserven der

---

[1532] Zum Beitritt eines Kommanditisten siehe Rn. 563, 567. Der Vertrag ist formfrei. Formbedürftigkeit des Vertrages kann sich gemäß § 311b Abs. 1 BGB ergeben, wenn sich der eintretende Neu-Gesellschafter zur Einbringung eines Grundstücks verpflichtet. Der Eintritt eines weiteren Kommanditisten in eine bestehende KG gegen Bareinlage oder Einlage anderer Wirtschaftsgüter entspricht steuerlich der Einbringung der Mitunternehmeranteile der Alt-Gesellschafter in eine neue, durch den neu hinzutretenden Kommanditisten vergrößerte Personengesellschaft. § 24 UmwStG findet Anwendung.

[1533] Der Gesellschaftsvertrag der X-GmbH & Co. KG sieht besondere Gesellschafterkonten vor; vgl. Muster 1 § 4. Die auf dem Kapitalkonto gebuchte Kommanditeinlage, der Stand des Rücklagekontos und des Verlustvortragskontos des A ergeben das buchmäßige Eigenkapital der X-GmbH & Co. KG, an dem A vor dem Beitritt des B zu 100 % beteiligt ist.

Wagner

X-GmbH & Co. KG belaufen sich auf 100.000,00 EUR. Die X-Beteiligungs GmbH und A haben mit Gesellschafterbeschluss vom ... beschlossen, B als weiteren Kommanditisten aufzunehmen. A und B sollen nach dem Beitritt des B jeweils in Höhe von 50 % am Vermögen der X-GmbH & Co. KG beteiligt sein. Zu diesem Zweck treffen die X-Beteiligungs GmbH, A und B folgende Vereinbarung:

§ 1

(1) B tritt in die X-GmbH & Co. KG als Kommanditist ein und erbringt eine Bareinlage in das Vermögen der Gesellschaft in Höhe von insgesamt 250.000,00 EUR.

(2) Von seiner Einlage gemäß Abs. 1 leistet B den Betrag von 100.000,00 EUR als Kommanditeinlage, die seinem Kapitalkonto gutgeschrieben wird und als seine Haftsumme in das Handelsregister eingetragen wird. I. H. v. 50.000,00 EUR wird die Einlage des B seinem Rücklagekonto gutgeschrieben. I. H. v. 100.000,00 EUR leistet B ein Aufgeld[1534] zur Abgeltung der im Gesellschaftsvermögen vorhandenen stillen Reserven, an denen B zukünftig zu 50 % beteiligt ist. Das Aufgeld wird den Rücklagekonten von A und B im Verhältnis ihrer Beteiligung am Gesellschaftsvermögen gutgeschrieben.

(3) Die Einlage gemäß Abs. 1 ist fällig am ... Sie ist zu zahlen auf das Konto der Gesellschaft bei der ... Bank, BLZ ..., Konto-Nr. ...

§ 2

B tritt der Gesellschaft mit Wirkung zum Zeitpunkt seiner Eintragung im Handelsregister bei.[1535] Im Innenverhältnis gilt sein Eintritt am ... als

---

[1534] Durch die Zahlung des Aufgelds zur Abgeltung der stillen Reserven entsteht für den Alt-Gesellschafter A ein Veräußerungsgewinn in Höhe von 50.000,00 EUR.
[1535] Zum Schutz des eintretenden Kommanditisten B vor einer Haftung gemäß § 176 Abs. 2 HGB wird sein Eintritt erst wirksam mit seiner Eintragung in das Handelsregister; siehe Rn. 565.

Wagner

erfolgt. Von diesem Zeitpunkt an ist B am Gewinn und Verlust der Gesellschaft beteiligt.[1536]

§ 3
Für das Verhältnis der Parteien untereinander gilt der Gesellschaftsvertrag vom …, der als Anlage diesem Vertrag beigefügt ist und dem B hiermit ausdrücklich zustimmt.

§ 4
Nach dem Eintritt des B sind A und B an dem Gesellschaftsvermögen der X-GmbH & Co. KG entsprechend dem Verhältnis ihrer Kommanditeinlagen je zur Hälfte beteiligt.

§ 5
(1) Sollte eine Bestimmung dieses Vertrages nichtig, unwirksam oder undurchführbar sein, so berührt das nicht die Wirksamkeit der übrigen Bestimmungen. Anstelle der nichtigen, unwirksamen oder undurchführbaren Bestimmungen tritt eine Regelung, die dem tatsächlich und wirtschaftlich von den Vertragsparteien Gewollten am nächsten kommt. Beruht die Unwirksamkeit oder Undurchführbarkeit einer Bestimmung auf einem darin festgelegten Maß der Leistung oder der Zeit (Frist oder Termin), gilt das der Bestimmung am nächsten kommende zulässige Maß als vereinbart. Gleiches gilt für etwaige Lücken des Vertrages.

(2) Die Kosten für die Anmeldung im Handelsregister trägt die Gesellschaft.

[1536] Eine rückwirkende Beteiligung des B am Ergebnis der X-GmbH & Co. KG ist mit steuerlicher Wirkung grundsätzlich nicht möglich. Unter steuerrechtlichen Gesichtspunkten hat eine zeitliche Rückbeziehung nur dann Wirkung, wenn sie nur einen sehr kurzen Zeitraum umfasst und nur technische Bedeutung hat; vgl. Schmidt, EStG § 15 Rn. 452. Tritt der Neu-Gesellschafter während des laufenden Geschäftsjahres in die KG ein, bedarf es keiner Aufstellung einer Zwischenbilanz. Das Jahresergebnis wird dem Neu-Gesellschafter zeitanteilig zugerechnet.

Wagner

Muster

Ort, Datum

....

X-Beteiligungs GmbH   A

....

B

18 Handelsregisteranmeldung nach Beitritt eines Kommanditisten

An das

Amtsgericht

– Handelsregister –

...

X-GmbH & Co. KG – HRA ...

Die unterzeichnenden Gesellschafter[1537] der X-GmbH & Co. KG melden hiermit zur Eintragung in das Handelsregister an:

B, ... (Geburtsdatum, Wohnort), tritt mit Wirkung zum Zeitpunkt seiner Eintragung in das Handelsregister mit einer Kommanditeinlage (Haftsumme) i. H. v. 100.000,00 EUR als Kommanditist in die Gesellschaft ein.

Ort, Datum

....

X-Beteiligungs GmbH   A

....

B

     (Beglaubigungsvermerk)[1538]

[1537] Alle Gesellschafter – einschließlich des Neugesellschafters B – haben an der Anmeldung des B als Neu-Kommanditisten mitzuwirken (§§ 161 Abs. 2 Sätze 107 f., 162 HGB). In der Anmeldung sind der Name, Vorname, Geburtsdatum und Wohnort des Neu-Kommanditisten und der Betrag der Einlage zu nennen. Eine Bekanntmachung des Neueintritts in den Gesellschaftsblättern erfolgt nicht (§ 162 Abs. 2 HGB).

[1538] Die Anmeldung ist elektronisch in öffentlich beglaubigter Form einzureichen (§ 12 Abs. 1 HGB).

Wagner

Literaturverzeichnis

Arndt/Voß, Verkaufprospektgesetz, Kommentar, München 2008

Bälz, Zur Abfindung eines Kommanditisten aus privaten Mitteln eines Mitgesellschafters, in BB 1977, S. 1481 ff.

Balser/Bokelmann/Pioreck, die GmbH. Ein Handbuch für die wirtschaftliche, notarielle und gerichtliche Praxis. Mit Erläuterungen, Beispielen und Formularen, 12. Aufl., Freiburg 2000.

Balz, Rechtstatsachen zur Ausschließung und zum Austritt von Gesellschaftern der GmbH, in GmbHR 1983, S. 185 ff.

Barth, Die Entlastung für mittelständische Unternehmen ist bei der Publizitätspflicht vorläufig in Verzug, in BB 1988, S. 1571 ff.

Baumbach/Hopt, Handelsgesetzbuch – Beck'scher Kurzkommentar, 32. Aufl., München 2006.

Baumbach/Hopt, Handelsgesetzbuch, 33. Aufl., München 2008.

Baumbach/Hueck, GmbH-Gesetz, 18. Aufl., München 2006.

Berger/Prauschke-Schaefer, Gewerbliche Prägung bei einer GmbH & co. GbR – Nochmals: Verlustzuweisung durch gewerbliche geprägte GbR?, in NBW Nr. 51 vom 15.12.2003, S. 4030 f.

Bergmann, Die BGB-Gesellschaft als persönlich haftender Gesellschafter in oHG und KG, in ZIP 2003, S. 2231 ff.

Bertram/Brinkmann/Kessler/Müller, Haufe HGB Bilanzkommentar, 2010.

Binz, Unternehmensteuerreform 2008: „Rechtsformspezifische Steuerwirkung im Überblick", in DStR2007, S. 1692 ff.

ders., Wiederaufleben der Kommanditistenhaftung gem. § 172 Abs. 4 HGB, in DStR 1991, S. 1253 ff.

Binz/Freudenberg/Sorg, Informationsrechte in der GmbH & Co., in BB 1991, S. 785 ff.

dies., Wiederaufleben der Kommanditistenhaftung gemäß § 172 Abs. 4 HGB, in DStR 1991, S. 1253 ff.

Binz/Mayer, Die ausländische Kapitalgesellschaft & Co. KG im Aufwind?, in GmbHR 2003, S. 249 ff.

dies., Bilanzierungsentscheidungen und Jahresabschlussfeststellung bei Personenhandelsgesellschaften, in DB 2007, S. 1739 ff.

Binz/Sorg, Die GmbH & Co.KG, 10. Aufl., München 2005.

Binz/Sorg, Hat die GmbH & Co. KG bei den Familienunternehmen immer noch die Nase vor?, in GmbHR 2011, S. 281 ff.

Bitz, Auslagerung von Investitionen und dazu gehörender Fremdfinanzierung in eine GmbH & Co. KG zur Vermeidung von § 8a KStG im Mittelstand, in GmbHR 2004, S. 789.

Blenske, Die Haftung der Gesellschafter einer Gesellschaft bürgerlichen Rechts mbH, in NJW 2000, S. 3170 ff.

Bogenschütz/Hierl, Steueroptimierter Unternehmensverkauf: Veräußerung von Einzelunternehmen und Personengesellschaften (Teil I), in DStR 2003, S. 1097 ff.

Bokelmann, Rechtsprechung zum Firmenrecht der GmbH & Co. KG seit 1987, in GmbHR 1994, S. 356 ff.

Bordewin, Gesetz zur Änderung des Einkommensteuergesetzes, des Körperschaftsteuergesetzes und anderer Gesetze, in BB 1980, S. 1033 ff.

Boruttau/Egly/Sigloch, Grunderwerbsteuergesetz, 12. Aufl., München 2002.

Brandeberg, Anteile des Kommanditisten an einer Komplementär-GmbH als funktional wesentliche Betriebsgrundlage, in DB 2003, S. 2563 ff.

Brandes, Die Rechtsprechung des Bundesgerichtshofs zur Personengesellschaft – Fortsetzung zu WM 1989, 1357, und WM 1990, 1221, in WM 1994, S. 569 ff.

Brandmüller, Der Geschäftsführer im Gesellschaftsrecht, Steuerrecht und Sozialversicherungsrecht, 15. Aufl., Bonn 2003.

Braun, Kommentar zur Insolvenzordnung, 3. Aufl., München 2007.

Büchel, Kapitalaufbringung, insbesondere Regelung der verdeckten Sacheinlage nach dem Regierungsentwurf des MoMiG, in GmbHR 2007, S. 1065 ff.

Literatur

Bülow, Stimmrechtsausübung bei der Komplementär-GmbH im Alleinbesitz ihrer Kommanditgesellschaft, in GmbHR 1982, S. 121 ff.

Bundessteuerberaterkammer, Hinweise zum Ausweis des Eigenkapitals bei Personengesellschaften im Handelsrecht, DStR 2006, S. 669 ff.

Centrale für GmbH Dr. Otto Schmidt, Postfach 511 026, 50946 Köln, veröffentlicht regelmäßig in der GmbHR gutachterliche Stellungnahmen zu steuerrechtlichen Problemen und Fragen einer GmbH und GmbH & Co. KG.

Christoffel/Dankmeyer, Das Steuerbereinigungsgesetz 1986: Die gesetzliche Verankerung der sog. Geprägegrundsätze, in DB 1986, S. 347 ff.

Clemens, in Becksches IFRS-Handbuch, 2009, Rn. 96 zu § 12 Eigenkapital.

Crezelius, Die werdende GmbH – Gesellschaftsrechtliche Grundlagen, bilanz- und steuerrechtliche Konsequenzen, in DStR 1987, S. 743 ff.

Dorozala/Söffing, Zur Vermeidung handelsrechtlicher Offenlegungspflichten durch alternative Rechtsformen, in DStR 2000, S. 1557 ff.

Ebenroth/Boujong/Joost/Strohn, Handelsgesetzbuch, 2. Aufl., München, Band 1 (§ 1-342e) 2008.

Ebenroth/Müller, Die Abfindungsklausel im Recht der Personengesellschaft und der GmbH – Grenzen privatauonomer Gestaltung, in BB 1993, S. 1153 ff.

Ege/Klett, Aktuelle gesellschaftsrechtliche und steuerliche Aspekte von Anwachsungsmodellen, in DStR 2010, S. 2463 ff.

Eggert, „Umwandlung" der GmbH & Co. GbR mbH in eine KG, in DStR 2000, S. 230 ff.

Engel, Abfindungsklauseln – eine systematische Übersicht, in NJW 1986, S. 345 ff.

Erbschaftsteuerreformgesetz, Die Reform des Erbschaftsteuer- und Bewertungsrechts – Überblick und Gesetzestexte, in DStR-Beihefter zu Heft 51/52 für 2008, S. 93 bis 128.

Esch, Gesellschaftsvertragliche Buchwertabfindung im Falle der Ausschließungskündigung, in NJW 1979, S. 1390 ff.

ders., Die GmbH & Co. KG als Einheitsgesellschaft, in BB 1991, S. 1129 ff.

Felix, Die Einmann-Betriebsaufspaltung sowie die Beteiligung an der Besitz-GmbH & Co. KG und der Betriebs-GmbH in der Erbauseinandersetzung, in GmbHR 1990, S. 561 ff.

Figge, Die Sozialversicherungspflicht der Gesellschafter – Geschäftsführer einer GmbH, in GmbHR 1986, S. 185 ff.

Fitting/Engels/Kaiser/Heither, Betriebsverfassungsgesetz, Handkommentar, 24. Aufl., München 2008.

Fleck, Die Drittanstellung des GmbH-Geschäftsführer, in ZHR 149 (1985), S. 387 ff.

Flick, Beim Vergleich der Rechtsformen auch die Erbschaftsteuer beachten!, in DB 1997, S. 844 ff.

Flohe, Sonderbetriebsausgaben – Abzug bei der GmbH & Co. KG, in GmbHR 1994, S. 530 ff.

Flore/Lewinski, Die Stellung des GmbH-Geschäftsführers in der Sozialversicherung, in GmbH-StB 2002, S. 142 ff.

Förster/Felchner, Umwandlung von Kapitalgesellschaften in Personenunternehmen nach dem Referentenentwurf zum SEStEG, in DB 2006, S. 1072

Friedl, Haftungsauswirkungen des Kommanditistenwechsels unter Lebenden, in DStR 2008, S. 510 ff.

Fromm, Umsatzsteuerpflicht des Geschäftsführers – Anmerkungen und Beratungshinweise zu dem BMF-Schreiben vom 31.5.2007 in GmbHR 2007, S. 865 ff.

Früh, Eigenkapitalersetzende Gesellschafterkredite, in GmbHR 1999, S. 842 ff.

Fuhrmann/Strahl, Änderungen im Unternehmensteuerrecht durch das JStG 2008, in DStR 2008, S. 125

Gadek/Mörwald, Ertragsteuerliche Abzugsfähigkeit von GrESt in Fällen von § 1 Abs. 2a und 3 GrEStG, in DB 2012, S. 2010 ff.

Gassmann, Wege aus der GbR in die GmbH & Co. KG in handels- und steuerbilanzieller Sicht, in DB 2004, S. 2066.

Gaul, Die Wettbewerbsbeschränkung des Geschäftsführers der GmbH innerhalb und im Anschluss an den stillschweigenden verlängerten Vertrag, in GmbHR 1991, S. 144 ff.

Geck, Neue Erschwernisse bei vorweggenommener Erbfolge über Personengesellschaftsanteile, in DStR 2000, S. 2031 ff.

Gehrlein/Wirtt, GmbH-Recht in der Praxis, 2. Aufl., Frankfurt am Main, 2008.

Geitzhaus, Die Generalbevollmächtigung – empfehlenswertes Instrument der Unternehmensführung?, in GmbHR 1989, S. 229 ff. und S. 278 ff.

Gerbig/Rautenberg, Gestaltungsfreiräume des § 15a EStG, in DB 1980, S. 1959 ff.

Giedinghagen/Fahl, Alles (noch) bestimmt genug?, in DStR 2007, S. 1965 ff.

GmbH-Handbuch, Hrsg. Centrale für GmbH Dr. Otto Schmidt, 13. Aufl., Köln, Stand 2003.

Gragert/Wißborn, Die Thesaurierungsbegünstigung nach § 34a EStG, NWB Fach 3 S. 14621 ff.

Groh, Nach der Wiedereinführung der Geprägetheorie, in DB 1987, S. 1006 ff.

Gronau/Kanold, „Die GmbH & Co. GbR mbH" – Ende einer Rechtsform?, in DStR 1999, S. 1965 ff.

Großkommentar zum HGB, begründet von Staub, hrsg. Von Canaris/Schilling/Ulmer, 4., neubearbeitete Aufl., Erster Band: § 1 – 104, Berlin, New York 1995; §§ 105 – 113, Bearbeiter: Ulmer, 12. Lieferung, Berlin, New York 1988; §§ 114 – 122, Bearbeiter: Ulmer, 19. Lieferung, Berlin,

New York 1999; § 123 – 130b, Bearbeiter: Schilling, 9. Lieferung, Berlin, New York 1987.

Grüter, Die "extreme" GmbH & Co. KG in Wahlordnungen zum Mitbestimmungsgesetz, in BB 1978, S. 1145 ff.

„HG", Anmerkungen zum BFH-Urteil vom 14.10.2003, VIII R 32/01, in DStR 2004, S. 28 ff.

Haack, Der Beirat der GmbH & Co. KG, in BB 1993, S. 1607 ff.

Haas/Müller, Anmerkung zum Urteil des OLG Düsseldorf vom 27.4.2001, 17 U 180/00, in DStR 2002, S. 644 ff.

Habersack, Gesellschafterdarlehen nach dem MoMiG: Anwendungsbereich, Tatbestand und Rechtsfolgen der Neuregelung, in ZIP 2007, S. 2145 ff.

Hachenburg, Gesetz betreffend die Gesellschaften mit beschränkter Haftung (GmbHG). Großkommentar; Erster Band: Allg. Einleitung (§§ 1 – 34), 8. Aufl., Berlin, New York 1992, Zweiter Band: §§ 35 – 52, 8. Aufl., Berlin, New York 1997; Dritter Band: §§ 53 – 85, 8. Aufl., Berlin, New York 1997.

Harbarth, Gugläubiger Erwerb von GmbH-Geschäftsanteilen nach dem MoMiG-RegE, in ZIP 2008, S. 57 ff.

Haritz/Benkert, Umwandlungssteuergesetz, Beck'sche Steuerkommentare, 2. Aufl. 2000 (mit Nachtrag 2001).

Haritz/Wiesniewski, per Umwandlung an Erbschaftsteuer, Anmerkungen und Beratungshinweise zum Erlass des FinMin Baden-Württemberg vom 7.12.2000, in GmbHR 2001, S. 234 ff.

Harle/Kulemann, Besteuerung des Kapital- und Personengesellschaften nach der Unternehmenssteuerreform 2008 – ein Belastungsvergelich; in GmbHR 2007, S. 1138 ff.

Haupt, Neue Probleme mit der Investitionszulage bei (Teil)Betriebsübertragungen und Umwandlungen, in DStR 2008, S. 1993.

Heidner, Probleme der liquidierten Gesellschaft im Verfahren, in DStR 1992, S. 201 ff.

Helm/Wager, Fremdgeschäftsführung und –vertretung bei Personenhandelsgesellschaften, in DB 1979, S. 225 ff.

dies., Abschied vom Bestimmheitsgrundsatz, in BB 1983, S. 713 ff.

Herrmann, Zur Rechnungslegung der GmbH & Co. KG im Rahmen des KapCoRiLiG, in WPg 2001, S. 271 ff.

Hermann/Heuer/Raupach, Einkommensteuer- und Körperschaftsteuergesetze, Loseblattkommentar, 21. Aufl., Köln.

Hess/Kranemann/Pink, InsO ,99 – Das neue Insolvenzrecht, 1. Aufl., Köln 1998.

Hess/Schlochauer/Worzalla/Glock, Kommentar zum Betriebsverfassungsgesetz, 6. Aufl., Neuwied, Darmstadt 2003.

Hesselmann, Anmerkung zu OLG Hamburg, Beschluss vom 15.12.1960, in GmbHR 1991, S. 129 ff.

ders., Die Komplementär-GmbH einer GmbH & Co. Nach dem Bilanzrichtlinien-Gesetz, in BB 1987, S. 1770 ff.

Hesselmann/Tillmann/Mueller-Thuns, Handbuch der GmbH & Co. KG, in DB 1980, S. 2225 ff.

Hoffmann, Der Jahresabschluss der Komplementär-GmbH nach neuem Recht, in BB1986, S. 288 ff.

Hoffmann, Eigenkaptialausweis und Ergebnisverteilung bei Personenhandelsgesellschaften nach Maßgabe des KapCoRiLiG, in DStR 2000, S. 837 ff.

ders., Unentgeltliche Übertragung eines (Teil.)Betriebs oder Mitunternehmeranteils gemäß § 6 Abs. 3 EStG i. d F. des UntStFG, in GmbHR 2002, S. 236 ff.

Holzer, Die Änderung des Überschuldungsbegriff durch das Finanzmarktstabilisierungsgesetz, in ZIP 2008, S. 2108 ff.

Hopt, Zur Abberufung eines GmbH-Geschäftsführers bei der GmbH & Co., insbesondere der Publikumskommanditgesellschaft, in ZGR 1979, S. 1 ff.

Huber, Vermögensanteil, Kapitalanteil und Gesellschaftsanteil an Personengesellschaften des Handelsrechts, Heidelberg 1970.

Hüffer, Organpflichten in der Publikums-KG, in ZGR 1981, S. 348 ff.

Irmer, Geschäftsführungs- und Vertretungsleistungen von Gesellschaftern im Umsatzsteuerrecht in StB 2007, S. 371 ff.

Jacob, Konzeption der Existenzvernichtungshaftung vor dem Hintergrund des MoMiG-Entwurfs, in GmbHR, S. 796 ff.

Jahrbuch der Fachanwälte für Steuerrecht 1987/88, Stiftung & Co. – Modell der Zukunft?, S. 163 ff.

Jansen, Die Sanktionen der Publizitätsverweigerung nach dem Kapitalgesellschaften- und Co-Richtlinien-Gesetz, in DStR 2000, S. 596 ff.

Joecks, Gesellschafterwechsel als Grunderwerbsteuertatbestand, in BB1997, S. 1921 ff.

Joost, Kurzkommentar zu BGH, ZIP 1990 S. 451; in EWiR 1990, S. 481 f.

Kainz, Das Nachhaftungsbegrenzungsgesetz (NachhBG), in DStR 1994, S. 620 ff.

Knobbe-Keuk, Bilanz- und Unternehmenssteuerrecht, 9. Aufl., Köln 1993.

ders., Obligatorische Nutzungsrechte als Sacheinlage in Kapitalgesellschaften, in ZGR 1980, S. 214 ff.

Korn, Die Umwandlung einer GmbH in eine GmbH & Co. KG durch Formwechsel: ein Fallbeispiel, in KÖSDI 6/1995, S. 10279 ff.

Kornblum, Weitere Rechtstatsachen zum Unternehmens- und Gesellschaftsrecht (II), in GmbHR 1983, S. 61 ff.

Kornblum/Kleinle/Baumann/Steffan, Neue Rechtstatsachen zum Unternehmens- und Gesellschaftsrecht (I), in GmbHR 1985, S. 7 ff.

Krohn/Greulich, Ausgewählte Einzelprobleme des neuen Umwandlungssteuerrechts aus der Praxis, in DStR 20058, S. 646.

Kroschewski, Grunderwerbsteuer bei der GmbH & Co. KG, in GmbHR 2003, S. 757 ff.

Küting/Dürr, Genüsse in der Rechnungslegung nach HGB und IFRS sowie Komplikationen im Kontext von Basel II, in DStR 2005, S. 938.

Literatur

Kuhsel, Ertragsteuerliche Gefährdung des Kommanditisten in der Krise der GmbH & Co.KG, in DB 1996, S. 180 ff. und DB 1997, S. 650 ff.

Kussmaul, Vergleich der Außenfinanzierung durch Gesellschafter bei GmbH und GmbH & Co. KG, in DmbHR 1991, S. 271 ff. (Teil 1) und S. 324 ff. (Teil 2).

Kusterer/Kirnberger/Fleischmann, Der Jahresabschluss der GmbH & Co. KG nach dem Kapitalgesellschaften- und Co-Richtlinie-Gesetz, in DStR 2000, S. 606 ff.

Lange/Kuchinke, Erbrecht, Lehrbuch, 5. Aufl., München 2001.

Lauermann/Protzen, Anwachsung ertragsteuerlicher Neutralität bei entschädigungslosem Ausscheiden des nicht am Vermögen der Personengesellschaft beteiligten Komplementärs, in DStR 2001, S. 647 ff.

Levedag, Nachfolge in Personengesellschaften von Todes wegen am Beispiel der GmbH & Co. KG, in GmbHR 2010, S. 629 ff. (632, 634).

ders. Vorweggenommene Erbfolge in Personengesellschaften am Beispiel der GmbH & Co. KG, in GmbHR 2010, S. 855 ff.

Lieb, Haftungsklarheit für den Mittelstand?, in GmbHR 1994, S. 657 ff.

Lipps, Zur Strafbarkeit des sog. „Berliner Modells", in BB 1979, S. 1235 ff.

Löffler, Zur Reichweite des gesetzlichen Wettbewerbsverbots in der Kommanditgesellschaft, in NJW 1986, S. 223 ff.

Lüderbach/Hoffmann, Kommentar zum GmbHG, 16. Aufl., Köln 2004.

Lüttge, Das neue Umwandlungs- und Umwandlungssteuerrecht, in NJW 1995, S. 417 ff.

Medicus, Die Außenhaftung der GmbH-Geschäftsführer, in GmbHR 1993, S. 553 ff.

Meilicke, Obligatorische Nutzungsrechte als Sacheinlage, in BB 1991, S. 579 ff.

ders., Das Eigenkapitalersatzrecht – eine deutsche Fehlentwicklung, in GmbHR 2007, S. 225 ff.

Meining/Kruschke, Die Besteuerung der ausländischen Kapitalgesellschaft & Co. KG bei ausschließlich grundstücksverwaltender Tätigkeit im Inland, in GmbHR 2008, S. 91.

Meyer-Landrut, Die Auslegung einfacher Kündigungsklauseln in GmbH-Satzungen, in Festschrift Stimpel, 1985, S. 431 ff.

Meyer, André, Die unbeschränkte Kommanditistenhaftung gemäß § 176 Abs. 1 HGB, in BB 2008, S. 628 ff.

Meynert, Die Sozialversicherungsplicht „mittlerer Geschäftsführer", in GmbHR 1970, S. 239 ff.

Mittelmann, Künstlersozialabgabe – Entwicklungen seit Einbeziehung in die sozialversicherungsrechtliche Betriebsprüfung, in DStR 2011, S. 819.

Moxter, Grundsätze ordnungsmäßiger Unternehmensbewertung. 2. Aufl., Wiesbaden 1983.

Müller-Welser, Zur Bilanzierung der Verlustbeteiligung einer Komplementär-GmbH, in DB 1978, S. 958 ff.

Münchener Anwaltshandbuch Personengesellschaftsrecht, hrsg. von Gummert, München 2005.

Münchener Handbuch des Gesellschaftsrechts, Band 2: Kommanditgesellschaft, Stille Gesellschaft, 2. Aufl., München 2003.

Münchener Kommentar zum Bürgerlichen Gesetzbuch, hrsg. von Rebmann, Säcker, Band 5: Schuldrecht, Besonderer Teil 3; Band 9: Erbrecht, 4. Aufl. München 2004.

Münchener Kommentar zum Handelsgesetzbuch, hrsg. von K. Schmidt, 2. Aufl., München, Band 1 (§§ 1 – 104) 2005, Band 2 (§§ 105 – 160) 2006, Band 3 (§§ 161 – 237, Konzernrecht der Personengesellschaften) 2007.

Orth, Umwandlung durch Anwachsung (Teil 1), in DStR 1999, S. 1011 ff.

Ortmann-Basel/Zipfel, Unternehmensteuerreform 2008 Teil I (insbesondere Kapitalgesellschaften) in DB 2007, S. 1869 ff. und Teil II (insbesondere Personengesellschaften) in DB 2007, S. 2205 ff. und Rödder, Unternehmensteuerreformgesetz 2008, Beihefter in DStR 40/2007 vom 4.10.2007.

Ostermayer/Erhart, Die Umwandlung in die GmbH (& Co. KG), 2. Aufl., bonn 2008.

Ott, Umwandlung einer GmbH in eine GmbH & Co.KG durch Formwechsel, Inf. 1996, S. 333 ff.

Palandt, Kommentar zum Bürgerlichen Gesetzbuch, 67. Aufl., München 2008.

Pawelzik/Theile, Konzernrechnungslegungspflicht und Ausweis der Anteile anderer Gesellschafter im Konzernabschluss der GmbH & Co. KG, in DStR 2000, S. 2145 ff.

Perwein, GmbH und GmbH & Co. KG als Schutzschild vor der Künstlersozialabgabe, in GmbHR 2008, S. 250.

Petersen/Zwirner, Bilanzrechtsmodernisierungsgesetz – Gesetze, Materialien, Erläuterungen, 2009.

ders., IAS 32 (rev. 2008) – Endlich mehr Eigenkapital nach IFRS?, in DStR 2008, S. 1060.

Philippi, Die Behandlung von Abfindungsforderungen ausgeschiedener Gesellschafter einer GmbH oder GmbH & Co. KG im Insolvenzverfahren, in BB 2002, S. 841 ff.

Poertzgen, Die rechtsformneutrale Insolvenzantragspflicht (§ 15a InsO), in ZInsO 2007, S. 574 ff.

Priester, Ausschüttungen bei Abschreibungsgesellschaften und Wiederaufleben der Kommanditistenhaftung, in BB 1976, S. 1004 ff.

ders., Mitgliederwechsel im Umwandlungszeitpunkt, in DB 1997, S. 560 ff.

Raiser, Mitbestimmungsgesetz, Kommentar, 4. Aufl., Berlin 2002.

Rasner, Abfindungsklauseln in OHG- und KG-Verträgen, in NJW 1983, S. 2905 ff.

Rechenberg, Erbfolge und Erbteilung in der GmbH & Co. KG, in GmbHR 2005, S. 386 ff.

Reichhold, Das neue Nachhaftungsbegrenzungsgesetz, in NJW 1994, S. 1617 ff.

Reiserer, Der GmbH-Geschäftsführer in der GmbH & Co. KG, in BB 1996, S. 2461 ff.

Richardi, Betriebsverfassungsgesetz, Kommentar, 11. Aufl., München 2008.

Riegger, Unterliegt die Komplementär-GmbH dem gesetzlichen Wettbewerbsverbot?, in BB 1983, S. 90 ff.

Rinze, Die Haftung von Beiratsmitgliedern einer personalistischen GmbH & Co. KG, in NJW 1992, S. 2790 ff.

Rittstieg, Zur Problematik von Abfindungsbeschränkungen im GmbH-Recht, in DB 1985, S. 2285 ff.

Röhricht, Das Wettbewerbsverbot des Gesellschafters und des Gesellschaftsführers, in WPg 1992, S. 766 ff.

Ronig, Anmerkungen zum BMF-Anwendungsschreiben vom 5.7.2000 zu § 2b EStG, in DB 2000, S. 1480 ff.

Roth /Altmeppen, Gesetz betreffend die Gesellschaften mit beschränkter Haftung mit Erläuterungen, Kommenat, 5. Aufl., München 2005.

Rowedder/Schmidt-Leithoff, Gesetz betreffend die Gesellschaften mit beschränkter Haftung (GmbHG), Kommentar, 4. Aufl., München 2002.

Sahrmann, das negative Kapitalkonto des Kommanditisten nach § 15a EStG, in DStR 2012, S. 1109 ff.

Schäffler/Gebert, der steuerneutrale Wechsel von der GmbH & Co. KG in die GmbH. Was tun mit (den Anteilen an) der Komplementär-GmbH?, in DStR 2010, S. 636 ff.

Schiffers, Gewinnverwendungspolitik als Mittel der steuerlichen Rechtsformoptimierung – Personengesellschaft, Kapitalgesellschaft und GmbH & Co. KG, in DStR 2003. S. 302 ff.

ders., Änderung der ertragsteuerlichen Rahmenbedingungen für die GmbH und die GmbH & Co. KG zum 1.1.2004 – Eine erste Bestandsaufnahme, in GmbHR 2004, S. 69 ff.

Schlegelberger, Handelsgesetzbuch, Kommentar von Geßler, Hefermehl, Hildebrandt, Schröder, Martens, K. Schmidt, Band III, 2. Halbbd.: §§ 161 – 177a, §§ 335 – 341 (§§ 230 – 237 n.F.), 5. Aufl., München 1986.

Schmidt, Karten, Gesellschaftsrecht, 4. Aufl., Köln, Berlin, Bonn, München 2002.

ders., Handelsrecht, 5. Aufl., Köln, Berlin, Bonn, München 1999.

ders., Löschungsgesetz und GmbH & Co., in BB 1980, S. 1497 ff.

ders., Die GmbH-Beteiligung von Gesellschaften bürgerlichen Rechts als Pubilzitätsproblem, in BB 1983, S. 1697 ff.

ders., Die GmbH & Co. – Eine Zwischenbilanz, in GmbHR 1984, S. 272 ff.

ders., Die fehlerhafte Anteilsübertragung – Eine Untersuchung zum Recht der AG, der GmbH und der Personengesellschaft, in BB 1988, S. 1053 ff.

ders., Die Prokura in Liquidation und Konkurs der Handelsgesellschaften, in BB 1989, S. 229 ff.

ders., Unterbilanz – Vorbelastungshaftung – Gesellschafterhaftung, in ZHR 156 (1992), S. 93 ff.

ders., Konzernhaftung nach dem TBB-Urteil – Versuch einer Orientierung, in ZIP 1993, S. 549 ff.

ders., Nutzungsüberlassung nach der GmbH-Reform, in DB 2008, S. 1727 ff.

ders., Die GmbH & Co. KG als Lehrmeisterin des Personengesellschaftsrechts, in JZ 2008, S. 425 ff.

ders., Mittelaufbringung und Mittelverwendung bei der GmbH & Co. KG – Funktionelles oder formelles Denken im Recht der Unternehmensfinanzierung?, in ZIP 2008, S. 481 ff.

Schmidt, Ludwig, Einkommensteuergesetz, Kommentar, 27. Aufl., München 2007.

Scholz, Kommentar zum GmbH-Gesetz, 10. Aufl., Köln, Band 1 (§§ 1- 34, Konzernrecht) 2006, Band 2 (§§ 35-52) 2007; ab § 53 9. Aufl., Köln 2002.

Schopp, Kapitalkonten und Gesellschafterdarlehen in den Abschlüssen von Personenhandelsgesellschaften (unter Berücksichtigung der GmbH & Co. KG), in BB 1987, S. 581 ff.

Schultes-Schnitzlein/Keese, Steuersatzermäßigungen für Personengesellschaften – neue Aspekte für die Rechtsformwahl – NWB Fach 3 S. 14683 ff.

Schulze zur Wiesche, Die Familien-GmbH & Co. KG, in WPg 1987, S. 433 ff.

ders., Die GmbH & Co. KG und verdeckte Gewinnausschüttung, in BB 2008, S. 1137

ders., Zur wesentlichen Betriebsgrundlage eines Mitunternehmeranteils, in DB 2010, S. 638 ff.

Schwedhelm, Die Umwandlung einer GmbH in eine GmbH & Co. KG, in GmbHR 1993, S. 493 ff.

Schwerdtfeger, Kompaktkommentar Gesellschaftsrecht, Neuwied 2005.

Seibert, Nachhaftungsbegrenzungsgesetz – Haftungsklarheit für den Mittelstand, in DB 1994, S. 461 ff.

Seifried, neue BFH-Rechtsprechung zum Anteilsbegriff i.S. der §§ 13a, 13b ErbStG, in DStR 2012, S. 274 ff.

Semler/Stengel, Umwandlungsgesetz, 2. Aufl., München 2007.

Simon, Nochmals: „Umwandlung" der GmbH & Co. GbR mbH in eine KG, in DStR 2000, S. 578 ff.

ders., Schuldzinsenabzug: Behandlung von vor dem 1.1.1999 getätigten Unterentnahmen, in BB 2006, S. 2271

Soergel, Bürgerliches Gesetzbuch, Band 4: Schuldrecht III (§§ 705 – 853), 11. Aufl., Köln, Mainz 1985.

Sudhoff, Der Gesellschaftsvertrag der GmbH & Co., 8. Aufl., München 1992, zitiert: Sudhoff.

ders., GmbH & Co. KG, 6. Aufl., München 2005.

ders., Handbuch der Unternehmensnachfolge, 5. Aufl., München 2005.

ders., Der Antrag auf Eröffnung des Konkurs- oder Vergleichsverfahrens, in NJW 1973, S. 1829 ff.

ders., Verlustausschlussklausel und Kommanditistenhaftung, in DB 1973, S. 2175 ff.

Terback, Neuere Entwicklungen bei der registerrechtlichen Behandlung von Kommanditanteilsübertragungen, in DStR 2004, S. 1964 ff.

Theile, Publizität des Einzel- oder Konzernabschlusses bei der GmbH & Co. KG nach neuem Recht, in GmbHR 2000, S. 215 ff.

Tiedtke, Der Inhalt des Bestimmtheitgrundsatzes bei Erlass eines Mehrheitsbeschlusses durch die Gesellschafter einer Personengesellschaft, in DB 1989, S. 813 ff.

Tillmann, Wettbewerbsverbot des Gesellschafter-Geschäftsführers einer GmbH, in GmbHR 1991, S. 26 ff.

ders., Handbuch der GmbH & Co. KG, 17. Aufl., Köln 1991.

ders., Umwandlung auf doppelstöckige GmbH & Co. KG – Eine Ausweg aus der Publizitätspflicht der GmbH?, in DB 1986, S. 1319 ff.

Treffer, Eigenkapitalersetzende Dienstleistungen eines GmbH-Gesellschafters, in GmbHR 2002, S. 22 ff.

Uhlenbruck, Die GmbH & Co. KG in Krise, Konkurs und Vergleich, 2. Aufl., Köln 1988.

ders., Insolvenzrechtliche Probleme der GmbH & Co. KG, in GmbHR 1971, S. 70 ff.

Ulmer, Wirksamkeitsschranken gesellschaftsrechtlicher Abfindungsklauseln, in NJW 1979, S. 81 ff.

ders., Zur Gesellschaftsnachfolge im Todesfall, in BB 1977, S. 805 ff.

ders., Nachlasszugehörigkeit vererbter Personengesellschaftsbeteiligungen, in NJW 1984, S. 1496 ff.

ders., Testamentsvollstreckung am Kommanditanteil – Voraussetzungen und Rechtsfolgen, in NJW 1990, S. 73 ff.

Ulmer/Habersack/Winter, Großkommentar zum GmbHG, Tübingen, Band 1 (§§ 1-28) 2005, Band 2 (§§ 29-52) 2006, Band 3 (§§ 53-87) 2008.

Veil, Die Unternehmergesellschaft nach dem Regierungsentwurf des MoMiG – Regelungsmodell und Praxistauglichkeit, in GmbHR 2008, S. 1080.

Vossius, Gutgläubiger Erwerb von GmbH-Anteilen nach MoMiG, in DB 2007, S. 2299 ff.

Wachter, Auswirkungen der Schuldrechtsreform auf die GmbH-Errichtung, in GmbHR 2002, S. 665 ff.

Wälzholz, Das MoMiG kommt: Ein Überblick über die neuen Regelungen. Mehr Mobilität, Flexibilität und Gestaltungsfreiheit bei gleichzeitigem Gläubigerschutz, in GmbHR 2008, S. 841.

ders., Ausgewählte gesellschaftsrechtliche Aspekte von Gesellschaftskonten bei Personengesellschaften, in: DStR 2011, Teil 1 S. 1816 ff. und Teil 2 S. 1861 ff.

Wagner, Neue Haftungsrisiken für Kommanditisten einer kleingewerblichen KG vor Eintragung, in NJW 2001, S. 1110 ff.

Wassermeyer, Verdeckte Gewinnausschüttung bei einer GmbH & Co. KG, in GmbHR 1999, S. 18 ff.

Weber, Rechtsformwahl – Auswirkungen der Unternehmensteuerreform 2008, NWB Fach 18, S. 4509 ff.

Weber-Grellet, Rechtsprechung des BFH zum Bilanzsteuerrecht im Jahre 2003, in BB 2004, S. 41 ff.

Weber/Hickel, Die Wirksamkeit von „Hinauskündigungsklauseln" im Recht der Personenhandelsgesellschaften, in NJW 1986, S. 2752 ff.

Wellkamp, Die „GbR mbH" – Gestaltungshinweise nach dem Ende einer Rechtsform, in FR 2000, S. 1123 ff.

Werner, Die GmbH & Co. KG in der Form der Einheitsgesellschaft, in DStR 2006, S. 706 ff.

Werner, Gesellschafterkonten im Gesellschaftsvertrag der GmbH & Co. KG, in NWB 2012, S. 1520 ff.

Wesselbaum-Neugebauer, Die GmbH und Co. KG versus Betriebsaufspaltung – Vermeidung einer gewerbesteuerlichen Doppelbesteuerung in GmbHR 2007, S. 1300.

ders., Unternehmenssteuerreform 2001: Auswirkungen der pauschalisierten Gewerbesteueranrechnung auf Einzel- und Mitunternehmer in Abhängigkeit von Einkunftsart und anzuwendendem Gewerbesteuer-Hebesatz, in DStR 2001, S. 180 ff.

Westermann, Handbuch der Personengesellschaften, Loseblattwerk, Köln 2006.

Wiedmann/Mayer, Umwandlungsgesetz, Bonn 1991.

Wiedemann, Gesellschaftsrecht, München, Band 2 (Recht der Personengesellschaften), 2004.

Wilhelm, Mängel bei der Neuregelung des NaStraG zu den Bekanntmachungen über die Kommanditisten, in DB 2002, S. 1979 ff.

ders., Unternehmergesellschaft (haftungsbeschränkt) – Der neue § 5a GmbHG in dem RegE zum MoMiG, in DB 2007, S. 1510 ff.

Wittlinger, Ertragsteuerliche Auswirkungen der Konkurs-Eröffnung einer GmbH & Co. KG auf den Kommanditisten, in DB 1997, S. 649 ff.

Wochinger/Dötsch, Das neue Umwandlungssteuergesetz und seine Folgeänderungen bzw. Auswirkungen bei der Einkommen-, Körperschaft- und Gewerbesteuer, in DB-Beilage Nr. 14, S. 94 ff.

Zeilinger, Die Einziehung von GmbH-Geschäftsanteilen als Instrument zum Ausschluss einzelner Gesellschafter aus der GmbH, in GmbHR 2002, S. 772 ff.

Zimmer/Rupp, Kein Kündigungsschutz für die bei der GmbH & Co. KG angestellten Geschäftsführer, in GmbHR 200, S. 572 ff.

Zwirner/Schmidt/König, Elektronische Steuer-Bilanz E-Bilanz, 2012.

Stichwortregister

Die Ziffern bezeichnen die Randnummern.

A
Abberufung des GmbH-Geschäftsführers 223
Abfindung 632
– Abfindung bei der GmbH & Co. KG 632
– Abfindung eines GmbH-Gesellschafters 642
– schwebendes Geschäft 633
Abfindungsklausel 635
– Buchwertklausel 639
– Unzulässigkeit 640
Anerkennung der GmbH & Co. KG 5
Anmeldung zum Handelsregister 92
Anstellungverhältnis des GmbH-Geschäftsführers 207
Anteil der Kommanditisten an der Komplementär-GmbH
– notwendiges Sonderbetriebsvermögen 457
– Privatvermögen 463
Anteilsübertragung
– GmbH 560
– GmbH & Co. KG 568
– Haftung 579
– Handelsregister 570
– Übertragung eines Anteils einer KG 579
Anteilsvereinigung 144
Atypisch stiller Gesellschafter, mehrere Gewerbebetriebe 543
Aufgabegewinn 715
aufgelöste GmbH 685

Auflösung der GmbH & Co. KG 685
Aufsichtsrat 254
Aufsichtsratstätigkeit
– Einkommensteuer 464
– selbstständige Ausübung 555
ausländischer Kommanditist 522
Auslagenersatz 465
Ausscheiden des Kommanditisten bei negativem Kapitalkonto 660
Ausscheiden eines Mitunternehmers gegen Sachwertabfindung 662
Ausschluss
– Ausschluss eines Gesellschafters 596
– Gesellschafter der GmbH & Co. KG 596
– GmbH-Gesellschafter 598
– Hinauskündigungsklausel 597
– Koordinierung 606
Ausschlussklage 603
Austritt aus der KG
– Haftung des Kommanditisten 577
– Haftung des Komplementärs 572
Avalprovision 481

B
Beendigung der GmbH & Co. KG 683
– Ertragsteuer 715

- Grunderwerbsteuer 729
- Umsatzsteuer 728
- Vollbeendigung 690

Beirat 464
- Beirat der GmbH 258
- Beirat der KG 259
- Haftung der Beiratsmitglieder 266

Beiratstätigkeit
- Einkommensteuer 464
- Umsatzsteuer 555

Beschränkung der Geschäftsführungsbefugnis der Komplementär-GmbH 203

Bestellung des GmbH-Geschäftsführers 206

beteiligungsgleiche GmbH & Co. KG 19

Betriebsrat 245

Bewertung
- Bewertung der Einlage 115
- Haftung bei Überbewertung 300

D

Darlehensforderung gegenüber Gesellschafter 468

Differenzhaftung
- Gesellschafterhaftung 60, 63
- Unterbilanzhaftung 56, 60, 63

Dividendenanspruch 471

doppelstöckige GmbH & Co. KG 30

doppelstöckige GmbH & Co. KG, laufende Besteuerung 437

E

echte GmbH & Co. KG 1

Einbringungsvariante 841

Einbringungsvorgänge
- Einbringung in eine GmbH & Co. KG 150, 154
- Eintritt einer GmbH in eine GmbH & Co. KG (Sacheinlage der Komplementär-GmbH) 149
- Rückgängigmachung einer Betriebsaufspaltung 152

Einkommensteuer
- Gesellschafterwechsel 645
- Gründung 127
- laufende Besteuerung 423

Einkünfte
- einheitliche und gesonderte Feststellung 507
- Sonderbetriebsausgaben 511
- Sonderbetriebseinnahmen 510
- verdeckte Gewinnausschüttung 514

Einlage
- Anteile der Komplementär-GmbH 123
- Aufrechnung 122
- Begriff der Einlage 109
- Bewertung 115
- § 15a EStG 495
- Grundstück 110
- Haftsumme 121
- Pflichteinlage 124
- quoad sortem 113
- quoad usum 111
- Sacheinlage 109
- verdeckte Einlage 506

Einmann-GmbH & Co. KG 20

Einlageverpflichtung der Komplementär-GmbH 118

Einlageverpflichtung der Kommanditisten 121

Einschränkung der Kommanditistenrechte 204

Eintragung in das Handelsregister
– Anteilsübertragung 570
– Austritt aus KG 566
– deklaratorische Wirkung bei Gründung der KG 77
– Erbfall 621
– Kommanditgesellschaft 77
– konstitutive Wirkung 78
Eintritt in KG 563
– Eintritt 574
Eintrittsklausel
– Nachfolgeregelung 614
– Haftung 625
Einziehung von Geschäftsanteilen 599
elektronischer Bundesanzeiger 369
Entnahme von Wirtschaftsgütern 520
Entziehung der Geschäftsführungsbefugnis 219
Entstehungsmöglichkeiten der GmbH & Co. KG, Errichtung der GmbH & Co. KG 40
Entwicklung der GmbH & Co. KG 5
Erbenhaftung 619
Erbfall
– GmbH 627
– KG 607
Erbschaftsteuerreform 11
Ergänzungsbilanz 404, 648
Erscheinungsformen der GmbH & Co. KG 19
erweiterter Verlustausgleich 488

F
Firma
– abgeleitete Firma einer GmbH & Co. KG 99
– abgeleitete Firma einer KG 98
– Firmenrechtsreform 93
– GmbH 106
– GmbH & Co. KG 93
– GmbH-Zusatz 107
– KG-Zusatz 95
– Mischfirma 93, 106
– Personenfirma 97
– Phantasiefirma 93, 106
– Sachfirma 93
– Wahlfreiheit 93
– Hinweis auf Rechtsform 95
– typische Probleme 100
Formwechsel
– Anfechtung 805
– Anmeldung und Eintragung 804
– Schutz der Gläubiger 806
– Steuerrecht 810
– Umwandlungsbericht 802
– Umwandlungsbeschluss 800

G
Gegenstand der Komplementär-GmbH
– Komplementär-GmbH 45
– Unternehmensgegenstand 45
Geprägerechtsprechung 425
Gesamtrechtsnachfolge, erbrechtliche Nachfolge 617
Gesamtvertretung 277
Geschäftsbriefe 108
Geschäftsführer der GmbH
– faktischer Geschäftsführer 698
– Haftung bei der Vor-GmbH 67
– Haftung gegenüber der GmbH 215

Stichwortregister

- Haftung gegenüber der KG 217
- Haftung gegenüber Dritten 332
- Haftung in der Insolvenz 694
- Kündigung 226
- Wettbewerbsverbot 231

Geschäftsführung der GmbH & Co. KG 196

Geschäftsführung der GmbH & Co. KG
- Einkommensteuer 439
- Gewerbesteuer 541
- Kommanditistenrechte 199, 201
- Umfang der Geschäftsführungsbefugnis 200
- Umsatzsteuer 547
- Sozialversicherungspflicht 209

Gesellschafterdarlehen
- Gesellschafterdarlehen als Pflichteinlage 712
- Gesellschafterdarlehen und Kapitalkonto 347
- nachrangiger Rückzahlungsanspruch in der Insolvenz 710

Gesellschafter der GmbH & Co. KG 34

Gesellschaftereintritt
- Ergänzungsbilanz 648
- Gesellschaftereintritt in die KG 563

Gesellschafter-Haftung
- vor Eintragung ins Handelsregister 82
- Vor-GmbH 62

Gesellschafterwechsel
- GmbH 560
- GmbH & Co. KG 562
- Grunderwerbsteuer 679
- Haftung 562
- Koordinierung 587, 606
- Kündigung 589

- Sondererbfolge 607
- Tod eines Gesellschafters 607
- Umsatzsteuer 668
- Vermögensteuer 669

Gesellschaftsanteile, Veräußerung 653

Gesellschaftsvertrag
- Gesellschaftsvertrag der GmbH 44
- Gesellschaftsvertrag der GmbH & Co. KG 69
- Gründung 69
- Kommanditgesellschaft 69

Gewerbesteuer
- Beendigung der GmbH & Co. KG 725
- Beginn der Gewerbesteuerpflicht 539
- GmbH & Co. KG 538
- Komplementär-GmbH 544

Gewinnerzielungsabsicht 169
- Gewinnerzielungsabsicht bei Verlustzuweisungsgesellschaften 765

Gewinnfeststellung
- einheitliche und gesonderte Gewinnfeststellung 507
- Gewerbesteuerfragen 540

Gewinnverteilung 170
- Änderung der im Gesellschaftsvertrag festgelegten Gewinnverteilung 499
- Arbeitseinsatz 476
- Besondere Gewinnverteilungsgrundsätze 475
- Gewinnverteilung in der Investitionsphase 770
- Haftungsrisiko 479
- Kapitaleinsatz 483

– rückwirkende Neuverteilung 183
– unangemessene Gewinnverteilung 502
– unangemessenes Geschäftsführergehalt 503
– verdeckte Gewinnausschüttung 501, 514, 518

GmbH
– Beirat 464
– Einlageverpflichtung 47
– Entstehungszeitpunkt 51
– Geschäftsführung 449
– Gründung 44
– Insolvenz 700
– kapitalersetzendes Gesellschafterdarlehen 705
– Sacheinlage 48
– Stammkapital 47
– Vertretung 272

GmbH-Anteil
– gutgläubiger Erwerb 560
– Übertragung 560
– Vererblichkeit 627

Gründung
– Einkommensteuer 127
– GmbH & Co. KG 40
– GmbH 44
– Grunderwerbsteuer 138
– Körperschaftsteuer 127
– Umsatzsteuer 135

Grunderwerbsteuer
– Grundstücksgesellschaften 789
– Vereinigung sämtlicher Anteile 144

H

Haftung
– Haftung der Vor-GmbH 61
– Haftung der Komplementär-GmbH im Gründungsstadium 81

Haftung der Gesellschafter
– Austritt 577
– Auszahlung von Scheingewinnen 313
– Beeinträchtigung des Stammkapitals der GmbH 320
– Einbringung von Anteilen der Komplementär-GmbH 301
– Eintritt in KG 571
– Erweiterung durch Vereinbarung 330
– Existenzvernichtung 327
– fehlender Nachfolgevermerk 582
– Gewinnentnahme bei negativem Kapitalkonto 311
– Haftung 571
– Haftung bei fehlendem Nachfolgevermerk 582
– Haftung vor Eintragung ins Handelsregister 575
– Kapitalherabsetzung 586
– Komplementär-Haftung 295
– Prospekthaftung 753
– Rückzahlung der Einlage 302
– Übertragung eines Anteils einer KG 579
– Übertragung eines Kommanditanteils 580
– Unterkapitalisierung 326
– Verlustausschlussklausel 331

haftungsbeschränkte Unternehmergesellschaft 132

Handelsgewerbe 75

I

Insichgeschäft 282
Insolvenz der GmbH 700
Insolvenz der GmbH & Co. KG
– Fortbestehensprognose 693
– Insolvenzgründe 693
– Kapitalherabsetzendes Gesellschafterdarlehen 705
– Pflichten der Geschäftsführer 694
– Überschuldung 693
– Zahlungsunfähigkeit 693
Investitionszulage 776, 846

K

Kapitalerhöhung
– Kommanditeinlage 189
– Komplementär-GmbH 187
Kapitalherabsetzung, Kommanditeinlage 191
Kapitalkonto, § 15a EStG 492
Kennzeichnung der Haftungsbeschränkung 96
Kernbereich 205
Klagebefugnis gegen finanzamtliche Bescheide 516
Körperschaftsteuer
– Gründung 127
– laufender Geschäftsbetrieb 528
Kommanditanteile
– Abtretung 567
– Testamentsvollstreckung 608
– Übertragung 567
– Vererblichkeit 607
Kommanditeinlage, Bewertung 115
Kommanditgesellschaft
– Abfindung 632
– Anteilsübertragung 568

– Aufnahmevertrag 563
– Austritt 566
– Eintritt 563
– Firma 93
– Gründung 69
– Unentgeltlicher Übergang des Anteils 663
Kommanditist
– Abfindung 632
– angemessener Gewinnanteil 517
– Anteilsübertragung 568
– ausländischer Kommanditist 522
– Austritt 566
– Besteuerung des Kommanditisten 517
– Eintritt 563
– Kontrollrecht 235
– Kündigung 589
– Prokura 276
– Tod 607
– verdeckte Gewinnausschüttung 518
– Verlustabzug 519
– Verlustvortrag 519
– Vertretungsbefugnis 271
– Wettbewerbsverbot 233
– Widerspruchsrecht 202
Kommanditistenausschuss 255
Kommanditistenrechte, Beschränkung 204
Komplementär
– Austritt 566
– Eintritt 563
– GmbH als Komplementär 4
Komplementär-GmbH
– Aktivierung des Gewinnanteils an der GmbH & Co. KG 527
– Besteuerung des Gewinns 528

– verdeckte Gewinnausschüttung 542
– Einlageverpflichtung 47
Kontrollorgane
– Beirat einer GmbH 258
– obligatorischer Aufsichtsrat 247
– Vergütung 464
Kontrollrecht
– Kontrollrechte der GmbH-Gesellschafter 238
– Kontrollrechte der Kommanditisten 235
Kündigung
– Hinauskündigungsklausel 597
– Kündigung der Gesellschafter der GmbH & Co. KG 589
– Kündigung eines GmbH-Gesellschafters 593

L
Lagebericht, Konzernlagebericht 400
Liquidation der GmbH & Co. KG 686

M
Mitbestimmung bei der GmbH & Co. KG 250
Mitunternehmereigenschaft 164
Motive für die Gründung einer GmbH & Co. KG 9

N
Nachfolgeregelung 609
– Nachfolgeklausel 610, 620
negatives Kapitalkonto, BFH-Rechtsprechung 485
nicht beteiligungsgleiche GmbH & Co. KG 26

nicht personengleiche GmbH & Co. KG 26
Nachfolgevermerk 570

O
Organschaft
– Körperschaftsteuer 530
– Umsatzsteuer 556

P
Partieller Gesellschafterwechsel 665
Pensionsrückstellung 453
Pensionszusage 454
Personenfirma 97
personengleiche GmbH & Co. KG 19
Publikumsgesellschaft 730
– Auslegung und Inhaltskontrolle von Gesellschaftsverträgen 731
– außerordentliche Kündigung 742
– Beitritt 730
– Beschlüsse der Gesellschafter 736
– Gewinnerzielungsabsicht 765
– Gründervorteile 732
– Inanspruchnahme erhöhter Absetzungen oder Sonderabschreibungen 767
– ordentliche Kündigung 739
Publikums-KG 27

R
Rangrücktritt 727
Rechnungslegung
– Buchführungsvorschriften 335
– Jahresabschluss 393
– steuerliche Ergänzungsbilanz 409

Stichwortregister

- steuerliche Sonderbilanz 405
- steuerliches Sonderbetriebsvermögen 410
- Steuerrecht 340
- Verrechnungskonten bei Auslagenersatz 354

Rücklage nach § 6b EStG 474

S

Sacheinlage
- Sacheinlage des Kommanditisten 150
- Sacheinlage bei der GmbH 48
- Sacheinlagen der Komplementär-GmbH 149

Schein-GmbH & Co. KG 33
Selbstkontrahierungsverbot 282
Selbstorganschaft 16, 279
Sonderbetriebsausgabe 511
Sonderbetriebseinnahme 510
Sonderbetriebsvermögen der Komplementär-GmbH und der Kommanditisten 410
Sonderbetriebsvermögen II 457
Sondererbfolge 607
Stammkapital 325
Steuerstundungsmodell 766

T

Taxonomie 342
Testamentsvollstreckung
- GmbH-Anteil 628
- Kommanditanteil 608

Thesaurierungssteuersatz 9
Treuhänder 27, 38
typische GmbH & Co. KG 1
Tod
- Kommanditist 607
- GmbH-Gesellschafter 672

U

Umsatzsteuer
- Gründung 135
- Kommanditgesellschaft 546

Umwandlung
- Anwachsung 809, 838
- Firmenfortführung 807
- Formwechsel 808
- Steuerrecht 810
- Umwandlung auf eine GmbH & Co. KG 32
- Umwandlung einer GbR in eine GmbH & Co. KG 531
- Umwandlung einer Personengesellschaft in eine GmbH & Co. KG 158
- Umwandlung eines Einzelunternehmens in eine GmbH & Co. KG 161
- Verschmelzung 791, 808

ungetreuer Mitunternehmer 524
Unternehmensnachfolge 670
Überschuldung 325
Übertragung von GmbH-Anteilen 560
Übertragung von Kommanditanteilen 560

V

Veräußerung von Kommanditanteilen, Zurechnung von Verlusten 659
verdeckte Einlage 506
verdeckte Gewinnausschüttung 501
verdecktes Gesellschaftsverhältnis 167, 450
Veerblichkeit
- Kommanditanteil 607

– GmbH-Anteil 627
Verlust
– Behandlung verrechenbarer Verluste 724
– Zurechnung auf Kommanditisten 487
Verlustabzug nach § 10d EStG beim Erben 664
Verlustausschluss der Komplementär-GmbH 181
Vermögensteuer 545
Verschmelzung 791
– Anfechtung 798
– Anmeldung und Eintragung 797
– Gesellschafterversammlung 795
– Information der Gesellschafter und des Betriebsrats 794
– Steuerrecht 810
– Verschmelzungsbericht 793
– Verschmelzungsvertrag 792
Vertretung 270
– Entziehung 290
– Vertretung durch Kommanditisten 293

Vollbeendigung 690
Vorbelastungsverbot
– Komplementärfähigkeit 53
– Vor-GmbH 53
Vorgesellschaft 127
Vor-GmbH
– Entstehungszeitpunkt 51
– Rechtsnatur 51
– Vertretung 58
– Vor-GmbH 51
Vorsteuerabzug, Vorsteuerabzug der GmbH & Co. KG 552
Vorteile der GmbH & Co. KG 9, 15
vorweggenommene Erbfolge 677

W
Wettbewerbsverbot 228
– Kommanditisten 233
– Komplementär-GmbH 229
Witwenpension 454

Meyn/Richter/Koss/Gollan

Die Stiftung

Umfassende Erläuterungen, Beispiele und Musterformulare für die Rechtspraxis

3. Auflage

HAUFE RECHT HANDBUCH
- Inklusive Gemeinnützigkeitsentbürokratisierungsgesetz
- Neuerungen zur Rechnungslegung der Stiftung
- Anwendungserlass zur Abgabenordnung in aktueller Fassung

€ 89,00
ca. 764 Seiten
ISBN 978-3-648-03539-9
Bestell-Nr. E06098

Das Standardwerk zum Stiftungsrecht

Das Handbuch stellt die wichtigsten Rechts- und Erscheinungsformen von Stiftungen vor. Ausgerichtet auf die Beratungspraxis zeigt es, wie sich das Anliegen des Stifters rechtlich und steuerlich optimal umsetzen lässt.

> Schwerpunkte des Werkes: die gemeinnützige rechtsfähige Stiftung des Privatrechts, Treuhänderische Stiftung, Stiftungs-GmbH, Stiftungsverein und Familienstiftung

> Neu in der 3. Auflage: Gesetz zur Stärkung des Ehrenamts, Neuerungen zur Rechnungslegung der Stiftung, Anwendungserlass zur Abgabenordnung in aktueller Fassung

> Umfassende Erläuterungen, Beispiele, Muster und steuerrechtliche Arbeitshilfen zum Stiftungsrecht

Jetzt bestellen!
www.haufe.de/shop (Bestellung versandkostenfrei),
0800/50 50 445 (Anruf kostenlos) oder in Ihrer Buchhandlung

HAUFE.

Gottwald / Mock

Zwangs-vollstreckung

Kommentar zu den §§ 704–898 ZPO mit Antrags- und Klagemustern für die Rechtspraxis

6. Auflage

Auf CD-ROM:
Über 100 Musterschriftsätze, Urteils- und Gesetzesdatenbank, Rechner

HAUFE RECHT KOMMENTAR

- Aktuelle Pfändungsfreigrenzen
- Gesetz zur Reform des Kontopfändungsschutzes
- Gesetz zur Reform der Sachaufklärung in der Zwangsvollstreckung

€ 89,00
1716 Seiten
ISBN 978-3-648-09943-0
Bestell-Nr. E07909

Alles zum Zwangsvollstreckungsrecht

Der Zwangsvollstreckungs-Kommentar von Gottwald/Mock in der 6. Auflage auf neuestem Rechtsstand. Das Standardwerk ist speziell auf die Bedürfnisse der vollstreckungsrechtlichen Praxis ausgerichtet und unterstützt bei der Durchführung aller Ansprüche.

> Neu: Gesetz zur Reform der Sachaufklärung in der Zwangsvollstreckung, Zweites Justizmodernisierungsgesetz, Gesetz zur Änderung des Unterhaltsrechts, FGG-Reformgesetz, Gesetz zur Reform des Kontopfändungsschutzes u.v.m.

> Aktualisierung von Rechtsprechung und Literatur

> 150 praktische Arbeitshilfen und Muster zum Zwangsvollstreckungsrecht

> Auf CD-ROM: alle Muster, Rechentools und Tabellen, Urteils- und Gesetzesdatenbank

Jetzt bestellen!
www.haufe.de/shop (Bestellung versandkostenfrei),
0800/50 50 445 (Anruf kostenlos) oder in Ihrer Buchhandlung

HAUFE.